이사야서 주석(I)
[1-18장]

에드워드 J. 영 지음
장 도 선
정 일 오 공역

기독교문서선교회

기독교문서선교회(Christian Literature Crusade: 약칭 CLC)는
1941년 영국 콜체스터에서 켄 아담스에 의해 시작되었으며
국제 본부는 영국의 쉐필드에 있습니다.
현재 약 650여명의 선교사들이 59개 나라에서 180개의 본부를 두고,
이동도서차량 40대를 이용하여 문서 보급에 힘쓰고 있으며
이메일 주문을 통해 130여국으로 책을 공급하고 있습니다.
CLC는 청교도적 복음주의 신학과 신앙을 선포하는
국제적, 초교파적, 비영리 문서선교기관으로서, 하나님의 뜻에 합당한 책을 만들고
이 책을 통해 단 한 영혼이라도 구원되길 소망하며
이를 위해 주님이 오시는 그날까지 최선을 다할 것입니다.

The Book of Isaiah
Volume I

The English Text, with Introduction, Exposition, and Notes
(Chapters 1 to 18)

By
Edward J. Young

Translated by
Do-Sun Jang • Il-Oh Jung

Copyright © 1965 by Eerdmans Publishing Co.

Originally published in English under the title
as The Book of Isaiah(3 vol. set) by Edwards J. Young
Published by Wm. B. Eerdmans Publishing Co.
2140 Oak Industrial Drive NE, Grand Rapids, Michigan 49505
All rights reserved.

Translated and used by the permission of Wm. B. Eerdmans Publishing Co., through the arrangement of KCBS Literary Agency, Seoul, Korea.

본 저작물의 한국어판 저작권은 KCBS Literary Agency를 통하여 Wm. B. Eerdmans Publishing Co.와 독점 계약한 기독교문서선교회에 있습니다. 신 저작권법에 의하여 한국 내에서 보호받는 저작물이므로 무단전재와 무단복제를 금합니다.

Korean Edition
Copyright © 2007 by Christian Literature Crusade
Seoul, Korea.

✠ 추천사 1

손 석 태 박사
개신대학원대학교 총장, 구약학

에드워드 J. Young 박사의 3권으로 된 『이사야서 주석』(The Book of Isaiah, 3 vols)이 한국어로 번역 출판되어 구약 교수로서 무엇보다 기쁘다. Young 박사는 미국 웨스트민스터신학교의 창립 주역 중의 한 분으로 보수 개혁주의 구약신학의 대부이다. 그는 미국 필라델피아에 있는 드롭시대학(Dropsie College)의 사이러스 고든(Cyrus Gordon) 교수 밑에서 폭넓은 고대의 근동 세계의 언어와 문화를 공부하였다. 그는 자유주의자들의 성경비평으로부터 성경을 확고하게 지키고 변증하였다. 그는 성경의 영감과 무오의 교리를 확고하게 지키고 변증하며, 역사적이고 전통적인 구약성경의 저작성과 통일성을 일관성 있게 주장하였다. 특히 이사야서의 경우 비평학자들은 이사야서의 통일성을 부인하며, 이사야서를 제1이사야, 제2이사야, 제3이사야로 나눈다. 그리고 이사야서에 나타난 그리스도의 동정녀 탄생, 그리스도의 대속적 사역, 나아가서 이스라엘의 회복 등을 예언하는 해석을 부인한다.

그러나 Young 박사는 철저하게 이러한 고등비평에 대항하여 하나님을 지키고, 하나님의 말씀을 지킨 시대의 선지자였다. 그의 해박한 고대 근동 원어 풀이와 예리한 주석, 그리고 성서신학적인 강해는 비록 처음 출판된 지 40여년이 지난 지금에도 이사야서를 공부하고 연구하고자 하는 신학도나 목회자는 반드시 참고하고 읽어야 할 귀중한 책이다.

이 귀한 『이사야서 주석』을 출판한 기독교문서선교회(CLC)에 감사를 드리고 번역에 수고하신 장도선, 정일오 교수님들께 경의를 표하는 바이다. 이 책이 한국의 목회자나 신학도는 물론 평신도들에게도 성경을 볼 수 있는 눈을 길러주는 길잡이가 되리라고 확신하며, 이 책을 적극적으로 추천한다.

✢ 추천사 2

류 호 준 박사
백석대 기독교전문대학원 원장, 구약학

20세기가 낳은 위대한 보수주의 구약학자이며 주석가를 꼽으라면 에드워드 J. 영 (E. J. Young) 박사가 빠지지 않는다. 미국 필라델피아의 웨스트민스터신학교의 초창기 교수 멤버이기도 한 그는 드랍시대학 출신답게 탁월한 어학 실력을 바탕으로 성경의 무오성과 탁월성을 드러내는 일에 많은 노력을 기울인 학자이다. 그의 대표적인 저작으로는 『구약총론』(개혁주의신행협회), 『선지자 연구』(CLC), 『다니엘서 주석』(CLC) 그리고 금번에 출판되는 3권으로 된 『이사야서 주석』을 꼽을 수 있다. 이 주석의 원서명은 The Book of Isaiah, 3 vols. (Grand Rapids: Eerdmans, 1965, 1969, 1972)로, 원래 미국 어드만 출판사에서 기획하고 출간하는 『신국제구약주석총서』(NICOT, New International Commentary on Old Testament)에 속해 있었으나 이제는 독자적 단행본으로 출판되는 주석이다. 세권으로 된 이 이사야서 주석은 그가 만들어낸 최대의 걸작으로 그의 신학적, 해석학적 입장에 찬성하든 반대하든 상관없이 모든 이사야서 학자들에게 많은 통찰력과 논쟁거리를 제공한다.

독자들은 그의 『이사야서 주석』을 잡는 순간 질식할 정도의 위압감을 느낄지도 모른다. 원서로만 1700페이지에 달하는 방대한 분량 때문만은 아니다. 본문의 의미를 추적하는 그의 박식함과 집요함과 섬세함과 철저함에 독자들은 탄복하지 않을 수 없기 때문이다. 각주를 빼놓고 본다면 본서는 길고 긴 강해 설교라 할 수 있다. 그렇다고 경건서적이나 설교집을 읽는 방식으로 읽을 책은 아니다. 본문 안에서도 그는 종종 음역한 히브리어 단어들을 사용하여 자신의 논조를 이끌어가거나 강화시키고 있기 때문이다. 이 점에 있어서 독자들은 어느 정도의 원어 지식을 요구받기도 한다. 또한 각주에서는 고대 근동 문헌들의 자유로운 인용과 여러 현대어로 된 참고 자료들이 제공되고 있어서 관심 있는 독자들에게 많은 유익을 준다. 그러나 오래 전에 저술된 주석이라서 최근의 자료들에 대한 기대는 접어 두어야 할 것이다. 저자에 따르면 본 주석서는 목사들과 주일학교 성경교사를 염두에 두고 집필하였다고 한다. 독자의 입장에서 상당한 인내와 끈기를 필요로 한다. 그러나 본문의 의미를 찾고 싶어 하는 성실한 성경학도들에게는 이보다 더 좋은 주석은 그리 많지 않을 것이다. 특별히 이사야서를 강해하거나 학문적으로 연구하려는 젊은 목회자들이나 신학생들에게 본서는 끝없는 도전이 될 것이며 그 결과는 매우 달콤하고 지속적일 것이다.

물론 영 박사는 지금 우리 시대 성서학계에서 많이 사용되는 수사비평이나 신문학비평과 같은 방법론을 사용한다는 의미에서 문헌학자(literary scholar)도 아니고 그렇다고 전형적인 성경신학자도 아니다. 그는 오히려 철저한 언어학자로서 이사야서 주석을 쓰고 있다. 이 주석은 매우 보수적인 입장을 취하며 주전 8세기의 예루살렘의 이사야가 그의 예언서 전체의 저자라는 결론을 내린다.

이처럼 방대한 『이사야서 주석』이 탁월한 번역가의 손에 의해 새로운 모습으로 출간됨을 기쁘게 생각한다. 현대어로 된 여러 인용문들을 그대로 둔 아쉬운 점은 남지만 그래도 원문의 뜻을 잘 살려 꼼꼼하게 번역하신 장도선, 정일오 교수의 노고는 한국교회의 많은 목회자들의 강단에서 풍성한 열매들로 꽃피우리라 믿는다.

추천사 3

한 정 건 박사
고려신학대학원 교수, 구약학

에드워드 J. 영의 이 책은 이사야서 주석에 관해서는 대표적인 것으로 꼽힌다. 세권의 책으로 엮어진 그의 이 방대한 주석은 1965년에 제1권의 초판이 나온 이후 오랜 세월이 흐른 오늘날까지 계속 그 위치와 명성을 잃지 않고 있다. 그의 책이 귀한 이유는 다음과 같은 특징들을 갖추고 있기 때문이다.

첫째로, 그는 보수적인 입장에서 이 책을 쓰고 있다. 이사야서에 관한 논쟁에서는 항상 비평학자들의 목소리가 컸다. 특히 이사야서의 단일 저자에 관한 문제에서는 비평학자들 뿐만 아니라 복음주의적인 신학자들조차도 이사야의 단일작품으로 받아들이지 않는다. 왜냐하면 이사야서 40장 이후는 바벨론 포로와 그 이후의 상황을 배경으로 하여 쓰고 있기 때문이다. 그러나 영은 하나님은 미래에 대하여 예언할 수 있다는 확실한 믿음 위에 이사야 전체를 이사야의 단일 저자로 믿고, 이사야서 전체를 예언적인 글로 해석해 나간다. 또 영은 이사야의 많은 구절에서 미래의 메시아적인 예언으로 보고 주석을 한다. 예를 들어 이사야 7:14의 구절을 메시아의 동정녀 탄생의 예언으로 믿는다. 이것은 대부분의 복음주의 학자들조차도 받아들이지 못하는 입장이다. 영의 이러한 이사야의 시각에서 이사야서를 볼 때에 이사야서는 메시아의 예언으로 가득 찬 책이 된다. 다른 주석들이 그러한 구절들에 대하여 메시아 예언으로 보는 것을 애써 외면하려는 태도와 대조적이다.

둘째로, 영은 본문 해석에 충실한 주석이다. 주석이라고 하면 이 말은 너무나 당연한 것으로 들릴지 모르나, 오늘날의 상황은 그렇지 않다는 것이다. 현대의 대부분의 주석들이 고등 비평학에 근거하여 본문을 단편으로 나누고 그 기원을 따지는 데에 많은 지면을 할애하고, 또 본문비평에 근거하여 히브리어 본문이 원본의 것인지 아니면 변화되었는지를 논하는 것에 많은 시간을 투자한다. 그러다 보면 자연히 본문의 의미 파악에는 소홀해질 수밖에 없다. 그러나 영의 주석은 그런 비평학적인 논쟁을 배격하고 본문 해석에 충실하고 있다.

셋째로, 영의 책은 학적인 우수성을 지니고 있다. 그는 본문에 대하여 단순하게 의미의 해석만으로 일관하지 않는다. 그는 중요한 구절에서는 충분하게 신학적인 토론을 벌인다. 또 히브리어의 의미를 잘 고찰한 깊은 해석을 한다. 오늘날 이사야서에 관련된 다수의 논문들에서 영의 책이 중요한 참고문헌으로 인용되고 있음을 보아서도 이 책의 신학적인 무게를 알 수 있다.

영의『이사야서 주석』은 불후의 명작이라고 할 수 있다. 본문들을 너무 깊이 다루어서 때로는 지루하게 여겨질 수도 있겠지만, 그것은 오히려 의미를 충분하게 파악하려고 노력하고 있다는 장점이 될 수도 있다. 이러한 점에서 본서는 이사야서를 연구하려는 학도나, 이사야서의 어떤 본문의 의미를 파악해 보려고 하는 성도들에게 꼭 있어야 할 참고 도서이다.

이사야서 주석(I)

제1권 저자 서문

　본서는 세 권으로 된 이사야서 주석 중에서 그 첫 번째 책이다. 독자들도 발견할 것이지만, 본서는 본문의 의문점들과 문제들에 우선적인 관심을 두기보다는 맛소라 본문에 대한 주석과 그 본문의 의미에 대한 해석에 관심을 두고 있다. 또한 어떤 작품들에서 발견되는 각 구절들의 역사비평을 위한 것도 아니다. 본서에서는 이사야가 이사야서 전체의 저자로 간주되고 있으며, 본서의 목적은 그로 하여금 말하게 하고 그가 말한 바를 이해하도록 하는 것이다.

　이러한 목적을 달성하기 위하여 필자는 주석의 주목적을 본문 주해에 두려고 노력하였다. 필자는 목회자들과 성경학교 교사들을 염두에 두었으며, 그러한 까닭에 본문의 주해에서 히브리어를 거의 사용하지 않았다. 주로 극소수의 소리 유희와 두운법에 있어서는 예외적으로 사용되었는데, 히브리어와 친숙하지 못한 사람들로 하여금 그것들을 이해할 수 있게끔 영어로 비슷한 발음표기를 제시하였다.

　한편 본 주석은 목회자들과 교사들 그리고 히브리어를 알고 있는 학도들을 돕기 위하여 기록된 것이다. 그러므로 전문적 자료들이 포함되었으며, 그렇지만 그것은 각주에 삽입되었거나 혹은 특별 부록에 삽입되었다. 나는 여러분이 부록 I에 제시된 히브리어 모음 부호 차트에 주의하기 바란다. 이 차트들은 히브리어 연구가 얼마나 발전된 것임을 보여 줄 것이며, 그것들은 또한 본 주석의 본문에서 논의된 히브리어 단어들에 대한 수많은 설명을 지지해 준다. 내가 그것들을 제공하게 된 것은 내 친구 고든(Cyrus H. Gordon) 박사의 친절 덕택이며, 그는 처음으로 그것들의 중요성을 일깨워 준 사람이었다. 본인은 히브리어에 친숙한 독자들에게 이 차트를 완전히 숙지하도록 권하는 바이며, 그것들을 참고하여 본문의 각주들을 연구하기 바란다.

각주와 특별 부록들 가운데서 나는 자료들, 말하자면 고고학적 발견 같은 것들을 포함시켰는데, 그것들은 성경 본문들에 빛을 던져 준다. 나는 또한 이사야서에 관한 중요한 고대 그리고 현대 문서들로 판단된 그것들에 독자들이 친숙해지도록 노력하였다. 그럼에도 나의 일관된 목적은 방대한 참고문헌 목록을 제공하려는 것이 아니라 성경 본문 자체를 설명하는 것이다.

이 작품 가운데서 나는 원어를 나 자신의 사역(私譯)을 하였다. 내가 이렇게 반(半) 문자적 번역을 한 것은 원문의 강조점을 이끌어 내서 독자들로 하여금 원문 이해에 도움을 얻게 하고자 한 것이다. 히브리어에 친숙한 독자들은 본 사역을 흠정역(KJV)이나 또는 어떤 것이든 독자가 참고할 수 있는 역본과 비교해 보아야 할 것이다. 물론 본인의 사역이 성경의 기존 역본들을 밀어내고자 한 것은 아니다.

본인은 본시가 아주 부족하다는 마음을 가지고 감히 이 주석서를 출간하는 바이다. 무오한 하나님 말씀 중 이 부분에 주해하려고 애쓴 인물들은 위대하고 강인한 사람들이다. 본인 앞에는 알렉산더(Alexan-der), 델리취(Delitzsch), 드렉슬러(Drechsler)의 책들과 다른 견해를 가진 로젠뮬러(Rosenmueller), 게세니우스(Gesenius)의 책들도 있다. 그리고 그것들 앞에는 칼빈 주석도 있다. 언젠가 요한네스 브람스(Johannes Brahms)에 의하여 표현된 사상을 약간 변형하여 말하자면, "나는 내 뒤에 거인들의 발자국 소리를 듣고 있다." 나는 이 모든 사람들, 특히 드렉슬러에게 크게 빚을 졌으며 그의 작품은 나에게 깊은 영향을 주었다.

또한 보다 최근의 저자들에게 감사를 드리며, 그 중에서도 아주 유용한 책인 『고대 근동 본문들』(Ancient Near Eastern Texts, 일명 ANET, 1950)을 쓴 프릿차드(James Pritchard) 박사에게 특별한 감사를 드리는 바이다. 이 책을 인용하도록 허락해 준 프린스톤 대학교 출판부에게 감사를 드리며, 또한 그레이(George Buchanan Gray)의 이사야 예언(*The Prophecy of Isaiah*(Edinburgh: 1926))을 인용하도록 허락해 준 T. & T. Clark 사와 Charles Scribner & Sons 사에게도 사의를 표하는 바이다. 나의 친구 와이즈만(Donald Wiseman)은 아주 감사하게도 그 자료들의 일부를 읽고 이사야 당시의 역사적 상황에 대한 심도 있는 유익한 지식을 나에게 제공해 주었다. 항상 기쁜 마음으로 함께 일해 준 어드만 출판사에게 말로 다할 수 없는 친절과 호의에 대해 감사를 드린다. 리차드 마쉬(Richard Marsh) 여사와 도로시 뉴커크(Dorothy Newkirk) 양께서 타이핑을 해 주셨는데, 그들의 친절에 진심으로 감사를 드린다.

만일 이 작품이 어떤 식으로든 독자들에게 본서를 이해하게끔 돕는다면, 그동안의 수고에 대가를 충분히 받은 것으로 생각하겠다. 본서를 기록한 목적은 여러 남녀 종들에게 구약을 읽도록 용기를 주고 목사님들로 하여금 구약을 가지고 설교를 하도록 용기를 주려는 것이다. 이사야서는 높이 올린 보좌에 앉으셔서 열국의 운명을 좌우하시고, 우리에게 우리의 주님이시요 구속자이신 한 아기를 보내 주신 그분과 우리를 대면하여 부도록 한다. 척근에 그레샴 매이첸(J. Cresham Machen) 박사는 언젠가 구약의 예언들을 "하나님의 은혜의 충만"이라고 말하였다. 그리고 우리가 그 은혜에 관하여 읽을 때 이 예언의 참 저자이시고, 때가 차매 이름이 기묘자요 모사요 전능하신 하나님이시요 영원하신 아버지이시며 평화의 왕이신 그분을 이 땅에 보내신 그분에게 우리의 깊은 감사가 드려지기를 바란다.

에드워드 J. 영

역자 서문

　본서는 에드워드 J. 영 박사가 심혈을 기울여 쓴 방대한 『이사야서 주석』의 3권 중 제1권을 번역한 것이다. 역자는 본서를 번역하는 동안 저자의 학문적 깊이와 넓이, 경건한 통찰력에 놀라움을 느꼈다. 뿐만 아니라, 그는 철저한 개혁주의 신학을 그의 주석에 녹아들게 하였다. 그러므로 본서는 개혁주의자가 쓴 이사야서 주석 중에서 가장 좋은 주석서 가운데 하나라고 감히 말할 수 있다.

　다만 본서를 읽는 독자들에게 양해를 구할 것이 있다. 우선 영 박사는 여호와의 성호인 테트라그람마톤(יהוה)을 야웨 혹은 야훼로 읽는 경우도 있지만 주님(Lord)으로 지칭하는 경우가 많다. 이는 그가 드랍시대학을 졸업한 연유이기도 하다. 그러나 역자는 자유롭게 여호와 혹은 야훼 혹은 주님으로 혼합하여 번역하였음을 알아두기 바라며, 'Lord' 역시 주님 혹은 여호와로 번역하였음을 유념하기 바란다. 또 본래 주석 본문에는 히브리어를 사용하지 않고 히브리어를 영어로 음역하여 기록하였으나, 역자는 히브리어를 BHS와 대조해 가면서 그대로 썼다. 간혹 BHS에 없는 히브리어 음역에 대해서는 역자가 나름대로 히브리어로 옮겼으므로 약간의 히브리 원문과 차이가 있을 수 있음을 밝힌다.

　에드워드 영 박사는 고대 근동학과 히브리어에 정통하셨던 분으로 각주 부분에 히브리 문법과 고대 근동 자료들에 관한 전문적인 언급들을 더하였다. 그러므로 각주는 히브리어 본문을 보다 세밀히 연구하고자 하는 독자들에게 좋은 자료가 될 것이다. 일반 목회자와 독자들은 본문 내의 주석 부분만 참고하여도 유익할 것이다.

　설교자들과 이사야서를 원문과 비교하면서 이해하려는 연구자들에게 이 주석은 큰 도움이 될 것이다. 역자 역시 많은 도움을 받았다. 영 박사는 본서에서 학문적 지식을 나타내기보다는 하나님의 말씀의 뜻이 무엇인가를 밝히려고 노력하였다. 여호와의 싹에 대한 그의 해석은 현대 학자들의 의견들을 참고하면서 읽는다면 많은 것을 시사해 줄 것이다. 물론 이사야서를 본문으로 설교한다는 것은 쉽자 않다. 그러나 만일 본 주석서를 세밀히 검토하고 연구하여 설교한다면 분명히 성도들에게 커다란 은혜를 끼칠 것임에 틀림없다. 우리가 책을 읽는다는 것은 세계적인 위인들과 대화하고 그들의 말을 직접 들어볼 기회를 갖는다는 점에서 대단히 중요한 일이다. 아무쪼록 본 주석서를 대함에 있어서 저자의 마음과 이사야의 마음, 그리고 특별히 하나님의 심장을 느껴 가면서 읽어 나가기를 바란다.

끝으로 본서의 추천서를 써주신 개신대학원대학교 손석태 총장님과 백석대학교 기독교전문대학원장 류호준 박사님, 그리고 고신대학교 신학대학원 구약학 교수 한정건 박사님께 심심한 감사의 마음을 드린다. 이사야서를 이해하기 위하여 본 주석서를 읽는 독자 여러분에게 하나님의 큰 은총이 있기를 바란다.

역자 장 도 선 · 정 일 오 識

약어표

abs.	독립형, 절대형
acc.	대격, 직접 목적어
adj.	형용사
AfO	*Archiv für Orientforschung*
Akk.	아카드어
ANET	Prichard: *Ancient Near Eastern Texts*(1950)
Ant.	『고대사』(요세푸스)
Aq.	아퀼라역
Aram.	아람어
ARI	Albright: *Archaeology and the Religion of Israel*(1942)
ATAT	Gressmann: *Altorientalische Texte zum Alten Testa-ment*(1909)
AV	Authorized Version
B	바티칸 사본(Codex Vaticanus)
BA	*Biblical Archaeologist*(성서 고고학자)
BASOR	*Bulletin American Schools of Oriental Research*
BDB	Brown, Driver, Briggs: *Hebrew Lexicon*
BH	*Biblia Hebraica*
BK	Baumgartner, Köhler: *Lexicon in Veteris Testamenti Libros*(1953)
BT	Vos: *Biblical Theology*(1948)
CIS	*Corpus Inscriptionum Semiticarum*
CML	Driver: *Canaanite Myths and Legends*(1956)

col.	칼럼
cons.	연속법, 결과를 나타내는
const.	연계형
Cyro.	Xenophon: *Cyropaedia*
Dio. Sic.	Diodorus Siculus
DOTT	D. Winton Thomas: *Documents from Old Testament Times*(1958)
Egy.	애굽어
E.T.	영역본
Eth.	에티오피아
f.	여성형
FAB	*Festscrift für Alfred bertholet*(1950)
FI	Rowley: *The Faith Israel*(1956)
fut.	미래형
gen.	소유격
Gk.	헬라어
GKC	Gesenius, Kautzsch, Cowley: *Hebrew Grammar*(1910)
Heb.	히브리어
Her.	헤로도투스
HG	Green: *Hebrew Grammar*(1898)
HTC	Mowinckel: *He That Cometh*(1956)
HUCA	*Hebrew Union College Annual*
IB	*Interpreter's Bible*(1952-56)
imp.	미완료형
imper.	명령형
inf.	부정사
JAOS	*Journal of the American Oriental Society*

JBL	*Journal of Biblical Literature*
JSS	*Journal of Semitic Studies*
JTS	*Journal of Theological Studies*
KAT	Schräder: *Die Keilschriften und das Alte Testament* (1903)
KUB	*Keilschrifturkunden aus Boghazkeui*(1916, 1921)
l.	선
lit.	직역하면
m.	남성
M	맛소라 사본
Met.	Ovid: *Metamorphoses*
mss.	필사본들
MSTP	Young: *My Servants the Prophets*(1954)
nom.	주격
NSI	Cooke: *Text-book of North Semitic Inscriptions*(1903)
NT	신약
obj.	목적어
OS	*Oudtestamentische Studien*
OT	구약
part.	분사형
perf.	완료형
pl.	복수형
pont.	Ovid: *Ex Ponto*
pred.	술어
prep.	전치사
pret.	과거
PTR	*Princeton Theological Review*
1Q	제1이사야서 쿰란 사본

s.	단수(單數)
SAT	Die Schriften des Alten Testaments(1921, 1925)
SDK	Engnell: Studies in Divine Kingship(1943)
DII	Young: Studies in Isaiah(1954)
SOTP	Rowley: Studies in Old Testament Prophecy(1957)
subj.	주어
sym.	심마커스 역
syr.	수리아 역
T	데오도숀 역
Targ.	탈굼 역
TAT	G. von Rad: Theologie des Alten Testaments(1958)
TGI	Galling: Textbuch zur Geschte Israels(1950)
TLT	Jacob: Théalogie de l'Ancien Testament(1955, E. T. 1958)
TPQ	Theologische und practische Quartalschrift
TT	Driver: A Treatise on the Use of the Tenses in Hebrew(1892)
TTC	Pentecost: Things to Come(1958)
Ug.	우가릿어
UM	Gordon: Ugaritic Manual(1955)
VD	Verubum Domini
VPA	Watts: Vision and Prophecy in Amos(1955)
VT	Vetus Testamentum
VTS	Vetus Testamentum Supplement
Vulg.	벌게이트역
WHAB	Westminster Historical Atlas to the Bible(1956)
WThJ	Westminster Theological Journal
ZAW	Zeitschrift für die alttestamentliche Wissenschaft

목차

추천사 1 (손석태 박사) • 5
추천사 2 (류호준 박사) • 6
추천사 3 (한정건 박사) • 8

제1권 저자서문 • 11

역자서문 • 14

약어표 • 16

서론
  1. 선지자 이사야 • 25
  2. 역사적 배경 • 32

제1부
위기와 메시아(1:1-12:6)

제1장 예언 전체의 서론(1:1-1:31)   49

  1. 유다의 죄악된 상태(1:1-9) ·· 49
    (1) 서언(1:1-3) ·· 49
    (2) 국가의 상태(1:4-9) ·· 66

  2. 유다에 임할 하나님의 심판(1:10-31) ······································ 85
    (1) 유다의 외식적 예배(1:10-17) ·· 85
    (2) 회개의 호소(1:18-23) ·· 102
    (3) 다가올 심판의 선언(1:24-31) ·· 113

제2장 이사야의 초기 메시지(2:1-5:30) — 125

1. 하나님의 축복과 심판(2:1-22) — 125
(1) 하나님의 백성의 영광스러운 미래(2:1-4) — 125
(2) 유다의 현재의 부패(2:5-11) — 147
(3) 여호와의 날(2:12-22) — 158

2. 유다에 대한 징벌과 영광(3:1-4:6) — 171
(1) 질서의 혼동(3:1-7) — 171
(2) 하나님께서 멸망한 유다를 변호하시다(3:8-15) — 187
(3) 여인들과 그들의 비극(3:16-4:1) — 198
(4) 여호와의 싹(4:2-6) — 212

3. 하나님과 유다(5:1-30) — 232
(1) 포도원의 비유(5:1-7) — 232
(2) 유다의 죄들의 분석(5:8-23) — 246
(3) 유기의 심판(5:24-30) — 266

제3장 유다의 참 소망: 메시아 왕(6:1-12:6) — 277

1. 거룩하신 하나님에 대해 이사야가 본 환상(6:1 13) — 277
(1) 환상(6:1-7) — 277
(2) 이사야 선지자의 사명(6:8-13) — 301

2. 위기와 약속(7:1-25) — 316
(1) 두려워한 아하스(7:1-9) — 316
(2) 여호와의 징조(7:10-17) — 329
(3) 다가오는 황폐(7:18-25) — 349

3. 앗수르인의 침입(8:1-9:7) ·· 354
　(1) 마헬살랄 하스바스(8:1-10) ····························· 354
　(2) 하나님 신뢰(8:11-9:1) ···································· 364
　(3) 메시아 왕(9:2-7) ·· 381

4. 앗수르의 위협(9:8-10:34) ·· 407
　(1) 임박한 멸망(9:8-17) ······································· 407
　(2) 징벌(9:18-10:4) ·· 414
　(3) 앗수르의 자랑(10:5-19) ································· 420
　(4) 여호와로 말미암은 구원(10:20-34) ················ 431

5. 메시아에 대한 유다의 소망(11:1-12:6) ················· 442
　(1) 이새의 줄기(11:1-5) ······································· 442
　(2) 다가오는 평화(11:6-10) ·································· 453
　(3) 이스라엘의 미래(11:11-16) ····························· 460
　(4) 승리의 찬양의 노래(12:1-6) ··························· 468

제 2부

신정국가와 열국들(13:1-39:8)

제1장 유다와 세상 세력(13:1-27:13)　　479

1. 메소포타미아 세력의 성장(13:1-14:32) ················ 479
　(1) 심판이 올 것이다(13:1-8) ······························ 479
　(2) 심판의 퍼부음(13:9-22) ·································· 494

(3) 바벨론 왕의 몰락(14:1-11) 506
  (4) 교만하던 왕의 종말(14:12-21) 516
  (5) 바벨론, 앗수르, 블레셋의 멸망(14:22-32) 525

 2. 모압, 수리아, 다른 나라들의 멸망(15:1-18:7) 533
  (1) 모압에 대한 신탁(15:1-9) 533
  (2) 모압의 고난(16:1-14) 540
  (3) 수리아에 대한 심판(17:1-14) 549
  (4) 심판의 궁극적 결과(18:1-7) 556

〈부록〉

부록 1. 이사야서 본문 565
부록 2. 이사야서의 문헌 573
부록 3. 제왕 즉위 축제 585

참고문헌 593

이사야서 주석(I)

서론

1. 선지자 이사야

이사야의 이름은 "여호와는 구원이시다"를 의미하는데, 이는 "여호와는 구원의 원천이시다"는 뜻이다. 이름의 두 부분(이사+야)은 주어와 술어의 관계인 것처럼 보인다. 이러한 구조는 첫 부분을 연계형, "여호와의 구원"으로 취급하는 것보다 더 낫다. 그 이름의 첫 부분을 동사형으로 간주해서도 안 되는데, 이는 야사으[1]의 칼형이 나타나지 않기 때문이다. 이 특이한 어근이 복합명사들 가운데 나타날 때, 그것은 히필형으로 나타난다(예를 들면, 렘 42:1).

이사야의 조상들과 부모들에 관하여 우리는 주석 가운데서 직접 말할 수 있을 것이다. 이사야 자신에 대해서는 알려진 바가 거의 없다. 그는 예루살렘과 그 근방에서 사역을 하였고, 왕 앞에 쉽게 나아갈 수 있었던 사람이었다. 그에 관해서는 여러 가지 전설이 내려오고 있다. 그래서 호세아의 아버지 브에리는 그의 예언 중 단 두 구절을 남겨 놓은 것으로 알려져 있는데, 그것은 이사야가 자신의 작품 가운데 보존하였던 것으로 이사야 8:19-20이다.[2] 예언자들 가운데서 가장 대선지자인 이사야와 가장 작은 선지자인 오바댜는 대 산헤드린으로부터 허락을 받기까지는 예언하지 않았으며, 그들은 모두 71개 방언으로 예언하였는데, 여기서 71개 방언은 "하늘의

---

1) ישע

2) *Midrash, Wayyiqrabba* 6:6; *Ra*15:2.

산헤드린"의[3] 71회원들을 가리킬 수도 있다. 이사야는 모세와 같은 위대한 선지자로 간주되었는데, 이 전통은 유대인들이 신적 경륜(구원 계획)에서 모세가 차지하는 위치에 대한 진정한 통찰력 있는 이해를 가지고 있지 않았음을 보여 주고 있다.[4] 이사야는 다른 선지자들과는 다른 독특한 사람으로 생각되었는데, 그 이유는 첫째로 그가 "전능하신 그분의 입으로부터 받아 예언하였고", 반면에 다른 사람들은 단지 그들의 지도자들로부터 예언의 영을 받았기 때문이다(예를 들면, 엘리야의 영이 엘리사에게 임하였다).

둘째로 이사야는 자기 예언을 도입하는 말씀들을 되풀이하여 그 예언들의 확실한 성취를 암시함으로써 두드러진 인물이 되었다(예를 들면, 40:1; 51:9, 12, 17).[5]

아담, 야곱, 이사야 그리고 예레미야는 성경 가운데서 하나님이 창조하신 사람들로 불려진 네 인물들로 말해지고 있다.[6] 이사야와 에스겔은 각각 수도와 촌락에 거주하는 자로 비교된다. 에스겔이 하나님의 영광에 익숙하지 못하였으므로 그는 자기가 본 것을 세밀하게 묘사하였고, 반면에 이사야는 그것에 익숙하였으므로 그것을 묘사하지 않고 있다.[7] 이사야는 웃시야가 스스로 분향을 하려다가 문둥병으로 세게 얻어 맞은 해에 소명을 받은 것으로 생각된다. 그는 미가가 보냄을 받고 뺨을 맞았던 것에 대해 그리고 아모스가 보냄을 받고 또 욕을 받았던 것에 대해 하늘의 음성이 그에게 알려주었을 때 공부하는 중에 있었다. 이사야는 "내가 여기 있나이다 나를 보내소서"라고 대답하였다.[8]

이사야의 순교와 관련된 전설들은 상당히 흥미롭다. 어떤 전설에 의하면 그는 자기가 능히 죽임 당하기 전에, 여러 조각으로 쪼개져야 할 한 그루의 나무에 의해서 삼킴을 당했다고 전해진다.[9] 그가 숨어 있는 장소는 그 나무가 삼키지 않았던 그의 옷자락 끝 때문에 발견되었다.

『이사야의 승천』이라는 위경에는 므낫세 통치하에서 있었던 이사야의 순교에 대

---

3) *Aggadat Bereshith* 14:32.
4) *Midrash, Pesikta Rabbathi* 4:14a.
5) *Pesikta de-Rab-Kahana* 16:25b; *Midrash, Wayyiqra Rabba* 10:2.
6) *Midrash, Pesikta Rabbathi* 26:129a; 참고. 27:133b.
7) *Hagigah* 13b.
8) *Pesikta de-Rab-Kahana* 16:125b; *Midrash, Wayyiqra Rabba* 10:2.
9) *Yerushalmi, Sanhedrin* 10:28c; *Midrash, Pesikta Rabbathi* 4:14.

한 기록이 있는데 왕은 나무로 된 톱으로 그를 켜서 죽였다. 거짓 선지자들은 그를 조롱하였으나, 그는 소리지르거나 울지 않고 성령으로 충만하여 말했다.[10] 이러한 유대인의 전설을 넘어서서 우리는 이사야의 진정한 의의가 무엇이었는지를 물을 수 있을 것이다. 왜 이 사람은 구원이 주님 안에서 발견되어야 한다는 진리의 생생하고도 구체적인 표현이 되어야 하는가? 역사의 무대에서 그의 출현의 의의가 무엇이었는가? 그 답변은 이사야가 자신의 선지 사역을 아주 의미심장한 시기, 즉 구원이란 인간을 의지하여 얻어지는 것이 아니라, 하나님 자신만을 의지하여 얻어지는 것임을 구체화하기에 가장 중요한 시기에 수행하였다는 것이다. 이스라엘에게 있어서 그때는 모세와 예수 그리스도 사이의 중심적이고도 구심이 되는 역사의 시점이었다.

그 새로운 세계 가운데서 이스라엘은 어디에 서 있었던가? 그 국가는 이방에 빛을 발하는 진정한 신정정치 국가가 될 것인가, 그렇지 않으면 그 주위에 있었던 열국들에게 도움을 구하기 위하여 그들에게 돌아섬으로써 어둠 속으로 사라질 것인가? 사람들이 전적으로 물리적인 도구들에 의한 구원과 구출을 추구하였던 때가 있었다. 하나의 커다란 심판이 홍수로 땅을 뒤덮었고, 그래서 온 지면에 널리 흩어지지 않도록 사람들은 바벨탑으로 자기들의 이름을 내려고 하였다. 그러나 그들의 구원의 도구였던 이것이 사실은 그들이 흩어지고, 언어가 복잡해지는 원인이 되어 스스로 멸망하게 하는 원인이 되어 버렸다. 그러므로 죄는 한 장소 안에 집중될 수 없었다. 한 집단으로서 인류는 더 이상 하나님에 대해 자랑할 수 없었다. 그래서 하나의 새로운 질서가 들어섰다. 인류는 흩어져서 그 결과로 개별 국가와 민족들이 일어났다. 모세 시대에 하나님은 그들 가운데서 그분의 이름을 위한 한 국가로서 한 백성을 택하셨다. 그 나라는 열국들 가운데서 한 국가가 되어야 했지만 의로우신 하나님의 의가 백성의 법률 집행 과정과 일상 생활에서 정당하게 전시되는 국가가 되어야 했다.

그러나 실제로 이스라엘은 다른 나라들과 다른 점을 거의 나타내 보이지 못했다. 다양한 종교와 의식과, 다양한 민족들의 특수성을 강조하는 특수주의

---

10) 참고 요세푸스, 고대사 10:3:1: 저스틴 마터, 스뤼포와의 대화, 120: *Tertullian, De Patientia*, 14: *Visio Pauli*, 49: *Pseudo-Hippolytus*, 705: *Yebamoth*, 49b; *Sanhedrin*, 103b.

(particulaism)의 시대였다. 그러한 상황에서 구원은 발견될 수 없었고, 바벨의 옛 정신이 다시 밖으로 드러나기 시작하였다. 세계 역사상 이전에는 결코 없었던 정복 사상이 유행하였고, 하나의 국가는 다른 국가들을 복종시키려고 하였으며, 그렇게 해서 자기 국가의 일부로 만들려고 하였다. 그리하여 앗수르 왕이 역사의 지평에 떠올랐으며 그의 출현은 새로운 질서를 위한 싸움의 시작을 알렸다. 이전에는 세상에 전혀 없었던 보편주의(universalism)를 달성하려는 노력이 이제 나타나기 시작하였으며 구질서에 대한 반작용이 일어났다. 다시 바벨의 정신이 나타났고, 또다시 사람은 바벨에서 자신을 높이려고 하였던 것처럼 자기를 높이기 시작하였다. 하늘에 닿을 만한 탑은 없을 것이다. 그러나 거기에는 세계 제국이 존재하게 될 것이다. 인류는 한 지점에 집중하지 않게 될 것이었다. 그들은 땅을 덮을 것이지만, 인간의 나라인 한 나라에 소속할 것이었다. 인간은 다스릴 것이었고, 그의 세력을 확장할 것이며, 인간의 왕국은 세계를 휩쓸고 그리하여 인간만이 홀로 그러한 보편주의를 통하여 높임을 받을 것이다.

이스라엘은 이러한 계획 어디에 끼어 맞게 될 것인가? 이스라엘은 그 세계적 왕국에 삼켜져 버릴 것인가? 그렇지 않으면 이런저런 이유로 문명화의 행진에 저항할 것인가? 인간의 목적들에 대항하는 것이 하나님의 계획이다. 그분은 당신의 백성들을 구원하시려고 영을 내리셨고(창 3:15) 그분의 목적들은 실패하지 않을 것이었다. 하나님의 목적은 하나님 자신을 높이는 것이며, 이 목적은 하나님의 인간 구원으로 말미암아 성취될 것이었다. 인간은 자신의 구원이 자신으로부터 오지 않는다는 사실을 배워야만 한다. 그는 하나님만 앙망하여야 한다. 이스라엘은 선민이었다. 하나님은 그 나라 앞에 축복과 저주(신 28장; 30:15-20; 레 26장)를 놓아 두시기 오래 전에 그분은 그들에게 저주를 선택할 때의 결과들에 대해서 말씀하셨다. 그렇지만 이스라엘은 마치 자기들이 하나님이 전혀 필요 없는 것처럼 행동하였다. 왕을 구하는 그들의 요구는 단순히 다른 국가들과 같이 되고자 해서 한 것이었다. 사울과 같은 왕까지도 그들은 만족하였던 것이다.

비록 저주들이 솔로몬 시대에 백성들 앞에 또다시 선포되기는 하였으나(왕상 9:6-9) 그들은 주의하지 않았다. 실제로 이스라엘은 주님의 축복을 택하지 않았고 저주를 택했다. 그들은 그 땅의 소산과 풍요를 누리도록 그곳에 머무를 수 있었다. 바벨론 포로는 결코 올 필요가 없었다. 그러나 이스라엘은 저주를 택하였다. 그러므로 이스라엘은 구원이 오직 종의 모양으로서만 그들에게 올 수 있다는 것을 배워야 했다. 만약 이스라엘이 궁극적으로 구원을 얻어야 한다면, 먼저 죽음을 통과해 나가야만 했다. 남은 자가 포로기를 통과하여 돌아오도록 하기 위하여, 그리고 이 남은 자들로부터 구속자가 최종적으로 오시도록 하기 위해서 하나님의 큰 진노의 시기인 이 포로기가 이스라엘에게 닥쳐와야만 했다. 바벨론 포로는 그 국가에 임한 저주 가운데서 절정을 이루는 것으로 보인다. 그러나 사실상 그것은 절정이 아니었는데, 이는 그 저주가 가장 잔인한 지점에 이를 그때, 세계 심판이 모든 인간들에게 떨어질 것이고, 여호와께서 홀로 높임을 받을 것이기 때문이다. 그리고 나서 마지막 날에 모두 여호와께 속하게 되고, 오직 여호와께서만 최고 군주이심이 드러날 것이다. 그분의 능하신 군대가 그분으로 하여금 승리하게 하실 것이다. 그분의 백성들은 영광 가운데 받아들여질 것이며, 그분을 대적하는 사람들은 바깥 어두움에 던져질 것이다. 심판의 날은 인간 역사를 종식시킬 것이다.

단번에 모든 저주가 온 것은 아니다. 그것들은 점진적으로 왔으며, 이스라엘은 계속하여 여호와께 마음을 강퍅하게 하였다. 솔로몬 시대 이후 부분적인 전쟁이 있었다. 블레셋인들과 아람인들은 이스라엘을 괴롭혔는데, 그럼에도 그 이스라엘을 그들은 완전히 쳐부수지 못하였다. 그렇지만 앗수르가 있었다. 다른 민족들의 침입들은 앗수르가 가져다줄 징벌에 비하면 아무것도 아니었다. 그렇지만 앗수르의 침입마저도 끝은 아니었다. 앗수르의 침입은 초창기의 징벌의 성취였지만 그것 역시 바벨론 포로의 예비단계였다.

앗수르 침입에 있어서까지도 우리는 전환을 볼 수 있다. 무엇보다도 가장 먼저 디글랏-빌레셀(Tiglath-pileser)이 있었는데, 그는 북왕국을 괴롭혔고 몇 지파들을 포로로 잡아갔다. 그리고 나서 살만에셀(Shalma-nezer)이 왔고 그로 인해 북왕국은 완전히 멸망하였다. 그리고 나서 산헤립(Sennacherib)이 왔다. 유다는 이 사람에게 괴롭힘을 당하였으나 완전히 휩쓸리지는 않았다. 예루살렘은 "원두밭의 상징막같이" 남아 있었다. 앗수르는 예루살렘을 무너뜨릴 수 없었다. 메소보다미아인의 세력이 절정에 달하였던 것은 신 바벨론 제국 시대였다. 하나님의 백성에 대한 적대적인 대적의 전형이요 상징인 바벨론이 드디어 예루살렘을 함락시켰다. 그리고 나서 하나님의 백성은 흩어졌다. 세계 제국 속으로, 당시의 범세계주의 속으로 하나님의 백성은 가야 했었다.

참으로 이상한 것은 하나님의 목적이었다. 신정정치 국가는 추방되었고, 진노의 시기가 왔다(사 10:5). 유대인들은 바벨론에 의해서 흩어졌는데, 그렇지만 앞선 앗수르처럼 바벨론도 전능하신 하나님의 손안에 들려진 단순한 도구에 지나지 않았다. 유대인들이 흩어지고 분산된 곳은 어디에서나 그들은 누룩의 역할을 하였고, 그들의 유일신 사상에 대한 강조와 교리의 순수성으로 인하여 조만간 관심을 끌게 되었다. 그래서 사도 바울이 복음을 전파하였을 때, 복음을 받아들일 준비된 무르익은 경건한 사람들(God-fearers)이 일어났던 것이다. 그리하여 인간이 자기가 설립하였다고 생각했던 그 범세계주의 안에서 하나님은 자신을 높이셨다.

그렇지만 유대인들은 포로기를 통과해 나가도록 쫓겨났고 그들에게 이것은 진노의 시기였다. 그들은 종의 모양, 즉 바벨론의 종이 되어야 했고, 그것은 궁극적으로 생명이 하나님으로부터만 올 수 있음을 배울 수 있게 되었다. 그들은 비록 고레스가 그들을 바벨론의 굴레에서 자유케 하였으나 그것은 더 큰 포로 생활의 전형에 지나지 않았다는 사실과, 또 그것이 그들을 하나님으로부터 분리시킨 영적 포로 생활이라는 사실, 또 그들이 진정한 하나님의 종이신 여호와의 종에 의해서만 그 포로 생활에서 구원될 수 있다는 사실을 바벨론 포로 생활을 통해 배워야 했다. 여호와의 종은 드렉슬러(Drechsler)가 "익명인이나 그럼에도 불구하고 잘 알려진 사람"으로 표현한 구속자이시다. 그는 이스라엘 국가 자체가 결코 이룰 수 없었던 하나님의 목적들을 성취하시는 분이시다.

옛질서가 지나가고 새로운 보편주의적 시대가 다가오고 있다는 것을 하나님의 백성들에게 설명하는 것이 이사야의 임무였다. 하나님께서 그를 선택하셔서 그렇게도 높이 올려 이 메시지의 전달자로 삼으신 사람이 이 사람이었다. 이전에는 결코 가능하지 않았으나, 이제는 이스라엘이 그들의 도움이 여호와 안에 있다는 것을 알아야 했다. 앗수르의 등장이 설명되어야 하는데, 이는 유대인들이 당시에 도움을 얻기 위하여 앗수르에게로 돌이키는 것 같은 어리석은 일을 하지 않을 수 있었기 때문이었다. 그럼에도 불구하고 유대인들은 바로 이러한 일을 하였다. 그들은 자기들을 멸망시킬 자들에게로 돌이켰던 것이며, 그래서 자신의 영광을 위하여 모든 것들을 다스리시는 여호와께서는 그들에게 그들이 간청하던 일, 곧 심지어 앗수르 왕을 오게 하셨다(사 7:17).[11] 앗수르 왕은 왔고 인류의 전 역사는 변했다. 이사야는 앗수르에 의존하는 일에 대해 경고하였으나 아무 소용이 없었다. 그러므로 사건들의 과정들

---

11) 이 문구를 주해(gloss)로 설명할 수 있다고 하는 것은 천박하고도 현명하지 못한 비평일 뿐이다.

을 설명하여 유대인들로 하여금 무엇이 일어나고 있는 것인지를 이해하도록 설명하는 일이 그에게 부여되었다.

누구의 도움 없이 혼자의 힘으로 행동하는 사람은 아무도 그 시대의 도전을 대항할 수 없었다. 하나님에 의해서 직접 세우심을 입은 한 사람의 선지자, 곧 하나님께서 그의 입에 넣어주신 바로 그 말씀을 말하였던 한 선지자만이 그 시대가 들어야 할 메시지를 말할 수 있었다. 그러한 한 사람이 곧 이사야였다. 그는 앗수르에 대해서 말하였다. 그는 유다의 죄에 대해서 말하였으나 그리스도에 대해서도 말했다. 그는 예견적 예언을 말하였다. 만일 어떻게 이사야가 주전 8세기에 그리스도를 예견할 수 있었느냐고 묻게 된다면, 그 대답은 하나님께서 자신의 말씀들을 그 선지자에게 계시하시고, 그 선지자는 그것들을 발표하였다는 것이다. 예언은 참 기독교 유신론의 가정에서만 참으로 이해될 수가 있으며, 또한 그러한 가정들이 본서에 기록된 내용을 뒷받침하고 있다.[12]

선지자 이사야 자신이 본서 전체의 저자이다. 그 자신이 그 모든 내용을 기록하였으며, 그는 자기의 메시지들을 모으는 데 책임을 졌으며, 그것들을 그의 이름을 담고 있는 본서에 모두 담아냈다. 필자는 이 책의 내적 통일성과 예언의 여러 단락들의 관계들을 지적할 것이다. 그리고 필자는 본서 전체를 끝마칠 때까지 본서의 통일성과 저작권을 옹호하기 위한 특별한 노력을 하지 않을 것이다.[13]

본서의 본질적인 단일성과 이사야의 저작권을 부인하는 현대 비평주의는 사실상 본서를 각기 다른 시대에 기록된 예언의 단편들의 모음으로 간주한다. 1-18장들에 대한 다음의 선언들은 현대 사상을 상당히 대표하는 것들이다. 이사야 자신이 유다와 예루살렘과 관계된 어떤 신탁들을 발표하였다. 이것들은 그의 회고록과 함께 결합되었는데, 그것들 중 제6장은 보다 의미 깊은 것이다. 후에 가서 추가 글들과 확장된 내용들이 그의 본래의 모음집에 첨가되었다. 이사야의 죽음 후에 너 많은 추가 글들이 원저에 덧붙여졌고, 이러한 것들 가운데 메시아 예언들, 특히 9:1-6과 11:1-9이 있으며 또 이방 예언들이 있다. 이것들은 차례로 13:1-22; 14:1-23;

---

12) 이 입장은 나의 책 『선지자 연구』(*My Servants the Prophets*)(CLC刊,1985)에서 보다 충분히 개진되었다.

13) 이러한 주제들에 대해서 흥미를 가진 사람들은 필자의 짤막한 강해인 *Who Wrote Isaiah?*(Grand Rapids: 1958)를 보기 바란다.

15:1-16:14과 같은 구절들을 포함하여 한층 더 확장하게 되었다.[14] 필요하다면 필자는 각 경고의 말씀들의 저작권에 대한 문제들을 다룰 것이다. 본 예언의 토대를 이루고 있는 놀랄 만한 통일성이, 이 예언에는 일관된 목적이 있다는 것, 그리고 그 작품이 한 작품으로 간주될 때 가장 잘 이해된다는 것을 보여 주는 강력한 논증들 중의 하나이다.

2. 역사적 배경

자기의 백성들을 팔레스틴 땅으로 인도해 들이시고 예루살렘을 그들의 수도로 세우시고, 때가 되면 참된 왕이신 약속된 메시아가 오실 그 왕국을 세우시는 것이 하나님의 목적이었다(삼하 7:12-17; 왕상 8:24-30; 사 2:2-4). 이 왕은 십자가에 죽으시고 묻히시고 죽은 자 가운데서 부활하심으로 예루살렘에서 자신의 생애의 위대한 사명을 성취하실 것이었다. 그분의 오심을 준비하기 위하여 하나님의 백성은 그들이 구속자가 태어나셔야 하는 그 땅을 점령할 수 있도록 하기 위해서 하나의 국가 형태가 되어야 했다.

하나님께서 자기 백성을 신정정치 국가로 형성시키신 곳은 시내산이었다. "너희가 내게 대하여 제사장 나라가 되며 거룩한 백성이 되리라"(출 19:6 상). 그렇지만 백성들은 오직 점진적으로만 이 말씀의 의미를 깨달았다. 그 나라가 팔레스틴 땅으로 들어갔을 때 흩어졌고 통일성을 갖추지 못했다. 그 땅의 지형은 백성들로 하여금 서로 떨어지게끔 했던 한 요인이 되었다. 이것이 지방주의와 질투심을 유발시켰고 그것들 중 어떤 것들은 결코 사라지지 않았다. 더 나아가서 외부의 대적들은 때때로 그 나라의 일부분을 공격해 들어왔고 약화시켰다. 그리하여 내적인 어려움들과 외

---

14) 본서가 어떻게 확장되었는가 하는 가정들에 대한 상당히 세밀한 개관을 보려면, IB에 있는 주석의 서문을 참고하기 바란다. Cf. the analysis in H. Birkeland, *Zum Hebräischen Traditionswesen*(Oslo: 1938), pp. 26-41; and J. Eaton, "The Origin of the Book of Isaiah", VT, XI, No. 2. 138-157. 그는 이사야가 자기 주위에 영적으로 단합된 일단의 제자들을 끌어 모았을 수 있다고 말한다. "…원천인 그들의 설립자 이사야로부터 나온 이 단체에 의하여 전해진 발전하는 전통의 한 흐름의 최종적인 고정을 본질적으로 표현하고 있다."

적인 대적들로 인하여 한 사람의 왕을 요구하기에 이르렀던 것이다.

그렇지만 왕을 요구한 것은 진정한 신정정치의 특성에 대한 이해의 결핍을 보이는 정신과 사고에서 형성된 것이다. 백성들은 단순하게 한 왕을 요구하였는데, 그 이유는 그들 주변에 있었던 열국들처럼 되기 위해서였다(삼상 8:5). 사무엘이 왕을 요구하는 백성들에게 그들이 여호와를 버렸다고 말한 것(삼상 8:7 이하)은 이러한 배경으로 인한 것이었다. 한 왕이 주어졌다. 그러나 그들은 더 많은 교훈을 배워야 했다. 사울의 정치는 그 나라를 그가 다스리기 시작한 대략 그 지점에다 그대로 지체시켜 놓았다. 한 인간으로서 사울은 놀랄 만한 자질들을 갖추고 있었지만, 그는 하나님의 마음에 합한 사람은 아니었다. 그는 자신의 지혜를 의지했고, 그래서 그는 폐위되었다. 사울은 신정정치 국가에는 진정한 관심이 없었고, 그 신정정치 국가는 일반적인 국가처럼 시행될 수 없었다. 그 나라의 왕은 그 정부의 행정 가운데 하나님의 의로우신 법들이 엄격한 정의 가운데서 시행되어 나아가도록 의로 다스려야 했다. 그래서 사울의 통치 아래서 적합한 왕에 대한 필요성이 생기게 되었다.

하나님의 마음에 합한 사람은 다윗임이 드러났다. 다윗은 그 나라를 그 이전에 그 누구도 할 수 없었던 상태로 세워 놓았다. 하나의 인간으로서 그는 참으로 위대한 인물이었지만 그 역시 매우 죄악된 인간이었다. 다윗은 그의 죄들로 인하여 고난을 당한 사람이었지만 그는 그러한 죄들을 용서받았다. 그는 중심으로부터 여호와를 따르기를 갈망하였다. 그럼에도 불구하고 그는 성전을 짓도록 허락을 받지 못했는데, 이는 하나님의 나라는 평화로운 나라이기 때문이며, 그리고 그 왕국의 외적 표명이 하나님의 거주하시는 곳, 즉 성전 가운데서 보여지기 때문이다. 이 성전은 통치자 가운데서 평화를 상징하는 인물인 한 사람에 의하여 세워져야 한다(삼하 7:1 이하; 왕상 5:3-5; 대상 28:2-7).

그러므로 성전을 짓는 일은 솔로몬에게 맡겨졌는데, 그 이름 사체가 우리에게 샬롬(평화)이란 단어를 상기시켜 준다. 그러므로 예루살렘에 있는 성전과 함께, 그 신정정치는 이방에 빛을 비춤으로 봉사하여야 했고, 참되신 하나님의 이름을 영화롭게 하여야 했다. 그러나 그 신정국가 안팎에도 위험들이 있을 수 있는데, 그 중 내적인 것이 보다 심각했다. 솔로몬의 정책들은 북쪽지파들에게 내해서는 현명하지 못하였는데, 그래서 그 결과로 그의 죽음 이후에 이 지파들이 반란을 일으켰고 다윗 왕조에 충성하는 것을 부인하였다. 그 분열은 신정정치에 하나의 커다란 오점이 되었다. 그러나 분열이 전부가 아니었다. 여호와 숭배에 형식주의가 기어 들어왔고,

이 형식주의와 함께 무감각한 물질주의가 들어왔다. 이것이 사회질서에 부정부패를 몰고 왔고, 실로 그 국가가 약속의 땅으로부터 추방되어야 하는 나쁜 상황으로까지 이르게 하였다.

그러므로 우리는 어떤 의미에서 백성들의 내적 상태가 외적인 대적들을 일으키게 하였다고 말할 수 있다. 하나님은 은혜로우신 섭리 가운데서, 팔레스틴으로부터 신정정치 국가를 없애 버리려는 목적을 시행할 한 민족을 일으키셨다. 이것이 메소보다미아의 세력이었는데, 그 나라가 이사야서 안에서는 하나님의 백성의 최종적인 대적의 상징으로 나타나 있다.

유다에서는 웃시야가 권좌에 있었다. 그는 백성들을 위하여 많은 일을 한 선한 왕이었다(왕하 14:21-15:7과 대하 26:1-23은 그의 통치를 기술하고 있다). 그의 통치 아래서 백성들은 풍요를 누렸었다. 좋은 시대인 것처럼 보였다. 그러나 거기에는 사회적 부정과 불의들이 팽배하여 있었고 국가는 범죄하고 있었다. 그 대적들은 이미 지평에 떠올라 있었다.

앗수르의 세력이 최정상에 달하여 신정국가가 위기에 처하게 된 것은 디글랏-빌레셀 3세(Tiglath-pileser Ⅲ, 주전 745-727)의[15] 때였다. 이 군주는 아마도 왕위를 찬탈한 자로서, 디글랏-빌레셀 1세(주전 1115-1093)의[16] 정책들을 실행한 자였던 것으로 보인다. 그의 즉위 첫해에 그는 눈을, 수년 동안 쇠약한 상태로 내려온 바벨론으로 돌렸다. 당시 바벨론의 통치자 나부-나시르(Nabu-nasir)는 새로운 시대를 열고 있었고, 앗수르 대왕의 지지를 받아 왔었다.

제1인칭 대녕사의 지속적인 시용괴 함께 디글랏-빌레셀 3세는 자기가 어떻게 바벨론 영토에 들어갔었는지를 말하고 있다. 거기에다 그는 두르-투쿨티-아팔-에사라

---

15) 대상 5:26에서 그 이름은 필네쩨르로 나타난다. 비문에서는 그것이 투쿨티-아필-에사라(*Tukulti-apil-ěsarra*, 나의 도움은 에사라의 아들이다)이다. B는 다글랏팔나사르($θαγλαθφελ\ λασαρ$, 왕하 15:29); 다글랏팔라사르($θαγλαθφαλνασαρ$, 대상 5:26)로 되어 있고; 벌게이트역은 테글랏-필라사르(*Theglath-philasar*, 왕하 15:29)와 테글랏팔나사르(*Theglathphalnasar*, 대상 5:26)로 되어 있다.

16) 그 역시 레바논(Labnani)으로 침입하여 아누(Anu)와 아닷(Adad)의 신전들을 위하여 백향목의 들보들을 가져갔다. 그는 자신이 아무루(Amurru)의 땅 전역을 정복하였다고 말하고 있다. 그는 아르왓(Arwad)으로부터 아무루에 있는 자무리(Zamuri)로 여행하였고, 바다의 한가운데서 한 나히루(nahiru = 고래? 바다표범?)를 죽였다고 언급하고 있다. Cf. *ATAT*, I, 339; *ANET*, p. 275.

(Dur-Tukulti-apal-Esarra) 궁전을 짓고 자기가 정복하였던 지역들의 백성들을 정착하게 하였다. 즉위 2년에 왕은 그의 눈을 서방으로 돌렸다. 그와 관련하여 특별히 흥미 있는 것은 아라지(Arazi)의 라마티아(Ramateia)에 대한 그의 언급인데, 그는 말하기를 "그가 구멍을 통하여 생쥐같이 도망을 쳤으며 아무도 그를 다시 보지 못하였다"고 하였다. 그의 정복에 대하여 왕은 자신의 잔인함을 자랑스럽게 늘어놓는다. "나는 산들의 골짜기들과 낭떠러지들을 그들의 시신들로 가득 채웠다."[17] 한 번은 자신을 두 강들로 이루어진 땅에 대한 명백한 주인으로 말하고 나서, 그는 수리아와 팔레스틴이 가로놓인 북서쪽으로 그의 시선을 돌렸다.

그 왕의 비문들은 단편적이고도 해석하기 어렵다. 그의 서방 원정들에 대한 두 가지 사실이 우리를 흥미롭게 한다. 첫 번 것은 북서쪽 지역으로의 그의 초기 침입이고,[18] 다른 하나는 주전 732년에 아하스를 다루고 있는 내용이다. 시리아에서, 다메섹에서 그는 점점 약화되었고, 반면에 하맛은 점점 강성해지고 있었다. 디글랏-빌레셀은 다메섹의 라수누(Rasunnu),[19] 사메리나야의 메니힘메(Menihimme of Samerinaia),[20] 두로의 히룸무(Hirummu),[21] 비블로스의 시피티빌(Sipittibi' il), 그리고 수리아에 있는 여러 다른 곳들로부터 조공을 받은 것을 언급하고 있다.[22]

---

17) Luckenbill, *Ancient Records of Babylonia and Assyria*(Chicago: 1926), I, 272-73.

18) 연대기에 대한 자세한 논의에 대해서는 Edwin R. Thiele, *The Mysterious Numbers of the Hebrew Kings*(Chicago: 1951; Grand Rapids: 1965), pp. 75-98을 참고하라. 본문들에 대해서는 P. Rost, *Die Keilschrifttexte Tiglatpilesers* III(Leipzig: 1893)을 보라. 또한 Cf. Abraham S. Anspacher, *Tiglath Pileser* III(New York: 1912).

19) *Rasunu matDimaskai*, 즉 르신(Rasunu)은 히브리어로 라촌으로 나타나 있는데, 이는 B사본에서 ρασων과 ρaaσων으로 간직되어 있는 것으로 보인다. 그러나 디글랏 빌레셀은 또한 라히아니(ra-ḫi-a·ni)란 이름을 쓰기도 하는데, 이는 히브리어로 라힌(ra-hîn)으로 나타날 수 있다. 본인은 현재 히브리어 형태를 설명할 수 없다. Cf. Benno Landsberger, *Sam' al*(Ankara: 1948), p. 66, n. 169.

20) *Minihimme aluSamerinaya*, 즉 사마리아의 므나헴.

21) 즉 두로의 히람. 설형문자는 강음절에서 우(u)라는 글자를 가지고 있는 반면에 히브리어는 아(a)라는 음을 가지고 있다

22) 공물들로 그는 금, 은, 납, 철, 코끼리 가죽, 상아, 채색옷, 양털옷, 푸르고도 자주빛 나는 털, 단풍, 회양목, 궁중보물, 염색한 털을 가진 양들, 염색한 푸른 털을 가진 새들, 말들, 노새들, 가축, 양, 낙타들, 새끼들을 가진 암낙타들을 열거하고 있다(*ATAT*, I, 346; *ANET*, p. 283a).

므나헴은 그가 불(Pul)에게 조공을 드렸다고 언급하고 있다(왕하 15:19-20). 불이 디글랏-빌레셀의 다른 이름이라는 사실은 다음과 같은 사실에서 드러날 수 있을 것이다. 디글랏-빌레셀은 므나헴으로부터 조공을 받았다고 말하고 있는데, 이는 그 앗수르 왕이, 므나헴이 조공을 드렸다고 말하고 있는 불과 동시대 인물이었음을 보여 주는 것으로 보인다. 역대상 5:26은 실제로 양자를 동일시하고 있다. "그러므로 이스라엘 하나님이 앗수르 왕 불의 마음을 일으키시며 앗수르 왕 디글랏-빌레셀의 마음을 일으키시매 곧 르우벤과 갓과 므낫세 반 지파를 사로잡아 할라와 하볼과 하라와 고산 하숫가에 옮긴지라."[23] 바벨론 왕의 명단에서 불루(Pulu)는 우킨주(Ukin-zu) 다음에 나타나며 또한 2년이 그에게 주어져 있다. 바벨론의 역대기에서 디글랏-빌레셀은 우킨-주 다음에 나오고 2년에 죽는다.[24] 디글랏-빌레셀 3세와 불은 한 사람이고 동일인물이며, 앗수르 왕을 본국으로 돌아가게 한 것은 므나헴에 의하여 "그의 큰 부자들"로부터 토색된 그의 엄청난 조공 지불 덕분이었다.[25]

앗수르 왕의 기록 가운데서 흥미를 끄는 것은 야우디(Ya-u-di)의 아즈리야우(Azriyau)에 대한 언급이다. 그러나 이 칭호는 누구를 암시한 것인가? 이 사람이 유다의 아자랴(Azariah, i. e., Uzziah)인가? 어떤 사람은 그렇게 주장하였다.[26] 웃시야는 강력한 나라의 통치자였고, 그래서 그 시대에 같은 이름을 가진 다른 왕국을 다스리는 동일한 이름을 가진 다른 사람이 있다고 상상하기는 어렵다. 만약 그가 성경의 웃시야를 가리킨다면, 그는 당시 반란의 주도적 인물들 중의 한 사람이었을 것이며, 앗수르에 대항한 인물들 가운데 주목의 대상이었을 것이다. 다른 한편 만약 아즈리야우(Azriyau)의 웃시야가 동일한 인물이라면, 왜 앗수르 편에서의 직접적인 보복이 없었을까? 웃시야의 죽음이 앗수르로 하여금 유다를 떠나게 하였을까?

---

23) AV의 번역은, 양자가 다른 민족인 것과 같은 인상을 주고 있으므로 정확하지 못하다. Thiele, *op. cit.*, pp. 76-77을 보라.
24) 하나의 일람표가 Thiele, *op. cit.*, p. 77에 제시되어 있다.
25) 노트(Noth)는 이들을 "군사적 도움을 의지하였던 그의 왕국 내의 자유 지주들"(*die heerbannpflichtigen freien Grundbesitzer in seinem Staate*)이라고 불렀다. *History of Israel*, E.T. (London: 1958), p. 258; original edition(Göttingen: 1954), p. 233.
26) Cf. Thiele, *op. cit.*, chap. 5; and *Journal of Near Eastern Studies*, III (1944), 155-63; Wm. F. Albright, "The Chronology of the Divided Monarchy of Israel", *BASOR*, No. 100, p. 18, n. 8, and George E. Wright, *Biblical Archaeology*(Philadelphia, London: 1957), pp. 160-61.

많은 학자들은 이 아즈리야우가 수리아 왕국을 찬탈하고 머리가 되었던 자였다고 믿는다. 이러한 주장을 하게 된 주된 이유는 원정의 위치이다. 유다의 웃시야가 북방 수리아에서 무엇을 하고 있었을까? 고든(Gordon)까지도 앗수르 왕이 파나무와 Ⅱ세(Panamuwa 2세) 통치하의 옛 야우디(Yaudi) 왕조를 회복하였다고 주장하고 있다.[27] 다른 한편 올브라이트(Albright)는 야우디(Ya-u-di)가 히브리어에서는 샤말(Shamal) 비문들 가운데서 야디이/야(y'dy)[28]와 동일시되지 않았을 야우두(Ya-u-du)의 정상 소유격이라고 지적한다.[29]

주전 735년에 있었던 디글랏-빌레셀의 아르메니아 습격을 취급하고 있는 내용의 한 단편이 지금 출판되어 있다.[30] 그 왕은 우라르투(Urartu) 왕국에 있는 시지르(Sizir) 산을 언급하고 있다. 그는 반(Van) 호수의 동쪽 해안에 있는 우라르트(Urartian)의 수도인 투루스파(Turuspa)를 공격하였고, 그 도시의 맞은편에 그의 동상을 세웠다. 그는 그의 선왕 디글랏-빌레셀 1세의 관습에 따라서 산악 도시들 가운데에 이방 민족들을 정착시켰다.

그리고 나서 그 왕은 아르메니안 타우러스(Armenian Taurus)를 따라 사르두리(Sarduri, 티그리스에 있는 Sardeban)에 이르는 훨씬 서쪽의 어떤 장소들을 언급하고 있다. 이 지역은 새로운 요새인 앗수르-이퀴사(Assur-iqisa)의 감시 하에 놓여 있었고, 또 그 전 지역은 앗수르의 변경에 자리잡고 있었다. 서쪽으로는 더 먼 도시들까지 언급하고 있으며 그 국경으로 산악들이 확인되고 있다. 이 도시들은 랍-사케(Rab-saqe)의 지역에 덧붙여 있는데, 이는 아마도 마딘(Mardin)의 북동쪽과 투삼(Tusham)의 동쪽지역인 야발 투르(Jabal Tur)일 것이다.[31]

그리고 나서 왕은 티그리스의 상류 근처에 있는 도시들과 유프라테스와 하란 사이의 지역들을[32] 말하고 있다. 비문의 표면은 비트-아르파드가 바친 공물 목록으로

---

27) Gordon, *The World of the Old Testament*(New York: 1958), p. 228.
28) 히브리어로는 יאדי이다.
29) Wm. F. Albright, "The Chronology of the Divided Monarchy of Israel", *BASOR*, No. 100. Dec. 1945. p. 18, n. 8.
30) Donald J. Wiseman, "A Fragmentary Inscription of Tiglath-pileser Ⅲ from Nimrud", Iraq, ⅩⅧ, Part Ⅱ (1956), 117-29.
31) Ibid., p. 127. Wiseman은 여기서 본문을 논의한다.
32) 즉 툴탄(Turtan)의 변방. 이 지역들 가운데는 Wiseman이 우르파(Urfa)와 동일시 할 수도 있다고 주장하는 대상의 중심지인 우라(Ura)도 들어 있다(*op. cit.*, p. 128).

끝난다. 그 뒷면은 멀리 사우(Saue)산까지 영역을 앗수르의 국경지역 안으로 되 찾았다는 선언이 계속되고 있다. 수리아와 이스라엘 역시 언급되어 있다. "~로 부터 오므리 1세의 집의 땅까지 이르는 원형태의 하사엘의 광대한 땅을 앗수르의 영토로 되돌렸다."³³⁾ 그 다음으로 두로의 히람과 다메섹의 르신에 대한 언급을 하고 있다. 그 왕의 언급에 따르면, 그들이 자신에게 복종하였고 공물을 바쳤다 고 되어 있다. 이스라엘의 일부가 실제로 빼앗겼을 수도 있는데, 이는 최근에 발 간된 한 단편이 이것을 암시하기 때문이다.³⁴⁾ 이 파편(1-9절)은 해변지역을 다루 고 있는 것으로 보인다. "바다의 가운데 있는 성"은 아르왓(arwad)을 가리키는 것으로 보인다. 이러한 가정은 시미라(Simirra, nahr el-Kebir의 맞은편에 있 음)에 대한 언급에 의해서 지지를 받는데, 그곳은 이미 이전에 있었던 디글랏-빌 레셀 원정에서³⁵⁾ 합병되었고 그곳에 그는 한 총독을 두었다.

열 번째 줄을 시작하면서 이 단편은 페니키아 이외의 한 지역을 언급하고 있다. 다른 곳에서 이스라엘이 카쉬푼나의 근처에 있는 것으로 말해졌으므로, 아마도 그 왕은 여기서 이스라엘 왕을 말할 수도 있다.³⁶⁾ 아마도 이스라엘 왕(베가?)이 남방으 로 행군하고 있었던 앗수르 왕을 제지하기 위하여 악코(Akko) 평원이나 아니면 샤 론(Sharon) 평야로 나왔을 것이다. 그렇지만 디글랏-빌레셀은 저지당하지 않았다.

---

33) Wiseman, *op. cit.*, p. 125.

34) Wiseman, "Two Historical Inscriptions from Nimrud", Iraq, XIII, Part I, Spring 1951, 21-26. (ㄱ 본문은 다음과 같이 번역될 수 있을 것이다. "메마른 땅에 대하여…나는 쏟 아져 나오게 하였다. 바다의 한가운데 있는(*qabal*)…그 성을 나는 짓밟고…까지(ㄴ)…ㄱ 위에 덮쳤다) 그는 낙담하였다. 그는 스스로 삼베옷을 입고,…아흐(aḫ)의 땅으로부터 가져오고, (내 가 위임한) 시미라(ṣimirra)의 통치자(šakin)의 손으로 전달된…바다 곁에 있는(aḫ tam-tim) 카쉬푼나(Kashpunna, ka-as-pu-na)의 성으로부터 가져온 버드나무를, 금, 상아, 상품 오일, 모든 종류의 향료, 말들 등과 함께 놓았다."

35) Cf. Albrecht Alt, *Kleine Schriften*, II(München: 1953), 152.

36) 이 부분을 쓰면서 필자는 Alt의 해석을 따랐다. op. cit., pp. 152ff. 본문은 다음과 같이 번역될 수도 있을 것이다. "Like (gr)ass (with) bodies of their warriors I filled (the plain)…their (pos)sessions, their cattle, their flocks, their asses…in the midst of (i.e., within) his palace…their (tri)bute I received (from) them and their land…." 곧 "풀마같이 (들 을) 그들의 용사들의 시체로 채웠고… 그들의 재산, 가축, 소떼, 말떼를 궁전 안에서 그들로 부터, 그들의 땅으로 부터 공물로 취했다." 본문은 Wiseman, "Two Historical Interpretations from Nimrud", *Iraq*, XIII, Part I, Spring 1951, 23에 들어 있다.

한 돌판에는 오므리 왕궁으로 들어가는 입구에 있는 아비락카(Abilakka) 성이 언급되어 있다.[37] 디글랏-빌레셀은 가사(Gaza)를 정복하였고, 그곳의 왕 하눈은 애굽(musri)으로 도망을 하였으며, 디글랏-빌레셀은 그곳의 소유물들과 신들을 취하고, 하눈의 궁전의 중앙에 자신의 동상("나의 왕권의 그림")을 두어 그 땅의 신들 가운데 하나로 섬기게 하였고, 또한 공물을 바치도록 하였다.

우리가 방금 언급하였던 파편은 가자 원정에 관한 정보를 더 제공하고 있다.[38] 디글랏-빌레셀의 갑작스러운 침입이 하눈으로 하여금 도망하게 한 것으로 보인다. 이스라엘의 급격한 패배는 그로 하여금 미처 대비할 시간이 없게 하였다. 자연히 디글랏-빌레셀은 블레셋 주변의 다른 도성을 괴롭히지 않고 가자로 향하였을 것이다.[39]

하눈은 가자로 돌아와서 봉신 왕으로 섬기도록 허락을 받았는데, 그의 이름이 그 후의 수리아와 팔레스틴 지역의 봉신들의 명단 가운데 나타난다.[40] 새로운 파편들로부터 우리는 디글랏-빌레셀이 애굽 국경의 시냇가로 압박을 가해 들어갔거나 아니면 군사들을 보냈다는 사실을 배우게 된다.[41]

---

37) *TGI*, p. 53, 본문의 16째 줄. Cf. *Abel-beth-macah*, 왕상 15:20.

38) 그 본문은 다음과 같이 번역될 수 있을 것이다. "(Ha)nun of the city of Gaza(Ha-az-za-ta-a-a) before the weapons of my might(i.e., my mighty weapons) was terrified…(15) gold, 800 talents of silver, peoples together with their possessions, his wife, (his) sons…the image of the great gods my lords, the image of my kingship of gold(i. e., the golden image of my kingship, myself)…I placed and he(i. e., Hanun) out of musri like a bird (fled)…of Asshur I counted. The image of my kingship(i. e., a stele of my royal person, tr. by Wiseman) in the city of Nahlmusur(the River of Egypt) (I erected)…the silver I tore out and to the land of Assyria(Icarried it back)." 곧 "가자 성의 왕 하눈은 …나의 강력한 무기 앞에 공포에 질렸다.…(15)금, 800달란트의 은, 사람들과 그들의 재산, 부인, 아들들,… 위대한 신들 내주들, 금으로 된 나의 왕권의 표상들(즉 금으로 된 나의 왕권이 표징들)…나는 놓았다. 그리고 그(즉 하눈)는 무스리에서 새같이 도망했다.… 앗수르의 나는 계수하였다. 나의 왕권의 상징(즉 나의 왕족에 관한 비석)을 나할무수르(이집트 강)에 세웠다.… 은을 찢어 내어 앗수르 땅으로 (옮겼다)." 본문은 Wiseman, "Two Historical Interpretations from Nimurud", *Iraq*, XIII, part I, Spring 1951, 23에 들어 있다.

39) Ashkelon이 후에 함락된 것으로 보인다. cf. Luckenbill, *op. cit.*, p. 159.

40) Cf. Alt, *op cit.*, p. 159.

41) 나할 무세르(Nahal Muser), 현대의 Wadi el-'Arish. 아마도 그는 라피후(Rapihu, 즉 Tell er-Refah)로 갔을 것인데, 그곳은 사르곤이 후에 언급한 곳이다. Alt는 그곳이 시이크 에즈와이드(Sheik Ezzuwaiyid)일 수도 있다고 말한다. *op. cit.*, p. 160, n. 2.

그는 여기에 어떤 이디비일루(Idibiilu)란 사람을 감독(qepūti)으로 두었다. 그렇게 해서 그는 팔레스틴의 지역들이 애굽과 접촉하기에 가능하도록 만든 것이다. 그는 애굽의 군사적 상황을 늘 감시할 수 있었고, 또한 무역과 국경지대의 상황, 그리고 애굽인들의 움직임을 감시할 수 있었다.[42]

주전 733년 다메섹은 앗수르에 대항하기 위한 공동 저항을 주도하였다. 이 시기에 우리는 수리아-에브라임 전쟁(Syro-Ephraimitic war)을 두어야 할 것이다. 여호와께서 르신과 베가를 유다를 대항하여 보내기 시작하셨다는 총괄적인 언급이 열왕기상 15:37에 나타나 있다.[43] 이러한 침입들은 분명히 요담이 아직 살아 있는 동안에 시작되었다. 아하스가 단독 통치자가 되었을 때 그 침입은 계속되었다.[44] 그러나 이 당시 적들은 그를 이길 수 없었다. 수리아-에브라임 동맹의 목적은 아하스를 몰아내고, 다윗 왕조를 무너뜨리고 다브엘의 아들을 권좌에 앉히는 것이었다.[45]

최근 알브레히트 알트(Albrecht Alt)의 호세아 5:8-11에 대한 연구를 근거로 하여 어떤 사람들은 두 북방의 적들은 처음에 상당한 진척을 이루었다고 주장하였다.[46] 어쨌든 이 두 나라가 자신에 대하여 악한 계획을 가지고 있었음을 알자 아하

---

42) Cf. *TGI*, p. 51. 비문의 226번째 줄.
43) 이것은 사 7:1과 왕상 16:5의 그것보다는 이른 시기의 침입이었다고 생각된다. Cf. *SII*, pp. 146-49.
44) Cf. יעלה 왕하 16:5.
45) Cf. Albright, "The Son of Tabael", *BASOR*, No. 140, Dec. 1955, pp. 34, 35. 그는 이 사람에 대해 아주 그럴듯한 동일 인물을 제시하고 있다. 주전 732년 다메섹의 멸망 이전에 기록된, 칼라에 있는 앗수르의 문서 보관소에서 나온 하나의 편지(이 편지는 1952년 니므롯에서 발견되었다)는 다벨(Tab`el, 즉 kurTab-ab-i-la-a-ia)의 땅을 언급하고 있다. 이 아람어 지명은 암몬과 길르앗의 북쪽의 한 위치를 지적하고 있다. 그런 까닭에 다벨(Tâb-'el)의 아들은 실질적인 영토가 팔레스틴 북동쪽 혹은 수리아 남동쪽에 있는 다벨에 있었던 유다의 한 왕자를 가리킨다는 것이다. (참조. 어머니가 그술의 한 공주였던 압살롬(Absalom) 역시 북동쪽이고, 어머니가 암몬의 공주였던 르호보암 역시 그러했다는 점을 참고하라.) 다브엘의 아들은 다브엘의 한 공주가 웃시야 아니면 요담을 통하여 낳은 아들이었을 수도 있다. 올브라이트는 그 문구("타브엘의 아들")가 "다브엘의 왕조"를 의미할 수도 있다고 보고, 이 주장을 뒷받침하기 위하여 다음의 실례들을 제시하고 있다. 르홉의 아들 하닷에셀은 벤-르홉의 하닷에셀을 의미하고; 루홉의 아들 바아사는 벤-르홉의 바아사를 의미하며; 아낫의 아들 삼갈은 벤-아낫의 삼갈이며; 오므리의 아들 예후는 벤-오므리의 예후이다. Cf. Alt, "Menschen ohne Namen", *Archiv Orientalni*, XVIII (1950), 22ff.

스는 심히 두려워하였다. 그것은 하나님의 백성들의 역사상 가장 큰 위기의 순간이었고, 이사야는 보냄을 받아 혼란스러운 왕의 두려움을 가라앉히도록 하였고, 여호와를 의지하도록 권하였다. 아하스는 외식적인 악한 생각을 가지고 선지자가 제시한 것을 거절하고 돌아서서 결국에는 신정정치 국가를 멸망시킬 나라 앗수르에게 도움을 구하기로 하였던 것이다. 그것은 유다의 역사에 있어서 비극적인 모습이었다. 아하스는 그의 사자를 다른 사람이 아닌 디글랏-빌레셀에게 보냈던 것이다. 그렇지만 당시에 그 왕이 어디에 있었는지 우리에게 알려진 바가 없다. 그 메시지는 비굴한 것이었다. 아하스는 여호와의 성전으로부터 금과 은을 가져다가 앗수르 왕에게 선물로 보냈다(왕하 16:7-9). 분명히 아하스로부터 강요받을 필요성을 느끼지 않았을 것이지만, 그 메시지는 디글랏-빌레셀로 하여금 수리아와 이스라엘에게로 관심을 돌리도록 하는 구실을 만들어 주었을 것이다. 성경은 다메섹의 함락과 르신의 죽음을 강조하고 있다(왕하 16:9). 주전 733-32년에 대한 에포님(eponym,총리-역주) 목록에서 그 왕은 "다메섹의 땅에 대항하여"라는 문안을 담고 있다.[47] 수리아가 지도자 격이었으므로 성경에서 강조가 되고 있는 것이다.

보다 초창기에 디글랏-빌레셀은 하맛을 정복하였으나, 이제는 처음으로 그가 이스라엘을 자기의 속국으로 복속시킨다. 주전 734-33년의 그의 연대기에서 그는 이스라엘에 대해서 말한다. "오므리 왕가와 그의 도시들 가운데 있는 모든 것들을, 나는 나의 초창기의 원정 때 점령했던 나의 영역으로 계산해 넣었고…포로로 (나는)

---

[46] Alt, *Kleine Schriften*, II, pp. 163-87. Alt의 논리는 다음과 같이 요약할 수 있을 것이다. 호세아는 Wellhausen과 이전 학자들이 생각하였던 것처럼, 앗수르에 대하여 말하지 않았고, 다만 시리아-에브라임 전쟁에 대해서만 말하였다는 것이다. 그 도시들이 언급된 순서는 말하자면, 기브아(Tell el-Ful), 라마(er-Ram), 벧엘(Beitin)인데, 베냐민에게 속한 것으로 보이는 이 세 곳 모두는 북으로부터가 아닌 남으로부터 오는 적을 가리킨다. 정상적으로는 기브아, 라마는 유다에 속했었다. 호세아가 여기서 그것들을 이스라엘 지파로 간주한 것은 그 당시에 이스라엘이 이 먼 곳 남쪽까지 침입해 들어왔으며, 그들의 소유지를 점령하였다는 사실을 보여주고 있다. 외관상 그는 유다 편에서의 보복을 기대하였다.

10절은 이 보복이 일어났다는 것을 보여주고 있고, 유다가 자신의 영역을 다시 탈환하였을 뿐만 아니라, 에브라임의 어떤 지역들도 점령하였다는 사실을 부여주고 있는 것으로 보인다. 외관상으로 볼 때, 오직 사마리아만 북왕국에 남아 있는 것으로 보인다. 12-14절에서 에브라임과 유다는 나란히 나타나 있다. 유다처럼 이스라엘도 이제 앗수르 편에 서야 했으니, 이는 베가가 아닌 호세아가 권좌에 있었기 때문이다.

[47] Luckenbill, *op. cit.*, II, 436.

이끌어 갔으며 사마리아 도성만을 남겨 놓았다(이것들은 주전 734년과 733년의 원정이었을 것이며, 베가는 주전 732년에 전복 당했을 것이다). 그들의 왕 베가를 그들이…폭풍우처럼 전복시켰다…."⁴⁸⁾ 그 본문은 마멸되어 있으나 그래도 비문은 계속되고 있다. "오므리 왕가의 지역으로부터…포로들을…나는 취했다." 그리고 나서 다른 도시들이 언급되어 있다. 디글랏 빌레셀의 미틴티(Mitinti)가 르신의 전복을 보고 정신이상에 빠졌다고 주장한다.⁴⁹⁾ 성경은 앗수르 왕의 침입과 여러 도시들을 함락시킨 사실, 특히 길르앗과 갈릴리 지역을 함락시킨 일을 자세히 기록하고 있다. 이곳들은 쓰라린 고통을 당한 장소들이었고(사 9:1) 큰 빛을 보았던 장소들이었다. 무엇보다 먼저 축출의 압박을 맛보았던 그들은 또한 가장 먼저 빛도 보았는데, 이는 주께서 나사렛을 떠나 가버나움에 거주하시기 위하여 내려가셨기 때문이다(마 4:13). 갈릴리와 이스르엘은 므깃도의 행정구역(province)이 되었고,⁵⁰⁾ 이스라엘의 해변 평야는 돌(Dor, 즉, Et-Tantura 근방의 El-burj)의 행정구역이 되었으며, 이스라엘의 요단강 동편은 길르앗의 행정구역이 되었다.

이 당시 엘라의 아들 호세아가 베가에 대해 모반을 하여 그를 살해하고 요담 20년에 통치를 시작하였다(왕하 15:30). 호세아는 디글랏-빌레셀에게 조공을 드리고 그에 의하여 봉신 왕이 되었다. 제1번 소 비문(Small Inscription No. 1)에는 왕이 다음과 같이 선언한다. "오므리의 집의 땅…그 백성 전체와 그 소유를 나는 앗수르로 옮겼다. 그들은 그들의 왕 오므리를 전복시켰고 나는 그들을 다스릴 왕국에 호세아를 왕으로 두었다. 나는 수 달란트의 금과 수 달란트의 은을 그들의 조공으로 받아들였다."⁵¹⁾ 그리고 다시 "나는 호세아를 그들 위에 왕으로 세웠다"고 하고 있다.⁵²⁾

그리하여 디글랏-빌레셀은 이제 앗수르의 행정구역(province)이 된 수리아의 실

---

48) *ATAT*, p. 347; *ANET*, p. 283b.
49) *Ibid*.
50) Cf. Alt, "Galiläische Probleme", *Palästinajahrbuch*(1937), pp. 65-76. 이 논문은 *Kleine Schriften*, II, 363-435으로 인쇄되기도 하였다.
51) *TGI*, p. 53.
52) Wiseman, "A Fragmentary Inscription of Tiglath-pileser III from Nimrud", *Iraq*, XVIII, Part II (1956), 126. 그는 *au-si-i' ina šarr)u-ú-ti ina eli-šu-n(u aškun*이라는 본문을 제공하고 있다.

질적인 주인이 되었다. 이 지역의 외곽 지역에 남아 있는 사람들까지도 그 대왕에게 공물을 드렸다. 그러므로 그 왕에게 공물을 드린 사람들 가운데에는 비블로스의 시피티비일(Sipittibi'il), 하맛의 엔닐(Eniel), 사마알(sam'al)의 파남무(Panammu), 타발의 왓술메(Uassurme), 아만의 집의 사니푸(Sanipu), 모압의 살라마누(Salamanu), 아스글론의 미틴티(Mitinti), 야후아지(즉 유다의 아하스), 에돔의 콰스말라카(Qausmalaka), 가자의 하눈(Hanun)이 기록되어 있다.[53] 우리가 아는 한 이러한 상황은 디글랏-빌레셀의 죽음까지 계속되었다.

디글랏-빌레셀 다음으로 살만에셀 5세가 권좌에 올랐다. 소(즉 Sais)라고 하는 곳에 있는 애굽 왕 테프낫테(Tefnakhte)와 교류를 할 목적으로, 호세아는 이제 매년 앗수르에 드리던 공물을 정지하고 애굽으로 사자를 보냈다(왕하 17:3 이하). 의심할 여지도 없이 이스라엘은 다른 팔레스틴 거주자들과 그리고 수리아 지역들과 행동을 같이 하였는데, 이에 대해 알려주는 실질적으로 현존하는 세부 사항들은 없다. 어쨌든 앗수르인들은 다시 침입해 왔고 호세아를 가두었고 그리고 나서 사마리아 성으로 그들의 시선을 돌렸다. 호세아의 반역은 주전 724년에 있었을 것이며 사마리아의 최후 멸망은 주전 722-21년에 있었을 것이다.

이 시점에서 하나의 특별한 문제를 생각해 보아야 할 것이다. 열왕기하 17:3은 명확하게 살만에셀이 호세아를 치러 올라왔다고 언급하고 있다. 4절은 "앗수르 왕"(살만에셀)이 호세아가 배반함을 보았다고 말하고 있다. 그리고 나서 5절은 "앗수르 왕"(살만에셀)이 사마리아를 3년간 에워쌌다고 하고 있다. 호세아 9년에 "앗수르 왕"이 사마리아를 취하였다(6절). 사마리아를 취한 이 앗수르의 왕이 누구인가? 앗수르의 왕 사르곤(주전 722-705년)은 자신이 사마리아를 정복하였다고 선포하고 있다. 그가 말한 본문은 단편적이지만, 우리는 그의 즉위 첫 해에 사마(사마리아)가 그에 의하여 분명히 정복당했었음을 읽을 수는 있다.[54]

사마리아의 함락에 대한 다른 언급은 열왕기하 18:9-11에서 발견된다. 여기서 또다시 호세아 7년에 사마리아를 치러 올라왔다고 말하였고, 그리고 나서(10절) 3년 말에 "그들이 그것을 취하였다"고 언급하였다. 그 다음에 "앗수르 왕"이 이스라

---

53) *ATAT*, p. 348: *ANET*, p. 282a.
54) *ATAT*, p. 348: *ANET*, p. 284a.

엘을 앗수르로 옮겨갔다고 언급하고 있다. 성경의 기록들이 보여 주는 자연스러운 흐름은 살만에셀이 사마리아의 정복에 있어서 주도적인 인물이었던 것으로 보이며, 반면에 사르곤은 자신이 그 성을 취했다고 선언하고 있다. 어느 것이 정확한가?[55] 앗수르의 증거에 의하면 사마리아의 함락은 호세아 통치 9년, 즉 주전 722/21년에 일어났다. 만약 이것이 옳다면, 사마리아는 주전 722년 니산월 이전에 함락되었음에 틀림없다. 그렇지만 사르곤은 약 9개월 후 주전 722년 테벳(Tebet)월 12일에 권좌에 올랐다. 그러므로 사르곤은 그가 선언한 대로 그의 즉위 원년에 사마리아를 함락시킬 수 없었다.

다른 한편 사르곤이 왕으로서보다는 하나의 총사령관으로서 사마리아가 함락되었을 때, 그곳에 있었을 가능성이 크다. 그는 그 자신이 선언한 대로 자신이 그 성을 함락시켰다고 생각하였을 수 있다. 결정적인 것은 성경의 기록이 그 포로를 살만에셀에게 돌리고 있다는 것이 사실이라는 것이다.[56] 이 사건이 이스라엘의 국가를 끝나게 하였는데, 이스라엘은 앗수르인들에 의하여 축출당하였고 그 주민들은 먼 곳에 정착되어 그 백성은 더 이상 존속할 수 없게 되었다(왕하 17:6). 대신에 사마리아와 이스라엘에는 앗수르인들이 다른 곳에서 정복한 사람들이 거주하게 되었다. "저희가 사마리아를 차지하여 그 여러 성읍에 거하니라"(왕하 17:24). 그리하여 새로운 관습들, 새로운 생활 방식들, 새로운 종교들이 이스라엘에 들어왔다. 결국 이 혼합 집단으로부터 자연적으로 사마리아인들이 생겨나게 되었다.

우리는 주전 720년에 수리아와 팔레스틴에 폭동이 있었음을 알고 있다. 하맛은 반역하였고, 그 반역이 진압된 후에는 앗수르 행정구역인 하맛으로 변했다. 이 당시에 가자의 하눈과 애굽의 정체를 알 수 없는 리(Re'e)가 폭동에 분명히 가담하였다. 그들은 라피후(Rapi-hu)에서 앗수르와 전쟁을 하게 되었다. 하눈은 그의 대적의 손에 잡혔고, 리는 도망쳐야 했다. 그리하여 가자라는 지역국가는 앗수르의 세력권 내에 다시 들어왔다. 노트(Noth)는 이것이 앗수르인들과 애굽인들과의 첫 번 대면이라고 설명한다.[57]

---

55) 이 논증에 대해서는 Thiele, *op. cit.*, pp. 123ff.에 잘 개진되어 있다.
56) Cf. Mowinckel, *The Old Testament as Word of God*(New York, Nashville: 1959), p. 14. 그는 성경의 기록을 성경에서 발견되는 오류 가능한 것으로 상상하여 그러한 목록 가운데 하나로 사마리아 함락을 집어넣고 있다.
57) Noth, *op. cit.*, p. 262.

그 전쟁에 관하여 사르곤 자신은 다음과 같이 이야기한다. "시부(Sib'u)는 자기 양떼들을 강탈당한 한 목자처럼 혼자서 도망가 사라져 버렸다. 나는 하눈을 잡아서 묶어 나의 도성 아슈르(Asshur)로 끌고 갔다. 나는 라피후 성을 파괴시켰고, 폐허로 만들었으며 불살랐다. 나는 9033명의 백성들을 그들의 풍부한 소유물들과 함께 옮겨갔다."[58] 사실 사르곤은 이 정복을 자랑스러운 어떤 것으로 치하하고 있다. 그의 실린더(원통 모양의 石印—역주) 비문에서 그는 자기가 오므리의 광활한 집을 파괴시켰으며, 라피후에 있는 애굽의 땅을 공격하였고, 가자의 왕 하눈을 앗수르로 붙잡아 갔다고 선언하고 있다.[59]

이때부터 이스라엘은 더 이상 구속의 역사에서 의미를 가진 존재가 되지 못한다. 우리는 그 지역에서의 생활에 관하여 거의 알지 못한다. 사마리아의 폐허 가운데서 발견된 한 설형문자 비문에는 "그 성읍들의 두목"(rab alani)이라는 칭호가 들어 있다. 그 칭호는 그 성읍들의 상황을 감시함으로써 앗수르 왕을 섬겼던 한 개인을 가리키는 것으로 생각된다. 게제르(Gezer)에서 발굴이 진행되는 동안 설형문자로 된 두 개의 법정 문서들이 발견되었는데, 그것은 상류계급을 이루고 있었던 외국인들의 인종적 배열에 대해 약간의 빛을 던져주는 것이다(참고. 왕하 17:24).

유다에서는 어떤 일이 일어났는가? 이사야는 아하스에게 그가 약속된 표적을 거절하는 한, 하나님께서 앗수르 왕으로 하여금 그를 치러 오도록 하시겠다고 말하였다. 그리고 사실 아하스는 억지로 공물을 바쳐야 했다(대하 28:20-21). 우리는 디글랏-빌레셀이 그를 도와 주기는커녕 괴롭혔음을 알고 있다. 열왕기하 16:10-18에 의하면 아하스는 앗수르 왕을 만나기 위해 다메섹에 가서 한 제단의 모양을 보고 예루살렘에서 사용하기 위하여 세울 제단 모양을 그려 왔다. 이것이 솔로몬이 세운 번제단을 대신하여 세워졌다.[60] 우리는 특별히 아하스가 "성전 밖에서 안으로 들어가는 왕의 관문을 없앴다는 사실을 주시해야 할 것이다. 이 황실 관문은 왕이 성소의 권위를 가졌다는 것을 상징했다. 그러므로 황실 관문을 제거함으로 아하스가 앗수

---

58) *ATAT*, p. 349; *ANET*, p. 285a, b.
59) *ATAT*, pp. 349-50; *ANET*, p. 285b.
60) 아하스가 앗수르인의 제단을 취한 것은 앗수르에 의하여 그에게 지워진 조약의 항목들을 따른 것일 수도 있다. Cf. D. J. Wiseman, *Vassal Treaties of Esarhaddon* (London: 1958).

르에 대해 전적으로 의존하고 있음을 분명히 한 것이었다. 이 모든 일이 "앗수르 왕을 인하여" 시행되었다고 우리는 읽는다. 아하스는 다메섹의 신들에게 희생 제사를 드렸다. "아람 열왕의 신들이 저희를 도왔으니." 그러므로 그는 생각하기를 "나도 그 신에게 제사하여 나를 돕게 하리라"(대하 28:23)고 하였다. 자기를 도우실 수 있었던 유일하신 그분을 거절함으로써 그 왕은 이제 앗수르인이 지워 준 우상 숭배와 다신론의 어리석음을 택하였다. 다시 말하자면 유다는 이제 앗수르 권세 아래 있는 다른 영토들처럼 되어야 했던 것이다. 야웨 숭배와 함께 앗수르의 제의도 성전에서 시행되어야 했던 것이다. 사실 그것은 참되신 하나님 예배를 포기하는 행위였다. 그러나 이 신들이 도움을 주지 못했으니, 이는 "…그 신이 아하스와 온 이스라엘을 망케 하였기"(대하 28:23) 때문이다. 그러므로 유다는 계속하여 약해지고, 앗수르를 의지하였고, 아하스의 짧은 안목과 불신앙적인 정책의 결과, 결국에는 여호와의 안목에 바르게 행실을 한 히스기야라는 한 사람을 보좌에 앉히기까지 이르렀던 것이다. 그 당대(히스기야 시대—역주)에, 유다는 결국 아하스의 외식이 짐지워 준 이방의 멍에에 대항하여 일어섰던 것이다.

제1부

위기와 메시아(1:1-12:6)

이사야서 주석(I)

제 1 장

예언 전체의 서론 (1:1-1:31)

1. 유다의 죄악된 상태(1:1-9)

(1) 서언(1:1-3)

1절, 유다 왕 웃시야와 요담과 아하스와 히스기야 시대에 아모스의 아들 이사야가 유다와 예루살렘에 대하여 본 이상이라
2절, 하늘이여 들으라 땅이여 귀를 기울이라 여호와께서 말씀하시기를 내가 자식을 양육하였거늘 그들이 나를 거역하였도다
3절, 소는 그 임자를 알고 나귀는 주인의 구유를 알건마는 이스라엘은 알지 못하고 나의 백성은 깨닫지 못하는도다 하셨도다

1:1 본 첫 장은 본서 전체의 서론으로 이사야 사역의 기본적인 주제들을 포함하고 있는데, 말하자면 죄악된 유다와 예루살렘(3-8절), 주님의 부드러운 호소(16-19절), 다가올 심판의 확실성(24-25, 29-31절), 다가올 구원의 복된 상태(26-27절)이다. 2장의 제목 역시 본 1장이 책 전체의 서론이라는 사상을 뒷받침하고 있다.
본 1절은 제1장의 머리말일 뿐만 아니라, 이사야서 전체 예언 모음집의 머리말이

다.[1] 여기 기록된 네 왕의 재위 기간은 이사야 사역의 전체 시기와 일치하는 바 이러한 언급들은 1장 1절이 본 예언서의 머릿말이란 것을 지지해 준다(참고. 미 1:1; 호 1:1). 그러나 에스겔 1:1과 같은 머리말은 바로 다음에 나오는 메시지만의 서론으로 고안된 것으로 보인다.

많은 학자들은 본 예언서의 머리말이 포로 후기 이스라엘의 역사상에 살았던 편집자들이나 혹은 가필자에 의하여 덧붙여진 것으로 생각한다. 그러나 칼빈은 선지자가 자신의 메시지를 말로 전한 다음 그것들의 초안을 구성하여 모든 이로 하여금 그것들에게 친숙해지도록 성전의 문들에 붙였을 것이라고 주장하였다. 그 후 이 기록된 초안은 제사장들이 선지자들과 가끔 충돌을 일으켰음에도 불구하고, 후대를 위하여 그것을 보존하고 간수했다고 생각하였다. 그들은 본서에 표제를 붙일 책임을 가졌을 것이다.[2]

그러나 이사야 자신이 자신의 모든 메시지들을 전달한 후에 직접 표제를 달았을 수도 있다.[3] 본절은 모든 고대 사본들과 역본들 가운데서도 발견된다. 더구나 역대하 32:32은 비록 전체 구절을 인용하고 있지는 않을지라도, 이사야서가 현재의 표제의 형태에 의하여 알려진 것으로 보인다. 예레미야서와 에스겔서에서 발견되는 유사성은 선지자들이 자신의 책들을 직접 준비하고 편집하였다는 사실을 암시하는 것으로 보인다. 사실상 선지서들의 다양한 머리말 가운데 나타나는 약간의 차이점들은 편집자나 혹은 가필자의 상투적인 문구임을 가리키는 것이 아니라, 오히려 선

---

1) Ibn Ezra와 Luzzatto와 다른 사람들은 본 절을 본 1장만의 머리글이라고 보고, 본 예언을 4대 왕에 걸친 예언으로 적용하기를 꺼려하며, 그것을 "…에 대하여 본 이사야의 이상이라"로 해석하였다. 이것은 문법적으로는 가능하나, 자연스럽지 못하다. 2장에서 이러한 해석은 불가능할 것이다.

2) Calvin의 제안은 예언의 자료 중 어떤 것들을 정돈하는 데 대한 산만한 성격을 설명하였던 것이며, 또한 그것의 본질적인 것을 알아야 할 후세들을 위하여, 그리고 하나님께서 후세에 보존하기를 원하신 그 내용들을 보관해 가면서, 선지자가 자신의 메시지를 여러 차례에 걸쳐서 전달하였을 수도 있었다는 사실을 인정하는 것으로 볼 수 있다. Calvin의 제안은, 선지자들이 구술된 말씀에만 관심을 가졌고 기록된 메시지에는 관심을 두지 않았다고 하는 Gunkel의 견해보다 그것을 더 잘 논평하고 있다. cf. *SAT*, 2. Abteilung, 2. Band, pp. xxxvi-lxxii; and *SII*, pp. 75ff.

3) 만약 이사야가 선지 사역으로부터 은퇴하고 난 후에 40-66장을 작성하였다면, 그 표제는 그때에 덧붙여졌을 수도 있다. 이사야가 산헤립이 유다로부터 떠난 후 자신의 사역으로부터 은퇴하였을 때, 이사야의 첫 장과 더불어 본 표제를 기록하였을 가능성도 있다.

지자 자신들의 개인적 성격에서 생겨난 것인 바 그 과정의 독립성을 암시해 준다. 만약 본 절이 이사야 자신의 손으로 직접 기록된 것이 아니라 할지라도 그의 활동 시기 직후에 기록되었을 것이다.

그렇지만 사실상 이사야가 너무나도 진지하게 에브라임을 다루고 있고 또한 이방 열국들도 다루고 있는 마당에 왜 본 표제가 유다와 예루살렘에 한정되는가?[4] 이사야의 머리말에서 그가 다루고자 의도하는 모든 주제를 다 포함시키는 것이 그의 목적이 아니었다. 여러 차례 지적한 바와 같이 본 표제는 원리를 예시하고자 함이다(a

---

4) 본 1절이 1-12장을 위한 표제라고 주장되어 왔다. 13장과 14장이 바벨론을 다루고 있는 만큼 그것들은 본 표제 안에 들어올 수 없을 것이라고 논증되고 있다. 그렇지만 13장과 14장에서까지도 유다에 대한 간접적인 언급이 들어 있음이 주시되어야 할 것이다(예를 들면, 14:1-2, 32). 다른 한편, 사마리아에 대한 언급들은 9:7-10:4에서 발견되며, 그래서 만약 유다와 예루살렘이라는 이 표제의 말씀에만 한정되어야 한다면, 우리는 1-12장들 가운데서 다른 장소들이나 나라들을 다루는 것을 기대하지 않아야 하는 것이다. 다음의 글들은 하나의 예언이거나 아니면 한 작은 예언의 모음을 위하여 사용된 표제들이다.

  2:1. "아모스의 아들 이사야가 받은 바 유다와 예루살렘에 관한 말씀이라."
  13:1. "아모스의 아들 이사야가 바벨론에 대하여 받은 경고라"(오직 경고의 주제만 언급되어 있다).
  14:28. "아하스 왕의 죽던 해에 받은 경고라."
  15:1. "모압에 관한 경고라."
  17:1. "다메섹에 관한 경고라."
  19:1. "애굽에 관한 경고라."
  21:1. "해변 광야에 관한 경고라."
  21:11. "두마에 관한 경고라."
  21:13. "아라비아에 관한 경고라."
  22:1. "이상 골짜기에 관한 경고라."
  23:1. "두로에 관한 경고라."
위의 것들은 모두 개별적 메시지들이고, 그 표제들은 분명히 주요 주제를 가리키고 있다. 이사야의 이름이 첫 번째 경고와 함께 언급되어 있으므로(13:1), 아홉 개의 뒤따라오는 표제에서는 그의 이름을 덧붙일 필요가 없는 것이다.
38:9. "유다 왕 히스기야가 병들었다가 그 병이 나을 때에 기록한 글이 이러하니라." 이 머리글은 그 다음의 10-20절에만 적용된다. 이사야서 이외의 책에서, 우리는 겔 1:1; 3:1; 합 1:1; 3:1에서 그 문구를 볼 수 있다. 하나의 표제가 한 예언이나 혹은 그 책의 일부분을 언급한 경우에는 어디에나, 그 표제 자체로부터 명백하게 알 수 있는 것 같다. 그러나 그 머리글이 책 전체를 포함할 경우는 호 1:1; 암 1:1; 미 1:1; 습 1:1이며 사 1:1과 형태가 유사하다.

proximo fit denominatio). 이사야의 목적은 선민이요 하나님의 나라인 유다와 예루살렘의 역사들과 운명들을 다루려는 것이다. 또한 열 지파들을 포함하여 이방 열국들의 경우는 근본 주제를 발전시키는 한도 내에서만 다루어졌다. 만약 그렇지 않다면, 독자들은 의문점을 가질 수 있다. 어떤 가정된 편집자가 왜 전체 예언 위에, 혹은 1-39장 위에 본 머리말을 삽입하였는지 의아하게 생각할 수 있다.[5] 칼빈이 베드로와 바울의 사역에 주의를 상기시키면서 본 머리말의 진정한 참뜻을 잘 예증하고 있다. 베드로는 유대인을 위한 사도였는데, 그러나 그는 고넬료에게 설교하면서 그의 고유의 직무(office)를 넘어서지 않았다(행 10:17; 갈 2:8). 바울은 이방인을 위한 사도였으나 그 역시 유대인들에게 상당히 적절하게 설교하였다(행 13:5; 14:1; 17:2; 18:4, 19). 이와 같이 이사야의 주된 사역은 유다를 위한 것이었다. 그러나 그는 자기가 다른 열국들을 향하여 그리고 그들에 관하여 예언하였을 때라도 그의 합당한 권리의 한계들을 위반하지 않았다.

이상: 하존(חזון)은 특정한 환상들을 가리키며(예를 들면, 사 29:7; 호 12:10; 합 2:2; 대상 17:15 등) 또한 계시 일반을 가리키기도 한다(예를 들면, 삼상 3:1; 겔 7:26; 12:22-23; 잠 29:18 등). 여기서는 이 단어가 집합적인 의미를 가지고 있는데, 이는 본서가 여러 환상들과 계시들을 포함하고 있기 때문이다. 이 단어는 다른 머리말에서 발견되는 "…의 말씀들이라"는 문구와 동의어이다.[6]

이상이란 단어는 내적 시야나 내적 감응을 가리키지 않으며, 또한 선지자 자신의 통찰력, 직관 또는 정신적 감응에 대한 은유적 명칭도 아니다. 그것은 하나님께서 선지자의 마음에 두신 것이나 그렇지 않으면 주께서 그에게 드러내 주신 것에 대한 봄(sight)을 의미한다. 본 단어가 여기서 의미하는 것은 우리가 연구하고 있는 본서에 기록되어 있는 모든 것을 가리키며, 전체 예언의 초자연적인 기원을 분명하게 증명한다. 여기에 제공되어 있는 것은 인간의 의견이나 혹은 이사야 자신의 마음에서

---

5) 미 1:1은 이러한 해석에 대립되지 않는다. 미가는 사마리아의 멸망을 선언하고 있으며 (미 1:6) 그들의 죄를 유다의 죄와 연결시키고 있다. 그래서 사마리아가 그의 표제 안에 포함되는 것이다. 그렇지만 이것은 이사야서에 널려 있는 상황과는 상당히 다르다.

6) 대상 17:15에서 본 단어가 말씀이란 말과 병립될 수 있다(참고, 암 1:1; 합 1:1). חזון은 이사야 메시지 전체를 소개하고 있다. 그것은 실제로 추상명사이고 그래서 복수 형태를 가지고 있지 않다 (그렇지만 대하 9:29에서의 חזות를 주시하고 단 7:1에 있는 아람어의 복수형을 주시하라). Marti의 "마지막 때에 관한 신적 계시"라고 한 번역은 옳지 않다.

나온 추리나 생각이 아니라, 어떤 의미에서 우리는 이해할 수 없으나 이사야에게만 "보여진" 하나님의 특별계시이다.

이사야가(의): 소유격은 아마도 소유적인 강조를 하고 있는 듯한데, 이는 그것이 틀림없이 그 선지자에게 속한 이상이기 때문이다. 우리는 하나님의 이상이 이사야 안에서 육신이 되었고 인간을 따라다니는 오류나 실수가 있을 수 있는 것이라고 생각해서는 안 될 것이다. 오히려 신비로운 섭리적 사역으로 말미암아 하나님께서는 바로 이 사람이 바로 이 예언을 쓰도록 준비시키고 예언의 말씀을 계시하셨다. 이 "고대의 거룩한 사람"은 성령으로 거듭났고 그래서 그의 말들은 하나님의 영감을 받은 말씀들이었던 것이다. 그러므로 본 환상은 하나님의 계시이면서 동시에 이사야의 글인 것이다. 어떻게 이렇게 될 수 있느냐 하는 것은 인간이 설명할 수 없다. 이는 하나님께서 선지자의 영감에 대한 방식(mode)에 대해서는 거의 알려주시지 않으셨기 때문이지만 그럼에도 이 점은 성경의 증거에 의해서 지지를 받아 온 것이다.

아모스의 아들: 이 아모스(Amoz)는 선지자가 아니다.[7] 킴키(Kimchi)는 그 선지자가 어느 지파 출신인지 모르지만, "우리의 랍비들"은 아모스를 웃시야의 아버지 아마샤의 형제와 동일시하였다고 말하고 있다.[8] 이러한 동일시는 이사야가 왕족이며 웃시야의 조카임을 나타내고, 그래서 이사야가 왕에게 나갈 수 있었다는 점을 설명해 준다. 그가 왕족이든 아니든 간에 그의 품성과 태도에 왕다운 어떤 것이 있다. 왕들 가운데 솔로몬처럼 그도 역시 선지자들 가운데서 위엄 있게 우뚝 솟아 있다.

본: 하자(חזה, 보다)가 물리적 광경에 대하여 사용될 수 있을지라도, 본 단어는 일반적으로 내적인 광경에 대하여 사용되며, 여기서는 "그가 계시로 보게 되었음"을

---

7) 이러한 농일시(이사야의 부친 아모스와 신지자 아모스와의 동일시)는 히브리어를 알지 못하는 어떤 초대교부들에 의해서 주장되었다(cf. Clement, *Stromata*, 1:21; Pseudo-Epiphanius, *De Vitis Prophetarum* on Amos. Also Yahya, *Shalshelet hak-kabbalah* 99b). 고대 봉인(封印)에서 발견된 한 비문에 "서기관 아모스"(' mtz h(s)fr)라고 되어 있다. 그 언급을 이사야의 부친을 언급한 것으로 볼 유혹을 받지만 그러나 신중할 필요가 있다(cf. Diringer, *Le Iscrizioni Antico-Ebraiche Palestinesi* [Firenze: 1934], p. 235; and Anderson, *JBL*, March, 1960, p. 58).

8) Cf. Sota 10b; *Megilla* 15a는 부친의 이름이 제시되었을 때, 그것은 그 부친 역시 선지자였음을 보여주는 것이라고 주장한다(cf. also *Aggadat Bereshith* 14:32; Midrash, *Wayyiqra Rabba* 6:6). Basil은 부친의 이름이 첨가되는 것은 부친의 예언 은사가 그의 것이 되었음을 보여주는 것이라고 말한다. 물론 이것은 단순한 가정일 뿐이다.

의미하고 있다.[9] 그러한 계시는 보다 좁은 의미에서의 환상이지만 보다 광의적 의미를 지닐 수도 있다. 후자의 경우, 그것은 말씀들을 봄에 대해서도 사용되며(암 1:1) 경고에 대해서도 사용된다(합 1:1). 본 동사는 자체 안에 일련의 행위 전체가 포함된다. 그 환상은 이사야가 한 번에 그 전체를 본 것이 아니라 여러 계시들을 본 것이었다. 또 그는 그것을 단 한 번에 모두를 본 것이 아니라 네 왕들의 통치 기간 동안에 여러 차례에 걸쳐 보았다.

유다와 예루살렘: 헤른트리히(Herntrich)는 이 지명을 지리적인 것이 아니고, 단지 선민들만을 가리키는 것이라고 생각한다. 물론 그 예언이 선민들을 가리키는 것은 사실이지만, 이 특별한 머리말에서 강조되어 있는 것은 지리적 실체로서의 유다와 예루살렘이다.[10] 이것은 5:3과 같은 구절에서 보여지고 있다. "예루살렘 거민과 유다 사람들아 구하노니 이제 나와 내 포도원 사이에 판단하라."

예루살렘은 남왕국 유다의 수도였다. 이사야는 역시 그 도성을 아리엘(29:1), 의의 성읍이라고 부른다(1:26). 연결 접속사 와우는 "그리고 특별히"라고 번역될 수도 있을 것이다. 그러므로 선지자의 메시지의 제1차적 그리고 실질적 주제는 유다와 특별히 예루살렘인 것이다. 예언의 과정 가운데서 유다에 대한 언급은 점점 배경 속으로 사라지고 예루살렘만이 드러난다.[11]

---

9) 라아(רָאָה)와 하자(חָזָה)의 관계에 대해서는 *MSTP*, pp. 61-65를 보라.
10) 이사야가 언제나 "유다와 예루살렘"이 아니라 "예루살렘과 유다"라고 기록하였다는 반대가 있어 왔다. 2:1은 이사야의 것이 아니라고 부정되고 있다. 다섯 번(3:1, 8; 5:3; 22:21; 44:26—또한 왕하 24:20; 스 2:1을 주시하라) "예루살렘과 유다"로 기록되어 있다 (그러나 3:1의 헬라어 역은 모든 필사본에서 "유다와 예루살렘"으로 읽고 있다). 이 각각의 경우 예루살렘이 먼저 언급되어 있는데, 이는 그것이 보다 두드러져 있어서 강조되어야 했기 때문이다. 그러므로 44:26에서 예루살렘의 건물이 유다의 도성의 그것들보다 더 중요하며, 또 그래서 예루살렘이 먼저 언급된 것이다. 그렇지만 본 머리글에서는 "유다와 예루살렘"으로 된 순서가 더 적당하다. 접속사가 접두 모음 문자인 와우인데, 그것은 첫 단어에 포함되는 어떤 것을 강조하고 있지만 그러나 첫 단어에 동반되는 것을 강조하지 않는다(참고, 민 31:6; 수 9:27). 이사야의 환상은 일반적으로 유다에 관련된 것이지만 그러나 특별한 의미에서 예루살렘에 관련된 것이다(참고, 대하 34:3, 5, 29; 35:24; 36:4, 10).
지명의 순서가 고착되어 있지 않다. 예를 들면 시온은 주로 예루살렘 앞에 언급되어 있다. 그러나 37:22과 52:2을 참고하라. 그렇지만 52:1에서는 시온-예루살렘 순서가 발견된다. 그러므로 유다-예루살렘 순서는 이사야 저작권에 대한 반대 논증이 될 수 없다.
11) 예루살렘은 47회나 나타나는 반면에 유다는 단지 25회만 언급되어 있다. 1-39장에서

웃시야와 요담과 아하스와 히스기야 시대에: 구체적인 시간적인 언급은 본 예언이 단지 한 지역에만 귀속된다는 것을 의미하지 않는다. 본 환상은 하나님의 진리였다. 그리고 비록 특별한 시기에 특별한 상황에서 주어졌을지라도, 본 환상은 영원히 살아 있는 하나님의 말씀이었다. "의 시대에"라는 문구는 우리의 역본에 있는 대로 대략 "의 통치 시대에"와 동일하다. 웃시야와 요담과 히스기야[12] 통치는 합하여 81년이나 된다(주전 767-686년). 이사야의 사역은 웃시야가 죽던 해 곧 주전 739년에 시작하였고, 히스기야의 통치 중 약간의 시기까지 계속하였을 것인데, 아마도 그의 마지막 공적 사역이 바벨론 사절단들이 방문하던 때까지였을 것이다.[13] 이때 이후로 선지자는 은퇴하여 그의 책의 마지막 27장을 정리하였을 수도 있다. 만약 이 시기에 그가 어떤 공적인 설교에 종사하였는지 기록이 없다. 므낫세와 히스기야의 섭정 동안 히스기야와 이사야 사이에 있었던 밀접하고도 지속적인 관계가 므낫세에 대한 자극이 되었고, 그 결과 히스기야의 죽음 이후에 이러한 자극이 이사야의 순교의 원인이 되었다는 생각을 하게 할 수도 있다.[14]

예루살렘은 29회, 49-55에서 9회, 56-66장에서 9회 언급되어 있다. 유다는 1-39장에서 22회, 그리고 그 이외의 곳에서는 40:9; 4:26; 48:1에만 나타난다.

12) 본 고유명사들은 접속사 없이 나열되었다(참고. 호 1:1; 미 1:1). 이 언어에서 (여기서처럼) 낱낱이 열거하는 성격을 가지고 있다면, 고유명사들은 접속사 없이 사용될 수도 있을 것이다(예를 들면, 대상 1:1-4). 창 14:9에서 접속사가 세 번이나 나타난다. 14:1에서는 같은 이름들에 그것이 한 번만 나타난다. 14:8에서는 그것이 네 번 나타나지만, 14:2에서는 세 번 나타난다.

13) 대하 26:22에 의하면 이사야는 웃시야의 통치의 역사를 기록하지만 이것은 그가 그 왕의 통치 전 기간 동안 사역하였다는 것을 의미하지는 않는다.

14) 대하 32:32은 이사야가 히스기야 이후까지 살아 있었을 수 있다는 사실을 암시한다. 만약 그렇다면, 그의 사역은 최소한 53년간 지속하였을 것이다. 마지막으로 적힌 연대는 36:1에 있는 히스기야 제14년(주전 701년)이지만, 또한 산헤립의 후계자, 에살핫돈도 언급되어 있다. 유대인 전승은 이사야가 므낫세의 통치시기에 죽임을 당했다고 주장한다(*Yebamoth* 49b, *Sanhedrin* 103b; 또한 왕하 21:16을 참고하라). 어떤 교회 교부들은 히 11:37에 이 같은 암시가 있다고 생각하였다.

37:38의 빛 아래서 볼 때, 이사야의 사역이 므낫세의 통치까지 계속했을 수도 있다. 머리글에 므낫세의 이름을 부득이하게 넣지 않지는 않았을 것인데, 이는 이사야가 공적 사역으로부터 은퇴하여 글을 쓰는 일에 종사하였고, 또한 므낫세가 히스기야와 함께 9년간이나 섭정하였기 때문이다.

유다 왕(들): 이 문구는 미래 독자들을 위하여 네 왕들을 확인한 것이다.[15] 한 사람이 다스렸던 나라를 확인하는 습관은 일반적이었다. 예를 들면 산헤립은 자기 자신을 "앗수르의 왕"으로 부르고 있다. 이러한 습관은 앗수르, 바벨론, 애굽, 헷족속들에 의해서만 답습된 것이 아니라, 오늘날까지도 통치자들이 공문서들과 판결문들에 사용하고 있는 습관이다.

1:2 하늘이여 들으라 땅이여 귀를 기울이라: 이사야는 로젠뮬러가 아주 적절하게 Magnificum et grave exodium이라고 불렀던 강력한 힘을 가진 위엄 있는 호소로 시작하고 있다. 히브리어에서 첫 두 단어는 쉰(ש), 멤(מ)자음으로 시작하고 있으며, 이 두 단어 사이에는 음의 유사성이 있다. 쉬므우 쇠마임(שִׁמְעוּ שָׁמַיִם). 그 다음 두 개 역시(최소한 어근에 관한 한;א) 두운법을 나타내고 있다. 하아지니 에레츠(הַאֲזִינִי אֶרֶץ).[16] 이러한 청원은 신명기 32:1의 스타일로 시작하고 있다. "하늘이여 귀를 기울이라 내가 말하리라 땅은 내 입의 말을 들을지어다." 모세는 이미 그 나라를 불러 모아 "그들에게 천지로 증거를 삼으리라"(신 31:28-29)고 하였다. 모세는 곧 죽어야 하고 백성들은 그가 가르쳤던 길로부터 떠나갈 때가 올 것이었다. 그렇지만 하늘과 땅은 죄악된 백성들과 함께 오래도록 존재할 것이고, 따라서 그것들은 그 길에 대한 증거를 전하도록 권고를 받게 된다.

---

15) שְׁעְיָהוּ은 1:1과 6:1 두 곳에 나타난다. 보다 짧은 형태는 호세아서와 아모스서에서 발견된다. 이 단어는 본 머리글이 틀에 박힌 특성을 가지지 않았음을 보여 준다. יְחִזְקִיָּהוּ는 역대기서에서 자주 나타나지만 왕하 20:10과 렘 15:4에서도 나타난다. 이러한 보다 완전한 형태는 본 표제의 엄숙성과 공문서적인 특성에 잘 어울린다(참고. 서론). König는 "유다 왕들"이라는 문구가 유다의 멸망 이후에는 필요하지 않았다고 반대한다. 그렇지만 만일 하나의 선지자로서 이사야가 이 메시지가 보관될 것이라는 기대감을 가지고 기록하고 있었을 것이고, 그래서 미래 시대의 유익을 위하여 이 설명적 문구를 삽입하였을 것이라는 것이 자연스럽다. 엘랏(Elath)에서 발굴된 것들 가운데 "요담에게"라는 비문이 새겨 있는 인장 반지(印章 斑指)가 발견되었다. Cf. BASOR, No. 163, Oct. 1961, pp. 18-22.

16) 와우(ו) 접속사를 가진 명령형이 여기서 또 다른 명령형을 뒤따라오고 있다(또한 신 4:9; 암 5:15를 참고하라). 이는 히브리어 평행법상 동류의 사상을 병행시켜 그 명령을 크게 강조하기 위함이다. 제1쿰란 사본(1Q)과 어떤 헬라어 필사본에서는 관사가 땅이란 단어와 함께 나타난다. 그렇지만 히브리어에서 관사는 호격을 표현하기에는 불필요하다(참고. GKC, § 126e 그것이 1Q의 본문에서는 빠져 있는 사 23:16; 49:13을 보라).

신명기서는 이전의 모세의 율법에 대한 요약이고 모세의 노래는 신명기서에서 한 모세의 마지막 연설의 요약이다.[17] 델리취는 모세의 노래가 다른 예언들과 관련하여 차지하는 위치는, 십계명이 다른 법들의 수위를 차지하고 주기도가 다른 기도들의 수위를 차지하고 그 지위를 떠받쳐 주는 것과 같다고 주장하였다. 이 노래는 하나님의 위대하심과 그분의 이스라엘을 자기 백성으로 택하심, 이스라엘의 불성실, 반역 그리고 이스라엘과 열국들에 대한 하나님의 주권을 다루고 있다.[18] 그러므로 요약하여 말하자면 그것은 일반적인 구약 예언의 주제들을 담고 있는 것이다.

그러한 모세의 노래를 의식적으로 의존하면서 이사야는 그의 예언을 시작한다. 이사야는 모세가 구약 경륜의 설립자로서 가졌던 승귀된 그 위치에로 주의를 집중시키고 있다(민 12:1-8). 모세는 하나님의 온 집에서 신실한 종이었고 구약시대에 있었던 선지자들 위에 서 있었던 사람이었다. 그의 참 원형은 그리스도였다(히 3:1-6). 그들 가운데 복음적 선지자 이사야가 서 있다. 그는 예수님의 메시아적 직능을 예시하면서 또한 의도적으로 모세의 담화를 반영하며 자기의 사역을 시작한다. 그러므로 이사야는 예수님에 "대해서 말씀한 것들"에 대한 증인이었던 모세의 시대(age) 혹은 세대(dispensation)에 속하는 모세의 아래에 있는 선지자인 것이다.

이사야는 반역적이고도 배교적인 국가와 직면하였다. 여로보암 아래서 나라가 분리된 이후로 재앙과 패망이 그 백성들 위에 떨어졌고 웃시야의 통치를 통해서도 그들을 회개에로 이끌지 못했다. 인간들이 "자기들의 감각을 잃어버린 만큼"(칼빈) 선지자는 하늘과 땅과 같은 감정이 없는 피조물의 요소들을 호출하고 있는 것이다.[19] 무감각한 대상들이 감각을 가진 피조물들을 정죄하도록 명령을 받고 있는 것을 볼 때, 후자의 죄가 실로 엄청났던 것임에 틀림없다.

---

17) 최근의 신명기서에 대한 하나의 가치 있는 서론서는 G. T. Manley, *The Book of the Law* (Grand Rapids: 1957)이다.

18) 이 노래는 다음과 같이 분석할 수 있다. 모세가 진리의 말씀들을 말하고 하나님을 영화롭게 할 것이므로 하늘과 땅은 귀를 기울이라(1-6절), 그가 이전의 하나님의 위대하신 행위들, 특히 야곱을 선택하시고 높이신 사실에 호소한다(7-14절), 하나님께서 행하신 모든 행사에도 불구하고 이스라엘이 배반하고 우상숭배를 한다(15-52절), 본 노래의 나머지 부분은 이스라엘의 죄와 하나님의 징벌의 확실성에 대한 언급을 더 다루고 있다.

19) 이사야서에 있는 두 동사 어근이 연결된 예에 대해서는 1:2, 10; 28:23; 32:9; 64:4를 참고하라. 또한 42:23도 참고하라.

선지자는 단순히 듣는 자들로서가 아니라 실제적인 증거자로서 이러한 존재들을 향하여 호소하고 있다.[20] 이사야가 신명기적 언어를 신중하게 반영한 만큼 본 절에서도 역시 같은 이유를 지니고 있음을 예상할 수 있다. 하늘과 땅이라는 두 단어들은 창세기 1:1을 생각나게 하며 전체 피조물을 의미한다. 그러한 호소는 그 메시지의 중요성을 보여주며, 또한 말씀하시는 주께서 즉 이스라엘의 언약의 하나님이신 여호와께서 단순히 지역 신이나 부족의 신이 아니라, 모든 피조물들로 하여금 주의를 집중하라고 명령하실 수 있었던 분이심을 보여 주고 있는 것이다. 이스라엘의 하나님, 그분만이 모든 피조물들에게 명령할 권한을 가지셨으니, 이는 그분 자신이 그것을 존재하게 하셨기 때문이다.

신명기 4:36에서 하나님은 그 나라를 교훈하시기 위하여 하늘로부터 말씀하셨고, 또한 땅에서 이스라엘은 그분의 말씀이 들려오는 곳으로부터 나타나는 불을 보았다. 그분의 사랑으로 이스라엘을 하나의 국가로 형성케 하셨을 때 하늘과 땅이 증거자로 거기에 있었다. 그것들은 또한 하나님께서 그 나라를 그 땅으로부터 축출하실 것이라는 사실의 증거자로 호출되었다(신 4:26). 그것들은 또다시 축복과 저주의 선택이 백성들 앞에 제시되어 있다는 것을 증거하도록 부름받았다(신 30:19). 이것들은 이스라엘의 전 역사를 통하여 입회하여 있었던 증거자들이었다. 이제 주께서는 그 나라의 타락이 백일하에 드러나야 하고 그 나라가 징벌을 받아야 한다고 그것들에게 호소하시고 계신다.

에발드(Ewald)는 본 장의 제목을 "대 법정 비난"(The Great Arraignment)이라고 이름 붙였고 스미드(G. A. Smith)는 하나님께서 피고 유다에 대한 재판장과 원고로 나타나시고 하늘과 땅이 배심원으로 나타나는 최고의 소송 사건인 법정 심리라고 묘사하였다. 그렇지만 이것은 성경의 사실과 맞지 않으니, 이는 유다와 하나님이 법정에서 동등한 입장으로 나타나지 않을 뿐만 아니라, 본 절이 하나님께서 하늘과 땅에게 어떤 판결을 내려 달라고 요청하고 있다는 사실을 가르치고 있지 않기 때문이다. 그러한 일에 있어서 이 존재들(피조물들)이 모든 평결을 내려야 한다는 사실을 가르치고 있지 않다. 그것들에게 호소하고 있는 것은 단순히 인간 때문이다.

---

20) Cf. Vergil, *Aeneid*, xii.176: *esto ninc sol testis et haec mihi terra vocanti*; and Livy, i. 32; iii. 25. König는 그 요소들이 단순한 청중 역할을 하도록 의도되어 있다고 생각한다(참고. 왕상 22:28).

만일 무인격적 존재들이 인간들의 죄악됨에 대한 증인으로 호소를 받을 수 있다면, 그 죄악성은 얼마나 큰 것인가라는 것이다. 무감각한 요소들이 간접적으로 이스라엘보다 더 신실한 자들로 간주되었을 수도 있는 것이다.

이러한 호소의 배후에 마치 하늘의 한 신과 혼돈의 한 신이 있는 것처럼 범신론적인 배경이 깔려 있다는 가정을 우리는 받아들일 수 없다. 이 주장은 인류의 행복에 이바지하는 존재로 피조된 우주에 대해 성경이 나타내고 있는 다른 사실과 반대된다(예를 들면 욥 16:18-19; 렘 2:12; 암 8:8). 더구나 선지자는 하늘과 땅의 어떤 거주자들(신들이나 혹은 천사들)을 부르고 있지 않고 다만 의인화된 피조물 자체를 부르고 있다.[21]

여호와께서: 이 문구는 명령의 이유를 제시하고 있다. 본 메시지가 인간으로부터 기원된 것이 아니라 하나님으로부터 왔다는 것이다.[22] 이사야는 보다 일반적인 칭호인 엘로힘(참고. 창 1:1)을 사용하지 않고 언약적 칭호를 사용하고 있는데, 이는 이스라엘을 신정정치 국가로 만드셨던 주께서 창조주 하나님이시요, 그래서 하늘과 땅을 그분의 명령대로 따르도록 명령하실 수 있으심을 보여주고 있다.

그것은 엄숙한 명령이요 또 여호와께서 말씀하시고 계심으로 하늘과 땅은 경청하여야 하는 것이다. "너 하늘아 이 일을 인하여 놀랄지어다 심히 떨지어다 두려워할

---

21) Cf. *KUB*, 120. 이것은 하늘에 있는 신들에게, 그리고 어두운 땅에 있는 자들에게 들으라고 호소를 시작하는 히타이트 본문(Hittite text)이다. 그리고 나서 신들 개인에게 호소를 하고 있다. 그리고 나서 설화는 갑자기 "옛날에 알라루스(Alalus)가 하늘의 왕이었을 때"는 말이 시작되고 있다(cf. *ANET*, p. 120a). 이사야의 호소 가운데는 자연에 대한 범신론적 개념의 의미가 없다(Wright, *Biblical Archaeology*, p. 105). 하늘과 땅에 대한 호소가 언약의 구도를 세우기 위하여 의도되었다고 할 수도 있다. 히타이트의 종주권 조약들은 자연(elements)에 대한 호소로 시작하였다. 이와 같은 구조가, 주권자 하나님께서 백성들에게 자신의 언약을 주시기 위하여 나아 오시는 당시인 신명기서에서 발견된다. 성경과 이러한 구조적인 유사성들의 가치는 그것들이 신명기서의 고대성을 지지한다는 점이다. 또한 만일 이사야가 의도적으로 신 31:28을 반영하였다면, 우리는 신명기서의 고대성을 위한 좋은 논증을 가진 것이다(cf. Huffmon, "The Covenant Lawsuit in the Prophets", *JBL*, December, 1959, Part IV, pp. 285-95; Kline, *Treaty of the Great King*, Grand Rapids, 1963).

22) 본 1장의 각기 네 단락은 여호와께서 말씀하시는 것으로 시작하고(2, 10, 18, 24절), 처음 두 단락에서는 선지자가 여호와의 말씀에 주의를 집중시키기 위하여 "들으라"는 명령형을 사용하고 있다.

지어다 여호와의 말이니라"(렘 2:12). 본 구절 역시 국가의 죄악된 상태로 인하여 구술된 하나의 명령을 담고 있다. 그러한 이유로 인하여 이 명령은 어찌하여 하늘과 땅이 들어야 하는지의 실마리를 제공하고 있다.[23]

말씀하시기를: 첫 단어 키(כִּי, 왜냐하면)는 여호와의 말씀의 엄숙성에 대한 주의를 환기시킨다. 동사 앞에 주어를 삽입한 것은 분명히 강조를 주는 것이다. 즉 말씀하시는 분이 하나님이시라는 것이다. 일반 영역본들은 동사가 과거형으로 되어 "그가 말씀하셨다"로 번역되었다. 그러나 비록 하나님께서 환상을 통하여 선지자에게 이미 말씀하셨을지라도 그분은 선지자를 통하여 하늘과 땅으로 하여금 증거하도록 지금도 말씀하고 계시는 것이다.[24] 아마르(אָמַר, 말하다) 대신에 디베르(דִּבֶּר, 말씀하다)를 택한 것은 틀림없이 다소 틀에 박힌 표현인 유사한 단어를 피하기 위한 의도였을 것이다. 그러므로 아마도 디베르는 아마르가 사용됨으로써 잃어버릴 어떤 강조의 요지를 가지고 있다.

선지자의 능력면에서 볼때, 이사야에게 듣는다는 것은 하나님에게 듣는 것이니, 이는 그가 말하는 말씀들이 초자연적인 방법으로 받은 초자연적 기원을 가진 것이기 때문이다. 우리는 엑스타시 가운데서 하나님으로부터 받았던 추측하는 것과 그가 자기의 것으로 제공한 것 사이에 구별이 된다는 둠(Duhm)이나 다른 사람들의 견해는 성경의 증거에 맞지 않는 것으로 거절을 해야 할 것이다.

선지자가 얼마나 독특한 선언을 하고 있는지! 자신을 자기 백성 이스라엘의 하나님으로 동일시하신 여호와께서 말씀하신다. 이러한 언급은 일반적인 계시가 아니라 이어지는 실제적인 말씀이다. 본 계시는 명제형태인데, 이는 그것이 하나님께서 전달하고 계시다는 정보를 담고 있기 때문이다. 본 말씀들은 그 자체가 계시이다. 즉 그것들은 하나님께서 자기 백성에게 주시는 말씀이다.

자식을: 이 단어와 함께 하나님의 메시지가 시작된다. 2절 하반절과 3절은 1장의 요약이다. 하나님은 하늘과 땅의 창조주 하나님이실 뿐만 아니라 자기 백성의 "창조주"도 되신다(참고. 사 43:1, 15). 이사야는 즉시 자기 백성들에 대한 하나님의 아

---

23) 본 절은 이사야의 명령에 대한 의식적인 반영인 것으로 보인다. 두운법을 주시하라: 쉬므우 솨마임(שִׁמְעוּ שָׁמַיִם).

24) 우리는 다음과 같이 바꾸어 말할 수도 있을 것이다. "여호와께서 언젠가 나에게 말씀하셨고 이제도 나를 통하여 말씀하시고 계신다."

버지 되심에 대한 개념을 소개하고 있다.[25] 하나님의 아버지 되심의 개념이 신약에는 알려지지 않았다고 가정하는 것은 사실에 대한 무지를 드러내는 것이다. 둠은 아버지 개념이 모든 고대 종교에서 거의 일반적이었다고 주장하고 민수기 21:29과 예레미야 2:27에 호소한다. 그렇지만 고대 세계의 일반적인 견해와 본 구절 사이에는 구조적인 유사성이 존재하지 않으니, 이는 여기에 언급된 아들 개념이 시내 산에서 맺은 여호와와 이스라엘 사이의 언약에 근거하고 있기 때문이며, 또한 비록 고대 세계에 언약들의 실례들이 있기는 하지만 이 언약적 사상과 진정으로 동일한 개념은 없기 때문이다.[26]

"나는 네 조상의 하나님이니"(출 3:6)라는 족장들과 맺은 언약에 근거하여 하나님께서는 시내 산에서 이스라엘을 하나의 국가로 세우셨다. 이스라엘은 여호와와의 관계에서 한 아버지에게 아들들로서 서 있는 특별한 나라가 되어야 했는데, 그러한 관계는 한 개인에게도 적용되는 것이고 동시에 전체로서의 국가에게도 적용된 관계였다. 이러한 독특한 관계에서 우리는 자기 백성을 향하신 하나님의 자비로운 사랑을 보게 되는데, 이것은 하나님의 사랑에 대한 신약의 교리를 위한 준비인 것이다. 입양의 행위는 하나님의 거저 주시는 은혜 중 하나였다(참고. 렘 2:2; 겔 16:4 이하; 호 9:10).

자식(들)이란 단어가 최고의 수준으로 드러난 하나님의 은혜를 표현하고 있으므로 동사 앞의 강조의 위치에 삽입되어 있다. 그러므로 그 단어는 창세기 3:16과 여호수아 17:2에서처럼 "자녀들"로 번역될 수도 있다. 그러므로 그 나라의 반역은 보다 충격적으로 드러나며 보다 혐오스러운 모습으로 나타난다. 배은망덕의 죄가 나타나니 얼마나 천박한가! 라이컬거스(Lycurgus)는 배은망덕을 처벌할 어떤 법을 만들기를 원하지 않았다고 전해지는데, 이는 그가 생각하기를 그 어떤 죄도 그러한 죄 보다 더 중한 적는 없을 것이라고 생각하였기 때문이다. 영감된 성경은 인간 본성의 모습을 보다 정확하게 묘사하고 있다.

---

25) 성경 가운데 나타나는 이러한 개념의 뚜렷한 첫 번째 출현은 출 4:22에서이다. 또한 신 1:31; 8:5; 32:6(이 구절에서 본문의 구절이 반영되었다); 사 63:16; 렘 3:19; 호 11:1 그리고 말 1:6을 참고하라.

26) Cf. Young, *The Study of Old Testament Theology Today*(London: 1958), pp. 61ff.

양육하였거늘: 하나님께서 전체 백성들에게 자신의 은혜를 나타내신 첫 번째 행위는 양자 삼으시고 이스라엘을 아들들의 나라로 세우는 것이었다. 두 번째 행위는 이 아들들을 양육하는 것이었다. 비록 다음 단어들이 실제적으로는 같은 의미를 가졌을지라도, 깃달티(גִּדַּלְתִּי)와 롬맘티(רוֹמַמְתִּי)란 두 단어가 정확하게 같은 동의어로 간주될 필요는 없다.[27] 아마도 두 번째 단어가 첫 번째 단어보다 약간 더 강해 보인다. 첫 번째 동사를 통하여 우리는 창세기 12:2에서 아브라함에게 하신 약속(고이 가돌, גּוֹי גָּדוֹל, 큰 민족)을 상기한다. 반면에 두 번째 단어는 역사상에서 이스라엘의 특별한 위치를 강조한다.[28] 그러므로 이사야는 여호와의 행위를 묘사하기 위하여 세 개의 동사를 사용하였는데 그것들 하나 하나가 강조 어간으로 되어 있다.

하나님께서 이스라엘을 택하실 때 그들은 작고 보잘것없는 백성이었다. 그분은 그들을 작은 소그룹으로부터 단지 숫자적으로만 키운 것이 아니라 주께서 그들에게 주신 특별한 선물들, 즉 율법과 선지자들과 신정정치 국가가 받은 전과정의 특별계시를 통하여 자라게 하시고 뛰어나게 하시고 높은 위치로 이끌어 올리셨다.

(그리고) 그들이: 본 단어가 여호와의 신실성과 유다의 불신실성을 강조하여 대조하기 위하여 순서상 강조의 위치에 있다. 독자는 반의적(反意的) 접속사를 예상하였을 것이지만 접속사 와우 '그리고'는 대명사를 두드러지게 하고 강조하도록 돕고 있다. 그리고 국가와 하나님 사이의 저별을 전면에 제시한다. "내가 양육하였거늘…그들이 거역하였도다." 그러므로 와우(וְ)는 반의어로 해석되어서는 안 되고 이사야 6:7에서처럼 강조적으로 해석되어져야 한다. 웨헴(וְהֵם), 문법용어로서 강조를 위해 문장 요소 일부를 앞에 배치하고, 뒤에 그 요소를 공급하거나 밝혀줌으로 긴장을 높이는 문장 구조—역주)이란 단어는 "그리고 그들이…그들이 거역하였도다"라는 문장처럼 미완성 독립격(casus pendens) 형식을 하고 있다. 그러므로 나라를 양자로 세우시고 양육하시는 하나님의 거저 주시는 은혜와, 백성의 반역을 대비하였을 때 보다 가증한 것으로 돋보이게 하여 입체감을 더해 준다.

---

27) 접속사 와우(וְ)를 가진 완료형은 거의 동일한 표현들과는 약간 다르다는 것을 보여 준다. 참고. 9:7; 41:4; 44:8.

28) גדל은 자연적 성장과 관련하여 "크게 자라게 하다"이다(왕하 10:6; 사 23:4; 49:21; 51:18). רומממתי는 자비로우시고 사랑하는 아버지께서 자기의 자녀를 점점 인도하여 올리는 높은 위치를 가리킨다(참고. 사 23:4).

거역하였도다. 페샤(פֶּשַׁע)라는 단어는 본래 정치적 분야에 속하는 것으로 반역으로 법적인 관계를 깨뜨리는 것을 의미한다.[29] 그러한 법적인 요소가 여기에 나타나지 않은 것은 아니다. 이는 하나님과의 단절은 그분의 명령들을 거역함으로써 일어난 것이기 때문이다. 이스라엘은 계속 그분의 구원을 경멸하였고 그분과의 언약을 깨뜨렸다. 여기에서 가리키는 것은 구체적인 행위가 아니라 백성들의 일반적인 상태이다. 거역한 그 나라는 이제 "거역자들"(transgressors)이라고 일컬음을 받아야 하는 상태에 있었다. 이러한 내적 배반은 그 자체가 외적인 반역, 배교, 우상숭배 행위들 가운데서 드러난다. 배은망덕의 가증함은 단지 나라가 하나님을 거절한다는 사실 가운데만 놓여 있지 않고, 아들들의 나라(아들인 개인들로 이루어진 나라)가 사랑하는 아버지를 저버린다는 사실에도 놓여 있다. 이스라엘이 종교적 천재를 가졌다고 생각하는 사람들은 본 절을 잘 기억해야 할 것이다.

나를: 자식으로서의 그들의 사랑과 헌신의 대상이 되어야 할 하나님이 오히려 그들의 반역의 대상이 되었다. 죄인이 그것을 인식하던 못하던, 모든 죄는 궁극적으로 하나님에게 대한 것이다. "내가 주께만 범죄하여 주의 목전에 악을 행하였사오니"(시 51:4). 여기서 빛이 죄인들을 향한 하나님의 부드러운 사랑을 통하여 비추고 있다. "나를", 즉 그들의 통치자들에게나 대적의 압제자들에게가 아니라, 그들이 가진 모든 것을 주신 하나님을 대항하여 이스라엘이 반역하였던 것이다. 간담을 서늘하게 하는 대조가 두드러지게 나타나 있다. 즉 하나님께서는 이스라엘로 하여금 특별한 나라를 만들기 위하여 필요한 모든 일을 하셨다. 그렇지만 이스라엘은 하나님을 전혀 알지 못하는 나라처럼 행동하였다.

1:3 2절에서 선지자는 이스라엘처럼 범죄하지 않은 하늘과 땅에 호소를 함으로써 은연 중 이스라엘과, 생명 없는 피조물들을 비교하였다. 3설에는 백성들의 태도가 말 없는 짐승들의 그것에 대비하여 개진되어 있다. 첫째로 인간과 동물들 사이에 대조가 있다. 창조 시에 인간은 동물들 위에 위치해 있었다(창 1:28-30)는 사실이 아담이 동물들에게 이름지어 준 사실에서 나타난다(창 2:19-20). 규정하고 분류하는 이러한 행위 가운데서 아담은 동물들이 소유하지 못한 지식을 드러내 보였다. 그렇지만 이제 하나님에 의하여 지식을 부여받은 인간들은 그것을 시행하지 못하고 반

---

29) Cf. G. Von Rad, *Theologie des Alten Testaments* (München: 1957), p. 262.

면에 사람들처럼 지식을 부여받지 못한 동물들은 인간들보다 더 지식적으로 행동하였다. 다음으로 인간들 중에서 가장 지혜롭게 된 백성인 이스라엘과 어리석음으로 유명한 두 동물들 사이에 대조가 있다 (잠 7:22).

이스라엘은 가장 지혜로운 백성들이었는데 그들이 다른 백성들보다 더 큰 지능을 소유해서가 아니라, 그들에게 하나님의 특별계시가 위탁되었음으로 인하여서이다. 만일 소와 나귀가 이스라엘보다 더 지혜롭게 행동한다면, 이스라엘은 진실로 어리석음에 틀림없다. 셋째로 주인들이 우선적으로 동물들의 행복보다는 자신의 이익을 위해서만 사용하는 그 주인에게 속한 동물들과, 모든 것을 자기들의 자녀들을 위하여 행하는 자비롭고 사랑하는 아버지, 곧 자기 백성이 아니었는데도 자식으로 입양하여 주고 그들 전 역사를 통하여 영적 선물들로 축복하셨던 그 아버지를 지닌 자식 사이에 대조가 있다. 그러므로 이스라엘의 죄악은 도저히 변명할 도리가 없다.

소: 정관사 없는 이 단어(히브리어에 정관사가 빠져 있음을 주시하라)는 그 종류를 정해 준다. 우리는 다음과 같이 고쳐 쓸 수 있을 것이다. "모든 소들과 모든 나귀들은 알건마는." 소나 나귀는 특별히 지혜로운 동물이 아니다. 그 반대로, 천일야화에 나오는 "황소와 나귀의 이야기"에서 재미있는 방식으로 제시된 사실은 그들이 둔하고 꾸준한 동물이라는 것이다.

알고: 여기 나타난 사상은 단지 소가 자기를 먹여주고 길러주는 사람이 누구인지 안다는 것이다. 완료형이 경험과 관찰로부터 유출된 일반적인 진리를 표현해 주기 때문에 사용되고 있다. "안다"(יָדַע, 야다)는 여호와와 그분의 백성 사이의 관계를 표현하기 위하여 자주 사용된다(참고. 암 3:1이하). 하나님께서 이스라엘을 선택하여 자신의 것으로 삼으시려고 그들에게 자신의 애정을 부으시는 방법으로 이스라엘을 아셨다.

그 임자: 구입하여 얻어서 그것을 소유한 자.

나귀: 근동에서 짐을 나르는 일반 동물.

구유: 음식물이 놓이는 장소. 어원이 아닌 문맥이 그 의미를 결정해야 한다.

주인(문자적으로, 그의 주인들): 복수형은 주인의 복수성을 가리키는 것이 아니고 소유권을 가리킨다. 그것은 강의형 복수인데, 그것이 소유물들의 주인에 대해 사용되었으므로 장엄복수로 간주되어야 한다. 동물들은 그들의 주인들에게 속한 구유로 돌아간다.

이스라엘은 알지 못하고: 목적격이 앞의 "임자"와 "주인의 구유"라는 단어로 이해되고 또 그와 같으므로 동사 다음에 목적격을 둘 필요가 없다.[30] 고대에는 그 집의 종에게 속한 것으로 생각되었던(참고. 출 20:10, 17) 가축들은 자식들이 알지 못했던 어떤 지식을 소유하였다(렘 8:7). 이스라엘은 자기들의 창조주요 보호자가 누구인지를 알지 못하였다. 하나님께서는 자기의 특별하고도 차별적이면서도 주권적이고 선택적인 사랑을 그들에게 부어주셨을 때, 이스라엘에 지식을 나타내셨다. 반면에 이스라엘은 소나 나귀의 그것에 비교될 만한 지식까지도 소유하지 못했다. 만약 택함받은 이스라엘이 그렇게도 아는 것이 없다고 한다면, 택함받지 못한 사람들의 무지는 얼마나 크겠는가? 그리고 이스라엘이 영적 축복의 방식으로 받은 그 모든 것이 하나님으로부터 온 선물이었다는 것이 이제 얼마나 분명해지는가? 이스라엘은 야곱이 천사와 씨름하고 이겼을 때 그에게 주어진 이름이었다. 야곱은 깊은 믿음 가운데서 요구했다. "야곱이 청하여 가로되 당신의 이름을 고하소서"(창 32:29상). 이제 그 이스라엘의 이름을 가지고 있는 그 나라는 그가 옛적에 씨름하였던 그 하나님을 알지 못하고 있다.

자기들의 삶과 생계의 원천에 대한 이스라엘의 무지의 원인은 그 국가를 구성하고 있는 개개인의 이해력이 어두워지고 그 결과로 하나님의 생명으로부터 소외되었다(엡 4:18)는 사실에 있었다. 여전히 하나님에 의하여 자기의 것으로 아신 바 된 그 국가 이스라엘은 거듭나지 못한 이방인들과 같아서 그들 역시 하나님에 대해서 무지하였다. 내포된 뜻은 지식이 하나님으로부터만 온다는 것이며, 하나님이 없는 국가나 개인은 어두워지고 무지한 지식밖에 가지지 못한다는 것이다.

나의 백성: 본 절의 구조와 배열을 주시하라. 히브리어 첫 행에서는 단순하게 자명한 이치를 표현하기 위하여 동사가 앞에 와 있다. 그렇지만 두 번째 행에서는 이스라엘과 내 백성이라는 주어들이 동사 앞에 옴으로써 위치상 강조되어 있다. 우리는 다음과 같이 고쳐 쓸 수 있을 것이다. "예상된 대로 농물들은 그들의 주인을 안다. 그러나 이스라엘인 나의 백성, 그들은 알지 못한다." 40장의 서두에서 그러하듯 여기서도 여호와께서는 자기 백성에 대한 관심을 보이고 계신다. 나의 백성이라는 칭호(עַמִּי, 암미)는 1-39장에 11회, 40-66장에서 12회, 모두 23회나 나타나는

---

30) 여러 가지로 제시되어 온 **안다**는 단어의 목적격들은 다음과 같다. 나를(B), 그것을(Luther, Duhm), 그를(Maurer), 그 사실을(that, Nagelsbach). M은 솔직하고도 강렬하다. 다양한 차이점들은 그것을 더 낫게 해 주지 않는다.

이사야에게 친숙한 단어이다.[31] 하나님은 여전히 그 나라를 끊어버리지 않으셨음을 보이기 위하여 나의 백성과 자식이라고 부르신다. 그분은 자신의 언약적 약속들에 신실하시며, 자신이 택하신 백성들의 행복에 깊은 관심을 가지고 계신다. 이 표현과 칭호 암미(עַמִּי)에서 우리는 40장의 "내 백성을 위로하라"는 말씀의 첫 번째 출현을 본다.

깨닫지 못하는도다. 그것의 진정한 유익들이나 막대한 의무들에 대해 의식적인 반응을 하지 않았다는 것이다. 생각할 가능성을 소유하지 않은 동물들은 최소한 언제 자기들의 먹이가 오는지 알고 있었다. 비록 동물들이 가지지 못한 지력을 부여받았을지라도 이스라엘은 이 하나님이 주신 지력을 사용하지 않았고 그래서 동물들보다 더 못한 이해력을 드러내 보인 것이다.

만약 이스라엘이 어떻게 하나님의 백성이 될 수 있었느냐, 그리고 어떻게 그렇게도 여전히 영적으로 어리석게 되어 있을 수 있었느냐고 묻는다면, 그 대답은 행위로 선택된 것이 아니라 은혜로 된 것이라고 대답할 수 있을 것이다. 이스라엘의 죄는 하나님과의 분리로 이끌어 간다. 그분의 은혜는 그분의 구원하시는 목적들이 성취되기까지 그들을 보존하실 것이다.

(2) 국가의 상태(1:4-9)

4절, 슬프다 범죄한 나라요 허물진 백성이요 행악의 종자요 행위가 부패한 자식이로다 그들이 여호와를 버리며 이스라엘의 거룩한 자를 만홀히 여겨 멀리하고 물러갔도다

5절, 너희가 어찌하여 매를 더 맞으려고 더욱 더욱 패역하느냐 온 머리는 병들었고 온 마음은 피곤하였으며

6절, 발바닥에서 머리까지 성한 곳이 없이 상한 것과 터진 것과 새로 맞은 흔적뿐이어늘 그것을 짜며 싸매며 기름으로 유하게 함을 받지 못하였도다

7절, 너희 땅은 황무하였고 너희 성읍들은 불에 탔고 너희 토지는 너희 목전에 이방인에게 삼키웠으며 이방인에게 파괴됨같이 황무 하였고

---

[31] 본 단어가 예레미야서(28회)와 에스겔서(20회)에서도 자주 나타난다. 호세아서에서 8회, 요엘서에서 4회, 아모스서에서 5회, 미가 9회, 스바냐 2회, 오바댜 1회 나타난다.

8절, 딸 시온은 포도원의 망대같이, 원두밭의 상직막같이, 에워싸인 성읍같이 겨우 남
    았도다
9절, 만군의 여호와께서 우리를 위하여 조금 남겨 두지 아니하셨더면 우리가 소돔 같고
    고모라 같았으리로다

1:4 본 예언은 여호와 자신의 말씀들로 표현된 자기 백성들에 대한 하나님의 심판의 선포로 시작하고 있다. 본 절에서 선지자는 그 국가의 비참한 도덕적 상태에 대해 분노의 외침을 발하고 있다. 그렇지만 2절 하반절과 3절에서는 우리가 하나님의 말씀을 가지고 있고, 반면에 4절에서는 이사야 선지자의 말만을 가지고 있다고 생각해서는 안 된다.[32]

이사야가 4절에서 선포하고 있는 것은 2절 하반절과 3절에 나타난 하나님의 말씀 바로 그것이다. 이 모두 이사야에게 계시된 것이다. 2절 하반절과 3절은 인용의 형태로, 그리고 4절은 일반적인 선지자의 구술의 형태로 주어진 말씀이다.

그러므로 우리는 하나님의 말씀을 소개하는 말씀과 선지자의 설교(speech) 사이에 지나치게 날카로운 구분을 지어서는 안 된다. 4절 이하의 말씀이 단지 선지자가 자신의 권리로 말하고 있는 바 자신의 확신을 나타내고 있다고 가정하는 것은 잘못된 것이다. 이는 이것들이 계시된 말씀이기 때문이다. 여기에 선지자의 영감의 놀라운 신비가 들어 있다. 모든 선지자의 발언들(utterances)은 신적으로 계시된 것들이다. 그럼에도 메시지 전달에 있어서 선지자의 인격은 보존되었다. 다음의 말씀들은 이 같은 빛 아래서 이해되어야 할 것이다.

슬프다. 이 감탄조 단어의 정확한 강도는 다소 결정하기 어렵다. 많은 주석가들은(예를 들면 Marti, Drechsler, Barnes) 생각하기를 그것이 5:8, 11; 10:1; 31:1에서처럼 위협, 애가 혹은 저주를 표현하고 있다고 생각한다. 그 모두 가능성이 있지만 그것은 또한 그 국가의 불신앙적인 배은망덕에 대한 고통, 동정, 놀람 그리고 깊은 혐오감의 사상도 포함되어 있다. 본 절은 2절에 묘사된 하나님으로부터의 소외에서 벌어진 그 나라의 비참한 도덕적 상태에 대한 전반적인 모습을 소개하고 있

---

32) Herntrich가 우리가 살펴보고 있는 그 말씀이 언제나 증언이라고 주장할 때 우리는 이에 동의할 수 없다. 선지자가 말하고 있는 말씀은 하나님의 말씀에 대한 증언이 아니다. 그것들 자체가 하나님의 말씀이다.

다. 이사야가 참 전도자인 것은 이것은 진정한 전도자는 언제나 죄와 자기의 메시지를 듣는 그 죄인들의 잃어버린 상태로 인하여 슬퍼하기 때문이다. 그러한 슬픔은 그의 메시지가 필요한 사람을 향한 진정한 사랑으로부터 흘러나온다. 그 국가의 상태는 이사야 편에서의 동정의 탄식을 불러일으켰는데, 그러한 범죄를 저지를 수 있었던 사람들에 대한 분노와 함께 하나님으로부터 그렇게도 많은 것을 받은 사람들이 그렇게도 쉽게 배은망덕하여 그분을 저버릴 수 있는가 하는 놀라움이 함께 혼합된 탄식이었다. 본 말들은 이사야의 감정을 표현하기에는 충분하지 않다. 따라서 그는 쓰라린 탄식을 터뜨려야 했다.

호이(הוֹי, 슬프다!)라는 감탄사는 본서에서 21회나 발견되며 다른 선지서에서는 단 28회만 발견된다. 비록 이 단어가 이어지는 세 단어와 함께 문법적으로 해석되어야하지만, 바로 다음 단어인 고이(나라)란 단어와 유사소리 놀이를 형성한다. 그러므로 이러한 탄식은 2절 하반절과 3절에서 선포된 여호와의 비난(complaint)을 계속하고 있는 것이다. 둠은 이사야의 말이 주님의 말씀보다 더 열정적으로 말해지고 있다고 생각하는데, 그는 말하기를 주님의 말씀들은 언제나 어떤 장엄한 평온을 소유하고 있다고 한다. 그렇지만 그러한 구별은 의문의 여지가 있으며, 2절 하반절과 3절까지도 하나님을 자기 백성의 배은망덕 때문에, 깊이 탄식하는 사랑하는 아버지로 계시하고 있다는 사실이 주시되어야 할 것이다.

범죄한 나라: 능동분사는 지속적이고도 습관적인 범죄를 함축하고 있으며 또한 이스라엘의 원래 운명과 그 국가가 지금까지 실제로 된 그것 사이에 현저한 대조를 보이고 있다. 부패는 그 나라의 본체이며 그것의 일부분에 관련되어 있지 않다. 그 나라에 대한 각 호칭은 죄의 상태가 덧붙여 있다.[33] 호칭은 이스라엘이 실제로 그렇게 된 사실을 보여주고 있고 또한 그들이 하나님에 의해 의도됐던 내용을 간접적으로 지적하고 있다. 여기에 기록되어 있는 도덕적 상황은 2절과 3절에 언급된 소외의 결과일 뿐만 아니라, 그러한 소외와 불가분의 것이기도 하다. 놀라운 점층법이 호칭들 가운데 나타난다. 첫 번째 목록을 나열해 보면, "나라, 백성, 종자, 자식",

---

33) Keizer의 간결한 해석은 정곡을 찌르고 있다. "그들의 호칭만큼이나 많은 죄악의 명칭들"(zoovele benamingen, zoovele beschuldigingen). 하타(חטא)—분사형(참고. 암 9:8). 히브리어에서의 재담에 대한 최근의 논의를 위해서는 H. S. Nyberg, *Hebreisk Grammatik*(Uppsala: 1952), pp. 301 이하를 보라.

또 다른 것들은 "범죄한, 허물진, 행악의, 행위가 부패한"이다. 어떤 주석가들은 고이(גּוֹי)라는 단어 가운데서 경멸의 흔적 혹은 경멸의 칭호를 발견한다. 그러나 아마도 그러한 경멸이 의도된 것 같지는 않다. 표현된 사상은 공동의 후손과 조상, 공동의 언어와 국토로 말미암아 한 국가를 형성했던 것이 바로 그 이스라엘 백성이라는 것이다. 즉 그들의 조상 이스라엘(야곱-역주)에 소급되고, 히브리어를 말하는, 팔레스틴에서 살고 있는, 그리고 공동의 유산을 나누어 갖는 하나의 국가를 말하는 것이다. 공식적으로 그 단어(고이)는 시내 산에서 하나의 국가를 형성하였던 여호와 숭배의 신앙을 표현하고 있다. 그분은 그 나라가 하나의 거룩한 국가(출 19:6)가 되기를 의도하셨다.[34] 이스라엘은 항상 죄를 짓는 일에 매진했다. 그 나라는 계속적으로 하나님이 의도하신 목표에서 멀어져 갔다. 칼빈은 이사야가 방탕한 악을 가진 그 나라를 비난하고 있다고 주장하였는데 이는 옳은 것이다.

허물진 백성: 허물(iniquity)은 여기서 백성이 짊어져야 할 짐으로 간주되고 있다.[35] 하나의 짐을 나르는 사람이 그만큼 자신이 더 무겁다는 사상과 같이 옮겨진 그 무게가 그 짐을 옮기는 백성에게 돌려지고 있다. 축적된 허물들의 짓누르는 무게 아래서 전 국가는 짓눌려지고 엎드러진 것으로 묘사되어 있다. "진"(כָּבֵד, 케베드, heavy)이라는 단어 가운데 표현된 사상은 비록 모든 허물을 언급하고 있지는 않을지라도 그 사상이 어떻게 이해되어야 하는지를 보여 주고 있는 다음 구절들로 예증될 수 있을 것이다(참고. 창 4:13; 12:10; 출 4:10; 18:18; 민 11:14). 여기서 케베드란 단어는 죄책의 무게에 대해서 사용되고 있다(또한 출 28:38, 43; 레 10:17).

어떻게 허물이 하나의 인간이나 국가 위에 무겁게 실릴 수 있는가? 허물 그 자체는 실체가 없는 것이며, 그래서 물리적 의미에서의 짐이 될 수 없다. 그러나 허물은 그것과 함께 나쁜 결과들을 가져다준다. 그 백성은 사악하게 행하였고 그들의 행위들의 열매들은 이제 그들과 함께 있었던 것이다. 너 나아가서 허물은 죄책을 포함한다. 사실 이 단어는 죄의 사악성과 왜곡성을 의미한다. 그러므로 그 나라를 억눌러서—그것이 그렇게 한다면—회개할 어떤 욕망이 일어나게 될 수 있도록 하는 의미의 허물이 아니다. 그것은 오히려 압박을 가하는 짐처럼 백성 위에 놓여 있는 그들

---

34) "거룩한"과 "거룩"의 의미에 대한 논의에 대해서는 본서, p. 302, n. 19를 보라.
35) 기본적 사상은 "한 백성, 그 허물이 무거운"이다. 이러한 사상으로부터 "허물진"(heavy of iniquity)으로 발전하였을 것이다.

의 허물의 속박과 죄책이다. 그들은 그들 스스로를 그 죄책과 속박으로부터 자유케 할 수 없다. 그들은 힘이 없으니 곧 노예들인 것이다.

행악의 종자: 종자 제라(זֶרַע, 제라)라는 단어는 연계형인가 절대형인가? 둠(Duhm)에 의하면, 그것은 절대형이며 자식 바님(בָּנִים, 바님)과 평행이 된다. 그는 그것을 후손이 아니라 씨를 의미하는 것으로 취급한다. 이와 같이 게세니우스(Gesenius)도 그것을 자식들(brood, 마 3:7에 있는 바와 같은), 즉 행악하는 자들로 구성된 자녀들(참고, 사 14:20; 31:2; 65:23)의 의미로 취급한다. 마르티는 비록 그 자체가 죄악되지는 않을지라도 그렇게 된 현세대 전체라고 생각한다. 이 문장 구조에서 제라는 메레임(מְרֵעִים, 행악자들), 즉 행악자들을 구성하고 있는 하나의 씨와 동격으로 되어 있다. 제라가 백성을 하나의 단위로 지칭하고 있는 것이 사실이지만, 동시에 그 단어가 그 자체 안에 백성의 기원적 특성을 담고 있음도 사실이니, 이러한 생각은 그것이 연계형으로 취급되어야 한다는 견해를 지지하여 준다.

그렇지만 만일 그것이 연계형이라면 그것이 강조하고 있는 점은 무엇인가? 그것이 행악자들이 낳은 하나의 씨를 의미하는 것으로 취급되어 왔다. 그렇다면 이 행악자들은 그 당시의 사람들이 될 수 있을 것이며, 그러한 경우 그 문구는 그것을 구성하고 있는 악한 사람들에 의해서 행해진 하나의 씨를 의미할 것이다. 그것은 또한 그 씨가 행악자들로부터 태어났다는 것을 의미할 수도 있다. 그것이 악인의 계통으로부터 태어난 불법의 씨였다고 생각할 필요는 없고, 다만 단순히 그 씨의 조상들이 스스로 행악자들이 되어 왔었다는 것이다. 헤른트리히가 주장하는 대로 반드시 물려받은 죄책이 강조가 될 필요는 없을 것이다.

그렇지만 만약 제라가 연계형이라 해도, 본 문구가 행악자들이 낳은 하나의 씨를 가리킨다고 볼 필요는 없다. 그 사상은 단순한데 이것이 행악자들로 이루어진 하나의 씨(제라라는 단어는 '사람들'을 의미하는 아나쉼보다 더 강하다)인 것 같다.[36] 그럼에도 그것은 하나의 유산을 가진 하나의 그룹이기도 하다. 이 유산이 좋았는지 나빴는지는 명백히 언급되지 않았지만, 바님과 병행을 이룬다는 사실(parallelism)은 족장들에게 주신 약속들과 시내산에서의 입양을 가리키는 것으로 보인다. 그렇다면 제라와 바님이라는 두 단어는 그 나라의 기본적인 성격을 가리킨다. 그것은 축

---

36) Calvin은 적절히 웅변가들, 의사들, 철학자들, 저술자들로 번역될 수 있는 ῥητόρων, ἰατρῶν, φιλοσόφων, γραφίων παῖδες 헬라어 용법에 호소를 한다.

복 혹은 거룩의 씨가 되었어야 했다. 왜냐하면 하나님으로 말미암아 수많은 것들이 그것(국가)에게 주어져 왔었기 때문이다. 그런데 그것은 오히려 행악자들로 이루어진 하나의 씨였다.

행위가 부패한 자식이로다. 제라처럼 바님도 그 백성의 진정한 정체를 일깨워 주는 요소를 내포하고 있다. 비록 그들이 부패한 자들이라 할지라도, 그들은 여전히 자식들이다(참고. 대하 27:2; 사 30:1, 9; 렘 4:22). 바님은 제라에 종속되어 있지 않고 동격이다. 헤른트리히가 정확하게 지적한 대로 본 문구에서 역설이 그 절정에 이르고 있다. 말하자면, 하나님의 자녀들이 되어 왔어야 하는 그 자식들이 그들 자신들에게나 다른 사람들에게 멸망을 초래케 하는 방법으로 행동하고 있는 것이다. "부패한 자들"이라는 단어 가운데 포함되어 있는 사상은 침략하는 군대에 의하여 멸망이 이루어질 것이라는 것이다.[37] 이 네 개의 호칭들은 그 국가가 자신에 대해 가진 의견을 나타내지 않고, 오히려 이사야의 말씀에 의하여 선포된 하나님의 심판을 나타낸다. 칼빈이 실제로 강조한 대로, 이것은 그들로 하여금 죄에 대한 의식을 갖게 하기 위하여 위선자들을 환기시키는 도구들이다. 그들은 자기들이 어떤 존재들인지를 정확하게 들어야 했다. 우리 기독교인들의 설교와 행위들 가운데서 인류의 죄악된 상태를 최소화하는 일보다 더 큰 잘못은 있을 수 없다.

그들이 여호와를 버리며: 이사야는 호세아처럼 이스라엘의 죄가 하나님으로부터의 배교로 이루어져 있다는 사실을 강조한다. "버리며"라는 단어는 물론 마음의 배교를 포함하고 하나님에 대한 완전하고도 전적인 반역을 의미하는 배교에 해당하는 포괄적인 단어 역할을 하고 있다. 이사야는 이 문구로써 그 나라가 단순히 하나의 죄만을 범한 것이 아니라, 죄악된 행실에 자신을 넘겨주었음을 분명히 하고 있는 것이다.

이스라엘의 거룩한 자를 경홀히 여겨: 그들은 단순히 하나님의 능력을 얕보거나 혹은 그분이 하신 경고들을 이행할 능력에 대해 무시한 것만이 아니다. 의심할 여지없이 그들은 하나님에 대해 경멸적인 견해를 가지고 있었으니, 이는 사람이 범죄할 때는 언제나 그들이 하나님보다는 죄를 더 좋아하며 그분을 경멸하기 때문이다. 그러나 그들은 또한 공공연하게 범죄를 서슴으로써 의식적으로 그들의 경멸

---

37) משחיתים은 그들의 길을 "부패시키는 사람들"이다. 절대형으로 사용됨(참고. 창 6:12; 신 4:16; 31:29; 삿 2:19).

을 나타낸다. 그들은 그분의 진노가 폭발하는 한계에 이르기까지 이 일을 행하는 것이다(참고, 잠 1:30; 5:12; 15:5). 어떤 선한 것을 조롱하는 것은 하나의 죄이다. 그러나 거룩하신 자 하나님을 경멸하는 것은 훨씬 더 큰 죄이다. 그렇지만 하나님께서 자신의 사랑을 부어주신 그 나라 이스라엘이 그분을 경멸했을 때 그 죄는 더욱더 큰 것이다(델리취). 하나님은 거룩하시므로 이스라엘 역시 거룩해야 했다. "너희는 거룩하라 나 여호와 너희 하나님이 거룩함이니라"(레 19:2).

이스라엘의 거룩한 자로서의 여호와의 칭호는 이사야 예언의 열쇠로서, 모두 26회 나타나며, 1-39장에서 12회, 40-66장에서 14회 나타난다. 성전에서 이사야가 환상 중에 본 분은 거룩하신 하나님이셨으며(6장) 그래서 이 칭호로 그분에 대해 언급하기를 즐겨 하였다. 이사야에게 나타나셨고 이사야가 그분의 선지자인 거룩하신 분이 바로 이스라엘이 경홀히 여겨왔던 바로 그 분이시다.

본 문구의 참 뜻은 "이스라엘의 거룩이신 하나님"이라기보다는 "이스라엘의 하나님이신 거룩하신 자"이다. 거룩(קָדוֹשׁ, 카도쉬)이란 단어는 그분의 피조물로부터의 완전한 구별을 나타내며, 그래서 죄된 모든 것들로부터의 그분의 성별과 함께 자충족성을 나타낸다.

멀리하고 물러갔도다. 일곱 개의 진술들이 모두 함께 등장한다. 이 가운데 네 개는 명사절이고 동사를 갖지 않고 있다. 그것들은 백성들의 죄악된 상태를 묘사하고 있다. 세 개는 동사절인데, 각기 하나의 한정 동사에 의하여 시작되며 이스라엘의 배교를 묘사하고 있다. 부사는 이전의 상태에로의 퇴보를 의미하고 있다. 그것은 일반적인 퇴보이지 우상숭배로 제한되어서는 안 될 것이다(Kissane). 그 나라는 하나님으로부터 멀어지게 되었고 그 멀어지는 방향은 후퇴이다.

특주

마르티(Marti)는 본 절의 하반절이 그 형식에 있어서나 내용에 있어서 선지자의 연설의 진행을 차단시키고 있다고 보고, 그래서 그것이 후대의 첨가물이라고 생각한다. 4절 상반절은 2인칭을 전제로 하고 말해지고 있으며 5절은 2인칭을 채용하고 있는데, 4절 하반절은 3인칭을 사용하고 있다는 것이다. 비난 역시 일반적으로 말해지고 있으며 비난받는 자의 상황에는 맞지 않는다는 것이다. 어휘도 이사야의 것으로 생각되지 않는다는 것이다. 아자브(עזב)는 신명기적 어휘이고 "다른 신을 섬기다"를 의미한다. 그러한 사상은 이사야가 표현할 수 없는 것이라는 것이다(참고. 1:10-17). 나아츠 (נאץ)는 이사야적 용어가 아니고 카도쉬(קדש)도 이사야적인 표현이라고 할 수 없다는 것이다. 마지막 두 단어들이 B에서는 빠져 있는데, 이는 의심스럽고 이처럼 무의미한 에트(את)의 이중 출현도 의심스럽다는 것이다.

이에 대해서는 다음과 같이 답변될 수 있을 것이다. 4절 상반절은 반드시 2인칭을 의미하지는 않는다. 3절은 3인칭을 사용하였고, 이것은 4절 상반절인 "슬프다 범죄한 나라요" 까지 유효할 수 있다. 그러므로 이사야는 반드시 2인칭으로 그 나라를 지칭하고 있다고 할 수 없는 것이다. 그렇지만 비록 그가 이렇게 하였을지라도 인칭의 변화들은 이사야서에서 자주 있는 일이다. 비난들이 일반적이라는 문제에 대해서 그것은 사실이다. 그러나 이러한 일반적인 비난들은 그 나라의 필요에 어울리는 것이다. 이스라엘에게 있어서 난점은 하나님에 대한 배교이며, 이러한 사실은 특수한 죄들이나 병폐들에 대한 세부적인 논의가 있기 이전에 설정되어야 하는 것이다. 이 어휘는 어느 면에서나 이사야 저작권에 대하여 영향을 미치지 않는다. 이사야가 본 장 안에서 우상숭배를 꾸짖고 있다는 사실이 현대학자들에 의해서 점점 더 지지를 받고 있다. 이 점에서 마르티의 반론들은 이스라엘 종교의 발전의 견해에 근거를 두고 있는데, 이는 거절되어야 한다.

아자브(עזב)라는 동사가 반드시 우상숭배를 가리킬 필요가 없다는 사실은 다음의 구절들 가운데서 나타난다. 사 58:2; 대하 12:1; 21:10-11(여기서는 우상숭배가 여호와를 저버림에 덧붙여져서 언급되고 있다). 예레미야 2:13에서 저버림은 자신을 위해 저수로를 깎는 독특한 악으로 언급되어 있다. 나아츠(נאץ)에 대해서는 그 어근이 사 1:4; 5:24; 37:3; 52:5 그리고 60:14에 나타난다. 또한 시편에서 5회, 예레미야서에서 3회, 에스겔서에서 1회 발견된다. 키도쉬(קדש)가 이사야적인 표현이라고 할 수 없다는 것은 사실에 대한 무식을 드러내는 것이다. 단수형이 이사야서에서 43회나 나타나며 레위기에서 13회, 출애굽기에서 2회, 민수기에서 4회, 신명기에서 6회, 사무엘상에서 2회, 열왕기하에서 2회, 욥기에서 2회, 시편에서 11회, 예레미야서에서 2회, 에스겔서에서 2회, 호세아서에서 1회, 하박국서에서 1회, 전도서에서 1회, 다니엘서에서 1회, 그리고 느헤미야서에서 3회 나타난다. 그렇지만 단순한 통계로는 충분치가 않다. 이사야 예언 가운데 들어 있는 하나님의 거룩성에 대한 강조는 마르티의 주석을 논박하는 데 충분하다. 또한 에트(את)의 이중 출현에 관한 어떤 의심스러운 점도 없다. 이사야서에는 시와 산문이 서로 얽혀 있다. 마지막으로 우리는 본문이 1Q(제1쿰란 동굴에서 발견된 이사야서 사본)에 고스란히 보존되어 있다는 사실을 주시할 필요가 있다.

1:5 너희가 어찌하여 매를 더 맞으려고: 이사야는 국가에게로 눈을 돌려 그들을 향하여 직접적으로 말하고 있다. 벌게이트역은 super quo(그 외에 어디에)라고 번역하고 있는데, 즉 "몸의 어느 부분을 너희는 더 맞으려느냐?"(예를 들면 알렉산더가 그렇게 번역한다), 그렇지 않으면 "너희가 어디에 더 맞을 수 있느냐?"란 뜻이다. 이 나중 문장이 피셔(Fischer)에 의하여 실질적으로 채택되고 있는데, 그는 만약 이스라엘이 더 이상 죄를 범한다면 그분은 자신이 어느 부분을 때려야 할지를 모를 것이라고 해석하고 있다. 말하자면 이 문장에서 알 메(חָמ לַע)는 "어떤 장소에?"라고 번역되어야 하는데, 이는 선지자가 그 나라를 너무나 상처가 많이 나 있어서 더 이상 맞을 자리가 남아 있지 않은 하나의 몸으로 보고 있기 때문이다.[38] 그렇지만 콘다민(Condamin)은 타격이나 염병을 가하는 자가 아직 매를 맞지 않은 부분을 발견하기란 어렵지 않을 것이라고 주장한다. 그러한 이유로 인하여 그와 다른 사람들은 그 히브리어 단어를 "어찌하여"나 혹은 "왜"로 번역하기를 더 좋아한다. 이것을 지지하면서 왜이드(Wade)는 지적하기를 그 백성들이 아직도 복수형으로 말해지고 있으며, 단체적인 몸체가 다음 구절까지는 개체로 말해지고 있지 않다고 한다. 이 구조에서 그 의미는 "더 이상 맞으려고 하는 목적이 무엇이냐?"이다. 너희의 배교와 반역의 지속적인 상태는 단순히 부가적인 징계만 가져올 뿐이다. 그렇다면 너희가 왜 그런 죄를 계속 범할 정도로 그렇게도 어리석으냐? 만약 너희가 회개한다면 징계는 그칠 것이다.[39]

두 개의 해석들 가운데서 후자가 가장 좋은 것으로 보인다. 그렇다면 그 의미는 더 큰 징계가 회개를 가져다주지 않는다면, 왜 하나님께서 너희를 더 징계하셔야 하

---

38) Cf. Ovid, *Ex Ponto* ii. 7. 42; Cicero, *De finibus* iv. 14; *Tusculanae Disputationes* iii. 22; *Ad Quintem Fratrem* ii. 25; Sallust, *Cataline* x.

מָה에 세골(ְ)이 찍혀 있는데, 아마도 그것이 문장의 주된 음조로부터 약간 떨어져 있기 때문인 것 같다. 두 단어는 "어찌하여, 무슨 이유로"로 번역될 수 있을 것이다.

39) 본 단어들이 선지자 편에서의 당황의 표현으로 취급되는 것도 가능할 것이다. 비록 그가 "너희가 더 맞아도 효과가 없을 것이다. 그것은 회개에로 이끌지 못할 것이다."

느냐, 그리고 하나님의 수고도 헛될 것이다는 의미가 아니다. 하나님의 노력이 헛되다는 사상은 이사야의 가르침에 생소하며, 성경 전체의 가르침에서도 그러하다. 이사야의 관심은 하나님에게로 돌아서지 않음으로써 그 백성들이 스스로 더 많은 징계를 받는 쪽으로 들어오고 있다는 것이다. 그러므로 그는 범죄의 어리석음을 지적하고 있는 것이다.

더: 오드(עוֹד)를 앞의 문구와 함께 "아직"으로 해석하여, "너희가 아직도 반역을 더하고 있다"가 아니라, "왜 너희가 여전히 더 맞으려고 하느냐?"로 번역하는 것이 가장 좋다.

패역하느냐: 이 구절은 "너희가 어디를 더욱 맞으려느냐?"는 질문에 제시된 일반적인 상황에 대해 특정한 반응을 표현하도록 돕고 있다.[40] 징계의 한 결과는 반역의 지속적인 상태였다. 그 나라의 실상이 나타난다. 만일 마음이 하나님과 바른 관계에 있다면 그 고난과 징계는 그들을 겸비하게 한다. 그렇지만 유다 백성들은 겸비하지도 않았고 오히려 반역을 계속하였다. 하나님의 징계의 손길이 진정한 복종을 가져다주지 않았다.

온 머리는 병들었고 온 마음은 피곤하였으며: 콜(כֹּל)이 "각각"으로 번역되어야 하는가? 아니면 "전부"로 번역되어야 하는가?[41] 드렉슬러(Drechsler)는 마치 국가에 소속된 개인이 재난에 너무나 압도되어 그 머리와 마음이 상당히 아파 있었던 것처럼 "각각"으로 번역하기를 좋아한다. 그러나 본 어휘는 시적인 운치를 풍기고 있는데 이는 정관사의 생략을 설명해 주고 있다(시 111:1에서처럼). 더 나아가서 콜(כֹּל)이라는 단어는 여기서 연계형이고 전체로서의 총체성을 의미한다. 보다 더 중요한 것은 본문이 이러한 해석을 요구하고 있다는 사실인데, 이는 저자의 관점이 우선적으로 몸체의 개별적인 멤버가 아니라 전체적인 몸체 자체에 있기 때문이다. 앞의 문맥에서 그 몸체가 나라, 백성, 종사, 사식들이란 단어로 호칭되었다.

이 병든 부분이 몸의 가장 중요한 부분인 머리와 마음으로 나타나 있다. "그 전체

---

40) 본 상황질은 와우(וְ, 그리고) 없이 시작된다. "너희는 반역을 더하고 있다", 즉 반역을 계속하고 있다는 것이다(참고. 사 5:11).
41) 하나의 한정명사 앞에 올 때, כֹּל은 "모든" 혹은 "전체"를 의미한다. Cf. *HG*, p. 268. 상황절에서는 전치사나 형용사 같은 것은 일반적으로 명사 뒤에 따라온다.

머리가 병들어 있다"에서 라메드(ל)를 주시하라. 즉 머리가 병듦의 상태 혹은 상황 가운데 있다. 라메드는 여기서 시편 45:15; 69:22 그리고 역대하 21:18에서처럼 상황을 나타내는 역할을 하고 있다.⁴²⁾ 외부적으로(머리) 그리고 내부적으로(마음) 그 나라는 하나님의 징계를 너무나 많이 받아서 그것이 머리는 병들고 그 마음은 힘을 잃은 한 사람처럼 의인화되어 있다. 프록쉬(Procksch)는 그 나라가 그 주인에게 매를 맞은 노예로 묘사되어 있다고 생각하나 이런 생각은 틀린 것이다. 이스라엘이 노예상태에서 자유를 얻은 것은 사실이지만, 그들은 지금 하나님의 노예가 아닌 것이다. 그분은 이스라엘을 아들의 나라로 보고 사랑하는 아버지로서 그로 하여금 회개하게 하기 위하여 징계를 하고 계시는 것이다. 다음 구절에서 보여주는 바와 같이 이 징계는 실제로 전쟁의 참상들을 통하여 시행되었다.

1:6 발바닥에서: 관사가 레겔(רֶגֶל, 발) 앞에서 빠져 있는데, 이런 경우는 반복된 표현과 유사한 경우에 자주 나타난다(참고. 창 24:11; 신 4:47; 11:12). 본 문구는 다소 신명기 28:35과 유사하다.⁴³⁾ 앞 절에서 시작된 이 묘사는 이제 보다 세밀하게 계속된다. 본 절은 그 나라의 몸체에 대해 그 전반적인 범위에까지 이르는 일반적인 묘사로 시작한다. 본 절의 목적은 슬픈 상황이 전 국가에 퍼져 있음을 보여주는 것인데 이는 이전에 소개된 모습을 계속적으로 발전시킴으로 진행시킨다. 물론 발바닥은 몸체에서 가장 낮은 부분이다. 그렇지만 대조적인 의미에서 그 머리는 단순하게 언급되어 있다. 머리의 정수리는 언급될 필요가 없으니, 이는 만약 머리 그 자체가 온전하지 못하다면 몸 전체가 영향을 받기 때문이다.

성한 곳: 명사는 실제로는 성한 장소를 가리킨다. 하나의 날카로운 대조가 나타나 있다. 그 몸은 상처를 입고 터지고 새로운 상처들을 가지고 있다. 그것은 성한 곳을 가지고 있지 않았다.

상한 것: 칼로 베임을 받아 육신에 파인 상처들.

터진 것: 채찍에 의하여 상처나고 쓰라린 부분들(잠 20:30).

새로 맞은 흔적: 직역하면 새로 맞은 것. 본 단어는 집합적 의미를 가지고 있으

---

42) 아마도 본 전치사는 애굽어의 술어적 m과 같은 의미를 가지고 있는 것 같다.
'iw.t m bȝ k.t (너〈여성〉는 노예의 위치에 있다)
43) 연계형으로서 에인(אֵין, ~없다)의 특성은 너무나도 약해져서 하나의 단어가 그것과 연계된 명사 사이에 삽입될 수 있다는 점이다.

며, 갓 맞아서 치료받지 못한 상처들, 즉 유하게 함과 깨끗하게 함을 받아야 할 상처들을 가리킨다. 본 단어는 하나님의 징계가 쓰라리고, 베는 것 같아서 그로 인하여 그 나라가 거의 멸망에 이른 것을 보여주고 있다. 그러한 강타가 떨어진다면 치료는 있을 수 없는 것이다. 그 징계가 반드시 포로되는 것일 필요는 없고 (Kissane), 국가의 죄로 말미암아 오는 낮은 도덕적 상태를 포함하여 하나님의 손으로부터 내려오는 모든 징계를 가리킨다.

그것을 짜며: 그 국가는 너무나도 괴롭힘을 당하여 왔으므로 거기에는 상처를 당하지 않은 부분이 없었고 그럼에도 그 상처들은 전혀 치료를 받지 못했다. 유다의 도덕적 상태는 상처난 모습 가운데 나타나 있다. 언급한 치료 행위들은 질병을 치료함에 있어서 고대세계에서 시행하였던 행위들이다. 곪게 하는 고름은 상처들 가운데 남아 있어서, 상처를 깨끗하게 하고 그 더러운 것으로부터 씻음받도록 그것을 짜냄을 받지 못하였다.[44]

싸매며: 싸맴으로써 그들은 빠르게 고침을 받을 것이었다. 이러한 묘사는 그 몸에 대한 치료 행위는 무시당해 왔고, 계속되는 징계에 대해서는 무시당하지 않았다는 것이다.

기름으로 유하게 함을 받지 못하였도다. 마이클리스(Michaelis)는 이것이 앞에서 언급한 것들 각각을 가리키는 것으로 보고 "위에 것들 중 아무것도 기름으로 완화시킴을 받지 못하였다"는 것을 가리킨다고 하였다. 그렇지만 이것을 독립적 문구로 취급하는 것이 더 적절한 것으로 보인다. 그러므로 몸의 세 특정 부위들이 언급되었다. 상한 것, 터진 것, 새로 맞은 흔적, 그리고 그와 같은 세 치료 방법들이 주어져 있다. 짜며, 싸매며, 기름으로 유하게 함.[45] 하나님께서 입히신 상처 같은 것들에 대한 유일한 치료는 하나님 자신이시다. 유다는 하나님에게 징계를 받은 나라이다. 그리고 그분이 개입하지 않으신다면 그들에게 소망이 없는 것이다.

이사야는 그들로 하여금 그러한 고난의 원인에 대해 먼저 들으라고 유다의 고난, 즉 죄들을 차례로 언급하고 있다. 그렇게 하여 그는 유다로 하여금 귀를 기울이도록 하고 있다. 유다는 그 비극적 상황을 완화시키지 못하였다. 그리고 이러한 상황에

---

44) זרו는 주로 칼 수동형으로 간주된다. 피널트(penult, 단어의 둘째 음절을 말함—역주)의 u는 자연적으로 홀렘(발음 '오'를 말함—역주)으로 나타난다.

45) 정관사가 그것이 의약품으로 잘 알려졌었던, 말하자면 치료하는 도구들로 매우 중히 여긴 바 되어 왔던 기름(참고. 눅 10:34)을 가리키는 שׁמן과 함께 나타난다(참고. 렘 8:22; 46:11 그리고 Pliny, *Natural History* 31:47).

대해 말하면서 이사야는 공감하는 반응을 추구하고 있다. 이러한 묘사는 그 백성이 완전히 징계의 막대기 아래 있으나, 그럼에도 그 징계로부터 구출을 받지 못하고 있다는 것이다. 그러므로 여기서 언급하고 있는 것은 그 나라의 도덕적 성격이 그 징계의 기본적인 이유인 만큼 도덕적 성격이 반영되기는 하였지만, 그것이 주요 쟁점은 아니다. 오히려 강조점은 도덕적 성격으로 인하여 유다 위에 떨어진 징계에 두고 있다.

1:7 이사야는 이제 청중들의 생각을 매맞아 상처가 난 사람의 모습으로부터 그들 자신의 땅의 현재 상태로 돌리고 있다. 하나님의 징계의 결과들이 묘사되어 있다. 처음 세 개의 언급들 가운데는 한정동사가 없고, 그래서 이것이 알렉산더가 말한 바와 같이 "…본 묘사에 속도감과 생동감을 주고 있다."

너희 땅은: 그것은 너희 땅, 너희가 거주하고 있는 땅, 거룩한 땅으로 너희에게 약속된 땅이요, 젖과 꿀이 흐르는 땅이다. 그것이 이제는 황폐되었고 그 땅의 도시들은 이제 불타 버렸다.

황무하였고: 직역하면 '쓸모 없이 되었다' 혹은 '황폐되었다.' 추상적인 단어 "황무한"에 대한 구체적인 단어 "사막"은 특별한 생동감과 강조를 주고 있다. 대조가 강하다―약속된 땅은 사막이 되었다. 사람이 하나님의 선물들을 악용하고 파괴시킬 때, 배은망덕이 얼마나 분명하게 나타났는가!

불에 탔고: 불로 말미암아, 불로 인하여.[46]

너희 토지는: 본 단어는 미완성 독립격(casus pendens)을 형성하고 있으며, 맨 앞에 위치함으로써 강조되고 있다. 이러한 미완성 독립격에 관한 특별한 상황이 그 다음에 언급되어 있다. "너희 땅에 대해서는 너희 앞에서 이방인들이 그것을 먹어치울 것이다." 이사야는 여기서 그 땅을 황무하게 하였던 것을 언급하고 있지 않다. 그 땅은 하나의 기본적 원료로 생각된 땅이니, 곧 음식과 영양분을 제공하는 땅으로 생각된 땅이다. 아마도 그 단어는 실제로 "그 땅의 열매들"을 의미할 것이다.

6절의 묘사 이후에 이 표현이 특별히 주의를 끌도록 의도된 것 같다. 먼저는 신체가 베어진 상처를 묘사하기 위하여 사용되고, 그 다음에는 극단적인 황폐를 묘사하

---

46) 원인이 되는 소유격 앞의 연계형에서 수동분사가 채용되었다. 40 사본들은 접속사를 덧붙이고 있는데, 그렇지만 그 단어는 그것 없이도 더 강조된다.

기 위하여 땅이 사용되었다. 거기에는 또한 레위기 26장과 신명기 28장의 저주와의 주목할 만한 일치가 있다. 사실 이 당시부터 예루살렘의 함락까지 유다의 상황은 모세의 율법 가운데 예고된 저주들의 실제적인 실현 혹은 성취였다.

너희 목전에: 마치 너희 슬픔을 증가시키기 위하여(신 28:31-32). 여기에 그 나라가 목격하지 않을 수 없었던 모욕이 있었으며 또 그것을 정지시키는 일이 중요하였다. 그것은 궁핍을 동반한 징계였다.

이방인에게: 징계의 도구는 외국인들의 침입이었다. 이방인들은 다른 민족에 속한 외방 사람들이었다. 그들이 누구인지에 대해서 우리는 분명하게 들은 바 없다. 그 땅은 그들의 것이 아니었고, 그들이 그 땅에 속하지도 않았었다. 그런 까닭에 이 용어는 유다의 본족들이 아닌 어떤 사람들에게 적용될 수 있다. 칼빈은 본 진술이 과거에 일어났던 사건들을 가리킨다고 생각하였고, 다른 사람들은 그 이방인들의 구체적인 신원을 증명하기 위해서 노력하였다.[47]

삼키웠으며: 본 절은 유다의 역사상 여러 면에서 일어날 수 있었던 황폐의 모습을 보여 주고 있다. 이방인들은 계속적으로 그 땅을 먹어 치웠다. 그것은 계속적인 행동이었다(참고. 사 9:12; 호 7:9). 이사야는 그 나라를 의인화하고 이 하나의 묘사 가운데서 과거의 전 역사를 함께 종합하고 있다. 이방인들은 그 땅을 먹음에 있어서 그 땅의 산물들과 열매들을 함께 먹고 있다(참고. 창 3:17; 렘 5:17; 8:16). 그 땅이 약속되었던 그 사람들은 배고픔을 당하였고, 박탈 당했다. 유다는 그 주인이신 하나님을 섬기는 곳에서 거절을 당하였다. 유다는 이제 그 땅의 어떤 권리도 가지지 않은 불의한 자들과 자기 소유를 강탈하는 이방인들을 섬겨야 했다.

황무하였고: 마치 선지자가 "황폐가 지금 나타나 있다"고 말한 것처럼 명사가 전체 문장을 대표하고 있다. "황폐"라는 단어(שְׁמָמָה, 쉐마마)의 반복은 이사야 예언에 너무나 일반적으로 나타나는 반복어의 한 예이다.

이방인에게 파괴됨 같이: 이방인(זָרִים, 자리임)이 주격 소유격인가 아니면 목적격 소유격인가? "이방인에게 덮친 파멸"(목적격)의 사상을 가지고 있는가? 아니면

---

47) Kissane은 본 절을 바벨론 포로에 적용한다. 다른 사람들은 아하스 당시로 보거나 혹은 역대하 28:18에 언급된 수리아 혹은 블레셋의 약탈자들에 적용한다. Gray는 그것을 주전 701년의 유다에 대한 문자적 묘사라고 주장한다.

이방인으로 인한 파괴인가?(주격) 전자의 견해를 택하는 사람은 일반적으로 이방인을 소돔으로 대치시켜서 "소돔의 파괴처럼"으로 본다. 그러나 본 절에서 언급한 것은 소돔의 파괴가 아니며, 따라서 그 단어를 대치시키는 것은 제멋대로 한 것이다. 그런 까닭에 이방인이라는 단어를 주격 소유격으로 취급하는 것이 가장 좋다. 방랑하는 이방인들이 파괴하는 일을 이룰 것이다. 이것은 긍휼을 가지지 않은 이방인들에게 기대할 수 있는 일이며 그런 까닭에 그것이 그들 자신의 소유가 아니므로 그들 앞에 있는 모든 것을 파괴할 것임을 예상하였을 것이다. 이러한 사상이 예레미야 8:16에 예증되어 있다. "그 말의 부르짖음이 단에서부터 들리고 그 준마들의 우는 소리에 온 땅이 진동하며 그들이 이르러 이 땅과 그 소유와 성읍과 그 중의 거민을 삼켰도다." 그것은 황폐와 파괴에 대한 생생하고도 격렬한 묘사이다. "이방인들"이라는 단어의 반복에서 우리는 본 절 가운데 반복의 두 번째 실례를 보게 된다.

1:8 남았도다. 선지자는 이제, 그 땅에 대한 고찰로부터 말하자면 그가 표제에서 채용하였던 "유다와 예루살렘"과 같은 순서를 따라, 특별히 그 도성 자체로 눈길을 돌리고 있다. 접속사는 완만한 연접사로서의 역할을 하고 있다. 그 사상은 시온의 딸이 남은 자로, 말하자면 약화되고 나누인 상태로 남았다는 것이거나 또는 단순히 시온이 생존자로서 남아 있다는 것이다. 후자가 더 옳은 것 같다. 그 땅의 다른 도성들은 불에 타버린 반면 시온의 딸은 생존자로 남아 있다. 이 문구 가운데서 선지자는 처음으로 남은 자의 교리를 소개하고 있다. 헤른트리히가 잘 지적한 대로 이 남은 자 자체도 파멸의 두려운 성격을 증거하는 존재가 될 것이다.

딸 시온: 바트(בַּת, 딸)란 단어는 중성적 의미를 가진 여성 단수 집합명사로서, 한 도성의 주민들의 총수를 의미하거나 혹은 여성으로 의인화된 도시를 의미한다.[48] 이 문구는 시온의 딸을 의미하지 않고 시온 안에 있는 딸을 의미한다. 시온은 오벨 언덕만을 가리킨다기보다는 도성전체를 가리키며, 그러므로 이는 예루살렘과 동의어이다. 구약에서 도성들은 일반적으로 시적 형태로 여성으로 호칭된다(참고. 삼하

---

48) Brockelmann, *Hebräische Syntax*, p. 70을 보라. 그는 일반적인 개념, 즉 소유의 출처를 지칭하는 특정인 또는 개인으로 좀더 근접하게 정의되는 시온의 일반적 개념을 받아들인다. 즉 시온으로부터 온 딸, 시온 출신의 딸, 그 사람들을 의미한다. 다른 사람들은 그 단어를 동격으로 생각하여 시온인 딸로, 또 다른 사람들은 그 단어를 의인화된 성읍을 표현한 것으로 취급한다(Van Hoonacker).

20:19; 시 87:5; 사 47:1; 암 5:2). 동사는 7절에 표현된 행동과 같은 시제로 생각된다. "너희 성읍들은 불에 탔고… 딸 시온(예루살렘)은 남았도다." 아마도 "시온의 딸"이란 표현은 부드러운 표현인 것 같고, 예루살렘을 이스라엘 백성들에게 기쁨이 되었던 아름다운 도성으로 특징지어 주고 있다. 그 성읍은 남아 있되 심판의 두려움에 대한 증거로 홀로 남아 있다.

포도원의 망대같이: "같이"의 3중적 사용을 주시하라. 두 경우 따라 나오는 단어가 모두 "안에"로 시작한다. 묘사된 악들은 그 성읍이 단순한 시골집의 면모를 가질 때까지 닥쳐올 것이다. 망대는 나뭇가지나 잎사귀들로 만들어진 당시의 은신처였는데, 장막절에 사용하였던 초막에 해당하는 단어로 사용되었다. 그것은 파수하는 자와 포도원을 보호하는 자를 보호하기 위하여 포도원 가운데 세워졌었다. 성전이 서 있는 도성인 시온은 이제 하나의 망대에 지나지 않았다. 아모스 9:11은 그것이 무너진 망대로 그리고 하나님께서 메시아 시대에 다시 일으키실 것으로 묘사하고 있다. 이는 곧 망대가 홀로 서 있어서 그 밭에 남아 있는 유일한 물체였던 것처럼 예루살렘 역시 홀로 서 있음을 나타낸다. "이제는 어찌 그리 적막히 앉았는고" (애 1:1상).

원두밭(오이밭)의 상직막같이: 멜루나(מְלוּנָה, 상직막, 문지기집)는[49] 사람이 밤을 지새우는 장소로 묘사되어 있으며, 그래서 숙카(סֻכָּה, 장막)와 동의어일 수도 있다. 원두(오이)는[50] 아마도 달고도 푸르며 쉽게 소화가 되는 애굽 오이일 것이다 (참고 민 11:5). 그 땅이 원두밭과 비교되고 예루살렘이 상직막으로 비교된 것은 그 얼마나 심한 황폐가 닥칠 것인가를 보여주고 있다. 젖과 꿀이 흐르는 풍성한 땅이 이제는 원두밭에 지나지 않게 되고, 강하고도 요새화된 건축물과는 거리가 먼 상직막은 이제 홀로 남아 무방비된 상태가 되고 초라한 모습을 한 하나의 단순한 오두막에 지나지 않았다.

에워싸인 성읍같이: 포위된 성읍처럼 그리고 그렇게 홀로 서 있는.[51] 본 문구는

---

49) 이사야 24:20에서 멜루나(מְלוּנָה)는 일송의 매날아 놓은 그물침대를 가리키는 것으로 보인다.

50) מִקְשָׁה는 직역하면 오이들 밭, 장소이다(아랍어 maqta' tun). tun 참고.

51) 본 단어는 난해하다. נְצוּרָה는 נצר의 칼 분사형으로 취급되는 것이 가장 옳을 것이다. 렘 4:16에서 아마도 본 절을 참고로 하고 있는 것 같은데, 대적이 노츠림(נֹצְרִים)으로 호칭되고 있다.

단순히 예루살렘에 닥쳐올 상황의 묘사에 생동감을 더해 주고 있다. 대적들의 침입 후에 그 성은 일어난 참담한 파괴의 증거로 홀로 서 있을 것이다. 그렇지만 그 성은 주님의 은혜로우신 역사로 말미암아 여전히 서 있을 것이다. 본 절에 나타난 삼중적인 비교는 진리를 삼중적 방식으로 자주 선포하는 이사야의 특성이다.[52] 본 장에서 4, 6(두 차례), 7, 11하, 13하, 14절을 주시하라.

1:9 이제 여호와께서 활약하신 부분으로 주의가 돌려지고 있다. 그분은 남은 자를 남겨 놓으셨는데 그렇지 않았더라면, 결국 모두 멸망해 버렸을 것이고 그리스도께서는 오시지 않으셨을 것이다. 때가 차매 그 남은 자를 통하여 그분은 구속자를 이 땅에 보내실 목적을 가지고 계셨다. 그러므로 그 구원은 하나님으로부터 기인한 것이며, 은혜로 말미암은 구원의 교리가 처음으로 본 예언에서 소개되고 있는 것이다.

아니하셨더라면: 본 단어는 조건문을 도입하고 있는데, 그 조건절이 사실이지만 조건문 귀결절은 가정이다.[53] 이러한 조건문을 사용함으로써 페이쏘스(pathos, 이 단어는 정의하기 어려운 단어로서 '감정을 일으키거나 동요시키는 힘'을 의미한다―역주)의 요소가 논의 가운데 들어오게 된다. 국가 전체의 전체적인 폐허로부터 만군의 여호와께서는 그 은혜로 말미암아 자기의 백성을 구원하셨고 이 피신한 그룹으로부터 어느 날 구속자가 오실 것이다.

여호와께서: 하나님의 언약적 이름이 강조를 위하여 맨 앞에 위치해 있다. 델굼은 다음과 같이 번역한다. "만군의 여호와의 넘치는 자비(goodness)가 아니고서는 은혜 안에 남을 자가 아무도 없다." 그렇지만 히브리어는 은혜와 자비의 원천이신 여호와 자신에 대한 사상을 가리키고 있다.

만군의: 만군의 하나님 여호와. 본 성호는 전능하신 여호와를 가리키고 있으며, 이 구체적인 형태인 야웨 쩨바오트(יהוה צְבָאוֹת)는 에스겔, 요엘, 오바댜, 요나를 제외한 모든 기록 선지자들에 의하여 사용되었다. 만군이란 호칭은 이스라엘의 군

Marti는 그 형태를 게부라(גְבוּרָה)와 같은 부정사형 명사로 취급하여 "파수대처럼"(wie ein Turm der Wacht)으로 번역하고 있다. 프록쉬와 BH는 צוּר의 니팔 분사형이 될 네초라(נְצוּרָה)로 생각한다.

52) 카프는 가끔 *Kaph veritatis*로 취급되어 그 번역은 "한 원두막 집, 한 오두막집을 남겼다"가 될 것이다. 그러나 삼중적 출현은 비교의 의미인 "한 원두막처럼"을 암시한다.

53) 상황적 태(mood) 안에서 완료형은 과거를 나타내서 "우리가 이미 …되었을 것이다"가 된다.

대를 가리켰다(참고. 삼상 17:45). 그것은 동시에 천사들, 하늘의 여호와의 사자들을 가리킬 수도 있다(참고. 사 6:5; 31:4; 37:16). 그리고 하나님의 무리들로서 별들을 가리킬 수도 있다(참고. 사 40:26; 45:12; 시 33:6; 느 9:6). 여기서처럼 어떤 제한 없이 나타날 때, 그것은 만군의 하나님 여호와를 가리키며, 그래서 전능하신 여호와와 같은 표현이 된다.

그 종교적 행사들을 통하여 그 나라는 모든 것이 잘되어 갈 것이라는 생각으로 스스로 속았던 것이다. 그렇지만 모든 것이 잘되어 가기는커녕 그 나라를 구원하실 수 있는 오직 한 분 하나님이 모든 권세를 가지신, 만군의 여호와이시라는 점은 간과되었다. 그를 구원할 수 있는 분은 모든 권세를 가지신 만군의 여호와이셨다. 그분이 만군의 하나님이시므로 그분은 그들에 대한 모든 권세를 가지셨으며, 창조하시든 멸망시키시든 그분의 의지에 따라 그들을 구원하실 수가 있었다. 그러므로 원수 군대는 하나님께서 허락하시는 만큼만 멸망시킬 수가 있는 것이다.

우리를 위하여 조금 남겨두지 아니하셨더라면: 이사야는 자신을 그 나라와 동일시하고 있다. 남은 자가 남은 것은 백성의 축복을 위한 것이다. 하나님께서 자기 백성을 구원하기로 작정하셨으므로 그리고 그분이 언젠가 그분의 계명들과 부합하여 그분을 부르는 백성을 가지실 것이므로 그분은 남은 자를 남기도록 하셨던 것이다.[54]

남겨두지: 직역하면 생존자(참고. 롬 9:29). 생존자들은 전반적인 멸망을 피하였다.

조금: 둠은 이 문구를 다음에 나오는 "거의 소돔과 같이"와 함께 해석하였다. 그는 이것을 그 나라가 거의 멸망하였으나 소돔처럼 된 것은 아니었는데, 이는 앗수르인들이 그들 모두를 죽이는 데 실패하였기 때문이라고 해석하였다. 그렇지만 히브리 구두점이 보여주는 대로 맛소라 학파가 그 단어를 앞의 문구와 함께 해석하였는데, 이것이 의미를 옳게 나타내고 있다. 이 문장에서 본 단어가 남은 자를 매우 적은 것으로 묘사하고 있는데, 그렇게 해서 심판의 혹독성을 강조하고 있는 것이다.

우리가 소돔 같고 고모라 같았었으리로다. 명칭이 앞에 위치해 있어서 강조되고 있다. 히브리어는 매우 강조적으로 "소돔과 같다 우리가, 고모라와 같다 우리가"라고 되어 있다. 이러한 언급은 소돔의 운명과 그 성격적인 면에서 거의 같다는 것이다. 논리적으로 보면 우리는 예루살렘의 함락에서 하나님께서 소돔의 그것처럼 남은 자를 남기지 않으셨던 것처럼 그 소돔과 같이 되어야 할 것이다. 소돔과 고모

---

54) 동사의 사역형을 주시하라(참고. 사 4:3).

라의 멸망은 큰 죄악으로 인하여 주어진 심판의 한 유형이다.[55] 본 구절을 마치면서 우리는 첫 번째 사상의 흐름의 중단에 도달하게 된다. 우리는 이사야 예언의 후반부에서 발전될 주제, 말하자면 하나님의 은혜만이 온전한 멸망을 바꾸어 놓았고 그분이 기뻐하시는 백성을 살려 보존하였다는 영광스러운 선언에로 인도를 받아왔다. 이 테마를 선포하면서 이사야는 죄된 국가에 대한 비난을 외치기 시작하기 전에 그의 첫 번째 단락을 마무리하고 있다.

특주

소돔과 고모라에는 남은 자가 없었다. 그러므로 그들에게 닥쳤던 멸망은 완전하였다. 그에 비해 이스라엘에서는 남은 자가 보존되었고, 그런 까닭에 이스라엘의 멸망이 완전하게 이루어지지는 않을 것이다. 의로운 남은 자를 위하여, 그 자체에 보존될 가치가 없었던 그 나라는 완전한 멸망을 당하지 않은 것이다. 결국 의로운 자를 향하여 그 나라는 깊은 감사를 드려야 했다. 그러나 그 의로운 자들은 비록 그 의로운 자로 인하여 악한 자의 멸망이 연기될지라도 세상에서 미움을 받는다.

다른 한편 징벌의 연기는 약속의 성취의 연기도 포함하고 있다. 하나님은 오래 참으시며 참으로 모든 세상의 하나님이시며, 멸망시키는 것을 원치 아니하시는 하나님이시다. 그렇지만 심판의 연기는 축복의 연기도 포함하고 있는 반면, 그럼에도 불구하고 남은 자를 선택하셨다는 사실은 하나님께서 역사 가운데서 자신의 목적을 성취하신다는 증거이다. 그렇다면 여기에 진정한 역사철학이 있다. 세계가 남아 있는 것은 선택으로 인한 것이다. 세상의 악은 징벌의 때가 오기까지 계속되도록 허락될 것이다. 그 때가 연기되었는데 이는 하나님께서 참으로 이방인의 하나님도 되시며, 오래 참으시며 자비로우신 하나님이시기 때문이다. 동시에 그 연기 가운데, 축복의 충만한 성취의 연기도 포함되어 있다. 그렇지만 남은 자의 보존은 축복의 약속에 대한 성취로 향하여 나아가는 하나의 단계이다.

---

55) 소돔과 고모라는 다섯 개로 구성된 국가 중에 들어 있었던 도성이었는데, 다른 셋은 마드마, 스보임, 벨라 곧 소알이었다(cf. BA, V, No. 2, May 1942, 17-32; VI, No. 3, Sept. 1943, 41-54).

2. 유다에 임할 하나님의 심판(1:10-31)

(1) 유다의 외식적 예배(1:10-17)

10절, 너희 소돔의 관원들아 여호와의 말씀을 들을지어다 너희 고모라의 백성아 우리 하나님의 법에 귀를 기울일지어다
11절, 여호와께서 말씀하시되 너희의 무수한 제물이 내게 무엇이 유익하뇨 나는 숫양의 번제와 살진 짐승의 기름에 배불렀고 나는 수송아지나 어린 양이나 숫염소의 피를 기뻐하지 아니하노라
12절, 너희가 내 앞에 보이러 오니 그것을 누가 너희에게 요구하였느뇨 내 마당만 밟을 뿐이니라
13절, 헛된 제물을 다시 가져오지 말라 분향은 나의 가증히 여기는 바요 월삭과 안식일과 대회로 모이는 것도 그러하니 성회와 아울러 악을 행하는 것을 내가 견디지 못하겠노라
14절, 내 마음이 너희의 월삭과 정한 절기를 싫어하나니 그것이 내게 무거운 짐이라 내가 지기에 곤비하였느니라
15절, 너희가 손을 펼 때에 내가 눈을 가리우고 너희가 많이 기도할지라도 내가 듣지 아니하리니 이는 너희의 손에 피가 가득함이라
16절, 너희는 스스로 씻으며 스스로 깨끗케 하여 내 목전에서 너희 악업을 버리며 악행을 그치고
17절, 선행을 배우며 공의를 구하며 학대받는 자를 도와 주며 고아를 위하여 신원하며 과부를 위하여 변호하라 하셨느니라

1:10 본 장의 두 번째 단락을 소개하고 있는 본 절은 여호와께서 말씀하시는 것을 들으라는 명령으로 시작하고 있다. 2절에서 하늘과 땅을 향하여 하였던 것과 같은 명령이 여기서는 죄악된 백성들에게 직접 주어지고 있다. 비록 새 단락이 소개되고 있기는 하지만 그럼에도 불구하고 소돔과 고모라에 대한 언급들은 본 절과 앞의 구절들과를 연결짓고 있는 것이다. 남은 자가 남겨졌고 그 결과 유다의 운명이 소돔의 그것과 같지 않았다. 그럼에도 불구하고 죄악적인 면에서 볼 때, 예루살렘은 영적 소돔이 되었고 그 주민들은 고모라의 백성이 되었던 것이다(계 11:8). 이러한 비교는 "너희 소돔의 관원들아"라는 말로 소개되고 있다. 만일 보다 부드러운 결과가

평지의 도시들이 아닌 예루살렘에 주어진다면 예루살렘에서 발견되는 어떤 공로로 인한 것이 아니니, 이는 그 성이 위선의 도시였고 오직 전적으로 그 도성들과 나라의 운명을 손에 쥐고 있는 주권자 하나님의 무조건적인 호의였기 때문이다. 그의 기쁘신 뜻대로 하나님은 예루살렘을 완전히 멸망당하지 않도록 선택하셨던 것이다.

들으라: 명령형들이 메시지에 대해 주의를 집중하도록 하고 있고 장엄한 어조로 그것을 소개하고 있다. 동시에 그것들은 소개된 말씀에 대한 책임을 두고 있다. 거기에 선택의 여지가 없었다. 사람들은 들어야 하는 것이다.

여호와의 말씀: 이사야는 자신의 말에 귀를 기울이라고 말하지 않고 하나님께서 말씀하신 것에 귀를 기울이라고 말하고 있다. 다바르(דָּבָר, 말씀)은 완전한 권위가 있는 것으로 생각되는 바, 신앙과 행위의 법칙이 되는 선지자가 받은 계시에 대한 전문용어이다. 그것이 여기서는 다음에 나오는 구절들의 내용을 가르친다. 그러므로 다발은 하나의 사건이나 만남이 아니라 들려진 말씀 혹은 메시지이다. 유다는 경험하라는 것이 아니라 들으라는 명령을 받고 있다. 이 명령은 단순히 듣는 물리적 행위 이상을 의미한다. 그것은 들은 바를 순종하는 들음을 의미한다. 동사의 참 의미가 1:19에 잘 나타나 있다. 말씀에 대한 단순한 들음은 아무런 유익이 없다. "너희는 도를 행하는 자가 되고 듣기만 하여 자신을 속이는 자가 되지 말라"(약 1:22). 사람이 그 말씀에 순종하지 않는다면 하나님의 말씀을 진실되게 듣지 않는 것이다. 만약 사람이 순종하지 않는다면 마치 듣지 않은 것과 같다.

관원들(통치자들): 이 방백들은 널리 퍼져 있는 죄악된 상황에 대해 책임을 지고 있었던 재판관들일 수 있다. 그래서 그 통치자들이 백성들보다 앞서 가장 먼저 소개받고 있는데 이는 통치자들이 그 백성의 대표이기 때문이다. "소돔의 재판관"이란 문구는 부당한 법정적인 판결들을 일삼는 사람들에 대한 속어가 되었다.[56]

소돔: 본 단어는 앞 절과 본 절을 연결짓고 있다. 9절에서 하나의 비교가 이루어졌다. 본 절에서는 한발 더 나가고 있는데, 백성들이 스스로 소돔과 동등하게 되었

---

56) "소돔의 재판관들"—소돔인들과 같은 재판관들. 소유격은 비교의 역할을 하고 있다. Cf. Sophocles, *Antigone* 114. "한 흰 눈의 날개", 즉 흰 눈과 같은 날개. Cf. Meidani, No. 230: "소돔의 재판관보다 더 부당한"(ajwar min qadi sudum). 수둠(סְדֹם)의 피널트에 있는 우(u)를 주시하라. 그것이 히브리어에서는 쉐와( )로 되어 있다(즉 סְדֹם - 역주)

다. 멸망당함에 있어서 유다는 거의 소돔과 같았다. 악함에 있어서도 그들은 소돔과 동등하였다.

우리 하나님의 법: 칼빈은 이것을 모세의 법으로 간주하였다. 그렇지만 이 지점에서 모세의 법에 호소하는 것은 하나님께서 과거에 그러하셨고 지금도 계시하시는 메시지, 즉 현재 상황에 직접적인 연관성을 가진 메시지에 호소하는 것만큼 적절하거나 또는 직접적으로 관련성이 있게 되지는 않을 것이다.[57] 이 경우 토라(תּוֹרָה)라는 단어는 분명히 다바르(דבר, 말씀)와 평행이며, 그런 까닭에 다음절에 직접적으로 제시된 율법을 나타내고 있다. 관원들이 먼저 언급된 반면 이제 백성들이 포함되고 있는 사실을 주시하라. 악함에 있어서 소돔과 고모라 사이에 구별이 되고 있지 않다. "소돔의 관원들… 고모라의 백성"이란 문구는 "소돔과 고모라의 관원들과 백성들"을 의미한다.

특주

본문의 구절들은 크게 오해를 받아왔다. 예를 들어 그레이는 야웨께서 백성들의 희생제사를 거절하신 것은 이스라엘의 종교를 다른 종교들과 구별하게 하는 방법이었다고 말한다. 또한 마르티는 야웨께서 희생제사 대신에 정의와 의를 요구하였다고 주장하였다. 마르티에 의하면 본 단락은 토라가 제의적 규정들에 한정되지 않고, 이사야에게 있어서는 윤리적 요구가 최전면에 서 있었음을 보여주는 것이다. 마르티는 이사야가 실제로 희생제사의 폐지를 요구하였다고 주장하지 않고, 다만 이러한 결과가 그의 반대로부터 더불어 따라왔을 것이라고 생각한다. 그는 주장하기를 희생제사가 선지자의 신앙에 있어서 확실한 근거를 가지지 않았으므로 이사야의 거절은 원리 중 하나였다는 것이다. 마르티는 이사야의 견해가 아모스; 호세아, 미가 등의 그것과 같았다고 생각하고, 그래서 (소위) 제사법전은 그 당시에는 알려지지 않았을 것이라고 결론을 짓는다.

그러나 대개 벨하우젠 학파의 특성을 아주 충분히 설명해 준 이러한 입장은 선지자

---

57) "법"—단순한 지시(direction, veiledning)가 아님. *HTC*, p. 218. 본 단어는 꾸짖음, 선고, 정죄, 명령, 선포를 함의하였다. 간단히 말해서 이 단어는 말씀, 일반적으로 하나님의 교훈이라는 도구로 말미암아 정보의 전달이었다.

의 가르침의 참 성격을 이해하는 데 실패한다. 이사야가 반대하는 것은 희생제사 자체가 아니었고 다만 그것의 잘못된 사용이었다. 이러한 잘못된 견해들에 대한 전반적인 평가에 대해서는 오스왈드 알리스(Oswald T. Allis)의 The Five Books of Moses(1943)를 참고하라.

1:11 선지자의 비난에 답하여 백성들은 자기들의 종교적 행위들을 지적할 수도 있었다. 그들은 율법이 요구하고 있는 대로 희생제물들을 가져오지 않았던가? 또한 그들은 기도하면서 그들의 팔을 뻗지 않았던가? 그렇다면 이사야가 어떻게 그들에 대해서 그렇게도 거칠게 말할 수 있었을까? 이러한 질문들이 실제로 그 나라에 의해서 언젠가 공식화되었는지 아닌지 우리는 모르지만, 이사야는 그러한 어떤 피난처를 치워버리는 데로 나아가고 있으며 단순한 외적인 종교적 형식주의를 꾸짖고 있다.

무수한 제물이 내게 무엇이 유익하뇨: 라마 리(לָמָּה־לִּי)[58]에 나타난 두운법을 주시하라. 이사야의 질문은 "그들이 마음으로부터 드리지 않는다면 내가 그 희생제사에서 어떤 기쁨을 얻을 수 있느냐?"는 사상을 표현하려는 의도가 있다. 같은 사상이 사무엘상 15:22에도 나타나 있다. "사무엘이 가로되 여호와께서 번제와 다른 제사를 그 목소리 순종하는 것을 좋아하심같이 좋아하시겠나이까 순종이 제사보다 낫고 듣는 것이 숫양의 기름보다 나으니." 예레미야 6:20에서도 같은 말씀이 나타난다. "시바에서 유향과 원방에서 향품을 내게로 가져옴은 어찜이요 나는 그들의 번제를 받지 아니하며 그들의 희생을 달게 여기지 않노라"(또한 호 6:6; 암 5:21-24을 보라).

"외식들은 하나님의 말씀의 영적 요구들에 대한 그들의 무관심에 비례하여 외적인 종교적 행위들 가운데 다분히 들어 있다"(Barnes; 참고. 마 23:23). 비록 이러한 희생제물들이 하나님에 의하여 요구되기는 하였을지라도 그리고 그러한 희생제사 제도가 그분에 의하여 제도화되기는 하였을지라도, 제사인의 마음이 그분에게서 멀다면 그것들은 그분을 기쁘시게 못하는 것이다. 벤첸(Bentzen)은 하나님께서 백

---

58) 로브(לֹב)—엑센트가 없는 폐음절에 있는 홀렘(ֹ)을 설명하기가 쉽지 않다(욥 23:6; 왕하 19:23을 보라). 메텍(ֽ)은 단순히 불규칙성으로 주의를 돌리게 할 수 있다.

성들의 기도도 거절하였던 만큼 이사야가 실제로 제의와 같은 것을 거절하지는 않았다고 정확하게 지적하고 있다.

희생제물들은 동물들이었고 이것들은 여기서 번제와 살진 짐승으로 더 세분되어 있다. 이 희생제물들 가운데서 수컷이 주로 사용되었다. 헬라인들 가운데 있었던 희생제사에 대한 묘사가 제시되어 있는 일리아드와 비교하라. 우리는 본문을 다음과 같이 번역할 수 있을 것이다. "그들은 먼저 그것들의 머리들을 끌어내어 죽이고 가죽을 벗겨내고 허벅지를 그것들을 덮고 있는 살진 부분과 함께 잘라내었다. 이것을 두 번 시행한 다음 그들은 고기를 그것들 위에 열을 지어 올려놓았다"(1:459). 희생제사 자체는 하나님에 의하여 규정된 것이었다. 그러나 헌제자의 관심이 희생제사에만 있고 그 희생제사의 본래 목적에 있지 않을 때, 그 희생제사는 이방인들이 가져온 제물들과 다름이 없이 되어버린다.

그들이 희생제물을 드리고 있었던 그분에 대한 참된 견해를 버림으로써, 사람들은 자기들의 관심을 희생제사 자체에만 두고 그렇게 하여 그러한 헌물이 하나님께 필요한 것이라고 믿는 방향으로 나아간다. 그러므로 그들은 자기들의 손으로 헌물들을 가져왔지만 동시에 자기들의 마음의 순정성은 제쳐두었던 것이다. 예배와 혹은 다른 어떤 삶의 영역에서 믿음이 없이는 하나님을 기쁘시게 하는 것이 불가능하다. 하나님의 계명들을 범하면서 하는 예배는 참 예배가 아니며, 또한 믿음이 없이 드리는 희생제사는 텅 빈 흉내에 지나지 않는다. 하나님께서는 희생제사를 명하셨으나, 고모라의 백성들에게 그것을 명령하지는 않으셨다.

말씀하시되: 동사가 반복적 행동을 표시하며 하나님의 지속적인 호소를 나타내고 있다. 그것은 한번 하고 마는 말씀이 아니라, 지속적인 하나님의 불평이다. 문장의 중간에나 혹은 끝 부분에 나타나는 요말(יֹאמַר)은 이사야서의 특징이다. 파타흐(ַ)로서 표기하는 것은 독특하며, 대부분이 이사야서에서 발견된다. ㄱ 외의 곳에서는 그것이 단지 네 번만 나타나는데, 이것들 중 두 번이 예레미야 51:35에 나타난다. 그런데 이 구절은 이사야의 영향을 받은 것으로 보인다. 이사야서에서 그것은 1:11, 18; 33:10; 40:1, 25; 41:21; 58:9; 66:9에 나타난다. 이러한 형태는 선지자 자신으로부터 기원된 독특한 발음을 가리킨다. 이 형식의 등장은 본서가 단일한 것이라는 견해를 강화시켜 준다.

나는…배불렀고: 이 표현은 물론 신인 동형적 표현이다. 전체 문장을 다음과 같이 번역할 수 있을 것이다. "나는 수양과 살진 짐승의 번제에 대하여는 만족한다."

벤천은 이러한 표현이 다소 아이러니컬하다고 생각하지만 주님 말씀의 심각성으로 인하여 배제된다. 여호와께서는 영적 존재이시며 그러므로 육체적인 의무를 필요로 하지 않으신다.[59] 이는 하나님께서 마치 "나는 이 희생제물들로 인하여 싫증났다"고 말씀하시는 것과 같다. 트랩(Trapp)은 "너희의 헌물들은 내적 순결보다 묵직한 물질성에 더 두고 있는데 그래서 거절된다"고 풀이한다. 동사는 지침과 넌덜머리 남과 혐오스러움을 표현하고 있다(참고. 욥 7:4). 두 동사들은 과거에 완료되었지만 현재까지 영향을 주고 있는 상태를 표현하고 있다. "나는 요구하지 않았었다. 그래서 지금도 요구하지 않는다." 그리고 나서 선지자는 하나님께서 그러한 것들을 기뻐하시지 않는다는 사실을 보여 주기 위하여 헌물들을 낱낱이 열거하는 데로 나가고 있다.

번제: 가죽과 뼈들을 제외하고 따로 드리는 올라(עֹלָה, 번제)는 전체를 드리는 것이며, 이는 제사장이나 헌제자 누구도 그것을 먹을 수 없다. 동물의 선택은 비록 수컷만이 받아들여질 수 있었지만 자원한 것이었다. 이 경우 동물들은 수양이었다.

살진 짐승: 살진 짐승들은 특별히 희생제물로 단위에 올려졌다.

기름(fat): 동물들의 가장 좋은 부분(참고. 암 5:21-24; 시 51:16-19)은 그 백성들이 최소한 외적으로 율법을 준수했음을 인정하는 것이다. 그 기름은 단 위에서 불살라졌고 그 피는 그 위에 뿌려졌다(기름이라고 번역된 이 단어는 히브리어로 헬레브(חֵלֶב)로 "살진, 가장 좋은 부분"을 의미한다. "살진 짐승"이란 표현이 앞의 문구에 등장한다는 사실을 유념하시기 바란다—역주).

피: 피는 기름과 함께 희생제사의 본질을 이루는 요소로 구성된 것이다. 살진 어린 것들의 언급은 그 희생제물들이 제단용으로 조심스럽게 준비되었음을 암시한다. 피는 하나님을 위하여 구별되었다(참고. 레 3:15-16; 17:11).

수송아지: 어린 수소 혹은 수송아지.

어린양: 1-3년 된 수컷 동물들.[60] 문장의 형태가 놀랍다. "나는 만족하였다"는 문장으로 시작하고 "나는 기뻐하지 아니하노라"로 끝마치고 있다.

1:12 너희가 내 앞에 보이러 오니: "이것은 모든 미신행위를 하는 사람들, 자

---

59) 희생제사에 대한 논의에 대해서는 Vos, *BT* (1948), pp. 172-90을 보라.
60) אֵילִים—Cf. Akk. *ailu*. 퍼널트는 엑센트가 없는 음절에서 이중모음의 정상적인 점을 나타낸다.

의적으로 예배하는 자들, 육적인 복음 전도자들에게 주시는 하나님의 음성이다"
(Trapp). 그러므로 본 사상은 다음과 같이 바꾸어 말할 수 있을 것이다. "내 앞에
보이기 위하여 너희가 성전에 올 때마다, 너희가 나의 마당(courts)을 밟아 그것을
더럽히라고 누가 너희에게 요구하였느냐?"[61] 백성들이 성전(나의 마당 곧 정원)에
오는 목적은 그들의 하나님 여호와를 예배하려 함이었을 것이다. 또 어떤 예배자들
은 그렇게 오는 것이 진실한 것이었을 수도 있다. 그렇지만 진실성만으로는 충분하
지 못하다. 그것은 하나님에 대한 복종을 대신할 수 없다. 한 예배자가 하나님이 규
정하신 그 방식으로 예배하지 않고서는 그는 하나님의 마당(정원)을 더럽힐 것이다.

누가 너희에게 요구하였느뇨: 이 질문은 앞의 구절이 아니라 다음에 따라오는
구절과 함께 해석되어야 한다. 그 질문의 의미는 "누가 내 얼굴 앞에 나타남을 요구
하였느냐?"가 아니라, "누가 나의 마당을 밟으라고 요구하였느냐?"이다. 사람들이
믿음이 없는 마음으로 하나님께 접근할 때, 그들은 하나님께서 복종을 명령하시
지 않았다고 여기며 결국 복종은 헛되며 쓸모 없고 의미 없는 것으로 생각한다.

벤첸(Bentzen)은 백성들이 그 질문에 대한 대답으로 출애굽기 34:20의 말씀을
사용하였을 수 있다고 주장하였다. 다시 말해서 그들은 하나님에게 헛되게 오지 않
았다고 대답할 수 있었다. 그러나 출애굽기 34:20은 어떤 헌제자로 하여금 하나님
앞에 빈손으로 오지 말도록 하는 단순한 가르침이 아니고, 믿음으로 하나님에게 나
오는 참 예배자는 빈손으로 나오지 않아야 한다는 가르침이다. 여호와의 성전의 마
당을 밟는 것은 그것을 더럽히는 것이다. 밟는 것이 동물들로 인한 것인지 예배자들
로 인한 것인지는 결정하기 어렵다. 그렇지만 이 밟는 책임은 동물들을 성전 마당으
로 끌고 온 예배자에게 있다.

이 점에서 이사야의 스타일에서 바울과 유사한 점이 있다. 조건문은 끊어져 있고
하나의 질문이 조건문의 귀결구를 형성한다. 이 질문은 부정적 대답을 함의한다. 아
무도 하나님의 마당을 더럽히는 것을 요구하지 않았다. 그러므로 이사야의 질문은
완전히 정당한 것이다.

---

61) 타보우(תבאו, 너희가 온다)는 접두어에서 a 모음은 어간의 모음부호로 u나 혹은 i가
뒤따라와야 한다는 Barth의 법칙을 깨뜨리면서 등장한다. Gordon(*UM*)은 원형 tabu를 주장
한다. 레라오트(לראות, 보이다) — 같은 자음들이 1Q에서 발견된다(참고, 출 23:17; 34:24;
신 31:11). 여기서 이사야는 의도적으로 신명기서를 따랐는가?(Rignell)

1:13 다시 가져오지 말라: 선지자는 심문을 대신하는 하나의 직접적인 강세형 금지로 시작하고 있다. 부정사가 전치사가 없이 나타나 있다. 그것은 목적격적인 의미로 취급되어, "너희는 더 이상 가지고 오지 말라"로 되어야 한다. 본 사상은 "이미 가져온 것으로 충분하다. 너희는 더 가지고 옴으로써 그것에 더하지 말라"는 것이다. 이 문구는 예루살렘 거민들이 행하였던 것들에 대한 극단적인 거절과 비난을 담고 있다. 본 문구는 5절에서 주어졌던 "너희가 더욱 더욱 패역(반역)하도다"는 사상으로 되돌아오고 있다. 하나님을 예배하는 바로 거기서 그 나라는 계속 반역하였던 것이다. 그렇게 반역과 예배를 함께 함으로써 하나님께서 분리시키셨던 것을 결합시키는 일을 하려 했었다.

헛된 제물: 직역하면, "헛됨의 제물." 본 단어 민하(מִנְחָה, 헌물, 소제)는 희생제물들에 대한 일반적인 명칭으로 생각될 수 있다. 여기서 사용된 바와 같이 그 단어는 형식적인 면에서와 외적인 면에서 모세의 의식의 규정들을 실현하였던 헌물이나 혹은 희생제물을 지칭하는 것이며, 그럼에도 그것을 드린 자의 마음이 하나님으로부터 멀어졌으므로 실제로는 외식이라는 죽은 행위에 지나지 않았다.

그것이 명칭으로는 민하였으나 사실은 그것이 아니었으니, 이는 그것이 참 민하가 의미해야만 하는 것을 의미하지 않았기 때문이다. 즉 참된 민하에 존재하는 믿는 마음에 의해 지지되지 않기 때문이다. 이러한 이유로 그것은 헛되고도 쓸모 없는 민하였던 것이다. 이 헛됨은 그 헌물이 하나님에 의해 받아들여질 수 없었다는 사실과 또한 그것이 믿음으로 드려지지 않았다는 사실에서 보여진다. 그것은 허울뿐인 민하였고 그래서 효력이 없었던 것이다. 그것은 헛된 것이었다.

분향: 이 단어는 여기서 희생제사에서 불태워지는 고기의 냄새를 가리킨다.[62] 희생제사는 향기로운 냄새를 맡으시는 여호와께 연기로 올라간다(참고, 창 8:21).

가증히 여기는 바: 혐오스러운 것. 이사야는 창세기 8:21에 나타난 것과 같은 희생제사에 대한 하나님의 태도에 대한 관념을 거부하는 것이 아니다. 만약 이러한 희생제사가 그분에게 복종하는 마음을 가진 사람들에 의하여 드려졌다면, 그분은 그것들을 향기로운 냄새로 열납하셨을 것이다. 그러나 그들이 혐오스러웠으므로 그것들도 혐오스러운 것이 되었던 것이다.

---

62) קְטֹרֶת 향기는 절대형일 수도 있고 또는 연계형일 수도 있다. 접속 엑센트 부호 다르가(Darga)는 맛소라 학파가 그것을 분명히 연계형으로 취급했다는 것을 보여준다.

월삭: 그 달의 첫날에 거행되었던 축제일. "또 너희 희락의 날과 너희 정한 절기와 월삭에는 번제물의 위에와 화목제물의 위에 나팔을 불라 그로 말미암아 너희 하나님이 너희를 기억하리라 나는 너희 하나님 여호와니라"(민 10:10; 참고. 삼상 20:5 이하). "월삭"이란 문구와 함께 해석하였을 때 사바트(שַׁבָּת, 안식일)는 매주의 안식일을 지칭한다.

대회로 모이는 것: 이것들은 예배를 위한 엄숙한 모임이었다(참고. 레 23:2; 렘 44:22).[63] 그것들은 주님에게 속한 것이었으므로 그것들에 대한 어떤 오용도 예배자에게 속하지 않은 것에 대한 찬탈이었다. 마지막 절은 다음과 같이 번역될 수 있을 것이다. "나는 죄와 엄숙한 집회를 참을 수 없다." 죄와 엄숙한 집회는 양립할 수 없다. 그러므로 마지막 두 단어는 전체 문제의 핵심을 드러내고 있다. 즉 유다의 종교적 행위들은 죄악과 섞여 있었다. 입으로만 하나님을 예배하는 자들, 그러나 그들의 마음은 그분으로부터 멀었다. 그들은 언제나 비참한 결과들을 수반한 절차가 되는 바 교훈들과 행실들을 분리하였다. 그러므로 그들의 예배는 우상숭배에 지나지 않았다.

1:14 그 나라의 종교적 관습이 가증스럽게 행해지고 있음을 강조하면서 앞에 언급한 것을 인상적으로 반복한다. 동시에 본 절은 그 사상을 한층 더 앞으로 이끌어 나아가고 있다.

너희의 월삭: 그것은 마치 하나님께서 말하시는 것처럼 들린다. "이러한 월삭의 잔치들은 내 것이 아니니, 곧 그것들은 너희 것이다. 그것들의 기념행사는 내가 원했던 바가 되지 못했고 오히려 너희 원하는 바가 되었다. 너희 자신의 스타일로 행사한 그것들은 너희 것이고 너희가 그것들에 대한 책임이 있다." 여호와의 월삭 축제들은 그분에 대한 진정한 헌신에서 지켜져 왔을 것이다. 그러나 너희의 월삭 축제들은 전혀 다른 것이다.

정한 절기: 정한 시간에 정규적으로 소집된 모임들. 모에드(מוֹעֵד, 정한 절기)는 "정해진 시간이나 장소"를 의미하며, 그래서 하나님께서 지키도록 규정하셨던 모든 절기들과 절기의 날들을 포함하였다. 그렇지만 실제로 그 호칭은 성경

---

63) Cf. *TT*, p. 267.

에서 안식일, 유월절, 오순절, 대속죄일, 장막절기에 제한되어 있다. 그렇지만 헤른트리히는 모에드가 제의적 축제들을 거의 모두 포함하는 호칭으로 사용하며, 각종 형태의 모임을 포함한다고 말한다. 만약 그렇다면 전체 예배가 정죄를 받는 것이다.

내 마음이…싫어하나니: 그 나라는 그 예배를 통하여 하나님의 호의를 이끌어 내는 것으로 생각하였다. 그러나 그 대신 그분의 분노만을 자아내게 하였다. 이것은 하나님께서 희생제사나 다른 예배의 요소들을 명령하지 않으셨기 때문이 아니라, 다만 그 예배가 예배자의 편에서 가져야 하는 본래의 태도를 상실한 채 시행되었기 때문이었다. "내 마음"(My soul)은 단순히 개인에 대한 대명사가 아니고, 델리취(Delitzsch)가 말한 바와 같이, "…그분의 자아의식에 의하여 둘러싸여 있고 침투되어 있는 것으로 간주된 그분의 존재의 중심"이다. 그러므로 그것은 그분의 가장 깊은 곳에서, 그리고 하나님의 존재의 가장 깊은 한계에서 발견되는 혐오감이다. 본 어휘는 신인 동형론적 표현이며, 이스라엘의 거룩한 자께서 그러한 미신적인 예배를 향하여 가지신 반감을 표현하는 역할을 하고 있는 생동감 있는 묘사이다.

이렇듯 하나님께서 명령하신 예배 자체가 이제는 그분의 가장 미워하시는 대상이 되었다고 선포되고 있으니, 이는 그것이 유다인들에 의하여 단순한 형식주의로 변질되어왔기 때문이다. 비록 모세의 율법이라는 형식적 규정들이 시행되기는 하였을지라도 그 예배는 미신에 지나지 않았다. 이것은 두 가지 방식으로 보여진다. 첫째는 그분이 명령하시지 않은 방법으로 하나님을 예배하는 것이며(예를 들면 그분의 마당을 밟음에서 보여지는 바와 같이), 그래서 사도가 자의적 숭배(골 2:23)라고 부르는 죄책이 있다. 둘째로 예배자의 마음과 정신의 태도에서 하나님에 대한 살아 있는 믿음이 없다.

나프시(נַפְשִׁי, 내 마음, 내 영혼)는 인간들이 형식주의에 몰두할 때 하나님 자신은 예배를 받으시지 않는다는 사실을 강조하고 있다. 비록 그들이 희생제물을 가져오고 그래서 율법에 대한 외적인 준수를 나타내기는 하였으나, 하나님 자신은 그들의 헌신의 본래 대상이 아니었으며 그래서 그들은 그분을 예배함에 있어서 성공하지 못하였다. 그분이 받는 유일한 예배는 그분의 뜻에 정확하게 일치하는 그것에 어떤 요소를 가감하지 않는 예배이다.

그것이 내게 무거운 짐이라: 직역하면, "그것들이 나에게 무거운 짐이었다." 그 의미는 그것들이 언제나 그러하지는 않았다는 것이다. 그렇지만 형식적인 예배는 오랫동안 계속되어 왔고, 그것은 이제 무거운 짐이 되었으며 주님을 무겁게 짓누르고 있는 것이다(참고. 신 1:12).[64] 이 묘사는 강력한 것이다. 불신앙적인 나라의 죄악된 예배는 주님의 등위에 놓인 무거운 짐이 되었으니, 이것이 그 무게가 그분을 짓눌러 지기에 곤비하게 하였던 것이다. 본 절의 하반절은 상반절보다 짧으니, 그래서 어떤 생동감있는 효과를 자아내고 있다.

정죄를 받은 수많은 종교적인 행위들은 제의 규정들의 풍성한 다양성들을 포함한 그에 해당하는 율법이 있었음을 암시하였을 것이다. 이 당시에 만일 기록된 율법이 없었다면, 어떻게 그 나라가 그러한 세부적인 의식들을 통하여 여호와를 기쁘시게 하고 있었다는 결론에 도달하게 되었는지를 설명하기 어렵다.

1:15 희생제물들과 헌물들이 거절되었을 뿐만 아니라, 기도도 거절되었다. 희생제사들은 구약시대에 속한 것으로 폐지가 되었으나 기도는 새언약의 예배에서도 사용되고 있다.

너희가 손을 펼 때에: 직역하면 "그리고 너희의 손들을 너희가 뻗는 중에"이다.[65] 이러한 언급은 예배자의 간구로서의 기도 자세를 가리킨다(참고. 출 9:29; 17:11-12; 왕상 8:22). 그 나라의 기도에 대한 비난은—그것은 모든 기도 자체가 아니라, 단지 "너희의" 기도가 거절되었다는 사실이 주시되어야 한다—이사야가 희생제사들을 비난하는 것과는 같지 않다는 분명한 증거다. 사람들이 기도하면서 손을 뻗을 때 그들은 인간 자신의 구술과 일치하게 행동하고 있는 것이다. 그들은 그

---

64) "내게"(upon me)—그것이 내게 얹어져 있다. 렘 6:11에서처럼 전치사의 생략을 주시하라.

65) ובפרשכם (너희가 손을 뻗을 때에)—카메츠(ָ)가 개음절이 떨어져 있는 곳에 있으며, 메덱을 동반해야 된다. 체레(ֵ)는 폐음절이자 엑센트가 없는 음절에서 세골(ֶ)로 변해야 자연스럽다. 설명하기 어려운 점은 세골에서 히렉(ִ)으로 변한 것이다. 이인칭 복수형의 중(重) 접미어 앞에서 그러한 변화의 여러 실례가 있다(참고. 출 31:13; 욥 16:5; 사 52:12). 폴렐(polel) 가운데서 같은 변화가 단수 접미어 앞에서 일어난다. 참고. 사 25:1; 시 30:2; 37:34; 145:1—모두 어근 רום을 가지고 있고, 세 경우 같은 명태를 가시고 있다. "내가 숨으리로다"—부정사로 소개되는 사상은 미완료로 결론지어지고 있는데 이는 미래의 구체적인 때에 속하는 행위를 표현하고 있다. "너희가 펼 때에… 그때에 내가 숨으리로다." "피"(bloods)—강조를 위해 동사 앞에 나오는 직접 목적격. 복수형은 주로 불법적으로 흘린 피를 나타낸다. 그래서 그것은 피흘림의 의미를 가지게 된다.

렇게 구성되어 있었으므로 그들은 하나님에게 가야 했던 것이다. 그렇지만 만일 그들이 믿음으로 나아가지 않는다면, 그들은 자기들의 말은 하나님에게 하면서도 우상들에게 하는 것이다(참고. 히 11:6). 칼빈이 그 점을 아름답게 표현한 바와 같이, "믿음은 하나님에 대한 요청의 어머니이다."

내가 눈을 가리우고: 헌물에 대해서와 하나님에게 나가는 일에 대해서 여호와께서 그 나라에게 무엇을 요구하였는지를 분명히 명령하여 오셨다. 이러한 사실에도 불구하고 그 나라는 불신앙의 마음을 가지고 그분에게 가까이 나아가는 것을 선택하였고, 여호와의 약속들을 의지하기보다는 어떤 사람이 희생제물들에 본래의 공로가 있다는 생각을 의지하였다.

그러므로 그것은 마치 우상에게 나아가는 것처럼 그분에게 예배하려 했기 때문에 우상숭배의 죄가 되었다. 우상은 볼 수 없기 때문에, 하나님께서도 자신의 눈을 열어 보지 않을 것이다. 우상은 들을 수 없었으므로 그분께서도 여러 기도들을 듣지 않을 것이다. 그러므로 죄를 짓는 백성들은 다만 하나의 우상에 해당할 뿐이다. 그러나 거기에는 차이점이 있었다. 실제로 하나님께서는 하나의 우상처럼 행동하시지 않으신다. 그분은 자신의 눈을 감으시고 귀를 닫으시는데 그것은 사실이다. 그러나 그렇게 행하시면서 예배를 거절하셨고 그 예배자들에게 심판을 주시려고 준비하셨다.

많이: 이 단어는 백성들이 기도하는 가운데서 헛된 간구를 하는 죄가 있었음을 의미할 수도 있고, 혹은 보다 타당한 것은 위기와 고난의 때에 그들이 열정적으로 계속적으로 그분에게 기도할 때에 그분이 듣지 않을 것을 의미할 것이다. 기도 중의 열정과 열심은 순종을 대신하지 못한다. 앞 절에서처럼 여기서도 하반절이 상반절보다 더 짧은데, 이는 강조를 위해 고안된 것이다.

너희의 손에 피가 가득함이니라: "너희의 손들"이라는 문구는 미완성 독립격(casus pendens) 역할을 하고 있다. 참뜻은 "너희의 손에 대해서는 그것들이 피로 가득하다"이다.[66] 그분의 호의를 얻기 위한 소망으로 하나님에게 펼친 손들이 불법적인 행실들을 범했던 손들이다. 폭력으로 흘려진 피를 의미하는 담밈(דָּמִים, 피)이

---

66) Cf. Vergil, *Aeneid* 12. 196. *tenditque ad sedera palmas*, I. 93 (tendens); Horace, *Odes* 3. 23. 1; Hesiod, 724ff.; and Homer, *Iliad* 6. 267. 우리는 이를 다음과 같이 번역할 수도 있다. "어두운 구름의 통치자인 크로노스의 아들에게로 가는 길이 없다. 뿌려진 피와 오물들을 가지고 사람이 기도하여야 할 것이다." 만약 미신적인 헬라인들까지도 Homer가 한

라는 단어가 강조가 되도록 동사의 앞에 위치해 있다. 두 가지의 주요 견해가 있다. 칼빈, 알렉산더, 헤른트리히, 둠 그리고 다른 사람들은 그 단어가 희생제사에서 살륙당한 동물들의 피를 가리킨다고 생각한다. 칼빈은 말하기를, 그들은 살인자들은 아니었지만 좋은 사람으로 생각되기를 원했고 좋은 평판을 유지하기를 원했던 사람들이었다고 한다. 피는 그들이 위선으로 드렸던 희생제물들로부터 흘려진 것이었다. 다른 한편 드렉슬러, 델리취, 그리고 다른 사람들은 그것이 실제적인 불법의 행위들을 가리킨다고 생각한다. 드렉슬러는 21절과 선지자가 역사적 배경으로 의도한 역대하 24:21에 있는 살인자들이라는 단어에 주의를 환기시킨다(또한 마 23:34, 35을 참고하라). 담밈이란 단어는 상류층의 비행과 범죄를 가리킨다(반즈). 만약 그 단어가 단순히 희생제물들의 피를 가리킨다면 단수인 담(דם, 피)이 사용되었어야 한다.

만약 그것이 단순한 희생제물의 피를 가리킨다면 왜 그렇게 강한 표현이 사용되었는지 이해하기가 어렵다. 그러한 희생제물들을 드림에 있어서 피는 물론 흘리게 되어 있을 것이며, 그래서 헌제자의 손은 피가 묻게 되었다. 본 단어가 동사 앞의 강조의 위치에 온 것은 독자들로 하여금 희생제물들의 피보다는 더 강한 어떤 면을 가리킨다고 생각하게끔 인도한다. 본 단어는 손들에 주의를 집중케 한다. 만약 이 손들에 가득한 피가 단순한 희생제물들의 피라면, 손들이 그렇게 강조되었을 것 같지는 않다. 기도할 때 펴는 손들은 예배를 가장하였을 것이지만 그것들은 불법한 행동을 자행한 손들이다. 이 해석이 다음에 따라오는 씻으라는 명령과 "너희의 악업을 버리라"는 명령에 의해 지지를 받는다. 만약 그 피가 희생제물들의 피라면 씻으라는 명령은 참으로 이상한 명령이 될 것이다. 손들이 단지 피로만 더럽혀지지 않았음을 주시하라. 그 손들은 마치 실제로 피에 깊이 잠겨 있었고 그것을 퍼내었던 것처럼 피로 가득 찼다.

대로 말할 수 있었다면 하나님의 백성들은 얼마나 더욱 죄로부터 떠나야 할 것인가? 완전히 상반적인 모습이 히타이트 문서에 나타나 있다(*KUB*, xxxiii, 100). 지혜의 왕 이(Ea)는, 만일 신들이 인류를 멸망시킨다면 아무도 너 이상 신들을 돌보지 않을 것이고, 빵덩어리들과 술들을 그들에게 드리지 않을 것이라고 신들에게 경고한다. 그때는 신들이 인간의 일을 하여야 할 것이다. 예를 들면 이쉬타(Ishtar)와 헤밧(Hebat)은 회전 연마기 돌 곁에서 일해야 할 것이다(*ANET*, p. 124a를 보라).

1:16 하나님의 고발은 이제 참된 의와 거짓된 의 사이의 차이점이 지적되는 아홉 개의 권고들에 의하여 완전히 확립된다.

너희는 씻으며: 만약 하나님께 대한 참된 섬김과 예배가 되려 한다면, 진정한 회개가 있어야 한다. 명령은 물론 도덕적 의미에서 이해되어야 할 것이니, 이는 그것이 의식적 씻음을 가리키지 않고 모든 오염과 더러운 것으로부터의 마음과 육체의 씻음을 가리키기 때문이다(참고. 약 4:8). 만약 불법적인 피가 씻어지기만 한다면 그 나라의 기도들은 들은 바 될 것이다. 둠은 씻으라는 명령이 살인자들에게 주어진 것이 아니라고 말한다. 그러나 명령을 들어야 하는 사람들은 그러한 명령을 필요로 하는 바로 그 사람들이다. 만약 그가 씻기만 한다면 피를 흘린 사람들이라 할지라도 소망이 있다. 델리취가 바르게 말하기를, "진노 뒤에 감추어진, 그리고 기꺼이 돌파하는 사랑은 이미 그 자체 안에서 나타나기 시작하였다." 죄인들에게 주어진 이와 유사한 명령들처럼 이 명령도 크게 오해되어 왔다. 로마 카톨릭 입장에서 기록하고 있는 키세인(Kissane)은 만약 기도가 들은 바 된다면 사람들은 그들의 죄들에 대해 고해성사를 해야 한다고 주장한다. 그렇지만 본 절은 고해성사의 행위들을 규정하고 있지 않고 다만 마음의 전적인 개혁, 하나님만이 홀로 하실 수 있는 개혁을 규정하고 있다. 그분 자신만이 주실 수 있는 것보다 못한 어떤 씻음을 하나님께서 요구하시고 계신다고 우리가 상상할 수 있겠는가? 그러한 씻음은 전혀 씻음이 될 수 없을 것이다. 반즈는 이렇게 말한다. "이사야는 그 나라를 도덕적 행위자들, 그리고 그것을 행할 수 있는 능력을 가지고 있는 자들로 소개하고 있다. 하나님께서 성경 가운데서 죄인들에게 말씀하시는 일률적인 방식인데, 그들에게 그들의 죄들을 버리고 스스로 새로운 마음을 만들도록 요구하고 있다." 여기에 진정한 고대 펠라기안의 오류가 있다. 그 이유는 타락한 인간이 하나님께서 명령하셨던 것을 행할 능력을 가지고 있다는 사실이 성경에서 암시되거나 혹은 직접 가르쳐진 곳이 없기 때문이다. 칼빈이 핵심을 잘 파악하였다. "이제 성경 저자들이 에스겔이 깨끗한 물이라고 불렀던 하나님의 영에 의하여 그들 가운데서 이루어지는 것을 사람들에게 돌리고 있음을 우리는 알고 있는데, 이는 오직 그 사람에게만 회개의 역사가 있기 때문이다(참고. 겔 36:25). 드렉슬러 역시 사람은 스스로를 씻을 수 없고 오직 하나님만이 그렇게 하실 수 있다고 지적하고 있다. 알렉산더는 그 씻음이 그 자체가 원인이 아니라 하나님의 은총의 회복이라는 전제조건이라고 바르게 말하였다. 물론, 회개 자체는 비록 하나님의 역사이지만 하나님의 은총을 죄인에게 가져오는 행위는 아니다. 또

한 회개 없이는 하나님의 은총이 죄인에게 임하지 않는 것도 사실이다.

그렇다면 유다의 거민들이 이사야에 의하여 구술된 하나님의 명령을 들었을 때 어떻게 행하도록 요구되었는가? 그들은 자신이 행하고 있는 행위들을 그쳐야 하며, 하나님의 약속을 믿고 말씀들과 일치하는 삶을 추구하면서 하나님에게로 돌아서야 했다. 사람은 자기 스스로 이것들을 행할 수 있는 힘이 없는 만큼 그가 회개할 때는 하나님께서 그의 마음속에 역사하셨다는 증거였다. 진정한 씻음은 하나님의 사역이다. 결국 불법의 피를 씻을 수 있는 유일한 것은 그리스도의 피였다.

스스로 깨끗케 하여[67] : 두 개의 명령형은 이사일의(二詞一意)로 해석되어 "스스로 완전히 씻어 깨끗하라"로 될 수도 있을 것이다. 그러므로 깨끗함의 행위는 씻음의 결과이다. 본 사상은 이러하다. 즉 "스스로 씻으라, 그리고 한 번 너희 자신을 씻었으면, 너희를 깨끗하게 하라."

내 목전에서: 나의 보는 데서. 더 이상 내가 그것들을 보지 않도록 그것들을 그치라. 15절 하반절과 같이, 16절 하반절에서도 역시 강조를 하기 위하여 짧게 묘사되어 있다.

너희의 악업을: "너희의 악행들"이라고 말하는 가장 강조적인 방식. "너희의 악행들을 특징화하는 것(즉 너희의 행실)이 악이라"고 선지자는 말하고 있다(참고. 신 28:20).

버리며: 하나님에 대한 진정한 섬김은 진정한 회개에 기초해 있다. 심령이 한번 깨끗해질 때, 그 사실은 악에 대한 혐오감으로 나타난다. 회개한 사람은 그의 죄악된 행실로부터 돌아서야 한다.

행악을 그치고: 여기에 회개의 참 특성이 들어 있다. 그것은 악행을 그침과 함께 전심으로 하나님에게로 돌아서는 것이다. 전적으로 새로운 생활 태도가 요구되고 있다.

본 절은 절내석 권위로 진술된 네 개의 명령형을 담고 있는데, 씻으라, 깨끗케 하라, 버리라, 그치라이다. 만일 유다 사람들이 그것들에게 복종할 힘을 소유하고 있지 못하다면 무엇 때문에 이러한 명령들이 주어진 것일까? 그 답변은 이러하다. 즉

---

67) 히자쿠(הִזַּכּוּ, 스스로 깨끗케 하라)는 주로 힛트파엘 명령형으로 설명되고 있다. 그렇지만 아마도 그것은 זָכָה의 니팔 명령형(힌자쿠)일 것이다. Cf. Honeyman, *VT*, I, 1, Jan. 1951, 63-65.

그것들은 사람들로 하여금 씻어 깨끗하게 될 필요성에 대한 확신을 가지도록 하는 역할을 하고 있다는 것이다. 현대인들처럼 유다 거민들도 그럴 필요성이 있다고 생각하지 않았다. 그들은 희생제물을 가져왔는데 그것으로 만족하지 않았던가? 이 명령들은 또한 사람들에게 그들의 순종의 무능성에 대해 확신을 심어주는 역할을 한다. 자신의 속에 있는 어떤 힘으로 사람들은 죄의 더러움으로부터 스스로를 씻고 깨끗하게 할 수 있었던가? 그것들은 또한 사람들로 하여금 씻음에 대한 진정하고도 본래적인 원천 곧 하나님 자신의 은혜를 추구하도록 도움을 주고 있다.

1:17 선행을 배우며[68]: 앞 절의 부정적인 권면들 이후에 이사야는 이제 다섯 개의 긍정적인 권면들을 주고 있는데, 그것들 중 첫 번째 것은 모든 다른 것들의 기초 혹은 근거를 놓고 있다. 이 명령들은 소돔의 관원들인 국가의 관리들, 그리고 고모라의 백성들인 그 모든 백성들 개개인에게 주어지고 있다. 하나의 국가는 그 나라를 구성하고 있는 개개인이 회개하지 않는다면 회개할 수 없다. 교회를 구성하고 있는 성도들 개개인이 스스로 개혁하지 않는다면 교회는 개혁될 수 없다.

이사야가 정부의 번영과 정의의 발전에 깊은 관심을 가지고 있는 것이 사실이지만, 그럼에도 그는 어떤 추상적인 단체에게 회개하라고 명령하고 있지 않다. 그가 그들의 악행을 그치라고 명령하고 있는 사람들은 그 나라의 구성원인 개인들인 것이다.

첫 번째 명령은 그 백성들이 가르침을 받을 필요가 있음을 의미하고 있다. 선행을 한다는 것은 그들에게 새로운 어떤 것, 배워야 하는 어떤 것이었다. 칼빈이 지적한 바와 같이 그 백성들은 첫 단원도 배우지 않은 철학자들과 같았다. 그 나라는 지금 악에 익숙해 있는 것처럼 선행을 배우는 데 익숙하게 되어야 했다. 백성들은 누구로부터 이것을 배워야 했는가? 분명한 것은 자기 자신들로부터는 아니고, 참 선행의 유일한 교사이신 '하나님으로부터' 라는 것이다. "선행" 개념의 내용은 다음에 나오는 명령들 가운데 표현되어 있다.

공의를 구하며: 이 명령과 함께 그 나라가 어떻게 선을 행하여야 하는지를 보여

---

68) "선을 행하기를" —선행에 대하여 배움. 부정사는 아마도 그 나라가 어떻게 배워야 하는지를 말하는 양태의 부사일 것이다. "압제자"라는 단어는 아마도 부정사 절대형일 것이다. 본인은 그것을 수동태로 취급할 만한 타당한 이유를 발견하지 못하고 있다.

주는 여러 세부 항목들이 시작되고 있다. 열정을 가지고 공의를 추구하는 데 몰두해야 하는 것이다. 이것을 그들은 제의에 관한 한(헤른트리히) 단순히 순수해지기 위해서가 아니라, 그것이 하나님의 명령이기 때문에 행해야 했던 것이다. 이 공의는 단순한 사회 정의가 아니고 삶의 모든 영역에서의 정의로운 판단이었다. 미슈파트(מִשְׁפָּט, 공의)는 주님의 절대적인 뜻과 일치하는 선포되어 온 판단이며 그럼으로써 바른 재판, 곧 엄격한 공의와 진리와 일치하는 재판이다.

판단은 절대적인 공의의 주인이신 하나님으로부터 온다. 이 단어는 언약과 관련을 맺고 있는데, 그래서 판단의 실천은 거룩하신 하나님께서 자기의 언약 백성들에게 주신 모든 의무와 책임의 실현이다. 공의가 실현될 수 있는 세 가지 방식에 대한 구체적 예를 제시한다.

학대받는 자를 도와주며: 명령은 "사람으로 하여금 바르고 곧바른 길을 택하게 해주어라"를 의미한다(저자는 능동태로 해석하여 "학대자를 올바로 하며"로 번역한다—역주). 이 목적은 속박이나 혹은 징계를 통해서 성취될 수 있으며, 그리고 그 속박의 개념이 명령형으로 나타나 있다. 악행은 지금까지 자유롭게 행하여질 수 있도록 허락되어 왔고 허락되지 않아야 할 상황이 허락되어 왔다. 그것이 제지되지 않을 때 공의는 번창할 수 없다. 그러므로 그것은 반드시 제한되어야 한다. 공의를 추구하는 첫 번째 단계는 압제의 제지이며, 그렇게 함으로써 공의가 제대로 시행되어야 하는 것이다. 이 명령이 백성에게 주어져 있으므로 학대는 이방 대적들의 일로 생각되어서는 안 되고, 백성들 사이에서의 악행으로 생각되어야 할 것으로 보인다. 가난한 자나 도울 이가 없는 자를 학대하는 자들은 누구나 압제자들의 계층이 될 수 있다. 학대가 하나의 그룹이나 혹은 한 개인에 의하여 그 나라의 다른 구성원들에게 실행될 수 있는 한 공의는 승리할 수 없다. 만약 강한 자가 약한 자를 압제한다면, 거기에는 공의가 없는 것이다. 이 상태는 바르게 고쳐져야 하고, 악행은 중지되어야 한다.

고아를 위하여 신원하며: 고아로 하여금 자기의 소송 사건을 제기할 수 있도록, 철저하게 정당한 대우를 받도록 그에게 정당한 재판의 권리를 주라는 것이다.[69] 그

---

69) 언약 조항 가운데 한 의무가 고아와 과부를 돌보라는 것이었다(참고. 신 10:18; 24:17; 렘 7:6 그리고 *Aqht* 11:5:7). Dan'el은 과부 고소 원인을 판단하고 고아의 고소를 재판하였다고 언급하고 있다(*Aqht* 11:5:7, *dn. almnt. ytpt. tpt. ytm*).

렇지만 본 단어를 법정 재판과 소송에 관한 구체적인 언급으로 볼 필요는 없다. 그것은 단순히 고아가 언제나 공정하게 다루어져야 한다는 하나의 명령이거나 혹은 훈령이 될 수도 있다.

과부를 위하여 변호하라: 과부와 고아가 도울 이가 없고 그래서 약하고 도울 이 없는 사람의 상징이 되었음으로 함께 언급되어 있다. 그들은 자기들의 소송을 호소할 대상이 없으며 또한 그들을 변호할 사람도 없다. 진정한 신정정치 국가에서는 이와 같은 가장 약한 구성원들이 정당한 대우를 받아야 하는 것이다. 불의한 재판관은 자기가 과부나 고아로부터는 뇌물이나 혹은 보상을 받지 못할 것을 알기 때문에 그들을 변호하지 않는다. 누가복음 18:2-5을 비교하라. "이 과부가 나를 번거롭게 하니 내가 그 원한을 풀어 주리라 그렇지 않으면 늘 와서 나를 괴롭게 하리라 하였느니라." 그러므로 그러한 도울 이 없는 사람들은 정당한 대우를 받는 것이 더 필요한 것이다.

본 구절은 분명히 당시의 사회적 부정행위들에 대한 관심을 드러내고 있다. 그렇지만 그러한 사회적 부정행위는 개인들의 마음의 변화에 의해서만 바르게 될 수 있었다. 관리들이 언급되어 있는데(10절), 이는 만약 그들이 타락한다면 그들의 영향은 전 국가에 미치기 때문이다. 관리들의 경우가 바로 이 경우였다(10절의 "고모라의 백성"이란 말을 참고하라). 그 나라가 개선되려면 지도자들 편에서의 변화가 있어야 한다. 어떤 국가이든 직면하고 있는 가장 큰 문제는 관리들의 정의 문제이다. 기독교인들은 자기들의 통치자들만을 위하여 기도하지 말고, 하나님께서 그들에게 의로운 관리들을 붙여 주실 것도 기도해야 한다. 그들은 또한 자신들이 땅의 소금임을 기억해야 하며, 사회적 신분과 관련해서 자기들이 해야 할 가장 선한 일이 그리스도인으로 살아가면서 삶의 모든 면에서 기독교의 원리를 적용해야 한다.

(2) 회개의 호소(1:18-23)

18절, 여호와께서 말씀하시되 오라 우리가 서로 변론하자 너희 죄가 주홍 같을지라도 눈과 같이 희어질 것이요 진홍같이 붉을지라도 양털같이 되리라
19절, 너희가 즐겨 순종하면 땅의 아름다운 소산을 먹을 것이요
20절, 너희가 거절하여 배반하면 칼에 삼키우리라 여호와의 입의 말씀이니라
21절, 신실하던 성읍이 어찌하여 창기가 되었는고 공평이 거기 충만하였고 의리가 그

가운데 거하였었더니 이제는 살인자들 뿐이었도다
22절, 네 은은 찌끼가 되었고 너의 포도주에는 물이 섞였도다
23절, 네 방백들은 패역하여 도적과 짝하며 다 뇌물을 사랑하며 사례물을 구하며 고아를 위하여 신원치 아니하며 과부의 송사를 수리치 아니하는도다

1:18 여호와께서 말씀하시되: 이사야는 이 메시지가 하나님으로부터 왔다는 사실을 강조하기 위하여 이 문구를 삽입하고 있다. 그것은 단순한 선지자의 말이 아니라, 그 나라에게 주시는 하나님의 말씀이었다. 용서와 칭의 제공은 주께서 그것을 선포하셨기 때문에 참된 것이다.

오라: 명령형이 사용되고 있는데, 이는 말씀하시는 분이 하나님이시기 때문이다. 동사가 일반적으로 하나의 제안을 소개하는 역할을 하고 있으니, 이것은 그 말을 듣는 자의 유익을 위하여 의도되고, 가끔은 양편의 유익을 위하여 의도되고 있는데, 이는 그것이 또한 동등한 사람들에 대해서도 사용될 수 있기 때문이다(다른 실례들에 대해서는 창 19:32; 삿 19:11 그리고 삼상 9:10을 참고하라). 동사의 이러한 일반적인 사용은, 주고자 하는 제안이 듣는 자들에게 유익이 되는 것이라는 견해를 지지해 준다. 이것은 피할 수 없는 명령이다. 즉 그것을 순종해야 한다. 하나님만이 다음에 따라올 상태를 변경시킬 수 있다. 그것은 동등한 사람들의 만남이 아니라, 하나님과 죄된 백성들과의 만남이다. 어쨌든 이 명령은 기원적(祈願的) 관사인 "나"(נָא, now, 이제)로 부드럽게 발표되고 있으며, 그래서 은혜롭고도 사랑스러운 초청의 형태를 취하고 있는 것이며, 하나님께서 언제나 죄인을 부드럽게 초청하시는 태도를 반영하고 있다(마 11:28).

우리가 서로 변론하자: 동사가 상호적 사상을 담고 있다. 동시에 그것은 연장형이고, 주께서 이스라엘에 가한 비난을 함께 논의하자고 초청하고 있는 것이다. 앞의 명령형에 비추어 볼 때, 이것은 이스라엘이 정확하게 하나님께서 정죄하신 그러한 죄된 나라이고 또한 하나님은 기꺼이 그들을 용서하시려는 분이심을 보여 주게 될 그 논의에 출석하도록 명령하는 격이 된다. "본 절은 하나님께서 자비를 기꺼이 보여 주시는 분이신지 아닌지에 대한 문제를 논의하기 위한 초청을 담고 있으니, 이는 공의와 마찬가지로 설득도 그분의 편에 있음을 의미하고 있으며, 가장 죄악된 죄들을 용서하시는 그분의 주권과 능력을 주장하시는 것이다"(알렉산더). 그러므로 하나님께서 그 나라를 기꺼이 설득하시려는 만큼 멸망의 원인은 온전히 이

스라엘에 있다.

변론은 여기서 하나님의 요구가 합리적인 것이 되게 할 목적으로 하나님과 그 국가가 모두 복종하여야 하는 어떤 제 3의 중재자(tertium quid)로 생각해서는 안된다. "서로 변론하는 것"은 하나님께서 주신 말씀들에 전적으로 복종하는 것이다. 합당하다는 것은 오직 하나님 자신이 그렇다고 선언하였기 때문에 합당한 것이다. 변론은 하나님으로부터 온다. 이성은 하나님께서 인간처럼 복종해야 하는 어떤 독립된 기준이 아니다. 인간이 드러난 하나님의 뜻에 일치하여 생각하고 행동할 때에만 이성적이 된다. 사람은 하나님을 따라 그분의 생각으로 생각해야 한다. 그러므로 이 경우 합당하게 된다는 것은 하나님께서 주신 명령에 복종하는 것이며, 비록 사람의 죄가 흉악할지라도 눈과 같이 희어질 것이라는 계시된 사실을 믿는 것이다. 여기서 사용된 어휘가 아마도 법률적인 용어이겠지만, 여기서 묘사되어 있는 것은 법정적 법률 용어는 아니다. 그것은 오히려 하나님의 율법의 빛 안에서 판단 받으라는 것 (즉 서로 변론하자)이며 회개하라는 명령이다. 드렉슬러가 지적한 바와 같이, 본 장 전체를 통하여 하나님은 그 국가와 변론하고 있는 것이다. 진정한 회개의 첫 단계는 자신의 행위가 이성(하나님의 명령)과 일치하지 않다는 사실을 인식하는 것이다. 생각이든, 말이든, 행동이든, 모든 죄는 합당하지 못하다.

너희 죄가 주홍 같을지라도[70] : 접속사 임(אִם)은 양보를 나타내는 절을 이끌고 있으며, 본 절이 구술된 당시에 실재하는 하나의 사건을 조건으로 하는 사건을 가리키고 있으므로, 조건절과 주절 모두에서 미완료형을 취하고 있다. 본 뜻은 "너희 죄기 비록─그것들이 실제로 그러하듯─주홍 같을지라도"라는 것이다. 복수형 샤님 (שָׁנִים, 주홍)은 본 단어가 색깔과 그 색깔로 된 물질을 가리키므로 복수형으로 사용되었을 것이다. 본 절의 교차 평행법을 주시해야 할 것이다.

너희 죄가 주홍 같을지라도 눈과 같이 희어질 것이요 진홍같이 붉을지라도 양털

---

70) "눈과 같이" ─ 이 문구에 그리고 본 절의 다른 비교 목적격들에 정관사가 사용되었는데, 이는 비교되는 대상이 개체적이 아니라 총체적으로 주시되기 위한 것이다. 임(אִם, 일지라도) ─ 조건문에서 기대될 수 있는 것과는 다른 조건절일 때, 본 접속사는 "비록…일지라도"와 같은 의미이다. 많은 사람들은 조건절이 재판을 요구한다고 가정하여, 본 절이 사죄의 선언을 담고 있다는 사실을 부정하여 왔다. 그러나 "우리가 서로 변론하자"가 재판을 요구하거나 법적 절차를 가리킨다는 것은 의문스럽다. 또한 그것은 용서가 무조건적으로 제공되지 않는다는 주장이 들어 있다. 그러나 19절을 참고하라. 그래이의 논의는 탁월하다.

같이 되리라. 명사에서 파생된 힙힐형은 "그들이 희게 될 것이다"라고 번역되는 것이 가장 좋을 것이다.

비록 그것들이…붉을지라도: 붉은 색은 부당하게 흘린 피의 색깔이다. 헤른트리히는 붉은 색을 삼키고 멸하는 불에 비유하였다. 델리취 역시 어두움에서 뛰어 나와 다시 어두움으로 돌아가는 불의 색깔이라지만, 반면 어두움이 전혀 섞이지 않은 흰색은 빛의 승리를 나타낸다고 생각한다. 그러나 붉은 색은 불법의 피를 상기시키는 것으로 보인다. 비록 가장 붉은 색깔을 가진 죄라 할지라도 가장 희게 될 수 있다는 것이다.

진홍같이: 톨라(תּוֹלָע, 진홍)는 무엇보다도 진홍의 색깔을 내는 벌레를 의미하며, 그 후에 진홍색 자체로 사용되게 되었다. 그러므로 본질적으로는 샤닝(주홍)과 같은 의미를 가지고 있다. 교차 평행적 순서가 다시 채용되어 본 절에 특별한 의미를 부여해 주고 있다. 비록 너희의 죄가 주홍 같을지라도…그들이 눈과 같이 희어질 것이요 비록 그들이 진홍같이 붉을지라도…그들이 양털같이 되리라.

다른 동사들과 대조하여, 이흐유(יִהְיוּ, 그들이 될 것이다)의 교차 대구법이 더 사용되어 있는 점을 주시하라.

본 어투에 은혜로우신 강하(降下)가 들어 있으며, 회개를 외치고 있는 이사야는 자신을 은혜의 선지자로 나타내고 있는 것이다. 비록 그 나라의 죄가 가장 붉을지라도, 그것들이 가장 희게 될 수 있다. 즉 지금의 그들의 상태와 정반대 상태, 즉 전혀 죄가 없는 상태가 될 것이다. 법정적 칭의의 교리가 본 구절들 가운데서 발견된다. 하나님께서는 이제 유다 백성의 죄들을 핏빛 색깔로 보고 있다. 그렇지만 그분께서는 그것들을 눈처럼 흰 것으로 간주하실 것이다. 그러한 축복이 어떻게 이루어질 수 있겠는가? 사죄와 용서와 생명이, 죄들을 회개하도록 용서받은 사람들에게 제공되는 하나님의 은총을 통해서만 가능하다. 그렇지만 만일 백성들의 죄가 하나님에 의하여 보이지 않는 것으로 간주된다면, 이것은 하나님께서 백성을 의롭다고 말씀하시는 것과 동등한 가치가 있는 것이다. 우리는 다음과 같이 바꾸어 쓸 수 있을 것이다. "나는 지금 너희의 죄들을 피가 붉은 것으로 간주하고 있으나, 그것들을 흰 것으로 간주할 것이다." 그렇지만 이것이 누구든지 그 말씀들을 받은 사람들 편에서 회개가 있는지 없든지 관계없이 용서가 직접적으로 제공되는 것으로 생각해서는 안 되므로, 주님께서 직접적으로 그 국가로 하여금 회개의 필요성으로 주의를 환기시키고 있는 것이다.

1:19 너희가 즐겨 순종하면: 죄에 대한 용서가 있을 것을 말씀하신 후에, 주께서는 그 국가 앞에 축복과 저주 사이의 선택권을 두고 있는데, 이 선택은 모세 당시에도 그들 앞에 제공된 것이었다(신 28장). 하나님께서는 순종 대신에 단순한 즐거워함을 받아들이실 것인가? 즐거워함과 순종이라는 두 개의 동사는 불가분한 관계이다.[71] 왜냐하면, 듣는 것이 순종을 동반하기 때문이다. 여기서 이스라엘이 그 자체 안에 자원하여 들을 수 있는 능력을 소유하고 있다고 이사야가 가르치고 있는 것으로 생각한다면 그것은 크게 오해한 것이다. 그러한 사상은 문맥이 거부하고 있다. 그 국가는 죄와 부패로 완전히 베어 있어서, 밖으로부터의 치료의 손길이 필요한 존재로 나타나 있다. 몸에 성한 곳이 없는데 어떻게 그 몸 자체로부터 어떤 성한 것을 기대할 수 있겠는가? 만약 성함이 있어야 한다면, 그 몸의 밖으로부터 말하자면 하나님으로부터 와야 하는 것이다. 참된 축복이 있을 수 있는 것은 즐겨 순종하는 길뿐인데, 그럼에도 불구하고 이것은 그 국가가 자체적인 능력으로는 할 수 없는 길이다. 하나님께서 자신의 호의를 베풀어 주시고 선택해 주신 사람들에게만 수여하시는 이것들이 곧 선물(즐겨 들을 수 있는 능력)인 것이다. 동시에 그 나라가 순종해야 할 책임 역시 배제되지 않는다. 여기서 우리가 깨닫는 것은 곧 복음의 거저 주시는 신비인 것이다. 만약 백성이 즐겨 하고 그 결과로 순종한다면, 그들은 징계를 피할 뿐만 아니라 긍정적인 아름다운 소산과 축복을 받는 자가 될 것이다. 8절의 조건문이 동의 평행법인 반면에, 본 절의 것과 20절의 것은 반의 평행법을 나타내고 있음을 유념하라.

아름다운 소산 · 가장 좋은 것(참고. 창 45:18, 20, 23). 백성들은 그 땅이 제공해야 하는 가장 좋은 것을 먹으며 살아갈 것이다. 그것은 국가의 혜택을 충만하고도 완전하게 누리는 평온과 평화의 모습이다.

땅의: 이것은 약속의 땅 가나안, 즉 "너희가 지금 거주하고 너희의 가정이 있는" 땅이다. 만약 너희가 자원함을 가지고 그리고 그 결과로 듣고 있는 바를 순종함에

---

71) "너희가 즐겨 순종하면"—등위 동사형들은 주로 서로 일치한다. 만일 첫 번째 것이 미완료형이면, 두 번째 것도 단순 접속사에 의하여 연결된 같은 미완료형일 것이다. 그렇지만 극히 적은 경우 미완료형 다음에 와우 연계형을 가진 완료형이 따라온다(참고. 신 31:12; 에 8:6; 단 9:25하). 본 형태는 분명히 타부(תֹּאבוּ)를 나타내고 있다. 장모음 "아"가 히브리어에서 장모음 "오"로 나타나 있다. 팔레스틴의 남부인 현대 아랍에서는 야쿨이 요쿨로 발음되고 있다(GKC, p. 184, n. 1; cf. Honeyman, *JAOS*, LXIV, 81ff.).

있어서 자원함을 나타내 보인다면, 너희는 그 땅이 낼 수 있는 가장 좋은 것을 누릴 것이다. 본 약속은 물질적 축복을 제공하며 이러한 물질적인 호의가 순종에 뒤따라 올 것이다. 동시에 이것은 전적으로 물질적인 선물들만을 가리키고 있지 않고 (Gill), 하나님께서 제공하신 더 큰 축복들 즉 죄사함과 그 결과로 오는 하나님의 임재의 축복도 나타낸다. 이러한 은혜를 얻는 상태는 당연히 영적인 것, 말하자면 즐겨 순종하게 되는 것임을 주시하라. 그런 까닭에 약속된 축복들 또한 영적인 것이 되어야 한다. 이러한 해석은 그 축복이 완전한 사죄와 동일한 것으로 생각되고 있는 앞 구절에 의해서 지지를 받고 있다.

특주

여기서 불트마(H. Bultema)가 이상하게 해석하고 있는 점에 대해서 한마디 언급해야 할 것이다(H. Bultema, *Commentaar op Jesaja*, Muskegon: 1933). 그는 말하기를 한 유대인과 천국에 관해 대화하는 것은 아무런 흥미도 생기게 하지 못하지만 그에게 가나안의 영광들에 대해 설명하면 그의 얼굴이 빛날 것이다. 불트마는 말하기를 이것은 이방 신자들의 시민권과는 달리, 이스라엘의 시민권은 하늘에 있지 않고 땅에 있는 땅의 백성이라는 사실에 의하여 설명되는 것이라고 한다. 그러므로 제시된 축복은 그 땅에서 누려져야 한다는 것이다. 이러한 불트마의 견해는 그 약속이 조건적이어서 영적 자격에 달려 있으며, 앞 절에서 묘사된 사죄와 실제적으로 동일한 것으로 간주된 사실을 간과하는 것이다. 동시에 본 절은 진정한 순종과 물질적 번영 사이에 연관이 있다는 진리를 가르치고 있는 것이다. 하나님께서 간혹 자기 백성들에게 수여하시는 호의들 가운데 하나가 물질적인 축복인 것이다

1:20 앞 절과의 반대 경우를 제시하고 있는 본 절은 단지 자유의지의 교리를 지지하기 위하여 사용될 수 있는 것이 아니다. 오히려 그것은 악행을 계속하는 것은 틀림없이 소멸하시는 주님의 진노를 가져다준다는 것을 가르치고 있다. 사람들이 자기들의 악한 길에서 돌아서서 하나님에게로 돌이킬 때, 그는 그것들을 받을 준비가 되는 것이지만, 회개를 하지 않고 계속 범죄하는 사람들은 징벌을 당할 뿐이다

(참고. 레 26:14-16). 즐겨 순종하는 것의 반대는 거절하여 배반하는 것이다.

칼에 삼키우리라: "칼"⁷²⁾이라는 단어는 "칼에 대해서는"을 의미하는 부사적 대격이다. 강조를 위해 그것이 앞에 위치해 있다. 두 개의 조건절에서 미래가 와우 연계형을 가진 두 개의 동사들에 의해 이어지는데, 이는 순종과 반역 양자가 의지의 행동의 결과이기 때문이다. 그러므로 우리는 다음과 같이 의역할 수도 있다. "만약 너희가 즐거이 자원한다면, 그 결과로 순종할 것이라면, 만일 너희가 거절하고 그 결과로 반역할 것이라면."

여호와의 입의 말씀이니라: 그 말씀이 하나님 자신이 말씀하신 것임을 뜻한다. 말하자면 그분은 그분 자신의 입으로 이 상황을 선언하셨으며 또한 이것은 메시지의 확실성을 확증한다. 어투가 신인 동형적이지만 하나님께서 말씀으로 계시를 주셨다는 사실을 우리에게 분명히 가르치고 있다. 그분은 자신의 입으로 메시지를 말씀하셨다.

1:21 21-23절은 주 단락인 18-23절을 세분하고 있으며, 예루살렘에 임할 비참한 상황에 대한 탄식을 이끄는 역할을 하고 있다. 첫 행에 있는 아 모음의 독특성을 주시하라. 각 끝음절과 엑센트가 있는 음절이 모두 이 모음을 가지고 있다. 에이카, 하이예타, 레조나, 쿼리아, 네마나.

어찌하여: 에이카(אֵיכָה)⁷³⁾란 단어는 불평과 놀라움을 표현하는 한 슬픔의 골자이다. 어떻게 그렇게도 신실하던 성읍이 이제는 창기가 될 수 있다는 말인가?

창기: 언젠가 신실하였던 예루살렘은 창기처럼 이제 더 이상 신실성을 가지지 못

---

72) "칼"—만일 능동형의 동사가 두 개의 목적격을 취하면, 그 동사가 수동태가 된다면, 멀리 있는 목적격(너희)은 그것의 주어가 되며, 가까운 목적격(칼)은 그대로 유지된다(*GKC*, p. 388). 수동태가 비록 아랍어가 투칼루(tu-ka-lu)를 기대하도록 우리를 이끌지라도 칼형이다. 리그넬(Rignell)은 이사야가 마음속에 신명기 28장을 품고 있었을 것이라고 생각한다.

73) 이 부르짖음은 슬픔을 표시하고 있다(참고. 애 1:1; 2:1, 그리고 Ug. 'k). 멜레아티 (מְלֵאָתִי, 가득하였던)—체레(..)가 여성형 어미 아트(אֵ)앞에서 보류되어 있다. 외관상 두 개의 여성형 연계형, 키틀라트와 케텔라트가 있다. 게세니우스는 마지막 요드(י)가 고대 격 어미의 형태라고 생각한다. 만약 그렇다면, 연계형 어미 아비(אֲבִ)에 유사한 관계는 종식된다. 이는 그것이 길기 때문이고, 반면에 아랍어와 아카디아어에서는 정상의 격 어미들이 짧기 때문이다(cf. *GKC*, p. 252). "거하였었더니"—이 미완료형은 과거에 더 오랜 시간이나 혹은 더 짧은 시간 동안 계속하였던 행위를 표현할 것이다.

했다. 그 나라의 불신실성은 근본적으로 마음의 문제였고 또한 그것은 여러 방법으로 표현될 수 있다. 반즈는 그 언급이 무엇보다도 우상숭배를 가리킨다고 생각하고, 게세니우스는 우상숭배하는 여성과 동의어로 조나를 택한다(참고. 겔 16:22). 다른 한편 마르티는 불신실성이 공의에 대한 훼방과 주님이 요구하신 윤리적 요구조항들에 대한 성취의 실패로 이루어진다고 생각한다. 아마도 비록 후자가 본문에 강조되어 있기는 하지만, 이것들 모두가 포함된 것 같다. 언젠가 의가 자리잡았던 마음속에 불신앙이 자리잡았을 때 그것은 여러 방법으로 표현될 것이다. 이러한 것들 중 하나가 우상숭배일 것이나 그 다음 단어들이 설명적인 것 같아 보이므로 우리는 살인자들의 출현과 이미 묘사된 그 나라의 일반적인 부패가 이러한 불신실성에 대한 표명들이라고 말할 수 있다. "창기"라는 단어가 강조되어 있다. 즉 "어떻게 창기가 되었는가… 그 신실하던 성읍이!"

공평이 거기 충만하였고: 이 문구는 신실하던 당시의 성읍의 상태를 특징지워 주는 역할을 하고 있다. 그 당시, 아마도 다윗 통치하에서 예루살렘은 공평이 가득했었다. 여호사밧 당시에도 역시 그 성읍에는 공평이 가득했었다. "재판관에게 이르되 너희는 행하는 바를 삼가라 너희의 재판하는 것이 사람을 위함이 아니요 여호와를 위함이니 너희가 재판할 때에 여호와께서 너희와 함께 하실지라"(대하 19:6). 우리는 하나님의 계시된 뜻이 공평에 의해서[74] 긍정적으로 실현되었던 상황을 이해하여야 한다. 칼빈은 그것을 올바름과 동등한 단어로 생각하였고 뷰어(Bewer)는 공의와 동등한 것으로 생각했다. 이것은 의와 공정한 하나님의 뜻의 의로운 시행개념을 포함한다.

의리가 그 가운데 거하였더니: 예루살렘은 그 안에는 의가 순간적으로 발견되는 것이 아니라 영원히 거주하는 바, 의의 본향 혹은 의가 거하는 곳이었다.[75] 여기서 사용된 것처럼 체댁(צֶדֶק)은 하나님의 뜻과 완전히 일치하는 상태에서의 율법

---

74) Cf. *TWNT*, Band II, pp. 194-214.
75) 어근 צדק의 근본 의미는 "표준에 일치하는 상태"이다. 그러므로 예를 들면, 공평한 저울과 추들은 표준에 일치하는 것들이다(레 19:36). 하나님께서 의롭게 행하신다 할 때, 그분은 하나님으로서 행동하시는 것이다. 그분이 시행해야 하는 그분 자신으로부터 떠난 어떤 표준이 없다. 즉 그분 자신이 표준이시다. 율법은 그분의 성품의 현시이며 그분은 언제나 이를 따라 행하신다. 그분은 거짓말하실 수 없는 하나님이시다(히 6:18). 의로운 사람은 하나님의 율법과 바른 관계 속에 서 있는 사람이다. 이사야가 의가 예루살렘에 거하였더니라고 말하였을 때, 그것은 사람들이 의로운 사람들이었고 그래서 의로운 사람들이 거기 거주하였다는 것

의 시행이며, 그러므로 의로운 통치인 것이다. 일들의 의로운 상태와 그 결과로서 오는 축복과 함께 하나님께서 인정하실 공평이 그 도성의 이전의 특성들이었다.

이제는 살인자들 뿐이었도다. 이 문구는 성읍의 과거와 현재의 상태를 대조하고 있다. 그리고 또한 그러한 상태에서 그 성읍이 창기가 되었음을 지적하는 역할을 한다. 그때는 의로운 자들, 지금은 살인자들이라는 것이다. "살인자들"이란 단어는 습관적 혹은 전문적인 살인자들, 즉 불법적인 비행에 종사하는 가장 수준이 낮고도 나쁜 계층의 사람들을 가리킨다. 더 나아가서 풀(Pool)이 지적한 바와 같이 보다 저급한 성격의 다른 비행들은 징벌을 받지 않았을 뿐만 아니라, 분명히 부추김을 받았다는 사실을 우리에게 확신시키고자 살인이 언급된 것이다.

만일 본 성읍이 살인자들의 거주지가 될 수 있었다면, 그보다 심각하지 않은 비행을 저지른 자들 역시 거주할 수 있었다는 것을 상상할 수 있다. 그것이 대조되어 말해지고 있다. 즉 의가 거주하던 성읍과 살인자들이 거주하는 성읍. 언젠가 예루살렘은 의가 거하는 안전하고도 평안한 장소였으나, 지금은 살인자들이 거주하는 장소가 되어 있다. 트랩(Trapp)이 지혜롭게 개진한 대로 히에라폴리스(거룩한 도시)가 포네라폴리스(악한 도시)가 되었다. 지상에 있는 가장 정결한 교회까지도 사단의 회당으로 전락될 수 있다. 가장 중요한 그리스도의 교회의 일원들인 우리가 주의를 게을리 하지 않는 자가 되고, 언제나 그분 앞에 신실한 존재로 발견될 수 있는 그 교회를 소중히 여기고 사랑하는 것은 얼마나 중요한지.

이사야가 여기서 단순히 예루살렘의 과거의 이상적인 모습을 그리고 있는가(Von Rad)? 우리는 이 질문에 부정적으로 대답해야 할 것이다. 우리는 다윗의 통치를 불의가 전혀 발견되지 않은 것으로 이해해서는 안 될 것이다. 어쨌든 본질적으로 다윗은 하나님 자신의 마음에 합한 사람이었고, 그래서 오실 메시아의 예표였다. 현재의 악한 상태와는 대조적으로 당시 그 도성은 하나님에 대한 다윗의 기본적인 헌신으로 인하여 의가 가득했던 도성으로 불릴 수 있었다.

을 의미하는 것이다. Cf. R. Haldane, *Commentary on Romans*(1957); Kautzsch, Die Derivate *des Stammes tsdq im alttestamentlichen Sprachgebrauch*(Tübingen: 1881); K. H. Fahlgren, *Sedaka. Nahestehende und entgegengesetzte Begriffe im Alten Testament* (Uppsala: 1932); Von Rad, *Theologie des Alten Testament*(1957). 보다 자세한 문헌들은 위의 서적들 가운데서 발견될 것이다.

1:22 앞 절에서 그 도성에 닥쳤던 변화가 간음으로 표현되었었다. 여기서는 알렉산더가 주장한 대로 그것이 혼합물로 나타난다. 은은 고상하고도 순수한 모든 것을 대표한다. 즉 얼마나 그 도성에 가치 있는 고결한 방백들과 통치자들이 있었던가! 이 은은 이제는 다른 것이 되었다. 그것은 금이 되지 못하고 찌끼가 되었다. 이것은 그 금속의 여기저기에 얼룩이 나타났다는 것이 아니라, 그 금속 자체가 찌끼로 변했다는 것이다. 그것은 더 이상 은이 아니었고 그와 반대되는 것이었다. 씨김 (סִיגִים, 찌끼)은 아마도 금속으로부터 분리된 것을 나타내는 바, 복수형은 그 강조를 위한 것인 것 같다. 녹여져서 순수한 금속으로부터 분리된 것은 보다 저질의 물질이다.

섞였도다. 직역하면 "자르다." 자름으로써 그 포도주의 강도는 약화된다. 여기서 카스펙(כַּסְפֵּךְ, 너의 은)과 평행으로 사용되고 있는 쏘벡(סָבְאֵךְ, 너의 포도주)은 상품 포도주이다. 너무나 순수하여 빛이 선명하게 반사되었던 금속은 못쓰게 되어 버렸고, 그처럼 그 땅의 상품 포도주는 물탄(직역하면, 묽게 된, 절단된, 할례받은, 거세된) 것이 되어 버렸다.

물: 이는 아랍어 무흘(muhl, 과일쥬스)을 가리키는 것이 아니고, 이제는 너무 많은 물이 섞여져서 그 독특한 특질이 사라져 버린 일등품 포도주를 가리킨다.[76] "잘라진 포도주"라는 표현은 다른 자료의 표현과 유사한 것일 수도 있는데 예를 들면, 라틴어 castrare vinum(포도주를 자르다)과 scelus est iugulare Falernum(마샬, 팔레드 포도주를 자르는 것은 악행이다), 아랍어 udah maqlu' ah (즉 알로에의 물탄 기름), 프랑스어 couper du vin, du lait(약간의 포도주를 자르다, 우유를 자르다), 그리고 스페인어 trasegar(섞다).

비록 예루살렘에 닥친 변화를 묘사하기 위하여 다른 포상이 채용되었지만, 그럼에도 불구하고 이미 소개된 비애(pathos)와 슬픔의 요소는 계속되고 있다. 예루살렘은 이전에는 은과 극상품 포도주로 표현된 것과 같은 바람직한 어떤 것을 가지고 있었다. 그러나 커다란 변화가 그 성읍에 밀어닥쳤으니, 곧 그 은과 극상품 포도주는 사라지고 그 자리에 찌끼와 물이 섞인 포도주만 남아 있다.

---

76) Smith, "The Messianic Ideal of Isaiah", *JBL*, XXXVI, 162. 그는 이것이 올리브 쥬스라고 주장하며 아랍의 마흘(*mahl*)과 비교하고 있다.

1:23 네 방백들은 패역하여: 이사야는 이제 한 계단 더 나아가 방금 전에 하였던 연설들의 실제적인 대상인 인물들을 설명하고 있다. 한 국가의 부패가 통치자들로부터 시작되므로, 이사야는 이 사람들을 탄핵을 하기 위하여 뽑아낸 것이다. 본 사상은 이러하다. 즉 "하나님에게 신실해야 할 너희 방백들은 패역하였도다." 이 반역(패역)은 반드시 앗수르에 대한 유다의 독립을 위한 반역을 의미하지 않고(Knobel), 하나님에 대한 마음과 생활의 일반적인 패역(반역)이다. 많은 사람들이 자기들의 사역(私譯)에서 언어유희를 표현해 보려고 노력하였다. 그래서 칼빈은 "첫 번째 패역"(primi pravi), 반 후네커는 "왕에게 몸부림치며 대항하였다"(tegenworstelen doen vorsten), 헤른트리히는 "너의 인도자는 반역자이다"(deine Führer sind Aufrührer)라고 하였다. 본 절은 5절에 있는 '더욱 더욱 패역하느냐?'라는 말씀으로 되돌아가고 있다.

도적과 짝하며: 이것은 하나님에 대한 그들의 반역으로 인한 것이다. 그러므로 마음의 내적인 경향이 외적인 행위를 다스린다는 진리가 예증되어 있다. 만약 내적 경향이 하나님께 대한 반역을 이루고 있다면, 그에 대한 외적 표명의 일례는 도적들과 한패가 되는 데서 발견된다. 둠은 이사야가 불평하고 있지만 결코 그러한 끔찍한 상황을 고칠 방법들을 제공하려고 생각하지 않는다고 해석한다. 이러한 주장에 대해서는 비평할 필요도 없을 것이다. 그의 전체 예언을 통하여 이사야는 여호와를 인간의 유일한 소망으로 제시하고 있다. 오직 즐겨 순종함을 통하여서만 현재 상황의 반전이 나타날 것이다. 현대의 현상 곧 가끔 사회 복음으로 알려진 그릇된 생각은 죄의 심각에 대한 서급한 병가에서 발견된다. 순수한 개량의 계획은 하나님에 대해 패역한 마음에는 충분하지 못하다. 필요한 것은 새로운 마음이며, 또한 그러한 마음은 하나님 자신으로부터 얻어질 수 있는 것이다. 그들의 불의한 재판을 통하여 이 천박한 통치자들은 도적 떼를 방조해 주었고, 불의의 소송을 촉진시켰다. 가납(גנב, 도적)은 전문적이고도 습관적인 도적이었다.

다: 직역하면, "그것 모두, 그 전체"

사랑하며: 분사는 현재 습관적인 행위를 표현하고 있다.

사례물을 구하며: 그들은 시편 34:14에서 "악을 버리고 선을 행하며 화평을 찾아 따를지어다"라고 명령된 바와 같이 평화를 추구하기보다는 이 일을 하였다. 이는 생생한 표현이다. 모든 사람들이 뇌물에 가장 깊은 애정을 두고 있었고, 사람이 어떤 것을 추구하였던 것처럼 사례물을 구하였다. 그러한 상황이 유행하는 곳에서는

18절의 은혜로운 선포가 어떠한 주의도 줄 것 같지 않다. 그러므로 여호와께서는 그 나라의 멸망을 선언하신 것이다. 그러한 이기주의적 지도자들은 참된 정의를 가지고 보호받아야 할 사람들을 위한 시간을 가지고 있지 않다.

이사야는 신명기 10:17을 의도적으로 반영하고 있는 것으로 보인다. "너희의 하나님 여호와는 신의 신이시며 주의 주시요 크고 능하시며 두려우신 하나님이시라 사람을 외모로 보지 아니하시며 뇌물을 받지 아니하시고." 그 백성들은 얼마나 다른가! 여호와의 행위와의 대조 가운데서 그 나라의 타락의 깊이가 드러난다.

과부의 송사: 직역하면 "다툼." 연약한 자들의 곤경과 요구들은 통치자들 앞에 제시도 되지 않았으니, 이는 윗 계층에 부패가 있었기 때문이었다. 그러한 예루살렘의 모습을 감히 그리려고 하면서 이사야는 참으로 "담대해지고 있다." 게세니우스는 선지자가 자유롭게 궁정에서 부패를 고발할 수 있었다는 것을 보여 주기 위하여 터키의 시인을 지적하고 있다. 그러나 우리는 이사야에게서 단순한 직업적 선지자의 모습을 볼 수 없다. 그는 지금의 상황이 변해야 한다는 깊은 진지성과 확신을 가진 여호와의 대변자이다.

(3) 다가올 심판의 선언(1:24-31)

24절, 그러므로 주 만군의 여호와 이스라엘의 전능자가 말씀하시되 슬프다 내가 장차 내 대적에게 보응하여 내 마음을 편케 하겠고 내 원수에게 보수하겠으며
25절, 내가 또 나의 손을 네게 돌려 너의 찌끼를 온전히 청결하여 버리며 너의 혼잡물을 다 제하여 버리고
26절, 내가 너의 사사들을 처음과 같이, 너의 모사들을 본래와 같이 회복할 것이라 그리한 후에야 네가 의의 성읍이라, 신실한 고을이라 칭함이 되리라 하셨나니
27절, 시온은 공평으로 구속이 되고 그 귀정한 자는 의로 구속이 되리라
28절, 그러나 패역한 자와 죄인은 함께 패망하고 여호와를 버린 자도 멸망할 것이라
29절, 너희가 너희의 기뻐하던 상수리나무로 인하여 부끄러움을 당할 것이요 너희가 너희의 택한 동산으로 인하여 수치를 낭할 것이며
30절, 너희는 잎사귀 마른 상수리나무 같을 것이요 물 없는 동산 같으리니
31절, 강한 자는 삼오라기 같고 그의 행위는 불티 같아서 함께 탈 것이나 끌 사람이 없으리라

1:24 그러므로: 본 단어는 앞의 모든 내용을 가리키며, 일차적으로 나라의 상태에 대한 묘사를 가리킨다. 이러한 묘사는 사실이다. 그 땅에는 공평이 없으므로 여호와께서는 행동하실 것이다. 심판은 이미 나타났던 그것들보다 훨씬 더 잔혹할 것이며, 이 다가올 심판 가운데서 정결케 함과 정화가 있게 될 것이다. 유다의 구원은 쓰라린 심판을 통과해서만 올 수 있을 것이다.

말씀하시되: 네움(נְאֻם, 말씀하다)이란 단어가 문장의 시작 부분에 나타나는 일은 흔치 않다. 그 어원적 설명은 다음과 같을 것이니, 그 정상적인 위치 가운데서, 그것은 "그 말씀들에 대한 깊고도 진실된 동정심"(pathos)과 일치한다(델리취; 참고. 삼상 2:3; 시 110:1).

여호와: 이사야서의 다른 어떤 구절 가운데서보다 본 절에 더 많은 하나님의 칭호들이 있는 것으로 보인다. 그것들 가운데 하나인 아돈(אָדוֹן, 주)은 주 혹은 주인을 의미한다.[77] 정관사는 그분이 만주의 주이시요 또는 초월하신 주님이심을 나타내고 있다. 이사야서에서 이 칭호 다음에 자주 "만군의 여호와"라는 칭호가 따라온다(참고. 3:1; 10:16, 33; 19:4). 아돈의 어원은 불분명하다. 본 절에서 그것은 여호와께서 만물의 절대적 주인이심과, 그분은 그분의 대적들에 대해 자신의 뜻을 따라 마음대로 행사하실 수 있다는 사실을 지적하는 역할을 하고 있다. 헤른트리히는 그것이 또한 주종관계를 가리킨다고 주장한다. 만약 그러하다면 그것은 단순히 본 용법에 강조를 더해주는 것뿐이다. 즉 만물의 주인이신 하나님은 자신의 대적들에 대해 자신의 마음대로 행사하실 것이다.

이스라엘의 전능자: 본 문구는 본 절에 커다란 강도를 더해 주고 있다. "하나님께서는 이스라엘에게 속하신 전능하신 분이시다!" 아비르(אֲבִיר, …의 전능자)는 거대한 황소를 의미하며, 여기서는 비유적인 의미로 사용되어 있다. 그렇지 않다면 본 단어의 본 뜻이 너무 약화되어서 그것이 단순히 강하신(mighty)으로 번역되었

---

77) 하아돈(הָאָדוֹן, 그 주)은 우가릿어에서 발견된다(Baal 3:2:15, 32, etc.). 우리는 *Aduni-baal*과 *Aduni-apla-iddin*(Kat, 398)을 발견하며 또한 Plautus, Poenulus 998에서는 Adonni, "나의 주인"을 발견한다. 또한 Adonis를 참고하라. 이사야서에서 사용된 바와 같이 본 단어는 만물의 주인으로서의 참되신 하나님을 가리킨다. 주 δεσπότης(B)는 괜찮은 번역이다. "만군"—우가릿어에서 제일차적 의미는 "별들"이나 혹은 천체들이다. 참고. 애굽어 sb₃ "별들"을 참고하라. 본 절 가운데서 그것은 구별없이 모든 무리들을 가리킨다. 본 절이 신 32:41의 반영인 점을 주시하라.

을 수 있다. 본 단어는 이스라엘이 여호와를 황소의 모습으로 예배하였다는 사실을 보여 주거나 혹은 여기에 애굽의 황소숭배 사상이 반영되어 있다는 것을 보여 주지 않는다. 공식적 이스라엘의 종교 안에서 그러한 예배는 금지되었다. 이 단어는 여기서 여호와께서 강하시다는 것을 의미하고 있으며, 족장들을 보호하셨던(창 49:24) 강하신 분으로 자신을 보이셨던 족장시대를 상기시키고 있다. 이제 이 같이 강하신 분이, 보호가 아닌 심판 가운데서 자신의 능력을 나타내 보이실 것이다. 그 이름들의 중복적인 언급은 이러한 선포에 대해 강력한 의미를 가져다준다. 선포된 심판을 피할 수 없으니, 이는 전능하신 하나님께서 이 심판이 분명히 올 것이라고 선포하셨기 때문이다.

슬프다, 내가…내 마음을 편케 하겠고: 비록 여기서, 이 단어의 목적이 심판이 분명히 온다는 사실을 가리키는 것이라고 할지라도, 이 단어는 "슬프다"로 번역될 수 있다. 우리는 14절에 있는 경고를 상기하게 된다. 예루살렘과 유다 백성은 그들의 죄로 인하여 여호와께 짐을 지웠다. 그것은 슬픈 일이요, 괴롭히는 짐이요, 그분이 짐지우도록 요청한 것도 아니었다. 그러므로 이제 그분께서는 스스로 이 짐을 풀어 편케 하실 것이며, 또한 그렇게 하심으로써 스스로 그분의 대적들에 대해 보응하실 것이었다. 여호와께 이러한 짐을 지운 그들은 그분의 원수요 대적들이었다. 이 원수들은 이스라엘 백성 자신들이었지 외방인이나 이방인들이 아니었다.

본 어휘가 역시 신인 동형적인 것이며 하나님에 대한 저급한 견해를 용인하게 할 위험은 없다. 그분의 전능성은 그분에 대해 여기 언급된 호칭에 의하여 분명하게 제시되어 있다. 그렇지만 계속 죄를 짓는 사람은 하나님의 원수요 대적자라는 사실과 (겔 5:13), 하나님이 그를 없애 버리실 것이라는 사실은 분명하게 가르쳐지고 있다. 하나님은 참으로 주인이시며 또한 그분이 죄인들을 벌하시려고 결심하실 때 그분은 충분히 그 일을 하실 수 있으시다. 단순히 죄뿐만 아니라 죄인들도 역시 하나님을 지겹게 만들고, 또 그것에서 자신을 편케 하시고자 힘쓰게 하는 짐이다.

1:25 내가 나의 손을 네게 돌려: 하나님의 손은 쉬고 있었으나 이제는 그것이 돌려질 것이다. 슈브(שׁוּב, 돌리다, 돌이키다)는 징벌을 가하는 목적이든(암 1:8; 렘 6:9; 겔 38:12; 시 81:15에서처럼) 혹은 축복을 가져다주시려는 목적이든(슥 13:7), 손의 움직임을 가리킨다. 그것이 여기서는 후자의 의미로 채용되었다. 손은 정결케 하시는 심판의 사역과 그것을 통하여 교회를 회복하시는 사역을 시행하시도

록 돌려질 것이다. 다가올 심판은 완전한 멸망을 목적으로 한 것이 아니라 정결을 목적으로 한 것이다.

네게: 여성형인 이 단어는 먼저 그 성읍 자체를 가리킨다. 그 성읍 위에 이 손이 두어지고 그래서 그 무게가 느껴질 것이다.

너의 찌끼를 온전히 청결하여 버리며: 이 찌끼는 불의한 통치자들과 지도자들과 일반적인 외식들과 같은 그들의 죄악된 행위들 그리고 백성들 자신들의 죄악들이다. 이것들은 그 성읍 자체가 계속 지속할 수 있도록 전반적이고도 철저한 심판을 받아야 된다. 은을 제련하는 일은 철저한 과정이며, 그 나라가 구원 받기 위해 반드시 거쳐야하는 정화과정도 혹독할 것이다. 여호와께서는 사랑하시는 자들을 징계하신다. 정화의 과정은 사람에 의하여 시행될 수 없고 오직 하나님 한 분에 의해서만 시행될 수 있다. 만약 죄인들이 구원을 받기 원한다면, 그들은 반드시 깨끗케 되고 정결케 되어야 된다.

다 제하여 버리고: 직역하면 "그리고 내가 너의 합금을 제거할 것이다." 합금은 아마도 보다 값진 금속들과 결합된 어떤 금속일 것이다.[78] 순수한 은을 찌끼로 변질시키게 하였던 그것이 제거됨으로써 그 은은 전과 같이 될 것이다. 이것은 오직 철저한 정결 심판의 방법을 통해서만 이루어질 수 있다.

1:26 (그리고) 내가 너의 사사들을…회복할 것이라: 슈브라는 단어의 힙힐형은 '다시 가져오다, 돌아오게 하다'를 의미한다. 그렇다면 이것들이 어떤 의미로 이해되어야 하는가? 둠은 이사야가 단순히 다윗 시대가 회복되기를 원했고, 나중에 메시아 시대가 다윗 시대를 능가할 것으로 생각했었다고 말한다. 그러나 게세니우스는 여기서 의도된 것은 지금의 사사들의 단순한 개선이 아니라, 새로운 인물들의 일으킴이라고 지적한다. 비트링가는 25-26절을 포로에 적용하면서 여기에 왕에 대한 언급이 없으므로 첫 번 성취는 포로후 시대에 일어났고, 그 다음 그리스도 안에서 보다 큰 성취가 있었다고 생각한다. 이와 같이 반즈도 그 축복이 유대의 포로 직후에 일어났을 것이라고 주장한다.

스코필드 성경은 본 구절을 천년왕국에 적용하여 이 왕국시대 동안에 이스라엘을

---

78) "너의 섞인 것"—*GKC*는 이 합금의 복수형이 녹여서 분리할 합금을 가리키기 위해 사용되었음을 지적한다(p.400).

다스리던 고대의 통치 방식이 회복될 것이라고 주장한다. 이 견해에 의하면, 그 성읍의 원래의 신실성이 회복되는 일은 정결심판 직후에 성취되지 않고 오직 포로와 첫 번째 강림과 전체 교회 시대의 삽입 후에야 성취된다고 한다. 그 후에 그리스도께서 자기의 성도들을 위하여 오셔서 다니엘의 칠십 번째 이레가 지나가고, 그리스도께서 그의 성도들과 함께 천년동안 지속되는 왕국을 세우신다는 것이다. 스코필드에 의하면, 이 동안에 하나님께서 그 나라의 사사들을 회복시키실 것이다. 그렇지만 이러한 해석은 본 구절에서 그 참 뜻을 박탈하는 것이며 그것을 거의 무의미하게 해석하는 것이다. 그러한 약속이 이사야 당시에 있었던 유다의 죄인들에게 무슨 위로가 되겠는가?

본래와 같이: 본 문구가 그 나라의 초창기 역사, 아마도 다윗시대 또는 보다 이른 시기를 가리킨다는 것은 사실이다. 이 시대가 그 성읍의 순수성과 신실성의 전형으로 사용되어 있다. 본 절에 주어진 약속은 상황의 단순한 회복이 아니라, 지금의 상황과 정반대되는 상황들에 대한 소개이다. 그러므로 그것은 미래의 이상적 혹은 메시아 시대에 대한 묘사이다. 아마도 어느 정도 포로기를 가리킬 것이지만 이 예언의 근본적인 의미는 다윗 통치로 예표된 장차 다가올 시대, 즉 진정한 의와 공의가 발견될, 말하자면 메시아 시대를 가리키는 것이다. 그 왕이 언급되어 있지 않다는 반대에 답하여, 우리는 본 첫 장에서 메시아 시대가 왕에 대한 언급이 없이 일반적인 언어로 언제나 묘사되어 있다는 점을 지적할 수 있다. 어쨌든 이 축복의 시대가 남은 자 자체에 의하여 오는 것이 아니라, 하나님의 전적인 사역, 은혜로 말미암아 온다는 사실은 명백하다. 그러므로 우리는 "내가… 회복할 것이라"는 전능하시고 은혜로우신 선언을 마주 대하게 되는 것이다. 이것은 메시아 사역이 성취될 배경을 이루고 있는 장엄한 선언이다.

여호와께서 제기하신 책망은 우선적으로 불성실과 공의의 결여로 그 나라를 부패시켰던 재판관들과 모사들에게 주어져 있다. 그러므로 그들은 제거되어야 하며 그들 대신 완전한 공의가 반드시 도입되어야 한다. 그러므로 21절과 이중적 유사점이 있다. 공의가 회복된 후에 그 성읍은 신실한 성읍이라고 불릴 것이다. 그 성읍에 공의로운 통치자가 있을 때, 안전한 공의가 시행되며 각자가 공의롭게 처신하며, 그의 이웃을 공정하게 대하는 의로운 성읍이라고 불릴 수 있게 된다. 그렇지만 주권적인 은혜로운 역사가 시행된 이후에야 그 성읍은 의롭고 신실한 성읍이라고 불려질 수 있다. 하나님께서 먼저 행하시고 그 후에 의와 신실성이 따라온다.

1:27 본 절은 앞 절을 확대하고 있으며, 또한 이것은 앞 절처럼 주님의 직접적인 말씀이라기보다는 선지자의 연설로 간주되어야 할 것이다.

시온: 본래 시온은 오벨 언덕의 칭호였지만, 나중에 그 성읍 전체에 적용되게 되었다. 그러므로 이 칭호는 예루살렘과 동의어 역할을 하고 있으며, 그래서 이사야서 전체에 채용되고 있는 것이다. 시온은 또한 하나님의 성전이 세워진 지역의 칭호이기도 하였다.

구속이 되고[79]: 파다(פָּדָה, 구속하다)라는 동사는 값을 지불하는 방식으로 얻는 구원을 의미한다(예를 들면, 출 13:13; 민 18:15-17 등). 이 구원이 이루어져야 하는 방법이 언급되어 있으니, 말하자면 심판과 의이다. 이 두 단어들은 9:7; 28:17; 32:16; 33:5에 있는 평행 구문 가운데서 나타난다.

그렇지만 그들 자신들의 의를 통하여 구속을 받아야 한다고 생각했던 유다의 거민들에게는 그것들이 거의 위로가 되지 못하였을 것이니, 이는 그들 중 참으로 헌신한 사람들은 자기들에게 의가 없음을 깨달았을 것이기 때문이다.[80] 더 나아가서 이러한 기질들이 하나님의 선물이며, 그분으로부터 잘라진 사람에 의해서는 그 선물이 받아들여질 수 없다는 것이 성경의 일관적인 사상이다. 그러므로 미슈파트(מִשְׁפָּט, 공평)와 체다카(צְדָקָה, 의)는 사람에게 속한 것이 아니라 하나님에게 속한 것으로 언급되고, 이 약속의 목적은 경건한 사람들이 위로를 받을 수 있다는 것이다. 하나님의 공의와 의를 통하여 예루살렘과 그의 회심자들은 구속을 받을 것이다.

미슈파트는 하나님 편에서의 공의의 시행이며(참고. 4:4; 5:16; 28:17), 체다카는 그분의 공의의 시행 가운데서 실현되는 그것이다. 만일 시온이 구속되어야 한다면,

---

79) "구속이 되다"—기본적인 사상은 값을 지불함으로 말미암아 구속됨을 뜻한다(참고. 출 13:13, 15). 초태생은 하나님에게 드려져야 했으나, 속전을 드림으로 말미암아 대속하게 될 수 있었다. 종 역시 구속되었고(출 21:8), 레위인들은 초태생 대신 구속된 자들이었다(민 3:40 이하). 참고. Leon Morris, *The Apostolic Preaching of the Cross* (1955), p. 16. 그는 본 절과 이와 유사한 구절에 대해 다음과 같이 지적하고 있다. "여호와께서 자기 백성을 대신하여 행하신다는 근본 사상이 들어 있다. 염두에 둔 행동은 결코 범상한 것이 아니다." "구체적 인용보다 더 인상적인 것은 여호와께서 자신이 사랑하시는 자들을 구속하실 때 그들을 위하여 그분의 능력을 나타내셨다는 많은 구절들의 일반적 의미이다"(p. 17).

80) Von Orelli가 정확하게 해석하였다. "9:6절이 보여주는 바와 같이, 진실로 이러한 종류의 그들 자신의 행위로 말미암지 않고, 신적이고 메시아적인 행위로 말미암아."

하나님의 의로우신 공의가 심판 가운데 나타나야 한다. 시온의 구속 가운데서, 절대적인 공의가 시온에 대하여 실현될 수 있도록 모든 요구들이 만족되고, 의로우신 은혜의 선물 역시 나타날 것이다(참고. 단 9:24; 사 53:11; 시 143:2).

그 귀정한 자는: 직역하면, 그 성읍의 돌아온 자들, 즉 진정한 회개를 통하여 하나님에게로 돌아오는 시온에 속한 자들. 칼빈은 하나님은 의로우시고, 그래서 그분의 모든 교회를 완전히 멸하도록 허락하지 않으신다고 바르게 지적하고 있다. 시온은 돌아오는 자들, 즉 죄인들이나 범죄자들이 아니라, 하나님에게로 돌아오는 자들과 함께 구속받을 것이다(참고. 사 59:20). "여호와께서 가라사대 구속자가 시온에 임하며 야곱 중에 죄과를 떠나는 자에게 임하리라." 문장 가운데서 시온의 위치가 강조되어 있는 점을 주시하라.

1:28 본 절에는 앞 절의 반전이 있다. 본 절은 감탄문으로 시작하고 있고, 술어가 빠져 있는데, 아마도 화자의 열정과 환희로 인한 것 같다. 다른 한편 28절 하반절은 서술적 동사문이다.

패망하고: 되딜라인(Döderlein)은 이 동사가 명사 대신에 사용되어야 한다고 생각하지만, 드렉슬러는 명사가 동사의 대용으로 되어 있다고 바르게 지적하고 있다(비슷한 생략문들이 13:4; 52:8; 66:6에서도 발견된다. 패망이라는 사상에 대해서는 애 2:11; 3:4; 잠 16:18을 참고하라). 이것은 하나님에 대항하여 반역하는 그래서 함께 멸망하게 될, 시온의 회심한 자들이 아닌 자들을 가리킨다. 만약 참된 교회에게 순결과 행복이 있으려면, 악한 자와 배도자들은 패망되어야 한다. 만약 은이 제련되려면 찌끼는 제거되어야 한다.

멸망할 것이라: 그들은 멸망할 것이며 끝장날 것이다. 이것은 완전한 멸종을 가리키다(참고. 욥 7:9; 시 37:20). 본 절은 여호와를 저버린 자들과 본 장 전체를 통해서 언급되고 있는 계층이, 시온이 구속 받으려면 반드시 멸망당할 것이라고 하는 엄숙한 선언이다.

1:29 29-31절은 28절에서 주어진 위협을 정당화히는 역할을 하고 있다. 그 뜻은 "여호와를 저버리는 사람들이 멸망할 것은 그들이 부끄러움을 당할 것이기 때문이란 사실에서 보여진다"(키 יכ, 왜냐하면). 그러므로 키(יכ)는 "왜냐하면"(for)으로 번역되어야 한다.

부끄러움을 당할 것이요: 첫 번째 동사는 비인칭적 의미로 취급될 수도 있다. "그들, 백성이 부끄러움을 당할 것이다."[81] 징벌이 범죄자들에게 닥칠 때 그들은 자기들이 기뻐하였던 것들로 인하여 부끄러움을 당할 것이다. 하나님의 징벌의 손길의 결과는 죄인이 이전에 자기가 믿고 기뻐하였던 것을 부끄럽게 바라본다는 것이다.

상수리 나무(the mighty trees): 왜 자기가 심었던 거대한 상수리 나무로 인하여 부끄러움을 당해야 하는가? 유다의 거민들은 거대하고 강한 나무들을 심는 죄를 저질렀을까? 이사야서에 대한 가장 훌륭한 주석가들 가운데 어떤 사람들은 이렇게 생각하였다. 예를 들면, 드렉슬러는 이 선지자가 나무를 심는 것과 호화로웠던 정원들에 대하여 통렬히 비난하고 있다고 생각하며, 이것이 유다인들의 패역이고 그들이 교만한 자들로 지적을 받은 것이라고 생각한다. 이와 같이, 본서에 대한 통찰력 있는 해석가 중 한 사람인 카스파리도 같은 입장을 취한다. 파울루스(Paulus)와 힛지히 같은 사람들도 이에 동의한다. 물론 하나님의 선물들 가운데 가장 좋은 것들까지도 잘못 사용하였을 수 있었다는 것은 사실이지만, 이사야가 자기의 비난 가운데서 그 이상의 어떤 다른 것을 비난하지 않았는지가 문제이다. 백성들이 자기들이 심었던 그 상수리 나무를 자랑하였을 것은 확실히 가능하다. 그렇지만 이것으로부터 산당에서 여호와께 예배하는 데로 한 걸음 더 나아가게 되었을 것이고 이 나무들 자체 속에 신성성이 있다는 사상으로 나아가게 되었을 것이다. 그리하여 우상숭배가 여호와의 이름으로 거행되었건 그렇지 않았건, 선지자가 여기서 실제로 우상숭배의 한 형태를 비난하고 있는 것으로 보였을 것이다. 이것들은 심주팔구 정령(精靈)이 거주하는 것으로 생각되었던 푸른 나무였을 것이다(참고. 신 16:21; 왕상 16:33; 왕하 16:4; 겔 6:13). 오늘날까지도 팔레스틴에는 나무 숭배가 있다. 고대 가나안 우상숭배에서는 신성성이 자연의 세력들에게로 돌려졌고 그래서 그들 문헌 가운데서는 예배가 나무 아래서 거행되었다는 표현이 발견된다. 하나님께서는 유다를 택하셨고, 유다는 인간의 타락의 상징인 하나의 나무를 택했다. 그러나 인간은 자연 속에서 혹은 자연숭배에서 영혼의 가장 깊은 필요들에 대한 응답을 발견할 수 없다.

---

81) "그들이 부끄러움을 당할 것이다" —BH, Gray, Targ., 3개의 필사본은 2인칭으로 읽고 있다. 그러나 참고. *Krt* 1:38,39, *m'at krt kybky*(Krt여, 무엇이 당신을 괴롭혀 그가 울고 있는가?). Rignell은 이러한 인칭의 변화가 히브리어에서는 평범한 것이라고 말한다.

너희의 기뻐하던: 바하르(בָּחַר)는 사람이 자기 앞에 있는 여러 대상들 가운데서 선택하는 것을 의미한다. 그분 앞에 있었던 모든 백성들 가운데서 하나님은 이스라엘을 택하셨고, 이스라엘은 자기 앞에 있는 모든 것들 가운데서 나무들과 동산들을 택하였다. 이러한 것들을 예배의 대상으로 택하는 어리석은 선택은 죄로 말미암아 어두워진 마음을 나타낸다. 백성들의 애정은 그 상수리 나무에 있었다. 그러나 그들이 기뻐하던 것을 부끄러워할 때가 이제 다가올 것이었다. 본 절에서 발견되는 두 개의 동사들은 이사야서의 다른 부분에서 거짓된 신들을 선택함에 대해 사용되었다. 41:24; 44:9; 66:3.

동산: 첫 번째 단어 엘림(אֵילִים, 상수리 나무)은 관사가 없으나, 이 두 번째 단어는 관사를 가지고 있다. 여기서는 분명히 예배의 불법적인 장소들을 가리키는 것으로 보인다(참고. 57:5; 65:3; 66:17). 이 동산들이 그들 가운데서 순수한 기쁨이 되어왔을 수도 있으나, 그들이 우상숭배에 빠졌을 때, 그러한 경우에 종종 보듯이 그것들은 사람들이 부끄러움을 당할 대상들이 되었던 것이다.

너희의 택한: 하나님께서는 이스라엘을 자기 백성으로 택하셨으나 이스라엘은 동산을 택하였다. 이 대조가 두드러져 있다(참고. 신 7:6; 왕상 21:2). 마음의 내적 성향인 욕망과 선택 그리고 이러한 욕망들이 표출하는 행위는 부끄러움으로 인도할 뿐이다. 문장 안에 있는 두 동사('부끄러움을 당하다'와 '수치를 당하다'를 의미함—역주)는 모두 "부끄러움을 당할"로 번역할 수 있다.

1:30 너희는…같을 것이요: 그 나라가 당할 부끄러움이 예견된 앞 절의 절규 다음에, 선지자는 외관상 회환과 감정에 복받쳐 직접적인 연설로 돌아선다. 앞 절처럼 본 절도 역시 키(כִּי)로 시작하는데 이는 그들이 수치를 당할 것이다는 문구로 표현된 주장을 정당화하는 역할을 하고 있다. 백성들은 상수리 나무를 심었으나, 심판이 올 때 그들은 그 상수리 나무로 인하여 부끄러움을 당할 것이다.

상수리 나무: 여성형이 의도적으로 선택된 것 같다. 그 히브리어 단어는 구체적으로 어떤 종류의 나무를 가리키지 않은 채 단순히 "한 거대한 나무"(a mighty tree)를 의미할 뿐이다.[82]

---

82) 엘림(אֵילִים)은 잎사귀들이 겨울에 떨어지는 테레빈 나무(pistacia Palestina). 현대학자들은 주로 그 단어를 단순히 커다란 나무를 나타내는 것으로 상상한다.

잎사귀 마른: 그 나라가 기뻐하여 택한 것이 곧 이 거대한 나무였다. 이제는 그 국가 자체가 그 상수리 나무와 같이 될 것이다. 그렇지만 그 나무가 그 잎 전체의 모든 영광과 아름다움 가운데 서 있을 때가 아니라 그 잎사귀가 시들어 가고 있었을 때와 같이 된다. 히브리어 본문은 "시들어 가는 것은 그 잎사귀"로든 혹은 "그것의 잎사귀가 시들어 가는"으로든 번역이 가능하다.

동산 같으리니: 백성들은 하나의 동산같이 될 것이었다. 그러나 그들이 선택하였던 호화로운 동산이 아니라 물이 없는 동산일 것이다. 잎사귀가 시든 나무는 쉽게 불이 붙고 그래서 속히 소멸되거나 죽게 된다. 물이 없는 동산은 그 모든 기쁨과 매력을 잃어버린다. 그 안에 있는 것은 모두 죽는다. 본 절 하반절의 간결성은 이 묘사에 강세를 더해 준다. 본 장에서 한 구절의 하반절을 짧고도 강하게 만드는 것이 이사야의 습관이었다.

물 없는: 본 단어의 순서가 강의적이다. 직역하면 "하나의 동산처럼—물이 그 안에 없다." 이러한 순서는 어세를 강하게 하고 물에 대한 사상을 돋보이게 한다. 생명을 유지시키는 데 있어서 필수적이고 또 사람에게 기쁨을 주는 필수 요소가 그 동산에 결여될 것이다. 그러한 독특한 묘사들을 사용함으로써 이사야는 여호와를 저버리는 사람들을 기다리고 있는 운명의 특성이 될 그것을 보여 주고 있다.

1:31 강한 자는: 백성들 가운데 강한 자들, 그래서 상수리 나무와 같은 자들은 멸망할 자들이다.[83] 상수리 나무(히브리 본문은 "거대한 나무"임을 잊지 말 것—역주)는 시들어질 잎사귀들을 가질 수 있듯이 유다 가운데 가장 강한 자도 어느 날 그 힘을 상실할 것이다. 아마도 그들은 스스로 강한 자라고 생각하였을 것이다. 어쩌면 그들은 다른 사람들에 의하여 그렇게 간주되었을지도 모른다. 그러나 분명히 말하기는 어렵지만, 실제로 가장 강한 자들이 망했을 것이다.

삼오라기: 섬유가 두들겨 맞을 때 그 섬유로부터 떨어진, 섬유 혹은 삼의 허름한 부분.

그의 행위: 그 백성들 가운데 있었던 강한 자들의 모든 행위들. 이는 우상숭배를 포함하지만 사실 그 이상의 행위들을 포함하고 있다. 강한 자의 행위는 그의 자만심

---

83) 아카디아어 하사누(hasanu), 즉 "에워싸다"와의 비교를 근거로 해서, Rignell은 희생제사를 드리는 작은 숲으로 둘러싸인 이미지에 이 חסן(강한)을 적용한다.

에서 흘러나오는 그의 모든 행위이다.

불티: 델리취가 지적한 바와 같이 그러한 행위는 그 자체 안에 멸망의 번쩍임 혹은 불씨를 휴대하고 있다. 그러므로 여기서 인간의 사역은 자기의 멸망의 원인 혹은 유인으로 제시되어 있다. 그가 행한 일은 삼오라기 자체에 불을 붙이는 불티가 된다(참고. 33:11; 50:11).

함께 탈 것이나: 죄된 인간이 행한 일은 그 사람 자신과 함께 멸망할 것이다. 그 사람과 그 사람의 행위가 함께 멸망할 것이다.

끌 사람이 없으리라: 직역하면 "그리고 아무도 그것들을 끌 자가 없을 것이다." 본 문구는 멸망의 철저성을 강조하고 전체의 장에 무시무시한 절정을 형성한다. 심판이 다가오게 된 원인이 그 특성상 영적이다. 즉 그 나라의 죄가 그 원인이므로 징벌이 그 죄와 연관을 가질 것이다.

그것은 그 나라를 포로로 잡아가는 것이나 혹은 단순한 현 세대의 멸망이 되는 것이 아니라 그 자체가 영적인 것이다. 본 첫 장에도 소망이 들어 있다. 소망이란 남은 자를 구원하는 것이며, 이것이 하나님의 결정이라는 사실 이외에 어떤 다른 근거도 여기서는 우리에게 알려져 있지 않다. 성경의 다른 부분들로부터 우리는 이러한 소망이 그리스도 자신의 사역에 근거를 두고 있다는 것을 배우게 된다.

이사야서 주석(I)

제 2 장
이사야의 초기 메시지 (2:1-5:30)

1. 하나님의 축복과 심판(2:1-22)

(1) 하나님의 백성의 영광스러운 미래(2:1-4)

1절, 아모스의 아들 이사야가 받은 바 유다와 예루살렘에 관한 말씀이라
2절, 말일에 여호와의 전의 산이 모든 산꼭대기에 굳게 설 것이요 모든 작은 산 위에 뛰어나리니 만방이 그리로 모여들 것이라
3절, 많은 백성이 가며 이르기를 오라 우리가 여호와의 산에 오르며 야곱의 하나님의 전에 이르자 그가 그 도로 우리에게 가르치실 것이라 우리가 그 길로 행하리라 하리니 이는 율법이 시온에서부터 나올 것이요 여호와의 말씀이 예루살렘에서부터 나올 것임이니라
4절, 그가 열방 사이에 판단하시며 많은 백성을 판결하시리니 무리가 그 칼을 쳐서 보습을 만들고 그 창을 쳐서 낫을 만들 것이며 이 나라와 저 나라가 다시는 칼을 들고 서로 치지 아니하며 다시는 전쟁을 연습지 아니하리라

2:1 본 절은 두 번째 예언의 표제 또는 머리말을 이루고 있다. 앞장과의 명확한 연관이 없는 만큼 표제가 있으리라 예상되는 곳에 그것이 존재한다. 그 이유는 이사

야서에서 하나의 새로운 표제는 계속되는 사상의 발전이나 또는 논리의 제시에 있어서의 일관성 있는 진전이 보이지 않을 때 삽입되기 때문이다. 1장은 전체 예언의 서론임에 반하여, 2장에서는 선지자의 메시지가 본격적으로 시작된다. 그런 까닭에 제2장은 하나의 머리말로 시작해야 한다고 생각되는 것이다. 트랩이 지적한 바와 같이 그것은 위엄 있는 표제 혹은 비문이다.[1)]

말씀: 사물 혹은 일. 다음에 나오는 예언 자체. 다발(דָּבָר, 말씀)은 1:1에 나타난 하존과 동의어이다. 예언들은 사무엘상 3:1에서와 예레미야서 18:18에서 말씀으로 불려지고 있다. 관사는 어느 정도 강조를 더해 주고 있다. 즉 그것은 구체적인 말씀 또는 이사야가 보았던 잘 알려진 말씀이다. 사실 이것은 특이한 표현이다! "한 말씀을 보다"—즉 말씀들이 하나님의 계시에서 필수적 요소를 형성하였다는 점을 명확하게 하고 있다. 이사야는 이 말씀 혹은 계시를 육신의 눈이 아닌, 내적인 눈으로 보았다. 신적으로 부여된 환상의 흐릿한 신비 속에서, 외적 시야가 외부 세계에 대해 닫혀있을 때, 내적인 눈 또는 마음의 눈은 주권자 하나님께서 계시하신 것을 보았다. 이사야는 들은 것이 아니라 그 말씀을 보았던 것이다. 이 문구는 단순히 말씀 가운데 교통되었던 환상 중의 계시를 가리키는 것이다. 중요한 것은 말씀하셨다는 사실이다. 둠의 해석은 다소 경망스러운 것인데, 다발이 "하늘에 감추어진 보물의 일부분으로 선지자 개인에게 단편적으로 계시되었다는 것이다."

유다와 예루살렘: 그러므로 이어지는 예언은 칼빈이 지적한 바와 같이 앞장에서 특히 26-27절에서 제시되었던 교회에 대한 가르침의 확인이다.[2)] 유다와 예루살렘

---

1) 본 표제는 1Q와 Aq, Sym., T에 의하여 지지를 받는다. B에 있는 표제는 약간 다르다. Duhm은 언젠가 이 표제가 붙은 책(2:2-4)이 독립적으로 있었고, 편집자가 편집한 표제의 내용에 의하여 보여진 바와 같이 편집자가 그것을 이사야의 진짜 저작물로 간주하였다고 생각한다. 이것은 Duhm이 제1장도 그리고 어떤 이사야서 다른 부분들도 앞서 존재하지 않았다고 생각하는 것을 의미한다. Herntrich는 2:1을 2:6-4:6으로부터 확대된 한 단락의 머리글로 간주한다. 2-4절은 그것들이 전세계를 포함하고 있으므로 아마도 본래의 것이 아닐 것이라고 본다(유다와 예루살렘만 언급되어 있는 1절과 따로 구별되어).

2) 이에 대해서 Bultema는 이 표제가 유다와 예루살렘에 대해서만 말하고 있다는 반대를 한다. 그러나 이러한 주장은 Bultema의 해석에 영향을 주는 세대주의적 입장의 배경에서 이루어진 것이다. Bentzen은 구체적 도식이 축복에 대한 예언이 불행스런 예언에 뒤이어 오는 방식으로 채용되었다고 믿는다. 그러므로 그는 2:2-4는 본래 1장의 결론이었다고 주장한다 (*Muligvis har saa 2, 2-4 oprindelig dannet afslutningen paa kap*. 1, -).

이라는 순서가 다시 사용되고 있으며, 이것은 본 표제의 진정성을 확고히 해주는 역할을 한다. 이러한 순서 혹은 언급방식에서의 일탈은 다음과 같다고 할 수 있다. 즉 예언 중 큰 주제가 되는 내용은 유다요, 보다 구체적으로는 예루살렘, 다윗성, 큰 왕의 성읍이다.

2:2 2-4절은 예언의 첫 번째 큰 단락, 즉 2-4장의 본문 혹은 서론을 이루고 있다. 이 서론은 선지자 자신의 작품일 수 있으며, 그렇지 않다면 어떤 다른 작품으로부터 자신이 가입시킨 것일 수도 있다. 본 장의 2-4절에 대해서 그것이 이사야 자신의 것인지 그렇지 않으면 이사야가 미가서나 혹은 다른 곳으로부터 끌어와서, 마치 아라비아인 저자 이븐 도레이드(Ibn Doreid)가 그의 Makzura에서 자기가 Motanabbi로부터 끌어온 한 구절을 머리말로 사용한 것처럼, 자기의 메시지에 적절한 서론으로 그것을 채용하였는지에 대해서는 의문의 여지가 있다. 그렇다면 본 단락이 본래 이사야의 것이든 아니든, 알맞고도 적당한 장소에 있으며 진짜이다. 이 서론이 순전히 기계적인 스타일로 삽입되었다면, 그것을 독창성이 없는 방식으로 베꼈을 것이고, 원본과 단어가 일치하였을 것이다. 만약 이 서론이 다른 곳으로부터 빌려온 것이라면, 그것은 기억에 의존하여 기록하였고, 원본을 자구대로 기계적으로 반복하여 표현한 것이 아니라, 오히려 그 원본의 본질적 사상을 표현하였을 것으로 보인다.

…(있을) 것이요: 문장이 갑작스럽게 시작되고 있다. 첫 번째 문자가 놀랍게도 "그리고" 이다. 미가서에서 이 "그리고"가 앞의 문장과 연결되어 있지만 이사야서의 본문에서는 그것이 갑작스럽게 언급되어 있는데, 이는 이 예언의 기원이 미가였다는 것을 암시할 수 있다. 접속사는 앞에 있었던 어떤 것과 연결하는 것으로 보이는데, 과연 무엇과 연결하는 것인가? 연결의 갑작스러움은 이사야의 목적에 잘 부합될 수도 있다. 그것은 우리로 하여금 직접 그리고 기발한 방법으로 시온의 영광스러운 미래가 있을 것이라는 사실을 대면하게 하려는 것일 수도 있다. 완료가 시간 범위를 정하고 있다. 즉 그것을 미래에 배치하고 있는데, 이는 그것이 접속사인 와우(ו, 그리고)와 함께 소개되고 있기 때문이며, 또한 이야기기 미완료형으로 진행되고 있기 때문이다.[3] 그러므로 서론적인 문구는 본 환상이 미래에 일어날 어떤 것이라는 사

---

3) 웨하야(והיה, 그리고 있을 것이다)는 미래에 속해 있는 개념을 강조하는 역할을 하고 있

실을 매우 강조해 주고 있는 것이다. 본 단락은 독립적이며, 그 다음에 휴지(休止)가 따라오고, 그 다음에 따라오는 메시지는 자체로서 하나의 완전한 단위가 되어 있다. 그러므로 "그리고 있을 것이다—말일에…."

이사야는 조지 아담 스미드(George Adam Smith)가 잘못 주장한 대로, 실현 불가능한 유토피아적인 환상을 제공해 주는 자도, 또한 처음에 시골사람들이 직접적으로 받았던 단순히 꿈꾸는 자도 아니었다.[4] 전혀 그렇지 않다. 그는 하나님으로부터 메시지를 받은 사람으로서 확신을 가지고 말하고 있으며, 그래서 그는 진실로 하나님의 참선지자인 것이다. 그는 독단적 태도를 가지고 "있을 것이요"라고 선언하고 있는데, 이는 하나님의 약속들이 지금의 이스라엘이 약속을 믿든 안 믿든 확실하게 성취되기 때문인 것이다. 만약 확실한 어떤 것이 있다면, 그것은 시온이 어느 날 높이 올리어질 것이다. 이는 하나님께서 그렇게 작정하셨고 또 자신의 작정을 선지자에게 알게 하셨기 때문이다.

말일에: 아하리트(אַחֲרִית)라는 단어는 가장 뒤쪽이나 혹은 가장 멀리 있는 것을 가리킨다. 대체로 그것은 신명기 11:12에서 "세초부터 세말까지"라고 한 것처럼 시간적인 의미를 지니고 있다. 본 문구는 그 자체가 단순히 날들의 마지막 부분을 의미한다.[5] 선지자는 그날들을 전체로 보고 날이라는 단어에 정관사를 붙이고 있다.

다. 로젠뮬러는 신 12:11과 비교하고 있지만, 그러나 레가르메(לְנָגְרֻמֶּה, 레가르메란 앞문장의 종지부 표시 다음에 그 다음 문장의 첫 단어에 면접사가 붙어있는 경우를 말한다-역주)가 다음 구절에서부터 분리되어야 한다는 것을 보여주고 있다.

4) 크뢰커는 주장하기를 만약 이사야가 하나님에게 가까이 있지 않았다면(nicht im Umgang mit Gott gestanden hatte), 그는 결코 그러한 환상을 보지 않았을 것이다. 그는, 오직 하나님을 본 사람만이 하나님에게만 소속된 미래를 바라볼 수 있다고 말한다. 그러나 그들 자신의 말로 판단하건대, 이 환상을 받은 사람들은(참고. 사 6:5) 환상을 받기에 무가치한 사람들이었다. 그들은 그분을 섬기도록 택함 받음에 있어서 하나님에 의하여 영예롭게 된 자들이었고, 그들의 선택은 은혜의 사건이었다.

5) 구약에서 아하리트(אַחֲרִית)는 공간과 시간 모두의 의미로 사용이 되었다. 시 139:9에서 이 단어가 바다의 가장 먼 곳, 끝, 가장 먼 부분을 의미하고 있다. 시간적으로, 이 단어는 날들 가운데 "가장 먼, 가장 멀리 떨어진 부분"을 의미한다(Vos). 그러므로 우리는 "그날들의 최종적인, 마지막 부분들"로 번역할 수 있다. 우리는 본 문구가 단지 "드디어"(til sidst, 즉 at last)와 동의어일 뿐이라고 하는 뭉크(Munch)의 의견에 동의할 수 없다. 로젠뮬러가 이 문구를 "후대의 날들에, 즉 미래의 어느날"(in posteritate dierum, i.e., futuro tempore)이라고 번역할 때, 그 본 의미를 약화시킨 것으로 보인다. 체인(Cheyne)은 "그날들의 후편"

그렇다면 그 날들은 이 예언의 사건들이 성취될 시기를 의미하는 "그" 날들의 마지막 부분을 일컫는다. 그 날들은 그 때 거기서 그 경로를 향해 달려가고 있었다.[6] 히브리인들의 역사를 호칭하는 방법에 따라, 인간의 역사가 "그 날들"이라고 불리어졌다. 그래서 역대기서에 대한 히브리 명칭이 "그 날들의 말씀들"(words of the days)인 것이다. 그 날들은 이 지상에서의 우리의 삶들의 날들인 것이다. 이날들은 언젠가 종말이 오게 되고, 그 마지막 부분에 이르러, 즉 인간 역사의 마지막 부분에

(sequel)이라고 번역하였고, Edelkoort는 "시간이 지나간 후"(na verloop vn ti)라고 번역하였다. 모빙켈의 "그날들의 마지막에"(ved dagenes ende)는 정확하지 못하니, 이는 본 문구가 그 날들이 끝마쳐진 시대를 나타내는 것이 아니라, 그날들의 마지막 부분을 나타내기 때문이다.

본 문구가 단지 연대기적 순서인가, 아니면 앞의 과정이, 그 마지막 날들이 왔을 때 충분히 성취될 것을 의미하는 것인가? 욥 8:7; 42:12; 잠 5:4, 11; 23:31, 32과 같은 구절들은 후자를 암시한다. 그러므로 본 문구는 종말론적인 문구이다. 즉 마지막 날들이 될 때, 앞의 모든 역사가 가리켜 왔던 목적을 성취하고 실현시킬 메시아가 나타나실 것이라는 것이다(보스, 『바울의 종말론』, 2쪽 이하를 보라).

Mowinckel은 본 문구가 후기의 구절들 가운데만 나타난다고 생각하고, 그래서 아마도 그것이 페르시아의 영향을 받았을 것이라고 생각하였다. 그는, 초기 선지자 시기인 초창기에는 엄밀한 의미에서 종말론이 없었다고 주장한다. 멸망 이전의 선지자들은 종말론을 가지지 않았었다. 그들이 예언하였던 미래는 그 직후를 가리키는 것이었다(그러나 Watts, VPA, pp. 68ff.를 보라). 첫째, Mowinckel에 답하여 우리는 본 문구 자체의 고대성을 주시해야 하는데 (Von Gall, Basileia tou Theou, pp. 91ff.를 참고하라). 이 단어가 아카디아어에서 "미래의 날에"(ina aḥrat umi)로 나타난다. 둘째, 본 문구가 초창기, 즉 창 49:1에 출현함에도 불구하고 그 단어가 종말론적 의미를 가지고 있다. 셋째, 초창기 선지자들의 메시지들은 심판에 대해서만 한정하여 예언하지 않았다. 이 점은 본 주해 부분에서 잘 개진될 것이다.

Vos는(우리는 그가 옳다고 보는데) 본 문구가 틀림없이 종말론적인 문구에 속한다고 주장한다. 그것은 종말론의 집합적인 면과 관련되어 있으며 또한 그 위치에 대해서는 확장과 자리 옮김의 신축성이 있다. 신약은 "이 모든 날 마지막에"라는 시기기 그리스도의 초림과 더불어 시삭되었음을 가르치고 있다. 그것은 "세상 끝"(히 9:26)이요, "말세"(고전 10:11)이다. 그 마지막 부분은 주님께서 영광 중에 다시 오실 때 종착점에 도달할 것이다.

6) 총체성의 관사가 주시되어야 할 것이니, 이는 어떤 이들이 본 절을 교회시대 이후에 시작될 천년왕국 시대를 가리키는 것으로 보기 때문이다. 그러나 여기에서 묘사된 축복들은 마지막 날들(latter days)의 기간에 일어날 일이다. 이스라엘에게 있어서 "마지막 날들" 즉 지상에서 이스라엘 국가의 영광(사 2:1-5)과, 교회 시대에 있어서의 "마지막 날들" 사이의 구별이 제멋대로이고 해석학적 근거가 없는 것이다. 참고. Pentecost, TTC, p. 154. 만일 그 천년왕국이 영원한 상태의 일부분으로 간주된다면, 그것은 그 마지막 날들의 일부분으로 생각될 수 없을 것이며, 그래서 이 예언은 그것을 가리킬 수 없는 것이다.

이르러 본 예언이 성취될 것이다.[7] 본 문구가 전문적으로 종말론적인 의미를 가지게 된 것을 보여주는 두 이유가 있다. 첫째, 메시아 구원이 성취될 때에 대해 구약성경에서 자주 채용되고 있다. 둘째로 신약성경은 구체적으로 그리고 정확하게 본 문구를 예수 그리스도의 초림과 더불어 시작된 때에 이 종말론적 의미를 적용하고 있다(행 2:17; 히 1:2; 약 5:3; 벧전 1:5, 20; 벧후 3:3; 요일 2:18을 보라). 구약만을 근거로 우리는 인간 역사를 다음과 같이 표현할 수 있다.

날 들(The Days)
구약 시대　　　　　메시아　　　　　말일

구약과 신약을 함께 조명하여 볼 때, 우리는 인간 역사를 다음과 같이 표현할 수 있다.

말 일(Last Days)
구약 시대　메시아의 초림　기독교회 시대　그리스도의 재림

---

7) 우리는, 본문이 전적으로 다른 시대를 가리키고 있고(*die ganz andere Zeit*), 인간 역사가 아닌 하나님의 때를 가리킨다고 하는 Herntrich의 의견을 배격해야 한다. Hertzberg 역시 인간 역사가 끝날 때 하나님의 시간이 시작되며, 여호와께서 세계를 다스릴 때 그 시간과 공간은 아무 의미도 없이 될 것이다고 해석한다. Bewer의 다음과 같은 해석 역시 도움이 안 된다. "이상적인 시대가 실현될 것이다." 본 예언이 인간 역사의 시기를 가리키고 있다는 사실과 영적 축복을 가지고 메시아께서 이 땅에 오실 것을 가리키고 있다는 사실이 강조되어야 할 것이다.
또한 Herntrich는 주장하기를, 처음과 끝이 함께 보여지고 있으니, 이는 그날들의 마지막 날에 낙원에로 돌아감이 있기 때문이다는 것이다. 또한 Mowinckel(*Han Som Kommer, Kφbenhavn*, 1951, p. 175)은 다음과 같이 말한다. "말일에 모든 것이 그 원래적 상태로 돌아간다(*da tingene vender tilbake til begynnelsen*). 이 전적으로 다른 종말(*eschaton*)은 신비적인 언어, 비유적, 그리고 색채를 입힌 언어로만 표현될 수 있다"(*er de mystiske uttrykk, billeder og farger en nodvendig uttrykksform*). 그러나 이러한 의견은 미래 상태를 신화적 영역으로 밀어내는 것이다. 그것은 현대신학을 성경에 적용하는 것이다. 이 구절에는 낙원에로의 귀환에 대한 말이 없다. 이 마지막 때는 단순히 낙원에로의 귀환이 아닌, 구속과 창조의 완성의 때이다.

말일이라는 문구에 의하여 의도된 기간은 그리스도의 초림과 함께 시작된 기독교회의 시기이다. 구약성경만으로는 그만큼 분명하지 않은 것은 사실이다. 그렇지만 구약에서 그 문구는 메시아의 시대 혹은 메시아의 때를 의미하지 않고 구속과 구원의 시기를 의미한다. 이스라엘 백성들의 눈을 돌리게 한 것은 현재에로가 아니라, 사건이 일어나고 있는 당시의 마지막 때이니, 곧 메시아께서 오셔서 죄가 하나님과 사람 사이에 끼어들어 옴으로써 발생되었던 그 불화를 치료하실 때인 것이다.

미래 혹은 메시아 시대를 말하면서 이사야는 구약의 선지자로서 당시에 유행하고 있었던 사고의 형태들과 표상들을 사용하고 있다. 선지자의 언어가 철저하게 문자적 의미로 해석될 수 없다는 점은 분명하다. 오히려 선지자는 구약 시대의 경륜의 특성이었던 표상들을 사용하여 그것들을 은혜 시대의 특성들이었던 구원과 축복의 진리들을 위한 표현의 도구들로 만들고 있다. 칼빈은 다음과 같이 바르게 주석하였다. "우리는 율법의 표상과 그리스도의 오심으로부터 시작된 영적 예배의 표상들 사이의 조화를 바라보아야 한다." 시온의 승귀에 대한 표상이 인상적이다. 이사야가 말하고 있을 당시에는 그와 정반대였다. "너희 높은 산들아 어찌하여 하나님이 거하시려 하는 산을 시기하여 보느뇨 진실로 여호와께서 이 산에 영영히 거하시리로다"(시 68:16). 이사야 당시에 성전은 시온에 자리잡고 있었지만 거짓 신들도 역시 자기들의 산들을 가지고 있었다. 카피톨, 올림푸스, 알보다쉬, 메루, 자폰이 그곳이다. 지금은 비교적 보잘것없는 그 산이 어느 날 모든 다른 산들 위에 뛰어날 것이다. 율법을 수여하신 시내산까지도 배후로 물러갈 것이니 이는 새언약이 그 옛언약을 능가할 것이기 때문이다.

모든 산 꼭대기에: 여호와의 집이 지금 자리잡고 있는 그 산은 말일에 모든 산들의 지도자적 위치에 있게 될 것이다.[8] 그것은 그 장관들이 백성들을 지도하기 위하여 백성의 머리가 되어야 한다는 신명기 20:9의 말씀처럼 다른 모든 산들의 머리가 될 것이다. 그러므로 이사야 당시에 전혀 크고도 위엄 있는 산이 되지 못했던 그 시온이 말일에는 모든 산들 위에 첫 번째 지위를 차지할 것이다.

---

8) היה의 한 형태를 가지는 수동분사는 "그것이 가리키는 때에 실행하였던 행위보다는 존재하는 상태"를 가리키는 역할을 한다(Green, *HG*, 278:4:a). Green은 독일어 "그들은 할례되었다"(*sie wurden beschnitten*)가 아닌 "그들은 할례된 상태이었다"(*sie waren beschnitten*)에 주의를 환기시킨다. Luther는 "확실한"(gewiss)으로 번역하고, Lowth는 그의 해석을 B에 근거하고 있는 것으로 보이는데, "…세상의 빛이 되도록 뛰어나게 드러나게 될 것이다…"라고 번역한다.

설 것이요: 본 구절에 대한 바른 이해를 위해서는 이 말의 참 의미를 분명하게 이해하는 일이 필수적이다. "말일에…"로 시작하고 있는 본 문구는 그 자체로 한 단위를 구성하고 있는데, 이는 앞의 "그리고 있을 것이요"(and it shall be)와 사상적인 면에서 분리되어 있다. "말일에"라는 도입구 다음에 "설 것이요"라는 단어가 순서상 첫 번째 위치에 있는데 이것은 그 위치상 강조가 되고 있는 것으로 보인다. "설 것이요"라는 단어는 영구적 지속의 사상을 나타내고 있는데 본 사상은 보조적인 표현 "…일 것이요"에 의하여 강화된다. 본 단어가 미래 수동태로 "…세워질 것이요"[9]로 번역되어서는 안 된다고 우리가 인정할 때, 이 단어의 본 뜻이 보다 분명하게 이해될 것이다. 그러므로 본 구절은 후일에 비로소 일어나거나 실현될 어떤 것을 묘사고 있는 것이 아니다. 그것은 오히려 후일에 일어나기 시작할 때 이미 존재하고 있을 상태를 묘사하고 있는 것이다. "세계도 견고히 서서 요동치 아니하도다(시 93:2) 주의 보좌는 예로부터 견고히 섰으며 주는 영원부터 계셨나이다"(시 93:1하, 2).

모든 작은 산 위에 뛰어나리니: 이사야는 시온의 승귀에 대한 진리를 단 한 번 표현하는 것으로 만족하지 않는다. 진정한 히브리 시인으로서 그는 비록 그가 엄격한 의미에서의 시보다 더 아름답고 수준 높은 시적 산문을 쓰고 있을지라도, 그는 자기의 생각을 두 번째로 평행법을 통해 표현하고 있다. 언덕들을 묘사하면서 그는 그러한 종류의 표현을 다 사용하고 있다. 산들과 언덕들 같은 모든 높은 곳들은 시온 앞에서 그 중요성을 상실할 것이다. 선지자는 "그것이 올리어질 것이다"고 하는 미래 수동형을 사용하지 않고, 단지 언덕들에 비교하여 시온의 상황이 단순히 높다는 표현만을 하고 있다. 본 단어가 "설 것이요"라는 단어와 정확하게 평행을 이루지 않는다. 첫 번째 분사인 "설 것이요"는 시온이 너무나 확고하게 됨으로써 움직여질 수 없다는 사상을 표현하고 있다. 두 번째 단어는 그것의 위치가 올리어져서 그 언덕들보다 더 높을 것이라고 하는 사실을 나타내고 있다.

만방이 그리로 모여들 것이라: 이상한 것은 만방의 모습인데, 이사야 당시의 두

---

9) 어떤 사람은 전치사를 beth essentiae로 보고 "산들의 꼭대기에" 즉 산들의 두목으로 번역한다. 이것도 가능할 것이지만 그러나 본 절과 유사한 구절인 신 20:9에서는 적당치 않을 것이다. 더구나 그 같은 의미는 그 전치사를 해석하지 않고도 얻게 된다. Marti는 "산들의 가장 높은 곳에"라고 해석하고 그 산들이 물리적으로 높이 올려질 것임에 틀림없다고 주장한다.

강대국들인 앗수르와 애굽까지도 여호와의 집이 세워져 있는 산으로 몰려 들어가게 될 것이라는 것이다. 세계의 백성들이 물결들과 비교되고 있다. 참으로 이상한 점은 그것이 한 산으로 흘러간다는 사상을 내포하는 것처럼 보인다는 것이다.[10] 버질 (Vergil)은 "벌들이 나무 꼭대기로 함께 몰려간다"(apes confluere arbore summa)라고 논평하면서 그 모임들에 대하여 같은 개념을 사용하고 있다.[11] 같은 사상이 예레미야에 의하여 표현되어 있는데, 그는 아마도 본 구절을 근거로 하여 말한 것 같다. "그들이 와서 시온의 높은 곳에서 찬송하며 여호와의 은사 곧 곡식과 새 포도주와 기름과 어린양의 떼와 소의 떼에 모일 것이라 그 심령은 물댄 동산 같겠고 다시는 근심이 없으리로다"(렘 31:12; 참고. 51:44). 이 마지막 구절은 결과를 표현한 것으로 해석되어야 할 것 같다. 시온이 세워지고 높이 올리워지는 결과로 모든 열국들은 그곳으로 몰려들어 갈 것이다.

이사야는 환유(換喩)적 묘사를 통하여 여호와의 집의 산으로 표현된 그 여호와 예배가 모든 다른 종교들과 예배 형태들 위에 뛰어날 것이라는 진리를 가르치기를 원한 것이다. 여호와 숭배의 우월성이 드러나는 그 지위에 상응하여 이스라엘 밖에서도 그것에 대한 인정이 이루어진다는 것이다. 이사야 당시에는 이 예배가 비교적 불명료하였으며 실제로 이스라엘에 한정되어 있었다. 열국들은 그모스가 모압인들의 신이었던 것처럼, 여호와를 단순히 이스라엘의 하나님 곧 지역적인 신으로 간주하였다. 그렇지만 말일에는 시온이 올리어질 것이므로 이 이스라엘의 종교는 전세계를 통하여 알려지게 될 것이다. 옛언약 동안 예루살렘이 일년 3차씩 축제를 위하여 올라가는 순례의 중심이 되었던 것처럼 말일에는 전세계의 중심이 될 것이다. 그러므로 그 산은 전세계의 힘을 단일화하는 역할을 한다. 그것은 분산(바벨)의 반전이 되는 것이다. 혼란의 도성인 바벨에서 인류는 흩어졌고 그와 같이 평화의 도성(예루살렘)에서 인류는 다시 연합된다. 혼란의 도성인 그 장소 안에 평화의 도성이 서 있다. 위대한 인간 활동의 장소 안에 하나님 홀로 하시는 통치가 있다.

신약성경에 비추어, 우리는 이 예언이 예수 그리스도께서 세우신 교회를 가리킨

---

10) Berkeley 역에 있는 수(註)는 하나님의 영적 세계 가운데서 물이 위로 흘러갈 것을 언급하고 있다. 이것은 본 구절의 의미를 벗어난 것이다. 히브리어 어근은 흐르다를 의미한다. 참고. 렘 3:17; 슥 8:20-22; 렘 31:12; 51:44.

11) *Georgics* iv. 558.

다고 말할 수 있다. 제자들은 예루살렘으로부터 시작하여 전세계에 구원의 진리를 선포하였다. 이 교회는 진리의 기둥과 터이다. 그 교회에 의하여 진리가 모든 피조물들에게 전파되는 것이다(참고, 요 4:22하; 눅 2:32).[12]

2:3 많은 백성이 가며 이르기를: 첫 번째 사상은 앞 절 하반절의 사상과 평행을 이룬다. "많은 사람"이라는 단어가 "만방"과 평행이 되며 "가며"(직역하면, 갈 것이다)[13]라는 동사는 앞 절의 "모여들 것이라"는 단어와 평행을 이룬다. 이러한 커다란 사람들의 물결이 이루어진 이유는 시온으로 가는 사람들이 시온에서 자신들이 참되신 하나님으로부터 배울 것이라는 사실을 안다는 것 때문이다. 동시에 이 물결은 백성들이 자기들의 현재의 상태로 만족을 얻지 못한다는 사실을 나타내고 있다.

---

12) 현대의 많은 학자들에 의하여 이 구절이 그리스도의 재림에 이어 따라오는 천년왕국 동안에 성취되는 것으로 말해지고 있다. 참고, Chafer, *Systematic Theology*, IV, 374-75. 그는 이스라엘을 위한 말일과 교회를 위한 말일을 구별하고 있다. 이스라엘에게 있어서 말일은 지상에서 그 나라가 영광을 받는 날이다. 그럼에도 불구하고, Arno C. Gaebelein, *The Annotated Bible*(IV, 172), New York, 1921에 의하면 히 12:22과 사 2장은 교회와 관계가 있는 것은 아무것도 없는 것으로 말해져 있다. 이러한 논증은 우리가 그 예언의 성취를 보지 않았으므로 천년왕국 시대까지 보류되어야 할 것 같다.

이에 답변하여 우리는 이 예언이 메시아 시대의 후일에 속하여 있음을 주시하여야 할 것이다. 더 나아가서 여기에 있는 축복이 영적인 축복을 묘사하고 있다. 사람들은 자신들이 그분의 길을 따라 살아갈 수 있도록 여호와를 찾을 것이다. 그러나 사람들은 여호와께서 그들로 하여금 그렇게 하도록 하실 때에만 여호와를 찾는다(사 53:1). 복음의 전파와 관련된 일은 성령의 사역이다. 본 주제에 대한 안내를 위해서는 Oswald T. Allis, *Prophecy and the Church*(1943); J. Dwight Pentecost, *TTC*(1958); L. S. Chafer, *Systematic Theology*, Vol. IV (1948); Alva J. McClain, *The Greatness of the Kingdom*(1959); Loraine Boettner, *The Millennium*(1958)을 보라.

13) והלכו—Alexander는 "그들이 떠나거나, 행동할 것이다"고 번역한다. Fischer는 "떠나다"(*sich aufmachen*)라고 번역하고, Van Hoonacker는 "떠날 것이다"(*zullen gaan*)라고 하였다. 이러한 번역들은 바르다고 할 수 있겠으나, 본인은 이 동사가 때때로 ונהרו (그리고 흐를 것이다, 2절)와 실질적인 동의어가 된다고 보는 쪽으로 기울어진다. 그것이 사 8:6, 7에서 흐른다는 의미로 사용되고 있고 이것이 마리 본문들 중 하나의 지지를 받는다. "물의 절반은 계속하여 이 *suripum*의 중앙으로 흐르고 있었다"(*mu-u ka-a ia-an-tam i-na li-ib-bi su-ri-pi-im se-ti i-la-ku*). 또한 우가릿어 "그 골짜기들은 꿀을 흘려 내었다"(*nhlm tlk.nbtm, Baal* 3:3:7)는 문구를 주시하라. 참고, 겔 32:14; 욥 20:17과 "내가 흘러가게 할 것이다"(*ashlk, Aqht* 3:6:8과 *Baal* 5:5:25). 이 문장은 "너의 머리에 대해서는 내가 너의 흰머리로 하여금 피가 흘러내리게 할 것이다"인 것으로 보인다.

많은 사람들은 자기들의 우상들을 버리고 자기들의 잘못된 신앙을 버리고 시온으로 몰려들어갈 것이다.

본 구절 가운데 은혜의 교리가 얼마나 분명하게 나타나 있는지를 주시하라. 백성들이 시온으로 몰려 들어가도록 결심하게 된 것은 그들 자신들의 힘에 의한 것이 아니다.[14] 그들은 오직 하나님께서 그들의 마음 가운데서 하신 사역, 즉 그들로 하여금 지금의 상황에 만족하지 못하고 그들로 하여금 그분을 찾도록 하게 하심으로써 그렇게 행동하는 것이다. 이러한 사람의 물결은 시온의 설립의 결과이다.

이제 더 이상 한 나라만 그분을 아는 것이 아니라 모든 나라들이 그분을 알 것이다. 이사야가 많은 사람이라고 말할 때 그는 모든 백성을 의미한 것이 아니고 단순히 커다란 군중들을 의미한 것이다. 이전에는 단순한 "외인들이요 이방인들"이었던 그들이 이제는 "성도들과 동일한 시민"이다. 구약시대 동안에는 복음의 영광이 그 나라와 함께 감추어졌다. 그러나 후일에는 교회가 설립되고 모든 열국들의 백성들이 그리로 몰려 들어갈 것이다. 그 백성들은 지금 흩어져 있으나 그 반면 여호와께로 돌아옴에 있어서는 하나가 될 것이다. 모든 열방들이 시온으로 몰려갈 것이고, 어떤 나라도 제외되지 않을 것이다. 이 모든 나라들로부터 나온 수많은 백성들이 있게 될 것이다.

시온은 진리의 중심이다. 만일 한 사람이 진리를 듣기를 원한다면, 그는 진리가 발견되는 곳 말하자면 살아 계신 하나님의 교회, 복음의 진리가 가르쳐지고 있는 장소로 가야 하는 것이다.

이르기를: 시온으로 가는 사람들은 서로 용기를 북돋아 주고 권면한다.[15] 그들은 진정으로 여호와를 찾는 사람들이니, 이는 그들이 시온으로 가도록 다른 사람들을 설득하는 데서 그들의 회심의 진정성을 나타내 보이고 있기 때문이다. 그러므로 그렇게 말하는 그들은 역시 다른 사람들에게도 가라고 설득하여 참된 신앙의 교훈을

---

14) 하나님의 보좌가 시온에 있지만 그러나 이것은 그분의 임재가 지상의 어디에 한정되어 있다는 것을 의미하는 것은 아니다. 만물의 창조자로서 그분은 자기 백성들을 구원으로 이끄시기 위하여 그 백성 가운데 거하신다.

15) Marti에 의하면 이 말은 슥 8:21에 대한 해석이다. 그러나 스가랴가 이사야서를 의존하였을 수도 있지 않은가? 스가랴서에 있는 본문은 이사야서에 있는 것보다 더 확장되어 있고, 그래서 그 점이 이사야서가 본래의 것이라는 것을 가리키고 있다.

알게 하고자 하는 불타는 욕망으로 가득 차 있다. 복음에 대해서 침묵을 지키고 있는 신앙은 죽은 신앙이다. 칼빈이 해석한 바와 같다. "그리고 실로 한 사람이 자기 형제를 등한히 하도록 하는 죽은 신앙과 또한 지식의 빛을 자기 가슴 속에 묶어두는 것보다 그 신앙의 성격에 있어서 더 일치하지 않는 것은 있을 수 없다."

더 나아가서 이 구절은 복음의 참된 가르침들이 알려지는 방법, 즉 사람의 음성을 통하여 혹은 신약성경이 지칭하는 대로, 전도의 어리석음(고전 1:21)을 통하여 가르쳐짐을 가르치고 있다. 이러한 전도활동은 각기 구원에 대한 관심을 나눌 뿐만 아니라 우리의 신앙에 있어서 우리 용기를 북돋아 주고 강화시켜 준다. 교회 안에서 진리를 전파하는 곳은 어디서든지 그리고 언제든지 이 예언에 표현되어 있는 바와 같이 교회가 어느 정도 하나님의 뜻에 불성실하여 제2차적인 입장으로 내몰아 왔었다.

오라 우리가…오르며: 백성들의 욕망은 단순히 산으로 올라가는 것이 아니라, 다만 성전이 있는 그 산으로 올라가는 것이다.[16] 다른 사람들에게 오라고 요구하는 그 사람들은 그들이 야곱의 하나님의 길에서 교훈을 받고자 하는 열망이 진실한 것임을 자기들의 실례를 통하여 보여 줄 것이다. 참된 구원적 신앙은 야곱에게 계시되지 않았고, 타락 직후 아담에게 계시되었다. 그렇지만 야곱이 언급된 것은 그 야곱이 그 나라가 일컬음을 받고 있는 그 이름을 가진 조상이기 때문이다.[17]

그가 그 도로 우리에게 가르치실 것이라: 백성들이 시온으로 가는 이유가 이것인가?[18] 아마도 그럴 수도 있을 것이다. 그러나 그보다는 백성들의 이 말들이 단순히 그들의 첫째 생각들과 상관 있는 것 같다. "우리는 갈 것이다. 그리고 그분은 가르치실 것이다." 만일 본 문구가 이렇게 이해된다면 그들은 백성들 편에서 가지는

---

16) Barnes는 이 묘사에서 다소 문자적인 해석을 하여 얼마나 자주 이방인들이 선교국에 도달하기 위하여 또 하나님의 말씀을 가르침 받기 위하여 여행을 하였는지를 지적하고 있다.

17) 미가서에서 야곱이라는 단어가 선택받은 백성에 대한 애정의 이름으로 나타나 있다. 또한 자주 "많은 백성"이라는 문구는 미가서의 구절이 원문임을 논증한다고 하였다.

18) יִם은 "관하여"로 번역될 수도 있고 혹은 부분적인 의미인 "약간"의 의미를 가질 수도 있고 그렇지 않으면 가르침의 원천을 표현한 것일 수도 있다. "…우리로 하여금 그분의 지혜로운 도(ways)의 보화를 충분히 알도록"(Orelli). "도"(ways)란 "그분을 예배하는 방법이요 그 예배를 통하여 축복을 추구하는 방식이다"(*rationem ipsum colendi et per eum cultum felicitatem consequendi*—Rosenmüller). Gesenius는 본 단어를 종교의 의미로 취급하여 코란의 구절인 sabil illah(Koran 4:76, 77, 78, etc.)에 호소한다. Calvin은 그것을 우리가 넘어가지 않아야 할 한계점으로 취급한다.

희망적 요소를 표현하고 있는 것이 된다. 그들은 또한 누군가 시온으로 가기만 한다면 하나님 자신이 그를 가르치실 것이라는 확실성을 제시하고 있는 것이다.

시온으로 가는 사람들은 하나님의 도를 알지 못한다. 그래서 그들은 자기들이 그 도안에서 살아갈 수 있으려면, 그 도가 무엇인지 배워야만 될 것이다. 이전에는 그들에게 어떠한 가르침도 주어지지 않았고, 반면에 주님으로부터 가르치심을 받은 이스라엘은 그분을 알지 못하고 있다("이스라엘은 알지 못하고", 사 1:3상).

특주

두 가지 점이 강조되어야 한다.

첫째, 하나님, 오직 하나님만이 진리를 가르치실 수 있으니 이는 그분만이 진리의 원천이요 기초이시기 때문이다. 그런 까닭에 하나님의 말씀을 선포하는 사람들은 자기들이 전파하는 것이 하나님의 말씀이라는 사실을 가장 신중하게 선포하여야 하는 것이다. 이것은 메신저가 자신의 메시지를 하나님의 기록된 말씀인 성경에 정당하게 근거하고 또 그것과 조화되게 할 때에만 성취될 수 있다. 목사가 설교할 때 하나님께서 들을 것임에 틀림없다.

둘째, 이 구절은 불신자가 무엇보다도 가르침이나 혹은 교훈을 필요로 하고 있다는 사실을 가르치고 있다. 인간들의 이해를 둔하게 하는 것은 무식이며, 무식은 진리에 의해서만 축출될 수 있다. 그런 까닭에 교회의 선교 사역과 복음 사역은 특성상 교훈적이 되어야 한다.

선지자가 하나님께서 그의 도를 가르치실 것이라고 하였을 때, 그분은 아마도 가르침 곧 하나님의 도의 원천임을 가리키고 있을 것이다. 그것은 마치 이사야가 하나님께서 자신의 그 풍부한 도에서 가르치실 것이라고 말씀한 것과 같다. 그것들은 하나님 자신의 도이며, 또한 그것들은 사람들이 배워야 하는 도이다. 그것들은 배우는 사람의 행실이 실행되어져야 하는 좁은 길이다. 이 행실은 사람의 전 생애의 과정이며, 그가 생각하며 말하는 그것이며 또한 생활하는 방식이다. 하나의 길은 자연적으로 어느 정도의 구속과 제한을 포함하는 것이다. 하나님의 길(도)을 걸어갈 사람은 길의 영역을 벗어나서는 안 된다. 만일 하나님의 길이 좁고도 제한하는 것이라고 이의가 제기된다면 그 대답은 그것들이 진리가 되어야 하기 때문이라는 것이다. 넓은 길이 파멸과 영원한 멸망으로 인도한다는 것 이외에 어떤 쓸모가 있는가?

우리가 그 길로 행하리라 하리니: 가르침을 받은 결과로 사람들은 하나님의 길로 행하기를 원한다. 참된 가르침은 사람의 마음 안에 하나님의 율법 가운데서 살기를 바라는 욕망을 심어 준다. 진리는 경건으로 인도하며 또한 어떤 사람이 참으로 교훈을 받았을 때 하나님의 뜻을 행하기를 원할 것이다. 더 나아가서 이 점에서 우리는 그가 올바르게 걸을 수 있기 이전에 먼저 교훈을 받아야 한다는 사실을 배우게 된다. 교리와 윤리는 함께 나아가야 한다. 바른 복종이 없이, 즉 사람이 먼저 하나님을 배울 때까지는 바른 예배란 없다.

이 가르침은 사색적이거나 이론적인 성질의 것이 아니고, 현저하게 실천적인 것임을 유념해야 할 것이다. 그것은 의를 낳는다. 이것으로부터 교회는 그 듣는 자들로 하여금 교훈받고 그들의 사상들을 경건으로 돌리도록 하는 방식으로 가르치기를 배워야 한다. 성경은 철저하게 실천적인 책이며, 그래서 그 어디에서도 그 실천적인 성격이 이 독특한 점에 있어서보다 분명하게 나타난 곳은 없다.

율법이: 하나님께서 인류에게 주신 참된 교훈. 참 종교가, 첫째로 보여지는 것은 의무의 법칙의 모습으로 생각된다는 것이다.[19]

시온으로부터 나올 것이요: 많은 사람들이 시온으로 몰려가는 이유는 시온으로부터 하나님의 말씀이 나오기 때문이다. 열국들의 참 행복을 증진시켜 주는 것은 무엇이든지 시온으로부터 나온다. 신포라는 도구를 통하여 신리가 시온으로부터 나오는 것이다.

여호와의 말씀이: 하나님에게 속하고 하나님으로부터 나오는 말씀. 그것은 하나님의 뜻의 표현이며, 그런 까닭에 참된 종교를 하나의 계시로 지칭하는 역할을 하는 것이다. 그러므로 참된 종교는 그 기원에 있어서나 성격에 있어서 초자연적이다.

고대 세계에 시온이 종교적 진리의 원천이었으나, 새로운 시대에는 그 원천이 교회의 복음전파(preaching)이다. 그러므로 이방 세계는 교회의 신실한 복음 전파에

---

19) "율법"—연계형이 아니고 절대형이다. Bentzen은 불필요하게 기록된 말씀과 살아 있는 말씀 사이에 구별을 하고 있다(*ikke den skrevne lov, men den levende aabenbaring*). 이 단어는 단순히 하나님의 가르치심을 의미한다. 어찌하여 그러한 교훈이 기록되지 않을 수 있겠는가?

의존하고 있는 것이다. 이 구절은 분명히 세계에서 가장 커다란 필요가 복음 전파요, 그것을 하나님 자신의 가르치심으로 간주되는 설교임을 가르치고 있다.

2:4 그가 열방 사이에 판단하시며: 하나님이 이제 평화로운 방식으로 열방들의 논쟁들 사이에 간섭하시는 분으로 나타나셔서 그것들을 잠잠케 하셔서 전쟁 기구들을 평화의 도구들로 변화시키시고 그 결과로 전쟁에 대한 지식 자체까지도 없어지도록 하시는 분으로 나타나신다.[20] 열국들이 그들의 논쟁들을 가라앉히기 위하여 싸울 때, 그들은 더 이상 전쟁에 종사하지 않고 하나님에게로 나아간다. 그렇게 함으로써 그들은 완전히 공의로운 판단을 보장받게 되는 것이다.[21] 비록 본 구절에 명백히 나타나 있지는 않을지라도, 하나님께서 그러한 판단을 하시는 것은 메시아를 통하여서이다. 그렇지만 넓은 의미에서 이 구절은 다가올 구원을 말하고 있지 않으므로, 그것은 메시아적인 것으로 간주되어야 한다. 이사야가 제시하고 있는 것은 우주적인 평화에 대한 그림인데, 그렇지만 그것은 신앙으로 이루어진 평화이다. 이사야는 다른 곳에서(예를 들면 9, 11장) 그 평화가 메시아의 사역임을 밝히고 있다. 그렇다면 여기서 우리는 메시아의 오심이 이끌고 올 놀라운 평화의 시대의 모습을 보게 되는 것이다.

판결하시리니: 이 동사는 앞의 문장의 "판단하시며"와 실질적인 동의어이며, 재판하시는 위치에 있는 여호와, 열국들과 그들의 불일치에 관련되는 결정 사항들을 선언하시는 중재자의 모습을 묘사하고 있다.

쳐서: 직역하면, "그들이 자를 것이다." 이 구절은 주님의 의로우신 통치와 판단으로부터 나타나는 복된 결과들에 대한 묘사로 시작되고 있다. 이 평화는 진실된 것이고 그래서 모든 참된 평화의 필요 불가결한 선행 조건들이 발견될 것이다. 사람들

---

20) "그리고 그가 판단하실 것이다" — 와우 연속법을 가진 완료형은 미래형으로 사용된 앞의 미완료형과 같은 시제이다. 칼빈은 이 동사를 통치하고 다스리는 의미로 취급한다. Drechsler는 그것을 창세기 11장 이후로 존속해 온 사람들의 분할 구획들에 대한 하나님의 다스리심을 가리킨다고 한다. Herntrich는 이 통치가 낙원으로 돌아가게 하는 것을 의미한다고 말한다. 그러나 이 동사는 הוכיח(판결하다, 중재하다)와 실질적인 동의어이다. Le Clerc는 다음과 같이 정확하게 해석하고 있다. "*dissdia eorum componet, easque ad pacem adducet*."

21) 잠 9:7에 있는 바와 같은 11:4을 참고하라. Keizer는 이것을 열국들로 하여금 자기들의 죄를 확신시켜 주는 일을 하는 것으로 해석한다.

의 마음이 영원히 축복 받으실 제삼위 하나님이신 하나님의 성령에 의하여 거듭나서 새로운 본성을 얻을 때에만 진정한 평화가 이루어지는 것이다. 결과적으로 사람들의 마음이 거듭날 때, 우리는 인간으로부터 분리된 장막들이 걷혀진다는 것을 이해하게 된다. 이사야가 말하고 있는 평화는, 인간이 하나님을 향하여 가지고 있는 평화로운 태도나 의향은 하나님께서 인간을 향하여 호의를 베푸시는 평화로운 의향만큼은 되지 못한다는 것이다. 하나님으로 하여금 분노와 심판으로 인간을 바라보게 한 것은 인간의 죄였다. 이 죄가 이제 걷혔고, 그래서 하나님은 사람을 호의를 가지고 바라보시는 것이다. 그러므로 그분은 인간에게 은혜로운 구원의 제공자로 오시며, 사람에게 새마음을 주시고 그 사람에게 자신과 바른 관계를 가지고 있다고 선언하시면서 자신에게 가까이 오게 하신다.

그러므로 사람은 죽은 상태에서 다시 태어나 이제 평화를 찾으며 추구하는 것이다. 그가 지금 그 안에 있는 새로운 생명의 원리에 진실하는 한—이는 죄가 여전히 남아 있어서 그로 하여금 그의 새로운 성품에 완전하게 일치하여 행동하지 못하게 함으로 인하여—그는 평화를 추구하는 것이다. 이사야는 이 영적 축복을, 사람이 전쟁의 기술을 배우는 일을 그치고 평화를 추구하는 방향으로 돌이키는 모습으로 표현하고 있다. 여기에 묘사된 평화는 오늘날 평화주의라고 불리는 그런 방법으로 얻어질 수 없고, 어떤 인간의 노력으로 얻어지는 것도 아니다. 인간 혼자 힘으로 지상에 평화의 상태를 건설할 수 없다. 오직 하나님만이 평화를 가져다주실 수 있다. 이 예언의 성취는 천사의 "땅에는 평화"라는 말과 함께 시작되었고, 보다 구체적으로는 첫 번째 복음 전파와 함께 시작되었다. 카이저(Keizer)가 잘 개진한 바와 같이, 여기에 묘사된 것은 복음 전파의 축복된 결과요, 여호와 하나님에 대한 공동 신앙을 통하여 지상에 임재된 평화다. 그러므로 본 예언은 그리스도의 탄생 당시에 세상에 퍼져 있었던 평화를 가리키는 것이 아니니, 이는 전쟁이 그쳤었던 그 당시에는 그 율법(이 구절에서 의도된 의미의 율법)이 시온으로부터 나오지 않았기 때문이다.[22]

---

22) 로마의 평화(*Pax Romana*)는 그리스도의 탄생 당시에 지상에 이룩되었던 평화의 기간에 대한 호칭이다. 그것은 아우구스투스 씨이저의 통치와 함께 시작되었다. 로마의 내란과 외부와의 전쟁들이 모두 끝났다. 로마인들, 헬라인들, 유대인들은 자신들이 한 국가 안에 소속되어 있음을 알았고, 세계는 기독교를 받아들일 준비가 되어 있었다. 처음으로 세계는 연합되었고, 그래서 이 연합된 세계 가운데서 구세주는 탄생하셨던 것이다.

특주

본 주석에 제시된 해석에 대해서 현재 널리 유행하고 있는 두 가지 유형의 답변이 있다.[23] 한편 그리스도께서 하늘로부터 재림하시기 이전, 현 시대 동안에 전쟁이 완전히 종식될 가능성이 있다고 주장하는 사람들이 있다. 다른 한편 본 예언이 현시대에 실현되지 않고 그리스도의 재림 이후에 다가올 천년왕국 동안에 실현될 것이라고 주장하는 세대주의자로 알려진 사람들이 있다. 이 후자의 해석 타입은 일반적인 성경의 종말론의 구조를 심각하게 무너뜨린다. 우리는 이와 같은 입장에 대하여 다음과 같이 답변할 수 있을 것이다. 사람들이 여호와를 배우고 그분에 대해서 가르침을 받는 한, 그들은 그분의 통치의 원리들을 자신들의 삶에 적용하려고 할 것이다.

결과적으로 현시대라 할지라도 사람들이 복음을 믿고 그들의 삶 가운데 실천하려고 하는 한 이 예언은 실현을 보게 된다. 동시에 죄가 여전히 존재하고 이 예언이 완전히 실현될 주님의 재림 시까지 죄가 걷히지 않는다는 사실을 기억해야 할 것이다. 그러므로 반면에 말일은 주님의 재림, 이 마지막 날들이 계속하여 지속될 복된 상태가 이르기까지 계속할 것이다. 그러므로 이 예언은 일반적인 성경적 종말론 구조의 빛 안에서만 이해될 수 있을 것이다.

---

23) Pool과 같은 사람들은 전쟁이 현시대가 끝나기 이전에 완전히 그칠 수도 있다고 생각한다. Barnes는 전쟁들이 이전보다도 덜 잔인하였다고 주장하고 그러한 경향은 평화를 향한 것이었다고 주장하였다. 그는 1838년에 그 글을 기록하였다. Alexander는 본 예언이 열국들이 교회로 몰려들어가기까지는 실현되지 못할 것이라고 말한다. Cf. Boettner, *op. cit.*, p. 120.
본 구절은 해석하기가 어렵다. 본 절은 기록된 그 축복이 말일에 일어날 것을 가르쳐 주고 있으며, 그것은 Boettner와 다른 사람들의 후천년설적 해석을 지지하고 있다. Cf. Roderick Campbell, *Israel and the New Testament* (Philadelphia: 1954). 동시에 다른 구절들은 전쟁이 종말까지 계속된다고 말하고 있다. 그러므로 Boettner(이 사람의 책은 아주 놀랍다)와 같은 어떤 사람들은 세계가 비교적 더 좋아지고 천국을 미리 맛보는 상태가 될 것이라고 믿는다. 그러나 본 구절은 상대적인 변화가 아니라 절대적인 변화를 말하고 있다.
그러므로 본 예언이 말일에 본질적으로 완전히 성취될 것이라고 주장해야 한다. 재림시에 죄가 걷히어지고 우리는 약속된 모든 축복들을 실감할 것이다. 이 해석은 난점을 가지고 있지만 그러나 만일 사람이 성경의 언어에 신실하다면 해결될 수 있는 것이다. 후천년설적인 해석은 현 세상에서 악의 특성이 이 세상의 끝날까지 계속하는 것임을 강조하고 있는 그 구절들(예를 들면, 욥 3:9 이하)에 적절하지 못하다.

무리가 그 칼을 쳐서 보습을 만들고 그 창을 쳐서 낫을 만들 것이며: 철로 만들어진 이 칼들은 다른 용도로 쓰이기 위하여 다시 제조될 것이다. 잇팀(אִתִּים, 보습들)은 아마도 곡괭이와 같은 날카로운 기구를 가리킬 것이다.[24] 아마도 그것은 고랑을 갈아엎는 날카로운 칼날일 것이다. 이 가정용 도구는 칼과 같은 재료로 만들어진다. 마즈메롯(מַזְמֵרוֹת)은 포도나무로 하여금 열매를 맺는 힘이 강해지도록 가지들을 잘라내기 위하여 사용되었던 날카로운 칼이다.[25] 그러한 도구들은 단지 상징으로 언급되어 있다. 예언은 사람들이 예언이 실현되는 때에 이러한 전쟁의 무기의 사용으로 되돌아 가거나 이 특정한 가정용 도구들로 돌아가는 것을 의미하지 않는다. 오히려 그것들이 어떤 것이든 그 전쟁의 도구들이 제거되고 가정용 도구들로 다시 만들어질 것이라는 것을 의미한다. 이러한 개조의 결과는 그 열국들이 창세기 11장에 있는 것처럼 더 이상 적대하지도 않고, 창세기 4장에 있는 것처럼 개인이 개인을 적대하지도 않을 것이라는 것이다.[26] 한 나라가 다른 나라에 대항하여 전쟁을 일으킬 어떤 칼들도 더 이상 남아 있지 않을 것이다.

다시는 전쟁을 연습지 아니하리라: 나라들이 전쟁을 하지 않을 뿐만 아니라 어떻게 하는지도 모를 것이니, 다시 말해서 그들은 전쟁을 연습하지 않을 것이다.[27] 여기에 묘사된 모습은 세상의 시들 가운데 나타나 있는 유토피아와는 다른데, 이는

---

24) 잇팀(אִתִּים) — 참고. 아카디아어 *ittu*. 창 — 참고. 애굽어 *hnj.l*.

25) 마즈메롯(מַזְמֵרוֹת) — 체레를 보유하고 있는 점이 특이하다. 개음절 근처에서 장음절이 앞서 있을 때, 우(u)와 이(i)는 일반적으로 쉐와( )로 떨어진다.

26) 이 구절 가운데서 전쟁이 정죄를 당하거나 평화주의가 옹호되지 않고 있다. 그렇지만 메시아께서 그 심판의 도구로 전쟁을 이용하신다는 것도 필연적이지 않다("*dat God tusschen vele volken zal richten en vele natien zal tuchtigen*〈vs. 4〉, *dan is ongetwijfeld de oorlogals middel daarbij gedacht*"—Edelkoort, p. 198). 그러나 전쟁의 모습은 성경에서 자주 메시아에 대해서 사용된다(참고. 사 11:4; 계 17:14). 성경은 비록 전쟁이 죄의 결과일지라도 그 전쟁 자체에 대한 참여는 반드시 죄악된 것이 아님을 분명하게 말하고 있다. 전쟁을 폐지하기 위한 유일한 길은 평화주의가 아니고 주의 율법을 개인적으로 배우는 것이다.

27) 참고. 솔로몬의 노래 3:8. Bentzen은 본 절에 묘사된 평화의 모습이, 배후에 전적으로 낙원상태의 신화가 깔려 있는 옛 대관시(*Thronbesteigung*)들(46:10-11)로부터 유래되었다고 생각한다. 세속적인 시들은 자주 평화의 모습을 묘사하여 왔다. 그러므로 Martial은 다음과 같이 말하였다. *falx ex ense: Pax me certa ducis placidos curvavit in usus; / Agricolae nunc sum, militis ante fui*. 그러나 Vergil(*Georgics* i. 506ff.)은 다음과 같이 반대 의견을 제시하였다. *non ullus aratro / dignus honot, squalent abductis arva colonis / et curvae rigidum faces conflantur in ensem*. 역시 Ovid, *Fasti* i. 699.

이 평화가 여호와의 교훈의 결과이기 때문이다. 우리는 칼빈의 기도에 이 점이 잘 표현되어 있음을 발견한다. "그리스도께서 우리 안에서 전적으로 통치하실 것입니다. 그때에는 평화 역시 완전히 이루어질 것입니다."[28] 본 예언의 기초는 하나님께서 열조들, 특히 아브라함과 맺으셨고 모세에 의하여 확장된 언약에 근거하고 있다 (평행 구절들을 비교해 보라. 사 9:6; 11:6-10; 19:23-25; 54:13; 렘 3:18; 겔 17:22-24; 호 2:18; 슥 9:10; 14:16; 시 72:3; 85:11. 이 반대의 모습이 욜 3:10에 나타나 있고 또 신 28:25, 36, 43-44, 49 이하를 참고하라).

이사야 2:2-4의 기원

이 단락의 기원에 관해서는 여러 의견들이 기록되어 왔다. 일반적으로 말하자면, 우리는 다음과 같은 세 가지 기본적인 입장이 있음을 말할 수 있다.

(1) 이사야가 본래의 저자이다. 참고. Schmidt, *SAT*, II, 2, 112. 그는 본 구절이 9:1과 11:1과 어울리며 또한 이사야가 미가보다 더 중요한 선지자였다고 주장한다. 둠은 이사야 저작권에 대항하는 충분한 주장이 일어날 수 없다고 생각하고, 본 예언이 11:6 이하와 32:1-4과 연관되어 있다고 믿는다. 피셔(Fischer)는 은근히 이 견해를 의지하는 방향으로 기울어지고 프록쉬(Procksch), 스타인만(Steinmann) 그리고 구학자들 가운데 로우드(Lowth), 비트링가(Vitringa), 움브라이트(Umbreit)도 동의한다.

(2) 미가나 이사야 그 어느 쪽도 본 예언의 본래 저자가 아니다. 블리커(Bleeker, *Kleine Profeten*, II, 104)는 이중적 전승으로 내려온 고대 신탁이 있었다고 주장한다. 한 편집자는 그것을 미가에게로 돌렸고, 다른 사람은 이사야에게로 돌렸다고 한다. 반 데르 플라이어(Van der Flier, *Jesaja*, I, 86)는 이 구절이 어느 쪽에 속하였는지를 부인하고, 어느 시기에 그것이 기록되었는지도 모른다고 한다. 마르티(Marti)는 그 문체와 개념들로 인하여, 본 절이 제2이사야의 제자들로부터 생겨난 것

---

28) 본 절은 이사야가 군국주의자로부터 평화주의자에게로 발전하였다고 가르치지 않는다. 참고. Edelkoort, *De Christusverwachting in het Oude Testament* (Wageningen, 1941), p. 197

이라고 믿고 있다. 바이저(Weiser)는 양 기록자의 편집자의 작품으로 돌리며, 그래서 진정한 저자는 무명의 인물의 것으로 간주한다(Einleitung, 150). 묄러(Möller)는 이 두 구절이 미가와 이사야가 사용한 고대의 예언으로 거슬러 올라간다고 한다.

많은 다른 구학자들은 본질적으로 이 견해를 택한다. 아이히혼, 힛지히, 에발드, 콥페(Koppe), 로젠뮬러, 마우러 등이다. 이 견해에 대하여 두 개의 반대 의견이 나타나 있다. 그것은 머리말과 상충된다는 것이다. 그렇지만 이사야가 신적 영감 아래서 사용하였다면, 이 반대 의견은 제거될 것이다. 또한 이사야를 다른 사람들의 예언들을 이용하여 자랑해 보이는 사람으로 축소 된다는 것이다. 그러나 이사야는 그러한 일을 하고 있지 않다. 그는 단순히 자신의 목적을 위해 본 예언을 채용하고 있을 뿐이다.

(3) 미가가 본래 저자이다. 이 입장 역시 난점이 없지 않은데, 그렇지만 전체적으로 이것이 아마도 가장 좋은 견해인 것 같다. 이 입장은 게세니우스, 리셀(Ryssel), 반 후네커, 카일, 델리취 등에 의하여 주장되었다. 그러나 마르티는 예레미야 26:18이 이러한 입장을 결정적으로 거부한다고 생각하는데, 그곳에서는 예레미야 당시의 백성들이 시온의 영광이 아닌 그 성읍의 멸망만을 말한 미가의 예언만을 알고 있었음을 보여 준다는 것이다. 그러나 미가의 예언들 가운데서 예레미야가 언급한 내용은 그가 다른 사항들을 알지 못했다는 것을 의미하지 않는다. 더구나 선지자들은 축복과 심판을 말하였다. 예레미야는 하나의 예언만을 인용하였는데, 이는 단지 그것이 적용 가능한 것이었고 적절한 것이었기 때문이었다.

크뢰커(Kroeker)는 이사야로 하여금 이 말씀들을 전달하도록 하였던 상황을 우리가 알지 못한다고 주장한다. 스타인만(Steinmann)은 본 절이 두 개의 8세기 대 예언서들 가운데 나타나는 것은 그것이 그 당시에 비로소 주어진 말씀임을 보여 준다고 생각한다. 범세계주의가 포로기나 또는 포로 후기 시대를 가리킨다고 하는 견해에 대해 반대하여 구약 계시의 초창기부터 범세계주의 특징으로 나타났다는 생각이 있다(참고. 창 12:1-3; 18:18 등).

헤른트리히에 의하면 본 구절은 삽입 구절이다. 그는 본래 2-4절에 대한 또 다른 서론이 있었음에 틀림없다고 생각한다. 벤천 역시 주장하기를 본 예언이 작가 미상의 발언으로 간주되어야 한다고 한다. 그는 주장하기를 이 구절들의 사상은 이사야나 혹은 그의 제자들의 시대에는 알려지지 않았다고 한다. 그러나 본문에 있는 시온에 대한 묘사는 소위 제2이사야서라고 불리는 책의 묘사와 일치하지 않으며, 그래서 우리는 본

문의 저작권에 대해서 포로 후기의 것으로 보아서는 안 된다. 오히려 본문은 왕의 즉위라고 하는 사상 위에 자리잡고 있다. 그는 그것이 제왕 즉위식 시편에 대한 종말론화의 전형적인 예(Diglet er et typisk exempel paa tronbesti-gelsesalmernes eskatologisering)라고 말한다.

물론 이 견해는 고대 이스라엘 가운데 연례적인 왕의 즉위식 축제가 있었다고 하는 어떤 현대 학자들의 가정에 근거하고 있는 것이다(부록 Ⅲ을 보라). 벤천은 이전 시대에는 이사야 혹은 미가 둘 중 한 사람이 이 구절을 서로로부터 빌려 왔는데 이는 잘 알려진 바와 같이, 이 예언이 미가서 4:1-5에서 약간의 다른 형태로 나타나기 때문이라고 주장한다. 그렇지만 벤천은 생각하기를 예레미야 23:30은 이 개념을 충분히 반박한다고 한다.

그러나 우리는 이 케케묵은 견해를 쉽게 내던져 버릴 수 없다. 이것은 웨하야(וְהָיָה, 그리고 있을 것이다)로 시작하는 이사야서에 있는 유일한 예언인데, 그것이 문맥에서 미래의 뜻을 가지고 있다. 예언의 갑작스러운 전환은 그것이 다른 자료로부터 가져온 것이고 본래 이사야의 것이 아니라는 입장을 주장하기 위한 논증으로 사용되고 있다. 동시에 비록 그것이 그렇다고 할지라도 그것은 이어 나오는 메시지에 잘 어울리는 서론이 되고 있는데, 이 서론에서 선지자는 주님의 심판을 선포하고 있고, 본 단락에서 발견되는 그것들과 같은 성격의 약속들로 이루어져 있는 결론으로 돌아가고 있다.

본 절이 본래 이사야의 것이라고 주장되어 오기도 했으며, 또한 이 입장을 옹호하기 위하여 이사야가 보았다고 분명하게 말하고 있는 첫 절에 호소하였다. 불트마는 같은 예언이 각기 다른 경우에 다른 인물들에게 두 번 나타났다고 하는 것은 오히려 이상하다고 주장한다. 다른 한편 게세니우는 그의 주석 가운데서 그 예언이 그 당시에 잘 알려졌던 것이었다고 생각하였고, 또한 각 선지자는 각기 자신의 용법으로 채택하였다고 하였다.

만약 우리가 본 예언의 형태를 미가서에서 검토해 본다면, 우리는 그것이 그 책의 순수한 부분을 구성하고 있다는 것을 발견한다. 첫 번째로, 그것은 미가서 3:12에서 주어진 황폐에 대한 묘사와 두드러지고도 힘찬 대조를 이루고 있으며 본 예언으로 아주 자연스럽게 진행된다. 또한 미가서 4:4이 얼마나 이 약속을 사연스럽게 따르고 있는가를 주시해야 할 것이다. 이것은 본 예언의 본래 형태가 미가서에 나타난다는 입장을 강하게 뒷받침한다. 이사야서에 나타나는 차이점들은 다른 예언이나 구절을 자신의 용도로 채용하여 사용하는 저자들로부터 기대할 수 있는 것과 같은 유의 것이다.

이사야서	미가서
2. 만방이 그리로 모여들 것이라	1. 민족들이 그리로 몰려갈 것이라
3. 많은 이방이 가며 이르기를	2. 많은 백성이 가며 이르기를
4. 그가 많은 민족 중에 심판하시며 많은 백성을 판결하시리니	3. 그가 열방 사이에 판단하시며 먼 곳 강한 이방을 판결하시리니

둠은 이 구절이 시어(詩語)라고 생각하고, 그래서 그 구절이 "그러므로 여호와께서 이르시기를"이라는 문구로 도입되고 있지 않다고 한다. 그는 11:10이하가 언젠가 이 단락의 앞에 있었을 수 있다고 생각하며, 또한 전체에 있어서 그는 70인경 본문(B)을 더 좋아하는데, 우리는 그것을 다음과 같이 번역할 수 있을 것이다. "이는 마지막 날에 그 산들의 꼭대기에 여호와의 산과 여호와의 집이 보일 것이며 (ἐμφανές), 또한 그것이 언덕들 위에 올리울 것이기 때문이다. 그리고 모든 열국들이 그곳으로 올라갈 것이다. 그리고 많은 민족들이 가며 그들이 말할 것이다. 오라, 그리고 여호와의 산과 야곱의 하나님의 집에 가자. 그리고 그분이 우리에게 그분의 길을 선포하실 것이며 우리는 그것 안에서 행할 것이다." 둠은 "3절로 인하여, 운율로 인하여 그리고 특히 보다 나은 의미로 인하여"—LXX을 선호한다.

둠의 해석을 무시하여도 히브리 본문은 좋은 의미를 드러낸다. 사실상, 본문은 난해하다. 그러나 사실상 그 점이 본문의 진정성을 증거하고 있다. B는 히브리어에서 발견되는 난점들을 해결해 보려고 시도하는 것처럼 보인다. B에서 앞의 λόγος 다음에 오는 ὅτι ἔσται는 서술 효과를 가진다.

(2) 유다의 현재의 부패(2:5-11)

5절, 야곱 족속아 오라 우리가 여호와의 빛에 행하자
6절, 주께서 주의 백성 야곱 족속을 버리셨음은 그들에게 동방 풍속이 가득하며 그들이 블레셋 사람같이 술객이 되며 이방인으로 더불어 손을 잡아 언약하였음이라
7절, 그 땅에는 은금이 가득하고 보화가 무한하며 그 땅에는 마필이 가득하고 병거가 무수하며
8절, 그 땅에는 우상도 가득하므로 그들이 자기 손으로 짓고 자기 손가락으로 만든 것을 공경하여
9절, 천한 자도 절하며 귀한 자도 굴복하오니 그들을 용서하지 마옵소서
10절, 너희는 바위 틈에 들어가며 진토에 숨어 여호와의 위엄과 그 광대하심의 영광을 피하라
11절, 그 날에 눈이 높은 자가 낮아지며 교만한 자가 굴복되고 여호와께서 홀로 높임을 받으시리라

2:5 이 열정적 외침은 앞 단락과 다음 단락 사이의 적절한 교량 역할을 하고 있다.[29] 미래에 대한 놀라운 묘사로부터 그리고 어느 날 다가올 축복에 대한 기대로부터 이사야는 예루살렘의 실제 도성과 자기가 더불어 살아가고 있는 당시의 유다 백

---

29) Marti는 5절이 너무나 미가서와 유사하여 그 다음 절과 연결되지 않으므로 후대의 첨가물이라고 생각한다. 그렇지만 Bentzen은 본 절이 미가서에서 평행 구절을 가지고 있지 않고, 그 구절의 삽입이 자기 백성이 이방의 실례를 따르기를 원했던 한 독자의 사역으로 풀이되어야 한다고 말한다(이것은 본 설의 현 위치에 대한 적당성에 대한 무언의 승인이다).
본 절은 회개하라고 하지 않고 다만 특권을 누리라고 권고하고 있다고 Fullerton은 말한다. 그것이 연의 구성 밖에 놓여 있으므로(각기 6행으로 된 3연) 그것은 아마도 본 시에 대한 후기의 설명일 것이라고 한다. 최종 편집자가 그것이 기초하고 있는 2-4절에다가 붙였다는 것이다. 우리는 누가 그것을 삽입하였는지 모른다. 5절이 변론하는 상황은 미 4:5에 의하여 이미 존재하는 것으로 확인된다. 그러므로 미 4:5은 사 2:5을 교정한 것이다(참고. *JBL*, XXXV〈1916〉, 134ff.).
그러나 이사야는 자신의 연설들을 기계적인 연(聯)별로 정리하여 묶지 않았다. 장엄한 예언의 위엄성을 뛰어넘어 구술하고 있는 이사야는, 죄된 백성들에게 닥쳐온 두려운 실체를 바라보면서 그들에게 지금 여기서 여호와의 빛에 행하자고 호소하고 있다고 하는 위와 같은 생각들보다 얼마나 더 만족할 만한 자연스러운 해석이 있겠는가!

성에게로 눈을 돌리고 있다. 야곱의 집, 야곱의 후손들인 그들, 8세기 유다와 예루살렘 거민들은 미래의 시온과는 확실히 달랐다. 성전은 솔로몬의 모든 영광 가운데 서 있고, 희생 제사가 시행되고 있었지만 그들은 하나님의 법을 즐거워하지 않았다. 모든 것은 압제와 악행뿐이었다. 이 백성들, 야곱의 집은 시온이 어느 날 구원의 중심지가 될 것이라는 사실을 알지 못하고 있었을까? 마치 "오라, 우리가 여호와의 산에 오르자"라는 열국에 대한 말씀들의 메아리처럼, 선지자는 이 능하신 명령을 내뱉고 있는 것이다. 언젠가 전에 이사야가 그렇게 죄된 나라에게 명령하였는데, 그때 그는 "오라 우리가 변론하자"라고 말했었다. 이 두 경우 모두 그 명령형이 "오라, 우리가…하자"라는 동일한 단어로 되어 있다. 그것은 마치 이사야가 "너희들이 처한 상황, 너희들의 죄악된 장소를 떠나라, 그리고 오라, 함께 행하자"라고 말하는 것 같다.

이방 열방이 후일에 할 그 행실은 선지자로 하여금 자기 백성들을 자극하게 하고, 미래의 축복에 대한 약속을 하게 하고, 이 이방 열국들을 행실을 닮도록 하게 하는 근거를 제공하여 주고 있다. 호소의 부드러움이 강조되어 있다는 사실이 이 권고들 가운데 발견되는데, 선지자로서 그는 자기 백성들을 향한 하나님의 자비로운 목적들을 마음에 두고 있다. 우리는 3절의 "그가 가르칠 것이다"는 문구와 연관되어 있는 "빛"이라는 단어의 참뜻을 이해해야 한다. 그러므로 이 단어는 우선적으로 구원을 지칭하는 것이 아니고, 오히려 구원에 대한 가르침 혹은 교훈을 지칭하는 것이다. 넓은 의미에서 그것은 "구원"과 동의어로 취급될 수 있고, 구체적으로는 자기 백성들에게 요구하시는 하나님 자신의 뜻과 의무에 관련된 계시로 생각될 수도 있다. 이러한 빛 가운데 행한다는 것은 자신의 전체의 삶의 과정을 정하여 그 빛과 일치되게 하는 것이다.[30] 그것은 어둠 가운데서 행하는 것이 아니라, 확실하게 보이는 빛 가운데서 행하는 것이다. 그리고 사람의 행하는 과정 역시 투명하고도 죄악의 어두움이나 무지로 인하여 불분명하지 않은 분명하고도 개방된 빛 가운데서 행하는 것이다.

---

30) Vos의 글을 참고하라: "…하나님의 진리의 유입을 위하여 언제나 개방되어 있는 것(2:5). 선지자의 마음에 있는 이상은 자신을 포함한 전 이스라엘이 이렇게 깨어지지 않은 여호와와의 관계 가운데서 사는 것이다"('우리가 행하자'라고 하는 복수형을 주시하라)(*BT*, p. 300).

2:6 주께서 주의 백성 야곱 족속을 버리셨음은: 주제의 전환이 놀랍지만 이사야는 자신의 메시지로 충만하여 있었다.[31] 거절의 이유가 하나님에게 직접적으로 호소하는 쓰라린 기도 가운데 언급되어 있다. 백성은 여호와의 빛 가운데서 행하지 않고 있었고, 비참한 사실을 상기한 선지자는 하나님께서 자기 백성들을 버리셨다는 사실을 의식하고 하나님에게로 돌이키고 있다. 그렇게 말함으로써 선지자는 하나님께서 자신의 자비를 베푸시겠다는 약속을 저버리셨다고 말하고 있는 것이 아니라, 다만 하나님께서 그 백성을 버리셨고, 자기들의 의도대로 내버려두셨다고 말하고 있는 것이다. 자신의 이름으로 인하여 그분께서는 그들을 완전히 버리지는 않을 것이다(삼상 12:22; 시 94:14). 이사야는 본 절 가운데서 키(이는)라는 단어를 두 번 사용하고 있다. 첫 번째 키는 하나의 충고이자 경고인데, 이는 두 번째 키에 의하여 구체화되고 입증되고 있다.

이사야는 이제 하나님의 저버리심의 결과로 나아가고 있다. 그 결과는 동시에 거절의 근거와 이유를 이루고 있기도 하다.[32] 강조가 보다 두드러져 있다고 말하기 어렵고, 다만 "그들이 동방 풍속으로 가득하였다"라는 문구가 우선적으로 하나님께서 자기 백성을 버리신 근거를 강조하고 있다고 보는 것이 보다 바람직하다. 이러한 사상의 4중적인 반복 출현이 두드러져 있다. 6하, 7상, 7하, 8절.

그들에게 동방 풍속이 가득하며: 이 표현은 그릇이 가득 차 있어서 다른 것을 더 이상 받아들일 여유가 없는 상태를 묘사하고 있다.[33] 그 나라는 동방으로부터 들

---

31) "당신이 저버렸다"—B는 3인칭으로 되어 있지만 1Q, Aq. Sym., T은 2인칭으로 되어 있다. 역시 렘 15:6과 신 32:15을 참고하라. Calvin은 도입 접속사를 확실히(certe)로 취급한다. 아마도 여기서 키(כּי)를 원인 접속사 "이는"으로 취급하는 것이 더 나을 것 같은데, 이는 5절에 있는 호소의 근거이기 때문이다.

32) 참고. 시 94:14; 삼상 12:22. König는 "이는 당신 야곱의 집이 당신의 백성을 버렸기 때문이다"로 해석하고 있다. 그는 말하기를 "당신의 백성"이 하나님의 존전에 있어야 하는 모습의 그 국가를 암시할 수 있다고 한다. 이에 답하여 우리는 "당신의 백성"이 오직 하나님의 백성만을 가리킨다는 사실을 지적하는 바이다. 어떻게 이스라엘 백성들이 이스라엘 백성들을 버릴 수 있다는 말인가? 본문은 이스라엘이 하나님의 백성으로서의 이상을 버렸다고 말하고 있지 않다. 탈굼은 다음과 같이 되어 있다. "이는 너희가 너희를 구출하였던 전능하신 자에 대한 경외심을 버렸기 때문이다. 오 너희 야곱의 집이여."

33) "그들이 채워져 있다"—선지자는 과거에 일어났던 행위나 상태, 즉 그 결과들이 아직도 계속되고 있는 상태를 가리키고 있다. 그 구절의 단일성을 부정하는 사람들은 그것을 각각 다른 것으로 나눈다. 본 절을 소명환상 이후의 것으로 보고 있는 Procksch는 그것을 세

어온 것으로 가득 차 있는데, 그 동방이라는 곳은 이러한 주술이 그 나라를 가득 채운 그 원천으로 언제나 제시되는 곳이다.[34] 그 경우를 약간 다른 형태로 묘사하자면 우리는 그 나라가 동방의 풍습으로 가득 차 있었다고 말할 수 있을 것이다. 팔레스틴의 동쪽과 북동쪽 사막을 가로질러 다니는 대상(隊商)들로 인하여 실제로 주술사들의 유입이 있었고, 동양의 생활방식의 소개가 있었다. 동방은 아마도 수리아 사막과 그 너머의 땅들일 것이다.[35] 얼마나 대조적인가! 말일에 다른 열방들은 진리의 하나님의 도를 배우려고 시온으로 올 것이다. 이제 다른 나라들은 시온으로 오고 또 자기들의 신들에 대한 주술들을 따르도록 시온에게 영향을 준다. 시온은 지금 동방에서 온 이것들로 가득 차 있다. 언젠가 그 나라는 공평과 하나님에 대한 지식으로 가득했었다. 그러나 그들은 더 이상 그 지식으로 가득 차 있지 않고 오히려 동방이 제공한 것으로 가득차 있는 것이다(참고. 1:21하).

그들이 블레셋 사람같이 술객이 되며: 그 백성들은 동방으로부터 온 것들로 가득 차 있을 뿐만 아니라, 또한 그 백성 중에 블레셋 사람들 같은 술객들도 있었다. 이 두 구절들은 서로 유사하며, 두 번째 구절이 첫째 것의 목적격으로 취급되어서는 안 된다. 일종의 징조를 보는 사람들인 술객들은 블레셋으로부터 온 사람들이 아니라, 블레셋과 비교가 될 뿐이다. 자손들의 나라는 이제 할례받지 않은 블레셋과 같이 되었는데, 특히 블레셋은 술객들(soothsayers)로 들끓었다. 이스라엘도 이제 그 나라처럼 그러한 사람들로 가득하게 된 것이다. 하나님의 기록된 율법은 그 땅에서

단락으로 나눈다. 6-10절; 11-17절 그리고 18-22절. 그리고 마지막 단락에 가필이 있었다고 생각한다. Bentzen은 전체를 "여호와의 날"이라고 제목을 붙이고 6절 이하를 징계에 대한 경고로, 22절 이하를 심판에 대한 경고로 간주한다(19절 이하 역시). 본 장의 단일성에 대한 거절은 대개 6절이 앞절과 연관되지 않았다는 가정에 근거하고 있다. 그래서 Herntrich는 말하기를 키(כ)가 잃어버려진 시작점을 가리킬 수 있다고 말하지만 그러나 완전히 이것을 확신하지 않고 있다. 이는 그가 1:29, 30; 3:1 그리고 15:1에 있는 유사한 구조를 비교하기 때문이다. 그는 키(כ)가 "틀림없이"(certainly)로 번역될 수 있음을 인정한다.

34) מן—여기서는 무엇인가 채워져 있는 물질을 가리키는 것으로 보인다. 평행절은 창 28:11; 출 17:5이다. Trapp은 "…수리아 메소보다미아보다 더 미신적인"이라고 주석한다. 그는 그리스도 시대 이전의 이방의 유입과 비교한다. Brenz(게세니우스를 보라)는 קדם을 קסם으로 읽은 첫 번째 사람으로 보인다. 이것은 Vos가 호의적으로 보았으나 문맥의 증거는 그것과 반대된다.

35) Drechsler는 3장에 언급된 어떤 항목들은 동양에서 기원된 것이라고 지적한다.

술객들을 제거하도록 분명하게 언급하였으며, 이 당시 그들이 널리 퍼져 있었다는 것은 그 나라가 얼마나 주를 떠나갔는가를 보여 주고 있다(참고. 레 19:26; 신 18:10).

이방인으로 더불어 손을 잡아 언약하였음이라: 이스라엘 백성들은 이방 자손들과 계속 연합관계를 유지하고 있었다.[36] 그들은 자신들의 배경과 역사를 내버릴 준비가 되어 있었다. 그들은 자기들의 조상들의 하나님의 전능하신 역사를 영광스럽게 생각하지 않았고 그 대신 하나님의 놀라우신 역사들을 전혀 알지 못하는 사람들과 친밀하게 사귀었다. 이방인들과의 연합 그 자체가 정죄받고 있는 것이 아니라, 문맥에서 볼 때, 그러한 행위는 이스라엘 자신의 역사에 대한 거절이요, 또한 날 때부터 그 약속을 받지 못한 자들로 태어난 사람들을 더 좋아하는 것과 동일한 것이라는 것이다. 아브라함은 씨를 간절히 바랐다. 그러나 이사야 당시의 유다 백성은 그들에게 주어졌던 그 씨와 약속들을 거절하였던 것이다.

2:7 그 땅에는 가득하고: 동방으로부터 들여온 두 번째 증거물. 그 백성의 땅. 어미(語尾) "그의"는 아마도 앞절의 "백성"을 가리킬 것이다. 여기 사용된 동사는 서술적 의미보다는 묘사적 의미를 가졌으며, 그래서 그 땅에 무엇인가 가득 찬 상태를 묘사하고 있는 것이다. 본 절의 사상은 언젠가 무엇인가 가득하였던 그 땅이 그 결과로 지금도 여전히 가득 차 있다는 것이다.

은금: 율법(신 17:17)에서 왕은 은금을 많이 갖지 말도록 금지되었는데, 이는 이것들이 생활방식을 나약하게 하는 경향이 있으며 종교적 도덕적 타락을 몰고 오는 경향이 있기 때문이었다. 실로 은금을 많이 가진 사람들은 자기들이 가진 것으로 절대로 만족해 하지 않고 보다 많이 얻으려고 추구한다.[37] 큰 부의 축적은 다른 세력

---

36) ישׂפיקו — 미완료형은 당시 습관적인 행위를 나타낼 것이다. 이 동사는 해석하기 어렵다. Barnes는 "그들이 그들 자신들을 기쁘게 하였다"로 번역하였고, Delitzsch는 "그들은 공동 이해관계를 가졌다"로, Alexander는 "그들이 많다"로, Calvin은 "그들이 묵인하였다" (acquierint)로 번역하였다. 참고. 우가릿어 "그는 양 신들을 포도주로 만족시켰다" *spq. elm krm. y(n), Baal* 2:6:47. 여기서 동사가 타동사이다. 참고. 아랍어 *shafaqa*, "인색하게 되다." 히브리어에서 어근은 제휴하기 위하여 "어떤 사람과 손을 잡다"를 의미한다.

37) "가득하고" — 능동 동사가 이중 목적어를 가질 때, 여기서 많다는 의미의 동사 수동형은 보다 멀리 떨어진 목적격을 지시할 수 있다. "은금" — 두로처럼(참고. 슥 9:3). 신 17:17

에게로 관심을 이끄는 위험이 있으며, 이것은 바벨론인들의 사절단들이 왔을 때 실제로 성취되었던 그 위험이다(사 39).

은금이 부정한 수단으로 얻어진 것이었는지 아니었는지는 아는 바가 없다. 정죄받은 것은 은금 그 자체가 아니고 다만 그 땅을 이것들로 채웠다는 것이다. 지나친 선행들까지도 마음을 하나님으로부터 돌려놓는다. 하나님의 백성이 세상이 제공해 주는 것으로 가득 찰 때 하나님을 향해서는 텅비게 되는 것이다. 그들에게 비워야 하는 것은 열국들에게 가득한 것들이다. 하나님의 약속의 풍성함을 포기함으로써 그 나라는 세계의 보화를 잘못 평가하였고 그리고 나서 세상의 이상들과 결국은 그 우상들까지도 잘못 평가하였던 것이다.

무한하며: 이 말은 돈을 추구하는 열정과 만족할 줄을 모르는 욕망을 상징한다. 백성들은 글자 그대로 돈에 미친 사람들이 되어 갔다.[38]

보화: 방금 묘사한 바와 같이 이것들은 주로 은금들이다.

마필: 신명기서는 역시 마필을 증식시키는 일을 금하고 있는데(17: 16), 이는 이것이 애굽과 그 세력을 생각나게 하며 전쟁으로 마음을 향하게 하고 인간의 능력을 신뢰하게 만들며 그래서 결국 우상 숭배를 범하도록 하기 때문이다. 이스라엘은 애굽으로부터 말을 타고 싸우는 기술을 배웠었다. 마필의 증식은 하나의 상비군을 암시하였으며, 상비군은 때때로 위험에 빠질 수 있었다. 방어에 있어서 상비군은 정당한 것이었으나 비록 그러한 경우라 할지라도 그 나라는 주님을 의뢰해야 했던 것이다. 어쨌든 군대의 규모를 증가시키는 경향이 있었고 위급한 상황과 위기 상황에서

은 은금의 축적을 금하고 있다(참고. 대상 29:4; 대하 8:18; 9:10). Rosenmüller는 Horace, *Epistles* i.2, 56의 다음과 같은 말에 주의를 환기시킨다. "항상 탐욕은 더 원한다"(*semper avarus eget*), 그리고 다음과 같이 해석하였다. "소유하려는 영혼은 만족을 모른다"(*possidentium animus non impleatur*). 사치스러운 생활은 하나님에 대한 망각을 낳으며 그리하여 사람들은 역사 가운데서 그분의 사역을 분별하지 못한다. "모든 참 신앙적인 사람은 역사의 과정이 전조가 되는 그것들에게로 열려진 눈과 귀를 가져야 한다. 이사야는 여기서 우연적이거나 의미 없는 것은 하나도 없는 그 역사가 여호와의 계시라는 사상을 독특하게 공식적으로 나타내고 있다"(Vos). 그러므로 부의 축적은 배교의 징후이다(Verhoef). 하나님의 백성은 세계가 가지지 못한 그것들로 가득 채워져야 할 것이다.

38) Calvin은 이 문구가 돈과 부를 추구하는 사람들의 만족할 줄 모르는 욕망을 가리킨다고 말한다. Alexander는 그 문구가 단순히 이미 얻은 보화들의 커다란 증식을 의미한다고 생각한다.

그것을 의지하는 경향이 있었던 것이다. 이러한 군대는 하나님보다는 인간의 세력을 의지하도록 유도하였고 그리하여 진정한 신정 정치의 정신에 위배되었다.[39]

2:8 그 땅에는 우상도 가득하므로: 그 땅에 가득한 것들 가운데 가장 가증하고도 혐오스러운 것은 우상들이었으니, 이는 그들이 그 나라의 진정한 운명을 소름 끼칠 만큼 풍자화하였기 때문이다. 기존의 영광은 그 백성들에게 약속된 진정한 영광의 모방에 지나지 않았다. 그것을 위하여 하나님께서는 자신의 율법과 선지자들을 주셨던 것이다. 그분은 자신의 도를 모세에게 알려 주셨었고, 그분의 행위를 이스라엘의 자손들에게 나타내 주셨었다. 그러나 이스라엘은 그분을 모시지 않았던 것이다. 그 땅이 참되신 하나님이신 엘(하나님)의 영광으로 가득 채워진 대신, 쓸모없는 것들인 엘릴림(미신들)으로 가득 찼다. 이것들은 개인적으로 섬기는 우상들일 뿐만 아니라, 전 국토에서 섬기고 있는 우상을 가리키기도 한다. 다른 나라들과의 무역이나 상업을 통하여 우상들이 유다땅으로 유입되었다. 이사야가 자주 사용하는 우상숭배의 어리석음이 여기 소개되어 있다. 인간이 만든 그것에게 엎드리는 것은 어리석음의 극치이다.

넓은 의미에서 우리는 인간에 의해서 창조된 모든 것을, 그리고 인간에게 예배를 받는 것을 우상숭배로 이해할 수 있을 것이다. 그러한 범주 안에 모든 거짓된 철학이 속할 것이며, 모든 불신앙의 이론들이 이에 속할 것이다. 이것들은 인간이 만든 것들이며, 어떤 의미에서 인간의 삶과 행위를 조절하는 것과 같은 그것들을 존중하는 것도 우상 숭배에 종사하는 것이다.[40] 당시 그 나라는 제일계명을 생생하게 위반

---

39) 솔로몬은 신명기서의 명령(참고. 왕상 10:26)을 깨뜨렸다. 어쨌든 Alexander는 본 절이 그 나라가 부당하게도 다른 열국들의 세력을 의지하였다는 점을 가르치고 있다고 생각한다. 그것은 가능한 생각이다. 그러나 그것이 본 절의 모든 의미는 아니다.

40) 수의 불일치는 주어가 배분적인 반면에, 동사는 집합적이다. 히브리어 본문(BH)은 동사를 단수로 취급하고 있지만 사본들은 분명히 이에 반대되며 어미들의 숫자에서 상호 교대하여 사용하는 것이 셈어에서 공통적이다. 미완료형의 사용이 두드러져 있어서 그것이 없으면 무미건조할 문장을 생동감 있게 만들고 있다. "그리고 그 땅은 우상으로 가득하나. 사기 손으로 만든 것에게…그들은 절하며." 동사에 대해서 본인은 חוה로부터 파생하였다는 쪽으로 기울어진다. 그렇다면 그것은 *Istaf 'al*(아랍어의 열 번째 어간), 즉 "생명을 구하다"가 될 것이며, 그래서 "엎드리다, 자신을 굴복시키다"가 될 것이다. 우가릿어에서 ' *st* 어간에 있는 ḥwy(엎드리다): *lp 'n.' il. thbr. wtql tšthwy. wtkbdh*., "일(Il)의 발치에서 그녀는 구부려 엎드리고 부

하는 상태에 있었다.

2:9 이사야는 이제 그러한 결과들을 낳게 한 죄악들에 대한 생생한 묘사를 하는 데서 지나가고 있다.[41] 그는 단순히 저들의 죄들을 계속 묘사하지는 않는다. 어쨌든 이사야 당시에는 이러한 비참한 상황이 일어나지는 않았다. 그래서 선지자는 이러한 죄악들의 결과로 비참한 일이 닥쳐올 것에 대한 확실성을 표현하기 위하여 예언적 완료형을 사용하고 있는 것이다. 본 사상은 8절에 묘사된 상태의 결과로 그것이 사람으로 하여금 지금 혹은 장차 경배하게 되도록 한다는 것이다.

아담과 이쉬라는 단어들은 우선 인류를 가리키기 위하여 채용되었고 이차적으로 인간의 중요성을 가리키기 위하여 채용되었다. 그러므로 모든 인류는 생활 가운데서 그들의 신분이 무엇이든, 즉 지위 고하를 막론하고 엎드릴 것이라는 것이다. 이것은 경배를 하기 위하여 엎드리는 것이 아니고, 강제로 엎드러짐을 가리킨다. 그 백성들은 세상의 영화 가운데서 살아왔고 참되신 하나님의 영광을 극단적으로 경멸

복하여 그에게 영광을 돌렸다(Gordon, *UM*, i, pp. 72,73).

אֱלִילִים은 참으로 경멸적인 단어인데, "작은 신들", 혹은 "귀신들"이란 뜻이다. 아마도 그 근본적인 의미는 "쓸모 없는", "불충분한"일 것이다. 참고. 아카디아어 울(ul), "not", 수리아어 알릴('*alîl*, "약한", "불쌍한"). 남 아랍어 '*l' lt*와 관련이 있을 가능성이 있다. 이 무가치한 신들은 참된 신 개념에 미치지 못한다. 우리는 헬라의 남신들과 여신들의 아름다운 조각상을 생각해서는 안된다. 다만 고고학이 알려준 불쾌한 드라빔들을 생각해야 한다. 이것들은 동물들, 악마들, 아스다롯의 부조 등의 형태로 된 신들의 모습을 하고 있었을 것이다. Cf. Steinmann, p. 61; H. Vincent, *Canaan*, pp. 158ff.

41) 예를 들면, Trapp은 본 절이 단순히 모든 각계 각층의 사람들이 얼마나 우상을 숭배하였는가를 묘사하고 있다고 생각한다. "지주들, 천민들, 그리고 왕들과 비겁한 자들; 모든 종류의 사람들이 우상숭배자들이었다." 와우(ו) 연속법은 시 33:9; 사 40:14; 51:15에서처럼 결과를 나타낸다. 여기서 동사가 예언적 완료와 동등하다. 그것은 마치 그것이 실제로 실현된 것처럼 6-8절에 나타난 역사적 상황들과 연결되어 있다. "그리고 결국 사람이 엎드러질 것이다"(직역하면 "그리고 사람이 엎드려졌다"). Fullerton은 *JBL*, 38(1919)에서 2:9-21에 대해 다소 주관적인 분석을 하고 있다.

Luther는 평민, 군중, 대중(*der Pöbel*)과 귀족(*die Junker*)으로 אָדָם과 אִישׁ 사이를 구별하고 있다. 영웅(vir)과 인간(homo), 그리고 남자(ἀνήρ)와 인간, 사람(ἄνθρωπος)의 구별을 주시하라. 역시 사 52:14을 참고하라(p.14). Verhoef는 "통속적 인간은 대중 속에 사라진 어떤 것이고, 사람은 거기에서 두드러진 어떤 것이다"(*gewone mense wat in die massa verdwyn, en mense wat daarbo uitsteek*)라고 해석한다.

하여 왔다. 그러므로 그들은 어느 날 하나님의 징벌을 무겁게 느낄 것이며 그것 아래에 엎드러질 것이다.

그들을 용서하지 마옵소서: 본 절은 우리가 예상한 직설법으로 마치기보다는 명령법으로 마치고 있다.[42] 어쨌든 선지자는 명령법을 가지고 그 발생을 묘사하고 있다. 용서가 있을 수 없다. 즉 "당신은 그들을 용서할 가능성이 없나이다"는 뜻이다. 우리는 이 구절이 근거로 하고 있는 다른 구절을 상기하게 된다. "…형벌받을 자는 결단코 면죄하지 않고…"(출 34:7). 하나님에게 직접 호소함으로써 이사야는 자신을 정죄 편에 가담시키고 있다. 앞 절에 묘사된 죄된 행실들로 인하여 하나님의 낮추시는 심판이 모든 인간들에게 닥칠 것이며, 그때에는 용서하기에는 너무나 늦은 상태가 될 것이다. 그때에는 하나님께서 저들을 용서하실 수가 없고 이 심판 행위가 선지자의 이 말을 변호해 줄 것이다.

2:10 그 심판은 틀림없이 무서운 심판으로 다가올 것이며 만일 누군가 그것으로부터 도피하는 것이 가능하다고 생각하여 피하려고 한다면 자신을 바위 속으로 숨겨야 할 것이다.[43] 이사야는 회개를 촉구하지 않고 다만 다가올 심판의 두려움을 자기 백성들에게 인상지어주기 위하여 노력하고 있다. 우리가 "들어가며"로 번역한 히브리어 단어 보(בוא)는 "오라"는 말로 직역된다. 그것은 마치 선지자가 다음과 같이 명령하는 것과 같다. "오라, 너희 우상숭배와 악행으로 스스로를 높이려고 한 너희 나라는—오직 인간에 대한 철저한 신뢰—이제 가장 낮은 장소들 바위들과 티끌로 들어가라, 이는 너희가 바라보지 않았던 하나님께서 이제 심판하러 오시기 때문이다." 이 단어들 가운데는 아이러니가 필요치 않다. 그렇지만 두렵도록 진지함이 있다. 물론 인간이 선지자의 명령에 순종하기는 불가능하다. 이는 하나님으로부터 숨는 일이 불가능하기 때문이다. 회개의 때는 지나갔고 그래서 이사야는 그 나라로 하여금 그 두려운 곤경을 깨닫도록 하였던 것이다.

---

42) 명령을 나타내는 אַל은 예언에서 그림과 같은 시적 언어로 되어 있으며, 그것이 산문에서는 명령형 אל로 표현된다. 이와 같은 일반적인 형태에서는 그 구체적인 목적어가 빠질 수도 있다(참고. 창 18:24, 25).

43) 이 전체 구절은 1Q에는 빠져 있다. B는 19절과 이 구절을 일치시키기 위하여 후렴구를 덧붙이고 있다.

바위 틈: 유다 땅은 산악지역이었고, 그래서 적들로부터 피하기 위해 아주 좋은 동굴이나 굴들이 많이 있었다. 그럼에도 불구하고 그들은 하나님의 영광으로부터 피할 곳을 찾을 수가 없을 것이다.

진토: 땅의 갈라진 틈. "티끌"이라는 단어는 가끔 무덤으로 사용되기는 하지만 여기서 반드시 그러한 뜻으로 사용되었다고 볼 수는 없다. 만일 땅속에 있는 굴까지 발견할 수 있다면, 그것은 피난처로 선택될 수 있다. 칼빈이 해석한 바와 같이, 이 다가오는 심판은 수천의 죽음보다 더 두려운 것이 될 것이다.

여호와의 위엄: 이사야의 사상은 여호와의 임재가, 그분의 나타나심 자체가 위엄차고도 두려운 것처럼, 다름 아닌 두려움을 자아내게 한다는 것이다. 백성들은 여호와의 두려운 임재로부터 피할 곳을 찾아야 할 것이다.

그 광대하심의 영광: 그분의 영광스러운 광대하심. 그러므로 심판하기 위해 오시는 여호와의 임재가 가장 영광스럽고도 두려운 어떤 것으로 묘사되어 있다. 하나님의 영광은 그분의 자비로 나타날 뿐만 아니라 동시에 심판으로도 나타난다. 사람들이 피하라고 명령받은 것은 이 나타나심으로부터 피하라는 것인데, 그 명령 자체 가운데는 이러한 일이 불가능하다는 것을 분명하게 하고 있다. 사람은 하나님으로부터 도망할 수 없고 그분에게서 자신들을 숨길 수 없다는 것이다. 그가 여기서 전하는 설교 가운데서 이사야는 현대 심리학의 이론들과 반대되는 방향으로 나아가고 있는데, 그 이론들은 두려움을 설교와 가르침의 주제로서 사용하는 것이 지혜롭지 못하고 또 틀렸다고 주장한다. 설교에 대한 하나님의 평가는 얼마나 다른가! 그 심판―여기에 나타난 것은 우선적으로 마지막 심판이다―은 두려움의 실체로서 죄악된 사람들 앞에 제시되어 있다. 이것이 죄인들을 설복시킬 설교 가운데 있는 유일한 주제(motif)이다. 그때 인간들은 하나님께서 죄에 대해서 가지신 혐오를 다소 이해하고 그들의 악한 길로부터 돌이켜서 피난처 되신 그리스도에게로 피하기 시작할 것이다. 하나님으로부터 도피할 유일한 길은 그분에게로 달려나가는 것이다.

2:11 본 절은 앞에서 말하여 온 내용의 요약에 해당한다. 즉 사람은 낮아질 것이고 하나님만이 홀로 높임을 받을 것이다.

눈이 높은 자가: 인간의 높음이 의인화되어 있다. 즉 바라보는 눈이 높은 자는 낮아질 것이다.[44] 높은 눈이나 교만한 눈은 틀림없이 낮아질 것이다(참고. 시

---

44) שָׁפֵל―단순 완료형은 확실하고도 피할 수 없는 미래를 표현한다. 이 동사가 무엇과 함

18:27; 잠 21:4; 사 10:12).

낮아지며: 이사야는 동사를 단수로 사용하고 있으며, 또한 외관상으로 주어를 집합적 의미로 취급하고 있다. 어투의 사상은 인간들이 스스로 그가 보기에 표현된 높음이 낮아질 것처럼 낮아질 것이라는 것이다. 이것은 비록 선지자가 장차 일어날 일의 확실성을 표현하기 위하여 동사의 완료형을 사용하기는 하였을지라도 그것은 아직 일어나지 않았다.

굴복되고: 본 의미는 인간의 높아진 눈이 낮아지게 될 것이라는 것이고 그 결과로 인간들의 교만이 굴복될 것이라는 뜻이다.

여호와께서 홀로 높임을 받으시리라: 인간들이 낮아질 그때에 여호와께서 홀로 높임을 받으실 것이다. 첫 번째 언급은 여호와께서 높임을 받으시는 때이며, 또한 그 사실만을 말하는 것이 아니고 동시에 그분의 모든 피조물들에 대해 평가하는 때와 또한 최후 심판의 때를 가리키고 있다.[45] 이전의 모든 심판과 높이심은 마지막

께 해석되어야 하는가? Maurer는 주장하기를 그것이 언급된 마지막 번째 고유명사를 가리킨다고 하고 Drechsler 역시 그같이 주장한다. 논리적으로 볼 때 이것은 옳은 것 같다. 그러나 문맥의 사상은 그의 관점에서 표현된 것처럼 인간 자신이 낮아질 것이라는 것이나 마찬가지이다. 그러므로 Gesenius는 그 동사를 "눈들"과 함께 해석한다. 아마도 전체적인 복합적인 사상이 주제 역할을 하고 있는 것 같다. BH는 동사를 복수형으로 고치고 있으나, 하나의 복합주어 안에서 술어는 가끔 연계형보다는 소유격과 어울릴 수 있다.

45) 하나님의 올리우심에 함축되어 있는 것은 인간의 낮아짐이다. 심판이 인간 위에 떨어지는 이 올리우심은 창조 가운데 있는 모든 악한 것을 멸함으로써 그리고 남은 자를 보존하시는 정화로 구성되어 있다. Von Rad에 의하면(JSS, Ⅳ, No. 2, 97-108), 고대 "여호와의 전쟁"의 개념으로부터 나온 개념이다. Watts(VPA, pp. 70ff.)는 여호와의 날이라는 용어가 가을 신년 대축제의 최고점을 묘사하는 데 적절하였다고 생각하고, 제의가 여호와의 날로 하여금 존재하도록 묘사하였던 그것이 역사 가운데서 성취와 실현을 볼 때였다고 생각한다. Smith는 그것이 이사야로 하여금 여호와의 올리우심과 인간의 낮아짐에 대해 말하도록 만들었던 2:2-4의 메시지의 단순한 요약일 뿐이라고 생각한다. Mowinckel은 그날은 본래 여호와의 즉위 축제일이었다고 주장한다.
하나님께서 선지자에게 "그 날"에 대한 그분의 계시를 보여 줌에 있어서 그러한 역사적인 선례가 있었는지 아닌지에 대해서는 선뜻 말할 수 없다. 이사야에서 "그 날"의 특성은 "… 하나님의 모방이 되는 모든 것을 쓸어버린다(Vos, p. 313). 그 날은 여호와의 나타나시는 날 "유지"이며 그래서 이사야가 언젠가 당황했었고 스랍들이 얼굴을 가리고, 모세와 엘리야가 동굴 속에 몸을 숨겼던 것처럼, 모든 땅이 흔들릴 것이다.
이 표현은 이미 암 5:18, 욜 1:15 그리고 습 1:4에 나타났었고 그것은 종말론적인 의미를 가지고 있다.

심판과 높아지심의 전조일 뿐이다.

(3) 여호와의 날(2:12-22)

12절, 대저 만군의 여호와의 한 날이 모든 교만자와 거만자와 자고한 자에게 임하여 그들로 낮아지게 하고
13절, 또 레바논의 높고 높은 모든 백향목과 바산의 모든 상수리나무와
14절, 모든 높은 산과 모든 솟아오른 작은 산과
15절, 모든 높은 망대와 견고한 성벽과
16절, 다시스의 모든 배와 모든 아름다운 조각물에 임하리니
17절, 그 날에 자고한 자는 굴복되며 교만한 자는 낮아지고 여호와께서 홀로 높임을 받으실 것이요
18절, 우상들은 온전히 없어질 것이며
19절, 사람들이 암혈과 토굴로 들어가서 여호와께서 일어나사 땅을 진동시키는 그의 위엄과 그 광대하심의 영광을 피할 것이라
20절, 사람이 숭배하려고 만들었던 그 은우상과 금우상을 그 날에 두더지와 박쥐에게 던지고
21절, 암혈과 험악한 바위 틈에 들어가서 여호와께서 일어나사 땅을 진동시키시는 그의 위엄과 그 광대하심의 영광을 피하리라
22절, 너희는 인생을 의지하지 말라 그의 호흡은 코에 있나니 수에 칠 가치가 어디 있느뇨

"여호와의 날"에 대한 현대의 논문들은 다음과 같다. W. O. E Oesterley, *The Doctrine of the Last Things*(London: 1909); S. Mowinckel, *He That Cometh* (Nashville: 1954); P. A. Munch, *The Expression bajjom hahu*(Oslo: 1936); G. Höelscher, *Die Ursprünge der jüdischen Eschatologie*(Giessen: 1925); E. Sellin, *Israelitische—jüdische Religionsgeschichte*(Leipzig: 1933); L. Köhler, *Theologie des Alten Testaments; J. Pederson, Israel*, I, II(London: 1926-1947), I, 547ff.; P. Volz, *Die Eschatologie der judischen Gemeinde im neutesta-mentlichen Zeitalter*(Tübingen: 1934); W. A. Heidel, *The Day of Yahweh* (New York: 1929); L. I. Pap, *Das israelitische Neujahrsfest*(Kampen: 1933); P. Verhoef, *Die Dag van die Here*(Den Haag: 1956); Van Imschoot, *Theologie de l'Ancien Testament*, I(Tournai: 1954); Pentecost, *TTC*, pp. 230-231.

2:12 이사야는 이제 인간이 의지하였던 많은 대상들을 언급하며 심판을 선언하고 있다. 우리는 그러한 사상을 다음과 같이 바꾸어 말할 수 있을 것이다. "그날에 여호와께서 홀로 높임을 받을 것이니, 이는 사실 말하자면 만군의 여호와께만 속하는 한 날이 있을 것이기 때문이다. 인간은 자기의 날을 가지고 살아왔는데, 그날은 자기의 도움이 될 우상들을 선택하여 왔던 날이었다. 이제 여호와께서 자신의 날을 가지실 것인데, 그분의 뜻이 이루어지는 그날이 교만한 자와 높은 자의 모든 목전에 나타날 것이다."

한 날: 이 단어는 독특하다. 한 날이 올 것이다. 그 결과 현재의 질서가 뒤집어질 것이다. 그러나 어떤 이들에게는 밤으로부터 구별되고 축복의 빛을 가져다주는 한 날이 아닌가? 어쨌든 이날은 만군의 여호와께 속한 날이다. 그날은 세계 심판의 날이요, 이전에 일어났던 심판들, 말하자면 포로됨이나 혹은 초림과 같은 여호와의 심판들이 예고하는 날이다. 다른 선지자들도 이미 그날을 묘사하였으나, 이사야서 안에는 이전에는 발견되지 않은 의미가 있다. 그것은 인간의 생각 가운데서 교만하고도 높은 모든 것들을 휩쓸어 버리는 폭풍우와 같은 것으로 묘사한 것이다.[46] 그렇

---

46) 이것은 탈굼역에 함축되어 있는 것으로 보인다. "이는 한 날이 만군의 여호와 앞에서부터 오려고 하기 때문이다." Kissane과 Gray는 그 폭풍우가 북동쪽으로부터 와서 그 땅을 휩쓸고 남서쪽으로 가는 것으로 방향을 암시하기까지 하였다. 이 표현은 아카디아어에 나타난다, "그것들이 그대들의 두려운 날에 이르게 하기를"(즉 the day of the fire god). (Tallqvist, *Die assyrisch Beschworungsserie, Maqlu*, I, 117: Hoelscher, *Geschichte der israelitischen und judischen Religion*⟨1922⟩, p. 105). Hoelscher는 (Gressmann의 입장에서) 이 문구가 종말론에 전혀 어울리지 않고 다만 자기 대적들에 대항하여 폭풍과 뇌성 가운데서 나타나시는 하나님이 현현을 가리킬 뿐이라고 생각한다. 그는 말하기를, 같은 사상이 헬라어 문서에 나타나는데, 그곳에서 칼타고를 홍수로 점령하기 위하여 포세이돈이 스키피오를 돕는다(Polybius x. 11. 14). 그러나 그러한 비교들은 피상적인 것일 뿐이다. 이사야 2장에서 "그 날"은 인간의 높은 것들과 교만함이 모두 낮아지고 하나님만이 높임을 받으시는 한 날이다. 이러한 사실에 대한 의심할 수 없는 증거들이 바벨론 포로나 그리스도의 초림과 같은 초창기 심판에 나타나 있지만 그러나 만약 우리가 이사야의 언어를 진지하게 취급한다면, 어떻게 우리가 그 외의 것들은 완전히 감추어지는 여호와의 궁극적인 승귀에 대해 말하는 것을 못발견할 수 있겠는가? 그것은 마지막 심판이요 마지막 심판에 대해 말하는 것은 종말론을 말하는 것이다.

코란에도 이 표현이 구약성경에 근거하여 나타난다(참고. Sura 2:8). 코란에서 야움(*yawm*)이라는 단어 자체가 심판의 날을 가리킨다. Celano의 Thomas는 그의 찬송시에서 성

지만 우리가 이 폭풍이 취할 방향을 실제적으로 추적할 수 있다고 주장하는 것은 너무 멀리 나가는 것이다. 중요한 것은 폭풍의 바람이 그 땅을 강타하는 것처럼 그렇게 그날이 온다는 사실이다. 다가오는 폭풍이 그 땅 전역을 휩쓸어 황폐케 하는 것처럼, 심판의 폭풍 역시 모든 땅에 완전한 파멸과 황폐를 가져올 것인데, 특히 인간들이 신뢰하는 대상으로 사용한 모든 것들이 파멸될 것이다.

모든 교만자와 거만자와 자고한 자에게 임하여: 다가올 심판은 모든 것들에게 임할 것이다. 그것은 그들을 대적하는 형태로 그들에게 다가올 것이다. 이 세 호칭들은 하나님의 진노가 형벌 심판으로 떨어질 그 전체성을 요약하고 있다. 그러므로 심판의 대상과 그 심판 자체는 한 문구와 문장 안에 간략하게 함축되어 있다.

파멸 가운데서 생명이 없는 피조물 역시 영향을 받아 저주를 받았다. 하나님의 이름이 영광을 받는 가장 충만한 데까지 피조물이 발전해 나가는 대신, 인간은 우상숭배와 또 피조물을 조물주보다 더 경배함으로 말미암아 그것을 오용하였다. 그는 이 피조물을 취하여 그것으로 그가 절하고 섬길 자신의 신들을 만들었다. 그러므로 잘못 사용되어 온 피조물 자체는 하나님의 심판의 결과를 느끼게 되어 있으니, 이는 그것이 그 악 자체이기 때문이 아니라, 그것이 인간에 의하여 잘못 사용되고 부패되었기 때문이다. 그날은, 인간이 높고 귀한 것으로 간주하였던 피조물은 실제로는 피조된 어떤 것일 뿐이요 여호와께서만 홀로 높임을 받는다는 사실을 보여 줄 것이다.

그들로 낮아지게 하고: 이것은 히브리어로는 단 한 단어로 표현되어 있다. 즉 심판의 결과를 선언하기에 충분하다. 그날에는 여호와께서 높임을 받으실 뿐만 아니라, 그 외 다른 것들은 모두 낮출 것이다.

본 절은 한 날 특별히 만군의 여호와에게 속하는 시대가 있다는 사실을 분명히 선언하고 있다. 그렇지만 우리는 단지 이 하나의 특별한 기간만 그분에게 속한다고 단정지어서는 안 되는데, 이는 그분이 모든 것의 주인이시고 시간뿐만 아니라 그 외 모든 것들까지도 통치하시기 때문이다. 어쨌든 이 한 날은 그분의 주권이 심판 가운

서를 바르게 해석하였다.

진노의 날, 두려움의 날
하늘과 땅이 지나갈 때!
어떤 힘이 죄인들을 막아 줄 것인가?
어떻게 그가 그 두려운 날을 맞이할 것인가?

데서 명백하게 드러날 것이므로, 또한 모든 우주가 인정하게 될 것이므로 그것을 언급하기 위하여 특별히 뽑아진 것이다.

2:13 이사야는 이제 하나님의 심판에 의하여 영향을 받게 될 대상들을 열거하는 데로 나아가고 있다. 그렇게 함으로써 그는 심판이 떨어질 것들에 대한 견본들을 제공하려고 하고 있으며, 그것들을 단순한 멸망할 대상의 상징들로만 언급하지는 않는다. 뿐만 아니라 그는 이 용어들을 그 나라의 지도자들을 호칭하거나 혹은 상징화하기 위하여 은유적 의미로도 사용하지 않는다.[47] 언급된 것들은 그것들 스스로가 하나님의 징계의 손을 느낄 것이다. 모든 자연은 일반적인 역사 가운데서 인간과 관계가 있다. 이 단어의 모든 의미는 이것이 타락한 피조물란 것, 그리고 인간의 죄로 인하여 자연은 고통을 당해야 하는 것이다.

레바논의 높고 높은 모든 백향목과: 이 백향목들은 구약시대의 유대인들에게 특별히 칭찬을 받았다(참고. 시 92:12; 104:16; 겔 31:3).[48] 백향목은 솔로몬에 의해서 예루살렘의 성전 건축에 사용되었다(왕상 5:6). 또 제2성전의 건물에도 사용되었다(스 3:7). 그 나무의 줄기는 나무의 돛대로 사용되었다(겔 27:5). 백향목은 커다란 솔방울을 가진 침엽수이며 겨울에도 그 잎이 떨어지지 않는 사철나무이다. 레바논은 성경에서 아름다움의 상징으로 사용이 된다(렘 22:6; 슥 11:1 이하).

바산의 모든 상수리나무와: 바산은 요단강 동편, 다메섹의 남쪽 지역, 현대 하우란이다. 이 지역의 상수리나무는 아주 유명하고(겔 27:6) 목초지들과 양떼들로 유명하기도 하다(겔 39:18). 백향목과 상수리나무는 나무들 중 두드러진 표본이고,

---

47) Kroeker는 백성들이 소유하였던 것이 이제 저주와 멸망을 가져오게 하는 것이 될 것이라고 주장하면서, 그 예로 다음과 같은 러시아인의 말을 인용하고 있다. "mwee vahs oobyawm vahsheem rooblyawm", 즉 "우리는 네 자신이 가진 루우블로 너를 죽일 것이다." Barnes는 말하기를 영적 도덕적 주제들은 자연의 대상들로부터 취해 온 아름다운 표상으로 표현되고 있으며, 그래서 여기서 이 언급은 방백들과 두령들에 대한 것이라고 한다.

48) ארז—백향목들(cedrus Libani Barrell), Löw, I, *Die Flora der Juden*, I Ⅳ (1924-1934)를 보라. 그러나 이 나무는 건축물을 짓는 데 충분히 키 큰 나무는 아니다. 그러므로 BK는 *abies cilicica*나 혹은 다른 어떤 커다란 침엽수로 생각한다. 참고. Baal 2:6:18ff., "그들은 그 나무들(*arzh, cedars*)을 고르기 위하여 레바논과 그 나무들에게로 갔고, 또 시리온(Siryon)으로 갔다"(참고. 대하 2:7 이하).

또 본 절의 요점은 인간들에게 높고도 큰 것으로 보였던 이것들이 하나님의 심판 때에 낮아지게 될 것이라는 점이다.[49] 인간의 죄로 인하여 피조물 중 크고도 아름다운 것들일지라도 멸망하게 되어 있었다.

인간은 피조물을 제멋대로 파괴할 자격을 가지지 않았다. 자연을 제멋대로 파괴하는 것은 그 보상으로 보복을 불러온다. 예를 들면, 숲의 파괴는 자주 심각한 홍수의 원인이 될 수도 있다. 그렇지만 하나님은 창조주이시고 그분만이 창조하시고 파괴하는 권리와 특권을 가지고 계신다.

2:14 이사야는 산들에 대한 일반적인 언급으로 그 묘사를 완료하고 있다. 산들은 가장 거대하고도 높은 것에 대한 표본이다.[50] "산이 생기기 전 땅과 세계도 주께서 조성하시기 전 곧 영원부터 영원까지 주는 하나님이시니이다"(시 90:2). 이 구절의 의미는 인간 자신이 창조되기 이전부터 산들이 생겼고 그래서 영원하다는 것이다. 그렇지만 그러한 위엄 있고도 높은 산악들에게까지도 하나님의 주권이 나타날 것이라는 것이다.

2:15 선지자는 이제 위엄 있고도 거대한 자연의 대상들을 떠나서 인간들의 손으로 만들어서 보호처로 의지하고 있었던 구조물들에게로 향하고 있다.

모든 높은 망대와: 인간 세계에서 망대(탑)는 높고도 영예로운 곳이다. "크게 살육하는 날 망대가 무너질 때에 각 고산, 각 준령에 개울과 시냇물이 흐를 것이며"(사 30:25). 이러한 망대들은 잘못된 확신의 대상들은 아니었다.[51] 공격의 날에 그것들은 틀림없이 그것들의 목적대로 잘 이용되겠지만 여호와께서 오실 때에는 인간이 신뢰를 두고 있는 모든 것들이 멸망당할 것이다. 그것들은 여호와의 심판 앞

---

49) אלון 아카디아어 *allanums*, 아마도 *quercus aegiops*, 참고. BK; Löw, I, 621; Hadad, I:20, "*aln*에 의하여 너의 휴식을 취하라."

50) Knobel은 여기서 요담에 의하여 산 위에 건설된 요새들에 대한 언급을 암시하고 있다고 생각하고, Lowth는 왕국들을, Trapp은 "고관들과 귀족들 그들 자신의 세력과 정책의 의견을 가지고 으스대었던 모든 사람들"을 암시하는 것으로 본다. Kissane은 침입자가 공격을 하였을 요르단 서방에 있는 산들에 대한 언급에 제한시킨다.

51) 탈굼역은 분명히 망대들을 거처로 인식하고 있는데, "그리고 높은 망대들 가운데 거주하는 모든 자들 위에"라고 표현하고 있다. Gray는 웃시야에 의하여 건설된 망대들과 요새들이라고 해석한다(대하 26:9; 27:4). 그러나 그것들에 제한시켜 해석하는 것은 인정할 수 없다.

에서 아무런 의지가 되지 못할 것이다. 어떤 경우에 인간들은 이 망대들을 무적의 것으로 생각하였을 수도 있다. 만일 그렇다면 그들은 여호와의 날에 크게 깨달아 알 것이다.

견고한 성벽과: 이것들은 보호물이다. 이사야는 영어로 "접근할 수 없는"(inaccessible)이라는 단어로 잘 번역될 수 있는 한 단어로 이것을 묘사하고 있다. 인간은 이 성벽들을 올라갈 수 없을 것이지만 심판의 폭풍 앞에서 그것들은 파괴되어 무너질 것이다.

2:16 다시스의 모든 배와: 이사야는 결론에서 인간들에게 필수품과 사치품들을 가져다주는 대상들을 언급하고 있다. 다시스는 서방에 있는 한 고대 도시의 이름이었는데(창 10:4), 아마도 지금의 튜니스(Tunis) 근처의 북아프리카에 자리잡고 있었을 것이다.[52] 본 단어는 그 지방 사람들이 지중해에서 먼 거리에까지 무역을 하러 다닐 때 배라는 일반적인 단어 역할을 하게 되었다. 어떤 독일의 주석가들은 이를 현대의 "인도 상인"(Indienfahrer)과 "그린랜드 배들"(Grunlandfahrer)이라는 칭호와 바르게 비교하고 있다. 우리는 대서양을 횡단하는 정기선들을 말하는 것이다. 이러한 다시스의 배들은 외국과의 무역에 종사하였으며, 그런 까닭에 그 나라의 생활에 있어서 필수적인 요소였다. 선지자가 그것들에게 저주한 것은 그것들이 악함으로 인한 것이 아니라 인간들이 높게 평가하는 것이었기 때문이며, 다가오는 여호와의 날에 멸하여질 것이다.

모든 아름다운 조각물(ships of pleasure, 즉 오락선): 최근에야 세키요트

---

52) B 모든 바다의 배 위에($\epsilon\pi\grave{\iota}\ \pi\hat{\alpha}\nu\ \pi\lambda o\hat{\iota}o\nu\ \theta\alpha\lambda\acute{\alpha}\sigma\sigma\eta\varsigma$). Saadia도 유사하다. Cocceius는 겉보기로는 이 독법을 따르고 있으며 *naves occani*라고 번역하고 있다. Targum은 "그리고 그 바다의 배들 안에 들어가는 모든 것 위에 임할 것이다." 일반적으로 다시스를 한 도시의 이름으로 생각하여 온 주석가들은 여러 곳을 지적한다. 시실리(Josephus), 칼타고(B), 인도(Jerome). 창 10:4에서 우리는 다시스가 서쪽에 있었다는 사실을 알게 된다. 그곳은 자주 스페인에 있는 Guadalquivir(Baetis) 강의 입구에 있는 타르테수스(Tartessus)와 동일한 곳으로 생각하여 왔다. 지금은 자주 북아프리카에 있는 튜니스(Tunis) 근처의 한 지역과 동일시된다(Köhler's *Lexicon* and Aalders' *Obadja, Jona*: Kampen: 1958). C. S. De Ausejo, "El Problema de Tartesos", *Sefarad*, 2(1942), pp. 171-91.

(שְׂכִיּוֹת)란 단어의 본 의미가 밝혀졌다.[53] 투트모시스 3세(Thuthmosis Ⅲ)는 그의 아홉 번째 원정에서 סְכוּת, '배들'을 언급하고 있는데, 그와 같은 단어가 우가릿어에서 tkt로 나타난다. 그것은 애굽어로부터 채용한 단어이며 그래서 여기서 평행을 잘 이루고 있다. 우리가 배운 바 심판이란 상업에 종사한 배들 위에만 임하는 것이 아니라 유람선 위에도 임할 것이다. 어떤 종류의 배들이든지 모든 배들이 파괴될 것이다.

2:17 11절에서 이미 언급된 여호와의 높아지심이, 그러한 사상을 보다 생생하게 묘사하고 강조를 하기 위하여 여기서 반복되고 있다.[54] 이 두 구절들은 심판의 핵심적인 사실과 주제를 시작하고 마치는 역할을 한다. 칼빈은 말하기를 "선지자가 여러 종류의 교만을 묘사하였을 때, 자기가 인간에 관심을 가졌음을 선언한다. 이는 하나님 자신이 창조하신 거대한 산들과 커다란 백향목을 기뻐하지 않으시는 것이 아니라, 우리에게 인간들 속에 있는 모든 악이 있어서 거대하고 큰 것을 헛되게 의존하는 것임을 알리고 있는 것이다"라고 하였다. 그 구절은 "그러므로 인간의 높음 등" 등으로 번역할 수 있으며, 이 구절의 뜻은 심판이 인간에게뿐 아니라 생명 없는 피조물에게까지 임할 것이라는 것이다.

그날에: 회개하지 않은 악한 사람에게 얼마나 두려운 말인가![55] 그날은 올 것이고 그때 여호와께서 홀로 높임을 받으실 것이다.

---

53) Lambdin (*JAOS*, LXXⅢ, No. 3, 1953, 154-55)은 히브리어 שׂ가 애굽어의 ś에 해당하고 그래서 원본은 שׂכית였다고 생각한다. Albright("Baal-Zephon" in *FAB*, Tübingen, 1950, p. 4)는 이 히브리어 단어가 애굽어 *s'k.ty*,(한 배)로부터 차용한 것으로, 우가릿어 *tkt*와 동의어라고 생각하였다. 참고. G. Driver, *SOTP*, p. 52, 그리고 Alt, "Ägyptisch-ugaritisches", *AfO*, 1951, 69-74. 아마도 B는 그 단어를 "아름다운 배의 모든 여신 위에"(ἐπὶ πᾶσαν θέαν πλοίων κάλλους)라는 번역이 보여주는 바와 같이 이해한 것으로 보인다. 그렇지만 Driver처럼 חמדה가 땅을 지칭한 것임에 틀림없다고 가정할 필요는 없다. Procksch는 그 단어 자체가 한 나라의 명칭이 되었을 수 있다고 주장하고 Driver는 정관사를 덧붙여서 Arabia Felix를 가리키게 한다.

54) נשׂו—술어가 주어 앞에 올 때 그것이 남성형일 수 있고 주어는 여성형일 수 있다. 만일 여성형이 비인칭 목적격을 나타낸다면, 술어가 남성형이 되어야 하는 것은 거의 일반적인 법이다.

55) Duhm은 이사야가 어릴 때 경험한 웃시야 당시 있었던 지진이 그에게 여호와의 위대하심과 인간의 보잘것없음에 대해 인상지어 주었다고 생각한다.

2:18 우상들: 인간들이 우상들을 섬긴다는 사실은 얼마나 이상한가![56] 6-8절에서 이것들이 그 땅이 가득 채워졌던 물건 목록들 가운데 마지막으로 언급되었었다. 이제 다시 심판에 의하여 없어질 모든 것들의 목록들 가운데서 마지막 것이 언급되고 있다. 그 이유는 우상들이 다른 악한 것들이 넘쳐 나도록 한 근본적인 원인이기 때문이다. 인간들이 우상숭배로 돌아설 때, 다른 모든 것들을 부패시킨다. 그러므로 그 근본 뿌리가 사라져야 한다.

동시에 우상들이 다른 모든 악의 원천으로 두드러짐에도 불구하고 이사야는 거의 단숨에 언급하고 있는데, 그렇게 함으로써 그가 그것들을 극단적으로 경멸하고 있음을 암시하며, 마치 그것들이 존재하고 있었지만 뒤늦게 생각한 것처럼 보이게 한다. 이는 마치 그가 다음과 같이 말하는 것처럼 보이게 한다. "그 나라를 기울어지게 만든 그 우상들은 사라질 것이다." 본 절이 급작스럽게 끊긴 것은 목적이 없지 않다. 바로 그 점이 이 우상들의 완전한 폐지를 강조하고 선언하고 있기 때문이다. "그날에 사람이 자기를 지으신 자를 쳐다보겠으며 그 눈이 이스라엘의 거룩하신 자를 바라보겠고 자기 손으로 만든 단을 쳐다보지 아니하며 자기 손가락으로 지은 아세라나 태양상을 바라보지 아니할 것이며"(사 17:7-8).

2:19 사람들로 하여금 다가올 진노로부터 도망하도록 직접적으로 말하는 대신 선지자는 인간들이 마지막 심판 때가 올 때 그 두려움으로부터 피하려고 헛되이 노력하지만 그들에게 들이닥칠 두려움을 예언한다.[57] 이러한 방법으로 그는 다가오는 진노에서 피할 것을 당시의 백성들에게 경고하고 있다. 여호와께서 일어나실 때 땅은 떨 것이며, 그분이 불경건한 자들을 벌하기 위하여 친히 검을 가지고 오실 때, 인

---

56) 본 절은 간략하다. 그래서 **아트나**(Atnah) 대신 **티프카**(Tiphha)가 일차적 분절을 표시한다. "우상들(미완성 독립격[*a casus pendens*])에 대해서는 그것들 전체가 사라질 것이다." יַחֲלֹף—복수형은 B와 1Q에 나타나는데, 그렇지만 불필요하다. Barnes는 "사라지게 할 것이다"로 번역하고 Calvin은 "abolebit"으로 번역하고 있으나, 동사가 Qal형이다. "온전히"—Delitzsch는 삿 20:40에 근거하여 "모두" 혹은 "철저하게"로 번역하고 있다. Drechsler 역시 그 단어를 부사로 취급하고 있다. 그러나 그것이 통상적으로는 명사형이고, 판사의 생략은 언어체가 시어체이기 때문이라고 설명될 수 있을 것이다.

57) 본 절은 10절에서 명령되었던 것을 인증하고 있다. 직설법은 명령법보다 더욱 상세하다. 복수 명령법(*BH*)을 직설법으로 대체한다면 본 절의 강도가 약해질 것이다. B는 분사형을 쓰고 있다. 1Q는 M을 지지한다.

간들은 그분의 나타나심을 피하기 위하여 모든 수단을 다 동원하여 노력할 것이다.

이사야는 이러한 사실을 당시의 사람들이 피할 수 있도록 그 도구들로 가득 채워져 있다고 표현하고 있다. 팔레스틴은 언덕들과 가파른 바위산으로 이루어진 나라이다. 사람들은 바위 사이에 난 굴들과 흙으로 된 동굴 속으로 피신할 것이다. 또한 그들은 자연물들과 인간이 만든 은신처에서 피할 곳을 찾을 것이다. 그러나 그 모든 것들이 아무 소용없음을 깨닫게 될 것이다.

암혈: 유다땅은 언덕들로 가득 차 있었던 바, 이것들은 그 땅에 있었던 벌집 모양으로 된 천연 동굴들일 것이다(참고. 삿 6:2; 삼상 13:6).

토굴: 아마도 일종의 동굴들이나 혹은 땅밑에 파 놓은 굴일 것이다. 땅의 티끌로부터 만들어진 인간들은 이제 완전한 파멸로부터 피하려고 은신처를 찾기 위하여 그 땅으로 되돌아갈 것이다. 여호와의 나타나심은 두렵고 또 그분의 위엄은 영광스러울 것인데, 에덴 동산에 있었던 아담처럼 인간은 그 나타나심과 위엄으로부터 피할 곳을 찾을 것이다.

일어나사 땅을 진동시키는: 하나님께서 스스로 행동하실 때를 성경에서는 그분이 일어나시는 것으로 말하고 있는데, 마치 그분이 오랫동안 행동하시지 않으셨던 것처럼 묘사하고 있다(참고. 삿 5:4; 삼하 22:8-16; 합 3:6-10; 히 12:26). 그것은 심판하기 위하여 정하신 때가 지금 오고 있다는 진리를 표현하기 위한 생생한 묘사이다. 인간의 날은 인간이 자기 스스로 만든 작품을 숭배하였던 때였고, 그날은 이제 지나가 버렸다. 지금까지 전혀 역사하시지 않은 것으로 보였던 여호와께서 이제 일어나셔서 그의 심판의 사역을 이행하실 것이다.

이러한 모습은 왕이 자기 보좌에서 일어나시는 것을 묘사한 것이라는 헤른트리히의 생각은 흥미롭고도 가능한 생각이다. 히브리어 본문의 마지막 두 단어들은 라아로츠 하아레츠(לַעֲרֹץ הָאָרֶץ)인데 여기에 흥미로운 재담이 들어 있어서 어떤 주석가들은 그것들을 자기들의 번역들 가운데 보존시키려고 노력하기도 하였다. 다음의 문장들을 주시할 필요가 있다. ad terram terren-dam(calvin); wenn er sich erhebt und die Erde bebt(Gesenius); ut terreat terram(Delitzsch). 땅을 떨게 함에 있어서 주께서 물리적인 땅을 떨게 하시는 것이 아니라 그분의 심판을 깨달을 자들, 즉 땅에 거주하는 자들을 떨게 하시는 것이다.

2:20 "이것은 18절의 확장으로서 우상들이 어떻게 던져져서 사라질 것인지에 대

한 설명인데, 다시 말하자면, 급하고도 두렵고도 부끄럽고도 절망적인 경멸을 받게 된 자들에 의하여, 그리고 여호와의 보응하시는 임재로부터 도망을 하도록 하는 그 수단으로써 그것들을 섬기고 신뢰하였던 자들에 의하여 우상들이 던져질 것이다" (Alexander). 이 우상들의 던져짐은 그날 곧 하나님의 심판의 날에 일어날 것이다. 그러므로 하나님께서 나타나실 때, 인간은 자기의 우상들을 부끄러워할 것이고 그 것들을 던져 버리려고 할 것이다.58)

은: 분명히 그 우상들은 값나가고 비싼 것으로 만들어졌을 것이며, 그런 까닭에 그것들을 던져 버리는 행위는 보다 심각한 행위가 되는 것이다. 하나님의 임재는 인간들이 만들었던 그것들을 의지하는 일이 얼마나 어리석은 일이었는지가 인간 스스로에게 드러나는 계기가 될 것이다. 오늘날까지도 우리는 교육을 많이 받은 사람들이 우상숭배를 하고 있는 것을 보게 된다. 프랏트(Pratt)는 말하기를 "우리가 생각해 왔던 것 이상으로 우상 숭배 행위에 대한 더 많은 변명이 말해질 수 있을 것이다. 그것은 완전히 건전한 심리학적 원리에 근거하고 있으며 그것은 인간의 필요를 널리 느끼도록 호소하고 있다."59) 어쨌든 본 절은 잘못된 의견에 대한 가장 건전한

---

58) "던질 것이다"—미완료형은 미래의 어떤 특정한 불확실한 때에 속한 행동을 표현하고 있다. "그 은 우상과"—그의 은 우상들. 접미사가 연계형에 붙어 있지 않고 지배받는 명사에 붙어 있다.

אשר עשו—전치사를 가진 단수형 어미가 복수형에 대한 언급과 함께 분배적으로 사용되고 있다. "그들이 자기 자신을 위하여 (각기) 만들었던." "숭배하려고"—비록 B와 Vulgate역 그리고 탈굼역이 다음 구절과 함께 해석하고 있기는 하지만, 부정사가 문법적으로 "그들이 만들었다"와 함께 해석되어져야 한다. Jerome은 "두더지처럼 눈먼 우상들을 숭배하려고"로, Luzzatto는 "두더지와 박쥐에게 절하려고"로 해석한다. 나는 이사야가 우상숭배를 주물숭배로 생각하고 있다는 생각이 정당하다는 증거가 없다고 생각한다. 아마 때로는 사람들이 자기늘의 값비싼 우상들이 마술적인 힘을 가지고 있는 것으로 생각할 수도 있을 것이다(참고. Y. Kaufmann, "Bible and Mythological Polytheism", JBL, Sept. 1951, p. 190).

라호포르 페로트(לַחְפֹּר פֵּרוֹת)—B. 빈 곳들로(τοῖς ματαίοις), Aq. 파진 곳들로(ορυκταις), Sym. ακαρμοοις. 맛소라에는 첫 번째 난어가 부정사 연계형으로 되어 있는데, 아마도 구멍들을 "파라"일 것이다. 그렇지만 T.는 φαρφαρωθ으로 음차했고 1Q는 לחפרפרים로 되어 있다. 그러므로 강세 기호가 두 단어로의 분리를 장려할지라도, 평행절과 함께 위의 고찰의 결과 한 단어임을 시사하고 있다. 다섯 개의 사본들도 역시 한 단어로 읽고 있다. 아마도 본 단어는 곤충들을 잡아먹고 애굽에서 숭배를 받았던 그리고 자주 미이라로 보존되었던 한 동물(뒤쥐)의 이름일 것이다.

교정이다. 주께서 그분이 땅으로 하여금 떨게 하려고 일어서실 것이며, 지금까지도 인간의 손으로 만든 작품을 신뢰하고 있는 사람들이 이제는 자신들의 어리석음에 대해 혐오하고 분노하여 자기들의 값나가는 우상들을 던져 버릴 것이다. 값나가는 우상들이 쥐들과 박쥐들에게, 쥐들과 박쥐들이 살고 있는 어둡고도 무관심한 장소로 던져질 것이다.

2:21 사람들이 자기들의 우상들을 집어던질 것인데, 이는 비록 값이 나가고 비싼 것이라 할지라도 그 우상들이 방해물이 되고 거추장스러운 것들이 될 것이기 때문이다. 이러한 일을 해야 하는 이유는 바위들과 그 갈라진 틈 가운데서 피난처를 발견하기 위한 것이다. 사람이 우상들에게 경배할 때, 그것들이 참되신 하나님을 예배하는 데 방해물들이었다. 그러나 이제 인간들이 하나님께로부터 도피하려고 할 때, 그 우상들이 또다시 그 앞에 있기 때문에 옆으로 치워 버려야 하는 것이다.[60]

암혈: 유대의 바위산들 가운데에는 사람이 숨을 수 있고 또 쫓는 자들로부터 피할 수 있는 많은 바위들의 갈라진 틈이나 또는 굴들이 있었다. 그렇지만 그러한 숨는 장소들은 인간이 그 대적이나 추격하는 자의 눈을 벗어날 수는 있었으나, 하나님으로부터 숨기 위하여 그곳에 피하는 것은 헛될 것이다.

험악한 바위 틈: 바위들의 틈. 이 메시지 가운데서 이사야는 세 번이나 인간들이 주님으로부터 피하려고 하는 것을 바라보고 있다. "땅의 임금들과 왕족들과 장군들과 부자들과 강한 자들과 각 종과 자주자가 굴과 산 바위틈에 숨어 산과 바위에게 이르되 우리 위에 떨어져 보좌에 앉으신 이의 낯에서와 어린양의 진노에서 우리를 가리우라 그들의 진노의 큰 날이 이르렀으니 누가 능히 서리요 하더라"(계 6:15-17).

2:22 이 명령은 인간을 신뢰하기를 그치고 단념하라는 것이다.[61] 우상을 의지하

---

59) *The Religious Consciousness*, p. 276.
60) 부정사는 목적을 표현하고 있으며, 그래서 미래형으로 번역되어서는 안 된다. Bentzen은 주어가 20절의 인류라고 생각한다. 본 뜻을 다음과 같이 고쳐 쓸 수 있을 것이다. "그 날에 사람이(인류―정관사를 유의하라) 자기의 값비싼 우상들을 버리고 갈 것이다…".
61) 이 구절은 B에는 빠져 있으나 아퀼라, T. 1Q에는 빠지지 않았으며, Penna는 본 절의 사상이 본 장의 내용을 요약하고 있다고 인정한다(참고. A. E. Osborn: "Divine Destiny and Human Failure, Isaiah 2", *Biblical Review*, XVII, 1932, 244-48). Herntrich는 본 절이 청

는 것은 한마디로 인간 자신을 의지하는 것으로 간주되는데, 이는 그 우상들이 인간의 정교성과 창조적인 힘으로 인하여 나타난 것이기 때문이다. 그러나 인간이 우상을 만들 때 그를 신뢰하지 않을 뿐만 아니라 어느 때에라도 신뢰하지 않는다. 사람은 하나님을 대적하는 입장에 있으며 본 구절은 하나님 대신에 인간을 의뢰하는 어리석음을 보여주고 있다. 유다의 삶은 인간과 인간의 지혜에 대한 신뢰를 나타냈고 유다는 그러한 헛된 신뢰를 단념하도록 명령을 받고 있다. 이사야의 어투는 다음과 같이 번역될 수 있을 것이다. "스스로 그쳐라, 너희 자신의 유익과 번영을 위하여." [62] 그가 인간을 신뢰하는 일을 그친다는 것은 자신의 이익과 유익을 위한 것이다.

그의 호흡은: 직역하면 "그의 호흡은 코에 있나니." 여기에 인간을 신뢰하는 자가 왜 어리석은지 그 이유가 있다. 그 코에 숨이 붙어 있다는 것이다. 인간의 생명은 일시적이다. 하나님께서 인간으로 하여금 살아나도록 호흡을 그 코에 불어넣으셨다(창 2:7; 7:22). 그러므로 인간은 그 자신의 힘으로 존속하지 못하는 것이다. 그 호흡이 인간에게 불어넣어졌으므로 또한 그에게서 취해 감을 당할 수 있고 그에게서 떠나갈 수 있는 것이다(시 146:4).

수에 칠 가치가 어디 있느뇨?: 그 대답은 "없다"는 것임을 암시하고 있다.[63] 너희가 의지하는 인간에게 얼마의 가치가 있겠는가? 아무것도 없는데 이는 그가 덧없는 인생이기 때문이고 그의 호흡이 그로부터 떠나가기 때문이다. 그러므로 본 절은 인간의 정당한 가치를 떨어뜨리는 것이 아니고 다만 인간에 대한 부당한 가치를 떨어뜨려 주는 것이다.

하나님으로부터 떠난 인류의 상태에 대한 얼마나 정확한 표현인가! 타락한 인간은 자신의 모든 신뢰와 소망을 인간에게 둔다. 이러한 신뢰가 이사야가 기록할 당시

중이 승인하는 후렴을 표현하고 있을 수도 있다고 생각한다. 만약 이 구절이 이미 진술한 한 독자에 의하여 지어진 인상을 표현하고 있다면, 그 사실은 그것의 적절성에 대한 무언의 인정이 되는 것이다. 본 절이 빠진 이유에 대한 논증은 그렇게 강하지 못하다. "호흡"—강조를 위하여 술어 명사가 앞에 나와 있다. "그의 호흡이 그의 코에 있는 사람."

62) "너희는 그치라"—직역하면, "너희 자신들을 위하여." 심성적 여격이 행위를 나타내는 동사 뒤에 있는 전치사에 의하여 도입되었다.

63) "어디 있느뇨?"—제롬은 *excelsus*; Drechsler는 "얼마나?"로 번역하였다. 베트(ב)는 요구와 관련된 동사형으로 간주될 수 있을 것이다. 즉 "그가 생각하고자 하는 것", "간주된"이란 뜻일 것이다. 수동분사는 동사적 개념에 대한 일정한 표현을 나타낼 뿐만 아니라, 동시에 그 일정한 표현인 "가치가 있는 것으로 생각된"의 근거가 되는 영구적 가치를 나타낸다.

에 존재하고 있었던 사람들처럼 가장 미숙한 형태인 우상숭배로 나타날 수 있다. 인간이 가장 필요로 하는 것은 인간을 거절하는 것이며, 어린아이처럼 하늘의 아버지를 찾는 것이다. 그러므로 본 절은 본 장에 잘 어울리는 결론을 이루고 있으며, 동시에 그것은 2장에서 언급한 우주적 심판의 선포와 3장에서 소개될 보다 구체적인 심판 사이에 교량 역할을 하고 있다.

특주

몇몇 구절들이 8, 11, 12절에서 반복하여 출현한다.

 9절: 천한 자도 절하며 귀한 자도 굴복하오니
11절: 그날에 눈이 높은 자가 낮아지며 교만한 자가 굴복되고
17절: 그날에 자고한 자는 굴복되며
      교만한 자는 낮아지고

10, 19, 21절에도 그와 같은 반복들이 나타난다.

10절: 너희는 바위틈에 들어가며 진토에 숨어
      여호와의 위엄과
      그 광대하심의 영광을 피하라
19절: 사람들이 암혈과 토굴로 들어가서
      여호와께서 일어나사 땅을 진동시키는 그의 위엄과
      그 광대하심의 영광을 피할 것이라
21절: 암혈과 험악한 바위틈에 들어가서 여호와께서 일어나사
      땅을 진동시키시는 그의 위엄과
      그 광대하심의 영광을 피하리라

2. 유다에 대한 징벌과 영광(3:1-4:6)

(1) 질서의 혼동(3:1-7)

1절, 보라 주 만군의 여호와께서 예루살렘과 유다의 의뢰하며 의지하는 것을 제하여 버리시되 곧 그 의뢰하는 모든 양식과 그 의뢰하는 모든 물과
2절, 용사와 전사와 재판관과 선지자와 복술자와 장로와
3절, 오십 부장과 귀인과 모사와 공교한 장인과 능란한 요술자를 그리하실 것이며
4절, 그가 또 아이들로 그들의 방백을 삼으시며 적자들로 그들을 다스리게 하시리니
5절, 백성이 서로 학대하며 각기 이웃을 잔해하며 아이가 노인에게, 비천한 자가 존귀한 자에게 교만할 것이며
6절, 혹시 사람이 그 아비의 집에서 그 형제를 붙잡고 말하기를 너는 의복이 오히려 있으니 우리 관장이 되어 이 멸망을 네 수하에 두라 할 것이면
7절, 그 날에 그가 소리를 높여 이르기를 나는 고치는 자가 되지 않겠노라 내 집에는 양식도 없고 의복도 없으니 너희는 나로 백성의 관장을 삼지 말라 하리라

3:1 본 장은 앞장과 긴밀하게 연관되어 있는데, 앞장의 마지막 절은 이 두 장들 사이의 적절한 전환점을 이루고 있다. 본 장은 인간을 의지하는 어리석음을 말하고 있으면서도 동시에 22절에 내포된 권고의 이유를 제공하고 있다.[64] 그 이유는 하나님께서 곧 방백들과 통치자들을 제거하실 것이므로 인간을 계속 의지하는 것은 어리석은 일이기 때문이다. 제2장에서 우주적인 심판을 묘사한 반면에 제3장에서는 심판의 호소가 보다 구체적으로 나라를 견고하게 하기 위하여 가장 필요로 하는 인

---

64) 2장의 우주적 심판과 3장의 보다 구체적인 심판 사이의 교량 역할을 한다는 데 있어서 Kissane은 2:22이 3:1의 키('כ)를 설명하고 있다고 생각한다. 그렇지만 Duhm은 3:1-12이, 수리아인의 침입 이전 시대에 속하는 것으로 보이는, 9:13이하와 연결되어 있다고 생각한다. 그는 말하기를 만일 키('כ)가 원래의 것이라면 앞장과의 연결은 사라진다고 한다. Marti는 키('כ)가 이 구절과 2:6이하를 연결시키고 있다고 생각하고 Dillmann은 2:22과 연결시키고 있다고 생각하는데 이 의견이 옳다. 이는 비록 2:22의 키('כ)가 앞의 논박 전체를 가리키기 때문이다. "세계적 심판이 올 것이고 인간은 하나님을 의존하지 않으므로 주께서 치워 버리실 것이다 등."

물들을 빼앗기게 될 그 나라에 한정하여 묘사하고 있다. 그 성취를 바벨론 포로에서 찾을 것이 아니라, 그 당시부터 이스라엘에게 계속하여 닥쳐왔고 지금도 그 불우한 백성에게 닥치고 있는 모든 심판에서 찾아야 한다(5:12의 주석을 참고하라). 이스라엘의 전 역사는 마치 전체 드라마가 첫 장면에서 완성되는 것처럼 한 눈에 보여진다. 포로는 단지 그 성취의 시작에 불과하였을 뿐(포로지에도 여전히 선지자들이 있었다) 완성된 것이 아니다.

보라!: 이사야서 서론 부분에서 사용된 친숙한 단어로서, 그는 자주 분사형이 미래에 있을 시기를 표현할 때 다음에 나오는 그 분사형을 강조하기 위하여 이 단어를 채용하고 있다. 그러므로 그 의도는 "보라, 주께서 곧 제하여 버리려고 하신다"는 것이다. 이사야는 어떻게 제거하실 것인지를 명백하게 말하지 않고 다만 다음 구절들 가운데서(예를 들면 5:8이하) 우리는 그것이 앗수르라는 도구를 통하여 닥쳐올 것임을 알게 된다. 앗수르인들과 바벨론 인들은 주로 그들이 정복한 나라의 지도자들을 먼저 포로로 붙잡아 간다. "저(바벨론 왕)가 또 예루살렘의 모든 백성과 모든 방백과 모든 용사 합 일만 명과 모든 공장과 대장장이를 사로잡아 가매 빈천한 자 외에는 그 땅에 남은 자가 없었더라"(왕하 24:14). 그러한 추방의 결과 그 땅에 남아 있는 자들에게 엄청난 잔인한 일과 어려운 일이 닥치고 여기 묘사된 것과 같은 무정부상태가 된다.

만군의(the Sovereign): 주권자.[65] 이 단어는 이사야서에서 하나님의 주권을 가리키기 위하여 자주 사용되었다. 그분은 만군의 주(여호와)와 동일시되고 있다. 또다시 여기에 1:24에서 발견된 것들과 같은 칭호들이 뭉쳐있다. 하나님은 분명히 칭호가 여럿일 필요가 없다. 그러나 이 여러 칭호들은 우리에게 다가올 상황의 심각성을 인상 깊이 새겨 주는 역할을 하고 있다. אָדוֹן(아돈)은 하나님의 최고 권력과 권위를 상징하고 있다. 야웨는 자존성과 영원성을 가지신 그분을 지칭한다. 그러나 그분은 동시에 계시의 하나님이시요 자기 백성과 특별한 관계 가운데 서시는 하나님이시다.

"만군의"라고 한정된 이 단어는 하나님이 모든 것의 통치자가 되신다는 사실에

---

65) 하나님에 대한 여러 칭호들을 주시하고 2:18, 22과 비교하라. 이 엄숙한 칭호는 두려움과 경외심을 일으키는 역할을 하고 있으며, 이사야가 하나님의 심판을 선포하기 원할 때 사용되었다(참고. 1:24; 10:16, 33; 19:4).

주의를 기울이도록 하는 역할을 한다. 하나님의 백성들에게 다가올 재난의 극한 심각성 때문에 이 많은 칭호들이 사용되고 있는 것이다. 아마도 백성들이 이 엄숙한 칭호들을 들을 때, 그들이 그들에게 들려오는 메시지에 귀를 기울일 수도 있을 것이다. 동시에 이 칭호들은 그들에게 떨어질 재앙들이 우연히 일어난 것이 아니고, 여호와 자신으로부터 온 것임을 그 나라로 하여금 알게 하려고 한 것일 수도 있다. 하나님의 법정적인 행위들이 소개될 때, 이사야는 복잡한 형태를 가진 여호와의 호칭들을 사용하고 있다(참고. 1:24; 10:16, 33; 19:4). 그런 까닭에 이 복합적인 칭호들은 심판에 대한 새로운 선언이 이루어지고 있다는 사실을 보여주고 있는 것이다.

예루살렘: 이 도성이 첫 번째로 언급되어 있는데, 그 이유는 그곳이 그 나라의 왕좌였기 때문이고, 그곳에 거주하는 정부의 고관들이 가장 먼저 축출당할 것이기 때문이다. 예루살렘으로부터 시작하여 무정부 상태가 전국으로 확산될 것이다.[66]

의뢰하며 의지하는 것: 두 개의 히브리어 단어가 사용되어 있는데, 하나는 남성형이고 다른 하나는 여성형이며 그렇게 하여 전체의 사상이 표현되어 있다.[67] 모든

---

66) "제하여 버리시되"—Fischer는 생각하기를 이 일은 외부의 대적들로 인해서 뿐만 아니라 혁명이라는 도구에 의해서 이루어진다고 생각한다(참고. 5:4-5). Penna는 말하기를 그것은 특히 만일 하나의 큰 제거(chiarezza)가 그것과 함께 동반되었을 것이라면 대학살(eccidio)일 수도 있다고 한다. Dillmann은 아마도 그 일이 외부의 대적들이라는 도구를 통하여 실현될 수도 있다고 말하였다. Hertzberg는 앗수르와 바벨론 시대에 있었던 정치적 상황 가운데서 성취되었다고 본다. 이들은 유다의 지도자들을 첫 번째 포로로 붙잡아 갔다(참고. 왕하 24:14). 이 어근이 18절에서 다시 나타나고 있는 점을 주시하라. 그리고 출 23:25을 참고하라. 능동분사는 가까운 장래에 이루어질 어떤 일을 표현하고 있다.

67) 마슈인(מַשְׁעֵן)과 미슈이나(מַשְׁעֵנָה)의 형태는 여기에만 나온다. 그 밖에 미슈안(מִשְׁעָן)과 미쉐네트(מִשְׁעֶנֶת)가 사용되어 있다. 이는 수사적 효과를 위하여 일부러 선택한 것일 수도 있다. 다른 곳에서 미슈안(מִשְׁעָן)은 삼하 22:19; 시 18:19에서 더 사용되었고, 미쉐네트(מִשְׁעֶנֶת)는 민 21:18; 시 23:4; 사 36:6 등에서 사용되었다. 전체적으로 표현하기 위하여 사용된 남성형과 여성형의 또 다른 실례는 사 11:12; 22:24 등에 나타난다.

이 각 단어들의 정확한 의미는 분별하기 어렵다. Delitzsch는 라틴어 소파의 다리(fulcrum), 지지(fultura), 그리고 기둥, 지지(fulcmen)를 적절하게 비교하고 있다. 마슈인(מַשְׁעֵן)은 "지탱자"를 의미하고, 마슈이나(מַשְׁעֵנָה)는 "지탱하는 도구들"을 의미할 수 있다. 세 개의 각각 다르지만 발음이 비슷한 단어들을 언급한 것은 그 엄숙성을 더해 주고 말하는 의미를 더해 준다. 그러므로 "모든 종류의 의지하는 것과 무엇보다도 의뢰하는 모든 양식 등"으로 번역될 수 있다.

다음의 묘사가 정부의 관료들을 가리키고 있으므로, 많은 비평가들은 **빵과 물**을 언급하고

종류의 의뢰하며 의지하는 것들이 사라질 것이다. 이와 같은 현상이 아랍어에 나타난다. "그는 숫양이든 암양이든 소유하지 않았다"는 그가 아무것도 가지지 않았다는 것을 의미하며, "야생동물의 수컷이든 암컷이든"은 모든 종류의 야생동물을 의미한다.

남성형과 여성형을 사용함으로써 선지자는 모든 범주를 다 망라하고 있는데, 그 뜻은 사람을 유지시켜 주는 모든 종류의 것들이 사라질 것이라는 뜻이다. 이사야는 세 개의 음이 서로 유사한 단어들을 사용하여 발하고 있는 말씀의 엄숙성과 강세를 더해주고 있는데 그것들은 마슈엔(מַשְׁעֵן), 마슈에나(מַשְׁעֵנָה), 미슈안(מִשְׁעַן)이다. 본 절에 있는 여덟 개의 단어들이 멤(מ)이라는 자음으로 시작하고 있다.

모든 양식: 몸을 지탱케 하는 모든 종류의 양식이 사라질 것이며 무엇보다도 빵이 그렇게 될 것이다. 빵과 물은 존재해 나가는 데 있어서 필수적인 것들이다. 그렇지만 모든 종류의 양식들 곧 빵과 물까지도 없어질 것이며 그렇게 하여 그 나라는 하나님에 의하여 삶에 가장 필요한 것들을 박탈당할 것이다. 일상적인 필요들을 받는 것은 당연한 일이라고 생각하고, 자신의 뜻대로 그것들을 취소시킬 수도 있는 하나님을 잊어버리기 쉽다.

루터는 다음과 같이 주석하고 있다. "일용할 양식은 몸을 유지시키고 또 몸이 원하는 모든 것들인데, 곧 음식, 음료, 의복, 구두, 집, 가정, 정원, 돈, 상품들, 경건

있는 1절 하반절을 주석으로 본다. 그러나 이러한 단어들이 나오는 것은 본문의 승거에 의하여 지지받는다.

1절 하반절의 어투는 다음절에 나타나는 목록들과 함께 효과를 더욱 높여주고 있다. 의뢰하는 것들은 백성들의 일반적인 삶에 필요한 기초를 이루는 모든 것을 포함한다. 통치자들이 포함되어 있지만 그러나 그들은 그 범주를 총망라하지 않는다. 이와 같이 그들의 가장 최고의 재능들과 능력들과 은사들이 언급되고 있는데, 그것들은 한 나라의 보다 높은 문화생활을 나타내 준다. 이러한 의뢰하는 것들을 없애버린다는 것은 조직적인 생활로부터 무질서와 분산으로 전환되는 것이다.

만일 양식을 치워 버린다면 그 결과는 멸망이다(참고. 레 26:26; 창 18:5; 삿 19:5, 8; 시 105:16; 겔 4:16; 14:23). 물은 어느 곳에서나 목숨을 부지하는 양식으로 언급되지 않았다. 그러나 그것이 여기서 사용된 것은 액어법으로 인한 것이다. 참고. *Horace, Satires*, II:3:153. (*Deficient inopem venat te ne cibus atque Ingens accedat stomacho fultura ruenti.*) 애 2:20도 참고하라. 소유격은 동격이다. 그러므로 "모든 지탱하는 것들 곧 양식과 물까지도." 미슈안(מִשְׁעַן)은 미슈아안(מִשְׁעָן)의 연계형이다. 악센트가 없는 마감 음절에서 아(a)는 두 개의 아 모음들이 함께 있는 것을 피하기 위해 이(i)로 변한다(이화현상). 원래의 형태는 아마도 미슈안(מִשְׁעַן)이었을 것이다.

한 반려자, 경건하고 신실한 통치자들, 좋은 정부, 좋은 날씨, 평화, 건강, 규율, 명예, 좋은 친구들, 신실한 이웃과 그와 같은 것들이다." 루터가 그 양식이라는 범주 가운데 경건하고도 신실한 통치자들, 좋은 정부를 포함시키고 있는 것을 보면 흥미롭다. 19:10과 비교하라. 그곳에 보면 שָׁתֹת(샤토트), 즉 기둥들이 방백들을 지칭하고 있다. 루터는 본 절의 이 부분이 다음절과 연결이 되고 있지 않으므로 하나의 주석일 뿐이라고 주장하는 비평주의자들보다 본문을 더 깊이 있게 이해하였던 것이다. 그러므로 유다의 멸망은 시작되고 있었으니 곧 사실로 말하자면 생활의 기본 필수품들의 제거와 함께 이미 시작되었던 것이다.

3:2 이제 유다의 생활을 유지시켜 주는 것들의 목록을 따르고 있다. 본 절과 다음 절은 국가의 주요 버팀목인 용사들을 언급하면서 시작하고 있다. 용사는 전쟁의 사람보다 더 높은 군사적 지위에 있었던 전쟁의 영웅이고 힘센 자들이었고 용맹스러운 자들이었다.[68] 그는 아마도 이미 연단을 거쳤던 위대한 용사였을 것이다. 그러나 "전쟁의 사람"이라는 칭호는 단순히 일반적인 군사를 지칭할 수도 있다. 아마도 그 나라의 믿지 않은 편에서는 군사력에 소망을 두었을 것이다.

용사들이라는 두 범주들에 대한 언급으로부터 만일 그들이 실제로 용사들이라면, 이사야는 그 다음으로 재판관들을 언급하고 있다. 그러므로 본 절은 드렉슬러가 지혜롭게 표현한 바와 같이(de Wehrstand und der Lehrstand) 군인과 시민으로 구분짓고 있다. 재판관은 결정을 하는 임무를 가졌을 뿐만 아니라 정치적인 성격을 가지고 있었던 자들로서 일반 관리들이었다. 본 절의 두 번째 부분에서 열거하는 순서에서 어떤 특별한 체계가 나타나 있지 않다. 물론 이사야의 목적은 거기에 순서가 없고 무정부 상태만 있다는 사실을 보여주고자 한 것은 아니다. 그러나 만약 가능하

---

68) "용사"―이 단어가 "전쟁의 사람"과 함께 있으므로 본인은 이같이 번역하였다. 참고. 삼하 23:8; 대하 13:3. 이 형태는 본래 *gab-bâr*을 나타내고 있고, 단음절 아(a)는 엑센트가 없는 폐음절에서 이(i)로 바뀌었다. 참고. 아랍어 *gab-bâr*.

2절에서 와우 접속사가 세 번이나 출현하고 있음을 주시하라. "선지자"와 "주술사"란 단어들에 대한 논의에 대해서는 *MSTP*(1954)를 참고하라. Penna는 여기서 코셈(קֹסֵם)이 사용된 의미에 관계 없이, 결정을 하는 사람을 가리키는 좋은 의미로 언급하였을 수 있다고 생각한다. 그러나 본 단어의 규칙적인 사용은 그것이 제2차적인 비호의적 의미를 가지고 있다는 Drechsler의 주장을 지지한다. 본 절에서 선지자가 정치적 직위를 가지고 있었다는 견해를 지지하지 않는다.

지 않다면, 왜 그가 말하고 있는 그 순서를 따르고 있는지 그 이유를 말하기가 어렵다.

선지자라는 언급과 함께 이사야는 얼마나 심각한 박탈이 그 나라에게 닥쳐올 것인지를 보여주고 있다. 하나님의 뜻은 선지자를 통해서 알려졌고, 백성이 하나님의 계시에 대해 무지한 상태로 남아 있을 때 그들의 곤경은 실로 비극적이 된다. 주의 말씀에 대한 기근이 양식의 결핍으로 인한 기근보다 더 심각하다. 이사야 당시의 한 사람이 다음과 같이 말했다. "주 여호와께서 가라사대 보라 날이 이를지라 내가 기근을 땅에 보내리니 양식이 없어 주림이 아니며 물이 없어 갈함이 아니요 여호와의 말씀을 듣지 못한 기갈이라"(암 8:11).

복술자는 비록 유다 백성들이 그들을 의지하였을지라도 그 나라의 합리적인 지지를 얻지 못하였다. 고대 시대에는 복술자들이 심하게 정죄를 받아왔다. 그러므로 그 나라 백성들은 그들의 합법적인 지도자들 뿐만 아니라 비합법적인 지도자들까지도 박탈을 당할 것이다. 호세아 역시 다음과 같이 선언하였다. "이스라엘 자손들이 많은 날 동안 왕도 없고 군도 없고 제사도 없고 주상도 없고 에봇도 없고 드라빔도 없이 지내다가"(호 3:4). 현존하는 모든 질서, 곧 유대인의 생활방식이 전적으로 변화될 것이다.

정부의 근저(根底)에는 자기들의 경험을 바탕으로 특별한 자격을 가지고 정부의 좋은 행정에 필요한 충고를 제시해 주기에 합당한 사람들, 곧 장로들이 있었다. 예를 들면, 르호보암은 노인들의 충고를 받아들이지 않아 큰 실수를 하였다. 정부에서 경험 많은 노인들이 사라지는 것은 실로 심각한 타격이 될 것이다.

3:3 이사야는 하나님께서 그 나라로부터 취해 가실 그들이 의지하는 두 번째 계층을 언급하는 데로 나아간다.

오십 부장: 오십 명을 거느리는 어떤 특별한 관리의 호칭.[69] 열왕기하 1:9에서

---

69) 오십 명 단위의 그룹에 대해 그 실례들을 보려면, 왕하 2:16-17, *Odyssey* 20:49 그리고 *Iliad* 8:563을 보라. Gordon, *The World of the Old Testament*, 1958, p. 109에 나타난 논의를 보라. Rosenmüller는 이 호칭을 백 명의 군사들을 지휘하는 백부장과 천 명을 거느리는 천부장과를 비교하고 있다. 열거한 순서 가운데 관리들이 혼합되어 있으며, 그래서 우리는 그들 모두가 일반 공직자들을 가리킨다고 주장할 필요가 없다(Rosenmüller). פָּנִים은 내역을 말하고 있는데, 곧 직역하면 "얼굴과 관련하여서 …를 들어올렸다." Delitzsch는 이것이 영향

우리는 다음과 같은 내용을 읽게 된다. "이에 오십 부장과 그 오십 인을 엘리야에게로 보내매"(왕하 1:9). 이 문구는 설형문자 비문에서 rab hamsa로 나타나기도 한다. 성경에서 그 용어의 사용은 광야에서 그 나라의 십명 단위의 배열로부터 나온 것으로 보인다. 출애굽기 18:25에 기록된 바와 같다. "이스라엘 무리 중에서 재덕이 겸전한 자를 빼서 그들로 백성의 두목 곧 천부장과 백부장과 오십부장과 십부장을 삼으매." 구약에서 최소한 이것은 그 문구의 기본적인 의미로 보인다.

우리는 이것을 고대 문서에서 백부장과 천부장과 같은 호칭들과 비교할 수 있을 것이다. 사울은 미래의 왕이 "너희 아들들로 천부장과 오십부장을 삼을 것이며 자기 밭을 갈게 하고 자기 추수를 하게 할 것이며 자기 병거와 병거의 제구를 만들게 할 것이며"(삼상 8:12)라고 말하는데, 이 구절을 보면 이 사람들이 군사적인 방법으로 왕을 돕기 위하여 무장한 것으로 나타난다. 50명으로 나누는 일이 호머의 서사시 가운데서도 발견되는 것은 흥미 있는 일이다. 그러므로 오디세이(20:49)에서 지혜의 여신인 아딘(Athene)은 말한다. "비록 죽을 수밖에 없는 인간 50명이라 할지라도 우리 주위에 서 있어야 한다."

귀인: 귀인들은 왕의 총애를 받는 사람들이었다. 그들이 이렇게 총애를 받았으므로 그들은 아마도 상당한 지위와 권력을 소유하였을 것이다.

모사: 모사는 개인적인 직업을 가지지 않은 것으로 보이며, 공적인 일에 종사한 것으로 보인다. 이 직위의 중요성은 이사야 9:6에 있는 칭호들 중 하나가 "모사"라고 한 사실을 생각하면 드러난다.

공교한 장인: 이 칭호는 예술에 있어서 지혜와 기술을 소유하고 있었던 사람들이다.[70] 그렇지만 이 기술이 무엇인가? 그 다음의 문구는 분명히 마법사를 가리킨

력 있는 사람들을 가리킨다고 하였다. Bentzen은 왕에게 신임을 받았던 사람들을 가리킨다고 하였다(den, der har kongens naade). 이 구문은 히브리 어법에 친근하다. 신 10:17; 왕하 5:1 등. 얼굴을 들어올린 사람은 호의를 받은 사람이다.

70) "장인"—Gesenius는 이 단어가 마술을 행하는 사람들을(peritus praestigia rum) 가리킨다고 말하는데 이 해석은 많은 지지를 받고 있는데, 최근에 Penna는 다음과 같이 말하였다. "마술에 비쳐진 사람"(personaggi dediti alla magia)(창 41:33, 39; 신 1:13; 4:6; 1 Re. 3, 12). "마법. 특히 뱀을 꾀는 것"(e agli incantesimi, specialmente incantatori di serpenti)(Sal. 41, 8; Eccl. 10, 11). König, Kissane, Ewald, Marti 등은 같은 견해를 가지고 있다. 벌게이트역은 eloqui mystici로 번역한다. 이 입장에 대한 논의를 보려면 A. D Alpe: "누구든지 신비한 말을 하는 지혜로운 사람"(Quis sit prudens eloquo mystici) in

다. 본 문구가 그와 같은 종류의 직업을 가리키는가? 어떤 사람은 그렇게 생각하지만 실제로는 수공예 부분에 있어서 기술과 지혜를 가진 가운데 고대 근동에서 널리 알려진 사람을 가리킨다는 사실을 기억해야 할 것이다. 그러므로 우리는 예를 들면 고대 우가릿의 비범한 직공 가운데에 능숙하고 숙련된 사람을 의미하는 Ktr wHss 라는 이름이 있었다는 점을 주목하게 된다. 이와 같이 일리아드(Iliad, 18:380)에서 기술의 신인 헤파이스도스(Hephaistos)가 "능숙한 솜씨"로 일하고 있는 것으로 묘사되어 있다. 덧붙여 말하자면, 우리는 본 단어가 다음에 따라오는 문구와 날카로운 대조를 보이고 있다는 사실을 주시하게 되며, 그 문구 안에서 발견되는 것을 단순하게 진술하지만은 않고 있음을 알 수 있다. 포로기 당시에 기술자들이 그 땅에서 붙잡혀 갔다(왕하 24:14이하; 렘 24:1 그리고 29:2).

능란한 요술자: 이 사람은 요술을 하는 상투적인 주문을 속삭일 수 있었던 사람이다. 이 직업은 널리 퍼졌고 요술자에게로 가지 말라는 하나님의 명령에 개의치 않은 많은 사람들이 있었다. 주님의 목적은 유다로부터 선한 것이든 나쁜 것이든, 또 하나님이 규정한 것이든 그렇지 않은 것이든, 모든 의지하는 것들을 거두어 가 버리시는 것이었다. 지금의 문화는 아주 급진적으로 변질되어 있었고, 백성이 의존하곤 하였던 모든 것들은 징계의 방식으로 거두어 가버릴 것이었다. 그 심판의 날에 의지할 것들은 다 사라질 것이고, 그 나라가 지금 믿고 의지하는 모든 것들은 그때 사라져 버릴 것이었다.

3:4 유능하고도 능력을 갖춘 사람늘이 성무의 고위직으로부터 물러날 때 무능력

VD, 23, 1943, pp. 133-37을 참고하라.

그렇지만 Bentzen은 구약 역본들 가운데 가장 오래된 전승은 "공교한 장인"으로 번역하고 있다고 바르게 지적한다. BDB는 하라쉼(חָרָשִׁים)을 헤레쉬(חֶרֶשׁ)의 복수형이라고 한다. 동시에 이 형태는 첫 음절에 있는 장모음 아(a)를 가진 복수형과는 구별되어야 한다. 복수의 두 발전이 있어 왔을 수도 있지 않을까? 말하자면, (1) חֶרֶשׁ = חָרָשׁ, 복수형은 하라쉼(חֲרָשִׁים) (2) 개음절 피넬트를 가진 하라쉬(חָרָשׁ), 복수형은 하라쉼(חָרָשִׁים). Orelli는 그 땅이 그들 중에서 공교한 장인들이 사라짐으로 말미암아 어떻게 약화되었는지를 지적하고 있다. 참고, 왕하 24:14, 16.

"능란한 요술자" —AV의 "웅변을 잘하는 연설가"는 사실상 탈굼역으로 거슬러 올라가 번역한 것인데, Luther, Calvin 등에 의하여 지지를 받고 있지만(이에 대한 변호에 대해서는 Barnes를 보라) 타당한 근거가 없다.

하고도 변덕스러운 통치자가 그 자리를 차지할 것인데, 그것이 여기에 묘사되어 있는 정확한 변화이다.

그가…삼으시며(직역: 그리고 내가 줄 것이며): 예언서에 가끔 나타나는 바와 같이, 그 인물들의 갑작스러운 교체와 함께 이사야는 본 장의 첫 절에서 그가 시작한 주님의 활동에 대한 묘사를 계속해 나가고 있다.[71] 주님께서는 여기서 이 묘사에 힘을 더해 주는 방식으로 갑작스럽게 말하는 자로 등장하고 있다. 그 땅에서 일어날 무서운 변화는 우연히 일어난 것이 아니고 주님의 의도적인 계획이요 결정에 의하여 일어난 것이다.

아이들: 다스리는 자들이 아무런 경험도 없을 때, 그것은 얼마나 커다란 재앙이 되겠는가? 그러한 무경험은 한 어린아이의 특성을 나타낸다.[72] 르호보암은 경험 많은 노인들의 판단을 저버리고 성급하고도 경험이 없는 젊은이들에게 귀를 기울였는데, 그 결과 재난이 뒤따라왔다. 여로보암 2세 이후 젊은 통치자들이 북왕국 이스라엘의 권좌에 있었고, 그들의 통치는 지혜로 다스렸다고 특징지을 수 없었다. 그렇지만 아마도, 이점에서 이사야는 나이가 어린 사람을 두고 말한 것은 아니고 경험과 능력을 기준으로 말할 때 그들은 약하고 무능하여 그들이 어린아이에 지나지 않은 사람들임을 염두에 둔 것 같다.

그래서 솔로몬은 자신에 대해서 칭찬할 만한 겸손을 나타내 보이면서 다음과 같이 말했다. "나의 하나님 여호와여 주께서 종으로 종의 아비 다윗을 대신하여 왕이 되게 하셨사오나 종은 작은 아이라 출입할 줄을 알지 못하고"(왕상 3:7). 그의 이와 같은 발언은 다스리는 능력에 있어서 어린아이에 지나지 않았던 사람들의 지식의 결핍을 잘 표현하고 있다. 성급함, 젊음의 신뢰와 무모함이 젊은이들의 일반적

---

71) 미완료형 "그들이 다스린다"는 여기서 미래에 있을 어떤 점을 가리키는 계속적 행위를 나타낸다. 즉 "그들이 계속하여 다스릴 것이다."

72) "아이들" — 많은 사람들은 이 사람이 아하스를 가리킨다고 한다. 그렇지만 Van Hoonacker는 "그 아이가 아하스여야 할 이유를 우리는 전혀 제시할 수 없다"(*Waarom met de knapen bepaald Achaz zou gemeend zijn, kunnen wij niet zeggen*)라고 해석한다. Dillmann은 이것이 여로보암 2세 시대 이후 이스라엘에서 예증되었다고 생각한다. Kissane은 포로 이후에 오직 어린이들과 가난한 자들만 남았다고 말한다. 왕하 24:14; 25:12. Duhm은 다음과 같이 번역한다. "젊은 성급한 자들과 미성숙한 소년들"(*junge Feuerkopfe, und halbreife Buben*). Lowth는 "이사야를 따르던 약하고 악한 방백들"이라고 한다.

인 특징이다. 판단과 결정에 있어서 성숙의 결핍은 그 나라를 크게 해칠 뿐이다. 하나님께서 가장 먼저 주시는 선물들을 그 나라는 거절하였다. 그래서 주님은 이제 다른 선물들을 주시는 것이다. 그분께서는 참을성이 없고 그래서 해롭게 만드는 통치자들을 주실 것이다. "내가 분노하므로 네게 왕을 주고 진노하므로 폐하였노라"(호 13:11).

특주

칼빈은 선지자가 마음속에 특별히 너무나 약하고 사내답지 못하여 그들이 자기들에게 위임된 나라의 군사력을 장악할 수 없는 사람들을 염두에 두고 있다고 생각한다. 그의 말들은 진지하게 고찰해 볼 가치가 있다. "그러나 어느 누구도 하나님에게 임명받지 않고서는 그리고 비범한 미덕을 부여받지 않고서는 그 나라를 다스릴 자격이 없다는 사실이 기본 원리로 세워져야 할 것이다. 플라톤 역시 이 사실을 잘 알았었다. 이는 비록 이방인일지라도 그가 이러한 종류의 참된 지식을 가지지 않았을지라도, 그의 민첩한 현명함이 그로 하여금 특별한 정도로 하나님에 의하여 그것을 위하여 준비되지 않은 사람은 그 누구도 국민 정부를 다스리는 데 적합하지 않고 자격도 없다고 깨닫게 만들었던 것이다. 이는 국민 정부가 오직 하나님으로부터 나오기 때문이며 또한 그처럼 국가의 모든 분야도 그분에 의하여 지탱되어져야 하기 때문이다. 게다가 주께서 다스리지 않은 그들은 모든 재능이나 모든 지혜가 결핍된 어린아이들이 될 뿐 그들에게 남겨진 것은 하나도 없다."

그들의 방백을 삼으시며: "방백"이란 단어는 왕만을 지칭한다고 할 필요가 없다. 이 단어는 당시 다른 고관들이나 혹은 다른 통치자들에 대해서도 사용되었던 단어이다. 그 나라는 일반적으로 부적당한 관리들과, 또한 틀림없이 사회의 찌꺼기에서부터 나왔을 통치자들로 가득 차게 되었다. 경험과 능력에 있어서 어린아이와 같은 유치한 성품을 가진 사람들이 그 나라를 다스릴 때 혼돈은 반드시 뒤따라오게 되어 있다.

적자들: 이 단어는 복수형이며 그래서 우리는 "변덕쟁이들, 철없는 아이들, 어린

애 같은 자들"로 번역할 수 있을 것이다.[73] 이 단어는 구체명사로 사용되는 추상명사이다. 그래서 우리는 "변덕쟁이들이 다스릴 것이다"로 번역할 수 있는 것이다.[74] 그러한 일들이 닥칠 때 홀로 자기 뜻대로 통치자를 일으키기도 하시고 폐지시키기도 하시는 하나님께서 그 나라로부터 그분의 가장 커다란 선물들 중 하나를 가져가 버리셨다는 증거이다. 한 아랍인 저자는 말하기를 "하나의 도끼로 단번에 날려버리는 것이 한 소년의 통치보다 더 편하다"고 했다(Zamaschari). 한 나라에 가치 있는 통치자들을 주시는 분은 얼마나 좋으신 분인가! 우리는 그들로 인하여 언제나 그분에게 감사하고 계속 사례를 드릴 수 있기를 바란다. 우리는 그분이 무가치하고 무능한 통치자들의 재앙으로부터 우리를 보존하시도록 기도하는 바이다. 그 나라의 관리들을 위하여 언제나 기도를 드려야 한다.

3:5 앞 절에서 예견된 빈약한 정부로부터 무정부 상태가 하나의 결과로써 따라온다.[75] 불법을 억제시킬 힘을 가지지 못한 정부가 존재할 것이므로 각기 다른 사람들을 억압하게 된다. 그러므로 정부의 주요 기능은 불의한 압제에서 자기 백성을 보호하는 것임이 분명해진다. 여기에 묘사된 압제는 아마도 부당한 요구와 강제 징수에 해당하는 것일 것이다.

나이에 대한 존중이 사라질 때 도덕적 무정부 상태는 이미 닥쳐온 것이다. 아이들이 일어나서 무례하게 행동하고 나이든 사람에게 압력을 가할 것이다. 나이든 어른을 존중하라는 명령은 하나님을 경외하라는 율법과 함께 묶어져 있다. "너는 센머

---

73) 적자들(caprice)—이 특이한 단어는 본 절과 66:4에만 나온다. 명사형은 농담으로 하든 혹은 진지하게 하는 다른 사람들에게 해를 가져다주는 번덕스러움이라는 이 표현들을 지칭하고 있다. 그런 까닭에 "변덕쟁이들, 철없는 아이들, 어린애 같은 자들"인 것이다. 추상명사의 구체명사화(Abstractum pro concreto). 어근에 대해서는 출 10:2; 민 22:29; 삿 19:25; 삼상 6:6을 참고하라.
74) 이 구절의 어휘는 비수사학적인 의미로 이해되어야 할 것으로 보이는데, 이것은 5절의 언어에 의해 지지를 받고 있다.
75) 닉가시(נָגַשׂ)—재귀형의 의미를 가진 니팔형이다. בְּ와 함께 해석하였을 때, 동사는 인간들을 가리키고 "폭군으로 행동하다"를 의미한다. 참고. 9:3. 출애굽기에서 이 단어의 어근이 감독관을 가리킨다(출 3:7). 이디오피아어에서 단어 negūs는 왕을 의미하고 통치자의 성격에 대한 재미있는 해석이다. "험악해질 것이다"—Marti가 그 상황을 적절하게 다음과 같이 묘사하고 있다. "모든 사람의 모든 사랑을 향한 전쟁"(bellum omnium contra omnes).

리 앞에 일어서고 노인의 얼굴을 공경하며 네 하나님을 경외하라 나는 여호와니라" (레 19:32). 모든 권위가 사라질 때 연장자에 대한 존중심도 사라진다. 한 정부와 백성의 부패의 증거는 나이든 사람들에게 대하는 태도 가운데서 발견된다. 여기에 묘사된 것은 모든 사람이 각기 대항하여 싸운다는 것이다.

비천한 자: 이들은 사회의 가장 낮은 계층에 속한 사람들을 가리킨다. 그러므로 도덕적 특성을 가리킨다고 볼 필요가 없다. "비천한"이란 단어 앞에 정관사가 사용된 것은 최상급의 성격을 암시하는 것으로 보인다. 선지자가 "가장 천한 자"라고 말하는 것처럼 보인다. 나이든 사람과 마땅히 존경받아야 할 사람들을 멸시한다는 것은 순전히 야만성의 증거다. 그러한 때에는 정부는 더 이상 책임성 있는 정부가 되지 못하고 가장 낮은 계층의 사람이 우월성을 가진다. 그때는 생활이나 재산이 안전하지 못하는 때이고 생활의 품위가 계속하여 손상을 입는 때이다. 좋은 정부는 죄악된 인류에게 주시는 하나님의 가장 좋은 선물들 중 하나이다. 그 나라의 시민으로서 자신들에 대한 책임을 가지고 있는 그들에게 관심두기를 거절하는 사람들의 죄는 얼마나 큰가!

3:6 나라의 극단적 위험 상태는 단지 하나의 의복만을 가지고 있는 사람이 좋은 정부의 상태를 바르게 하고 그 형태를 회복시킬 수 있는 사람으로 간주된다는 사실에서 나타난다. 6절 전체가 하나의 조건절을 이루고 있으며 7절은 조건문의 귀결 역할을 하고 있다. 동시에 우리는 여기서 단순한 가정 이상의 것을 가지고 있다. 언급되어 있는 것은 단순한 가정의 경우가 아니고 정부가 사라질 때 일어날 일에 대한 실제적인 예언이다. 본 뜻은 그때 상황이 너무나 악화되어 한 사람이 자기의 형제에게 요청해야만 하며 즉 그날에 사람들이 그들의 형제에게 물을 것이다. 그러면 어떤 결과가 뒤따라온다는 것이다.

붙잡고: 일상적인 상황에서 사람들은 정부에서 지위를 얻기 위하여 진지하게 노력한다. 권위는 아주 열정적으로 갈망되고 있다. 그리고 영향력 있고 권위 있는 지위를 잡기 위하여 사람들은 엄청난 대가를 지불한다.[76] 어쨌든 하나님의 징벌의 손

---

76) 머리말의 불변화사가 다양하게 번역되어 왔다. 탈굼은 "위하여", 벌게이트역은 "왜냐하면"(*enim*); B. Lowth는 "그러므로", König은 "왜냐하면"(*denn*), Rosenmüller는 "그때"(*tum*), "~라면, ~할 때"(*si*)로 번역한다. 나는 6절을 조건절로, 그리고 7절을 조건절의 귀결로 취급하여 "때"(when)로 번역하기를 더 좋아한다.

길이 느껴지고 안정된 정부가 사라질 때, 상황이 너무나 절망적이 되어 사람들은 권력을 위하여 투쟁하지 않을 뿐만 아니라 그것을 피하게 되기도 한다. 칼빈은 말한다. "그렇게 해서 모든 것들이 처참한 상태가 되는 일이 뒤따라올 것이고, 그때 고관이 경멸을 받을 뿐만 아니라 완강하게 거절을 당할 것이니, 이는 슬프게 하는 재앙이 가장 낮고 깊은 곳에 도달했을 때마다, 그때는 사람들이 가장 커다란 열정으로 바라는 것들이 전반적으로 경멸을 받을 때이기 때문이다." 사람들은 통치자를 찾아 설득하기 위하여 보통 때와 같이 노력하지 않을 것이고 오히려 그들이 통치하기를 원하는 사람들을 강제하려는 노력으로 강제적으로 그들을 붙잡을 것이다. 그들은 실제로 자기들을 다스리기를 원하는 사람들을 붙잡을 것이다.

그의 형제: 이 단어는 아마도 실질적인 혈족관계의 의미로 사용되지 않았을 것인데, 이는 그 상황이 너무도 심각하여 가정의 어떤 식구가 다스려야 하는 문제는 긴급한 문제일 것 같지가 않기 때문이다. 오히려 여기에 나오는 형제는 십중팔구 동료시민을 나타낼 것이다.[77] 이 당시 모든 사람들이 비참한 결핍 가운데서 모두 함께 운명을 같이 하는 형제들이 될 것이다.

그 아비의 집에서: 조상의 집 혹은 아비의 집은 무정부 상태나 혹은 재앙의 때에 가장 자연스럽게 쉴 수 있는 장소이다. 존경할 만한 사람은 공적인 일들로부터 숨을 것이고, 오히려 그의 부친 가정의 염려를 추구할 것이다. 그 아비의 집에서 한 사람이 자신을 자기들의 통치자가 되도록 강요하는 사람들의 요구를 받을 것이다. 우리가 만일 말하는 사람들의 말을 인용하기 위하여 "말하다"를 삽입한다면 그 다음에 따라오는 말과 이 선언의 연관성을 우리는 이해할 수 있을 것이다.[78]

---

77) 그러나 Delitzsch는 이것을 문자적으로 취급하여 배고픔을 통하여 백성들은 너무나 낙담하여 가정의 구성원들 가운데서도 누가 통치자가 되어야 할지를 결정하기 어렵게 될 것이라고 생각한다. Kissane은 "그의"를 "너의"로 대치하여 "너의 아버지의 집 가운데에 의복이 있다"고 번역한다. "의복"—가장 가난한 사람까지도 가지고 있는 외투. 참고. 출 22:25; 신 24:13. 그러므로 그것은 부의 표시가 아니다. 참고. H. H. Weil, *Revue Biblique*, No. 49, 1940, pp. 76-85. 의복(겉옷)은 반드시 관료의 표시도 아니고(Marti) 그것의 소유자가 어떤 관료의 신분을 가진 가족에 소속되어 있다는 표시도 아니다.

78) 14:8; 22:15; 33:14; 렘 51:14; 시 11:3도 이와 유사하다. 참고. Koran Sura 32:12, "죄인이 그들의 주인 앞에서 교수당할 때, 우리의 주…"(rabbihum, rabbanā). Marti는 לכה를 강세 명령형으로 취급한다. 즉 Auf! Kissane 역시 "자, 네가 우리의 관장이 될 것이다." 이 번역은 맛소라 학파의 구두점을 무시한 것이다. ה는 창 27:37에서처럼 어미음을 첨가한 것이다.

너는 의복이 오히려 있으니: 심라(שִׂמְלָה)는 가난한 자의 낡은 외투였으며 그것 자체가 극단적인 가난의 표시였다. 사람들이 심라(שִׂמְלָה)의 소유자에게 말할 때, 그들의 어투는 "너는 최소한 외투를 가지고 있다"를 의미한다. 그 상황은 너무나 심각하고, 굶주림과 기근이 너무나 만연되어 있어서, 심지어 심라(שִׂמְלָה) 같은 외투 한 벌만 있는 사람일지라도 정부의 통치 자리를 차지할 수 있는 자격이 있다고 생각되는 것이다. 매튜 헨리가 해석한 바와 같이 "그 정부는 구걸하고 다니고 있는 것이다." 그러므로 우리는 극단적인 상황이 얼마나 그들의 정당한 판단을 흐리게 할 수 있는가를 보게 된다.

우리의 관장이 되어: 이것은 단순한 요청이 아니다. 그것은 하나의 명령이니, 마치 백성이 "너는 우리의 통치자가 되어야만 한다"고 말하는 것과 같다. 관장(ruler) 혹은 카친(קָצִין)은 그 기능이 결정을 내리는 것이었고 그래서 그렇게 함으로써 그는 혼돈으로부터 질서를 가져다주도록 요청되었다. 백성이 요구한 것은 왕의 기능이 아니었고, 다만 그 의복을 가진 사람이 그들의 직접적인 지도자가 되어야 한다는 것이었는데, 그의 결정이 자기들의 복지에 이익을 가져다줄 그러한 지도자였다. 그들이 그가 자기들의 카친(קָצִין)이 되기를 명령했으나 사실은 자기들의 유익을 위하여 그로 하여금 카친(קָצִין)이 되도록 한 것이다. 그렇다면 그들의 요구는 근본적으로 올바른 종류의 정부가 아니었고, 단지 자신들에게 이익을 가져다주는 지도자일 뿐이었다. 혼란과 재앙의 때에는 악한 통치자가 백성들이 생각하는 바 그들 자신의 이익을 위하여 일할 것을 약속함으로써 백성들의 추종을 받게 된다. 그러한 때에는 사람들은 무엇이 옳은지에 대해서는 거의 관심을 두지 않고 다만 편리한 것에만 많은 관심을 둔다.

이 멸망을 네 수하에 두라: 예루살렘은 엎드러졌고 유다는 멸망하였으며(참고. 3:8), 그 결과는 단순히 파괴된 쓰레기 더미일 뿐이다. 이 그림은 그 나라가 비틀거리다가 넘어졌다는 사실을 보여주고 있다. 그들이 질 수 있는 무게는 너무나 커서 이제는 쓰러져서 멸망당할 뿐이었다. 멸망한 국가의 잔해는 징집된 사람의 수하(즉 책임)에 있는 것이다.[79] 한 사람의 통치자를 뽑으려고 하는 사람들은 일의 비참한

---

79) "네 수하에 두라"—참고. 창 16:9. 어떤 사본들은 쌍수를 가지고 있으나, 창 16:9에 비추어 단수가 옳을 것 같다. 6절 하반절은 다음과 같은 조건절로 취급될 수도 있을 것이다. "너의 수하에 있는 이 멸망한 잔해"(참고. 아 2:6).

상황이 이미 닥쳤음을 충분히 인식하고 있지만, 그들은 그러한 상황의 근본적인 이유가 말하자면 그들의 죄라는 사실을 인정하지 않고 있다. 지금까지도 비참한 상황 가운데서 사람들이 자기들을 도와줄 통치자를 찾을 때, 그들은 자기들의 악함을 고백하지도 않고 회개하고 하나님에게로 돌아서지도 않는다.

3:7 자기의 의지와는 반대로 봉사하도록 발탁된 사람의 반응이 이어지고 있다. 그러므로 본 절은 앞 절의 귀결절이며, 이 내용의 전체의 뜻은 다음과 같다. "한 사람이 그의 형제를 붙잡을 때… 그때, 그(형제)는 '나는 고치는 자가 되지 않겠노라'고 말할 것이다" 등.

그가 소리를 높여 이르기를: 히브리어와 비교하면 알 수 있듯이, 동사에 어떤 목적어가 나타나 있지 않다.[80] 그렇다면 징집된 사람이 높인 것은 무엇인가? 성경의 다른 구절들에 비추어 볼 때, 우리는 아마도 "그의 목소리"라는 단어를 목적격으로 이해해야 할 것 같다. 그러므로 여기에 나타난 것은 단순한 응답 이상의 어떤 것이다. 그것은 엄숙한 거절이다. 확실한 음조로 그는 자기 목소리를 높여서 그가 봉사하기를 거절한다고 선언하고 있다. 목적격의 생략은 이 묘사에 대한 강세와 힘을 더해 준다.

그날에: 사람들이 그를 붙잡고 그에게 강제로 통치자가 되어 달라고 요구할 때.

나는…되지 않겠노라: 구체적이고도 적극적인 거절.[81] 말하는 자가 능력이 부족

---

80) 그러나 두 번째 동사가 중복어로 취급되어 "그가 대답하여 말하기를"로 번역될 수도 있다. 만약 목적격으로 해석되어야 한다면, 어떤 사람들은 창 14:22에 있는 대로 "손"을 선호할 것이다. Calvin은 "맹세하다"(*se iurabit*)로, Luther도 그같이 번역하였다. 그러나 접근된 사사 임숙한 맹세를 말하지 않는다. 그는 오히려 열정적으로 반응한다. 그래서 많은 사람은 "음성"을 목적격으로 해석하기를 더 좋아한다. 24:14에 있는 대로 그 단어 안에는 어떤 강조가 나타나는 것처럼 보인다. 생략 부호에 대해서는 42:2을 참고하라. Bewer는 아마도 자기 번역에서 그 단어들을 주관적으로 해석한다. "그는 미친 듯이 선언하기를 그가 그러한 상황을 고치기 불가능하다고 선언하고 있다."

81) שבחה는 부사의 의미를 잃어버릴 수도 있으며, 하나의 명사로 번역될 수도 있다. 그러므로 "나는 고칠 것이다"보다는 "고치는 자"인 것이다. 그러므로 Steinmann은 "나는 의사가 아니다"(*je ne suis pas médecin*)으로 Vulgate역은 "고치는"(*medicus*)으로 번역하였다. 우가릿어 hbš는 칼집의 의미를 가지고 있다. B역시 이 단어를 명사로 취급하여 "방백", "통치자"로 번역한다. 욥 34:17과 Amarna 본문에 있는 가나안어 삽입을 참조하라. Saadia, "그의 머리를 왕관으로 묶는 사람", 그리고 Arias Montanus, "사형집행인."

하여 단순히 피하는 것이 아니고 적극적으로 그 제안을 거절하는 것이다. 이러한 사양은 그 말하는 자가 현재 처해 있는 상황을 완화시킬 방법들을 전혀 가지고 있지 않다는 사실에 근거하고 있다. 백성들이 자격을 구비하지 않은 사람을 강제로 그 지위에 임명하려고 하는 것을 볼 때, 그 상황이 얼마나 악화되어 있었겠는가!

고치는 자: 상처들을 싸매는 사람, 외과의사. 화자는 그러한 사람이 되기를 원하지 않았는데, 이는 그가 그 상처의 상황이 얼마나 심각한가를 인식하고 있기 때문이다. 여기서 그는 유다가 이미 처해 있었던 상황에 대한 평가를 동의하고 있는 것이다. "발바닥에서 머리까지 성한 곳이 없이 상한 것과 터진 것과 새로 맞은 흔적뿐이어늘 그것을 짜며 싸매며 기름으로 유하게 함을 받지 못하였도다"(사 1:6).

내 집에는: 나는 내 개인의 빵이나 의복만 없을 뿐 아니라, 나의 집에도 이런 것들이 없다는 것이다.[82]

양식도 없고 의복도 없으니: 호머(Homer)의 시에서는 의복의 소유까지도 부의 표시로 간주되며, 페르시아에서는 통치자가 자기 백성의 의복의 공급자로 생각되었다. 어쨌든 여기서 말하는 사람은 그러한 의복을 가지고 있지 않으며, 자기 사람들에게 영양을 공급할 음식도 가지고 있지 않았다. 다시 말하면, 그는 통치권을 가지는 데 있어서 가장 기본적인 조건들을 갖추고 있지 않다는 것이다. 그를 강요하려고 하는 사람들의 가정이 옳지 않았다. 그는 그들이 기대하였던 의복을 가지고 있지 않았다.

너희는 나로 백성의 관장을 삼지 말라 하리라: 이것은 최종적인 말이다. 거기에는 의심의 여시가 없다. 그는 그 직분을 맡지 않을 것이다. 그러한 지위를 얻기에 전혀 자격이 없음에도 불구하고 속으로는 그 직임을 맡을 욕망을 가지고 있는 정치가들의 교활한 거절과는 얼마나 다른가. 어쨌든 이 사람은 그가 비록 가난하기는 할지라도 그 직임에 대한 최소한의 책임은 가지고 있으며, 그래서 그의 거절의 근거들이 가치있는 것들이다. 때때로 우리는 우리의 무능성을 인정하고 공적인 지위를 떠

תשימני—임명은 다른 동사들처럼 이 단어가 두 개의 목적격을 가지는데, 하나는 직접목적 그리고 하나는 간접목적이다.

82) 아마도 접미어 **나의** 집에 강조가 있는 것 같다. 와우(waw)로 소개되는 이 단어들은 상황절을 구성한다. 본 뜻은 "나만 그것을 가지고 있지 못할 뿐만 아니라, 나의 집 전체를 통하여 그것을 가지고 있지 못하다."

맡기를 거절함으로써 우리 나라를 가장 훌륭하게 섬길 수도 있다. 만약 사람이 정부의 책임들을 이행할 수 없다면, 그는 그 직임을 거절함으로써 자기의 나라에 크게 이바지하는 것이다.

본 구절에서 왕에 대한 언급이 없다는 사실이 흥미롭다. 우리는 왜 그가 언급되어 있지 않은지 말할 수 없지만, 아마도 무정부 상태가 너무나 심각하기 때문에 중앙 정부 기관이 효력을 발휘하지 못하고 그것을 점검할 힘도 없기 때문이었던 것으로 보인다. 상황이 너무나 나빴으므로 하나의 외투를 가지고 있었던 것으로 생각되었던 사람까지도 통치자가 되어 달라고 요구를 받았을 때, 비교적 작은 직위까지도 거절하였던 것이다. 직접적으로 필요한 것은 논쟁을 잠재우고 정당한 결정을 내릴 심판관이었다. 외관상으로 볼 때 왕이 이 일을 할 수 없었던 것으로 보인다. 질서를 유지하고 개인의 권리를 유지하기 위하여 카친(קָצִין, 지도자)이 필요하였다. 그렇지만 갈팡질팡하는 정부로 인하여 카친까지도 아무것도 할 수 없었다. 상황이 너무나 불행스럽게 될 수 있으므로 의로운 사람이 공적인 직무에 대한 책임을 떠맡기를 거절할 것이라는 사실은 실로 비극이다.

(2) 하나님께서 멸망한 유다를 변호하시다(3:8-15)

8절, 예루살렘이 멸망하였고 유다가 엎드러졌음은 그들의 언어와 행위가 여호와를 거스려서 그 영광의 눈을 촉범하였음이라
9절, 그들의 안색이 스스로 증거하며 그 죄를 발표하고 숨기지 아니함이 소돔과 같으니 그들의 영혼에 화가 있을진저 그들이 재앙을 자취하였도다
10절, 너희는 의인에게 복이 있으리라 말하라 그들은 그 행위의 열매를 먹을 것임이요
11절, 악인에게는 화가 있으리니 화가 있을 것은 그 손으로 행한 대로 보응을 받을 것임이니라
12절, 내 백성을 학대하는 자는 아이요 관할하는 자는 부녀라 나의 백성이여 너의 인도자가 너를 유혹하여 너의 다닐 길을 훼파하느니라
13절, 여호와께서 변론하러 일어나시며 백성들을 심판하려고 시시도다
14절, 여호와께서 그 백성의 장로들과 방백들을 국문하시되 포도원을 삼킨 자는 너희며 가난한 자에게서 탈취한 물건은 너희 집에 있도다
15절, 어찌하여 너희가 내 백성을 짓밟으며 가난한 자의 얼굴에 맷돌질하느뇨 주 만군

의 여호와 내가 말하였느니라 하시리로다

3:8 이제 이사야 자신이 말하고 있으며, 그는 왜 징집된 사람이 공적 지위에 얽매임을 거절하는 지 그 이유를 지적하고 있다.[83] 그렇게 말함으로써 이사야는 본 장의 앞장에 있는 어두운 묘사들에 대한 정당성을 변호하고 있다.

엎드러졌음은: 이것은 6절과 7절에 묘사되어 있는 비참한 모습을 야기시킨 총괄적인 사실이다. 큰 왕의 성이요 주의 율법과 하나님의 말씀이 나오는 도성이요 또한 성전이 자리잡고 있었던 도성인 예루살렘; 그 예루살렘은 언덕 위에 자리잡고 있었던 도성이었는데 그 도성까지도 넘어진 것이다. 백성들은 그것을 멸망한 집단, 막셀라(makshelah)라고 불렀는데, 이제 이사야는 확증하는 방식으로 그것이 진실로 넘어졌다, 곧 카슐라(כָּשְׁלָה)라고 선언하고 있다. 허약과 상처라는 짐을 진 그 나라는 처음에 넘어지더니 그 후에는 멸망하였다. 그 도성은 도덕적으로 이미 넘어졌으며, 그 결과로 외적인 멸망이 곧 뒤따라왔다. 예루살렘은 하나님에 대항하여 구부러져 나갔으며 그분의 율법에 주의를 기울이지 않았었다.[84] 곧 그 나라는 이름 없는 나라로 전락할 것이다. 하나의 국가가 자기 보존을 하는 데 있어서 가장 중요한 행동은 하나님의 명령들을 듣는 것이다.

그들의 언어(혀)와 행위가: 백성들은 언어와 행위로 주님을 대항하였다.[85] "언어(혀)"라는 표현은 다소 말을 대신하여 그림처럼 사용되고 있다. 이는 말을 내는 것이 혀이기 때문이다. 백성들은 말로 그리고 행위로 주를 거역하였다. 그렇게 해서

---

83) "이는"—이 단어는 이유를 밝히는 단어이므로 "그래"라고 번역하면 안 된다. 8절 상반절의 교차 대구법인 문구를 주시하라.
84) כשלה는 분명히 6절의 מכשלה를 반영하고 있다. 그것은 그 다음에 뒤이어 나오는 동사와 함께 예언적 완료로 취급된다. 비록 두 동사들이 평행이 되기는 하지만, 그것들은 어떤 사상의 발전을 담고 있는 것으로 보이며 그래서 "그가 넘어질 것이고 멸망할 것이다"를 뜻한다. 맛소라 본문에서 유다는 남성형으로 해석되었고 1Q에서는 두 동사들이 여성형으로 해석되어 있다.
85) "거스려서"—칼형과 히필형에서 이 어근은 시 78:17에서처럼 사람의 목적어를 취할 수 있으며 또는 전치사 베(ב)나 물건의 직접 목적어를 취할 수도 있다. 여기서 그 형식을 히필형으로 취하는 것이 가장 좋다. 히필형 부정사의 헤(ה)는 자주 라메드(ל) 다음에서 생략된다. "눈"—그분의 영광스러운 눈. 1Q와 여러 히브리 사본들은 바른 독법을 가지고 있으므로 고칠 필요가 없다. 참고. BH. "거스려서"란 동사는 "입"과 함께 혹은 "영"과 함께 해석될 수도 있다(시 106:33).

안과 밖 전 존재가 하나님을 거스른 것이다. 전인격이 하나님을 거스르고 대항하는 상태가 된 것이다. 헤른트리히가 생각한 바와 같이, 그 나라의 고백적 성명이 "하나님에게 대항하여"라는 말로 표현될 수 있었다. 주께서 출애굽 당시에 "나는 너의 하나님이 될 것임이라"고 말씀하였는데, 그분으로부터 그렇게도 많은 축복을 받아왔던 백성들의 지금의 외침과 태도는 "하나님을 대항하는" 것이었다. 그들의 마음의 상태는 그분에 대항하여 불순종하고 반역할 목적으로 하나님에게 반항하고 있는 상태였다.

그 영광의 눈: 그분의 영광스러운 눈. 누군가 우리로 하여금 분노를 자극하기 위하여 우리 앞에서 무엇인가를 한다면, 그는 분명히 자기의 뻔뻔스러움을 나타내는 것이다. 한 나라가 의도적으로 위엄스러운 주님 앞에서 죄를 범한다면 그것은 그 부패성을 나타낸 것이다. 하나님의 영광은 인류가 행하는 모든 것을 보시는 눈을 가진 것으로 묘사되어 있다. 이사야는 이러한 영광을 언급하면서 하나님께서 자신 안에 가지고 계시는 하나님의 본질적인 영광을 언급하지 않고, 하나님께서 당신의 모든 피조물들 가운데 나타내신 그 영광을 언급하고 있다. 하나님의 위엄은 그분의 사역들, 즉 특별히 유다와 같은 죄악된 나라를 향하여 나타내신 영광스러운 그 사역들 가운데서 나타난다. 유다는 이러한 영광의 눈을 대항하여 줄곧 범죄하고 있다. 하나님의 위엄에 대한 얼마나 큰 모욕인가!

3:9 유다의 거민들의 얼굴들에 나타나는 표현 그 자체가 그 백성들이 어떤 존재들인가를 알게 해주는 그러한 것이었다.[86] 마음의 감정들은 자주 안색에 있는 표현

---

86) 본 절의 첫 문구는 많은 논란과 논의의 주제가 되어 왔다.
두 가지 주된 해석방법들이 있다. 탈굼은 "재판에서 사람들을 의식하여"로 번역하였다. Ridderbos, Gray, König, Kissane("그들의 불공정"), Marti("편파적 판결"), Kimchi, Maurer, Rosemüller, *De Bijbel*("편파성"), Penna("그들의 편파성") 등이 이렇게 생각한다. 이 견해를 채용하는 사람들은 신 1:17; 16:19; 잠 24:23; 28:21에 발견되는 hakkîr pānîm이라는 히브리어의 일반적인 관용어에 호소한다. 참고. 롬 2:11; 엡 6:9; 골 3:25 그리고 약 2:1. 위의 구절들 가운데서 사용되는 것과 같은 관용어에는 동사가 "사람들을 존경하다"를 의미한다.
이 문구가 "그들의 얼굴을 봄"으로 직역될 수도 있다. 그것이 다른 사람들의 얼굴을 바라보는 것인가 아니면 그들 자신들의 얼굴들을 바라보는 것인가? 이 문제는 문법적인 근거에 의해서만 답변될 수 없다. 이사야가 구체적인 죄들에 대해서 말하지 않고 일반적인 특성을 말하고 있다는 점을 주시해야 한다. 또한 "그들의 소돔과 같은 죄를 그들이 알게 만든다"는 문구는

에 나타나는데, 그것은 마음에 진실되고도 순수한 생각들을 간직해야 한다는 사실의 중요성을 우리에게 일깨워 준다. 또한 이러한 감정들이 그 안색에 나타나므로 다른 외적 증거가 필요하지 않다는 것이다. 유다의 거민들이 그들의 안색에 나타내고 있었던 용모 자체는 그들 자신들에 대한 증거로서 역할을 충분히 하고 있었다. 칼빈은 다음과 같이 말함으로써 본 뜻을 정확하게 개진하고 있다. "…그들은 말하자면 자기들의 이마에 속이고 외식하고 있다는 표식을 가지고 있었다." 한편 우리가 언제나 그의 외모로 한 사람의 성격을 판단할 수 없다는 것도 사실이지만 또한 그 성격이 안색으로 나타난다는 것도 사실이다. 진정한 의미에서 우리는 우리가 생각하고 있는 바로 그러한 사람이다. 유다 백성들이 어떤 사람들이었는가 하는 점은 그들의 얼굴에 나타내고 있었던 바로 그 안색에 나타나 있었던 것이다.

증거하며: "…에 대하여 응답한다"는 의미. 말하자면, 외모에 나타나 있었던 안색은 실제로 증거물로 취급하였고, 선고의 증거를 표명하였다. 안색은 그것을 나타내고 있는 사람에 대해 증언하였다. "이 사람이 유죄냐?"라는 질문에 대해 그것(안색)은 "그는 유죄다"고 말했다.

그 죄를 발표하고 숨기지 아니함이 소돔과 같으니: 이 문구는 앞의 사상을 반복하고 있다.[87] 죄들에 대한 선언은 음성의 방법으로 되지 않고 백성들의 행위들이라는 도구들에 의해 되었다. 그들의 외모가 그들에 대항하여 나타났듯이, 그들의 죄

그것이 외모에 대한 표현을 가리킨다고 하는 견해를 지지한다. 더욱이 본 구절은 전 국가를 가리키고 있고, 재판관들이나 혹은 특별히 율법 집행자들을 가리키지 않는다. 그래서 재판에서의 불공평을 가리키지 않는다. 그러므로 그것은 외모에 대한 표현을 가리키는 것 같다. 어쨌든 이것은 일반적인 의미로 취급되어야 하고, 어떤 부끄러움(B), 완고함(Lowth), 건방진, 교만한(Barnes)과 같은 구체적인 표현을 암시하지 않는다. 이 히브리어는 "표현"(Alexander), "증명"(Calvin), "바라봄, 모습"(Drechsler), "외관, 외모"(Herntrich), "용모"(Delizsch) 등으로 번역되는 것이 가장 좋다.

피넬트가 멀리 있는 개음절인 한 우리는 hak-k^e-rat을 예상해야 한다. 그렇다면 분명히 절대형은 hak-kâ-rāh가 될 것인데, 그것은 그 형태가 니팔형이 아니고 히필형임을 증거하는데, 이러한 사실은 hakkîr pānîm이란 문구에 의하여서도 지지를 받는다. 이 형식은 그것이 여성형 어미를 가지고 있는 점을 제외하고는 아랍어 동명사 IV형 어간 'if- 'al과 동일하다. 안티피넬트의 발성은 hag-gîs, hag-gēs처럼 부정사들에서 유추할 수 있다. "그들이 그것을 숨기지 아니함이" — 정황적 동사절.

87) Ginsberg는 "그리고 그들의 죄들이 모든 것들을 말하였다"고 번역한다("Some Emendations in Isaiah", JBL, Vol. LXIX, Mar. 1950, p. 52).

들도 역시 그 백성들의 됨됨이를 알려주고 알게 하는 도구역할을 하였다. 이 점에서 그들은 하나님의 율법을 알지 못했던 이방 열국들과 비교될 수 있었다. 그 나라는 그 죄들을 덮어두지 못하고 알려지도록 만들었다. 거기에는 외적인 체면의 유지까지도 없었다.

그들의 영혼에 화가 있을진저: 이 씁쓸한 외침 가운데서 선지자는 그날의 죄악들에 대한 커다란 혐오를 표현하고 있다. 그것은 진정한 복음 전파자의 외침이다. 왜냐하면 그것이 죄를 범한 그들이 비참한 상태에 처해 있다는 뼈아픈 진리를 표현하고 있기 때문이다. 오직 화와 슬픔만 그들에게 닥쳐올 수밖에 없었다.

그들이 재앙을 자취하였도다. 그들이 그들 스스로에게 악으로 보상하고 보복하였다는 뜻. 죄는 진실로 그 보상을 가지고 있으며 유다의 백성들은 그들의 행동으로 말미암아 그 보상을 받았다. 그들은 자기들이 뿌린 바를 거둬들였다. 그들은 너무나 자기들의 품격을 떨어뜨렸으므로 악을 거둬들일 수밖에 없었다. 요셉의 형들이 그렇게 행동하여 자기들 스스로에게 예상된 재앙을 가져다주었던 것이다. 그러므로 그들은 요셉에게 죄를 용서해 주기를 간청하였다. "너희는 이같이 요셉에게 이르라 네 형들이 네게 악을 행하였을지라도 이제 바라건대 그 허물과 죄를 용서하라 하셨다 하라 하셨나니 당신의 아버지의 하나님의 종들의 죄를 이제 용서하소서 하매 요셉이 그 말을 들을 때에 울었더라"(창 50:17). 유다 백성들은 그들이 받을 만한 재앙으로 보복받기를 원치 않았다. 유다가 받아야 했던 것 역시 재앙이었고, 본 절은 재앙이라는 이 단어에서 그 절정에 도달하고 있다. 그 나라의 행위들은 그들 자신들을 위해 시행되어 왔으며, 그래서 그들의 보상은 재앙인 것이다.

3:10 태양의 밝은 빛과 비췸이 그것이 없다면 완전히 암울할 수밖에 없는 장면으로 뚫고 들어온다. 심판은 모든 것을 완전히 파괴하지 않을 것이다. 그것은 무차별적인 것이 되지 않을 것이다. 구출받은 자들 곧 유다와 예루살렘의 의로운 거민들이 있을 것이다. 그들 오직 그들만을 위하여 이 위로의 말씀들이 주어지고 있는 것이다. 그러나 "복이 있으리라"는 말을 들을 수 있는 사람들은 누구인가?[88] 이 질문

---

88) 이사야는 백성의 도덕적 상태 가운데 등급과 구별이 있음을 인정하고 있다. 악한 자가 있고 또한 의인이 있다는 것이다. 그러나 Duhm, Marti, Bentzen 등은 개인에 대한 보응은 에스겔 당시에 나타난다고 생각하고, Bewer는 10, 11절이 개인적 보응 주제에 대해 추후에 첨

에 답하기 위해서 우리는 역사적 유다와 예루살렘의 거민들이 하나님의 선민들과 동등한 사람들이 아니라는 사실을 이해해야 할 것이다. 시내 산에서 하나님께서는 이스라엘을 왕 같은 제사장으로 택하셨고 후에 이 나라를 신정국가로 만드셨다. 신정국가를 구성한 그 나라는 역사적 국가였다. 동시에 그 나라 안에는 하나님의 음성에 순종하려는 사람들과 그렇지 않으려는 사람들이 있다는 사실이 곧 드러났다. 결과적으로 선지자들은 의인들과 악인들을 구분시켰다 의인들은 남은 자들 곧 진실히 믿는 자들이었다. 이 구절에 나타나 있는 개인적인 보응의 교리는 사실상 선지서와 시편의 일반적인 교리다.

아마 틀림없이 우리는 이사야의 말의 참뜻을 다음과 같이 이해할 수 있을 것이다. "의인에 대해서는 복이 있으리라 말하라." 그러므로 이 명령은 의로운 자들을 향한 하나의 용기와 소망의 메시지가 되고 있다. 다가오는 심판 때에 다른 사람들은 멸망할지라도 그들은 보존될 것이다. 이 명령에서 우리의 가장 깊은 타락과 가장 어두운 죄들 가운데서라도 하나님은 의인들 곧 하나님의 음성을 듣는 자들을 잊지 않으신다는 사실을 우리는 배우게 된다. 축복이 실현되는 방식이 본 절의 후반절에 나타나 있다.

그들은 그 행위의 열매를 먹을 것임이요: 의인들은 복을 받을 것인데 이는 그들이(의인들이 집합적인 형태로 나타나 있다) 자신들이 행한 일의 결과들을 누릴 것이기 때문이다. 사람이 뿌린 대로 거둔다는 사실은 성경의 가르침이다. 하나님의 명령에 순종하려고 노력하는 의인들은 자기들의 행위의 결과들을 누릴 것이다. 그렇지만 이 구절 가운데서 의인의 행위구원의 교리를 발견하려고 하는 것은 커다란 실수일 것이니, 이는 본 절의 가르침이 그것이 아니기 때문이다. 인간들의 운명은 분명히 주님의 손안에 들어 있음이 나타나 있다. 만일 그들이 그분에게 순종하고 믿는다면—그것은 의로운 행위인데—그들은 자기들의 행위의 열매들을 먹을 것이다. 그렇지만 그 반대로 그들이 반역하고 죄짓는 행실을 계속해 나간다면, 멸망 밖에는 그들을 기다릴 것이 없는 것이다. 그런 까닭에 우리는 여기서 인간 구원의 가장 깊은 근거는—실로 유일한 근거는—인간들의 행위에서 발견되지 않고, 믿음을 통하

가된 일반적 진술이라고 생각한다. Herntrich는 남은 자 교리가 의인과 악인의 구별을 전제로 하고 있다고 잘 반박하고 있다.

צדיק는 직접 목적어가 아니라 구체화의 대격으로 해석되어야 한다.

여 받게 되는 하나님의 은혜와 그분의 약속 안에서 발견된다는 것을 배우게 된다. 이 믿음을 통해서만 사람이 의롭게 되며, 이것으로부터 의인들이 누릴 그 의의 열매인 축복들이 나온다.

3:11 본 절에서 우리는 전술한 주장의 역전을 보게 된다.[89] "화가 있으리니"라는 도입어가 앞 절의 "(너는) 말하라"와 일치한다.

악인에게는: 이 외침은 악인의 비극적 상황에 대한 고려 가운데서 발표된 것이다. 그들 집단은 악한 집단으로써 의인들에게 약속된 선과는 정반대 되는 집단이다.

그 손으로 행한 대로 보응을 받을 것임이니라: 죄가 그 자체의 보응을 가져다 준다는 사상을 의미하는 것으로 보인다. 악한 사람에게 닥치는 재앙은 그가 자기의 행위를 통하여 얻어놓은 것이요 그가 받을 만한 것이다. 본 절은 참 복음 전도자의 태도를 보여주고 있는데, 말하자면 하나님의 음성을 듣지 않은 악한 사람은 이제 자기의 행위의 결과로 보응을 받는다는 경고를 주는 것이다. 구원은 순전히 받을 자격 없는 자에게 주시는 은혜이다. 그러나 멸망은 우리 손으로 행한 것들로 말미암아 우리에게 오는 것이다. 구원은 하나님의 선물이다. 그러나 멸망은 우리 자신의 일에 대한 보상이다.

3:12 본 절에서 여호와께서는 두 번에 걸쳐 이 나라에 대해서 "나의 백성"이라고 말하고 있는데,[90] 이 칭호가 가장 앞에 나옴으로써 강조되어 있다. 이것은 호격으로 되어 있으며, 그래서 그 백성에게 말하는 것으로 되어 있다. 그러나 그들이 하

---

89) 맛소라 악센트에 따르면 본 "악인", "재앙"이란 단어가 연결되어 있다. 어떤 사람은 רע를 형용사로 취급한다. Drechsler는 이 단어를 심지어 동사 "악하게 되다"(geht' übel)로 취급한다. 그러나 만약 טוב와 רע가 명사로 취급된다면 조화가 유지된다.

90) B는 3인칭으로 "그의 백성"으로 단순화시키지만 그러나 1Q는 맛소라를 지지한다. "그들을 학대하는 자(들)"—비록 술어가 단수형이기는 하지만 복수 의미이고 각 개인이 그 안에서 영향을 받음을 나타낸다. 즉 "그들을 학대하는 자들은 각기 어린아이와 같다." Dillmann은 이를 25세에 통치를 시작한 아하스를 가리킨 것이라고 생각하는데, Penna는 "나의 백성이여, 어린이가 통치하는구나"(*Il mio populo! un bambino lo governa*)라고 번역한다. 그렇다면 복수 의미는 장엄성을 표현하였을 것이다. "너를 유혹하여"—어떤 역본들의 언어유희는 히브리어를 바르게 번역하지 못하는데, 예를 들면 "너희를 인도하는 자들은 너희를 잘못 인도한다"(those who lead thee mislead thee; *qui ducunt te seducunt te; deine Fuhrer sind Irreführer*).

나님의 백성으로 언급된 것인가 그렇지 않으면 선지자의 백성으로 언급된 것인가? 그 백성을 자기 백성이라고 한 자가 하나님이신가 아니면 선지자인가? 아마도 이 질문에 대해서 확실하게 대답할 수가 없을 것 같고 또한 너무 지나치게 강조할 필요도 없을 것 같은데, 이는 마치 말하는 자가 선지자인데 그는 여호와의 이름으로 그분을 대신하여 말하고 있기 때문인 것이다. 그러므로 어느 경우이든 주의 백성을 가리키고 있는 것이다.

학대하는 자: 그 백성을 학대하는 사람들은 그 통치자들인 것으로 생각된다.

아이: 이 단어는 어린아이처럼 행동하는 장난기 있는 아이로 생각된다.[91] 이 문장의 본 뜻은 "너의 압제자는 각기 어린아이와 같다"는 것이다.

관할하는 자는 부녀라: 선지자는 아마도 실제로 여인들이 그 나라를 다스리는 실제 상황을 묘사하려고 한 것 같지 않고 통치자들이 여인들처럼 나약하다는 것을 묘사하려고 한 것 같다. 통치자들은 나약한 사람들이며 어린아이가 가진 권위 정도를 지닌 사람들이다. 그들은 아마도 부인방 하렘(Harem)의 구성원들이었던 여인들에게 영향을 받았을 것이다. 아라비아의 속담이 여기에 적격이다. "나는 아이들의 통치와 여인들의 다스림으로부터 피하여 하나님에게로 도망하였다."

너의 인도자가 너를 유혹하여: 바른 길로 인도해야 할 사람들이 실은 그 나라를 유혹하여 어디로 가고 있는지를 알지 못하게 하고 있는 것이다. 이사야는 분사형을 사용하여 이 유혹의 행동을 동시대의 어떤 것으로 묘사하고 있다. 즉 바르게 인도해야 할 인도자들이 그 나라를 유혹하는 일에 종사하고 있는 것이다.

너의 다닐 길을 훼파하느니라: 펼쳐져 있어야 할 그 길은 곧 축복으로 인도해야 하는 길이니 이는 하나님 자신이 펼쳐 놓으셨던 그 길이기 때문인데, 그 길이 이 지도자들에 의하여 파괴되며 그래서 그 나라는 잘못된 길로 나가고 있다. 욥은 말에 대해서 묘사하기를 "땅을 삼킬 듯이 맹렬히 성내며…"(욥 39:24)라고 한다. 말이 전속력으로 질주하면서 그 땅에 티끌을 날리듯이 이 유다의 통치자들은 그들의 거친

---

91) מְעוֹלֵל—Penna는 이 עוֹלְלֵיהֶם로 생각하여 "그 위에 그들이 억압으로 다스린다"(su cui governano usurai)로 번역한다. 맛소라는 מְעוֹלֵל이며 제3 능동 분사 아랍어 mu-qa-til과 유사한 것으로 보인다. Hummel(*JBL*, June, 1957, p. 100)은 멤(ם)이 전접어(前接語)라고 생각한다. 그는 ngsyw-m ʿwll이라고 읽는다.

행동으로 그 나라가 걸어나가야 할 길을 삼켜 버리고 있는 것이다. 그 결과는 백성들이 자기들이 어디로 가고 있는지를 알지 못한다는 것이다.

3:13 12절은 본 장의 처음 7절에서 이미 묘사되어 온 그 나라의 비참한 상황을 떠올리게 하는 역할을 하였었다. 그리고 또한 (8절과 9절에 묘사된) 그 나라의 실제 상태가 하나님의 심판을 몰고 올 그러한 종류의 것이라는 것을 보여 주었다.[92] 본 절에서 주의를 끌고 있는 것은 그러한 심판이다. 선지자는 이 행위를 그가 말하고 있는 동안 일어나는 것으로 묘사하기 위하여 분사형을 사용하고 있다. 그분의 일어서심이 강조되어 있다. 우리는 다음과 같이 번역할 수 있을 것이다. "변론하러 일어나시는 분은 여호와이시며, 그분은 그 백성들을 심판하시기 위하여 일어서시도다." 일어서시는 주님 개념은 그분이 행하시고 재판을 이끌어 결론을 내리실 준비가 된 집행자이시라는 것을 암시한다. 그렇게 서심으로써 그분은 자신이 모든 상황을 다스리시는 분이시라는 사실을 보이고 있다. 그분은 변론하시고 소송사건을 기소하실 준비가 되어 있으시며 또한 그렇게하여 자신을 고발인으로 나타내신다.

본 절 하반절에서 주님은 그 나라를 심판하시기 위하여 이미 서 계시는 분으로 나타나 있다. 이 선포는 우주적 심판에 대한 것으로 보인다. 2:12-22이 3:14에 대해 그러한 것처럼, 14절에서 언급된 특수한 심판과 관련되어 있는 것으로 보인다.

3:14 우주적이고도 일반적인 심판으로부터 돌이켜서 이사야는 자기 백성의 장로들과 방백들에게 적용되는 그 심판의 특수한 실례를 제공하고 있다. 그는 먼저 자기 백성들에 대한 심판을 주도하시고 시행하시는 분이 여호와이시라는 사실에 주의를

---

92) 첫 번째 분사형은 "스스로 세우다, 나타내다, 서다"를 의미하는 재귀형이다. עַמִּים이 B에는 단수형으로 되어 있고 Gray, Kissane 등이 이러한 독법을 선호한다. 복수형에 대해 반대하는 논증은 본 단어가 그 나라를 가리키고 있고, 이사야 이후에야 세계 심판이라는 사상이 유행하였다는 것이다. 그래서 그 복수형은 후에 특수한 심판의 사상을 세계 심판에다 전환시키기를 원하였던 누군가의 작품이라는 생각이다. 이 영창을 받은 Duhm루 B를 따르지 않으며, 이 점에 있어 그는 선구자라 말할 수 있다. Bentzen은 조심스럽게 복수형이 보다 오래된 신탁으로부터 나온 것일 수 있다고 주장한다. 복수형을 고집하는 사람들은 그 단어가 이스라엘 자체를 묘사한 것일 수 있다고 주장한다. 참고. 49:10; 신 32:8; 33:3,19. 어쨌든 본 절이 우주적인 심판에 대한 선포라고 하는 것은 상당히 그럴듯하다. 그것은 2:12-22이 3:14과 관계된 것처럼 특정한 심판을 묘사하고 있는 14절과 관계되어 있다.

돌이키도록 하기 위하여 여호와에 대해서 언급하고 있다.

국문하시되: 소송하게 될 것이다. 주님의 오심은 그분 자신이 가져오실 심판으로 특징지어진다. 그분 앞에 아무도 서지 못한다. "주의 종에게 심판을 행치 마소서 주의 목전에는 의로운 인생이 하나도 없나이다"(시 143:2).

그 백성의 장로들과: 장로들은 그 나라의 복지에 대한 책임이 있는 자들이었다. 이 장로들은 그 집과 가문과 족속들의 우두머리들이었고 광야에서 모세를 돕도록 임명받은 사람들이었다(민 11장).

방백들: 장로들이라는 단어가 2절을 반영하고 있는 것처럼 방백들이란 단어는 3절을 가리킨다. 방백들은 정부의 공직자들이었다. 그러므로 하나님의 처벌 심판의 대상들은 국가의 복지와 행정에 대한 책임이 있는 그들이었으니 이는 그들이 하나님의 백성들에 대한 책임을 지고 있었기 때문이다. 아마도 여기서 우리는 "내 백성"을 전 국가와 동일시할 수 있을 것이지만, 그보다는 가난하고 도울 이 없는 상태에 처해 있었던 사람들과 동일시할 수 있을 것이다. 하나님에게 소속되어 있고 또한 그분의 특별한 보호와 사랑의 대상이 곧 하나님의 이스라엘이다.

너희며: 그렇게 해서는 안 되는 너희가 포도원을 삼켰다.[93] 우리는 이 구절의 사상을 다음과 같이 바꾸어 기록할 수 있을 것이다. "여호와께서 백성을 신실하게 인도했어야 했던 장로들을 심판하실 것이며, 또한 너희가 더욱 잘 알고 있듯이 너희는 그 백성들을 삼켰도다."

삼킨 자는: 이 단어는 "너희는 뜯어먹었다"로 번역하는 것이 더 좋다. 그러므로 백성들이 목초지를 못 쓰게 망친 농물들로 비유되고 있는 것이다. 그것은 그들이 동물들에게 그렇게 하도록 허용하였다는 것이 아니라, 그들 자신들이 그 땅을 망쳤다

---

93) "그리고 너희는(너희며)" — 와우(ו)는 앞의 어떤 것에 대한 말없는 암시를 담고 있는데 이는 표현되었을 수도 있고 그렇지 않았을 수도 있다. 벌게이트역은 즉, "너는"(vos enim), König는 "더욱이"(und zwar), 즉 nämlich. 참고. 시 2:6. "삼켰다" — 완료형은 과거에 완료된 행위로서 그 효과가 지금까지 존재하고 있는 것을 나타낸다. B는 "너희는 불살랐다"로 번역한다. 렘 10:8에 있는 칼형 בער라는 어근이 "말 못하는 짐승처럼 행동하다"의 의미를 가지고 있다. 피엘형은 "목초를 모조리 뜯어먹다"(abweiden), 히필형은 "목초지로 가져가다"이다. 참고. 출 22:4. גזלה는 가난한 자로부터 "빼앗아 압류하고 있는 것들"을 의미한다. 우리는 기즐라트(גְזֵלַת)를 기대하는데, 체레가 그대로 남아 있다. 마치 복수 연계형 케베데이(כִּבְדֵי)와 레에베이(רֵעֵבֵי)에서처럼 체레가 사용되어 있다. 순 장모음 에-와 장모음 에(모두 체레로 표기됨) 사이의 구분선이 여기서는 매우 가는 것으로 보인다.

는 것이다. 선지자는 "그 땅을 보호해야 하고 그래서 그 땅을 멸망하지 않도록 해야 할 너희 자신들이 그것을 망쳐 버렸다"고 말하고 있는 것이다.

포도원: 이 단어는 그 나라를 회화적으로 묘사하는 역할을 하고 있다. 그 본 뜻이 5장에서 보다 충분히 발전되었다. 포도원, 즉 하나님의 백성은 보호받고 경작되어야 할 필요가 있었다. 그런데 반대로 그것은 학대를 받았던 것이다. 이사야는 이러한 그림 같은 묘사에서부터 이제는 실상으로 나아간다.

가난한 자에게서 탈취한 물건: 이러한 특별한 죄악은 통치자들과 권위를 가진 자들이 포도원을 빼앗는 방식으로 발탁되어 있다. 이 문구는 "가난한 자들을 수탈함"에 해당한다. 가난한 자들에게서 빼앗는 방식으로 얻은 그것은 이 같은 가난한 자들의 복지를 위할 책임을 지고 있었던 사람들의 집들 가운데서 발견되었다. 이 탈취의 대상은 자기들의 억울한 사정을 변호해 줄 수 없는 자들로서 억압받는 사람들이었다. 가난한 자들은 통치자들이 가졌던 정의와 보호에 대한 권리와 주장만큼 동일한 권리와 주장을 가지고 있었다. 그러므로 장로들과 방백들의 행위는 완전히 부당하였다.

이 특별한 죄가 권세를 가진 자들의 책임의 결핍, 부정 그리고 탐욕의 실례로 발탁되고 있다. 그것은 잔인함에 대한 특별한 실례이니, 그런 까닭에 하나님께서 그러한 죄를 범한 사람들에게 정확하게 보응하기 위하여 오실 것이다.

3:15 이사야는 커다란 책임을 위임받은 사람들이 그렇게 비열한 방법으로 행동하였다는 사실에 대해서 놀라움과 분노를 표시하고 있다.[94] "무슨 의도냐 도대체?"라고 그는 묻는다. 무슨 생각에서냐? 무슨 권리로 이러한 일을 하느냐? 어떤 악한

---

94) מַלָּכֶם에서 헤(ה)가 빠지는 것은 무방하다. 참고. 4:2. 우가릿어에서 *mh*에 들어 있는 *h*가 강한 자음인 것으로 보이며, 이러한 사실과 헤(ה)를 다게쉬로 보상한 점에 비추어 케레와 케티브 사이에 구별을 할 필요가 없다. 케티브는 *mah la-kem*의 합음이므로 직역하면 "너희에게 무엇이냐?" 다시 말하면 "너희 생각이 무엇이냐?"란 뜻이다. 참고. Koran, Sura 57:8, 10, "그리고 어떤 이유에서냐?"(*ma' lakum*). "내 백성을 짓밟으며"—교차 평행구를 주시하라. 즉 동사—목적어, 목적어—동사로 되어 있음. 또한 접속사 없이 연결된 구조를 주시하라. 이런 구조가 일반적인 질문에서 나타날 수 있다. 사 22:1에서 כִּי가 삽입된 것을 제외하고는 유사한 구조를 가진 두 문장들이 있다. 어쨌든 여기서는 키(כִּי)가 필요하지 않다. 그것을 생략하고 있는 비슷한 실례를 위해서는 욘 1:6을 보라. 알렉산더는 땅에 드러누워 있는 몸들을 짓밟아서 그 머리가 땅에 긁혀 갈리는 그림을 생각하라. 미완료형은 현재 일어나고 있고 또 계속될 것 같은 행동을 나타낸다. 화자가 주시하고 있었던 행동은 그러한 것이었다.

영이 너희로 하여금 이런 식으로 행동하게 하였느냐? 너희는 어찌 감히 그렇게 행동할 수 있느냐? 그것은 격한 감정의 언어다. 선지자는 타오르는 분노를 가지고 다소 연결되지 않은 문구로 죄악된 통치자들에 대한 분노를 발하고 있다. "너희는 무슨 뜻으로—내 백성을 짓밟느냐?"

너희가 내 백성을 짓밟으며: 너희 압제의 정도가 너무나 잔인하여 그들이 무거운 짐을 진 자처럼 넘어졌고, 또 실제로 내게 속한 백성을 짓밟았다.

내 백성: 너희가 짓밟는 사람들은 하나님의 백성이요 하나님께서는 그들에게 대한 깊은 애정을 가지고 있으며, 그분에게 속한 사람들이 압제받지 않고 부당하게 취급당하지 않도록 열심을 가지고 계시다.

가난한 자의 얼굴에 맷돌질하느뇨?: 사람들이 두 개의 무거운 맷돌들 사이에다 곡식 낱알들을 넣고 맷돌질하듯이, 너희는 너희의 무정한 압제로 내 백성의 얼굴들을 맷돌질하고 있다. 너희는 너희의 탐욕이라는 두 잔인한 맷돌들 사이에다 그들을 놓고 그들을 가루로 만들고 있다. 너희에게 이러한 행동을 할 수 있는 무슨 권리가 있느냐? 너희 통치자들과 공직자들처럼 그 가난한 자들도 역시 나라의 일원들이다. 이 가난한 사람들은 자기들을 방어할 수 없고, 그래서 너희는 그들을 맷돌질하고 있으며, 너희의 탐욕을 만족시킬 수 있는 모든 것을 그들로부터 짜내고 있다. 말하시는 분은 하나님이시고, 선지자는 여기서 그분을 만군의 여호와라고 호칭하고 있다.

이 호칭은 시편 69:6을 생각나게 한다. "만군의 주 여호와여 주를 바라는 자로 나를 인하여 수치를 당케 마옵소서 이스라엘의 하나님이여 주를 찾는 자로 나를 인하여 욕을 당케 마옵소서." 우리는 시편 82:1-2을 기억할 수도 있다. "하나님이 하나님의 회 가운데 서시며 재판장들 중에서 판단하시되 너희가 불공평한 판단을 하며 악인의 낯 보기를 언제까지 하려느냐(셀라)." 이 말씀 가운데서 얼마나 강한 절정에 달하는 말씀이 발견되는가? 주권자, 유다의 하나님, 만군의 여호와께서 공직자들에 대하여 비난의 말을 퍼붓고 계시며, 그 결과로 심판이 다가올 것이라는 사실을 의심할 수도 없는 것이다.

(3) 여인들과 그들의 비극(3:16-4:1)

16절, 여호와께서 또 말씀하시되 시온의 딸들이 교만하여 늘인 목, 정을 통하는 눈으로 다니며 아기죽거려 행하며 발로는 쟁쟁한 소리를 낸다 하시도다

17절,그러므로 주께서 시온의 딸들의 정수리에 딱지가 생기게 하시며 여호와께서 그
    들의 하체로 드러나게 하시리라
18절,주께서 그 날에 그들의 장식한 발목 고리와 머리의 망사와 반달 장식과
19절,귀고리와 팔목 고리와 면박과
20절,화관과 발목 사슬과 띠와 향합과 호신부와
21절,지환과 코 고리와
22절,예복과 겉옷과 목도리와 손주머니와
23절,손 거울과 세마포 옷과 머리 수건과 너울을 제하시리니
24절,그 때에 썩은 냄새가 향을 대신하고 노끈이 띠를 대신하고 대머리가 숱한 머리털
    을 대신하고 굵은 베옷이 화려한 옷을 대신하고 자자한 흔적이 고운 얼굴을 대신
    할 것이며
25절,너희 장정은 칼에,너희 용사는 전란에 망할 것이며
26절,그 성문은 슬퍼하며 곡할 것이요 시온은 황무하여 땅에 앉으리라

4장

1절,그 날에 일곱 여자가 한 남자를 붙잡고 말하기를 우리가 우리 떡을 먹으며 우리
    옷을 입으리니 오직 당신의 이름으로 우리를 칭하게 하여 우리로 수치를 면케 하
    라 하리라

3:16 예언을 하고 있는 자는 이사야이지만 그는 자기가 하나님의 말씀을 선포하고 있다는 사실을 알고 있다. 그러므로 하나님께서 이사야를 통해서 말하고 있는 것이나. 이 메시지는 이제 새로운 국면으로 들어가 있고 그래서 선지자는 말씀하시는 분이 하나님이시라는 사실에로 주의를 이끌면서 말씀에 강도를 더해가고 있다.

이는(because): 본 절은 조건절이고 다음절에 결론 혹은 조건문의 결구가 따라 온다. 이 조건절에서 이사야는 그가 전하고자 하는 메시지의 내용들을 요약하고 있다. 교만이 다시 등장하고 있다. 이사야는 이미 교만하고 무례한 행위들과 교만한 품행들을 비난하였다. 그러나 이제 그는 시선을 여인들에게로 향하고 있다. 여인들이 전적으로 헛되고도 자기 중심적이 될 때, 도덕적 부패의 암은 진실로 나라의 심장을 소멸시켜 버린다. 여인들에게 있어서 본래의 장식품과 참된 아름다움은 하나

님의 영광의 반영이어야 한다. 여인들이 아름다움 자체만을 개발하고 소중히 할 때, 그들은 그분에게 속하는 영광과 아름다움을 침해하고 그 가치를 떨어뜨린다. 세상의 여인들이 허영심을 갖는 것은 예상할 수 있는 것이다. 그러나 시온의 딸들,[95] 하나님의 도성에 살며 성전의 그늘 아래 있는 여인들, 거룩한 아름다움의 모범이 되어야 할 여인들이 교만하고 목을 늘인 채 걷고 있다.[96]

어쨌든 이사야는 삶 가운데서 장식의 아름다움을 바라볼 여유가 없는 사람일까? 그는 이러한 아름다움과 장식을 비난하고 있는가? 그것은 아니다. 그가 비난하고 있는 것은 그들이 가지고 있었던 여러 가지 장식품들이 아니었다. 보다 심각한 어떤 것이 그의 시선을 사로잡았으며 그는 바로 그것을 정죄하고 있는 것이다. 예루살렘에는 내적인 교만과 밖으로 나타난 마음의 부패가 자리잡고 있었다. 그것이 선지자의 비난을 유발시켰던 것이다.

칼빈은 말한다. "옷이나 화려함이 지나치는 곳에는 어디나 자만의 증거가 있고, 많은 비행들이 그것과 연관되는 법이다. 남자들과 여인들의 사치가 교만 이외에 어디서 나오겠는가?" 또다시 그는 해석한다. "우선 그는 정당하게 교만이 악의 원천인 것으로 선언하고 그 표시가 그들의 걸음걸이와 같은 것임을 지적하고 있다." 이사야는 다음과 같이 말하는 베드로와 전혀 상충되지 않고 있다. "너희 단장은 머리를 꾸미고 금을 차고 아름다운 옷을 입는 외모로 하지 말고 오직 마음에 숨은 사람을 온유하고 안정한 심령의 썩지 아니할 것으로 하라 이는 하나님 앞에 값진 것이니라"(벧전 3:3-4).

다른 풍토와 다른 문화 그리고 사회적 환경은 다른 종류의 의상들을 낳는다. 한 장소에서 무례한 것이 다른 곳에서는 그렇게 생각되지 않을 수도 있다. 문제는 근본적으로 의상에 있지 않다. 그것은 마음의 문제다. 선지자의 입으로부터 나오는 비난은 다음과 같은 비난의 소리이다. "그들은 교만하여졌다."

교만: 이사야는 이 말로써 문제의 핵심을 표현하고 있다. 먼저 마음이 하나님과 바른 관계가 되도록 해야 하고 다른 일은 자기 스스로를 잘 돌보아야 한다. 진정한

---

[95] 이 문구는 남자들의 영혼이나 혹은 예루살렘 주변의 작은 도시들(Eichhorn)에 대해 비유적인 의미로 이해되어 왔다. 참고. 수 15:45, 47.

[96] נְטוּיוֹת—케레가 우선이 되어야 하는지 아닌지는 의문시되는데, 이는 라메드-헤 동사들의 수동 분사에서 제3 어근은 가끔 와우(ו)로 나타난다. 참고. 왕하 23:4(Gins-berg Bible에 있는 각주를 보라).

상황을 발표하기 위하여 이사야는 사람의 능력이 표현될 수 있는 하나의 동사를 사용하고 있다. "그들이 교만하게 되었고 지금도 그렇게 계속되고 있다." 행위가 과거에 일어났었고 그것의 결과들이 현재까지 계속되고 있다. 그들은 교만하게 되었고 지금도 그러한 상태로 계속되고 있다는 것이다.

그들이 교만한 만큼 그들은 목을 늘이고 다니고 있다. 말하자면, 가장한 자세이지만, 그러한 자세에서 그들은 자기들의 머리를 높이 들고 자기 자신들에게 주의를 끌어들였다. "목을 늘인다는 것"은 고대 세계에서는 교만에 대한 간략한 표현으로써의 역할을 했다. 예를 들면, 고대 수리아어에서는 목을 늘인다는 것은 교만하게 되는 것을 의미했다. 하마사(Hamasa)에서는 "우리의 코와 목에 의하여 교만이 나타난다"는 말이 있었으며, 매다니(Maidani, No. 30)의 속담에는 "많은 돈이 목을 길게 만들어 놓지 못한다"는 말이 있다. 그러므로 교만이 나타났을 때 그것은 나타나고야 만다. 여인들은 주의를 끌 욕망을 가지고 자기들의 눈으로 추파를 던지거나 혹은 시시덕거린다.

아기죽거려 행하며 발로는 쟁쟁한 소리를 낸다[97]: "그들이 걸어다닐 때 다니며 빠른 걸음으로 다닌다"는 뜻. 오랜 지속의 사상을 나타내기 위하여 선지자는 본 동사 앞에서 부정사 절대형을 사용하고 있다. 그들의 다리에 걸린 장식용 고리들로 인하여, 여인들은 잰걸음으로 그리고 빠른 걸음으로 걸었다. 그들은 자기들의 장식 고리들로 하여금 발로 짤랑거리게 하면서 짤랑거리는 소리를 나게 하였다. 이런 행실에 대해서 널리 알려진 이야기로는 모하메드가 코란에서 "그들로 하여금 발을 차지 못하게 하여 자기들의 숨겨진 장식품들이 알려지게 만드는 일을 하지 못하게 하라"고 경고하였다(Sura 24:32). 모알라카(Moallaka) 5:18에는 다음과 같은 내용

---

97) 이 단어는 아마도 타프(טַף, 아이)로부터 온 것이며, 여인들이 자기들의 다리를 묶는 장식 고리들로 인하여 내는 짧고도 거드름피우는 혹은 빠른 걸음걸이를 나타낸다. "그리고 그들의 발로" — 남성형 접미사는 여성형 선행사를 가리킨다. 원래 남성은 아마도 양성에 공동이었던 것으로 보인다. 그러한 3인칭 복수에 대한 언급에 대해서는 출 2:17 등을 참고하고 Nuzi 본문을 참고하라. 계속적인 행위를 나타내는 부정사 절대형이 실제로 그 자체가 계속적 행위를 나타내는 미완료형 한정 동사를 앞선다는 점을 주시하라. 그들은 걸으면서 빠른 걸음으로 (아기죽거리며) 걷곤 한다.

תַעֲכֵסְנָה — 엑센트가 있는 음절에서 우리는 체레를 기대해야 한다. 여기와 사 13:18에서 마찰음 앞 휴지에서 파타흐로의 변화가 있다. 우리는 **카메츠**를 예상해야 하나 יֹאמַר에서 둘 다 יֹאמַר로 변화된 것을 참고하라. 그리고 GKC, §29q.를 참고하라.

이 있다.

대리석으로 된 설화석고의 두 기둥들
그 위에 아름다운 소리를 내는 고리들이 땡그랑 울린다.

이러한 말들은 여인들에 관련된 말이다. 그들은 자기들의 외모와 그 외모를 통해 사람들의 주의를 끌려고 하는 데 관심이 있었다. 그렇지만 그들은 그 땅에 있는 정의의 극단적 결핍과 하나님으로부터의 배교에 대해서는 관심이 없었다. 주님의 사역에 있어서 여인들은 자주 능동적인 역할을 하였다. 그러나 예루살렘에서 그들은 하나님으로부터 떠나는 데 선도자들이었다. 가난한 자들이 지긋지긋한 폭정의 대상들이 된 사실이 그들에게는 아무 일도 아니었다. 이 여인들은 너무나 자기 중심적이고도 자만하였으므로 그들은 오직 자기들에게 주의를 집중시키는 데에만 관심을 두었다. 한 나라의 여인들이 하나님으로부터 그러한 상태로 돌아설 때 그 나라의 종말은 멀지 않은 것이다.

3:17 이사야의 비난은 공허한 문책이 아니다.[98] 여인들은 그가 정죄하였던 것과

---

98) 와우 연속법이 동사를 이끌고 있으며, 우리는 "그러므로"로 번역할 수 있다. 그렇지만 Calvin은 친절한 말과 충고가 여인들을 개혁시키지 못했다고 이유를 말하고 그러므로 주께서 좀더 강력한 조치를 취할 것이라고 말하고 있다. "딱지가 생기게 할 것이요 (딱지〈옴〉)로 칠 것이요)"—이러한 행위로부터 빗어심(baldness)이 나왔을 수도 있다. 어떤 사람은 생각하기를 이 동사가 "대머리로 만들다"를 의미한다고 하지만 그러나 그것들은 정확한 의미에서 다르다. Rosenmüller는 슬퍼하는 행위로, Knobel은 죄수들의 머리를 밀다, Gesenius는 딱지의 결과로 머리가 빠지다 등으로 번역한다. 동사가 신(ש)으로 철자 되었으나(참고. 사 5:7에 있는 미스파흐), 싸멕이 레 14:25의 싸팍하트에서 그리고 레 13:6-8의 미스파흐트, "머리가 빠진 장소"에서 발견된다.

פָּתְהֵן—이 단어는 어렵다. 체례를 가진 접미사의 구두점은 여기에만 나타난다. 왕상 7:50에서 우리는 פֹּתוֹת라는 단어를 발견하게 되는데 "내소 곧 지성소 문의 금돌쩌귀와 전 곧 외소 문의 금돌쩌귀더라"라고 되어 있다. 아랍어 fu-tun은 두 손가락 사이의 공간을 가리키는데, 이것으로부터 이 단어가 여성의 부끄러운 부분(pudenda muliebra)을 호칭한다고 추론되어 왔다. 벌게이트역은 그들의 털(crinem earum)로, Koppe, Hitzig, Stade 등이 그것을 פֵּאַת, 즉 머리카락의 축약형으로 취급한다. Eitan은 이와 비슷하게 민 24:17과 렘 48:45과 평행이 되는 점을 들어 어원을 찾는다. 본인은 Eidan의 의견으로 기울어진다. 그러나 현상태로는 형태가 포트헨(פָּתְהֵן)으로 되어 있다. 목적어가 주어를 곧 뒤따라 나오는데 이 둘이 티프하로 분리되어 있다. 이 의미는 "여호와께서…그들의 비밀스러운 부분을(?) 그분이 벗겨 낼 것이다."

같이 교만하였다. 그러한 이유로 인하여 여호와께서는 그들을 여기에 묘사된 혹독한 방법으로 치실 것이었다. 본 절은 귀결절이다. 즉 여인들이 교만하였으므로, 그래서 징계가 확실하게 된 것이다. 그들의 교만의 장소에 딱지가 있을 것인데 이는 여호와께서 그들을 치실 것이기 때문이다. 그들이 아름다운 장식품과 머리를 치장한 장식품을 차고 다님으로써 시온의 딸들은 징치를 당할 것이니, 그리하여 그들의 영광인 그들의 머리가 벗겨져 나갈 것이다. 그렇게 행하실 분은 여호와, 능력의 하나님이시다.

예루살렘의 교만한 여인들은 그 나라의 상태에 대해서는 전혀 관심이 없는 가운데 제멋대로 살아갔지만, 그들의 운명을 손에 쥐고 계시는 분께서는 장차 자신을 나타내시고 강한 손으로 치실 것이다.

여호와께서: 하나님의 언약적 성호가 여기서 사용되었다.[99] 이스라엘은 택함받은 나라였으며 그 나라의 하나님께서 그 나라를 벌하실 것이다. 그들의 부끄러움을 들추어내심으로써 여인들은 낮아질 것이다. 그들은 이미 그들의 행위로써 그 부끄러움을 나타내 보였지만 하나님의 징벌이 그들의 자만심을 돌이켜서 업신여길 어떤 상태로 만들어 부끄럽게 하실 것이다. 이사야는 이것을 어떻게 하실 것인지에 대해서는 말을 하지 않고 있지만 홍수와 같이 군대가 예루살렘과 유다를 쳐들어올 때 무례하고도 거친 사람들의 손에 의하여 그 일이 일어날 것으로 보인다. 음란함을 나타내기를 기뻐한 사람들은 무례한 사람들의 손에 의하여 그 음란함을 들추어내는 방식으로 보상을 받을 것이다.

3:18 본 절은 심판이 다가올 때를 언급하면서 시작하고 있다. 여호와께서 딱지로 치실 그때는 "그날"(…하는 때에)이 될 것이다. 주께서는 이 장식품을[100] 치워버

---

99) Jacob은 본 절이 종말론적 실체를 가리킨다고 믿는다. 여러 사본들은 **테트라그람마톤**을 사용하고 있다. 1Q 역시 그러하나 줄 위에 정정하여 אדני를 기록하고 있다. 이사야가 하나님의 주권을 강조하기를 원할 때 그는 이 단어를 사용한다.

100) 이 장식품 티프에레트(הפארת) 다음에 정관사를 가진 21명사들이 따라온다. 이러한 보석들의 의미에 대한 의견들이 다양하나. 1745년, N. W. Schroeder는 그의 주석(*Commentarious philologico-criticus de vestitu mulierum Hebraearum ad Jesaie*)을 출간하였는데, 그것은 이러한 목록들에 대한 철저한 논의와 그 의미들에 관한 책이었다. 보다 덜 철저한 작품이 Anton Friedrich Hartmann, *Die Hebräerin am Putztische und als Braut*, 1809-10이다. Rosenmüller의 *Scholia*에도 역시 통찰력 있는 논의가 들어 있다. 독자는 Gray의 주석도 참고하기 바란다.

릴 것이다. 그것은 제하여 버린다는 것인데, 이에 대해서 우리는 본 장의 첫 절을 생각하게 된다.

발목고리: 아카씸(עֲכָסִים)은 16절에서 사용된 "그들은 발로는 쟁쟁한 소리를 낸다"고 하는 묘사를 생각하게 하는 단어이다.

머리의 망사: 이 단어는 일반적으로 망으로 된 망막이나 모자, 곧 "망사 머리 밴드"(Gray)를 의미하는 것으로 생각되어 왔다. 현대 히브리어에서 셰비스(shevis)는 장식이 있는 머리 밴드를 뜻하였는데, 그것은 귀에서 귀까지 망사로 덮는 것을 가리킨다. 그러나 스뢰더(Schroeder)는 이 단어가 세메쉬(shemesh, 태양)와 연관되는 것으로 생각하였고, 그것을 그 다음에 따라오는 명사 달과 반대되는 것으로 취급하였다. 쾨니히(König)는 애굽인들에 의하여 부적으로 사용되었던 태양 모양의 부적으로 생각한다. 이 단어는 우가릿(Ugarit)어에서 나타나며 태양들로 번역되어야 한다. 그것은 분명히 태양모양으로 된 혹은 태양의 형상을 지닌 부적이었다.

반달장식: 이것은 아마도 달모양으로 된 금속 장식품이었을 것이다. "기드온이 일어나서 세바와 살문나를 죽이고 그 약대 목에 꾸몄던 새 달 형상의 장식을 취하니라"(삿 8:21하). "기드온의 청한 바 금귀고리 중수가 금 일천 칠백 세겔이요 그 외에 또 새 달 형상의 장식과 패물(וּנְטִפוֹת)과 미디안 왕들의 입었던 자색 의복과 그 약대 목에 둘렀던 사슬(הָעֲנָקוֹת)이 있었더라"(삿 8:26). 주전 9세기의 아람어로 된 자킬(Zakir) 비문에는 샤할(שׁהר)이라는 단어가 발견되는데, 아람어로 샤할은 달 신의 이름이다.

3:19 귀고리: 사사기 8:26을 다시 읽어보라. 나타프(נטף)의 어근은 "물망울이 떨어지다"를 의미한다. 아랍어 나타파트(nattafat)는 작은 진주 혹은 귀고리를 의미한다. 아마도 쾨니히가 번역한 "물방울 모양을 한 귀고리 장식"이 옳을 것 같다 (die tropfenartigen Ohrgehänge).

팔목 고리: 이것들이 팔의 밴드인지 목의 밴드인지 정확하게 결정할 수 없다. 세미루(semiru)라는 단어가 아카디아어에 나타난다.

면박: 아랍어 라알룬(ra-lun)이란 단어에 비추어서 우리는 아마도 "면박"으로 번역해야 할 것 같으니, 이것들은 아마도 눈 아래쪽에서 묶여진 두 조각으로 된 면박이었을 것이다.

3:20 화관: 이사야 61:3과 10절에서 단수형인 페에르(פְּאֵר)가 사용되었다.[101] 이것은 아마도 금이나 은으로 된 머리띠 혹은 장식 고리일 것이다(역시 출 39:28과 겔 24:17, 23을 참고하라).

발목 사슬: 이것들은 팔찌나 팔을 두른 밴드일 것이거나 아니면 보폭을 짧게 하기 위하여 고안된 발목 고리였을 것이다. 아마도 이것들은 후자일 가능성이 크다. 이와 유사한 아랍어 아싸드(assad)는 커다란 팔찌를 의미한다(참고. 민 31:50과 삼하 1:10).

띠: 신부의 장식품인 허리띠(참고. 렘 2:32).

향합: 향기의 저장소 혹은 향수(soul)의 저장소(참고. 아 1:13; 잠 27:9 그리고 눅 7:37; 마 26:7; 막 14:3의 옥합)[102]

호신부: 주문과 함께 기록되어 있었던 부적 또는 호신부. 3절에서 이 단어가 나타난 사실을 주목하라(참고. 창 35:4).

3:21 지환과 코 고리: 손가락이나 또는 코의 고리들(참고. 에 3:12; 창 41:42; 24:22, 47).

3:22 예복: 어근은 이것들이 벗어 놓은 겉옷이었음을 암시하며 그래서 특별한 경우에만 사용된 옷이었을 것이다. 뷰어(Bewer)는 "예식복", 그래이(Gray)는 "가운", 알렉산더(Alexander)는 "휴일용 의복"으로 번역한다(참고. 슥 3:4이하).

겉옷: 이것들이 커다란 겉옷이었는지 속에다 걸치는 가운이었는지는 논의의 여지가 있다. 상응하는 아랍어는 망토를 의미한다.

목도리: 그래이는 쇼올로 번역한다.

손 주머니: 드렉슬러(Drechsler)는 "주머니"로 번역하고, 어떤 사람은 이것들이 앞에 언급된 쇼올에 붙은 혹은 그 쇼올에 속한 주머니였다고 생각한다. 이와 상응하는 아랍어도 같은 의미를 가지고 있다.

---

101) 참고. 슥 3:4. 정관사의 이례적인 구두점을 주시하라. 사 17:8에 있는 이와 유사한 구두점을 참고하라.

102) 아카디아어 나피수(napisiu, 목)에 근거하여 Eitan은 목고리(collar)로 번역하기를 제안한다(*HUCA*, XII-XIII, 55-88).

3:23 길리오님(גִּלְיֹנִים)의 정확한 의미에 대해서는 의문점이 있다. 예를 들면, 알렉산더는 그것을 금속으로 된 작은 거울로 취급한다. 다른 사람들은 B에 근거하여 비취는 옷을 의미하려고 한 것으로 생각한다. 아카디아어 굴레누(gulenu)는 의복을 나타내며, 아랍어 잘와(jalwa)는 품질 좋은 실크 옷을 나타낸다. 뷰어는 얇은 천으로 된 의복으로 번역한다. 이사야 8:1에서 이 단어는 분명히 사람이 기록할 수 있는 어떤 물건을 가리킨다.

세마포 옷: 세마포로 만들어진 내의. 아카디아어 수딘누(sudinnu)는 "의복"을 지칭한다(참고. 삿 14:12,13; 잠 31:24).

머리 수건: 어근 짜나프(צָנַף)는 "싸다"를 의미한다(참고. 사 62:3; 슥 3:5; 잠 31:24).

특주

둠(Duhm)에 의하면, 24절은 17절 직후에 따라와야 하며, 18-23절은 연결을 차단시키는 세관들의 주석으로 생각되어야 한다. 그는, 아무도 심각하게 이 목록을 이사야의 것으로 돌릴 수 없었다고 생각하고 있는데, 그랬더라면, 이사야는 이 항목들을 아주 놀랍게 시로써 잘 표현하였을 것이라는 것이다. 이러한 견해에 대해서 우리는 다음과 같이 답변할 수 있을 것이다. "물론 그는 그랬을 것이다." 왜 그것이 그 목록들의 진정성에 대한 반대가 되어야 하는가? 둠은 주관적인 근거들 위에서 개진하고 있다. 이 목록은 B와 1Q에서 모두 발견된다. 이 목록이 산문체로 주어졌고, 그래서 이사야의 작품이 될 수 없다고 하는 것에 대해 정당하게 반론을 제기할 수는 없다. 그것이 어떻게 다른 방법으로 제공될 수 있었는지에 대해서는 파악하기가 어려울 것이다.

목록상의 구체적인 순서가 있었는지 그렇지 않은지에 대해서는 결정하기 힘들다. 예를 들면 콘다민(Condamin)은 보석들과 장식물들이 먼저 언급되고 그 다음에 의류들이 언급되어 있다고 생각했다. 그러나 본 절의 마지막 부분을 보면 그것이 일관성 있게 이루어진 것이 아니라는 사실을 알게 된다. 키세인(Kissane)은 비록 그가 어려운 점들을 인정하기는 할지라도, 이것이 주된 분석이라고 주장하고 나아가서 그는 이 두 번째 그룹이 겉옷들과 속옷들 그리고 머리에 쓰는 것들로 세분화될 수 있다고 주장한다. 독자는 각 단어들에 대한 논의들을 연구해야 할 것이며 그 후에 스스로 결정해야 할 것이다. 콘다민은 또한 지적하기를 각각 8개, 5개, 8개 그룹으로 나누어지는 21개의 종류들이 있음을 지적하고 있다. 그것들은 다음과 같다.

(1) 8 종류: 3개는 남성형 복수
3개는 여성형 복수
1개는 남성형
1개는 여성형
(2) 5 종류: 즉 20절 하반절과 21절
(3) 8 종류: 3개는 여성형 복수
3개는 남성형 복수
1개는 여성형
1개는 남성형

24절에서 명사들이 무관사로 되어 있는 반면 이 목록의 명사들은 정관사들을 가지고 있다. 어쨌든 이러한 현상은 이사야 저작에 대한 반대 논증의 근거가 될 수 없다. 이러한 나열의 목적은 보다 명백한 판단을 하게 하는 것이며, 또한 여인들의 사치가 이루어졌다고 하는 것을 지적하고자 하는 것이다. 칼빈은 다음과 같이 말하고 있다. "만약 우리가 일반적인 중요성을 이해한다면 그리고 선지자의 의도, 말하자면 그들의 사치와 야망을 나타낼 수 있는 그것들의 수많은 다양한 종류의 것들을 가치없이 버릴 수 있도록 하기 위하여 이러한 사소한 것들까지도 세어서 나열하고 있다는 사실을 파악한다면 그것으로 족한 것이다."

3:24 비록 본 절이 반드시 18절의 계속은 아니지만 우리는 18절의 사상으로 돌아간다. 어쨌든 본 절은 여호와께서 행동하실 때 행해질 상황들을 명확하게 개진하고 있다.[103] 본 절의 중요 단어는 "대신에"인 것으로 보이는데 이 단어가 다섯 번이나 발견되고 있다. 품목들의 길다란 목록들은 단순히 당시의 여인들이 쾌락을 찾기

---

103) 18-23절들은 삽입 구절이라고 생각한 사람들은 이 구절이 17절의 사상을 담고 있다고 주장한다(예를 들면 Bentzen). "썩은"—참고, 시 38:6; 슥 14:12. "노끈"—이 단어는 줄

위하여 가지고 있었던 그것들을 가리켜 조롱하는 역할을 하고 있다. 어쨌든 이것들의 전체 순서는 거꾸로 되어야 한다. 본 절의 처음 네 항목들 가운데서 "대신에"가 강조를 위하여 먼저 나타나고 있다. 그렇지만 다섯 번째 구절에서 그 순서가 변했는데, 그 사실 자체가 대조에 특별한 강조를 더해 주고 있다.

썩은 냄새가 향을 대신하고: 그것은 향품이거나 연고(ointment)이다. 그날에는 그것이 부패하여 냄새가 날 것이다. 지금은 향기를 주고 유다의 거민들에게 기쁨이 되는 향(balsam oil)이 썩은 악취와 나쁜 냄새를 대신 풍길 것이다.

노끈이 띠를 대신하고: 고대시대에는 띠로 사용되는 것들이 많았다. 여기서의 띠는 분명히 장식이 되어 있는 것으로 생각되며, 또한 동시에 풍부하게 수놓아진 것이었을 수 있다. 이 장식된 줄은 사라질 것이고, 그리고 그 대신 노예들이나 죄수들이 이끌려 다니곤 했던 그런 종류의 줄들이 될 것이다. 이와 같이 많은 머리털들 대

이나 밧줄을 나타내는 것 같다. 그렇지만 Saadia는 "헤어지고 찢어진 의복들"로 생각한다. 다른 사람들은 "염병"으로 보고, 탈굼은 "매맞은 표시", Calvin은 찢어짐(laceratio), Cocceius는 찢어진(lacerum)으로 본다. 줄이 상처들과 대조되는 것보다는 띠와 대조되는 것이 더 어울리고 이 의미는 מקשה 즉 "짠 물건"(braid work)과도 어울린다. ממשכה—참고. 출 25:18, 36 등에 있는 어근. שכפ는 "두루 돌다"를 의미한다. 그래서 이 믹샤(מקשה)는 "천으로 만든 것"을 의미할 수 있다. 아마도 이 명사는 일종의 모발로 만든 예술적 물품을 가리킬 것이다. 그것이 무엇이든 벗어짐과 대조된다. 참고. 민 8:4; 렘 10:5. "화려한 옷"—B는 "반 자주빛 망토"로 보고 수리아어도 그렇게 보고, 탈굼역은 "그들의 자만스러운 걸음"으로, 벌게이트역은 "가슴 띠 대신에"(pro fascia pectorali), Abravanel은 "가슴을 장식하는 거들"로 본다. 그는 이 거들을 축제의 경우에 여인들이 입었다고 주장하였다. 다른 사람들은 삼베옷과 대조되는 것으로 "기쁨의 충만함"으로 번역한다. 화려한 옷은 기쁨의 표시였다. 참고. 사 52:1; 63:3. 그러나 그 단어의 정확한 의미는 알려져 있지 않다(수정에 대해서는 cf. Tur-Sinai, VT, 1, 1951, p. 307). "자자한 흔적"—1Q는 그 단어를 아름다움과 부끄러움을 대조시키는(그것은 "아름다운 수치 대신에"가 보다 수월한 독법인데) 전치사로 취급하고 있다. 그러나 이것은 앞의 비교와는 다른 비교를 이루고 있다. 어쨌든 그것은 VT, 1951, p. 300 그리고 J. T. Milik, Biblica, 31, 1950, p. 216에 의하여 변증되고 있다. 그러나 JTS, 1951, p. 25에 있는 G. R. Driver의 글을 참고하라. 본 절은 역전되어 있고 "대신에"라는 단어는 두 명사들 가운데 나타난다.

키(כי)를 전치사로 취급하는 사람들은 (탈굼) "이는 그들이 그들의 아름다움 가운데서 길을 잃었다", 수리아어는 "이는 그들의 아름다움이 부패되었다"로 번역한다. B와 벌게이트역은 키를 번역하지 않고 있고 다만 본 절과 다음 절을 연결시키고 있다. 본 단어는 어근 כוה에서 파생된 명사 "burning"으로 보는 것이 가장 좋을 것 같다. 참고. ר 욥 37:11 그리고 אוה로부터 파생된 א 그리고 아랍어 카이, "부식"(cauterizing).

사 43:2; 잠 6:28에서 이 동사를 사용하고 있는데 이것은 불로 데어진 흔적을 가리킨다.

신에 대머리가 될 것이다. 또한 만족과 기쁨과 화려함의 표식이었던 화려한 옷들은 탄식과 쓰라림의 상징인 굵은 베옷으로 대치될 것이다. 지금 연인들에게 있는 고운 얼굴이 아마도 사로잡힌 노예의 낙인이 찍힌 자자한(타는) 얼굴로 대치될 것이다. 전체의 질서가 뒤바뀔 것이다.

3:25 이사야는 이제 그 도성에 대해 말한다.[104] 이 도성에는 여인들뿐만 아니라 남성들도 있었는데, 이 도성에 속한 이들 남성들은 전쟁에서 징벌을 받을 것이다. 구약 성경에서 자주 그러한 것처럼 여기에 여인들과 아이들과는 구별된 남성들이 언급되어 있다. 그런 까닭에 선지자가 말하고 있는 대상은 일반적인 대중이나 낮은 계층이 아니라 성인 남성들이다. 대격변이 올 것인데 그 대격변이 이제 전쟁이라는 사실이 명백해졌다. 남성들이 전쟁에서 멸절될 것이므로 비참한 상황이 24절에서 개진되어 있고 이것이 25절에 묘사된 상황에 대한 설명을 차례로 제공하고 있는데, 같은 것을 묘사하는 4:1까지 계속되고 있다. "노유는 다 길바닥에 엎드러졌사오며 내 처녀들과 소년들이 칼에 죽었나이다 주께서 진노하신 날에 죽이시되 긍휼히 여기지 아니하시고 살육하셨나이다"(애 2:21).

남성 인구가 멸절당할 때 그 도성의 힘은 사라질 것이니, 이는 한 나라의 힘이 그 나라의 군인들로 인하여 존재하기 때문이다. 예레미야가 다음과 같이 말하였을 때 이와 유사한 모습을 약간 다르게 묘사한 것이다. "나 만군의 여호와가 이같이 말하노라 보라 내가 엘람의 힘의 으뜸 되는 활을 꺾을 것이요"(렘 49:35).

3:26 대살육이 일어날 때 거기에는 슬픈 결과가 나타날 것이요, 그 결과들이 이제 우리 앞에 개진되어 있다.[105] 그 도시의 성문에서 백성들이 자주 모였으나, 이제 그 문들은 자신들의 곡하는 장소가 되었으니, 이는 그 백성들이 더 이상 거기에 살

---

104) B는 두 절을 연결시키고 있다. 그 말씀을 받는 대상이 이사야서 다른 곳에서처럼 바뀌어 있다. 참고. 1:27; 8:19; 28:14; 31:6. 이러한 전환은 좋은 셈어의 용법이지 본 절의 진정성에 대한 의문점의 근거가 되는 것은 아니다. "너희 징징"—강조어, 미완성 독립격(*casus pendense*). 이 단어는 여인들과 어린아이들과 대조하여 즉 "너희 남성들"의 의미로 사용되었다.

105) "곡할 것이요"—이 두 번째 동사가 주요 사상을 나타내고 있으며, 첫 번째 것은 그 것을 수식하고 있다. 즉 "그리고 그들은 구슬픈 애곡을 할 것이다." 참고. 사 19:8. 창 19:6

고 있지 않기 때문이다. 그 문들은 그들을 위하여 곡하고 있다. 그 도시 자체는 텅비었으니, 이는 그 도시 자체가 완전히 소제되어 버렸기 때문이다. 그녀가 땅에 앉아 있는 동안, 그 도시는 깨끗이 소제되었던 것이다. 그녀는 홀로 곡하며 앉아 있다.

예레미야애가서에서 우리는 그러한 곡하는 모습을 읽게 된다. "처녀 시온의 장로들이 땅에 앉아 잠잠하고 티끌을 머리에 무릅쓰고 굵은 베를 허리에 둘렀음이여 예루살렘 처녀들은 머리를 땅에 숙였도다"(애 2:10). 베스파시안 시대의 것인 한 동전이 남아 있으니 그것은 정복된 예루살렘의 모습을 담고 있는데, 종려나무 아래 앉아 있는 한 낙담한 여인과 그녀 앞에 서 있는 한 군사가 그려져 있고, 또한 "사로잡힌 유대아"(Judaea capta) 혹은 "정복된 유대아"(devicta)라고 기록되어 있다. 예루살렘은 홀로 되었다. 거룩한 도시, 율법이 그곳으로부터 나온 그 도시가 철저히 소제당하여 홀로 땅위에 앉아 있다. 언젠가 거짓된 안정과 물질적 번영이 지배하였던 그곳이 이제는 황폐함이 널리 퍼져 있다.

4:1 여기에 그 사건의 결론이 개진되어 있다.[106] 황폐함은 본 절에 묘사된 내용에서 절정을 이룬다. 여기서 다가오는 참상이 생생하고도 구체적인 형태로 묘사되어 있다. 본 절은 그들이 받을 치욕으로부터 보호하기 위하여 스스로 낮추어질 절망적인 곤경들을 보임으로써 유다의 여인들에게 대한 언급을 계속해 나가고 있다. 일곱 여인들이 언급되어 있는데, 이로 인하여 우리는 단순히 대다수를 이해하게 된다. 예루살렘에 떨어진 재난으로 인하여 양성간의 불균형이 나타난다. 창조의 질서에서 남녀의 비율은 동등하게, 즉 한 남자와 한 여자로 되어 있었다. 전쟁으로 인한 황폐화는 이것을 너무나 변화시켜서 이제는 7대 1의 비율로 되어버렸다. 재난이 닥칠 때 여인들은 열정적으로 남자를 둘러싸고, 그에게 다음과 같이 마음속에 들어 있는 요구를 드러내어 간청할 것이다.

에 나타난 대로 페타흐(פֶּתַח)는 델레트(דֶּלֶת) 혹은 "문"과는 다른데 문, 즉 입구 또는 입구로, 거기에 문이 달려 있다. 참고. 사 14:31. "황무하여"—어근 נקה가 청결의 뜻을 가진 그래서 비어 있다는 뜻을 가진 아랍어와 결합되어 있다. 민 5:19; 왕상 15:22에서도 그러하다. 여기서 언어 형태는 "비게 되다, 황무하다"의 의미인 니팔형이다. 이어오는 미완료형은 상황절의 의미를 가진다.

106) "가져가다"—직역하면 우리로부터 "거둬들이다". 그리하여 그것이 더 이상 우리에게 있지 않을 것이다. 우가릿어에서 לחם은 빵이나 음식을 의미할 수도 있다. 여기서 빵은 일반적인 음식에 대한 호칭으로 보인다.

우리가 우리 떡을 먹으며: 율법에 의하면, 남편은 자기 아내를 위하여 먹을 것을 제공하여야 한다. "만일 상전이 달리 장가들지라도 그의 의복과 음식과 동침하는 것은 끊지 못할 것이요"(출 21:10). 그렇지만 재난이 예루살렘을 칠 때 그 상황은 너무나 절망적이 되어 여인들은 가장 불리한 결혼 조건의 상황이라도 받아들이려는 준비가 되어 있었다. 율법이 그들에게 필요를 제공할 권리를 주었으나, 이제 그들은 기꺼이 자기 스스로 준비하려 했던 것이다. 성경은 그들이 일을 해서 하려는 것인지 그렇지 않으면 유산을 받아서 그러한 필요를 제공하려는 것인지에 대해서는 말하지 않고 있다. 어쨌든 그들이 오직 한 사람의 법적인 아내라고 불릴 수만 있다면 그들은 자기들이 스스로 생활을 꾸려나갈 수 있으리라는 확신을 가지고 있는 것이다. 그들의 마음속에 "오직"이라는 단어에 표현되어 있는 무게가 얼마나 무겁게 실려 있는지. 만약 오직 그들이 법적으로 결혼했다고 간주될 수만 있다면 그들은 다른 것들을 공급할 것이다. 그들이 마음속에 실제로 계산하고 있는 것은 자기들이 남편 이름(결혼한 이름, 서구나 중동에서는 여성이 결혼하면 남편의 성을 가지게 된다—역주)을 소유하는 것이다.

그 여인은 우리처럼 남편의 이름을 따라 불려졌다. 이 이름이 자기들에게 붙여지기를 원했는데, 그래서 그렇게 부를 때 남편이 그녀의 머리로 존재하고 있다는 사실에 대해 묵언으로 인정을 하는 것이다. 어떤 사람의 이름이 붙여진 사람에 대해 그 이름을 가진 사람이 어떤 권리를 가진다. "우리는 주의 다스림을 받지 못하는 자 같으며 주의 이름으로 칭함을 받지 못하는 자같이 되었나이다"(사 63:19). 이 한 사람에게 여인들은 애처로운 청원을 하고 있다. "면케 하라"고 그들은 부르짖고 있는데 그것은 직역하면 "우리로부터 가져가 버려서 더 이상 우리에게 치욕이 있지 않게 하라"를 의미한다. 이 여인들에게 놓여진 수치는 아이가 없는 여인에게 놓여진 수치였고, 이것은 아마도 그녀들이 과부가 되었기 때문이었던 것 같다. "두려워 말라 네가 수치를 당치 아니하리라 놀라지 말라 네가 부끄러움을 보지 아니하리라 네가 네 청년 때의 수치를 잊겠고 과부 때의 치욕을 다시 기억함이 없으리니"(사 54:4). 롯의 두 딸로 하여금 창세기 19:32 이하에서 묘사된 것과 같이 부끄러운 행동을 하게 하였던 것은 바로 후손이 없을 것에 대한 두려움으로 인한 것이었다.

고상하고도 지조 있는 여인들은 재난과 고난의 당시에 물론 대적과 떠돌아다니던 가장 낮은 계층의 사람들의 모욕의 대상이 되었다. 어쨌든 이 여인들의 마음들 가운데 이보다 더욱 커다란 가장 큰 수치는 남편이 없고 아이가 없는 수치인 것으로 보인다. 그들은 더 이상 평범한 여인들로 살아가지 못한다. 하나의 자손도 없으니 그들이 이러한 커다란 수치를 느끼는 것이다. 이러한 까닭에 그들은 그들의 본래 가지고 있었던 수줍음을 버리고 대담한 방법으로 주도권을 쥐고 한 사람에게 자기들이 그의 이름을 소유할 수 있도록 결혼하자고 공개적으로 요구하고 있는 것이다. 그들의 욕망의 실례로서 우리는 루시안의 풍자시를 주시해 볼 수 있을 것이다.

나에게 다만 한 아내라는 공허한 이름만을 달라
무덤에 새겨진 것이 있게 하라
카토의 아내 마르시아라고.

그리하여 에덴에서 세워졌던 질서가 뒤집어져 있다. 이제 더 이상 한 남자가 한 아내의 남편이 아니다. 남자가 여자를 찾아다니지 않고 여자가 남자를 찾아다닌다. 그녀는 그 남자의 위치에 서서 사단에게 귀를 기울이도록 아담을 인도하였던 하와의 입장에 있는 것이다. 죄는 더 나쁜 죄로 이끈다. 죄가 다스릴 때 하나님의 질서는 발 아래 밟히는 것이다.

본 절과 함께 우리는 예루살렘의 여인들에 대한 심판 선언이 결론에 도달한다. 이 경고는 그 땅의 악한 공직자들과 통치자들에게 선언하였던 그것과 한 짝을 이룬다. 둘이 합하여 예루살렘에 닥쳤던 보다 일반적인 정죄와 심판에 대한 구체적인 예증이 될 뿐이다. 마지막으로 이 일반적인 심판은 그 자체가 선지자에 의하여 전 지상에 최종적으로 나타날 큰 심판의 날에 대한 단순한 하나의 구체적인 적용이나 실례로 제시된 것이다.

(4) 여호와의 싹(4:2-6)

2절, 그날에 여호와의 싹이 아름답고 영화로울 것이요 그 땅의 소산은 이스라엘의 피난한 자를 위하여 영화롭고 아름다울 것이며
3절, 시온에 남아 있는 자, 예루살렘에 머물러 있는 자 곧 예루살렘에 있어 생존한 자 중 녹명된 모든 사람은 거룩하다 칭함을 얻으리니
4절, 이는 주께서 그 심판하는 영과 소멸하는 영으로 시온의 딸들의 더러움을 씻으시며 예루살렘의 피를 그 중에서 청결케 하실 때가 됨이라

5절, 여호와께서 그 거하시는 온 시온 산과 모든 집회 위에 낮이면 구름과 연기, 밤이면 화염의 빛을 만드시고 그 모든 영광 위에 천막을 덮으실 것이며
6절, 또 천막이 있어서 낮에는 더위를 피하는 그늘을 지으며 또 풍우를 피하여 숨는 곳이 되리라

본 단락 4:2-6은 2:1-4:6의 예언의 결론을 이루고 있다. 하나의 축복이 역시 서론적인 역할을 하고 있는데 말하자면 2:2-4이고, 반면에 경고 혹은 예언의 중심 자체는 심판의 주제를 담고 있다. 단락 전체는 다음과 같이 분석될 수 있을 것이다.

2:1   머리말
2:2-4   시온의 미래의 승귀
2:5-22   다가오는 일반적 혹은 우주적 심판과 여호와의 날
3:1-4:1   유다에 대한 심판의 구체적 적용
4:2-6   예언의 결론. 여호와의 싹으로 말미암아 이루어질 다가올 시대의 영광

4:2 그날에: 선지자의 마음속에 어렴풋이 나타나 있는 이 개념은 얼마나 위대한 것인지! 이 독특한 단락에 이 문구가 일곱 번이나 나타나 있다. 3:18과 4:1에서 이 문구가 그 징계가 올 때인 징벌과 고난의 때를 선언하기 위하여 사용되었다. 본 절에서는 이 문구가 같은 의미를 가지고 있다. 이 문구는 우리들을 심판의 한가운데로 몰아 넣는다. "흑암에 행하던 백성이 큰 빛을 보고 사망의 그늘진 땅에 거하던 자에게 빛이 비춰도다"(사 9:2). 구약 선지자의 환상 가운데서 최소한 이 점에서 여호와의 날은 하나로 간주되었고, 어두움, 구원 그리고 심판이 함께하여 여호와의 날 개념을 이룬다. 그러므로 이사야는 심판과 징벌과 그리고 그 다음으로 구원도 말할 수 있었던 것이다. 이 문구 모두는(3:18; 4:1-2) 같은 시대를 가리키며 심판과 구원이 같이 지상에 올 때를 가리키는 것이다. 하나님께서는 자신을 심판자로 동시에 구원자로 나타내실 것이다.

여호와의 싹: 이사야는 외관상으로 사무엘하 23:5의 어투를 반영하고 있다. "내 집이 하나님 앞에 이같지 아니하냐 하나님이 나로 더불어 영원한 언약을 세우사 만사에 구비하고 견고케 하셨으니 나의 모든 구원과 나의 모든 소원을 어찌 이루지 아니하시랴." 사무엘서에서 발견되는 사상을 취하여 이사야는 이제 메시아를 지칭하

기 위하여 같은 어근을 사용하고 있다.[107] 이사야의 구절에 대한 해석 또는 확장이 예레미야서에서 발견된다. "나 여호와가 말하노라 보라 때가 이르리니 내가 다윗에게 한 의로운 가지를 일으킬 것이라 그가 왕이 되어 지혜롭게 행사하며 세상에서 공평과 정의를 행할 것이며"(렘 23:5). "그날 그때에 내가 다윗에게 한 의로운 가지가 나게 하리니 그가 이 땅에 공평과 정의를 실행할 것이라"(렘 33:15).[108]

본 절에서 싹은 이미 베어진 다윗의 가문으로부터 나오는 싹이며, 또한 베어진 줄기로부터 살아나와서 이전보다도 더 영광스럽고도 거대하게 성장하는 싹이다. 우리는 본 절이 이 앞 절(4:1)과 관계를 이루듯 이사야 28:5이 이사야 28:1과 같은 관계를 유지하고 있는 점을 주시해야 한다. 우리가 살펴보고 있는 구절 가운데서 "싹"이라고 말해지고 있는 주님 자신에게 28:5에서 돌려지고 있다. 이러한 사실을 비추

---

107) צמח —겔 17:9, 10에서 이 단어가 동명사의 의미를 가지고 있으며, 창 19:25; 겔 16:7에서는 집합적 의미를 가지고 있다. B와 Ephraim Syrus는 그것을 태양의 떠오름으로 번역하였으나, 이 단어는 언제나 한 식물의 싹으로 사용된다.
    Krt 2:2:43, 49(cf. 2:1:10, 21, 23)에서 우리는 šph ltpn.lyh, 즉 "Ltpn의 싹(자손)이 살 것이다"는 글을 보게 된다. *Krt* 1:3:48; 6:33은 wld.šph.lkrt, "Krt에게 자손으로 한 아이"란 글이 있다. 후기 페니키아에서 ṣmḥ ṣdq, "의로운 싹"이라는 문구가 왕좌에 대한 법적 계승자를 호칭하고 있다. 페니키아 비문은 1893년 Cyprus의 Larnaka에서 발견되었는데, 주전 3-2세기 경의 것이다. Cf. *NSI*, p. 83. 이러한 발굴물들은 우가릿과 페니키아에서 그 단어가 개인적인 의미로 이해되었었음을 보여주고 있다(see Eissfeldt, *El im ugaritischen Pantheon*, p. 35).
    Mowinckel은 2절을 이사야의 말들 중 이차적 의역의 한 부분으로 취급한다. 그 이유는 그것이 디아스포라를 전제하고 있다고 생각하기 때문이다. 그는 비록 이 구절을 스가랴서보다 더 후기의 것으로 간주하고 있기는 하지만 사 4:2에 있는 체마흐(צמח)란 단어를 메시아적으로 취급하는 것으로 보인다(*HTC*, p. 164).
    Religion och Bibel, II, 1943, p. 61에서 George Widengren은 우리가 살펴보고 있는 것과 같은 예언이 왕과 신비적 생명 나무와를 동일시하였던 고대 동양 신화의 영향을 받았다고 주장한다. Widengren의 견해를 지지할 만한 증거가 없으며 최소한 그것은 체마흐(צמח)가 개인을 가리킨다는 입장을 지지한다. Procksch는 2, 3절의 진정성을 주장하지만 Duhm, Marti, Chyne, Gray는 4:2-6이 이사야의 글임을 부인한다.

108) 슥 3:8; 6:12에서 이 문구는 일종의 고유명사로 채용되어 있다. 그러므로 그 발전과정을 다음과 같이 말할 수 있을 것이다. 삼하 23:5, 일반적인 모습. 사 4:2, 명사가 사용되고 인격적 요소가 나타나기 시작함. "이사야에게 혹은 이사야의 마음속에 모든 예언에 대한 커다란 개념이 일찍이 그려져 있었음"(Strachey). 렘 23:5; 33:15, 묘사적인 요소가 빠짐. 슥 3:8; 6:12, 명사가 고유명사로 됨.

어볼 때, 이 단어의 일반적인 언급이 어떻게 받아들여질 수 있는지를 알아본다는 것은 실로 어려운 문제이다. 28:5과의 이러한 평행은 4:2이 단순히 그 땅의 소산을 내포하고 있다는 견해를 논박하는 것으로 보인다.

그 형식에 관한 한 28:1-4이 2:5-4:1과 비교될 수 있는 것으로 보인다. 28장의 사상은 진정한 아름다움이 되시는 여호와 자신이 거짓된 아름다움을 대신할 것이라는 것이다. 이러한 비교는 우리가 살펴보고 있는 이 구절이 그 땅과 그 산물에 대한 단순한 언급이라고 생각하는 것을 배제해야 함을 보여주고 있다. 이러한 사상의 발전은 이사야 60:9에 나타나 있는데, 그곳에서는 여호와께서 이스라엘을 아름답게 하시는 분으로 나타나 있다. 60:19에서 하나님은 그 나라의 영광으로 말해지고 있다. 스가랴 2:5에서도 여호와께서 영광과 동일시되고 있다. 4:2에서 싹을 묘사하기 위하여 사용되고 있는 서술 형용사들이 다른 구절에서는 분명히 여호와 자신에게 적용되는 것들이다. 하나님께서 세계에 가져다주시는 축복들이 어떤 희미하고도 막연한 방법으로 오지 않고 메시아를 통하여 전해지기 때문에, 우리는 4:2에서 오실 메시아에 대한 사상을 당연히 식별해 낼 수 있는 것이다.

그렇지만 "여호와의 싹"이라는 문구가 서로간에 문법적으로 어떤 관계를 가지고 있는가? 많은 사람들은 이 문구가 "여호와께서 싹을 나오게 하는 그것"을 의미하는 것으로 취급하였다. 다른 사람들은 그것을 "여호와로부터 싹틔어 올라오는 그분"으로 취급하고 있다. 이러한 해석에 의하면 여호와의 싹은 여호와께서 주시는 싹이다.

불가능하지는 않지만 이 두 가지 해석 중에서 옳은 것을 독단적으로 결정하는 일은 아마도 쉽지가 않을 것이다. 소유격은 원천이나 기원을 가리킨다. 그 가지는 여호와의 가지이다. 그것은 그분의 것이며 그분으로부터 나온다. 이것이 여호와께서 다윗에게까지 자라게 하는 가지를 의미하는 것인지 그렇지 않으면 그분이 여호와께서 주시는 한 가지를 의미하는 것인지는 확실하게 결정하기 어렵지만 우리는 첫 번째 견해로 기울어지는데, 이는 우리가 살피고 있는 구절의 기초를 이루고 배경을 이루는 사무엘하 23:5과 시편 132:17과 같은 구절들이 그것을 지지하기 때문이다.

그렇다면 역시 우리가 실질적으로 이사야 4:2에 대한 일종의 주석인 예레미야 23:5; 33:15; 스가랴 3:8 등의 평행절들과 비교할 때, 그것들이 이 입장을 지지한다는 사실을 우리는 발견하게 된다. 이 구절들 가운데 여호와께서 그 가지를 일으키실 것이라는 사실을 듣게 된다. 즉 그분은 그 가지를 다윗에게까지 이르게 하실 것이다. 그분은 그분의 종인 가지를 일으키실 것이다. 그렇다면 여호와의 싹이라는 문구는 "여호와께서 자라게 하시는 그것"을 의미하는 것으로 보인다. 그렇지만 어떤 경우이든 그 싹을 여호와의 싹으로 동일시함에 있어서 이사야가 그 땅의 단순한 소산을 가리키는 것을 배제하고 있다는 사실만은 분명하다. 그는 전면에 여호와께서 하시는 일을 배치해 놓고 있다. 그렇다면 그것은 여호와께서 일으키시는 그분의 신적 기원을 가리킨다.

아름답고: 아름다움은 이미 존재하고 있었지만 그것은 거짓된 아름다움이요 허위이다. 아름다움의 품목들이 전부 나열된 바 있다(참고. 3:18 이하). 그러나 심판에서 이 거짓 아름다움은 사라질 것이고 여호와 자신께서 자기 백성의 진정한 아름다움이 되실 것이다.

영화로울 것이요: 이스라엘이 진정으로 영광스러워질 수 있었던 그 영광은 여호와의 싹이었다. 두 가지 면에서 그 싹은 이스라엘을 이롭게 할 것이다. 그분께서 그들의 영화와 아름다움이 될 것이다.

또 다른 고찰이 주의를 끈다. 3:12-15에서 이사야는 악을 동반하고 있고 그 결과로서 생기는 악을 지닌 빈약한 정부가 무능하고도 악한 통치자들의 결과였다는 사실을 보여준 바 있다. 우리가 살피고 있는 구절에서 다가올 축복에 대해서 듣게 되는데, 당연히 이 축복들이 한 개인의 행위의 결과임을 예측해야 한다. 사람이 본문과 문맥을 깊이 생각할수록 더 강해지는 것은 메시아적인 해석을 하게 된다는 것이다. 그렇다면 탈굼역이 "그때에 여호와의 메시아가 기쁨과 영광이 되실 것이요…"라고 번역한 것은 놀랄 것이 못 된다.

그 땅의 소산은: 싹이 여호와의 것이요 그분에게 속한 것처럼 그리고 그 기원과 원천이 그분에게 있는 것처럼 그 소산도 그 땅의 것이요 그 땅에 속한 것이요 또한 그 기원도 그것에 있다.[109] 그렇다면 "여호와의 싹"이 메시아의 신성을 가리키고 "그 땅의 소산"이 그분의 인성을 가리킨다고 말하는 것은 너무 지나치게 나아가는

---

109) 이 문구는 의심할 여지도 없이, 민 13:26과 신 1:25을 암시한다. 그런 까닭에 우리는 "그 흙(the earth)의 소산"이 아니라 "그 땅(the land)의 소산"으로 번역해야 한다. 그것이 가나안땅을 가리킨다고 하는 것은 레 25:19; 민 13:27과 렘 2:7과 같은 구절들과 어울린다. 이것에 기초한 구절들 가운데서 우리는 메시아의 인간 기원의 경계를 보게 된다. 참고. 렘 23:5; 33:15 "다윗에게", 슥 6:12, "자기 곳에서 돋아나서." 미 5:1에서 메시아는 베들레헴에서 탄생하신다. Hengstenberg는 이 한계의 근거는 메시아께서 언약백성에게 속하는 분으로 묘사되어 있다는 사실, 즉 "구원이 유대인에게서 난다"(요 2:22하)는 사실 가운데 놓여 있다고 정확하게 지적하고 있다.

것인가? 구약성경에서 메시아의 신적 기원과 인적 기원 양쪽 모두가 언급되어 있는데, 인적 기원은 보다 구체적으로 한정되어 있고 서술되어 있다. "그 땅의 소산"은 민수기 13장의 배경에 대하여 의도적으로 채택된 표현이며, 틀림없이 히브리서의 저자가 7:13을 기록할 때 이 예언을 염두에 두었을 것이다. "우리 주께서 유다로 좇아 나신 것이 분명하도다 이 지파에는 모세가 제사장들에 관하여 말한 것이 하나도 없고"(히 7:14). 그는 식물들이나 풀의 발아에 대해 주로 사용되는 동사를[110] 채택하고 있다. 구약성경에서 메시아의 인성에 대한 언급은 보다 확실하게 제한되어 있는데 이는 그분이 언약 백성에게 소속된 분으로 나타나 있기 때문이다. 그러므로 예를 들면, 이사야는 다른 곳에서(9:6) "한 아기가 우리에게 났고"라고 말하고 있다. 그렇다면 우리는 이 구절을 다음과 같이 고쳐 번역할 수 있을 것이다. "여호와께서 이스라엘 가운데서 싹틔우실 그분."

그렇지만 "그 땅의 소산"이라는 문구에 대해 메시아적 해석을 함에 있어서 참으로 정당하다고 인정받을 수 있는가? 이 문구가 메시아를 가리킨다는 것은 다음 몇 가지 고찰들 가운데서 드러난다.

(1) 가지와 소산의 평행. 이 두 표현들은 식물학의 분야에서 나타난 것이며, 결과적으로 여호와와 그 땅의 구체적 대조를 보여준다. 싹은 여호와로부터 나온 것이요, 소산은 땅으로부터 나온 것이다. 여호와는 그 싹의 신적 성격을 가리키고 있으며 그 땅은 그분의 인적 성격을 가리키고 있다. 그분은 여호와로부터 오시는 그 싹이시며

소산이란 단어는 일반적으로 나무의 열매와 땅의 소산을 가리키며, 또한 비유적 의미로 태의 소산을 가리킨다. 이스라엘의 자연적 소산은 여기에 의도된 영적 소산의 상징이다. 그런 까닭에 Vitringa는 "de terrestri enim proventu haec verba intellegere vetat magnificentia orationis"이라고 하였다. "영화롭고"—해석에 대해서는 사 60:15을 참고하라. "아름다울 것이며"—출 28:2, 40; 렘 33:6-9; 신 26:19. 이 구절들 중 첫 번째 것은 제사장들을 위하여 만든 거룩한 옷들에 대해 말하고 있다. 40절의 어투를 주시하라. 이사야 당시에 이스라엘은 이미 아름다움(הַפְאָרָה, glory)을 가지고 있었고, 여호와께서는 심판 때에 이 티프에레트(הִפְאָרָה)를 치워버리실 것이다. "이스라엘의 피난한 자를 위하여"—신 30:1-10에서 심판을 통과한 남은 자가 여호와께로 돌아올 것이라고 예언되어 있으며, 이 남은 자의 개념은 전 예언서들을 통하여 사용되고 있다. "이스라엘의 남은 자"라는 표현은 본 절의 구성원들과 동일하게 해석되어야 한다. 본 절과 다음 절은 4-6절과 함께 슥 2:9에 요약되어 있다. Cf. W. E. Mueller: *Die Vorstellung vom Rest im Alten Testament*(Leipzig: 1939).

110) ἀνατέταλκεν.

또한 그 땅으로부터 태어나시는 소산이시다.

(2) 성경의 여러 구절에서 메시아 시대의 풍성함에 대해 언급하고 있다. 그렇지만 오직 여기에서만 그 소산이 이스라엘의 흩어진 자들을 위한다는 사실이 언급되어 있다. 선지자가 스스로 수준을 낮추어서 하나님을 간절히 필요로 하는 그 흩어진 사람들이 메시아 시대에 소산이 풍성한 땅을 가질 것이라고 말하고 있는 것이라고 까지 생각할 수 있는가?

(3) 본문은 풍성함과 황무함을 대조하고 있지 않다. 만약 이사야가 가르치고 있는 모든 것이 메시아 시대에 그 땅이 풍성한 소산을 가져오는 것이었다면, 이것이 무엇과 특별히 다른 것인가? 2:6-7에서 선지자는 육신의 팔을 의지하고 동방의 지혜를 의지한 것에 대해서 책망했다. 소산이 구별되는 것은 어떤 의미에서인가? 우리가 참으로 본 절을 그것의 일반적인 문맥 가운데서 취급하지 않는다면, 우리는 본 구절의 의미를 파악하기 어려울 것이며, 이 일반적인 문맥 가운데서 하나의 강력한 대조가 있다는 사실도 파악할 수 없을 것이다. 실제 이스라엘은 외인들과 이방인들 가운데서 자기들의 영광과 장식품을 구하려 하였고, 자기들의 진정한 유산을 무시하였다.

그렇지만 미래의 이스라엘은 육체의 눈에 보이는 대로 판단하지 않을 것이며, 자기의 진정한 영광과 장식품이 자기의 진정한 유산 곧 오래 전에 약속된 축복을 가져다줄 아브라함의 씨 가운데서 발견된다는 사실을 이해할 것이다. 이사야는 "오직 여호와가 네게 영영한 빛이 되며 네 하나님이 네 영광이 되리니"(사 60:19)라고 말하고 있다. 거짓된 영광과 장식품(2:5-4:1) 대신에 참되고도 진정한 영광과 장식품, 말하자면 여호와 자신이 나타나실 것이다(4:2). 이 점은 28:5과의 평행으로 인하여 증명된다.

(4) 마지막으로, "그 땅의 소산"이라는 문구가 메시아를 가리킬 때에만 다음의 구절들과 만족한 연결이 이루어진다는 사실을 분명하게 주목해야 한다. 다른 견해에서 볼 때 연관성은 깨져버린다. 만약 이사야가 그 땅의 생산성만을 말하고 있다면, 그러한 사상은 그 즉시 땅에 떨어지고 다시 소개되지 않을 것이다. 사실상 그것은 갑작스러운 사상이다. 그리고 그것을 말하는 이유를 발견하기 어렵다. 반면 만약 그가 메시아에 대해서 말하고 있다면 그는 일반적 언급을 하고 있는 것이며, 또한 그가 다음 구절들 가운데서 그것의 세부사항들을 소개하고 있는 것이다.

영화롭고 아름다울 것이며: 이스라엘의 미래의 영광은 단순한 물질적인 장식품과 장식으로 인한 만족 가운데서 발견되지는 않을 것이다. 하나님의 백성으로서 그들의 진정한 아름다움과 영광은 하나님 자신 가운데서 발견될 것이다. 하나님을 주님으로 모신 그 나라 백성은 복이 있다.

이스라엘의 피난한 자를 위하여: 이 문구는 본 절을 구성하고 있는 단어들과 함께 해석되어야 한다. 이 뜻은 다음과 같다. "이스라엘의 피난한 남은 자를 위하여 여호와의 싹이 아름답고도 영화로울 것이며 또한 이스라엘의 피난한 자들을 위하여 그 땅의 소산은 영화롭고 아름다울 것이다." 남은 자에 대한 언급 가운데서 우리는 또다시 약속하신 것에 대한 하나님의 신실성과 맞닥뜨리게 된다. 남은 자는 구원을 받을 것이다.

4:3 그리고 있을 것이다(וְהָיָה, 웨하야). 다음 문구가 "누구든지"로 시작할 때 선지자가 자주 채택하는 단어. 이 뜻은 "그리고 이것이 그 결과가 될 것이다"이다. 그러므로 독자의 마음은 특별한 순간의 사건들에 대한 언급이 있을 것에 대해 준비를 갖추게 되는 것이다. 메시아에 대해 말함으로써 선지자는 이제 거룩하다 일컬음을 받을 자기 백성들에게로 돌아간다.[111] 앞절에서 그들은 남은 자로 호칭된 바 있다. 그들은 생명이 보존된 사람들이요 하나님의 심판을 피한 자들이다. 여기서 그들은 거룩한 자들이고 그들의 영원한 예정도 밝혀져 있다.

---

111) 웨하야(וְהָיָה) — 2:2에서처럼 Leᵍarmeh가 뒤따르고 있는데, 아마도 두 헤(ה)를 분리하기 위해서인 것 같다. 그러므로 이와 같은 현상은 본 단락의 처음과 마지막 부분에 나타난다. "거룩하다" — 이것은 우선적으로 제의적 청결을 가리키지 않는다. 오히려 그것은 새로운 시온의 거민들이 거룩하다고 일컬음을 받을 그들의 숙명에 관련된 것이다. "그들은 거룩할 것이니 이는 그들이 여호와의 싹에 의하여 피난한 자들에게 수여될 승귀와 장식품의 아름다움에 참여하는 자가 되기 때문이다"(Hengstenberg). 그러므로 거룩은 남은 자의 충성심이 아니다.
이 구절은 선택교리 가운데서 견인에 대한 궁극적인 근거를 제시하고 있고, 남은 자에게서 발견되는 어떤 장점을 제시하고 있지 않다. 동시에 Hengstenberg가 올바르게 지적한 바와 같다. 즉 남은 자는 이미 도덕적 의미에서 거룩하였다. 그렇지만 만약 사실이 그러하다면, 거룩은 선택의 열매일 것이다. 거룩이 없이는 아무도 주를 보지 못하는 것은 사실이다. 그러나 거룩이 구원의 근거는 아니다. 남은 자기 손을 씻으며 마음을 정결케 해야 한다. 그리고 틀림없이 이 남은 자는 그렇게 하였다. 그러한 의미에서 우리는 그것을 윤리적인 거룩으로 말할 수 있는데, 그렇게 해서 심판의 진노를 피하는 것이다.
이 단어는 단절적 접속사(disjunctive)를 가지고 있는데, 이는 *Zaqeph Qaton*에 곧이어 따라오는 것으로서 3절 상반절에서 그것을 가장 두드러진 단어로 만듦으로써 그 단어를 특별히 강조해 주는 역할을 한다. 3절이 조건문의 귀결을 이루고 조건적 요소(조건절)는 4절을 위하

남아 있는 자: 우리는 이미 남은 자에 대해서 소개받은 바 있다. 이제 이사야는 남은 자에 대해 보다 세밀한 묘사를 해주고 있다. "시온에 남아 있는 자"와 "예루살렘에 머물러 있는 자"라는 두 표현들은 앞절에서 언급된 남은 자와 같은 내용의 사람들이다. 이사야는 두 개의 흥미로운 단어들을 사용하고 있다. 노타르(נוֹתָר), 즉 "남겨진 자"는 사람이 남아 있다는 실제적 사실을 의미할 수 있고 니스아르(נִשְׁאָר), 즉 "남아 있는 자"는 의향을 가리킬 수 있다. 그러나 이러한 구별이 합당하여도 선지자가 여기서 그것을 신중히 구별하여 사용할 의향이 없었을 수도 있다. 그는 단순히 자기의 묘사를 강화할 목적으로 두 동의어를 사용하였을 수도 있다.

어쨌든 이사야는 독특한 문장을 사용하고 있다. 그는 남은 자의 개념을 강조하고 있으며 그 거룩성을 강조하고 있다. 이러한 강조점을 다음과 같이 나타낼 수 있을 것이다. "남겨지고 남아 있는 자들에 대해서는—거룩한 자로 불림을 받을 것이다." 이 문장의 이러한 배열의 뚜렷한 강조점은 히브리어 본문을 소리내어 천천히 여러 차례 읽어본다면 두드러져 나타날 것이다.

거룩하다. 이스라엘은 거룩한 나라로 불렸다(출 19:6). "네가 네 하나님 여호와의 명령을 지켜 그 길로 행하면 여호와께서 네게 맹세하신 대로 너를 세워 자기의 성민이 되게 하시리니"(신 28:9). 예루살렘에 남아 있어 심판을 피한 자들은 심판을 받은 사람들, 즉 죄인들과는 구별된 사람들이 될 것이다. 예전에는 사람들은 자기들의 행실과 생활 상태로 인하여 구별되었었다. 그렇지만 이제는 그러한 신분과 상태는 없어지고 모두가 그들이 거룩한 자들로 부름을 받은 그 사실로 인하여 구별될 것이다. 이전에 제시되었던 이상은 그때 충분히 실현될 것이다. 그렇지만 그 이

여 보류되어 있다.

"생명책"—하나님께서 기록하신 책에서 지워버려진다는 데 대해서는 참고, 겔 13:9; 출 32:32-33; 생명책에서 지워버리심, 시 69:28; 생명책에, 시 139:16; 삼상 25:29. 이 문구는 아마도 족보의 기록에까지 거슬러 올라가는 것 같다(참고. 느 7:5, 64). 이 "생명"이란 단어는 "살아 있는 자들"로 또는 강렬함을 나타내는 복수형으로 취급될 수 있을 것이다. 그렇다면 전치사는 목적을 나타낼 것이니, 곧 "생명을 위하여 기록되어진"이 되는 것이다. 기록하시는 이는 하나님이시며, 그런 까닭에 이 문구는 선택에 대한 생생한 표현 역할을 하고 있는 것이다(참고. 사 49:16).

생명책에 기록되는 과정에 대한 성경 이외의 평행구들에 대해서는 *Iliad* II에 나오는 배들의 목록들, Thothmes III에 의하여 시작된 점령 도시들의 명부들, 반역적인 행위들을 하였던 사람들에 대한 애굽에 있는 기록들, 그리고 바로의 대적들의 명단들을 주시할 수 있을 것이다.

상을 실현시키기 위하여 그 나라는 큰 심판이라는 도구를 통하여 정화를 받아야 될 것이다.

칭함을 얻으리니: 남은 자가 언급될 때 그들은 거룩한 자로 언급될 것이다. 실제로 그렇게 단언되지는 않지만, 거룩하다고 칭함을 받는 사람들이 사실상 거룩하다는 의미인 것이다. 그들은 헛되이 일컬어지지 않는다. 실로 그들은 거룩할 뿐만 아니라 그러한 사람들로 인정받는다는 것이다. 신약성경에서 이 호칭은 구속받은 사람들에게 적용되었다. 그들이 교회의 성도들인 점을 감안할 때 바로 거기에 이 예언의 성취가 있다.

녹명된 모든 사람은: 한 도시의 시민들은 등록되거나 등재된다. 예루살렘 가운데 있는 거룩하다고 칭함을 받은 사람들은 등록되고 녹명된 사람들이다. 그러므로 에스겔은 다음과 같이 말하였다. "내 손이 그들을 쳐서 내 백성의 공회에 들어오지 못하게 하며 이스라엘 족속의 호적에도 기록되지 못하게 하며 이스라엘 땅에도 들어가지 못하게 하리니 너희가 나를 여호와인 줄 알리라"(겔 13:9; 참고. 렘 22:30). 선지자가 여기서 마음속에 그리고 있는 것은 단순히 임시적으로 기록되는 것이 아니고 생명을 위하여 기록되는 것이다. 바벨론인들 가운데에도 생명책이 있었지만 여기서의 뜻은 영원한 생명을 얻는 책인 것이다. 그러므로 남은 자는 그 진정하고도 궁극적인 근거가 선택의 교리까지 거슬러 올라가는 것이다.

거룩한 자들이라고 불리는 사람들은 살아 있는 사람들로 혹은 생명을 얻도록 기록된 사람들이니―이 말씀은 양쪽 모두의 의미로 취급될 수 있다―그리고 그로 인하여 그들의 장래가 선포된 것이다. 기록된 사람들의 장래는 생명이다. 이 생명은 심판을 받을 정죄와는 대조된다. 여호와의 싹이 이스라엘의 피난한 자들을 위하여 아름답고 영화로울 것이고 그 땅의 소산은 그들의 영화와 아름다움이 될 것이라고 2절에서 언급된 그 생명이다. 다시 말하면, 그것은 여호와의 싹이 그들의 아름다움이 됨으로 인하여 백성에게로 올 영원한 생명이며 메시아의 사역으로 인하여 소유할 생명이다. 그러므로 그것은 영원한 생명이니 하나님의 심판 후에 남아 있을 사람들을 기다리고 있는 최종 목적지인 것이다.

이 문구에 예정의 교리가 생생한 언어로 언급되어 있다. 녹명된 사람들은―그리고 단수형이 사람들의 명단이 개인적으로 기록된다는 사실을 지적하고 있다―생명, 곧 하나님으로부터 나오는 생명을 얻도록 미리 정해진 자들이다. 신약성경에서 우리는 같은 사상을 발견한다. "이방인들이 듣고 기뻐하여 하나님의 말씀을 찬송하며 영생을 주시기로 작정된 자는 다 믿더라"(행 13:48).

이 기록의 근거는 인간들 가운데서가 아니고, 하나님 안에서 발견된다. 그러므로 델리취(Delitzsch)가 "이것이 그들 안에 있는 믿음이라는 좋은 낱알 때문에 일어난다"고 말하였을 때, 그것은 옳지 않을 뿐만 아니라 성경에도 위배되는 것이다. 그러한 사상은 성경적인 사상이 아니다. 생명을 얻기로 기록된 사람들은 그들 안에 이 믿음의 낱알을 가지는 것은 사실이지만, 이 믿음의 낱알은 생명을 얻도록 미리 정해진 사람들에게 주어지는 하나님의 선물이다. 이 예정의 근거는 주권자 하나님의 기쁘신 뜻이며, 어떤 사람이 생명을 얻도록 기록되는 것도 오직 그분의 기쁘신 뜻이다.

4:4 이사야는 이제 심판의 요소를 소개하고 있다.[112] 그는 2절에서 메시아의 통치를 그리고 3절에서 그 통치를 받는 사람들의 축복된 상태를 묘사했었다. 이제 그는 2절의 "그날에"라는 문구에서 발견되는 사상에로 나아가서 3:1-4:1의 전체 논리

---

112) 히브리어 완료는 영어에서 미래 완료형으로 번역될 수도 있으니, 이는 그것이 미래에 완료될 상태를 나타내기 때문이다(*futurum exactum*). 그렇지만 등위절에 있는 동사는 그것이 같은 의미를 가질지라도 미완료형이다. 이 미완료형의 대용은 일반적으로 우선적인 관계가 표현될 필요가 없을 때 일어난다. 참고. 욥 19:27; 사 6:11. 주석가들은 이 구절이 3절의 계속인지, 아니면 5절의 서론인지에 대해서 그 견해들이 다르다. Bentzen은 4절을 3절의 계속으로 취급하고 있는데, 이는 5절에서 새로운 주제가 시작되기 때문이다. 그렇지만 Drechsler는 4절을 5절과 함께 해석한다.
"더러움"—어떤 옛 주석가들은 이 단어를 צא에서 그 유래를 찾고 "대변"으로 번역하였다. Michaelis는 그것과 수리아어 tzotho, 즉 foeditas와 연관시켜 "오물"로 번역하였다. 그것은 어근 צא에서 파생된 것인데 그것은 Ar., Eth., Syr.에서 발견된다. BDB는 아카디아어 sî', 즉 "멸망시키다, 파괴하다"란 단어에 비교하고 있다. 이 단어는 주정뱅이의 토한 것, 사 28:8; 인간의 배설물(사 36:12)에 대해 사용된다. "시온의 딸들"—한편 시온의 딸들과 다른 한편 예루살렘의 피 사이에 평행을 이루고 있다. 이 단어는 3:16 이하의 반영이기 때문에 의도적으로 채택된 단어이다. 그렇지만 그것은 Hengstenberg가 생각한 바와 같이, 예루살렘에 둘려 있는 도시들을 의미하지는 않는다. "씻으시며"—렘 51:34에서 הדיח가 내쫓다, 던지다를 의미하지만 그러나 겔 40:38; 대하 4:6에서는 그것이 번제물 중 씻는 부분들의 의미로 사용되었다. 아카디아어에서 diḫu와 riḫṣu는 동의어이다. 제의적 청결의 흥미 있는 한 예가 Iliad I:312 이하에 제시되어 있다. "Atreus의 아들이 백성에게 스스로 청결하게 하도록 명령을 내렸다. 그래서 그들은 스스로 청결케 하고 오물(λῦμα)을 바다에 버렸다." 그 다음에 그들은 제사를 드렸다. 한 Hittite 본문에서 "신성모독과 불결"이 거의 내버려야 할 물질적인 대상들로 간주되었다. ANET, p. 346; cf. p. 348. "청결케"—"태우다"보다는 더 좋은 번역이다. 이 단어를 왕하 22:47; 신 13:6; 민 24:22; 삿 20:13에 있는 것처럼 전문적 용어로 취급하는 것이 보다 제의적 강조와 일치한다. 1Q는 רעסב를 가지고 있다.

를 요약하고 5절을 위한 대비를 하여 심판의 요소를 소개하고 있다. 이 심판은 자기들의 영광을 자랑하였던 사람들의 오물과 무죄한 자의 피를 흘린 사람들의 불법이 씻어지기 위해서는 필수적이었다. 이 심판의 사역이 완료되었을 때 주께서 더위와 폭풍과 비를 피하는 보호처를 세우실 것이다.

요약해 보면, 우리는 2절과 3절이 메시아와, 그분이 선택될 사람들에게 가져다줄 적극적인 축복들을 다루고 있다고 말할 수 있다. 4-6절은 심판과 그 후에 따라올 축복들을 다루고 있다. 이 심판은 하나님께서 행동하실 때 일어난다. 이사야는 하나님의 언약적 칭호를 사용하지 않고, 그분을 자기에게 친근한 하나님의 성호인 아도나이로 말하고, 성취될 그 사역이 하나님에 의하여서만 실행될 수 있는 것과 같은 크고 어려운 순간이라고 암시하고 있는 그 칭호를 말하고 있다.

청결케 하실 때: 이 단어는 법적인 세정식과 마찬가지로 몸을 씻음을 암시한다. 초창기 이사야는 백성들에게 스스로 씻고 스스로 정결하라고 명령하였다. 하나님이 씻으시는 그 씻음만이 효력이 있다. 그날에 여호와께서 참으로 죄악된 그 나라를 (죄에서) 씻으실 그 씻음의 행위를 실행하실 것이다. 이사야 당시의 백성들은 씻을 필요성을 느끼지 못했다. 즉 스스로 정결한 것으로 생각하였다. "스스로 깨끗한 자로 여기면서 오히려 그 더러운 것을 씻지 아니하는 무리가 있느니라"(잠 30:12). 사실상 이사야의 세대는 더러웠고 효력있는 유일한 씻음은 하나님 자신으로부터 와야 했다.

더러움: 이 단어는 예루살렘의 딸들이 스스로에 대해서 생각했던 의견과 얼마나 대조가 되고 있는가! 그것은 그 당시의 우상숭배와 주술 그리고 이에 더하여 여인들의 도덕적 타락을 특징지어 주고 있다. 3:16 이하를 의도적으로 반영함으로써 이사야는 그 더러움을 소유한 자들을 시온의 딸들과 동일시하고 있다. 그것은 무시무시한 대조이다. 시온의 딸들은 거룩을 소유하지 않고 더러움을 갖고 있었다. 본 절에서 이사야는 자기가 3장에서 소개하였던 두 가지 중요한 짐들을 드러내고 있다. 거기서 그는 예루살렘의 시민들의 불법적인 첫 번째 행실들을 언급하였고 그 다음으로 여인들의 아름다운 장식품을 언급하였다. 이제 본 절에서는 역순으로 이 두 가지 점들을 정확하게 묘사하고 있다. 무엇보다도 그는 마치 그들의 영광이 실제로는 전혀 영광이 아니요 다만 더러움뿐인 것처럼 시온의 딸들에게 주의를 집중하고 있다. 그리고 나서 그는 예루살렘의 거민들의 불법적인 행실들에 대한 문제를 논의하고 있다.

그러므로 그것은 하나님으로부터 떠나서 우리가 우리의 영광을 구하는 모든 것이다. 우리의 부, 우리의 행위, 우리의 철학, 우리의 선행, 하나님으로부터 떠난 모든 것이 더러운 것이다. "그날에 죄와 더러움을 씻는 샘이 다윗의 족속과 예루살렘 거민을 위하여 열리리라"(슥 13:1). 이 하나님의 놀라운 행위는 그분의 영원하신 아들 주 예수 그리스도께서 그의 보배로신 피를 갈보리의 십자가 위에서 흘리셨을 때 성취되었다. 그때 그분이 위하여 죽으신 그 사람들의 모든 더러움과 죄의 권세가 물러갔다.

예루살렘의 피를: 이것은 일반 백성의 죄악된 피를 가리킨다. 복수형을 사용함으로써 이사야는 그 피를 불법적으로 흘렸음을 암시하고 있다. 이 무고하게 흘린 피가 그들을 포로되게 했다고 말하는 것도 당연하다.

씻으며: 번제물의 일부분이 씻겨져서 더러움이 사라지는 것처럼, 하나님께서 자기 백성들의 더러움을 씻어버리기 위하여 그들을 정결케 하실 것이다. 내장은 씻겨져서 거룩하신 그분이 그의 백성들 가운데 거하실 수 있게 해야 한다.

그 중에서: 이 불법적인 행실들은 그 도시에 남아 있었고, 그것들이 씻겨져서 정결케 될 때까지는 진정으로 깨끗케 될 수 없었다. 이 사역은 심판을 가져오시는 성령에 의해서 이루어질 것이다. 그분의 대리자를 통하여 하나님은 이러한 목적들을 성취하실 것이다.

본 절의 용어는 이사야가 다시 여호와의 신을 말하고 있는 11장에 반영되어 있다. 이사야 28:6에서도 역시 선지자는 심판의 영을 말하고 있다. 후기의 이사야가 이와 같은 용어를 사용하고 있고, 또한 여기서 성취될 효력이 인격적 대리자를 통하여 이루어져야 한다는 이유 때문에 우리는 이것이 한 위격으로서의 성령을 가리킨다고 가정해야 한다. 그분은 또한 창세기 1:2; 시편 33:6; 104:30에도 언급된 바로 성령이다.

피조물의 입장에서 이 성령은 다른 방향에서 보여져야 한다. 그분은 여기서 심판을 가져오시고 진멸시키시는 영으로 나타나고 있지만, 본 절은 두 다른 영들에 대해서 말하고 있지 않다. 성령께서는 악과 선을 구별하시고 엄격한 공의의 원리에 입각하여 결정을 내리시는 식으로 심판을 이행하신다. 그분은 단순히 하나님의 섭리적인 과정 가운데서 시행하시는 일반적인 심판을 시행하시지 않으신다. Schilling은 "Die Weltgeschicgte ist das Weltgericht"(세계사는 세계 심판이다)라고 말했으나, 그러나 그것이 그럴 수도 있지만, 본 절에서 성령은 특별하고도 독특한 심판의 사역, 즉 하나님의 일반적인 섭리 사역과는 같지 않은 심판을 하시는 분으로 나타나 있다. 포로의 심판과 초림의 심판이 있었지만 가장 완전한 의미에서 심판은 우리가 최후의 심판이라 부르는 것이다. 메시아 나라의 설립을 위하여 메시아의 적극적 사역, 곧 자기 백성에 대한 구속이 필요하나 그럼에도 동시에 세상을 정죄하고 심판하시는 성령의 사역 역시 필요로 한다.

4:5 여호와께서 씻기실 때 그분은 창조하실 것이다.[113] 그러나 첫째로 더러움이 반드시 제거되어야 한다. 다가올 영광은 오직 창조와만 비교될 수 있다. 그것은 처음으로 되돌아감, 곧 절대적 시작으로 묘사되어 있다. 그 구원이 너무나도 크고 영광스러우므로 그것은 창조와 가장 잘 비교될 수 있는 것이다. 이러한 사실을 강조하기 위하여 이사야는 모세가 창세기 첫장에서 사용하였던 단어를 사용하고 있다. 창

---

113) Marti는 ברא가 불가능하다고 말하고, Bentzen은 그것이 소위 제2 이사야서에서 자주 사용되었다고 말하면서, 그래서 이사야 당시보다 더 늦은 시기의 것이라고 말한다. 그러나 어떤 비평가들의 견해에 맞지 않는다고 단어들을 이사야서로부터 모두 제거해야 하는가? ברא는 근본적으로 새롭게 된 어떤 것, 언제나 하나님이 그 주체가 되시는 것, 어떤 물질이 전에 만들어졌다는 언급이 전혀 없는 제품에 대한 것으로, 칼형으로 사용되고 있다.
"시온 산"—어떤 사람은 그것을, 그 도시들을 넘어서서 배분적인 의미로 취급한다. מכון은 인간 거주지에 대해서는 사용되지 않는다. 참고. 출 15:17: "시온 산의 (신적인) 전체 거처 위에" (Skinner). "집회"—사 1:13; 느 8:8 그리고 오경에서만 나타난다. 민 10:2에서 이 단어가 동명사의 의미를 가진 것으로 보인다. 그리고 나서 그것은 집회에 참석할 목적으로 부름 받은 사람들을 지칭하게 된다(참고. 출 12:16; 레 23:3, 7, 8, 24).
그것은 신약의 에클레시아의 원형이다. Duhm은 "연기"와 "밤"과 연결시키지만 그러나 이것은 맛소라의 악센트 법에 어긋나는 것인데, 왜냐하면 "연기" 위에 Zaqeph Qaton을 가지고 있기 때문이다. "구름"—참고. 사 44:22. "연기"—사 6:4; 9:18; 14:31; 34:10; 51:6; 65:5. 두 단어들은 일종의 이사일의(hendiadys)의 단어들로서 연기 구름으로 번역될 수도 있다(참고. 출 13:21-22).
Duhm은 이사야가 하나님을 보이는 상징들로 표현하지 않았을 것이라고 주장하고 이 단락을 에스겔 당시나 혹은 소위 제2이사야 시대의 것으로 잡는다. 후기 저자들은 미래의 구원과 출애굽 시대를 비교하기 좋아하는데, 이는 그들이 오경을 읽었기 때문이라는 것이다. 그러나 이사야 당시에는 다윗의 시대가 고전적 모형이었다. Duhm은 4장의 저자가 제2세기의 공인된 유대주의의 빌진된 종말론을 채용하였다고 생각하다. 이 모든 주장들에 대해 답하여 우리는 그 주장의 제멋대로의 성격을 지적할 수 있을 것이다. 이사야는 때때로, 예를 들면 제1장이 다윗 시대를 영광스러운 시대로 언급하고 있지만 그러나 왜 그가 그러한 타입에 한정되어야 하는지 그 이유가 없는 것이다.
이 구절은 계 21:3 이하에 있는 묘사를 위한 근거 역할을 하고 있는데, 그곳에서 성막과 성전은 새예루살렘과 같은 의미를 가진다(Vos).

조하시다! 구원을 소개하는 데 있어서 하나님의 사역에 대한 묘사로서 얼마나 적당한 단어인가! 바라(ברא)라는 동사는 절대적 창조의 교리를 표현하는 데 가장 적절한 단어이며, 하나님의 직접적인 행위와 역사로 돌릴 수 있는 구원 사역을 묘사하기에 이상적인 단어이기도 하다. 그것은 그 사역이 오직 하나님만의 것이라는 사실을 분명하게 보여 준다.

창조시에 하나님 홀로 역사하셨듯이(창조시에 아무것도 없었으므로 사실 하나님만 홀로 역사하였다), 구원사역에서도 오직 하나님 홀로 역사하신다(구원받아야 할 사람이 영적으로 죽었으므로 다른 아무도 역사할 수 없다). 조건절(4절)에서 아도나이라는 단어가 사용된 반면, 귀결절에서는 우리는 선지자가 구속을 말할 때 사용되는 언약적 성호인 테트라그람마톤(יהוה)이 사용된 사실을 눈여겨 보아야 할 것이다. 새 하늘과 새 땅의 창조는 이스라엘의 언약의 하나님 여호와의 사역이며, 그분은 언제나 찬송받으실 제2위 하나님이시다.

온 시온 산: 시온 산의 모든 장소(all of the place of the mount of Zion). 우리는 "시온산의 모든 곳"으로 번역할 수 있다. 이 단어는 인간의 거처로 사용되지 않으며, 그래서 하나님의 거처로, 즉 시온산의 하나님의 거주지를 가리킨다. 그러므로 시온은 하나의 단위로 이해된다. 하나님에게 나아가기 위하여 더 이상 대제사장을 통하여서만 들어갈 필요가 없으니, 이는 지성소가 사라지고 이제는 시온 산 전체가 하나님의 임재의 축복의 수납자이기 때문이다. 이 단어 메콘(מְכוֹן)과 2:2의 나콘(נָכוֹן) 사이에 흥미로운 유음(類音)현상이 나타난다.

모든 집회 위에: 이 집회는 예배를 위한 집회들이며, 이 단어는 사실상 신약의 교회(ἐκκλησία)의 전조이다. 시온과 집회의 밀접한 관계가 참된 예배의 장소들이 시온에서 발견된다는 사실을 암시해 주며, 그들 모두 위에 하나님의 보호가 덮여 있음을 암시하고 있다.

낮이면 구름과 연기: 이사야는 다가올 구원에 대해 묘사하면서 광야에서 방황하던 시기를 묘사하는 언어를 사용하고 있다. 이 연기의 구름은 하나님의 백성을 보호하는 역할을 했었다. 어쨌든 그것으로부터 악인들을 삼키는 불이 떨어졌다. 구름은 첫 번째로 백성을 인도하였다. "여호와께서 그들 앞에 행하사 낮에는 구름기둥으로 그들의 길을 인도하시고"(출 13:21). 그것은 역시 하나의 보호였다. "애굽 진과 이스라엘 진 사이에 이르러 서니 저편은 구름과 흑암이 있고 이편은 밤이 광명하므로 밤새도록 저편이 이편에 가까이 못하였더라"(출 14:20). 그것은 또한 여호와와의

교섭이었다. "그 후에 구름이 회막에 덮이고 여호와의 영광이 성막에 충만하매"(출 40:34). 구약시대에 구름은 지성소에 한정되어 있었다. 그러나 때가 이르면 그것이 시온 산 전체에 나타날 것이다.

밤이면 화염의 빛을 만드시고: "빛—밤에 타는 불." 밤에 불꽃이 타오를 때 그것들은 광명이 되며, 그것이 여기서 이사야가 언급하고 있는 광명이다.

그 모든 영광 위에 천막을 덮으실 것이며: 가끔 결혼식에 사용되었던 차양. 결혼 예식장 위에 차양이 있었던 것처럼 여기에도 모든 영광의 차양이 있을 것이다. 그리하여 모든 시온 산이 영광스러워질 것이다. 이사야는 다시 6:3에서 온 땅에 여호와의 영광이 충만할 것임을 말하면서 이 사상을 취급하고 있다. 6장에서도 역시 온 땅이 대상으로 되어 있다. 우리가 살펴보고 있는 이 구절에서 시온은 실질적인 현세상의 땅을 밀어내고, 관심의 중심부를 차지하고 있다.

4:6 이사야는 다른 표상을 사용하면서 하나님의 보호할 것이라는 약속을 계속해 나가고 있다.[114] 그는 "천막"이라는 단어를 강조하면서 말씀을 시작하고 있다. 그것은 사람들이 보호를 받을 수 있는 천막이다. 선지자는 부드럽고 사랑스런 음조로 누

---

114) Skinner는 이사야가 "중요한 주제에 대해 그렇게도 약한 결론을" 기록하였다고는 믿기가 어렵다고 생각한다. Procksch 역시 이사야가 이와 같은 불분명한 구절들을 절대로 기록하지 않았을 것이라고 주장한다. Bewer는 스타일과 사상들이 이사야의 것이 아니라고 주장하면서, 아마도 포로후기 저자의 작품일 것이라고 주장한다. 그렇지만 만일 5절과 6절이 포로후기의 것이라면 2-4절들도 그러할 것이니, 이는 이 모든 구절들이 한 단위로 되어 있기 때문이다. 그리고 바로 이 점은 문제이다. 왜냐하면 마지막 구절들이나 마지막 한 구절이 이사야의 것임이 부인되어야 한다면 단락 전체도 이사야의 것임이 부인되어야 하기 때문이다. 어쨌든 3장에 대한 교치적 언급은 이 구절들이 실제로 이사야의 작품임을 보여준다. 결론적으로 한 단위로 취급되어야 하는 전 단락이 그의 작품이다.

본문에 있는 바와 같이, 첫 번째 단어가 강조되어 있다. "그리고 하나의 천막, 그것이 그늘이 될 것이다." Delitzsch는 주어가 동사 자체 안에 들어 있음을 발견하고 "그리고 그것이 한 천막이 될 것이다"로 번역하고 있으니(15:6; 23:13에 있는 바와 같이 함축성 있는 동사), 다시 말하면, 한 천막이 있을 것이다이거나 아니면 5절의 "시온"을 주어로 취급하고 있을 수도 있다. 후자가 가능성 있는데, 그렇지만 "시온"이 너무나 멀리 떨어서 있으므로 그리고 동시에 이차적 위치에 있으므로 그럴 것 같지는 않다. 새로운 시작으로 취급하여 "그리고 한 천막" (따라서 이 단어가 강조되어 있다), "그것이 될 것이다" 등으로 하는 것이 더 좋다. 쑤카 (סֻכָּה)는 이미 1:8에서 이사야에 의하여 사용된 바 있으며, 아마도 하나의 대조를 목적으로 한 것 같다. 거기서 그 나라가 단순한 하나의 망대가 되었는데 반하여, 여기서는 그 망대(천

구나 잘 이해할 수 있는 일상생활로부터 단순한 표상을 이끌어내고 있다. 모든 재난과 하나님의 백성을 괴롭히는 원수들, 나아가서는 하나님 자신의 원수들로부터 보호가 있을 것이다. 새로운 시온의 모든 영광 위에 천막이 있을 것이다. 어쨌든 선지자는 그 장면을 이제 일상생활의 용어를 계속 사용하여 묘사하고 있다. 들판에서 목자들이 은신처로 이용할 수 있는 천막이 있는 것처럼 새 시대에도 그러한 보호처가 있을 것이다. 동양인들에게 이것은 지극히 필요로 했던 축복과 보호에 대한 아름다운 모습이 되었을 것이다.

낮에는 더위를 피하는 그늘을 지으며: 아라비아와 시나이 사막을 여행해 본 사람은 이 모습을 이해할 수 있다. 낮동안에는 태양의 뜨거움이 작열하고, 그래서 그늘이 좋은 피난처가 된다. 저자는 시내 광야에 있는 한 커다란 바위를 상기시키고 있는데, 그 바위는 길다란 그림자를 드리워 주어서, 그 그림자 안에서 사람들은 찌는 듯한 태양으로부터 보호를 받는 것이다. 덧붙여 말하자면, "낮에는"이란 단어는 이러한 묘사에 강도와 생동감을 더해 준다. 이사야는 낮에 있는 그림자의 축복을 알고 있었다.

풍우를 피하여: 이사야는 자주 천둥을 동반하는 홍수나 또는 휘몰아치는 비를 염두에 두고 있다. 두 번째 단어는 비에 대한 일반적인 단어이고 이 독특한 문맥 가운데서는 휘몰아치는 해롭고 사람들이 원치 않는 비를 의미한다.

어투가 명백히 비유적이므로 문자적으로 취급되어서는 안 된다. 그러므로 본 장은 위로에 대한 어조로 마치고 있는 것이다. 메시아와 그분의 통치가 번영하고 하나님께서 친히 주시는 은혜를 통하여 시온의 영광을 모두 둘러싸 주실 새로운 시대에는 악과 고난으로부터의 보호가 있을 것이다. 이러한 사상은 비록 표현은 다르다 할지라도 이사야 43:2에서 발견되는 사상과 정확하게 일치한다. "네가 물 가

막)가 보호처가 될 그러한 종류의 것이다. 이러한 표상은 목자들의 망대들로부터 빌려온 것일 수도 있다. 그 천막은 작고도 보호막이 될 수 있었는데, 이것들은 초막절기에 광야에서 이스라엘 백성들에 의하여 사용되었다.

ברח는 타오르는 태양으로 인한 뜨거움이다. 참고. 25:5; 61:4; 마 13:6, 21. "피하는 그늘을 지으며"—מחסה, "피난처, 은신처"; מסתור, "은신처." Duhm은 이 단어를 본 절이 본래의 것이 아니라는 부가적 증거라고 생각하는데, 이는 이사야가 סתר을 기록하고 있기 때문이라는 것이다. 참고. 28:17; 32:2. 이사야는 역시 본 단어를 45:19과 48:16에서 "은밀히"라는 의미로 사용하고 있다. 그는 45:3에서 복수형을 사용하고 있다. 이것이 본 단어가 성경 가운데서 단수로 사용된 유일한 구절이라는 사실을 유념해야 할 것이다. 상상하기로는 그것이 סתר보다 더 강한 것으로 보인다. 하나는 대피소로 다른 것은 은신처로 호칭하고 있다.

운데로 지날 때에 내가 함께 할 것이라 강을 건널 때에 물이 너를 침몰치 못할 것이며 네가 불 가운데로 행할 때에 타지도 아니할 것이요 불꽃이 너를 사르지도 못하리니"(사 43:2).

숨는 곳이 되리라: 천막은 사람이 폭풍우로부터 보호를 받을 수 있는 은신처로 그리고 대적들로부터 숨을 수 있는 은밀한 장소로서의 역할을 한다.

특주

본 절에 대해서 주장되어 온 주된 견해들 가운데 몇가지 내용은 다음과 같다.

(1) 어떤 주석가들은 본 절이 경건한 남은 자나 혹은 그 나라 자체의 발전을 지칭하는 것으로 생각하여 왔다. Michaelis, Koppe, Gesenius, Eichhorn, Knobel 그리고 Grotius가 이 견해에 동조한다.[115] 어쨌든 이에 대한 강력한 반대는 이 구절들 가운데서 이스라엘의 남은 자가 그 땅의 싹과 소산과는 분명하게 구별되어 있다는 것이다. 싹과 소산은 이스라엘의 남은 자를 위한 것이라고 말해지고 있다. 그러므로 본문이 분명히 이 둘을 구별하고 있으므로 그것들이 어떻게 동일시될 수 있을지를 파악하는 일은 어렵다. 만약 싹이라는 단어가 그 나라의 경건한 자들을 지칭한다면 그러한 용법은 평행을 이루지 못한다. 그것은 평행을 이루지 못할 뿐만 아니라 그 용어가 다른 곳에서 실제로 메시아를 지칭하기 위하여 사용되었다.

게세니우스(Gesenius)는 "이스라엘의 남은 자"라는 그 문구가 2절 하반절이 아니라 2절 상반절을 가리키는 것으로 생각한다. 이렇게 함으로써 그는 이스라엘의 피난한 자에 대한 명확한 언급을 피하려고 하지만, 그렇게 하는 것은 본 구절의 균형을 깨뜨린다. 후에 그는 이러한 시도의 약점을 시인하고 그것을 포기하였다. 게세니우스에 의하면 창세기 19:25에서 체마흐(צֶמַח)라는 단어가 집합적 의미로 사용되었다. 그러나 그

---

[115] Hengstenberg에 의하면 이 의견은 합리주의의 산물이다. 탈굼은 "그때에 여호와의 메시아가 영광과 영예가 되실 것이다"로, Kimchi는 "여호와의 씨에 대해서는 렘 23.5이 밀한 바와 같이 다윗의 아들 곧 메시아로 이해해야 된다"고 말한다. 이 견해는 Vitringa와 Rosenmüller의 견해이기도 한데 다소 지나치게 "*Quare nobis certum est, cogitasse et Jesajam h.l. de rege illo mangno, sub quo reipublicae, auream aetatem redituram esse, Israelitae sperabant*"라고 말하고 있다.

사실 자체는 본 단어가 단수적인 의미로도 적용될 수 있다는 논쟁의 강도에 영향을 미치지 않는다. 만약 그것이 그러하였다면 그것은 예레미야 23:5과 같은 구절에 있는 체마흐(צֶמַח)라는 단어에 대한 메시아적 적용을 제외하였을 것이다.

(2) 두 번째 해석은 본 절이 어느 날 그 땅에 다가올 놀라운 비옥함을 묘사하고 있는 효력이라는 것이다.[116] 그러한 비옥함은 어떤 사람들에 의하여 메시아 시대의 특성으로 생각되었다. 예를 들면, 키세인(Kissane)은 "메시아 시대에 있을 그 땅의 기적적 비옥성"에 대해 말한다. 벤첸, 딜만, 폰 오렐리, 에델쿠르트가 이와 비슷한 입장을 주장한다. 그것을 변호하기 위하여 "그 땅의 소산"이라는 평행구에 호소하는데, 그것은 메시아적 언급임을 거부하기 위하여 말해진 것이다.

(3) 둠은 본 단락의 스타일이 다른 포로 전기 예언 가운데 있는 것보다 더 지루하고도 서투르다고 비판한다. 그 이유로 인하여 그는 이사야의 저작권을 부인한다. 그는 그 구절이 오히려 주전 제2세기의 종말론적 사상들을 반영하고 있다고 생각한다. 그것은 이 단락을 위로의 말로 마감하기를 원했던 한 사람인, 2-4장의 편집자에게로 돌려야 한다는 것이다.

다른 어떤 후기의 단락들처럼 그 시기의 산물을 나타내고 있다는 것이다. 후기 종말

---

116) Maurer는 *"de proventu agri terrae sanctae intelligere"*라고 말한다. Maurer는 평행적 성격을 보존하기 위하여 그렇게 번역한다. 아마도 이 문제에 있어서 가장 현대적인 설명은 Edelkoort에 의하여 개진된 것으로 보이는데, 그는 "최근에 주께서 싹틔우신 것"(*wat de HEERE Laat uitspruiten*)이라고 번역한다. 개체주의적 해석에 대한 그의 반대논증은 그것이 평행절에 의하여 배제된다는 것인데, 이는 2절 하반절이 그 땅의 소산을 말하고 있고, 선지자들은 메시아를 결코 "그 땅의 소산"으로 소개하지 않았고 다만 마지막 때에 놀라운 방법으로 나타나실 신적 존재로 소개해 왔다는 것이다. 그러므로 평행절은 체마흐(צֶמַח)가 자연적 과정이 아닌 그분의 영이 자연의 생명을 다스리는 그 하나님의 사역, 곧 그 땅이 산출하는 그것을 가리킴에 틀림없다는 것을 보여 준다(시 104:30).

만약 이것이 옳다면 우리는 본문을 "여호와의 땅의 체마흐(צֶמַח)"로 읽기를 기대해야 한다. 더 나아가서 전체 문맥의 장엄함은 이러한 해석에 대립된다(로젠뮬러). 자연의 축복들이 하나님의 선물로 간주되는 것은 사실이다(암 9:13 이하; 호 2:17 이하 등). 그러나 이 구절들과 사 4:2-6을 비교해 보면, 만일 그것이 자연의 비옥을 가리킨다면 이 구절은 참으로 유사성(analogy)이 없으니, 이는 사 4:2-6의 어투가 외관상으로 볼 때 자연의 생산력보다 훨씬 더 한 어떤 것을 가리키는 것으로 보이기 때문이다.

론적인 구절들과 일치하여 그 땅의 소산은 석류나무, 무화과 나무, 향유, 꿀, 포도주 등으로 구성되어 있다는 것이다. 이것들은 그 백성의 경건의 증거이고, 그들의 종교의 승리라는 것이다. 둠의 독단적 주장(ipse dixit)은 별문제로 하고, 이러한 이론을 위한 어떤 증거가 있는지에 대해서는 나는 알길이 없다.

(4) 칼빈은 본 구절이 우선적으로 개체주의적이라고 주장하지만 그 모습은 배고픔을 구제할 은혜의 비상하고 풍성한 공급을 가리킨다는 것이다.[117] 그의 견해는 위에 언급된 두 번째 의견과 다소 유사하다.

(5) 본 예언은 히스기야에게 적용되어 오기도 하였는데,[118] 이는 최소한 그것을 개체적인 의미로 취급하는 유리한 점을 가지고 있다.

(6) 본 주석에서 채택한 이 견해는 본 구절들을 메시아적 의미로 해석한다.[119] 이 견해에 의하면, 그 땅의 싹과 소산은 동일시되어야 한다는 것이고 동시에 인격적 메시아의 칭호로도 취급되어야 한다는 것이다. 이 사실을 보다 잘 이해하기 위하여 우리는 이러한 의견에 반대하는 보다 강력한 반대의견들에 대해 생각해 보아야 한다.

① 만약 체마흐(צֶמַח)라는 표현이 실제로 한 인간을 호칭하였다면, 그가 아름답고

---

117) Von Orelli: "그것은 여호와께서 심판 후에 놀라움게도 나도록 만드시는 메시아의 구원이요. 그 정결케 된 땅이 하나님께서 생산해 내신 소산으로 주실 메시아의 구원이다. 외적 내적 영광이 여기서 섞여 있다." Edelkoort의 견해가 여기에 적용된 것 같다. 왜냐하면 그가 이 예언을 창세기에서 진술된 저주의 반전으로 취급하기 때문이다. "자연의 반전은 메시아시대의 표징에 속한다. 즉 그것은 종교적으로 기초되고 보증된다"(*De verandering der natuur behoort tot de teekening van den messiaanschen tijd, d.i., zij is religieus gefundeerd en gewaarborgd*). Penna의 견해는 이와 다소 유사하다. "그 땅의 열매의 풍성함과 더불어 처음 (그 때의)영광은 개인적이나 간접적 메시아 해석을 오히려 정당화하는 것 같다"(*La solennita dell' inizio <in quel giorno> insieme all' abbondanza dei frutti della terra sembra legittimare invece un interpretazione messianica, non personale bensi indiretta*).
118) Rosenmüller는 이 구절이 히스기야를 가리킨다는 견해를 주장한다. Steinmann도 이 견해를 주장한다.
119) 이 입장에 대한 고전적 변호는 Hengstenberg의 글 가운데서 발견된다. 이 입장은 Drechsler, Delitzsch, Möller, Fitch에 의해서 채택되고 있다.

영화로웠다고 주장되지 않았을 것이라고 거절한다. 이러한 반대의견을 제창하는 쾨니히(König)는 외관상으로는 비록 그가 그 명제(matter)를 확장하지는 않을지라도, 이 묘사가 한 인간에게 적용할 수 없다고 생각한다. 이에 답변하여, 이 어투 자체가 이사야 28:5에서 한 인간에 대하여 사용되었다는 점을 들 수 있을 것이다. "그날에 만군의 여호와께서 그 남은 백성에게 영화로운 면류관이 되시며 아름다운 화관이 되실 것이라"(사 28:5). 또한 이사야 24:16과 사무엘하 1:19을 주시하라, 이곳에서 츠비(צבי)라는 호칭이 사울에게와 요나단에게 적용되고 있다. 이사야 28:5의 어투가 분명히 본절을 근거로 하고 있다는 점을 유념해야 할 것이다.

② 또한 평행적 표현인 "그 땅의 소산"이 집합적인 의미를 가지고 있으므로 "여호와의 싹"은 한 인격으로 취급될 수 없다는 것이다. 그렇지만 두 표현들이 해석에서 주장되겠지만 평행관계를 이루며, 그래서 여기서 첫 번째 단어가 메시아에 대한 호칭으로 채용된다는 사실이 보여질 수 있다면, 두 번째 것도 그렇게 될 수 있다는 것이다.

③ 이사야 11:1에서 "이새의 뿌리"가 호칭되고, 예레미야 23:5과 33:15에서 "다윗의 가지"가 호칭되어 있다고 강력하게 주장되고 있다. 그렇지만 본 구절은 이 구절들보다 더 초창기의 것으로 말해지고 있고, 그래서 우리는 후기의 구절들 가운데서 발견되는 내용과 그 의미를 찾으려고 하지 않아야 한다. 어쨌든 이 반대의견은 체마흐(צמח)라는 단어에 대한 연구를 통하여 가장 잘 답변될 수 있을 것이다.

3. 하나님과 유다(5:1-30)

(1) 포도원의 비유(5:1-7)

1절,내가 나의 사랑하는 자를 위하여 노래하되 나의 사랑하는 자의 포도원을 노래하리라 나의 사랑하는 자에게 포도원이 있음이여 심히 기름진 산에로다
2절,땅을 파서 돌을 제하고 극상품 포도나무를 심었었도다 그 중에 망대를 세웠고 그 안에 술틀을 팠었도다 좋은 포도 맺기를 바랐더니 들포도를 맺혔도다
3절,예루살렘 거민과 유다 사람들아 구하노니 이제 나와 내 포도원 사이에 판단하라
4절,내가 내 포도원을 위하여 행한 것 외에 무엇을 더할 것이 있었으랴 내가 좋은 포도 맺기를 기다렸거늘 들포도를 맺힘은 어찜인고

5절,이제 내가 내 포도원에 어떻게 행할 것을 너희에게 이르리라 내가 그 울타리를 걷어 먹힘을 당케 하며 그 담을 헐어 짓밟히게 할 것이요

6절,내가 그것으로 황무케 하리니 다시는 가지를 자름이나 북을 돋우지 못하여 질려와 형극이 날 것이며 내가 또 구름을 명하여 그 위에 비를 내리지 말라 하리라 하셨으니

7절,대저 만군의 여호와의 포도원은 이스라엘 족속이요 그의 기뻐하시는 나무는 유다 사람이라 그들에게 공평을 바라셨더니 도리어 포학이요 그들에게 의로움을 바라셨더니 도리어 부르짖음이었도다

5:1 선지자는 자기 노래를 부르기를 결심하고 있다. 그의 어투는 나는 진실로 노래를 부르겠다는 강조적 결심의 어투다.[120] 자신의 주제를 제시하기 위하여 그리고

---

120) 본 장은 선지자들이 자신들의 메시지들을 전달함에 있어서 채용될 수 있는 다양한 장르에 대한 두드러진 실례를 제공하고 있다. 나단이 암양에 대해 예기하였던 비유가 있고, 아모스가 현실을 애가로 표현하였던 비유도 있다. 포도원에 대한 우리 주님의 비유도 본 비유에 근거하고 있다. 참고. 마 20:1 이하; 21:28, 33-41; 막 12:1; 눅 20:9-16; 13:6이하; 요 15:1- 이하.

아마도 독자는 즉시 상상력, 아름다움 그리고 언어의 풍부함으로 인하여 충격을 받을 것이며, 또한 Skinner도 이것이 "본서가 담고 있는 가장 훌륭한 수사학적인 기교와 표현력 중 하나이다"고 동의할 수 있을 정도이다. Delitzsch는 언어의 아름다움을 다음과 같이 표현하였다. "이 호소의 적절한 리듬, 어조가 좋은 음악, 부드러운 유사음들은 재생시키기 어려울 것이다." 그리고 진실로 이 구절의 음악적 유사음으로 인하여 독자는 충격받지 않을 수 없을 것이다. 독자는 자신의 히브리어 성경을 가지고 여러 번 소리내어 천천히 생각해 가면서 비유 전체(1-7절)를 읽어보아야 할 것이다.

주시해야 될 유사음들이 1절에서만 다음과 같이 나타난다.

아쉬라	쉬라트
리디디	도디
레카르모	케렘
나 리디디	하야 리디디
케렘	케렌
케렌	벤-샤멘

하나님이 찬송을 받으시는 찬양의 시작 부분에서 "노래하다"는 동사가 자주 사용된다. 출 15:1; 삿 5:3. 고대 성경 이외의 작품들 가운데 보다 긴 것에 대해서 우리는 그 용법을 주시할 수 있을 것이다. 예를 들면, *the Marriage of Nikkal and Eb (ashr); the beginning of the*

귀를 기울이도록 하기 위하여 그는 민속 가수의 역할을 하고 있다. 그러나 우리는 이것이 악기를 동반한 노래라고 가정할 필요는 없고, 혹은 대중 가요나 사람들이 잘 아는 민속 노래로 생각해서는 안 될 것이다. 선지자가 단순히 자기의 청중들에게 선포하기를 원한 그 율동적인 내용에 빠진 것으로 보인다. 그의 말들은 하나의 참된 노래로 시작하지만, 그것들은 곧 애도와 설명의 방향으로 나아간다. 이 노래의 주된 특성은 애가이며 이것은 곧 탄핵으로까지 나아간다. 어떤 의미에서 우리는 그 포도원이 하나님에게 실망을 안겨 주었으며 그래서 그 노래가 우리까지 실망시키는 것이라고 말할 수 있다. 우리가 소개받고 있는 것은 예술이 아니고 가르침이다.

이 노래는 선지자에게 사랑을 받았던 한 사람과 관계가 있다. 그것은 사랑 받은 자에게 관련된 것이지만 동시에 사랑받은 자에게 속한 그리고 그의 포도원과 관계된 노래이기도 하다. 선지자는 곧 이 사랑하는 친구가 여호와 자신임을 드러낸다. 동시에 이사야는 포도원을 전면에 내놓고 그 즉시 그것에게 관심을 집중시킨다. "포도원"이라는 단어로 이사야는 우리로 그 비유에 잠기게 만든다. 그는 아주 적당한 표상을 사용하고 있다. 주위의 이교주의에 문이 열려 있던 가나안 땅에서 이스라엘 국가는 포도원처럼 특별한 돌봄이 필요했다. 비유적인 용어를 사용하면서 이사야는 포

Hattussilis Apology(*ša Ištar pa-ra-a ḫa-an-da-an-da-tar me-ma-aḫ-ḫi*), the *Iliad*, the *Odyssey, Aeneid,(arma virumque cano)*. 또한 Milton의 실락원을 보라("하늘의 뮤즈를 노래하라"). 또한 참고. 사 26:1과 42:10. Nikkal 본문에서 포도원(*krmm*)을 "그녀의 사랑하는 밭들"로 언급한다(22-23행).

라메드(ל)는 저작권의 의미로 취급된다(Fischer). 그렇지만 본 노래가 친구에 관하여 말하고 있으므로 "…에 관한"으로 번역하는 것이 더 낫다. "나의 사랑하는 자를 위하여" — 벌게이트역은 삼촌(patruelis mei, 즉 uncle)으로 번역하였고 Luther가 이를 따랐다. Ewald는 하나님께서 자신을 선지자의 삼촌으로 나타내신다고 말했다. 이 단어는 친구, 혹은 사랑하는 자를 의미할 수도 있다. 그리고 그 포도원의 소유가 도디와 에디디에게 돌려지고 있으므로, 그것들은 같은 사람을 가리키는 것임에 틀림없다. 참고. 우가릿어 dd는 "사랑"을 의미함. 본 단어는 주격 소유격으로 나의 사랑하는 자에 대한 노래, 즉 내가 사랑하는 자의 노래이다.

"나의 사랑하는 자에게 포도원이 있음이여" — 야디드는 친구의 의미로 사용된 수동 실명사(passive substantival)이다. 신 33:12; 렘 11:15; 시 127:2. "있음이여" — 직역하면 "유지", 즉 그의 재산이었다. כרם이 강조를 위해 앞에 나와 있다. 그것이 비유의 주제이다.

"심히 기름진 산에로다" — 직역하면 "기름의 아들인 한 언덕 위에." 아랍어에서 qarn은 노출된, 분리된 언덕을 가리킨다. Firdawzi는 그것을 산꼭대기의 의미인, *'ala al-gabal*로 생각한다. 헬라어 κερας는 산맥과 돌기들을 가리키며 터어키어 butun, 즉 코는 이와 같은 의미이다. 참고. *Georgics*: 2:112; Ovid, *Fasti*, 4:480. 이 이미지는 다볼산을 암시할 수도 있다.

도원이 언덕에 있었다고 말하고, 그 언덕을 하나의 뿔로 호칭하고 있다. 산을 하나의 뿔로 묘사하는 것은 비정상적인 표현이 아니니, 예를 들면 지금도 알프스산 봉우리 중 몇몇 봉우리를 Matterhorn, Schreckhorn이라고 부르기 때문이다. 그러나 그러한 호칭들은 우리로 하여금 잘못 유도해 나갈 수 있는데, 이는 그것들이 높고도 눈이 덮인 산들의 이름들이기 때문이다. 팔레스틴에 있는 산들은 그렇게 높지 않으며, 이사야가 눈 덮인 산을 염두에 두고 있지도 않다. 그렇지만 팔레스틴은 고원지대이며, 그래서 이 특별한 포도원이 태양을 잘 받고 그래서 모든 것이 유리한 위치에 처해 있는 언덕 비탈에 자리잡고 있었다고 우리는 당연히 상상할 수 있다.

그 언덕은 매우 기름진 곳이다. 이사야는 그것을 마치 그곳이 기름진 것으로 구성되어 있는 것처럼 아주 생생한 언어로 기름의 아들 혹은 기름짐의 아들로 부르고 있다. 이것은 그것이 매우 기름지고도 비옥하였다고 말하는 강력한 표현 방식이다. 그 포도원의 위치는 가장 좋은 곳이었고, 그래서 그러한 위치를 정한 그 소유자는 이 선택된 장소에 심겨진 그 포도나무로부터 당연히 가장 좋은 포도를 산출하도록 요구할 자격이 있었던 것이다. 이사야가 그 마음속에 그러한 이미지로 어떤 상상을 하였을지는 결정하기 어렵다. 다볼산을 생각하였을 수도 있고, 그 반면에 그러한 위치로 충만했던 팔레스틴을 생각했을 수도 있으며, 그 선지자가 그것들 모두를 잘 알고 있었을 수도 있다.

이사야는 그의 친구에 대해 말하고 있으며 후에 이 친구는 하나님과 동일시된다. 어투가 충격적이지만, 그것이 성경과 일치된다. 아브라함은 하나님의 친구였고 성경은 또한 신랑의 친구에 대해서도 말하고 있다. 이사야와 같이 하나님의 뜻에 열심을 가진 사람은 하나님을 자신의 친구로 생각할 수 있는 것이다.

5:2 첫 구절에 이러한 의미와 강세를 주고 있는 유사음들이 여기에 또 나타난다. 다음을 주시하라.

처음 세 개의 동사의 어미—에후
보 베토코
예케브 카체브
아나빔 베우쉼

땅을 파서[121]: 주인이 자기 포도원에 베풀어 준 사랑과 부드러운 돌보심은 얼마나 큰 것이었던가! 팔레스틴의 땅은 주로 돌짝 밭이었고 그 소유주는 그 땅을 개간하기 위하여 필요한 모든 노력을 다 기울여야 한다. 땅이 단단하면 그것을 파야 했으며, 그래서 그가 심고자 한 포도나무를 위하여 땅을 잘게 부서뜨렸다. 흙을 갈고 조심스럽게 파헤쳐야 결국 좋은 땅으로 준비가 되었던 것이다.

---

121) עזק — 성경에서 단 한 번 사용된 단어(hapax legomenon). 그것이 B에 의하여 "둘러싸인 담"(φραγμον περιχθηκα)이라고 잘못 번역되었고, 벌게이트역은 (sepsit eam); Ibn Ezra, Jarchi 그리고 Luther는 아마도 아랍어 이쯔카에 근거하여 포도원의 주위에 울타리를 두었다고 번역하고; AV는 "그리고 그것을 울타리로 둘러쳤다". RV는 "그리고 그가 그것 주위로 참호를 만들었다"로 번역한다. 그렇지만 Kimchi는 그의 주석이 아닌, 히브리 사전에서 하파르(חפר)를 "파다"로 번역하였다. 탈무드(Menach. fol. 83)는 "그리고 그가 들로 나갔다. 그리고 앉아 있는 그를 발견하고 그 올리브 나무 아래를 팠다(오제크)." 아랍어 아자크는 '파다' 혹은 '갈고 뿌리다'를 의미하며, 파는 도구를 나타내는 명사, 미자크(mi'zaq)혹은 미자카(mi'zaqah)이다. 미자크는 쟁기가 사용될 수 없는 장소에서 사용되었다. 그러므로 그 동사는 아마도 땅을 파서 뒤집어엎는 것을 가리킨다. 피엘 형이 번역에 표현되어 나타나야 할 것이다.

"제하고"—피엘 형은 제거의 의미를 가진다. 참고. GKC, §52h. 영어에서도 우리는 땅에서 돌을 제하는 것으로 말한다. 참고. 시 62:10; 왕하 3:19.

"심었었도다"—나타아(נטע)는 두 개의 대격(직접 목적어)을 가진다. 그 첫 번째 것은 직접 목적격이고, 두 번째 것은 설명의 대격 혹은 할(Hal)이다. 렘 2:21은 이 구절에 대한 하나의 주석이 된다. 소렉은 그것의 구체적인 설명이 무엇이든 가장 좋은 종류의 포도나무였다. 참고. 여성형에 대해서는 창 49:11을 보라.

"술 틀"—참고. 마 21:33. 포도즙 틀(ληνος), 그리고 막 12:1. 포도즙 틀 밑에 넣는 통(υπολήνιον). 참고. 욥 24:11. חצב라는 동사는 그것이 비록 타동사로 취급되기는 하지만 형태는 stative이다. Drechsler는 흥미 있는 제안을 하는데, 그것이 일의 어려움이라는 감정을 암시하며, 열정을 가리키는 동사 아헤브(אהב)와 비교된다고 한다.

이러한 표현의 각 표상들은 상징적으로 해석될 수 없다. Kay는 울타리를 세운 사실(잘못된 번역)에서 율법과 팔레스틴의 물리적 위치를 언급하는 것으로 생각한다. 돌들은 가나안의 우상숭배를 하는 족속들, 망대는 예루살렘, 심음은 이스라엘이 전세계에 축복하기 위하여 낙원에 심기어진 것, 그리고 술 틀은 은사들과 제물들의 저장고로서의 성전을 가리킨다는 것이다.

"맺기를 바랐더니"—인내와 오래 참음의 사상이 이 동사에 두드러져 있다. 히브리어 부정사는 "포도를 만드는 것"으로 직역되는데, 만들다(עשׂה)는 "맺다"의 의미로 사용되고 있다. 참고. 7:22. 부정사의 주어는 본동사의 그것과 다르다. "그리고 그가 그것이 포도 맺기를 기다렸다." 참고. 민 6:4.

"들 포도"—벌게이트역은 labruscae, 즉 온전하지 못한, 쓴 들 포도로 번역하였다. Sedulius 1:29, "labruscam placidis quid adhuc praeponitis uvis?" 들 포도라는 칭호는 아마도 아주 정확한 것으로 보인다. 참고. 욥 31:40.

돌들을 제하고: 이것은 힘들고도 어려운 일이었다. 아랍인들은 하나님께서 세상을 창조하셨을 때, 한 천사에게 양팔에 돌들이 들어 있는 한 자루를 옮겨가도록 하셨다는 속담을 가지고 있다. 그가 팔레스틴 위로 날아왔을 때 그 한 자루가 터졌기 때문에 전세계 모든 돌들의 절반이 팔레스틴에 있다는 것이다. 이 땅을 여행하는 사람은 밭에서 돌들을 골라내는 일이 얼마나 힘든 일인가를 느낄 것이다. 주인은 자기의 포도원에 돌이 하나도 없도록 하기 위하여 부지런히 수고하셨다.

극상품 포도나무를 심었도다. 주께서 자신의 선지자 예레미야를 통해서 그렇게 말씀하신다. "내가 너를 순전한 참 종자 곧 귀한 포도나무로 심었거늘 내게 대하여 이방 포도나무의 악한 가지가 됨은 어찜이뇨"(렘 2:21). 하나님께서는 진실로 가장 좋은 포도나무를 심으셨다. 진실로 그것들은 너무나 최상품의 것들이어서 그 탁월한 포도들로 인하여 주목을 받았던 팔레스틴의 한 골짜기가 소렉(Soreq) 골짜기로 알려지게 되었던 것이다. 우리는 소렉이라는 단어의 정확한 의미를 모르지만 그것은 분명히 가장 좋고 가려 뽑은 포도들을 지칭하였다고 생각된다. 팔레스틴의 포도들은 그것들의 크기에서나 질에서 단연 두드러졌다. 그러므로 이사야가 이 말을 하는 목적은 단순히 가장 질 좋은 포도나무가 심겨졌다는 사실을 말하려는 것이다.

그 중에 망대를 세웠고: 주인은 이 포도원을 위하여 1:8에 있는 것과 같은 단순한 원두막을 세우지 않고, 그 땅에서 골라내진 돌들로 실질적인 망대를 세우신다. 그러므로 파수꾼들은 그 포도원의 번영을 감독하는 위치에 서 있었다(참고. 마 21:33).

그 안에 술 틀을 팠었도다. 주인은 좋은 포도를 맺도록 하기 위한 모든 수고를 다 하였을 뿐만 아니라 그 포도들을 사용할 준비까지 갖추고 있었다. 포도주 틀을 의미하는 예케브(יֶקֶב)는 나무 그릇의 밑 부분이었는데 자주 단단한 돌을 깎아 만들어졌고, 위 부분이나 혹은 포도 압착기에서 짜내어시고 으깨진 포도즙을 받는 역할을 하였다. 이 포도 압착기로부터 쥬스가 예케브로 흘러내려 간다. 그렇지만 이사야가 그 단어를 그 전체를 지칭하기 위하여 사용하고 있을 수도 있는데, 이는 단순히 술 틀의 한 부분만을 팠다고 하지 않았을 것이기 때문이다.

이사야가 본 절에서 사용하고 있는 농사 자체가 이러한 이해의 어려움을 암시하고 있으며, 그래서 우리 또한 "그리고 또 한 포도주 틀을 그가 팠다"는 말의 순서로 인하여 우리 또한 난해함을 느낀다. 예케브(יֶקֶב)라는 단어가 강조되어 있다. 주인이 준비하였던 예케브를 만드는 일은 너무나 어려운 일이다. 돌을 깎아 그것을 만든다는 것은 특별히 힘든 일이었으나, 좋은 포도를 얻기 위하여 그 포도원을 위하여 온갖 일을 다해주려고 이러한 일까지도 다 마쳤던 것이다.

이 시점까지 강조된 사실은 주인의 행동이다. 이스라엘을 선택함에 있어서 하나님께서는 은혜로운 일을 행하셨다. 그분은 이 백성들 위에 율법과 선지자들과 같은 풍성한 축복들을 쏟아 부으셨다. 그분은 자신의 길을 분명하게 알려 주셨다. 본 절의 상반 절은 하나님의 선하심에 대한 생생한 묘사이다. 그것은 이스라엘이 여호와를 택하였다고 하는 개념에 대한 명백한 반박이다. 이스라엘에 대한 선택은 은혜로 우선 하나님 편에서의 순전한 은혜였다. 그러한 선택의 결과가 무엇이었던가?

좋은 포도 맺기를 바랐더니: 조용히, 소망을 가지고 인내하면서 주인은 포도나무가 자라는 것을 바라보는 것을 낙으로 생각하면서 그것들이 좋은 포도 맺기를 기다렸다. 그분이 들였던 노력을 다한 후에 그가 가진 기대는 지극히 당연한 것이었다.

들 포도를 맺혔도다. 이 문구에서 그 절정에 도달하는데, 주인의 수고에 대한 슬프고도 불행스러운 결과가 나타났다. 그 맺은 포도들은 사용할 수 없었다. 그것들은 악하고 나쁜 것들이었다. 아랍인들은 먹지 못할 그러한 포도들을 개 포도(wolf grapes)라고 부른다. 이 포도나무에 열렸던 것은 그러한 종류의 것이었다. 우리가 그것들을 들 포도라고 부른다고 해서 진실에서 지나치게 멀리 나아가는 것은 아니다.

여기에 핵심적인 이스라엘 역사에 대한 철학이 있다. 이스라엘은 하나님의 은혜로우심을 통하여 택함을 받고 축복을 받은 백성이었으나, 하나님의 은혜에도 불구하고 그들은 쓸모 없어져 던져버릴 수밖에 없는 상태가 되었고 그래서 결국 포로됨이 닥쳐왔고 마지막에는 버림 당하였다.

5:3 이사야는 노래하는 자의 역할을 벗어나 2절로 그의 이야기를 종결지었다.[122] 화자가 이제 그 포도원의 주인으로 나타나며, 그분은 재판하기 위하여 그 청중들 앞에 그 소송사건을 제시하고 있고 그것에 대하여 판단하라고 명령을 내리고 있다. 죄 있는 그 백성이—이사야의 청중은 유다의 죄 있는 백성이므로—판단을 하도록 부름을 받고 있다면, 여기서 결정해야 할 그 소송사건이 의롭다는 강력한 증거를 우리는 발견하게 된다. 청중들에게 연설하는 그 방식에는 두드러진 진지함과 솔직함이

---

122) "거민"—이 단어는 집합적 의미이다. 1Q는 B처럼 복수형으로 되어 있는데, 역시 역순으로 되어 있다. 참고. 렘 4:4; 사 20:6; 슥 12:7-8, 10; 행 2:14.

있다.

이제: 지금까지 말한 것이 진실된 상태의 모습이라면, 논리적 결론은 너희 자신이 재판 하라는 것이다. 동시에 "그리고 이제"라는 서언 역시 5절에 있는 두 번째 "그리고 이제"를 위해 준비를 해주고 있다. 지금 말을 듣고 있는 자들은 예루살렘의 거민들이요 유다인들이며, 각 경우 단수로 사용되어 있는 히브리어는 집합적 의미를 가지고 있다. 예루살렘에 거주하고 있는 사람들은 예루살렘 이외의 유다 지역에 거주하는 유다인들과는 구별되는 사람들이다. 예루살렘 거민들이 가장 먼저 언급되었는데, 그 이유는 이사야가 비난하는 그 주요 악한 인물들이 그 수도에 살고 있었기 때문이었던 것으로 보인다. 그렇지만 유다인들 역시 수도에서 벌어지고 있었던 죄악들을 묵묵히 따랐었으므로 같은 잘못이 있었다.

구하노니…판단하라: 청중들은 말하는 자에게 복종해야 할 위치에 서 있다. 그는 그들에게 마치 그가 그렇게 명령할 모든 권리를 가지고 있는 것처럼 명령하고 있다. 동시에 그 명령은 나(נא)라는 기원의 의미를 지닌 불변화사에 의하여 부드럽게 표현되어 있다. 그러므로 포도원의 주인은 자기의 소송이 의로운 것임을 판단하도록 청중들에게 명령할 권세를 가지신 분이시다. 이것은 그들이 피할 수 없는 의무이다. 그러나 동시에 그분은 그들에게 예의 바르게 접근하고 계시는데, 이는 포도원의 주인이 그들을 위하여 선하신 뜻 이외에 다른 것을 갖지 않으신 분이기 때문이다. 그분은 자기 청중들에게 중재자로 행하여 자신의 소송이 정당함을 판결하고 선고하라는 것이다.

어떻게 그 청중들은 그러한 판결을 선고할 것인가? 그 대답은 다윗이 밧세바를 범한 후에 있었던 일을 생각함으로써 답변될 수 있을 것이다. 나단이 그에게 와서 그의 죄를 밝히기 위하여 한 비유를 베풀었다. 그래서 비유 가운데 있는 그 사람을 판단할 때에 다윗은 동시에 자기 자신을 판단하였던 것이다. 예루살렘과 유다의 거민들이 첫째, 주께서 포도원에 대해 하실 일에 대해 전심을 다하셨느냐? 그리고 두 번째는 그 포도원에 들 포도가 맺혔느냐? 하는 두 가지 질문에 대해 판단을 내릴 때, 그들은 자기 자신들을 판결할 것이며, 그렇게 함으로써 자신들을 정죄하게 될 것이다. 다시 말하면 그들은 주인이 포도원의 복리를 위하여 필요로 하는 모든 것을 다하셨다는 것과 또한 포도원이 실제로 들 포도를 맺었다는 것을 인정할 것이다. 이 판단을 하는 가운데, 그들은 하나님께서 자기들을 은혜와 자비로써 대하셨고, 그들 스스로가 그분에게 대항하여 쓸모 없는 죄인들이 되어 버렸다는 것을 인정할 것이다.

5:4 이사야가 잠시 멈춘 것인가 아니면 청중들에게 반응할 기회를 주는 것인가? 만약 반응할 시간을 준 것이라면, 그가 완전한 침묵에 들어간 것 같으며, 백성들은 무엇을 말하는지 알지 못하지만 그들의 침묵 자체가 죄 있음을 인정하는 것이다. 다윗은 외쳤다. "내가 여호와께 범죄하였노라." 어쨌든 이 비유를 들은 그 사람들은 전혀 할 말이 없으니 이는 말할 필요가 없기 때문이다. 그렇게 함으로써 그들은 단순히 자기들이 죄 있음을 가장 분명하게 밝히고 있다. 그리고 나서 이사야는 그의 청중들에게 구체적인 질문을 해 나가고 있는데, 그 질문은 이미 언급했던 사실을 전면에 내놓는 것으로, 곧 주인이 포도원이 좋은 포도를 맺도록 하기 위하여 필요한 모든 일을 했느냐는 것이다.

내가 내 포도원을 위하여 행한 것 외에 무엇을 더할 것이 있었으랴: 만일 그 포도원을 위하여 해야 할 필요한 것이 더 있다면 청중들은 그것을 지적할 수 있다.[123)]

어찜인고: 이사야가 의미하는 것은 "내가 포도들을 보았는데, 왜 그것이 쓴 포도를 맺었느냐?"이다. 더 할 일이 남아 있단 말인가? 드렉슬러는 하나님께서 군대를 사용하는 것을 제외하고는 모든 것을 하셨다고 해석하였다. 이는 드렉슬러의 생각에 사람이 강요없이 그의 구원을 선택하여야 하기 때문이라는 것이다. 포도원의 비유에서 주인은 그 포도나무가 자라서 좋은 열매를 맺도록 하기 위한 모든 것을 다하셨다는 것은 사실이다. 이와 같이 하나님께서는 이스라엘을 취급하심에 있어서 자기 백성에게 축복을 가져다주기 위한 모든 일을 다하셨다. 그분은 물리적 군사력을 사용하지 않으셨으니, 이는 군사력은 결코 영혼을 변화시킬 수 없고 하나님에게로 나아오게 하지 못하기 때문이다. 그와 동시에 하나님의 은혜는 주권적이요 효력 있는 것이다. 그것은 모든 저항의 벽을 다 무너뜨리고 계획된 모든 목적을 성취한다. 그것은 불가항력적 은혜이지만 불가항력적이라 할지라도 그것이 여전히 은혜인 것

---

123) "무엇을 더할 것"—직역하면, 해야 할 일이 무엇이냐? 의문대명사에 이어 동명사의 의미를 가지는 부정사가 따라온다. "아직 무슨 할 일이 더 있느냐?" (*quid faciendum est?*) 이 부정사가 2절에 나타난다.

"어찜인고?"—의문사가 두 개의 등위절을 지배하고 있지만 그러나 엄밀하게 말하자면 두 번째 것만을 지배한다. 논리적으로 생각하자면, 첫 번째 절은 실제로 두 번째 절에 종속되어 있다.

은 고집스럽고 완강하게 반항하는 마음을 자원하는 마음으로 만들기 때문이다.
그것이 하나님께서 자신의 능력 가운데 제한되어 있다고 또한 그분이 단지 그 상황 가운데서 그가 하실 수 있는 최선을 다한 것임을 시사한다고 가정하는 것은 본 구절에 대한 심각한 오해이다. 이사야는 계속적으로 하나님을 주권자로 묘사하는데, 이 비유 가운데서 강우량까지도 하나님의 처분과 명령에 의한 것임을 나타낸다. 이사야가 여기서 묻고 있는 질문의 어조는 단지 풍성하고 넘치는 하나님의 은혜를 나타내기 위하여 의도되었다. 그분께서 이스라엘을 위하여 행하신 일에 그 어떤 잘못이나 비난을 가할 수 없다. 그분은 자신의 약속에 신실하였으며 또 이사야의 말을 들었던 사람들은 이 사실을 알아야 했다.
본 절은 앞에서 사용했던 서글픈 후렴으로 마치고 있다. 주인의 사랑스런 돌보심에도 불구하고 비참한 결과가 나타났던 것이다. "들 포도를 맺혔도다."

5:5 어조가 바뀌고 있다. 위협이 선포되고 있다. 심판은 다가오고 있다. 또다시 여호와께서 "그리고 이제"라고 말씀하신다. 그러나 이번에는 사람들에게 판단하라고 명령하지 않으시고, 오히려 자신이 친히 심판 하실 것이라고 선언하신다. 그러한 상황의 결과로 그분은 그 포도원에 대해 어떤 의도를 가지고 계시는지를 선언하신다. 그 어투가 불평의 어투가 아니라 심판의 어투다. 하나님께서 그 포도원을 위하여 하실 수 있는 필요한 모든 일을 하셨으므로, 이제 한 가지 방책만 남아 있는데, 곧 그 포도원이 파괴될 것이라는 것이다.
너희에게 이르리라: 히브리어 본문을 번역하고 그 풍성한 의미를 나타낸다는 것은 어려운 일이다. 동사가 사역형이므로 "내가 너희로 알게 하리라"이다. 그것은 연장형(cohortative) 어미(語尾)를 가지고 있어서 "내가 너희에게 알게 허락하라"는 의미도 된다. 그것 다음에 기원의 의미를 지닌 불변화사(נָא)가 나오고 있으므로, "내가 너희에게 구하노니, 내가 너희에게 알게 허락하소서"가 된다. 외관상으로 백성들은 묵묵히 서 있다. 그들은 한마디도 없다. 그러므로 여호와께서 말씀하시고 청중들에게 자신의 의도가 무엇인지를 지적하신다. 포도원은 여호와께 속하여 있으며, 그분은 그것에게 자기가 하고 싶은 대로 무엇이든 할 수 있으시다.
전에 없는 강력한 어조로 여호와께서 자신이 하실 일을 말씀하신다.[124] 그분은 두

---

124) 하세르(הָסֵר) — 부정사 독립형은 자주 부사적으로 사용된다. 아카디아어에서 그것은

개의 독립형 부정사를 사용하시는데, 곧 "걸어 먹힘" "짓밟힘"이다. 이 뜻은 다음과 같이 고쳐 쓸 수 있을 것이다. "걷히게 하고 헐게 함으로, 내가 걷어 버리고 헐어버릴 것이다." 포도원 주변에는 보호를 위한 울타리가 있었는데, 아마도 오늘날 팔레스틴에서 발견되는 가시 배나무 울타리와 같은 것일 것이다.

사실상 이중적인 울타리가 있었는데, 하나는 돌로 된 것이요 다른 하나는 울타리이다. 이 후자가 전자와 언제나 평행하게 세워졌는지 아니면 그것이 돌벽 위로 자라 올라와 있었는지는 확실하게 말할 수 없다. 이 보호벽이 걷힐 때 가축들이 그 포도원으로 들어가서 그것을 밟아 버리므로 아무것도 자라날 수 없게 된다. 그러므로 그 나라는 자신들이 무시한 그 선물 자체를 박탈당할 것이다. 그 포도원은 "그 땅은 소를 놓으며 양의 밟는 곳이"(사 7:25하) 될 것이며, 그 나라는 황량한 광야같이 될 것이다. 그것은 더 이상 신정국가로 존속하지 못할 것이다. 한 번 동물들이 그 포도원으로 들어오면 더 이상 포도를 맺을 수 없게 될 것인데, 이는 그것이 완전히 발에 짓밟힐 것이기 때문이다. 울타리를 제거해 버리는 결과 그 포도원은 불에 의해서가 아니라, 짓밟는 짐승들에 소멸될 것이다.

그 담을 헐어 짓밟히게 할 것이요: 팔레스틴의 돌들은 오늘날까지도 울타리와 담벼락을 위하여 사용된다. 이 강력한 보호력을 가진 담벼락을 일으켜 세우는 힘든 일을 하고 나서, 주인은 이제 그것을 헐어버리고, 그렇게도 힘들여 일군 자신의 포도원을 열어서 동물들, 야생동물 그리고 가축들로 하여금 원하는 대로 들어오게 하실 것이다. 그처럼 이스라엘도 그를 쳐들어오기를 원하는 나라들에게 열려서 침입을 받게 될 것이다. 그 포도원은 다만 밟는 곳이 되어버릴 것인데, 이와 같이 하나님의 통치가 끝났을 때 이스라엘은 언제나 열국들이 밟는 장소로 남아 있었다.

부사적인 -u 어미를 가진다. 여기에도 역시 부정사가 부사적인 의미를 가지며, 그래서 우리는 그것을 미완료형에서 해석된 한정동사를 완화시키는 것으로 이해해야 한다. 즉 "걷힘으로, 나는 걷어버릴 것이다." 참고. Young, "Adverbial u in Semitic" *WThJ*, vol. XIII, No. 2(May 1951), pp. 151-54. משוכתו—메수카토(מְשֻׁכָּתוֹ)일 수도 있는데, 그 어근이 שׂכך이거나 (**싸멕**)과 동일한 글자가 되는 **신**. 참고. שׂוֹכָה, 1:8; 4:6) 그렇지 않으면 수크(שׂוּך)에서 파생된 메수카토(מְשׂוּכָתוֹ)일 것이다. 참고. 욥 1:10; 호 2:8. 나는 이 후자에서 파생되었다는 쪽으로 기울어진다. Delitzsch는 "포도원을 둘러싼 푸른 가시 울타리"로, Drechsler는 "돌로 된 낮은 울타리를 넘어서 스스로 세워진 울타리"(잠 24:31)로 설명한다.

5:6 "땅이 네게 가시덤불과 엉겅퀴를 낼 것이라 너의 먹을 것은 밭의 채소인즉"(창 3:18). 우리가 살피는 본 구절은 옛날 하나님이 하셨던 저주의 메아리와 같다. 하나님께서는 이제 자신의 포도원을 황폐하게 할 것이다.[125] 포도원은 무관심으로 인하여 갑작스럽게 철저한 멸망이 닥칠 것이다. 그것은 때가 무르익은 만큼 이미 준비가 되어 있었다. 더 이상 가지가 가지치기한 나무는 없을 것이고, 또한 그 외에 그들의 본래의 성장을 위한 다른 어떤 필요한 일들도 있지 않을 것이다. 그 땅 자체에 괭이질조차도 있지 않을 것이다.

오히려 그 땅에는 질려와 가시들이 생겨날 것이다. 이사야는 샤미르 와샤이트(참고. 7:23-25; 9:18; 10:17; 27:4)라는 독특한 유사음을 소개하고 있다. 포도원은 자라서 땅으로부터 생산해 내야 하는데 오히려 질려와 가시들만 생산해 낸다. 비가 없는 땅에서 가시들과 질려 덤불이 자라난다. 이사야는 하나님께서 자기의 포도원에 비를 내리지 않으실 것이라고 선언했기 때문에, 이 위협을 우리에게 미리 예고했다. 하나님께서 우리에게서 축복의 비를 거두어 가신다는 사실은 얼마나 엄청난 징

---

125) "끝"—직역하면, "그리고 내가 그것을 끝이 나게 (황폐하게) 하리라." 동사가 두 개의 목적어와 함께 설명된다. בתה에 대한 만족할 만한 설명은 쉽지 않다. 아마도 바타(בָתָה)는 칼라(כָּלָה)의 유추에서 볼 때 바타트(בתת)를 나타내는데, 그렇지 않으면, 그것을 다른 의미를 가진 בתה와는 구별시켜야 할 것이다. 아랍어에서 "우리는 끝나다"(to bring to an end)를 의미하는 batta를 보게 되며, 사 7:19에서도 바토트(בתות)란 단어를 보게 된다. Gray가, 문맥을 따라 그 단어에 우리는 쓸모 없는 땅이라는 의미를 부여한다고 생각한 점은 옳다고 생각된다.
"가지를 자름"—어근을 위해서는 cf. Ug. zbr. yzbrnn. zbrm gpn(그들이 포도나무의 가지치기로 그를 잘라냈다).
"괭이"—עדר는 영양과 성장을 촉진시키기 위하여 흙을 북돋우기 위하여 식물의 뿌리 주위를 파는 행위를 가리킨다.
"질려"—이 단어는 상황적 직접 목적어를 이루고 있는데, 곧 "질려와 가시들이 올라올 것이다"는 뜻이다. 참고. Ibn Hisham, kutibat fî qalbî kitaban(그리고 그것이 나의 마음에 책으로 기록되었다). 두 단어들의 두드러진 유사음을 주시하라. 이사야서 이외의 부분에서는 이 표현이 창 3:18; 호 10:8에 나타난다. 그 해석은 "그리고 포도원은 …게 되어질 것이다"로 되어야 할 것 같다. 참고. 사 34:13. 5:1-6과 4:2-6 사이의 대조를 주시하라. Bentzen은 심하 1:21에 호소하면서, 하나님께서 그 주인이 아니라고 주장한다. 그렇지만 이사야는 이 구절에서, 가설적인 이야기를 떠나서 설명으로 돌아선다. 그는 다음 구절에서 주인이 구름을 명령하셨다고 주장하는 가운데서 이 설명에 대해 예상해 왔다. 우리가 주인을 줄곧 하나님으로 바라보면, 그 난점이 사라진다.

벌인가? 4장은 풍성한 축복의 모습을 제공하고 있는 반면, 여기서는 이와는 날카로운 대조가 나타나 있다. 가시들과 찔려들.

내가 또 구름을 명하여: 누가 그러한 명령을 내릴 수 있겠는가? 누가 구름에게 명령을 할 수 있는가? 언젠가 다윗이 말한 바 있다. "길보아 산들아 너희 위에 우로가 내리지 아니하며 제물 낼 밭도 없을지어다 거기서 두 용사의 방패가 버린 바 됨이라 곧 사울의 방패가 기름 부음을 받지 않음같이 됨이로다"(삼하 1:21). 다윗은 단순한 요망사항으로 그렇게 말한 것이다. 그는 실제로 구름에게 그렇게 되라고 명령한 것이 아니다. 하지만 여기서 화자(話者)는 우리에게 그분이 그렇게 하시고자 하는 것을 말하고 있다. 그분은 구름에게 명령하여 비를 내리지 않도록 하시려고 한다. 하나님은 포도원의 주인이시며, 또한 오직 그분만이 그 포도원에 영향을 주는 요소들을 다스릴 수 있으시다. 다음과 같이 번역할 수 있을 것이다. "그리고 구름에게 나는 그것 위에 비가 내리지 못하도록 명할 것이다." 본 절은 구름에 대한 언급으로 시작하고 있으며, 비에 대한 언급으로 마치고 있다. 그래서 칼빈은 다음과 같이 해석하고 있다. "…우리가 하나님의 호의를 경멸하는 것을 보실 때, 하나님께서 우리의 배은망덕을 벌하기 위하여 준비하신 무기들은 얼마나 다양한가."[126]

5:7 시와 노래의 시간은 지나갔다.[127] 해석과 적용의 시간이 이른 것이다. 이 비유는 사람들이 주의를 기울여야 하는데, 이는 그 포도원이 여호와께 속하여 있기 때문이다. 이사야는 또다시 포도원이라는 단어를 전면에다 놓고 있다. 케렘

---

126) *Commentary on Isaiah*, I, 168, 169.
127) "대저" — 이유가 아님(Rosenmüller). "공평" — 두드러진 유사음이 이사야 어조의 우아함의 실례이다(랍비들이 부르는 바와 같이, 체후트 할라손). 참고. 13:6; 24:17; 33:1; 57:6; 61:3. 번역상에서 재담을 나타내기 위한 시도들이 있어 왔다. *richtige Wage, immer Klage; gerechtes Wort, blutiges Mort; Milde, Unbilde, gut Regiment, Blutregiment; Rechtsprechung, Rechtsbrechung; Gerechtigkeit, Schlechtigkeit; Begluckung, Bedruckung.* Cf. מִשְׁפָּט in 3:17; 1:15; 4:4. 아랍어 sph, "퍼붓다", 그리고 suffaḥ는 피를 흘리는 폭군이다. Cf. Koran, 6:146, *damman masfoûḥan*, "흘려진 피."
Delitzsch는 "쏟다"를 의미하는 사파흐에 호소하면서 "욕심 사나운"(grasping)으로 번역한다. 이런 경우를 증명하는 것이 불가능할 것이지만 그러나 일반적 번역이 잘 어울리고 어원학적으로 가능하다. 여기 나타난 경우와 같이, 마 23:13-29에서도 비유에 이어 저주와 탄핵이 뒤따라오고 있다.

(כֶּרֶם, 포도원), 즉 이것이 첫 번째 단어이며, 강조된 단어이다. 우리는 비유 그 이상의 것에 귀를 기울여 왔다. 즉 거기에 한 포도원이 있는데, 팔레스틴에 있는 어떤 평범한 포도원이 아니고 여호와께 소속한 포도원, 즉 이스라엘의 온 집, 하나님 자신이 친히 일구신 포도원이다. 지극히 평온한 상태에서 그 언어가 화자들 사이를 왔다갔다 한다. 이사야가 말을 시작하였다. 그리고 여호와께서 그 말을 이어받으셨다. 그리고 다시 선지자가 말을 이어간다.

이사야는 말을 계속 이으면서 보다 구체적으로 남방 유다 국가를 여호와의 기뻐하시는 나무로 언급하고 있다. 포도원은 여호와의 기쁨이었으며 또한 그분의 기쁨이 그것을 사랑하고 보호하시는 가운데 있었다. 우리는 교차 대구법적인 구조를 가진 표현에 덧붙여진 그 효과를 주시할 수 있을 것이다.

대저 만군의 여호와의 포도원은 이스라엘 족속이요
유다 사람은 그의 기뻐하시는 나무라

"포도원"과 "나무"는 같은 것으로 간주되고, 반면에 "유다 사람"과 "이스라엘 족속"은 엄밀하게 말하자면 동의어가 아니다. 즉 유다 사람은 이스라엘 족속의 일부분이었다.

이것이 선택이다. 이스라엘 백성들 이외에 다른 열국들도 있었다. 그러나 하나님께서는 오직 이스라엘에 대해서만 자신의 애정을 나타내 보이셨다. 그들이 다른 나라보다 더 위대해서 그분께서 택하신 것이 아니었고, 그들이 더 나은 백성들이기 때문에 택하신 것도 아니었다. 그럼에도 그분은 그들 가운데 자신의 영광을 나타내시려고, 자기의 영광으로 인하여 그분은 그들을 택하셨다. 그들은 자기들의 주인이신 분이 원하시는 열매를 낼 수 있도록 도움과 경작이 필요한 포도원이었다.

그들에게 공평을 바라셨더니: 열정적인 기대감을 갖고 그분은 자신의 율법과 신탁을 받은 그 나라가 삶 가운데서 의를 나타낼 것이라는 소망을 가지고 기다리셨다. 하나님의 가르치심을 받고 그분의 의를 받은 그들은 삶 가운데서 공평과 정의를 나타내어야 했었다. 그러나 이스라엘이 맺은 것은 공평이 아니었고 피흘림뿐이었다. 다시 말하면 미슈파트가 아니라 미스파흐였다. 본 절은 두 개의 두드러진 유사음조화를 담고 있는데, 곧 미슈파트와 미스파흐, 체다카와 체아카이다. 유사음조화는 이사야가 고안한 친밀한 문학형태이다. 그러나 그것을 번역하기는 굉장히 어렵다. 백성들의 편에서 외적 표명, 즉 실용적인 공의를 나타냈어야 했다. 그들이 나타낸 외적인 표명은 피흘림이었다. 아울러 그들의 내적 상태는 의로 나타나야 했으나 실제 내적인 상태는 실로 부르짖음이었다. 주께서 바라보신 것은 "보라! 피흘림이로다, 보라! 부르짖음이로다"라는 문구에 표현되어 있다.

두 번째 쌍의 단어들은 아마도 주격으로 간주되어야 할 것 같다. 여기서 체다카는 하나님과의 바른 관계의 상태를 가리키는데, 그것은 그 자체로 의로운 일들을 행함에서 나타난다. 그것은 하나님의 선물이니 예레미야가 "여호와 우리의 의"라고 말한 바와 같다. 그러나 거기에는 부르짖음, 곧 부당하게 압제 당하는 자들의 부르짖음이 있었다.

유사음적 표현들은 쓸모 없는 포도들이 최소한 외적으로는 좋은 포도들과 유사한 그것을 맺었다는 사실을 가리키는 것으로 보인다. 최소한 그 나라는 외적으로는 하나님의 백성인 것처럼 보였다. 외적으로는 그들이 선민들이었는데 이것이 커다란 속임으로 귀결되었다. 내적으로는 심각한 차이가 있었으며, 그래서 이스라엘은 속이는 나라였던 것이다. 그 나라는 공허한 백성이었고 "살아 있는 위선"의 실례였다. 불성실은 여기에 묘사된 것과 같은 쓰라린 정죄만 받을 수 있을 뿐이다. 교회에 속한 우리는 언제나 우리 안에 그러한 위선이 있지는 않은지 우리의 마음을 검토해 보기 바라며, 오히려 더욱 하나님 한 분으로부터 오는 의의 열매들을 낼 수 있기를 바란다.

(2) 유다의 죄들의 분석(5:8-23)

8절, 가옥에 가옥을 연하며 전토에 전토를 더하여 빈 틈이 없도록 하고 이 땅 가운데서 홀로 거하려하는 그들은 화 있을진저
9절, 만군의 여호와께서 내 귀에 말씀하시되 정녕히 허다한 가옥이 황폐하리니 크고 아름다울지라도 거할 자가 없을 것이며
10절, 열 길갈이 포도원에 겨우 포도주 한 바트가 나겠고 한 호멜지기에는 간신히 한 에바가 나리라 하시도다
11절, 아침에 일찌기 일어나 독주를 따라가며 밤이 깊도록 머물러 포도주에 취하는 그들은 화 있을진저
12절, 그들이 연회에는 수금과 비파와 소고와 저와 포도주를 갖추었어도 여호와의 행

하심을 관심치 아니하며 그의 손으로 하신 일을 생각지 아니하는도다
13절, 이러므로 나의 백성이 무지함을 인하여 사로잡힐 것이요 그 귀한 자는 주릴 것이요 무리는 목마를 것이며
14절, 음부가 그 욕망을 크게 내어 한량없이 그 입을 벌린즉 그들의 호화로움과 그들의 많은 무리와 그들의 떠드는 것과 그 중에서 연락하는 자가 거기 빠질 것이라
15절, 천한 자는 굴복되고 귀한 자는 낮아지고 오만한 자의 눈도 낮아질 것이로되
16절, 오직 만군의 여호와는 공평하므로 높임을 받으시며 거룩하신 하나님은 의로우시므로 거룩하다 함을 받으시리니
17절, 그 때에는 어린 양들이 자기 초장에 있는 것같이 먹을 것이요 살진 자의 황무한 밭의 소산은 유리하는 자들이 먹으리라
18절, 거짓으로 끈을 삼아 죄악을 끌며 수레줄로 함같이 죄악을 끄는 자는 화 있을진저
19절, 그들이 이르기를 그는 그 일을 속속히 이루어 우리로 보게 할 것이며 이스라엘의 거룩한 자는 그 도모를 속히 임하게 하여 우리로 알게 할 것이라 하는도다
20절, 악을 선하다 하며 선을 악하다 하며 흑암으로 광명을 삼으며 광명으로 흑암을 삼으며 쓴 것으로 단 것을 삼으며 단 것으로 쓴 것을 삼는 그들은 화 있을진저
21절, 스스로 지혜롭다 하며 스스로 명철하다 하는 그들은 화 있을진저
22절, 포도주를 마시기에 용감하며 독주를 빚기에 유력한 그들은 화 있을진저
23절, 그들은 뇌물로 인하여 악인을 의롭다 하고 의인에게서 그 의를 빼앗는도다

주님의 기대는 실제적인 상황에 적용된다. 전체적인 단락은 다양한 길이로 이루어진 여섯 개의 단락들로 구성되어 있는데 각기 "화 있을진저"로 시작된다.

① 8-10절, 탐욕스러운 백성들
② 11-17절, 방탕한 백성들
③ 18-19절, 불신앙적인 백성들
④ 20절, 진리를 왜곡시키는 백성들
⑤ 21절, 스스로 보기에만 지혜로운 백성들
⑥ 22-23절, 공의를 변질시키는 백성들

5:8 이사야 5장 7절에서 주제를 언급하고 나서, 이사야는 이제 그것을 전개해 나가고 있다. 그는 이 일을 여섯 번에 걸쳐 "화 있을진저"라는 말과 함께하고 있으

며(8, 11, 18, 20-22절), 그리고 이 '화 있을진저'에 응답하여 그는 세 개의 구절을 "그러므로"라는 말로 이끌어 가고 있다(13-14, 24절). 그러므로 우리는 이 절에서 언급하고 있는 그 나라의 생생하고도 대담한 죄악들에 대한 생생한 탄핵을 접하게 되는 것이다.

이 저주들이 떨어질 백성들은 누군가? 첫 번째 계급은 자기의 집들이 연결되어 있는 재산은 무엇이든지 사들이는 부유한 지주들이다.[128] 가옥에 가옥을 연결하기 위하여 그들은 자기들의 재산을 늘려 나갔는데, 그렇게 하여 그들은 자신들을 위하여 재산을 최대한으로 늘려 나갔다. 그들이 새 집을 살 때마다 그 집을 그들이 이미 소유하고 있는 집에 연결시켰다. 정죄는 그 재산을 사는 데 있는 것이 아니라, 가난한 자에게 속한 것을 독점하고 획득하는 데 있었던 것이다. 비록 여러 말로 언급은 되어 있지 않으나 이러한 일이 부유한 자 편에서 부당한 방법으로 이루어졌음을 암시하고 있다.

율법은 이러한 증식을 금지하고 있지만, 이스라엘 안에는 율법을 완곡하게 해석하고 자기들이 할 수 있는 한 모든 재산을 얻기까지 만족하지 못했던 파렴치한 사람들이 있었다. 그들의 행위들은 탐욕과 이기주의적 야망으로 점철된 불경건한 모습을 드러냈다. 칼빈은 그러한 경향을 요한 크리소스톰의 말을 인용하여 "탐욕스러운 사람들, 만일 그들이 할 수만 있었다면 기꺼이 가난한 자들로부터 태양을 취하였을 것이다"라고 말했다.

---

128) "연하며"—본 절은 분사로 시작하며, 또한 와우(ו) 없이 보통 현재의 행위를 나타내는 미완료형으로 계속해 나간다. 율법은 이러한 종류의 재산 증식에 대해 저지하고 있다. 레 25:8이하; 민 27:5-11; 신 27:17. 참고. 왕상 21:3-19; 욥 22:8. Yorgan Tepe(고대 누지, blanket mound)에서 발견된 고고학적 발견에 의하면 땅은 팔 수 없었다. 그런 까닭에 그것은 양자의 과정을 통하여 얻는다. 그러므로 재산을 얻기 바라는 한 사람이 스스로 그 재산의 주인에 의하여 입양되었다. 그리고 나서 그 재산은 그에게 증여되고 그의 것이 되며, 이에 대한 보답으로 그는 그 주인에게 선물을 제공하여야 했다. 매우 자주 재산을 얻기 원했던 사람은 특히 주인이 가난하거나 궁핍한 자이면 유리한 위치를 차지하였다. 그러한 여러 사건들이 고대 누지에서 이러한 방법으로 재산을 얻은 사람들 가운데 가장 유명한 사람들 중의 하나인 한 Tehiptilla의 활동들 가운데 나타난다. 참고. Wilson, *A Scientific Investigation of the Old Testamen*(Chicago, 1959), pp. 167-73. 이 책에서 필자는 Nuzi texts를 논의하였다.

"전토에 전토를 더하며"—Seneca는 자기의 편지 가운데 하나에서 다음과 같이 기록하고 있다. *"qui agros agris adiiciant, vicinos pellendo."*

전토에 전토를 더하여: 죄는 일반적으로 재산의 축적으로 이루어지며 그래서 희년의 정신을 파괴하는 것이다. 이 모든 재산이 구입될 때, 거기에는 다른 사람이 거할 자리가 없었다. 그들은 그들 자신의 집이 없었고 그래서 종이나 노예들처럼 주인의 재산 가운데서 살아가야 했다. 땅이 아브라함의 자손들에게 약속되어 왔으므로 각 자손들은 거처할 장소가 있어야 했다. 어떤 사람이 모든 재산을 소유한 결과로 그 주인은 이제 홀로 살아야만 한다. 이러한 상황은 자신들의 행위로 인하여 일어난 것이었다. 이제 그들에게 소유권으로 인한 책임이 놓여 있는데, 그들의 이러한 상황은 다른 사람들의 부러움이 되지 못할 것이다.

5:9 그 죄가 기록되었으니 이제 그 징계가 선포되어 있다. 선지자는 만군의 여호와께서 그의 귀에 말씀하셨다고 말하고 선포하고 있다.[129] 이것은 실로 특이한 말이지만 이사야가 의미하는 것은 여호와께서 그에게 그분의 말씀을 드러내시는 순간이라는 것이다. 하나님께서 그의 귀에 계셨고, 이사야가 말하는 것은 그가 하나님으로부터 듣고 있는 것이었다.

사람들은 가옥에 가옥을 더해 왔었고, 그래서 하나님의 메시지가 들려오고 있는 것이다. 이 가옥들은—실제로는, 많은 가옥들—분명히 황폐될 것이다. 그 가옥들은 크고도 높았고, 유쾌함을 주고 또 편안한 곳이었으며, 또한 계속적으로 자신들을 위하여 재산을 모았던 사람들에 의하여 소유되었다. 그러나 그것들은 영원히 지속되지 못하고, 거하는 사람들이 없이 황폐화될 것이다. 예루살렘은 유령도시가 될 것이다.

5:10 그 가옥들은 거할 자가 없을 것이니 이는 그 땅이 소산을 내지 못할 것이

---

[129] 사 22:14은 이와 비슷하게 구성된 문장이다. Rosenmüller는 여기서 우리가 "그리고 그것이 들려왔다"로 이해해야 한다고 생각한다. 다른 사람들은 다른 동사들을 제안한다. 그렇지만 스타일이 썩 좋은 셈이다. "귀"라는 단어는 다음에 따라오는 단어로부터 분리되어 있고 그래서 또한 카메츠(,)를 통하여 다소 휴지의 느낌을 가지고 있다. 그러므로 "나의 귀에 주님이 계시다", 즉 주께서 나의 귀에 말씀하셨다는 뜻이다(귀를 통한 계시 개념에 대해서는 삼상 9:15을 참고하라).

"가옥"—이 가옥들은 8절 상반절에서 언급되었다. 10절이 8절 하반절을 반영하고 있는 것처럼 9절은 8절 상반절을 반영하고 있다.

"황폐하리니"—직역하면 "한 거주자도 남기지 않고."

며, 그로 인하여 그 많은 거민들에게 공급할 소산이 불충분할 것이기 때문이다. 소 열 쌍이 하루에 갈 수 있는 땅은 엄청난 양의 소산을 생산해 낸다. 그러나 실제로 그러한 크기의 포도원에서 8갈론의 포도주밖에 산출해 내지 못할 것이다.[130] 그 땅이 얼마나 심각한 상태였겠는가? 황소 열 마리가 하루 동안 열심히 일하건만 그러한 크기의 포도원이 겨우 여덟 갈론의 포도주 정도밖에 생산하지 못할 것이다. 얼마만한 기근이 그 땅에 닥쳐오겠는가? 뿌려진 씨들도 마찬가지였다. 한 호멜 지기에는 간신히 한 에바, 즉 한 호멜의 십분의 일만 생산할 것이다. 호멜은 약 10과 반 부쉘이고, 열 에바가 한 호멜과 같다. 그것은 마치 그 열매와 땅이 그 나라에 대항해서 공모하였던 것과 같다.

5:11 첫 번째 저주가 선포하는 바 그 황폐함을 생각해 보았는데, 우리는 또다시 선지자의 "화 있을진저"라는 부르짖음을 듣게 된다. 두 번째 화는 술취하고 방탕하는 사람들에 대해 주어지고 있다.[131] 이 백성들은 아침 일찍부터 강한 독주에 취하

---

130) Benzinger는 바트(bath)를 약 36:44리터로 계산하였고, Josephus는 약 40리터로, 그리고 랍비들은 20리터로 계산하였다(Antiquities, 8:51-71 ξέσται). צמדי—다게쉬가 두드려져 있다. 그것이 후대의 것이며 그리고 인위적으로 발전한 것인가? 다게쉬가 법칙에 상반되는 경우는 일반적으로 ב와 ד 그리고 פ에서이다. 이 연계형은 다음과 같은 변화를 거치는데, 여기서 다게쉬가 예상되지 않는다. 즉 צִמְדֵי > צְמָדֵי צִמְדִים. 죄에 대한 형벌로 모세는 그 땅이 메마를 것이라고 예고했다. 레 26:14 이하; 신 28:17 이하.

131) Eccl. 10:16이하; *Pirqe Abot*, 3:10b; 행 2:15은 이른 아침부터 술취함으로써 방탕하는 것 정죄하고 있다. 그러나 Amr ibn Kelt의 *Moallaka*에서는 아침 일찍 술마시는 것이 칭찬 받고 있고, 술취한 자가 sabchan, "칭찬 받은 자"라는 호칭을 받고 있다. 고전 작가들의 글 가운데서 우리는 다음의 내용들을 보게 된다. Juvenal 1:49, *"ab octava hora Marius bibit"*; Catullus, 47:5; Cicero, de Seneclute, 14; Propertius IV:6:85,
   Sic noctem patera, sic ducam carmine, donec
   Iniiciat radios in mea vina dies.
Horace: Carmina, I:1; 19:20.
"일어나"—두 개의 분사들은 정상적인 히브리어 문장 구조로서 전치사가 뒤따라오는 연계형 복수이다.
"독주"—참고. 사 28:7. 구약성경에서 이 단어는 틀림없이 헬라어 시카라와 연관되어 있는 단어로서, 취하게 하는 술을 가리킨다. ירדפו(그들이 따라가다)—이 미완료형은 분사에 의해 표현된 것에 보충적 동사 개념을 종속시킨다.
"황혼"(개역은 "밤이 깊도록"—역주)—해진 후의 기간. 이 단어는 새벽(삼상 30:17)과 밤(사 21:4; 욥 3:9)에도 적용된다. 여기서 이 단어는 아침과 대조를 이루고 있으며 그런 까닭

기 시작한다. 여기서 술취함 자체가 비난을 받고 있는 것이 아니라, 그것과 관련된 방탕과 시간의 낭비가 비난받고 있는 것이다. 그러한 정죄를 받은 사람들은 아침 일찍 일어났는데, 일상생활 가운데서 하나님을 영화롭게 하기 위해서가 아니라 독주로 자신들을 만족시킴으로써 자기들이 자기들의 본래의 임무에 부적격자들 임을 나타내기 위해서이다. "왕은 어리고 대신들은 아침에 연락하는 이 나라여 화가 있도다"(전 10:16).

어떤 이들은 부를 추구하고, 어떤 사람은 명예를 추구하고. 유다의 거민들은 독주를 추구하였다. 그들은 그것을 좇아갔고 추구하였다. 그들은 늦은 시각까지, 아니 해진 후까지 이러한 취한 상태에 머물러 있었고, 그들이 이러한 취한 상태에 머물러 있는 동안 포도주가 그들을 불질렀던 것이다.

5:12 술취함 뿐만 아니라 떠들썩한 환락이 그 난봉꾼들의 잔치들을 특징지어 주고 있다. 이 술마시고 흥청거리는 연회 가운데 관악기와 현악기와 타악기들이 있었다.[132] 수금은 하나의 걸게 위로 이어진 선들이 있어서 그것들을 손으로 튕겨서 연

에 아침을 가리키지 않고(Rosenmüller) 황혼과 밤 양쪽을 다 가리킨다.
"취하는"(영문으로는 "흥분시키다") — 하나의 긍정적인 상황적 동사절. 고쳐 쓴다면, "포도주가 그들을 뜨겁게 흥분시키는 동안(혹은 흥분시킬 때까지) 황혼에 머물러 있는." 각 구절은 연계형으로 되어 있는 분사로 시작하고 전치사가 뒤따라오며, 상황절의 의미를 가지는 미완료형으로 되어 있는 정형동사로 마친다.
132) 본 구절의 본 의미는 "그리고 기타와 바이올린, 드럼과 파이프, 그리고 술이 그들의 잔치에 있었다"이다. 동사의 형태는 자주 일어나는 어떤 것을 암시한다. 참고. 창 29:3; 삼상 1:3-5. 주어의 명백함이 주시되어야 할 것 같은데, 이는 사실상 그것이 목적격과 동일하기 때문이다. 참고. 시 45:9; 120:1; 아 1:15; GKC, §141d. Hammond(*Isaiah Stateman Prophet*)는 다음과 같이 번역하였다.

　　　　수금과 하프, 탬버린과 관악기
　　　　그리고 포도주가 그들의 잔치에 있다.

이것은 시석이시만 그러나 실제로는 히브리어의 참 뜻을 드러내지 못하고 있다.
"수금(기타)" — Josephus는 그것이 열 개의 줄을 가진 것으로 생각하였다. 아마도 그것은 손으로 퉁기는 현악기의 일반적인 칭호였을 것이다. 이 단어가 Hittite 문헌에서 **키니리**, "치다"로, 산스크리트어에서는 **키나리**로, 헬라어에서는 **키누라**로 나타난다.
"비파" — Josephus에 의하면 그것은 12줄로 되어 있다. 참고 애굽어 *nfr*, "lute"(기타와 비슷한 현악기 — 역주)

주하였다. 이와 같이 하프도 손가락으로 연주된 악기였고, 소고는 한 손으로 쥐고서 다른 손으로 쳤다. 작은 플룻 혹은 파이프는 오늘날도 성지에서 들을 수 있다. 이사야는 생소하고 강력한 어조로 자신을 표현하고 있다. 그의 언어들을 직역하면 다음과 같다. "그리고 수금 등등이 그들의 연회이다." 이렇게 첫 번째로 언급된 이 악기들이 너무도 두드러져 그것들이 그 연회의 특징을 이루고 있고, 또 그 연회와 동일시되는 것으로 말해지고 있다. 아모스는 그들에 대해서 "비파에 맞추어 헛된 노래를 지절거리며 다윗처럼 자기를 위하여 악기를 제조하며 대접으로 포도주를 마시며 귀한 기름을 몸에 바르면서 요셉의 환난을 인하여는 근심치 아니하는 자로다"(암 6:5-6)라고 말하였다.

이사야는 음악 자체를 정죄하고 있지 않다. 음악은 하나님께서 인간에게 주신 가장 큰 선물들 중 하나이다. 정죄받은 것은 그 악기들을 술마시는 잔치에 사용함으로써 이 악기들의 시끄러운 소리가 말하자면 양심의 소리를 마비시켜 버린 것 때문이다. 이런 경우에 불려졌던 노래와 연주되었던 음악은 사람을 고귀하게 만들고 품위를 높여주는 그러한 종류의 음악이 아니었다. 이사야는 후에 그러한 노래가 그칠 것임을 예고하고 있다. "소고치는 기쁨이 그치고 즐거워하는 자의 소리가 마치고 수금 타는 기쁨이 그쳤으며 노래하며 포도주를 마시지 못하고 독주는 그 마시는 자에게 쓰게 될 것이며"(사 24:8-9).

―――

"소고"—Drechsler는 스페인어 *aduffe*를 상기시키는데, 아마도 어원상으로 연관되었을 수도 있다.

"연회" 앞의 술부의 주격. 나는 이 형태를 단수형으로 보는데, 곧 체레 요드가 엑센트가 없는 음절에서 **아이** 이중모음을 묘사하고 있는 것으로 본다.

"관심치 아니하며"—우리는 다음과 같이 번역할 수 있을 것이다. 즉 "그리고 여호와의 사역을 그들이 관심치 아니하며, 그의 손으로 하신 일을 그들이 보지 않는도다." 어떤 이는 여호와의 사역을 심판에 제한한다. Dillmann은 그것을 역사 가운데서 그 구원의 목적들을 성취하시기 위한 하나님의 사역으로 취급한다. 이에 대해서 Duhm은 반박하기를 이사야가 개신교의 교리를 전혀 알지 못하였을 것이라고 한다. 그러나 Duhm이 경멸적으로 개신교 교리라고 부른 그것은 단지 구약 그 자체의 가르침일 뿐이다. Ginsberg는 본 절과 앞 절에 대해서 세 가지 수정을 제안하였다. (i) "따라가다"라는 의미 가운데서 **야들리쿠**(יַדְלִיקוּ)를 넣어라. (ii) "그리고 포도주"를 삭제하라. (iii) מִשְׁתֵּיהֶם 대신에 מַשְׁתַּחַם 혹은 מַשְׁתִיהֶם 그렇지 않으면 מַשְׁעֵיהֶם 또 그렇지 않으면 단수 절대형 מִשְׁעֵה을 넣어라. 우리는 이러한 수정을 받아들일 수 없으니, 이는 그것들이 사본상의 객관적인 지지를 받은 근거가 없기 때문이다. 마슈테헴(מִשְׁתֵּיהֶם)을 שְׁעִי, 즉 "돌이키다, 바라보다"의 어떤 형태로 수정해야 할 이유가 없다. 그리고 와이인(וָיָיִן)이 음절이 과다하여 운율을 넘어간다는 의견은 그것을 없애야 하는 타당한 근거가 되지 못한다.

여호와의 행하심을 관심치 아니하며: 관심을 받지 못하고 있는 이 여호와의 행하심은 무엇인가? 그것은 재촉되고 있는 심판이다. 이와 동시에 여호와께서, 그렇게도 자신에게 반역적이었던 나라에 대해 심판을 내리실 것이었으므로, 그 나라의 운명은 여호와의 손에 놓여 있음이 분명하다. 그리고 그 심판은 하나님께서 자신의 구원 계획을 성취하시기 위해서는 반드시 필요하였다. 그렇다면 가장 충분하고도 넓은 의미에서, 여기서 언급하고 있는 그의 행하심은 역사 가운데서 자신의 구원의 목적들을 성취하시고자 하시는 하나님의 사역이다. 그들이 멸망을 가속화시키고 있었던 그 죄 자체에 너무나 몰두해 있었으므로, 그 죄악된 나라는 이 하나님의 행하심에 관심을 두고 있지 않았던 것이다. 만일 인간들이 범죄하는 데 지나치게 몰두해 있다면 그들의 시계(視界)는 너무나 제한되고 좁아져서 죄악의 최종적인 결과들을 볼 수 없게 된다.

그의 손으로 하신 일을 생각지 아니하는도다. 죄인들은 하나님의 손이 하시는 일을 보지 못한다. 시편 19:1에 의하면 하늘 자체가 하나님의 손으로 하시는 일을 선포한다. 그러나 이해력이 둔해진 죄인들은 하나님께서 그에 관해서 하시는 일을 깨닫지 못한다. 이와 같이 하나님의 손이 심판을 행사하고 있을 때 둔감한 죄인들은 그것을 보지 못하는 것이다.

5:13 백성들의 방탕이 너무나 컸으므로 그들은 포로로 잡혀갈 것이었다. 선지자로서 이러한 말을 발표하는 역할을 감당하면서 이사야는 하나님의 백성이 이미 적국에 의하여 사로잡혀 간 것을 보고 있다. 그는 전체 사건을 과거에 이미 일어난 것처럼 묘사하고 있다.

그는 계속 반복하여 유다의 죄를 묘사하여 왔었고 그 죄악에 대해 경고해 왔었다. 그렇지만 그 경고가 있을 때마다 백성들은 주의를 기울이지 않았었고, 그래서 이제 심판이 떨어질 것이었다. 그러므로 심판의 표시였던 포로 사건은 분명히 죄에 대한 징벌이었다. 동시에 그 심판은 포로에만 제한되지 않는다. 그것은 근본적으로 이 세상과 유다의 거민들 위에 닥칠 최종적이고도 우주적인 심판이었다. 어쨌든 그 심판 가운데서 포로는 그 일부문이고, 사실상 지금까지도 그것은 하나님께서 "내 백성"이라고 간주하시는 그들에게 임할 지금 가장 두드러진 부분이다. 내 백성, 나의 택함 받은 자, 나로 말미암아 길러진 백성, 세상에 축복이 되어야 할 백성들이 이제는 아무것도 아닌 것으로부터 나타난 세력들에게 굴복하고 그 결과 포로가 된다. 내 백성, 즉 그들이 이제 포로로 끌고 갈 사람들의 손에 들어 있다.

무지함을 인하여: "지식 없음." 그 무지는 포로가 되게 하였던 무지가 아니라 범죄하게 하였던 무지이다.[133] 물론 어떤 의미에서 무지가 포로의 원인으로 간주될 수도 있다. 그 나라는 죄 때문에 하나님의 행하심을 알지도 못했고, 생각지도 못했으며 그 결과 포로가 되었다. 어쨌든 이것이 본 절의 참된 의미이지만 그럼에도 불구하고 본문의 강조점은 끊임없이 지속된 그 나라의 범죄가 추방을 가져오게 하였다는 것이다. 그 나라는 너무나 죄악에 물들어 그들 자신의 행위의 결과로 대재앙이 닥쳐왔다는 것과 이 대재앙 가운데서 하나님의 심판하시고 징벌하시는 손길이 나타나 있다는 사실을 알지 못했다. 다시 말하면, 그 나라는 때의 징조를 바르게 해석할 수 없었다는 것이다. 그것을 떨어지게 한 그 사건의 진정한 성격과 의미에 대해서 유다는 무지할 것이다.

그 귀한 자는 주릴 것이요(그들의 존귀한 자들은 굶주린 백성들이요-저자의 사역): 그 나라의 귀한 자는 그 나라를 구성하고 있는 굶주린 사람들 가운데서 함께 굶주리게 될 것이다. 그 나라의 존귀한 자들도 그들 가운데 있을 것인데, 그들은 모두 굶어 죽어 가는 사람들로 구성되어 있다.

무리는 목마를 것이며: 유다에는 게으르고 폭동과 반역을 일으키며 살았던 무리가 있었다. 오랫동안 술로 더럽혀졌던 그 거민들은 이제 목말라 갈증이 날 것이다. 백성이 포로로 잡혀갈 때 그들은 무지하게 될 것이며, 그 존귀한 자들은 기근으로 굶주리고 그 군중들은 목마를 것이다. 이것은 포로와 함께 나타날 세 가지 상태이며, 그것들은 그 나라의 죄악된 상태를 나타낼 뿐만 아니라 그 징계로 인하여 나타날 외적인 결과도 표현하고 있다.

이방인의 생활 방식으로 그 나라는 약속의 거룩한 땅을 더럽혀 왔다. 그 결과 백성들은 이방 땅에서 이방인의 생활방식으로 살게 될 것이다. 음식과 술은 자기들의

---

133) "사로잡힐 것이요"—히브리어는 예언적 완료를 사용하고 있다. 포로는 아직 일어나지 않았으나, 그 사건이 선지자의 눈에 너무나 생생하였으므로 그는 그것을 마치 이미 일어난 사실로 말하고 있는 것이다.

"무지함을 인하여"—참고. 욥 9:5. 이와 비슷한 사상이 Koran, 16:28, **왈라 야샤루나** (그리고 그들은 그것을 추측하지 못했다. 즉 그들이 추측하기 전에) 가운데서 발견되는 한 구절에 의하여 표현되었다. Loqman: **와후와 라 얄라무**(그리고 그는 알지 못한다). 여기서도 역시 그 구절은 상황절로 취급되는 것이 가장 좋다. "귀한 자(glory)"—von Rad (*TAT*, p. 238)는 백성의 귀한 자가 상류계급이라고 생각한다.

악한 목적들을 만족시키기 위하여 만들어졌다. 그러므로 그들은 배고픔과 목마름에 직면할 것이다. 그들은 동물처럼 육욕적으로 살고 지각을 잃어버림으로 지금 일어나고 있는 사건의 참된 성격을 알지도 못한 채 징벌을 받아야 할 것이다. 그래서 주께서 다음과 같이 예언하셨다. "여호와께서 너와 네가 세울 네 임금을 너와 네 열조가 알지 못하던 나라로 끌어가시리니 네가 거기서 목석으로 만든 다른 신들을 섬길 것이며" (신 28:36).

5:14 전체적인 묘사 위에 재난과 고난의 구름이 드리워져 있다. 그 포로는 정말로 다가올 것이며, 굶주림과 목마름도 함께 찾아올 것이다. 그러한 경로를 따라가면 막대한 죽음이 있을 것이다. 죽은 자를 삼킬 준비를 하고 있는 넓게 열려 있는 아가리를 가진 거대한 괴물이 나타나 있다.[134] 이 괴물은 굶주린 사람들과 목마른 군중들로 배불릴 준비를 하고 있다. 그것은 스올 곧 지하세계이며, 이사야가 여기서 염두에 두고 있는 것은 단순히 스올, 곧 죽음 자체 속으로 들어감을 의미하는 것이다. 포로로 멸망할 사람들을 받아들일 준비를 갖추고 있는 것은 곧 죽음이니, 이는 그 사망이 욕망을 가지고 있어서 그 욕망을 만족시키기 위하여 그 입을 넓게 벌리고 거기 빠지는 모든 자들을 다 받아들일 준비를 하고 있었다.

한량없이 그 입을 벌린즉: 죽음의 무차별성이 이러한 강력한 모습으로 암시되어 있다. 그 괴물은 그 입을 넓게 끝없이 벌린다.

---

134) "그"(herself) — 그 식욕, 참고, 합 2:5; 잠 10:3; 사 29:8; Aeneid, 6:273, *"Vestibulum ante ipsum primisque in faucibus orci"* Von Rad(*TAT*, p. 157)는 이 단어를 그 기본적인 의미 *Kehle, Gurgel*로 취급하였다. 참고, L. Durr, *ZAW*, 1925, p. 262. Eitan은 아카디아어 **나피스투**, "목"에 호소하고, "목구멍"으로 번역하였다. 어쨌든 그는 지하세계가 하나의 용으로 신화적으로 묘사되는 점을 주목하는 방향으로 나아간다. 이러한 결론을 따를 필요가 없다.

"벌린즉" — 와우 연속법을 가진 완료형은 하나의 구체적인 확신이나 혹은 기대를 표현할 수 있다. 두 완료형들의 등위접속 관계는 다소 느슨하고, 그것은 주로 그것이 어떤 한정적이고도 구체적인 행위를 가리키지 않고 어느 때에나 일어날 수 있는 행위를 가리킬 때 나타난다.

"호화로움" — 식역하면, "요란함", 흥청내는 사람들로 밀미임아 나다닌 소요.

"그 중에서 연락하는 자" — 그 도시 안에 술잔치하는 장소. Nasog Ahor(2맛소라 엑센트 — 역주)의 삭제를 주시하라. Delitzsch는 말하기를 울티마가 뒹굴고 삼키고 마시는 것 "그대로 들리도록 하기 위한 목적으로" 엑센트를 유지한다고 한다. Note Baal I:1:7, *bnpš. bn. elm. mt. bmh mrt. ydd. el. g'z r* (엘의 아들 몯의 목구멍 속으로, 엘의 사랑을 받은 영웅의 수렁 같은 목구멍 속으로).

거기 빠질 것이라: 마치 유혹에 끌린 것처럼. 스올은 그 입을 크게 열고 그 나라는 그곳으로 빨려 들어간다. 예루살렘이 영광을 누리고 그 영광을 나타냈던 그것이, 그곳의 마시고 흥청대는 사람들의 고함소리와 함께 그 괴물의 입속으로 들어갈 것이다.

그 중에서 연락하는 자가: 이 문구가 그 묘사를 완성하고 있다. 여호와의 행하심에 관심을 두지 않았던 예루살렘에 있는 자와 거기서 즐거워하는 자가 스올 속으로 들어갈 것이다. 그렇게 하여 그 도성 전체가 사망에 삼킨 바 될 것이다.

그렇다면 하나님의 약속들은 크게 열린 괴물의 목구멍 속으로 사라지고 망각되어 버릴 것인가? 그리스도께서는 오시지 않을 것인가? 약속된 축복은 실패할 것인가? 만일 그리스도께서 오셔야 한다면, 유다는 자기의 본국에 머물러 있어야 한다. 그 나라는 신정정치 국가 곧 하나님이 다스리는 나라, 그분의 약속들과 축복들을 받은 나라가 되어야 했다. 때가 차매 이 나라로부터 메시아가 탄생할 것이었다. 그렇지만 지금은 모든 것이 실패로 돌아간 것처럼 보인다. 이 나라 앞에 유다의 죄로 말미암아 부름을 받은 무시무시한 괴물이 서 있다. 이 괴물은 서슴치 않고 그 백성을 삼키기 위하여 그 입을 벌린다.

이 괴물은 무엇인가? 이사야는 그것을 스올이라고 말하고 있는데, 이는 주로 무덤을 가리키는 칭호이다. 본 뜻은 백성들이 포로로 끌려갈 것이라는 것과 그래서 약속의 땅으로부터 추방당할 것이라는 것이다. 이것이 심판이고 또 그러한 심판은 단지 사망을 가져다줄 뿐이었다. 굶주림과 목마름 그리고 칼이 그 백성을 죽일 것이다. 그 약속의 땅으로부터 끌려간 다른 이들은 이방 땅에서 죽을 것이고 그러한 죽음이야말로 그 사망의 구덩이 바닥으로 인도하는 심판이 될 것이었다.

그렇다면 괴물은 만군의 여호와의 목적들을 왜곡시킬 수 있었던가? 하나의 새로운 시작이 이루어져야 한다. 약속이 주어진 이 나라는 더 이상 신정국가로서 역할을 하지 못할 것이었다. 그 땅은 더 이상 약속의 땅으로 불려지지 못할 것이다. 그 부패된 나라로부터 하나의 새로운 생명의 씨앗이 하나님의 은혜로 말미암아 창조되고 나타나기 위하여 정화가 있어야 한다. 그 승리가 사망에 의하여 삼켜지지 않았던가? 그렇게 보여질 수도 있었다. 그러나 자신의 계획을 이루어 가시는 하나님께서 어느 날 그렇게 행하실 것이니, 주께서 유다로부터 나타나셨으므로 그 구원의 승리의 메시지는 다음과 같이 선포될 수도 있었던 것이다. "사망이 이김의 삼킨 바 되리라" (고전 15:54 하반절).

5:15 2장의 어조를 반영하면서 이사야는 징벌의 계획과 궁극적 목적, 말하자면 인간의 완전하고도 궁극적인 낮아짐과 여호와의 올리우심을 강조하고 있다.[135] 스올이 그 입을 크게 벌리고 사람들과 그 도시가 완전히 멸망하리라는 묘사 가운데서 인간이 철저히 낮아질 것이 나타나 있다. 앞 절에는 스올의 활동이 나타나 있었고 본절에서는 징벌의 궁극적 목적이 제시되어 있다. 그리고 나서 선지자는 16절에서 포로 사건을 통하여 나타나는 여호와의 올리우심에로 나아가고 있으며, 그래서 그가 17절에서 묘사하고 있는 축복이 가능하게 된다.

5:16 귀한 자들은 낮아지고 여호와께서 올리우실 것이다. 이사야는 앞 절의 "높음"이라는 단어로 재담을 하고 있는 것으로 보인다. 높은 자로서의 역할을 하였던 사람들은 낮아지고 여호와께서만이 홀로 진정으로 높으신 분으로 드러날 것이다. 사람을 낮추시는 심판은 하나님만을 홀로 높으신 분으로 높이 올릴 것이다. 그럼으로써 만군의 여호와로, 전능하신 자로 역사를 주관하시는 자로 그리고 심판을 행사하시는 분으로 나타나신 그분께서 자신을 영광스러운 분으로 계시하실 것이다. 그렇다면 그분께서 자신을 의로우신 분으로 알리시는 것은 심판의 도구를 통해서이

---

135) וישח—와우 연속법의 미완료형은 본 문장에서 와우 연속법의 완료형과 또 앞의 14절의 단순 완료형에 의존관계에 있는 바 미래의 행위를 나타내는 역할을 한다. 그것은 또한 나중에 나오는 와우가 빠진 단순 미완료형과 평행으로 사용되고 있다. Driver(*TT*, p. 93)는 그 와우가 없는 미완료형이 "앞 문장에서 묘사된 상황의 직접적인 결과가 되는, 자연적으로 그것에서 흘러나오는" 사건을 나타낸다고 생각한다. 단순 미완료 티슈팔라(תִּשְׁפַּלְנָה)가 그 묘사의 특별한 면을 강조하고 있다. 우리는 다음과 같은 도표를 그려볼 수 있을 것이다.
14절, 히르히바(הִרְחִיבָה) 단순 예언적 완료, "크게 할 것이다."
우파아라(וּפָעֲרָה) 와우 연속법을 가진 등위 완료, "그리고 넓게 열 것이다."
웨야라드(וְיָרַד) 와우 연속법을 가진 등위 완료, "그리고 빠질 것이다."

15절, 와이샤흐(וַיִּשַׁח) 결과를 암시하는 미완료형, "그래서 굴복될 것이다."
와이슈팔(וַיִּשְׁפַּל) 결과를 암시하는 미완료형, "그리고 낮아질 것이다."
티슈팔나(תִּשְׁפַּלְנָה) 생생한 단순 미완료형, "낮아질 것이다."

Driver(*Von Ugarit nach Qumran*, pp. 42-43)는 본문을 수정하여 다음과 같이 번역한다. "그리고 그들의 화려한 것들, 그들의 무리들 그리고 그들의 시끄러운 군중이 들어갈 것이고 그 안에서 고통을 당할 것이다." 하지만 이런 수정은 불필요하다.

다. 죄에 대한 징벌 가운데서 하나님의 의로우심이 나타나는 것이다.

거룩하신 하나님: 얼마나 교훈적인 문구인가![136) 산문체에서 하나님께서 엘(אל)로 호칭될 때 그 호칭에 주로 형용사가 동반한다. 그러므로 우리는 질투하시는 하나님 혹은 전능하신 하나님 혹은 지극히 높으신 하나님에 대해서 읽는 것이다. 이사야서에서 이 엘(אל)이라는 단어는 주권자 하나님에 대해 사용되며, 이러한 사실은 여기서 "만군의 여호와"라는 표현과 평행으로 사용됨으로 보여준다. 하나님을 거룩하시다고 말하는 것은 심판 가운데 나타나신 그분의 행위와 그분의 목적들의 성취가 그분의 거룩이다고 말하는 것은 아니다. 그보다는 오히려 거룩은 그분의 속성이다. 그분은 거룩하신 하나님이시다. 성경이 여기서 진실한 하나님의 어떤 속성을 나타내려고 하고 있다. 그분은 거룩하시다. 그분은 속성으로서 거룩을 소유하고 계시다. 그리고 그분 자신이 거룩하시므로 그분은 자기 백성이 거룩하기를 바라신다. "너희는 거룩하라 나 여호와 너희 하나님이 거룩함이니라"(레 19:2하).

이와 함께 본문에는 말하자면 거룩하신 하나님께서 그분의 의로우신 심판의 성취 가운데 거룩을 드러내시고 선언하신다는 개념에 대한 충만한 표현이 들어 있다. 이러한 사상은 전형적으로 이사야적이며, 그래서 "왜 본 구절이 삽입된 구절로 간주되어서는 안 되는가?"에 대한 이유가 되기도 한다. 그것은 다음 구절을 위한 준비를 하고 있을 뿐만 아니라, 또한 6장에서의 선지자의 소명에 대한 기록에로 우리를 이끌어간다.

의로우시므로 거룩하다 함을 받으시리니: 선지자가 말한 본 뜻은 의로우신 여호와께서 거룩하신 분으로 나타나실 것이라는 것이다. 사람들이 죄에 대한 의로운 징벌을 볼 때, 그들은 하나님께서 참으로 거룩하시며 참 신이시다는 사실을 알게 된

---

136) 예를 들면, Herntrich는 현대 신정통주의의 입장에서 글을 쓰면서 거룩은 하나님의 존재의 Eigenschaft(속성)가 아니고, 심판과 그분의 목적들의 성취 가운데서 나타난 그분의 행위라고 선언하였다. 참고, Jacob, 여기서는 생명을 가져오는 열정의 문제가 아니라, 믿음이 없는 자들을 소멸시키시는 야웨의 열심의 문제이며 하나님의 거룩은 정의를 통하여 현시하는 것은 특별히 구원적 개입이 언급되는 문맥에는 존재하지 않는다. "*Il ne peut s'agir ici du torrent qui apporte la vie, mais de la rigeur de Yahweh qui anéantit ceux qui manquent de foi à son égard, et la manifestation de sa sainteté par la justice n'apparaît pas dans le contexte où elle se trouve mentionnée comme une intervention particulièrement salvifique*(Es. 5:16)" (*TLT*, p. 80). 그렇지만 Vos는 바르게 논평하기를 "하나님의 의는 죄에 심판을 가져오는 것으로 분명하게 언급되어 있다"고 하였다(*BT*, p. 273).

다. 심판 날에 모든 자가 하나님이 하나님이심을 고백할 것이니, 어떤 사람은 자원하는 마음에서 또 어떤 사람은 강제로 고백을 할 것이다. 우리의 그분에 대한 지식과 고백이 예수 그리스도 안에서 우리의 죄악들을 벌하시는 그 징벌 가운데 나타난 그분의 의의 현시로 말미암아, 그분을 사랑하는 마음으로부터 나오기를 바란다.

5:17 스올의 크게 열린 입은 기근의 타격을 입고 목마른 사람들을 삼켜 버렸는데, 이제는 언젠가 여호와의 포도원이 있었던 장소에서 어린 양들이 풀을 뜯어먹고 있다.[137] 멸망은 철저하고 심판은 반드시 이루어진다. 이 황폐된 포도원에서 양들은 그들이 마치 자기들의 초장에 있는 것처럼 풀을 뜯어먹을 것이다. 언젠가 풍요로웠던 여호와의 포도원이 이제는 양들의 풀 뜯는 곳이 되어 있다.
이와 같이 부유하고 번영하던 그 땅을 소유한 사람들이 이제는 오직 황폐된 땅만을 가지고 있을 뿐이다. 이 황폐된 땅은 언젠가 그들의 땅이었다. 그들이 풍부하였음을 인하여 셈어의 관용어처럼 살진 자들로 묘사되고 있다. 이 황폐된 땅은 그곳을 영원한 거주지로 삼지 않을 일시적인 체류자들에 의하여 먹힘을 당할 것이다. 이전에는 하나님의 백성이 이 땅의 체류자들이었다. 그러나 이제 그 땅은 이방인 체류자

---

137) "먹을 것이요"—이 동사 다음에는 일반적으로 동물들을 목축하는 장소가 뒤따라온다. "자기 초장에 있는 것같이"—어떤 자들은 이 단어의 유래를 디브라(דִּבְרָה, 관습)에서 찾고 "그들의 관습을 따라"라고 번역한다. 예를 들면, 벌게이트역(iuxta ordinem suum)과 심마커스 역. 다른 이들은 "그들의 인도따라", 즉 그들이 목자들의 인도를 받든지, 그렇지 않으면 스스로 인도를 하든지. 또 다른 이들은 미 2:12에 있는 바대로 "그들의 목장에서"로 번역한다. Fischer는 "auf ihrer Trift"(그들의 목장에서)로 번역한다. 어떤 사람은 "광야, 사막"으로 번역한다. Jarchi는 이 단어에 모음을 붙여서 "그것이 그들에게 들려진 대로"라고 읽는다. 우가릿어는 도움이 되지 않고, 나는 본 단어가 "초장"으로 번역되어야 한다는 견해로 기울어진다. 17절의 목적격, 주어, 동사의 순서를 주시하라.
Ginsberg는 "그리고 양들은 건장한 (양)의 초장에서 풀을 뜯어먹을 것이요 아이들은 살진 (염소들)의 (찌꺼기)에서 길러질 것이다"로 번역하였다. 그는 사 5:14-17과 습 3:1-13 사이의 평행을 생각한다. 그는 הרבות를 רחבות(넓은 공간)로 고치고, גְעִים을 גְדִים으로, כְדָבְרָם을 כְבָרִים 혹은 베림(בְּרִאִים, 건장한 자들)로 수정하며 또한 첫 번째 두 글자들 כד을 목초의 의미로 취급한다. 이것은 독창적인 것이나 이러한 본문은 참으로 곤란하다. 그렇지만 1Q, B 그리고 소 헬라어 역본의 증거는 M 쪽을 지지하고 있는데, M을 단지 그 난해성을 이유로 버리지 않는 것이 신중한 태도이다.
"살진 자"—우가릿어 역시 번영의 의미로 dasm, "살짐"이라는 단어를 사용하고 있고, Iliad, 8:342도 "우리는 죽어야 할 인간들의 부유한 도시들을 황폐화시켰다"라고 기록하고 있다.

들에 의하여 짓밟히고 있는 것이다.

신정국가가 끝나고 그 나라가 포로로 잡혀갔을 때 이 예언의 첫 번째 성취가 이루어졌다. 고고학적 유물은 포로가 일어난 후에 얼마나 철저하게 황폐되었는지를 보여주고 있다. 그렇지만 선지자가 묘사하고 있는 심판은 포로 이상의 더 큰 어떤 것, 즉 최후 심판에서 그 최고점에 이를 모든 징벌들이다. 그러한 심판들 이후에는 오직 황폐함만이 남을 것이다.

5:18 이상한 모습이다. 하나의 무거운 수레가 동물들에 의해서가 아닌 인간 자신들에 의하여, 즉 멍에를 메고 힘껏 끄는 사람들에 의해서 힘들게 이끌려 가고 있다.[138] 그들은 짐진 동물들과 같았고 무거운 짐수레에 비끌어 매어진 자들이며, 그래서 그러한 모습에서 우리는 죄와 그 죄를 범한 사람과의 밀접한 관계를 바라보게 된다.

자기의 죄를 끌고 있는 그 끈은 거짓의 끈이다. "악인은 자기의 악에 걸리며 그 죄의 줄에 매이나니"(잠 5:22). 그 끈은 허위로 되어 있는 끈이다. 사람들은 허위로 죄를 끌고 있는 것이다. 허위는 아무것도 아니다. 그것은 존재하지 않는 것이고 실제가 아니다. 그것은 거짓이다. 사람들은 거짓으로 죄악을 끌어가고 있는 것이다. 이것은 유쾌한 장면은 아니고 다만 그 죄악의 길이 힘들다는 사실에 대한 하나의 분명한 실증이다. 그의 삶을 특징지어 주는 허위로 말미암아 그 범죄자는 그 죄의 수레에 묶여 있으며 이 수레를 끌고 있는 것이다. 어떤 사람은 하나의 좋은 목적을 실현하기 위하여 힘쓰고 노력하는데, 유다의 거민들은 죄를 짓기 위하여 힘쓰고 노력하면서 그것을 끌고 가고 있는 것이다. 죄악은 잔인한 감독이다. 이스라엘을 그렇게

---

138) 어떤 사람은 18절 상반절을 죄를 자기에게로 억지로 끄는 것으로 해석한다(Alexander, Kittel, Gesenius 등). 이들은 욥 41:1과 특히 호 11:4에 호소하고 있다. 그러나 신 21:3에서는 멍에를 멘 채 끌고 있는 동물들을 가리키고 있다.

"거짓 끈"—이 악의 끈들이 회개로 풀어질 수 있다고 Kissane이 말했을 때, 그는 사실상 본문에 카톨릭 교회의 신학을 소개하고 있는 것이다. Penna도 그와 같이 말한다. "용서를 얻기 위해 참회로 이 죄악의 끈을 끊어버리는 것"(*Essidovrebbero, invece, strappare questi legami per ottenere il perdono con la penitenza*⟨58, 6⟩). 오직 여호와 그리고 그 종의 고난을 통해서만 악의 끈이 풀려질 수 있으며, 묶인 죄인이 자유를 얻을 수 있다(참고. 사 53장).

"수레"—Delitzsch가 그 짐이 죄악이며 수레가 죄악이라고 주장하였을 때 지나치게 세밀히 구별을 짓고 있는 것으로 보인다. 이 두 단어들은 실제적으로 동의어이다.

도 잔인하게 다루었던 애굽의 그 어떤 간역자도 그들이 짓는 죄악들처럼 잔인하게 다룬 적이 없었다. 이 거짓의 끈은 오직 주님에 의해서만 끊어질 것이다. 사람은 이 끈들을 엮을 수 있지만 그것들을 끊을 수는 없다.

죄는 또한 수레 줄로 이끄는 것처럼 이끌려진다. 본 절은 죄라는 단어에서 그 절정에 도달한다. 전체의 사상은 백성들이 거짓의 끈으로 죄악을 끌며, 수레의 끈으로 죄악을 끈다는 것이다. 본 절의 교차 대구법이 간과되어서는 안 될 것이다.

a	b	b	a
죄악	거짓의 끈	수레줄	죄악

5:19 유다에 거짓의 끈으로 죄악을 끄는 사람들에게 화가 선포되었다. 그들에게 심판은 정말로 다가올 것이고, 그들은 심한 곤경에 처해 있었다. 그곳이 실제로 그러했던가? 실제로 그러했으니, 우리가 살펴보고 있는 이 구절에서 선지자는 실상들을 밝히고 있다. 그는 모호하게 보편적으로 말하고 있지 않다. 그가 염두에 두고 있는 죄인들은 유다에 넘쳤다. 그들은 실천적인 무신론자들이었으니, 그들이 하나님의 사역을 볼 수 없고 또 분별할 수 없다면, 믿지 않았던 것이다. 그들은 하나의 표적을 구하고 요구하였던 백성들이었다. 그들은 선지자가 사용한 그 말투를 사용해 가면서 하나님에 대해 조롱의 말을 하였고, 그렇게 하여 그들은 그의 메시지와 그를 풍자하였던 것이다.

아마도 이에 대한 비난과 조소를 알아채고 선지자는 자기 아들에게 마헬살랄하스바스 "노략이 빠르고 약탈이 급하다"라고 이름 붙였을 것이다.[139] 이러한 무신론자들의 조소는 다음과 같이 번역될 수 있을 것이다. "그의 일을 속히 하고 급하게 하

---

139) יְמַהֵר 다음에 나오는 **파섹**은 실제적으로 동의어인 두 동사를 분리한다.
יָחִישָׁה—3인칭으로 된 연장형(cohortative) 동사 어미가 본 절에 두 번 사용되었음을 주시하라. 1Q는 이들 중 첫 번째 것을 빠뜨렸고, 19절 하반절에서 첫 번째 동사에 연장형 어미를 덧붙였다. 19절 상반점에 있는 주요 해석상 문제는 그것을 "그 일을 속하고 급하게 이루게 하여, 그 의논을 보게 하라"로 하던 혹은 "그로 하여금 그의 일을 속히 하게 하고 그로 하여금 그의 계획을 가까이 가져오게 하라"로 하던 그 번역 방법과 관계가 있다. 19절 상반절에서 동사가 자동사로도 타동사로도 될 수 있지만 그러나 19절 하반절에서 그것들은 자동사가 될 수밖에 없다. 그런 까닭에 그것은 그 모든 동사들을 일관성 있게 자동사로 취급하는 것이 좋을 것 같다.

라고 하라—그 도모를 가까이 보게 하라." 이 풍자가 가리키는 의미를 인식할 수 있을 것인데, 그러므로 우리는 다음과 같이 번역할 수도 있을 것이다.

그 일을 속히 하고 실제로 급하게 하여-
그 도모를 가까이하게 하여 실제로 오게 하라-

이 여호와의 일이 무엇인가? 그것은 이미 언급된 심판이다. 우리는 이 구절의 의미를 다음과 같이 고쳐 쓸 수 있을 것이다. "만일 여호와께서 우리에게 심판의 사역을 하려 하신다면, 그 심판을 속히 하여 오게 하라. 당신 이사야가 계속하여 단언하고 있듯이 만일 심판이 있다면 그것으로 보다 속히 오게 하여 우리로 보게 하라. 만일 우리가 그것을 본다면 물론 우리는 그것을 믿을 것이다. 만일 그것이 다가온다면 왜 그것이 급히 이르지 않는가?" 타락의 깊이가 조소하는 불신자들이 이스라엘의 거룩하신 자를 언급하는 데까지 도달하고 있다. "이스라엘의 거룩한 자를 만홀히 여겨 멀리하고 물러갔도다"(사 1:4). 그들의 이 칭호 사용은 그들이 자주 이사야의 입을 통하여 들었다는 분명한 증거이다. 물론 그들은 그것을 조롱하는 말로 사용하고 있다. 그러므로 그 선지자에게 깊은 인상을 주었던 그 호칭을 사용한다는 것은 극악한 악에 대한 하나의 표시였다. 그렇다면 이스라엘의 거룩한 자의 도모는 무엇에 관한 것이었을까? 그분이 우리의 징벌에 대하여 시행하시기 위하여 준비하신 계획인가? 왜 그것은 일어나지 않는가? 만약 그것이 일어난다면, 우리는 참으로 그 심판이 실체였다는 것을 이해할 수 있다. 그렇다면 우리는 그 심판을 바라보고 경험하고 또 그러한 실제적 경험을 통하여 우리는 심판의 실체를 알 수 있을 것이다.

5:20 불경스러움과 뿌리 깊은 악은 밀접한 동반자 관계다.[140] 하나님께서 왜 자기의 목적들을 시행하시지 않는가 하고 조롱하여 묻는 사람들은 모든 도덕적 구별

ונדעה—이 연장형 동사는 앞의 단축형 동사들 이후의 결과를 나타낸다. 전치사에 의해 소개된 동사는 19절 상반절에 있는 유사한 형태보다 더 약한 표현이다. Von Rad(*TAT*, p. 452)는 하나님의 사역을 "과거와 현재 가운데 있는 거룩한 역사 가운데서의 그분의 행위들"(*die heilgeschi chtlichen Talen Gottes in Vergangenheit und Genenwart*)과 동일시하였다.

140) Gesenius는 뇌물들을 받고 그래서 공의를 굽게 하였던 재판관들로 해석을 하고 있다. Jarchi는 우상들을 따르고 참되신 하나님 숭배를 거절한 사람들로 해석을 한다. 참고. S.

을 전복시키고 말살시키는 사람들이다. 교리와 윤리 역시 밀접한 동반자 관계이다. 사람이 심판의 교리를 믿지 않을 때 그는 도덕적인 구별로부터 벗어나 나간다. 이 비난은 그 백성 가운데 대부분 사람들에게 적용될 수 있으며, 백성의 모든 생활방식이 그러하다고 말할 수 있다. 모든 도덕적 구별을 전복시켰던 사람들은 결국 혼돈을 유입시켰고 진실된 윤리를 편의주의와 공리주의로 대체시켰다.

그러한 백성들은 악을 인정하고 그것을 소개한다. 그들은 악에 대해서 그것이 마치 한 인격이었던 것처럼 말한다. 그것에 대해서 그들은 "너는 선하다"고 말한다. 그들은 또한 선에게 "너는 악하다"고 하기도 한다. 그들이 이렇게 하지만 실제로 말로 하지 않고 그들의 행위로 말한다. 그들은 무지한 것이다. 물론 가장 타락한 인간들까지도 입은 진리를 말하고 의를 말하나, 그들의 행위로는 모든 도덕적 구별을 뿌리째 뽑아 버린다. 악한 일에 종사하는 사람들은 매우 자주 진리와 선의 중요성을 떠벌인다. 때때로 그 사람들은 악을 인정할 뿐만 아니라 선에 대해서 적극적으로 반감을 표명하기도 하는데, 이는 그들이 그것을 악하다고 부르기 때문이다. 그들은 마음속으로 선을 미워하는데 그들에게 유일한 선은 곧 악인 것이다. 타락한 인간이 필요로 하는 것은 옛 것은 지나가게 하고 모든 것을 새롭게 하시는 하나님의 성령의 거듭나게 하시는 능력이다.

이 백성들 역시 흑암으로 광명을 삼는다. 그들은 빛이 있는 곳에 흑암을 두어 그 흑암을 빛으로 간주한다. 어두움과 빛의 대조가 큰 만큼, 선과 악의 대조 또한 크다. 쓴 것과 단 것 역시 크게 다르지만 이 유다 백성들은 이 둘을 곡해할 것이다. 곡해는 죄의 본질 자체이다. 이는 죄가 율법에 대한 위반이기 때문이다. 율법을 범하는 사람은 그로 인하여 그 율법이 잘못된 것이며 율법의 반대편이 옳다는 것을 암암리에 선언하는 것이다. 그렇게 율법을 위반함으로써 사람은 선을 악으로 악을 선으로 그리고 흑암을 광명으로, 또 쓴 것을 단 것으로 선언하는 것이다.

본 절과 함께 세 개의 연속적인 일련의 저주가 시작되는데, 그것은 요한계시록 8:13의 세 개의 저주를 생각나게 한다. "내가 또 보고 들으니 공중에 날아가는 독수

Aalen, *Die begrifle Licht und Finsternis im Alten Testament, im Spätjudentum und Rabbinismus*(Oslo, 1951).

"삼다"—그들은 어둠을 빛으로 삼았다. 참고. 13:9; 23:13; 25:2; 41:15; 42:15; 49:11, 그리고 Juvenal, Satires, *"qui nigrum in candida vertunt."*

리가 큰 소리로 이르되 땅에 거하는 자들에게 화, 화, 화가 있으리로다 이 외에도 세 천사의 불 나팔 소리를 인함이로다 하더라."

5:21 선지자는 화를 외치고 징벌에 대한 언급을 전혀 하지 않고 있다. 첫 번째 화의 기조는 우리가 다른 화를 대면하기까지 거의 사라지지 않는다. 두 개의 화들은 긴밀하게 연결되어 있고, 여기에 아마도 이 양자 사이에 어떤 징계가 삽입되어 있지 않았다는 사실이 발견된다. 도덕적 분별력의 와해는 아마도 그 나라가 더 이상 하나님의 지혜를 의지하지 않고 자신의 지혜를 의지하였다는 사실에서 발견될 것이다. 이것은 실용적이라는 구실 하에 자행되었을 가능성이 있다. 참된 지혜는 하나님으로부터 나오며, 그분 안에서만 발견된다. 참 지혜의 원천을 무시하는 것은 다만 다른 원천, 말하자면 도움 받지 못한 인간의 마음에 열어 놓는 것이며, 또한 인간의 마음에서 나오는 지혜는 하나님에게서 시작된 것이 아니다. 우리가 여기서 보는 것은 추측컨대 인간의 자율적인 정신을 의지하는 데 대한 일반적인 정죄이다. "스스로 지혜롭게 여기지 말지어다 여호와를 경외하며 악을 떠날지어다"(잠 3:7)라는 명령에 대한 유의(heeding)가 완전히 결핍되어 있다.[141]

5:22 여기에 풍자적 억양이 있다. 유다에는 용감한 자들, 영웅들, 용맹을 떨치는 사람들이 있었다. 이 용맹의 방향은 자기들의 나라에 유익을 가져오도록 하기 위한 싸움이나 전쟁으로 향하지 않았고 포도주를 마시고 빚는 데로 향했다. 그들은 자기들의 나라를 지킴에 있어서는 영웅이 되지 못하였고 술을 빚는 데에 있어서만 영웅이 되었다. 그들은 술취하고 불의한 재판관들이었던 것으로 보인다. 여기와 어디든지 용감한 자들이 필요하였다. 이 용감한 자들은 가까이 있었다. 그것은 사실이지만 그들의 힘은 좋은 방향으로 향하지 않았고 악한 방향으로 향하였던 것이다. 그러

---

141) "스스로(눈들)"—참고, 하나님의 지혜에 반대되는 아카디아어 **이나 라마니수**. 참고. 잠 3:7. 이것은 우선 제사장들이나 선지자들을 가리키지 않고(Duhm), 앗수르에 대항하기 위하여 애굽에 도움을 구하기를 원했던 사람들을 가리키지도 않으며(Drechsler), 또한 다스리는 계층을 가리키지도 않으며(Kissane), 공의를 그릇되게 하는 자들을 가리키지도 않고(Gesenius), 소경되고 속임을 당한 사람들을 가리키지도 않는다. 분명한 것은 이 모든 계층의 사람들이 포함되어 있다는 것이며, 그럼에도 모두를 포함하되 그 나라의 특정 계층을 가리키지만은 않는다는 것이다.

한 사람들에 대해서 화가 내릴 만하니 말할 것도 없이 잔혹한 화인 것이다!

포도주를 마시는 분야에서 재판관들의 힘은 저절로 나타났다. 동시에 그들이 범하였던 죄는 술마시는 죄 자체가 아니었다. 그것은 직무유기의 죄였다. 죄는 그들이 포도주를 마셨다는 데 있지 않고 술마심에 있어서 용감하였다는 데 있었으니 곧 저들은 술을 지나치게 마셔댔던 것이다. 포도주를 마시는 것이 저들의 습관이 되었고, 직무에 바쳐야 할 시간을 탈취하게 되었다. 그들은 술취함의 죄에 빠져버렸다. 술마시는 일이 좀더 자극적이 되도록 하기 위하여 그들은 술을 섞었는데 아마도 근채류와 향료들과 섞은 것 같다.[142] "내가 너를 이끌어 내 어미 집에 들이고 네게서 교훈을 받았으리라 나는 향기로운 술 곧 석류 즙으로 네게 마시웠겠고"(아 8:2).

5:23 여기에는 "화 있을진저"라는 도입구가 없는데 그것이 필요치 않다. 앞 절의 사상이 계속되고 있으며 동시에 화가 선포된 사람들이 동일한 사람들이다. 선지자는 분사형을 사용하여 그가 화를 선포하였던 그 사람들에 대한 묘사를 계속해 나가고 있다. 본 절의 흥미 있는 교차 대구법적인 순서를 주시해야 할 것이다.

> 그들은 뇌물로 인하여 악인을 의롭다 하고
> 　　　의인에게서 그 의를 빼앗는도다.

여기에 빛을 흑암이라 하고 낮을 밤이라 부르는 실례가 있다. 재판관들은 악인을 의롭다고 하였고, 그들이 악한 사람을 율법과 바른 관계에 서 있다고 선언하였다. 그리고 그들은 그를 의롭다고 판결을 내렸다. 그들은 이렇게 할 권리가 없었다. 악인에게 율법과 바른 관계에 서 있다고 말할 수 있는 분은 오직 한 분뿐이신데, 그분은 하나님 자신이시며 하나님께서만이 오직 그렇게 선언하실 수 있다. 오직 율법에 대한 요구가 만족될 때에만 그리고 악인이 실제로 의를 소유할 때에만, 하나님께서 그에게 모든 것이 좋다고 말하실 수 있는 것이다. 그분은 이 일을 그리스도의 완전

---

142) "빚다"(to mix, 혼합하다―역주)- 술을 좀더 자극적인 것으로 만들기 위하여. 그러므로 그것은 단순히 물과 포도주를 섞는 것이 아니다. 혼합한다는 것은 술에 근채류와 향료를 섞는 것일 수도 있다 참고. 아 8:2; 시 75:9; 잠 23:30; 암 6:6; Pliny, *Natural History*, 14:13; Amr el-Quais, *Moallka*, 5:81.

하신 의에 근거해서만 하실 수 있다. 어쨌든 악한 사람이 의를 소유하지 않았을 때, 한 사람이 악한 사람을 의롭다고 선언하는 것은 가증한 일을 행하는 것이다.[143]

악인은 율법을 범한 사람이며 그 결과 정죄를 받은 사람이다. 그는 사실상 실제로 죄있는 자이며 그래서 율법과 바르지 못한 관계에 있는 사람이다. 그렇지만 재판관들은 그러한 사람에게 율법과 바른 관계에 서 있다고 말하고 있으며, 그런 까닭에 그들은 사실과 반대로 선언하고 있는 것이다. 그들의 의롭다고 선언하는 판결은 결국 거짓이다. 하나님께서 악인을 판결하실 때 그분은 사실과 일치하여 판결하시는데, 이는 하나님께서 의롭다고 하시는 악인은 그리스도의 나누어주시는 의를 소유하고 있기 때문이다.

뇌물로 인하여: 이 용감한 자들은 매수된 재판관들이며, 그러한 사람으로부터 정당한 재판을 기대할 수 없는 것이다. 술취함이 재판관들이 뇌물을 받는 필연적인 이유는 아니었다. 술을 진탕 마시는 사람들과 뇌물을 받는 사람들은 함께 같은 부류의 사람들이다. 전체적인 묘사는 성스러운 재판의 사역을 완전히 멸시하는 그것이다.

의인에게서 그 의를: 율법을 범하지 않았기 때문에 그들은 실제로 율법과 바른 관계에 서 있었으나, 이 의의 상태를 그들에게서 빼앗아 가버렸다. 고소사건을 가지고 오는 각 사람으로부터 그들의 무죄성은 있는 그대로 박탈되었다. 정의는 완전히 변질되었고 그래서 잠언서 저자가 정죄하였던 그 묘사를 우리는 여기서 보게 된다. "가난한 자를 조롱하는 자는 이를 지으신 주를 멸시하는 자요 사람의 재앙을 기뻐하는 자는 형벌을 면치 못할 자니라"(잠 17:5).

(3) 유기의 심판(5:24-30)

24절, 이로 인하여 불꽃이 그루터기를 삼킴같이, 마른 풀이 불 속에 떨어짐같이 그들의 뿌리가 썩겠고 꽃이 티끌처럼 날리리니 그들이 만군의 여호와의 율법을 버리며

---

143) 하나의 분사나 부정사가 나온 이후에 연결을 바꾸는 것과 정형동사를 사용하는 것이 일반적인데, 여기서는 단순 미완료형을 채택한다.
"의"―직역하면, "그들이 그들 각자로부터 의인들의 의를 빼앗는다." 복수 주격이 분배적으로 주어지며, 관심은 그것 안에 내포된 각기에게 주어져야 하고, 그런 까닭에 מִמֶּנּוּ 의 접미사는 단수이다. 그렇지만 B는 단수형 τοῦ δικαίου를 가지고 있으며, Ginsberg 역시 마지막 자음을 전접어 "מָה"로 취급하면서 단수형을 더 선호한다.

이스라엘의 거룩하신 자의 말씀을 멸시하였음이라
25절, 그러므로 여호와께서 자기 백성에게 노를 발하시고 손을 들어 그들을 치신지라 산들은 진동하며 그들의 시체는 거리 가운데 분토같이 되었으나 그 노가 돌아서지 아니하였고 그 손이 오히려 펴졌느니라
26절, 기를 세우시고 먼 나라들을 불러 땅 끝에서부터 오게 하실 것이라 보라 그들이 빨리 달려올 것으로되
27절, 그 중에 곤핍하여 넘어지는 자도 없을 것이며 조는 자나 자는 자도 없을 것이며 그들의 허리띠는 풀리지 아니하며 그들의 신들메는 끊어지지 아니하며
28절, 그들의 살은 날카롭고 모든 활은 당기어졌으며 그 말굽은 부싯돌 같고 차 바퀴는 회리바람 같을 것이며
29절, 그 부르짖는 것은 암사자 같을 것이요 그 소리지름은 어린 사자들과 같을 것이라 그들이 부르짖으며 물건을 움키어 염려 없이 가져가도 건질 자가 없으리로다
30절, 그 날에 그들이 바다 물결 소리같이 백성을 향하여 부르짖으리니 사람이 그 땅을 바라보면 흑암과 고난이 있고 빛은 구름에 가리워져서 어두우리라

5:24 이스라엘은 여호와를 버렸고, 그래서 이스라엘은 버림을 받아 극심한 심판을 받을 것이며, 이 일들은 멀리서 적군이 옴으로써 절정에 도달할 것이다. 여기에 결론이 있고 또 이미 언급된 죄에 대해 할당될 징벌의 선포도 나타나 있다. 우리가 배운 바와 같이 이 죄들은 만군의 여호와에 대한 거절과 동등하다.

이로 인하여: 바로 직전에 있었던 사실에 대한 언급과 동시에 종합적인 결론을 이끄는 말. 이사야가 너무나도 분명하게 묘사했던 그 죄악들로 인하여 그 운명에 대한 선언이 이루어지고 있다. 이사야는 마치 그가 조건절을 소개하는 것처럼 시작하고 있다. "불꽃처럼"이라고 그는 말하고 있으며, 그래서 우리는 다음과 같은 말로 결론을 내릴 것이라고 예상할 수 있다. "심판이 백성을 삼킬 것이다." 그렇지만 그는 이렇게 말하지 않고 있다. 그는 "불꽃이 그루터기를 사름같이"라는 직유법으로 시작하고 있으며, 이 직유법으로부터 "그들의 뿌리가 썩겠고"라는 은유법으로 나아가고, 이 은유로부터 백성의 징벌에 대한 종합적 이유를 제시하는 데로 나아가고 있다.

그의 언어체가 갑자기 끊기는 형태이나 강력하다. 그의 날카롭고도 끊어지는 연설들은 다가올 심판의 급진성과 어울린다. 끊어지는 표현 가운데서 그의 언설의 급박성이 나타나 있다. 갑자기 밖으로 나간 혀와 같은 불꽃이, 이미 잘라져 버린 그

남은 풀을 삼키고 살라 버리고, 타는 풀은 쓰러지고 재로 변할 것이다.[144] 나무의 힘은 그 뿌리에 있지만 그 뿌리는 썩어졌고, 그런 까닭에 그 나무 전체는 수명을 다한 것이다. 꽃 역시 바람에 의하여 뽑혀져서 날아갈 것이다. 그러므로 뿌리와 꽃 즉 나무 전체가 멸절당할 것이다.

그들이 만군의 여호와의 율법을 버리며: 여기에 그 나라의 죄악된 행위가 종합적 방식으로 언급되어 있으며, 또한 앞구절의 결구가 빠진 만큼 그것은 보다 큰 강조점을 가진다. 이미 언급한 죄들과 이것들과 또 다른 죄들로 이 나라는 하나님을 져버렸다. 그러므로 정죄의 일반적인 근거, 즉 결코 이전에 언급된 개별적인 근거들을 배제하지 않는다. 그것은 하나님의 율법을 버린 것이다.

말씀을 멸시하였음이라: 이제 이사야는 자신의 예언을 시작하였던 1:4의 사상으로 돌아가고 있다. 그가 여기서 말하고 있는 말씀은 기록된 율법과 선지자의 말씀을 통하여 그 나라에 주어졌던 그것이다. 그러므로 그것은 그분의 드러난 뜻에 대한 동의어이다. 칼빈이 말한 바와 같이 그 나라는 공개적으로 하나님께 반역하였다. 여기서 우리는 보복과 앙갚음의 교리와 만나게 된다. 그 나라가 여호와와 그의 선하심을 거절하였던 것처럼, 이제는 그분께서 그들을 그들의 죄의 결과들과 징벌에로 넘기신다. "내 백성이 지식이 없으므로 망하는도다 네가 지식을 버렸으니 나도 너를 버려 내 제사장이 되지 못하게 할 것이요 네가 네 하나님의 율법을 잊었으니 나도 네 자녀들을 잊어버리리라"(호 4:6).

5:25 그러므로: 이사야의 이 표현은 24절을 생각나게 하며, 또한 일반적으로 앞의 단락 전체를 가리킨다. 이 단어와 함께 우리는 왜 여호와의 진노가 자기 백성에 임했는지 그 이유를 보게 된다.[145] 그렇지만 이 구절을 어떤 방식으로 해석해야 하는가? 만일 이사야가 과거에 대해 말하고 있다면, 그가 무엇을 가리켜 말하고 있

---

144) "불"—분명히 떨어진 개음절에 있는 하나의 모음과 더불어 있는 메텍을 주시하라. 레하바(לְהָבָה)의 형태는 본래의 라하바(לַהֲבָה)를 나타내는데, 여기서 엑센트가 없는 *ah-ha*가 히브리어 *ehā*가 되기 때문이다. 참고. *Georgics*, 1:84ff.; *Aeneid*, 2:684. 구조는 "그리고 그 풀은 (불 때문에) 살라질 것이다"이거나 혹은 "그리고 불꽃이(불붙은) 풀은 살라진다"일 것이다. "그들의 뿌리"—Gray는 "그로 하여금 밑으로는 뿌리가 없게 하고 위로는 열매가 없게 하라"는 **Eshmunazar**의 저주에 주의를 상기시킨다(*CIS*, 1:2; 11:12).

145) 언어상의 시제들은 완료형이고 그런 까닭에 어떤 사람은 모두 과거의 사건들을 가리

는가? 분명히 그것은 웃시야 통치하에 있었던 지진과 같은 사건들에 한정되어 있지 않다. 오히려 그 심판들은 그 나라를 그 죄악들로부터 돌이키기 위하여 보내셨던 과거에 있었던 하나님의 모든 심판을 가리키는 것으로 보인다. 이러한 빛 가운데서 마지막 구절이 이해되어야 한다. 본 뜻은 그 모든 것들이 일어났음에도 불구하고 하나님의 분노가 여전히 사그라지지 않는다는 것이다. 강타가 연속해서 떨어졌으나, 이스라엘은 회개하지 않은 채 있다. 따라서 하나님의 분노는 여전히 그의 백성을 향하여 있다.

이 분노는 지펴진 불처럼 그렇게 그의 백성을 향하여 타오를 것이다. 사랑이나 은혜가 아닌 심판을 베푸심에 있어서 하나님의 손은 계속해서 펴져 있다. 하나님께서는 그의 손으로 자신의 목적들을 이루셨으며 그 손은 여전히 일하고 있다. 그분은

킨다고 하였다. Kissane과 Ridderbos는 웃시야 당시에 있었던 지진으로 해석한다(참고. 암 1:2; 슥 14:5). Bewer는 유행병이나 지진으로 해석한다. *Die Bijbel in Nieuwe Verlading*, the Syro - Ephraimitish War.

Drechsler는 본 절을 예언적 미래로 취급한다. 그 이유는 (1) 19절과 본 장 전체가 그 나라를 사실상 안정상태에 있는 것을 보여 주므로, (2) 처음 시작하는 비유가 그 나라가 이미 그 축복을 받고 있으며 또한 지금은 미래에 심판만을 바라볼 수 있기 때문이고; (3) 본 장을 요약하고 있는 24절이 미래에 있을 것으로 언급되어 있고, 또한 (4) 첫 번째와 두 번째 화가 부분적으로는 예언적 미래형으로 주어져 있지만 미래에 속한다.

이것들은 강력한 논리이며, 독단적이라 하기 어렵다. 그렇지만 분명히 동사들은 과거를 가리킨다고 하는 것이 가장 자연스럽다. 그렇지만 그 사건들이 반드시 웃시야 당시의 지진만을 가리킨다고 할 필요는 없다. 그것은 과거에 하나님이 백성들로 하여금 그들의 죄들로부터 돌이키게 하기 위하여 보내셨던 심판들을 모두 포함할 수 있다. 이렇게 볼 때, 24절을 가장 잘 이해할 수 있다. 그 사상은 이 모든 심판이 이루어졌음에도 불구하고 하나님의 진노가 여전히 맹렬하다는 것이다. 만일 이 문구가 미래를 가리켰다면, 그것도 어떤 효과를 가지고 있겠지만 그 강조는 크게 약화되었을 것이다. 그러므로 우리는 그 동사들을 과거형으로 취급하는 쪽으로 기울어지는 한편, 우리는 이 예언의 본질적 의미가 크게 변질되지 않았다고 인정하는 바이다. 어떤 경우에는 이미 일어난 심판이 충분히 회개를 이루어 내지 못하고 있으며, 다른 한편 비록 그 심판이 다가올지라도 하나님께서 그의 진노의 팔을 여전히 펴실 것이다.

"진동하며" 참고. 사 13:13; 욜 2:10

"분토같이" —Duhm은 적절하게 고대 동양의 도시들의 더러움에로 주의를 끌고 있다. 참고. 렘 8:2; 16:4; 25:33. 카프(כ)가 전치사로 취급되는 것이 가장 좋고, *Kaph veritatis*(참고, G&K. 118 옛날 문법학자들은 כ를 단순히 서술어를 도입하는 기능으로 불필요하게 사용되었다고 말할 때 사용하는 용어)로 취급되지 않는 것이 좋다. B는 "인분" (κοπρια), 벌게이트역은 "분요"(*stercus*), 수리아어역은 "세요호"(*śyoho*), "진흙."

심판 가운데서 그들을 치셨으니 아마도 기근, 염병, 지진 그리고 전쟁을 통하여 치셨다. 그리고 하나님께서 심판의 사역을 행사하실 때 자연까지도 영향을 받는다. "나 만군의 여호와가 분하여 맹렬히 노하는 날에 하늘을 진동시키며 땅을 흔들어 그 자리에서 떠나게 하리니"(사 13:13). 팔레스틴은 산들이 많은 땅이었고 그래서 산들을 언급한다는 것은 총괄적인 격변 또는 격동의 인상을 주는 것이다. 그 백성의 사망의 원인이 되는 것은 산들의 진동이 아니고, 이 진동 가운데 그 심판의 효력이 나타나 있다. 죽음을 가져오는 것은 심판 자체이고, 그래서 백성들의 시체들이 그 도시들의 거리에 있는 분토와 같다는 것이다. 심판은 강타했고 백성들은 죽어 있으며, 그들의 시체들은 거리의 중앙에 있는 쓰레기처럼 묻히지 못한 채 누워 있다. 정상적인 상황 아래서 동양의 도시의 거리들은 더럽다. 사망의 가혹한 손길이 이 더러움에 더해지고 있다.

정상적으로는 짐을 진 수레들과 짐승들이 자유로운 통행을 하고 있는 그리고 자유롭게 통행해야 하는 거리의 한가운데 죽임을 당한 시체들이 누워 있다. 그렇지만 그 일어난 모든 일에도 불구하고 하나님의 분노가 여전히 그 목적들을 성취하시면서 펴져 있으니, 그러한 상황이 그분의 손을 돌이키게 하지 못하였다. 이 철저한 선지자는 이미 극렬한 심판이 시행되었음에도 불구하고 여전히 그분의 뜻이 성취되도록 전념한다. 지금까지의 심판으로는 전혀 충분하지 못하였다. 하나님의 권세와 힘의 상징인 그분의 펴신 팔은 이미 시행하신 그 심판들을 넘어서 새로운 심판을 부과하면서 여전히 그분의 목적들을 성취할 것이다.

5:26 하나님의 펴신 팔은 여전히 일하시고 계신다. 그분은 기를 세우실 것이다 (유사음 나사아 네스를 주시하라). 높은 데서 눈에 잘 띄는 이 기는 그 나라들을 규합시키는 지점으로 서게 될 것이다.[146] 이 나라들은 유다 밖의 나라들이었고 호전적인 나라들이었다. 그 나라들 가운데 특별히 한 나라가 다가올 대적으로 뽑힌다. 이

---

146) 웨나사(נָשָׂא)—엑센트가 Nasog Ahor 원리에 의하여 영향을 받고 있다. 네쓰(נֵס)는 민 21:8에서 기(pole)로 사용되고 있고; 사 33:23에서는 의미가 약간 다른 것으로 보인다. 여기서 그 단어는 돛의 호칭일 수도 있다(참고. 18:3; 30:17; 11:10; 13:2). 기를 세움은 대적의 군대들의 접근을 위한 표시 역할을 하였다. 참고. Caesar, de bello Gallico, II:20: "Caesari omnia umo tempore erunt agenda: vexillum proponendum, quod erat insigne, cum ad arma concurri oporteret". 알렉산더의 군대에 관하여는 Quintus Curtius (V:2)를 주시하라, "Tuba, cum castra movere vellet signum dabat, cuius, plerumque tumultuantium fremitu

것은 대 앗수르이니, 곧 그 세력이 꾸준히 성장하고 거대해져 왔었다. 그 나라가 멀리서 실로 땅 끝에서부터 올 것이었다. 이러한 시적 표현으로 이사야는 단순하게 그 대적이 팔레스틴으로부터 아주 멀리 떨어져 있는 것을 가리키려고 한 것이다.

여호와께서 푯대를 세우시는 것처럼 또한 그분은 휘파람을 불어 마치 떼지어 움직이는 벌들처럼 그들을 불러오실 것이다. 일찍이 씨릴(Cyril)이 말한 바와 같이, "그(이사야)는 이 표상을 벌들을 부르는 관습에서 취하여 왔으니, 이는 양봉가가 꿀벌 집들로부터 꽃들과 식물들에게로 나오게 하고, 또 그들을 들판으로부터 불러들여 자기들의 집에 머물도록 하기 위하여 휘파람을 불어 부르곤 하는 관습이었다."

"보라": 하나님께서 행동하실 때 그 반응은 직접적이다. 실로 재빨리, 하나의 재빠른 사람처럼 대적이 온다. 조롱하는 자들은 물었다. "왜 하나님은 서두르지 않는가?" 이사야는 그들의 조롱을 인용하고 있다. 적군은 "빨리 달려와" 나타날 것이다. 그 나라들의 진행과 운명들은 하나님의 손안에 있다. 하나의 국가가 스스로 운명을 좌우할 수 있는 것으로 생각함으로 스스로 속을 수 있다. 우리는 독일의 나치, 이태리의 파시스트, 러시아의 소비에트 그리고 우리 모두의 나라에 대해서도 깊이 생각해 볼 필요가 있다. 앗수르인들은 침략을 해 들어감에 있어서 스스로 결정한 것으로 생각하였다. 그들은 자기들이 주권자이신 만군의 여호와의 손안에 들려진 도구에 지나지 않는다는 사실을 생각해 보지 않았다. 그러나 실제로 그들은 오직 하나님께서 그들에게 허락하신 그분의 섭리 가운데서만 움직였던 것이다. 이것이 그들의 침입에 대한 이사야의 첫 번째 언급이며, 그것에 대한 모호한 표현은 이것이 초창기 예언이라는 사상을 지지하고 있다.

5:27 누가 이 대적인가? 이사야는 이제 과장된 표현으로 그를 묘사하고 있다.

---

exoriente, haud satis exaudiebatur. Ergo perticam, quae undique conspici posset, supra praetorium statuit, ex qua signum eminebat, pariter omnibus conspicuum." 이 구절의 기초를 이루는 철학은 적군의 움직임이 섭리 가운데 있는 하나님의 사역에 기인한다는 것이다.

"땅 끝"—이사야가 메소보다미아 너머로 땅들이 있고 나라들이 있다는 것을 알았다는 것을 의심할 이유가 없다(참고. 13:5; 49:12). Livy는 Gauls에 대해서 "*ab oceano terrarum ultimis oris bellum oriente*"라고 말하고 있으며, Thucydides는 Medes에 대해서 "땅의 끝"(*ek peraton ges*)이라고 말하고 있다. Gesenius는 에티오피아 통치자가 *aznaf sayed*, "땅 끝에서 영예를 얻은 자"라는 칭호를 가지고 있다고 지적한다.

지친 군대는 쉽게 패배한다. "너희가 애굽에서 나오는 길에 아말렉이 네게 행한 일을 기억하라 곧 그들이 하나님을 두려워하지 아니하고 너를 길에서 만나 너의 피곤함을 타서 네 뒤에 떨어진 약한 자들을 쳤느니라"(신 25:17). 비록 지칠 만한 원거리에서 올지라도 유다에 대항하여 오는 군대는 지친 군대가 아니다. 그것은 적절한 상황에 처해 있다. 그 군대 가운데 아무도 곤핍하여 뒤에 낙오된 사람이 없다. 그리고 싸울 수 없는 넘어진 자도 없다. 이 군대는 자지도 않고 졸지도 않는다.[147] 너무나 전쟁에 대한 욕망이나 열정이 커서 그 군대는 휴식을 위해서 자지도 않는다.

망토를 함께 묶어 주고 칼이나 단검을 매도록 되어 있는 허리띠는 풀려 있지 않다. 그것은 엄격하게 훈련된 직업군대였다. 신발의 가죽끈까지도 전쟁을 위하여 좋은 상태였고 두 개로 끊어지지 않았다.

5:28 이사야는 이제 군대 그 자체에서 돌아서서 그 군대가 무장한 전쟁의 무기들을 간략하게 언급하고 있다. 활은 이미 날카롭게 되어 있고 전쟁에서 사용할 수 있도록 준비가 되어 있다.[148] 어투가 시편 45:5의 묘사를 생각나게 한다. "왕의 살이 날카로워 왕의 원수의 염통을 뚫으니 만민이 왕의 앞에 엎드러지는도다." 활들도

---

147) "조는 자나 자는 자"—이 말은 27절 상반절에 평행으로 필요한 것이며 그래서 삭제할 필요가 없다. 두 동사들 사이에 차이가 있다는 점이 주시되어야 할 것 같다. 그 군대는 자지 않고 졸지도 않는다.

148) "그들의 살은"—직역하면, "그것의 화살들은." 관계사는 선행사, 군대를 가리키는데 이는 이해되어지는 단어요 표현되어 있지는 않다. 쉐누님(שְׁנוּנִים)은 수동분사이다.

"날카롭고"—그 살들은 이미 날카롭게 되어 있었고 그래서 이제 전쟁에서 사용될 준비가 완료되어 있다(참고. 시 45:6).

콧슈토타브(קְשְּׁתֹתָיו)—복수형은 퀘솨토트(קְשָׁתוֹת)이지만 그러나 어미들이 덧붙여질 때, 다게쉬 포르테(dirimens)가 주로 쉰(שׁ)에 나타난다(참고. 렘 51:56; 시 37:15). 이 다게쉬는 일반적으로 유성문자들, 치찰음들 혹은 강세형 코프에 주어진다. 이 특별한 발달 형태는 아마도 (1) 퀘솨토트(קְשָׁתוֹת) (2) 퀘쉐토타브(קְשְׁתֹתָיו)인데, 어미의 덧붙임 때문에 먼 개음절에 있는 카메츠를 쉐와로 축소된다. (3) 우리는 규칙에 따라 ק 아래서 히렉을 기대하여야 하지만 그러나 그 대신에 본래의 짧은 아(ְ)발음이 나타나 있다(참고. 아카디아어 카수투). (4) 아마도 쉐와를 보다 잘 들리게 하기 위하여 다게쉬가 삽입된 것 같다.

"같고(are reckoned)"—Calvin은 동사들을 미래로 취급하고 있으나, 그러나 그것은 현재의 묘사를 계속하는 의미가 더 강하다. 완료형은 그 발굽들이 있어 왔고 여전히 그렇게 보인다는 것을 암시한다. 동사는 휴지 악센트를 갖고 있으므로 다음에 오는 부분과 분리되어야 한다. 고전 문학에서의 언급들을 보려면 *Iliad* 8:41과 *Odyssey* 21:30을 참고하라. Gesenius는 아랍문서들로부터 더 많은 예문들을 제시하고 있다.

역시 사용하기 위하여 구부려져 있어서 그것들이 화살들을 쏠 수 있게끔 이미 준비되어 있었다. 애리언(Arrian)은 그 용사들이 어떻게 왼발로 활 위에 올라서서 먼곳을 향하여 날리기 위해 그 줄을 뒤로 당겼는지를 묘사하고 있다.

고대에는 말들의 굽들에 편자를 박지 않았었다. 그래서 단단한 굽을 가진 말들은 무거운 짐이나 힘든 여행이라도 견뎌 낼 수 있었고, 그래서 그것은 전쟁에 사용하려는 목적 때문에 대단히 선호되었다. 크세노폰은 단단한 발굽을 가진 말들을 요구하였고, 호머는 강한 발목을 가지고 동으로 된 굽을 가진 말들을 찬양하였다. 부싯돌은 특히 강하며 그래서 적절한 비교가 되는 것이다. 앗수르인들은 그 어떤 어려운 여행에도 견딜 수 있는 굽을 가진 말들을 필요로 하였다. 앗수르인들의 병거들은 두 개의 바퀴들을 달고 있었는데 이것들이 회리바람같이 먼지를 일으켰다. 이사야는 후에 그 모습을 다른 의미로 사용하고 있다. "보라 여호와께서 불에 옹위되어 강림하시리니 그 수레들은 회리바람 같으리로다 그가 혁혁한 위세로 노를 베푸시며 맹렬한 화염으로 견책하실 것이라"(사 66:15). 누가 감히 그러한 군대 앞에 설 수 있겠는가? 하나님께서는 자신의 목적들을 이행하시기 위하여 효과적이고도 잘 준비된 도구를 사용하시고 계셨다.

5:29 대적은 유능하고 공격을 위해 준비를 갖추고 있다. 그는 사납고도 대담하며 성공을 거둘 자이다.[149] 이 군대는 사자처럼 포효하고 자기의 먹이를 안전하게 가져다가 방해받지 않고 그것을 먹어 치우며 그에게서 아무도 구출할 수 없는 적들이다. 사자처럼, 그도 포효한다. 사자는 먹이를 찾아 배회하면서 부르짖는다. 사막을 가로질러 이제 사자가 부르짖으면서, 그리고 삼킬 먹이를 찾으면서 행진해 오고 있다. 사자처럼 그는 공격적이다. 과연 자신을 방어할 준비가 완비되었을 뿐만 아니라, 그 이상으로 공격할 준비도 갖추고 있다.

어미로부터 젖을 뗀 젊은 사자가 부르짖는 것처럼 이 군대 역시 부르짖고 있다.

---

149) Gesenius는 Hamasa로부터 한 흥미로운 평행절을 인용한다. "갈대들이 무성한 광야, 그곳에 사자들이 있다", 즉 전쟁에 목마른 군대들로 가득 찬 군대.
앞 절에 완료형과 미완료 형이 혼합되어 있었다. 본 절에는 미완료형만 채용되어 있다. 본 절은 단순한 묘사로부터 예고로 돌아서고 있다.

자기의 먹이를 향하여 튀어 오를 때 그 사자는 낮게 으르렁거리듯 이 적군 역시 으르렁거린다. 이사야는 접근해 오면서 낮게 으르렁거리며 속삭이는 소리를 듣고 있다. 공격시간이 가까워 오고 있다. 공격이 완료되었을 때, 사자는 한가한 시간에 먹이를 먹을 수 있는 안전한 장소로 자기의 노략물을 가져갈 것이다. 이 전리품은 유다 땅이니, 이곳은 대적에게 너무나 완전하게 짓밟힐 것이므로 이 대적이 원하는 모든 일을 할 것이다. 이러한 유다를 구원하실 수 있는 분은 오직 한 분, 하나님뿐이시다. 그러나 하나님께서는 구원하지 않으실 것인데, 이는 유다가 징벌을 당하는 것이 더 좋기 때문이다. 그분의 이상한 섭리 가운데서 하나님은 신정정치 국가를 끝장나게 할 것이었다. 그날은 왔고 그 대적은 하나님의 목적들을 성취하기까지 그 뜻을 따라서 행하도록 허락될 것이다.

5:30 밤은 닥쳤고 그 모든 것은 구슬프고도 견딜 수 없이 침울하다.[150] 앗수르는 유다에 대항하여 바다의 물결처럼 부르짖을 것이다. 부르짖을 때가 된 것이다. 첫째는 사자의 부르짖음이요, 이제는 바다의 부르짖음이다. 심판이 닥칠 때 그때는 대적들이 부르짖을 것이다. 그렇지만 감하여지지 않는 어두움은 보다 무거운 심판, 말하자면 참으로 아무도 구출할 수 없는 시간이 되었을 때 그리고 악인이 영원히 바깥 어두운 곳으로 들어갈 때가 될 수도 있음을 암시하고 있다.

바다는 부르짖고 멸망을 위협하고 있다. 거기에는 아무 도움도 발견되지 않는다. 그러므로 거기에 도움이 있는가 아니면 그 땅에 도피처가 있는가 하고 그 땅을 바라볼 것이다. 만일 어떤 사람이 그 땅을 바라볼지라도 거기에서 암흑만을 볼 것이다. 빛은 완전히 사라질 것이다. 약간의 빛이 있다 하더라도 그것은 고난과 뒤섞여

---

150) 본 절은 어려움을 일으키는 구절이다. 어떤 이는 그것을 구원의 예언으로 그런 까닭에 진정성이 없다고 한다.
"그가…부르짖으리니"—Ewald는 동사를 비인격으로 취급하여, "하나가 부르짖을 것"이라고 한다.
"(그리고) 사람이 그 땅을 바라보면"—이 문구는 조건적으로 취급될 수 있으니, 곧 "그리고 만일 사람이 그 땅을 바라본다면." 언어의 형태가 니팔 형이나 아니면 피엘 형인데, 아마도 후자인 것 같고, 그리고 내가 결정할 수 있다면, 이것은 동사가 히필 어간(語幹) 이외에서 나타나는 유일한 구절이다.
"흑암"—이 단어는 자켑 카톤으로 엑센트가 들어가 있으며, 그래서 다음에 나타나는 문구와 분리되어야 한다.
"구름에 가리워져서"—참고. 아카디아어 irpitu.

질 것이고 그리하여 그것까지도 암흑이 될 것이다. 빛이 완전히 사라질 때까지 그리고 오직 절대적인 빛만이 남을 때까지 빛, 그리고 고난, 빛 그리고 고난이 계속될 것이다. 구름이 땅을 뒤덮고 이 구름 가운데 흑암이 있다. 유다의 땅은 덮여지고 빛은 사라지고 흑암이 통치하며, 암울, 고요, 침울함만이 있다.

이사야서 주석(Ⅰ)

제 3 장

유다의 참 소망: 메시아 왕 (6:1-12:6)

1. 거룩하신 하나님에 대해 이사야가 본 환상(6:1-13)

(1) 환상(6:1-7)

1절, 웃시야 왕의 죽던 해에 내가 본즉 주께서 높이 들린 보좌에 앉으셨는데 그 옷자락 은 성전에 가득하였고

2절, 스랍들은 모셔 섰는데 각기 여섯 날개가 있어 그 둘로는 그 얼굴을 가리었고 그 둘 로는 그 발을 가리었고 그 둘로는 날며

3절, 서로 창화하여 기로되 거룩하다 거룩하다 거룩하다 만군의 여호와여 그 영광이 온 땅에 충만하도다

4절, 이같이 창화하는 자의 소리로 인하여 문지방의 터가 요동하며 집에 연기가 충만한 지라

5절, 그 때에 내가 말하되 화로다 나여 망하게 되었도다 나는 입술이 부정한 사람이요 입술이 부정한 백성 중에 거하면서 만군의 여호와이신 왕을 뵈었음이로다

6절, 때에 그 스랍의 하나가 화저로 단에서 취한 바 핀 숯을 손에 가지고 내게로 날아 와서

7절, 그것을 내 입에 대며 가로되 보라 이것이 네 입에 닿았으니 네 악이 제하여졌고 네 죄가 사하여졌느니라 하더라

본 장의 주변으로 흥미 있는 여러 문제들이 둘러 있다. 어떤 사람은 6장이 특별한 사역을 위한 준비로서의 취임에 대한 기록이라고 주장하였다. 예를 들면 칼빈은 이 환상이 선지자가 그의 직무를 수행함에 있어서 그를 견고하게 하고 강화시켜 주기 위하여 선지자에게 필요하였다고 생각한다. 그는 이사야의 사역과 사도들의 사역, 예를 들면 요한복음 20:21-22과 사도행전 2:3에서, 그들의 본래의 소명이 있은 이후에 하나님으로부터 다시금 사역에로의 부르심을 받았던 사도들의 사역과를 비교한다. 이러한 견해에 근거하여 본 장은 단순히 구체적인 사역에 대한 서론격으로 간주되어야 한다.[1]

그러나, 좀더 일반적으로 주장되는 견해가 있는데 곧 본 장이 이사야의 선지자직에로의 본래의 소명을 나타내고 있고 그래서 다른 선지자들에게 대한 소명과 상응한다는 것이다. 이미 움브라잇(Umbreit)에 의하여 주장된 바와 같이, 본 장을 읽어보면 엄숙한 본래의 소명에 대한 인상을 주고 있으며 그래서 이러한 인상으로부터 피할 수 없다.

5절은 이것이 첫 소명이라는 사상을 지지하고 있다. 주님에 대한 환상은 이사야에게, 그가 주님을 뵈었으므로 그는 망하게 될 것이라고 하는 감정을 가져다주었다. 이사야가 경험한 이것은 이사야가 본 주님에 대한 첫 번째 환상임을 암시하는 것으로 보인다. 그가 앞에서 말하고 예언하는 일을 하였으므로 그는 그가 섬겼던 그분이 그에게 은혜로우시고 자비로우신 분이었음을 알았을 것이고, 그래서 우리가 5절에서 읽고 있는 그 두려움을 보여 주지 않았을 것이다.[2] 그렇지만 만일 이 6장이 실로

---

[1] Sebastian Schmidt는 "*Adunum specialem actum officii*"라고 해석한다. Vitringa와 다른 사람들 역시 이 입장을 채택하였고, Alexander는 그것을 선호하고 있는 듯하다. Kaplan(*JBL*, 1926-27, Vols. 45-46, pp. 251-59)은 6장이 단지 그의 사역 기간에 이사야에게 닥쳐왔던 절망감을 묘사하고 있다고 생각한다. Kaplan은 선지자가 아직 예언사역에 종사하지 않았다고 가정하는 것처럼 보이는 5절 이하의 내용을 정당하게 다루고 있지 않다. Penna는 Kaplan의 견해를 비평한다. "*Tale opinione, che agevola la soluzione del problema suscitato dalla sussessione dei capitoli 1-5 e 6-12, non sembra fondata su alcun motivo oggettivo.*"

[2] Engnell(*The Call of Isaiah*, Uppsala and Leipzig, 1949)은 Kaplan(註 1을 보라)을 반대하고 6장이 첫 소명이라고 주장한다. Kroeker, Bentzen, Kissane, Fischer, Penna, Stein-

선지자의 소명에 대한 기록이라면, 왜 본 예언의 시작 부분에 있지 않고 여기에 있어야 하는가?[3] 본 장의 현재의 위치가 이사야 예언들의 모음집에 있어서 우연적인 것이거나 또는 부주의한 것이라고 우리는 믿지 않는다. 오히려 본 장이 왜 현재의 위치에 있는지에 대한 매우 구체적인 이유가 있는 것으로 보인다. 외관상으로 볼 때 이사야의 목적은 먼저 그의 메시지의 핵심을 나타내는 것이며, 그리고 나서 자신의 선지자로서의 소명에 대한 기록을 연결해 나가는 것이다. 이 목적을 이루기 위해서 그는 자기의 모든 예언들 앞에다가 일반적인 서론(1장)을 두었고 거기서 그는 압축

---

mann도 그렇게 주장한다. Balla도 그렇게 주장하나, 그는 6장을 자기들의 소명에서 무아경적인 경험들을 하였던 종교적 영웅들에 대한 기록들의 수준에다 둔다.

3) 본 장의 위치는, 이사야의 예언이 본래 작은 모음집들로 발견되었는데, 6장은 이러한 모음집들 가운데 하나의 첫머리에 위치했다는 사실을 암시한다고 주장되어 왔다. Budde는 작은 그룹인 6:1-9:6의 첫머리에 두었다. Hempel, Herntrich 그리고 다른 사람들은 2:1-4:6의 첫머리에 두었다. 1-5장이 6-12장 모음집에 덧붙여 있었다고 주장되어 오기도 했고, 또 그것들이 실제로 초창기 때의 것이었으므로 맨 앞에 위치해 있었다고 주장되어 오기도 하였다. 이와 같이 본래 6장 다음에 1-5장이 달려 있었다고 주장되어 오기도 했다. 우리는 본 장이 우연히 현 위치에 있는 것이 우연이라고 주장하는 것은 일종의 무지라고 말하는 Penna의 말에 동의한다. 아마도 우리는 왜 선지자가 여기에다 본 장을 두었는지 설명을 할 수는 없지만, 그러나 최소한 무시되지 않아야 할 사상적 선상에 있다는 점은 말할 수 있다.

이사야의 의도는 그의 예언들의 연대기적 정리를 강조하기 위한 것이 아니었고, 최소한 이 점에서 앞의 것에 대해 강조를 하기 위한 것이었다. 그렇다면 본서의 정리는 연대기적으로 한 것이 아니고 강조적인 면에서 한 것일 것이다. 본서 전체의 시작 부분에다가 이사야는 지금 있는 서론을 둔 것이다. 이것은 본서에 대한 서론이며, 선지자에게도 서론이다. 그것은 우리에게 후에 전개되어야 할 진리를 배아 형태로 제공하고 있다. 이 서론 직후에 우리는 그 당시 유다에 대한 이사야 예언의 표본들을 보게 된다.

두 개의 평행적 흐름이 본 단락을 통하여 흐르고 있다. 선지자는 백성이 완고하게 됨을 선포해야 하고, 동시에 메시아의 오심을 선언해야 한다. 3부작(이것이 이렇게 불려온 대로)으로 된 메시아 예언들의 이 작은 단락에 대한 적절한 이해를 위해 준비하기 위하여, 이사야는 그 준비하는 곳에 그의 취임 소명을 두고 있는 것이다. 그러므로 이것은 그의 첫 (취임) 소명일 뿐만 아니라, 그것을 또 본 위치에 둠으로써 다음에 곧 이어오는 메시아에 대한 3부작으로 된 예언에로 독자들을 안내하기 위한 역할을 하고 있다.

L. J. Liebreich는 본 장을 앞 장들의 결론으로 그리고 다음에 이어오는 장들의 서론으로 간주한다. 6장에서 하나님은 왕이시다. 그리고 다음의 장들 가운데는 세명의 인간 왕들이 능상한다(참고. HUCA, Vol. 25, 1954, pp. 37-40). F. Fruehstorfer(TPQ, Vol. 91, 1938, pp. 414-24)는 이사야가 이 사건들이 있은 지 여러 해 후에 자기 청중들 가운데 있을 어떤 의심들을 해소해 주기 위하여 본 장을 출판하기로 결심하였다고 생각한다. 이러한 입장의 변형들은 상당히 오래되었다.

된 형태로 자기가 후에 개진해 나갈 주제를 제시하고 있다.

그는 이것으로부터 소망에 대한 기록(2:2-4)으로 시작하여 그의 메시지로 즉시 돌입하고 있으며 같은 기록으로 결론을 내리고 있다(4:2-6). 이 첫 번째 언설에서 그는 그 나라의 죄악된 타락상과 다가올 심판의 확실성을 선언하였다. 이 심판으로부터 피할 수 있는 유일한 길은 하나님과 그의 구속적 은혜에서 발견될 수 있다. 이 메시지를 보강하기 위하여 이스라엘에 대한 선택과 그분이 그들에게 주셨던 선물들에서 보여진 하나님의 사랑의 돌보심에 대한 모습이 5장에 나타나는데, 이 장은 말할 것도 없이 죄를 심판하시는 하나님의 공의를 선포하면서 마감한다. 이러한 시초의 선포 이후에 가서야 선지자가, 자기가 이미 선포한 내용을 보강하는 기록인 선지 사역으로의 소명을 연관시킬 준비가 이루진 것이다.[4] 2장에서 5장의 일반적인 특징은 그것들이 이사야 사역의 가장 초기에 속한다는 것을 분명히 해준다. 이 특징은 그것들이 앗수르 세력의 위협이 최고조에 도달하기 이전에 기록되었음을 보여준다. 이 말씀들은 그들에게 설교하였던 그 사람에 대해 소개하기 위하여 우리를 한층 준비시켜 놓고 있다. 그러므로 또한 이 말씀들은 선지자의 이 사역에로의 소명에 대한 기록에 의하여 한층 강화된다. 그는 최후 심판과 그 나라의 멸망을 선포하였는데, 이것은 하나님 자신에 의하여 그에게 주어진 메시지였기 때문이었다.

6장은 하나의 환상과 하나의 메시지를 내포하고 있으며, 그래서 학자들은 이 둘 사이의 직접적 연관에서 두 파로 나누어졌다. 환상은 단순히 메시지에 대한 서론격일 뿐인가? 그렇지 않으면 메시지가 다소 그 환상의 부속물인가? 본 필자는 둘이 서로 보완하고 있고, 그래서 본 장의 어느 한쪽이 빠진다면 그 충분한 강도(強度)가 박탈되었을 것이라는 입장으로 기울어진다. 본 환상은 본 메시지에 대한 적당한 이해를 위하여 필요하며, 메시지 자체는 앞의 환상을 떠나서는 그 본래의 의미를 깨달을 수 없다. 이 둘은 함께 속하며 그래서 분리되어서는 안 된다.

그러므로 예레미야와 이사야 사이에 의미심장한 차이가 떠오르게 된다. 예레미야

---

[4] 2-5장이 하나의 단위를 이루고 있다는 사실은 다음에 나타난 고찰에서 나타난다. 1:10은 3:9에서 다시 취급된다(참고. 1:19-20; 3:10-11). 3:14은 5:1-7에서 발전되고 3:9 하반절은 5장에 있는 11절에서 총괄적으로 발전되어 있다. 3:14과 5:5을 비교하고, 2:9, 11, 17과 5:15, 16을 비교하고, 5:9, 10, 13, 17을 6:11-13과 비교하고, 5:9과 6:11; 5:5과 6:13; 5:24과 6:13하반절; 5:26과 7:18; 5:5-6과 7:23-25; 5:30과 8:22을 비교하라.

의 인품은 그의 예언 가운데서 두드러진다. 그러나 이사야서에서는 그렇지 않다. 여기서 두드러지게 나타나는 것은 메시지이며 선지자의 인품은 배후로 물러난다. 일단 우리가 선지자의 메시지의 심장부와 친밀해진다면, 우리는 그 선지자 자신과 그의 소명에 대해서 배울 수 있을 것이다.

6:1 왕은 죽었다.[5] 웃시야는 그 나라에 많은 유익들을 가져다주었고 번영과 평화의 시대로 들어가게 하였다. 그러나 이제 유다에 그 왕은 가고 없었다. 위기의 시대였다. 3년 전 이스라엘의 여로보암 2세가 죽었고 이제 므나헴이 통치자로 있었다. 여로보암과 웃시야의 통치하에서 국경은 고대 시대에 소유하였던 가장 넓은 경계에까지 확장되었으며, 상업과 농업이 번성하였고 이 두 나라는 평화를 누렸다.

솔로몬의 죽음 때처럼 여로보암의 죽음 때도 역시 무정부상태가 따라왔다. 이와 같이 유다는 기울어졌다. 앗수르는 점점 더 강성하여 갔다. 약하고 부패해진 유다가 곧 이사야가 직면한 나라였다. 바로 이와 같은 해에 선지자 이사야는 환상을 보았다. 그는 이 환상이 그 죽음 이전에 있었는지 그 후에 있었는지 말하고 있지 않다. 중요한 것은 이사야가 하나님을 뵈온 해가 곧 왕이 죽던 해였다는 사실이다. 구 질서가 막을 내리던 해에 하나님께서 이사야에게 나타나셨다. 유다의 큰 영광과 자존심은 이제 끝나고 이제 더 이상 일어서지 못할 것이었다. 웃시야의 죽던 해(아마도 주전 739년일 것임)는 로마가 실제로 건설되는 해는 아니었지만, 전승에 의하면 티베르(Tiber)에 대도성이 이 당시에 건설되었다. 이때부터 유다는 점점 더 기울어졌

---

5) 웃시야의 사망 연대에 대한 의견들은 대략 748-734년으로 잡는다. Mowinckel은 735-734, Bentzen은 739/8?, '74'/6?, Kissane은 741-740, Feldmann은 737, Boutflower는 736, Engnell은 748, Fischer는 c. 738, Thiele는 740년 타쉬리월과 739년 티쉬리월, Steinmann은 c. 740. 연대기적 의문점은 해결하기 어렵다. 연대에 대한 소개서를 위해서는 Edwin F. Thiele: *The Mysterious Numbers of the Hebrew Kings*(rev. ed. Grand Rapids, 1965)를 보라.

대략 그리스도 시대로부터 나온 아람어로 기록된 비석은 다음과 같이 기록되어 있다. "여기에 유다 왕 웃시야의 뼈들이 들어 있었다—열어서는 안 될 것이다." 이 돌은 김굼신에 있는 러시아 고고학 박물관에서 발견되었다. 아마도 틀림없이 그 왕의 뼈들이 옮겨졌고 이 돌은 그것들의 남은 새로운 자리에 세워졌을 것이다. 그것은 그리스도 당시의 유대인들이 그들의 옛 국가의 왕들에게 보였던 존경심을 보여준다. 그림을 보려면 *BA*, Vol, I(May, 1938), p. 8을 보라.

고 로마는 번영하기 시작하였다.

　요담의 섭정 12년이요 이스라엘 왕 베가의 통치 13년인 이 해에 선지자 이사야는 주님을 뵈었다.[6] 그러나 성서는 아무도 어느 때나 하나님을 볼 수 없다고 말하고 있다(요 1:18; 딤전 6:16). 육신의 눈으로는 하나님을 보지 못하는데, 이는 하나님은 눈으로 보이지 않으시는 분이기 때문이다. 아무도 육신의 눈을 가지고 그분을 뵈올 수 없다. 동시에 하나님이 영이시고 형체가 없으신 분이심에도 불구하고 성경은 인간들이 그분을 뵈올 수 있다고 말하고 있다. "마음이 청결한 자는 복이 있나니 저희가 하나님을 볼 것임이요"(마 5:8). 이사야가 바라본 것은 하나님의 본체가 아니시니, 이는 하나님은 영이시고 육신의 눈으로 보이지 않는 분이시기 때문이다. 그 본체는 피조물의 육신의 눈에는 보이지 않는 것이다.

　이와 동시에 선지자가 본 것은 참된 봄이었으니 인간의 형태로 나타난 하나님의 영광의 현시이며 제한된 피조물이 수용하기에 적합한 현시였다. 칼빈이 지적하는 대로, "그러므로 그가 받아들일 수 있는 형태가 이사야에게 나타났는데, 곧 하나님의 감당할 수 없는 위엄을 감지할 수 있도록 그의 수용성을 따라 나타나셨으며, 그래서 그는 하나님에게 하나의 보좌, 하나의 옷자락 그리고 하나의 육신적 나타나심을 표명할 수 있었던 것이다." 이사야는 주님을 보았으나 환상을 통해서였다. 신비적인 방법으로 하나님의 능력이 선지자에게 왔으며 그래서 그는 바깥의 외적인 세계에 대해 무의식 상태에 들어갔고 그럼에도 여전히 내적인 눈으로 하나님께서 그에게 보여 주신 것을 보았던 것이다. 그러므로 그것은 하나님께서 보여 주신 것이었고, 이사야의 마음에서부터 나온 것이 아니었다. 그것은 이사야에게는 객관적인 것이었다. 그렇다면 그것이 하나의 환상이므로 묘사된 성전이 지상의 성전이냐 아니

---

6) 왕하 15:1-2에 의하면, 웃시야(아사랴)는 이스라엘 왕 여로보암 제27년에 통치하기 시작(즉 단독 통치)하였으며, 아마샤와의 섭정기간인 24년을 포함한 그의 전체 통치 기간은 52년이다. 그는 주전 767년부터 홀로 통치하기 시작하였는데, 외관상으로 그해 티쉬리월 후에 권좌에 올랐다. 그의 전체 통치 제41년째, 즉 단독통치 제17년째에 요담이 섭정으로 권좌에 올랐다. 이 해(주전 750-749년)는 이스라엘 왕 베가 제2년이었다(Thiele의 재구성에 따라). 요담은 웃시야의 죽음 이후에 735년까지 모두 4년간 다스렸으며, 그는 모두 16년간 통치하였다(왕하 15:33).
　왕의 이름이 다음과 같이 나타난다. (1) 우찌야후, 1:1; 7:1; 왕하 15:32; 대하 26:1이하. (2) 우짜, 왕하 21:18, 26. (3) 우찌야, 왕하 15:13, 30; 암 1:1; 슥 14:5. (4) 아자리야, 왕하 14:21; 15:1, 7, 17, 23, 27; 대상 3:12. (5) 아자리야후, 왕하 15:6, 8.

면 하늘의 성전이냐를 결정하려고 하는 것은 핵심에서 벗어나는 것이다. 그러한 이유로 우리는 그 환상이 임했을 때, 이사야가 어디에 있었는지는 알 방도가 없다. 그는 성전에 있었을 수도 있지만 자기의 집에 있었을 수도 있다.[7] 그러므로 우리는 이사야가 성전에서 지성소를 향하여 바라보았을 때, 주위에 서 있는 모든 사람 중에서 그만 홀로 하나님을 보았다고 말할 만한 증거는 없다. 그가 다른 사람들보다 더 영적으로 잘 조절되어 있었기 때문에 하나님을 본 것은 아니었다. 하나님께서 자신을 그에게 계시하여 주셨음으로 인하여 그가 하나님을 뵈온 것이다.

이사야가 본 그분은 주님(אֲדֹנָי), 곧 자신의 목적들을 이행하실 수 있는 하나님이시다. 이 환상 가운데서 하나님의 능력이 인간들의 마음을 강퍅케 하시는 것으로 나타날 것이다. 인간의 마음을 강퍅케 하실 수 있는 분은 참된 통치자이시며, 그것이

---

7) 이사야가 환상을 받을 때 성전에 있었음에 틀림없다는 주장은 그 메시지의 환상적 성격에 위배된다. 그럼에도 불구하고 대부분의 현대 학자들은 성전이 그 환상이 일어난 무대였다고 생각하는 것처럼 보인다. 참고. Rowley, *FI*, p. 136. Steinmann은 그가 불이 향단 위에서 타오르고 있었던 곳인 Oulam에 서 있었다고 주장한다. Hyatt (*Prophetic Religion*, p. 47)는 평신도로서 이사야가 단지 성전의 바깥뜰에서만 예배할 수 있었고, 제사장들만 들어갈 수 있는 성전 안에는 있을 수 없었다고 생각한다.

이것은 이사야서에 기록된 실제적인 환상이다. 이사야가 이 시기 이전에 그의 선지 사역을 실제로 시작하였다고 대하 26:22으로부터 추론해 낼 필요는 없다. 그가 나중에 웃시야의 행적들을 기록하였을 수도 있으니, 이는 그 기록들이 본서의 일부분으로 구성되어 있지 않기 때문이다.

"내가 본즉"—와우 연속법을 가진 미완료형이 바로 앞에 부정사로 언급된 것의 시간적 계속을 나타내기 위하여 사용되고 있는데, 이는 부정사가 여기서 완료형의 의미를 가지기 때문이다. 접속사는 1Q에서 빠졌다. Marti에 의하면, 이사야가 성전에 들어가서 성전 바깥뜰에 서 있었고, 아마도 홀로였던 것 같고 깊은 생각에 잠겨 있었다. 이러한 묵상의 상태에서 그는 가장 거룩한 장소를 바라보았다. 지상의 싱진 기기에서 그는 주님을 뵈온 것이다. Duhm은 그 무대가 하늘의 성전이라고 생각한다. Gesenius는 이사야의 환상이 웃시야 왕의 죽음 이전에 일어났다고 주장하고 그렇지 않으면 본문이 "요담의 제1년에"였을 것이라고 주장한다. 그러나 요담이 섭정을 하고 있었음에 틀림없다. Bentzen은 본 환상이 죽음 이후에 일어났음에 틀림없으니 그렇지 않다면 그 죽음이 언급되지 않았을 것이라고 생각한다. 이 두 견해들은 그 죽음의 인급에 대한 근본적인 이유를 오해하고 있다(주해 부분을 보라).

Schmidt는 애굽에서는 개인들이 다음 생에 대한 증거로서의 역할을 위하여 기록된 자기들의 행실들의 부본들을 가졌다고 지적한다. 이사야는 일인칭으로 기록하고 있지만, 그러나 자기를 미화시키지 않고 하나님에 관한 자기의 체험을 기록하고 있다. 그는 또한 자서전을 기록하는 다른 사람들처럼 외적인 사건들만을 기록하지 않고 있다. 내적이고도 영적인 사건들에 관한 한, 하나의 형식적인 의미에서까지도 고대의 어떤 문서들과 같지 않다.

곧 이사야가 본 주권자 하나님이시다. 동시에 그 외모는 인간이 그분을 볼 수 있도록 인간의 형태를 가지셨다. 칼빈이 바르게 해석한 바와 같이 "요한은 우리에게 그분이 그리스도였다고 말하고 있으며(요 12:41), 그래서 그것은 당연하니 이는 하나님이 결코 자신을 조상들에게 나타내시지 않으셨고 다만 그의 영원하신 말씀과 독생하신 아들을 통해서 나타내셨기 때문이다." 어쨌든 선지자는 하나님을 부정관사로 된 호칭으로 사용하고 있으며, 그리스도의 인성을 강조하지 않고 있다. 그는 인간의 모습을 지닌 주권자이신 하나님을 보고 있고, 이 현현은 우리가 요한으로부터 그리스도의 모습이었다는 것을 배우게 된다.

그러므로 이사야가 본 것은 하나의 환상이지만 그것은 그럼에도 불구하고 하나의 하나님에 대한 사실적이고도 진실된 뵈옴이다. 성전에 대한 언급은 자연히 예루살렘 성전을 마음에 떠오르게 하였을 것이지만, 그 계시는 환상이므로 본문에서 이 묘사와 기록을 이 성전과 동일시하려는 시도는 없다. 주의를 끌고 있는 것은 단순한 성전일 뿐이다.[8] 환상 가운데서 성전은 분명히 예루살렘에 있는 그 성전을 반영하지만 그것의 정확한 배열이나 방향들에 한정되지 않는다. 이 환상을 통하여 백성들은 주님이 성전에 계신다는 점을 분명히 알 수 있었을 것이며, 그래서 성전이라는 단어에 대한 언급에 의해서까지도 그분이 그들 가운데서 심판을 선포하실 준비가 되어 있음을 그 나라는 알 것이다.

보좌에 앉으셨는데: 하나님은 왕이시요 재판장이시다.[9] 그분은 자신이 거하셨

---

8) 어떤 구절들 가운데서는 היכל이라는 단어가 하늘의 성전을 가리킨다. 시 11:4; 18:7; 미 1:2. 이러한 이유로 인하여 어떤 해석자들은 이 환상을 하늘의 성전에서 이루어진 것으로 생각하기를 원한다(예를 들면, G. A. Smith). 이 단어는 수메르인의 기원(*E-GAL*, 큰 집)을 가지고 있으며, 아카디아어 에칼루(비투 랍부)를 통하여 히브리어로 왔다. Feldman은 이 단어를 포로후기의 것으로 본다. 그러나 이 용어는 우가릿어에 나타나는데, 그곳에서는 그것이 어떤 특별한 신의 궁전을 가리킨다. 이 단어는 건물 전체를 가리킬 수도 있다. 삼상 1:9; 왕하 20:18, 혹은 가장 큰방을 가리킬 수도 있다. 왕상 6:17. 솔로몬의 성전에서는 그것이 성소의 호칭이었다.

9) Engnell은 암 1:5, 8에 호소를 하면서 우리는 왕에 대한 기술적 용어를 본다고 생각한다(참고. 사 10:13). 이 단어는 그분이 왕으로 혹은 재판장으로 앉아 있을 때, 주님에 대해서 채용되기도 하였다(참고. 시 29:10; 2:4). Engnell은 또한 여기의 이 표현이 높으신 신으로서의 주님에 대한 표현이라고 생각한다. 이러한 묘사의 어떤 특징들은 근동의 고대 종교들 가운데서도 그러한 유사형태들을 가지고 있을 수도 있을 것이다. 그러나 그러한 유사성들은 기껏해야 우연적일 뿐이다.

던 백성들에게 심판을 선고하시는 자신의 왕적 특권을 행사할 준비를 갖추고 있다. 솔로몬은 하나님께서 자기 백성으로부터 성전 가운데서 찾아질 것이라고 말한 바 있다. "종과 주의 백성 이스라엘이 이곳을 향하여 기도할 때에 주는 그 간구함을 들으시되 주의 계신 곳 하늘에서 들으시고 들으시사 사하여 주옵소서"(왕상 8:30).

주께서 매우 높이 올리어진 보좌 위에 앉으셨다. 재판장들과 왕들이 자기들의 보좌에 앉았던 것처럼 주께서도 자신의 보좌에 앉아 계셨다. 그래서 그분은 이미 심판하시는 왕으로 나타나신 것이다. 그 옷은 길고도 늘어뜨려지고 그 옷(robe)의 자락은 궁전에 가득하였고, 그래서 누군가 서 있을 만한 다른 자리가 없었다.[10] 그것은 영광스러운 위엄의 장면이었다. 그 환상이 이사야에게 보여졌을 때, 그는 말이 없어졌고 그의 침묵은 단순히 주님의 말할 수 없이 높아지심에 대해 주의를 집중시키게 한다. 이사야는 하나님의 주권적 능력이 나타나게 할, 그리고 심판이 두드러질게 될 사역에로 부름을 받는다. 그러한 사역을 준비함에 있어서 하나님의 거룩에 대한 하나의 환상이 있어야 한다.

실로 전체 장면은 그 메시지의 장엄성에 잘 어울린다. 우리의 관심은, 창조하실 수도 있고 멸하실 수도 있으시며, 홀로 주권자이신 분이시고, 또 그분의 손에 모든 인간들과 나라들의 운명이 달려 있는 그 주님에게 직접적으로 돌려져야 한다.

6:2 땅의 군주들은 자기들의 고관들과 수행원을 동반한다. 그러나 이사야가 본 환상은 독특하고 그 형태는 반드시 관례에서 취했다고 말할 수 없다. 창조의 하나님

---

10) 키쎄(כסא)에 티프카를 붙이면서, 맛소라 학자들은 그 단어를 두 형용사들로부터 구분하고 있으며 그래서 외관상 그것들을 "주님"과 함께 해석하고 있다. 사 57:15에서 이 두 형용사들이 하나님에 대해서 사용되고 있고, 52:13에서는 이 둘의 어근이 여호와의 종에 대해 사용되었다. 그렇지만 단어의 순서적인 면에서 볼 때, 이 형용사들을 보좌에 적용하는 것이 보다 자연스러울 것으로 보인다. 그러므로 그 보좌의 위엄을 강조하면서 선지자는 그곳에 앉으신 분의 위엄에 주의를 집중하도록 하고 있다.
"그 옷자락은"—지역하면 그의 옷자락, 깃, "옷 혹은 겉의 의복의 늘어뜨려지는 부분들" (Gray). Ibn Ezra는 이 단어를 보좌에 적용하고 있으며, Calvin은 그의 번역에서 같은 의미로 번역한다. "Cuius extrema replebant templum." Vulgate은 "quae sub ipso erant"로 읽으며, B는 분명히 신인동형동성론(anthropomorphism)을 파하기 위하여 "그리고 그 집은 그의 영광으로 가득 찼다"로 번역하였다. Engnell은 그 왕의 옷이 아키투 축제에서 의미심장한 역할을 한다고 지적하고 있다.

은 어떤 세상 군주들이 있기 오래 전에 하늘의 관료들을 두었고, 그들은 하나님 주위에 시립해 있었다. 사실상 인간의 왕권은 하나님의 왕권으로부터 나온 것이며, 지상의 수행원들의 개념은 하늘의 수행원들의 개념으로부터 나온 것이다. 고대 근동에서 두 생물들이 그 신과 함께하는 그의 특별한 수호신들로 자주 나타났었다.[11] 이것은 앗수르나 애굽에서도 사실이었다. 그렇다면 우리는 이 환상의 내용들이 고대의 다른 세계에서 발견되는 이와 비슷한 내용으로부터 나왔다고 가정할 수 있겠는가? 우리가 이미 주장한 대로 이 환상은 하나님의 계시였다. 그것은 허구 속에서가 아닌 이 지상의 시공 속에서 선지자에게 주어진 계시였다. 그러므로 형식적 의미에서 선지자가 이해하던 종교적 장식품(paraphernalia)과의 접촉점을 가지고 있었을 것이라는 것은 예상해 보아야 할 것이다. 형식적인 차원에서 이 환상의 내용들과, 고대의 다른 종교들 가운데서도 발견되는 습관들과 행태들 사이에 관계가 존재한다. 새로운 것은 이 환상이 하나님으로부터 온 계시였다는 사실이다. 또한 고대의 이방 종교들은 진실에서 변질된 것들이었고, 실제로 진실을 모방한 것이었음을 기억해야 할 것이다.

하늘의 수행원들은 스랍들 혹은 타는 자들로 묘사되어 있다. 이것은 그들이 구약에서 언급된 유일한 구절이다.[12] 스랍들은 인격적이며 영적 존재들인데, 이는 그들

---

11) Cf. H. Ringgren: *Word and Wisdom*(1947), pp. 11f.; Schaeder, *KAT* (1903), p. 310. 아카디아 왕은 두 수호신들, 즉 *shedu*와 *limassu*을 가졌었는데, 그들은 *kettu*와 *meshru*로 불려지기도 했다(참고. Engnell, *op. cit.*, p. 34). Cf. also Beguerie: *La Vocation d' Isaiae*, p. 20. 애굽에서는 이 호칭들이 *Hu*와 *Sia* 혹은 *Kika*와 *Sia*였다. 이 현상이 실제로 우가릿에서 나타났었는지는 확실치 않다. 참고. 1 Keret, 1, 12째 줄 이하.

12) 스랍들은 날개들, 얼굴, 발, 그리고 손들을 가졌으며, 인간의 언어로 말할 수 있었다. "스랍"이라는 단어는 독이 있는 뱀들에 대해서도 사용되었는데(민 21:4이하), 날을 수 있었다 (참고. 사 14:29; 30:6). 그런 까닭에 어떤 사람은 비록 뱀 숭배가 톨레미 왕조의 시대까지는 소개되지 않았음에도 불구하고, 그 연관을 찾기도 하였다. Duhm은 스랍들이 본래 뱀들의 몸을 가지고 있었던 것으로 생각하는데, 이는 그가 이 스랍들과 광야에 있었던 독있는 뱀들과 동일하지 않다는 이유를 알 수 없기 때문이다. 그렇지만 보다 조심성 있는 주석가들은 그 유일한 관련성은 그 이름 가운데서 발견되어질 것이라고 인정하였다. 예를 들면, König는 이 구절에 관한 논의에 있어서 최고의 위치에 있는 사람으로, 이 스랍들이 도덕적 개념을 가진 영적 존재들이라고 지적하고 있다. Kimchi는 그 어근을 "빛나다"라는 의미로 취급하면서 불의 사자들로 생각하였다. 다른 사람들은 아랍어 샤립(sharif), 즉 "고귀한"과 관련시키려 하였다.

이 얼굴과 발과 손들을 가지고 있으면서 인간의 언어를 구사하고 도덕적 개념들을 이해하는 것을 통해 알 수 있다. 그들이 불붙은 뱀이라는 유일한 가능성 있는 증거는 그것들의 날개이고 그것들이 타는 피조물이란 사실이다.

뿐만 아니라 스랍들이 그룹들과도 동일시되지 않으니 이는 양자의 기능이 확연히 다르기 때문이다.[13] 그룹들은 시은좌 위에 있으며 에스겔서에서 그들은 네 날개들을 가지고 있는 것으로 묘사되어 있다. 스랍들은 단순히 환상 가운데서 보좌 주위에 서 있는 피조물들이고 이사야는 즉시 그들을 하나님은 모셔 섰는 존재들로 인식하고 있다. 그들은 보좌들 위에 서 있는 존재들로 나타나며, 그래서 앉아 있는 자들과 서 있는 자들이라는 상대적인 위치가 표현되었다. 스랍들이 위에 서 있다는 것에서 그들이 그분보다 우위에 있는 것으로 생각되어서는 안 될 것이고, 다만 단순히 그분을 모셔 섰는 자들로서 그분의 명령을 대기하는 입장에 있는 것으로 생각되어야 할 것이다.[14]

뱀들과 동일시하기를 좋아하는 사람들은 고전적 작품들의 언급들에 호소를 하기도 하는데, 예를 들면, Herodotus(2:74)는 Thebes에 있는 쥬피터 신전에서 발견된 거룩한 뱀들을 언급하고 있다. 나는, 이 묘사가 고대 신화와 관련되어 있다고 하는 Bentzen에게 동의할 수 없다. 또한 Herntrich가 생각한 바와 같이 스랍들이 반인 반수라는 의견에도, 또 혼합된 형태를 암시하는 날개들에 대한 언급에 대해서도 동의할 수 없다.

주전 9세기와 8세기의 것인 히브리 인장들은 준보석으로 만들어진 것으로, 자주 인간의 머리들을 가진 날개 달린 사자들, 인간의 머리를 가진 날개 달린 스핑크스 등과 같은 날개 달린 피조물들이 새겨져 있다. DOTT, p. 218을 보라.

스랍들은 하나님의 특성에 대한 단순한 상징적 의인화도 아니다. 그들은 직능이 엄위하신 하나님을 찬양하는 실질적인 존재들, 참인격들로 나타나 있다.

13) 그룹들은 하나님의 보좌를 둘러서 있다. 겔 1:22; 계 4:6. 어떤 이들은 그들이 바벨론 신화에 대한 하나의 반영이라고 생각하는데, 이미도 궁궐들을 수호하여 서 있었던 날개 달린 돌 조각의 괴물들(qaribu)로 인하여 암시받은 것 같다고 주장한다. 또 다른 견해는 그들이 상징적 인물들이지 천사들은 아니라는 것이다. 이것은 교회 교부들 중 어떤 사람들에 의하여 분명히 주장되었다. 그들은 또한 폭풍의 구름과 빛나는 화염검(창 3:24)의 의인화라고 주장되기도 하였다. Leupold(Commentary on Genesis, Grand Rapids, 1950, p. 184)는 그룹들이 천사들과 같은 존재들이라고 주장하였는데, 이는 겔 1:22에서 그들이 생물로 묘사되어 있기 때문이다. 그는 또한 이스라엘 백성들이 그 그룹들이 어떻게 생겼는지를 기억하였다고 주장하고 있는데, 이는 그들이 두 그룹들을 만들도록 명령을 받았을 때, 그들에 대한 더 이상의 묘사가 필요하다고 생각하지 않았기 때문이라고 하였다. 참고. BA, I, 1(Feb., 1938), pp. 1-3.

14) Engnell은 עַל이 앉아 있는 분을 시립하는 자들을 가리키기 위한 정규적인 전치사라고 말한다. 참고. 창 18:8; 출 18:13. Drechsler는 עַל이 단순한 מֵעַל보다 더 예리하므로 "그

각기 여섯 날개가 있어: 이 표현은 개별적인 표현으로 각 스랍들이 세 쌍의 날개들을 가졌다는 것이다. 우리는 "여섯 날개씩, 여섯 날개씩, 각각에게"라고 직역할 수 있을 것이다.[15] 거룩하신 주님 앞에서 경외와 두려움의 표시로서 그 스랍들은 두 날개로 자기 얼굴을 덮었다. 하나님의 모습은 그를 보는 자 속에 겸손을 일으켰고, 얼굴을 덮음은 주님을 뵈옵기에 부당함을 나타낸 것이다. 아마도 주의 영광이 너무나 커서 사람이 직접적으로 그 위엄스러운 모습을 바라볼 수 없는 것처럼, 그들도 그 보좌에 앉으신 위엄스러운 모습을 직접적으로 바라볼 수 없었다고 상상하는 것은 틀린 것은 아닐 것이다.

그 둘로는 그 발을 가리었고: 이러한 행위는 반드시 죄악됨을 의미하는 것이 아니고 겸손과 무가치함의 표현일 것이다. 우리는 그 발이 성기에 대한 완곡어법으로 언급되었다고 가정할 필요가 없고, 그보다는 단순히 신체 중에서 덜 고상한 부분으로 언급된 것으로 생각해야 한다. 또한 두 날개로는 주님의 뜻과 명령을 수행하기 위하여 날았다.

이러한 하늘 수행원의 모습은 성경에 공통적인 것이다. 스랍들은 마치 그들이 봉사할 준비를 갖춘 것처럼 서 있다.[16] 그들은 언제나 순종할 준비가 된 상태에 있었다. 이것은 이상한 모습이다. 아마도 우리는 그들이 배회하고 있었다고 말할 수는 없고, 그렇지만 한편으로 그들이 딱딱한 표면 위에 서 있지도 않았다. 이들은 준비된 순종하는 종들이었다. 그들은 자기들의 날개로 주님을 섬기곤 하였다.

6.3 스랍들에게 무여된 지속적 기능은 하나님을 찬양하는 복된 사역이었다.[17]

───────

옆에"(*bei ihm*)로 번역되어야 한다고 주장한다.
15) 1Q에는 이 문구가 단 한 번만 기록되어 있다. 여기서 그것은 분배적인 의미를 가지는데, 다시 말해서 각 스랍들이 각각 세 쌍의 날개들을 가졌다는 뜻이다.
16) 참고. 단 7:10; 왕상 22:19ff.; 욥 1, 2장.
17) 분사 다음에 와우 계속법을 가진 완료형은 반복적인 의미를 가진다. 즉 "그리고 각기 외치기를 계속하였다." 사 40:3과 아랍어 카라(qara)의 용법에 근거하여 Engnell은 이 동사가 "특별히 제의적 의미와 근사한, '낭송하다, 영창을 하다'의 의미를 가진다"고 주장한다. 애굽에서 왕위에 오른 바로를 알리는 대제사장은 다음과 같이 선포하였다. "순결하도다, 순결하도다, 남방과 북방의 왕이여. 당신의 순결은 Horus, Seth, Thoth 그리고 Sepu(sopou)의 순결이로다"(A. Erman, *The Religion of the Egyptians*, p. 59). 이사야의 환상 가운데서 순결과 거룩이 결합되어 있다.

그들은 끊임없이 그분을 찬양하는 임무에 종사하고 있다. 우리는 얼마나 많은 스랍들이 거기에 있었는지 듣지 못한다.[18] 아마도 거기에는 두 줄들이 있었을 것인데, 각기 보좌의 양쪽에 있었을 것이지만 이것에 대해서 우리는 확실하게 말할 수 없다. 우리는 스랍들이 그룹들로 되어 있었는지 아니면 합창대로 되어 있었는지 알지 못한다. 그 노래는 응답송가였을 것이라고 생각하는 것이 안전한데, 이는 마치 스랍들이 소리치고 다른 스랍들이 소리쳐서 주님이 거룩하시다는 것을 그들 서로에게 선포하는 것처럼 하고 있기 때문이다. 물론 찬양이 실제로 응답송이었는지는 증명할 수 없다. 이사야로 하여금 그것들을 이해할 수 있도록 하기 위하여 그들은 인간의 언어로 불렀다.

거룩하다, 거룩하다, 거룩하다. 여기서 사용되고 있는 카도쉬(קָדוֹשׁ)는 하나님을 자신의 피조물들로부터 분리하는 신적 완전성 전체(the entirety of the divine perfection)를 의미한다.[19] 하나님은 피조물에 대해 절대적인 독립자로서 존재하시

---

18) 초기 해석가들 가운데 어떤 사람들은 거기에는 오직 두 스랍들만 있었다고 믿었다. Origen은 이들이 아들과 성령이었다고 주장하였는데, 그들이 보좌 위에 계신 아버지의 얼굴과 발을 덮었다고 한다. 그들은 아버지를 나타내었는데, 그렇지만 그들은 그분의 영원성의 시작과 끝을 감추고 있다고 하였다. Jerome은 이것을 거절하였다. Drechsler는 거기에 스랍들의 두 줄이 있었는데, 각기 그 보좌의 양옆에 있었다고 주장하였다. Rosenmüller는 그 스랍들을 4부 합창대로 나누고 있는데, 첫 번째 합창대가 노래를 부르고 그 다음에는 다른 합창대가 그리고 마지막으로는 함께 부르고 있다고 한다. 다른 사람들은 거기에 스랍들의 두 그룹이 있었다고 주장하였다.

19) 1Q에는 이 단어가 단지 두 번만 사용되었고 B에는 세 번 사용되었다. 여기서 동일한 두 단어들을 각각 분리시켜 놓고 있는 파섹(Paseq)을 주시하라. 어근 קדשׁ는 일반적으로 "분리하다, 자르다"란 의미로 취급되고 있다. 그렇지만 Bunzel(*Der Begriff der Heiligkeit im AT,* 1914)은 어근 쿠누슈(quddushu), "빛나다, 순결하게 되다"에 호소한다. 다음의 사항들은 첫 번째 입장을 지지한다. (1) "위엄으로부터 순수성으로의 전환은 순수성으로부터 위엄으로의 전환보다 더 쉽다"(Vos). (2) קדשׁ의 반대는 חוּל(공개된, 접근 가능한)이다. 이것은 קדשׁ가 "공개되어 있지 않고 접근할 수 없는" 어떤 것이거나, 또는 "분리된", "구별된"을 나타낸다. (3) קדשׁ라는 개념과 헤렘(חֵרֶם), "바쳐진 것"의 개념 사이에 어떤 유사성이 있다(see Vos). (4) 고대 근동에서 수많은 신성한 장소들은 **카데쉬**라는 이름을 가지고 있다. 이것들은 구별되어 있었고 일반인들은 나아갈 수 없었다. (5) 퀘데쉬(קָדֵשׁ)와 퀘데쇼트(קְדֵשׁוֹת)는 일반 생활에서 떠나 특별한 종교적 기능, 즉 매춘행위를 위하여 구별되어진 남녀들이었다.

그러므로 본래 이 어근은 분리, 혹은 Vos가 말하고 있는 바와 같이 "접근불가"의 개념을 표현하는 것으로 보이며, 이것은 하나님께서 인간들로부터 분리되어 계시다는 사실로 인한 것이다. 이것은 거룩의 영향 아래 있는 인간이나 혹은 물건이 선하게도 해롭게도 될 수 있는 어

는 창조주이시다. 그분은 주님이시고 인간이 아니시다. 피조물들이 그분에 의존하고 있을지라도 그분 자신은 그것들로부터 완전히 독립되어 계신다. 이것이 이사야 신학의 심장이요 핵심이다. 또한 거룩이라는 단어에 포함된 사상은 윤리적 요소, 죄

떤 세력, 말하자면 다소 mana나 taboo와 유사한 세력 아래 있었다는 것을 말하는 것이 아니다. 비록 도덕적, 윤리적 개념들이 "거룩"에 대한 일반적인 고대 근동의 개념에는 결핍되어 있을지라도, 그리고 그것이 외관상으로는 어떤 비인격체일 수 있을지라도(Von Rad), 그럼에도 불구하고 "거룩한 것"이 신적이거나, 또는 그것을 일반 인간 영역으로부터 구별된 것이 되게 하였던 신성을 소유하고 있었다는 것이 신념이었다.

이스라엘에서 이 개념은 하나님으로부터 온 특별계시라는 사실로 인하여 크게 보강되고 심화되었다. 하나님은 거룩하시다. 이는 그분이 피조물로부터 완전히 분리되시기 때문이다. 그러므로 거룩은 "…하나님의 속성을 나타내거나 同延인 모든 것에 적용될 수 있는 어떤 것"이다(Vos). "…내가 사람이 아니요 하나님임이라 나는 네 가운데 거하는 거룩한 자니…"(호 11:9).

주님이 거룩하시므로 그분은 피조물로부터 뿐만 아니라 죄로부터도 구별되신다. 그러므로 거룩이라는 개념은 윤리적인 성격을 소유하고 있다. 그러므로 거룩이 죄로부터 구별되므로 거룩은 죄와 상반되며 죄에 대한 징벌을 결정한다. "오직 만군의 여호와는 공평하므로 높임을 받으시며 거룩하신 하나님은 의로우시므로 거룩하다 함을 받으시리니"(사 5:16). 반면에 우리는 하나님의 질투와 그분의 거룩을 실제적으로 동일시하지 않아야 할 것이며(Von Rad), 그럼에도 불구하고 하나님의 질투는 그분의 거룩의 실제적인 표현이다. Von Rad는 세 가지 윤리적 금지들이 하나님의 질투에 호소함으로써 정당화된다고 바르게 지적하였다(출 20:5; 34:14; 신 6:14ff.). 이사야가 성전에서 거룩하신 하나님을 뵈었을 때, 그는 자신의 피조물들로부터 완전히 구별되시고 모든 죄악된 것들로부터 완전히 구별되신, 홀로 하나님이신 그분 앞에 서 있었다. 나는 Pederson의 영향을 빌은 Jacob의 아래와 같은 성의에 동의할 수 없다. "현상학적인 면에서 거룩이란 어떤 인격들과 어떤 물질들에 어떤 특별한 성질을 부여하는 초자연적 신비적 힘이다"(p. 69). 오히려 하나님께서는 그분이 하나님이시기 때문에 거룩하시다고 말해지고 있다. 어떤 물질들은 그것들이 신적인 영향 아래 있으므로 거룩하다고 간주된다. 최근의 가장 좋은 논의는 Vos, pp. 164-70에서 발견된다. Cf. also M. Garcia Cordero: *El Santo de Israel in Melanges Bibliques rediges en Phonneur d'Andre Robert* (Paris, 1957); A. Friedrichsen: *Hagios-Qadosh*(Oslo, 1916); J. Hanel: *Die Religion der Heiligkeit*(Gutersloh, 1931); H. Ringgren: *The Prophetical Consciouness of Holiness*(Uppsala, 1948).

Liebreich(*op. cit.*)는 קדש란 단어가 1:4에서 한 번 나타나고, 5장에서 세 번, 즉 16, 19, 24, 그리고 6:3에서 세 번 나타난 사실을 지적한다. 처음 여섯 장에서 주님에 대한 두 개의 친밀한 호칭은 "만군의 여호와"와 "이스라엘의 거룩한 자"이다. 이들 중 첫 번째 호칭은 4장을 제외한 모든 장에서 발견되며, 반면에 두 번째 호칭은 단지 1장과 5장에만 나타난다. 5:16, 24에서 두 칭호가 평행으로 나타나며, 6장에서 그 호칭들이 서로 같음을 나타낸다. 그런 까닭에 6장은 이전의 장들의 절정을 이루고 있다.

악된 것들로부터 완전히 자유롭고 독립되어 있다는 사상이다. 선지자 자신이 죄악되고 무가치하다고 반응하여 외칠 때 이 점을 인식한 것으로 보인다. 보좌에 앉으신 이는 그분이 창조하신 자들과 창조하신 모든 것들로부터 완전히 구별되시고 독립하여 존재하시는 하나님이시다. 그분은 또한 죄악을 보시기에는 너무나 순결하신 분이시며 죄를 전혀 알지 못하시는 분이시다.

그러므로 스랍들은 찬양하는 노래 가운데서 하나님의 독특한 특성, 말하자면 그분의 거룩을 나타내고 있다. 그들의 마음에서 그분의 본질 자체에 대한 찬양이 터져 나온다. 우리의 그분에 대한 가장 큰 봉사 역시 그분의 이름을 찬양하는 데서 발견되어야 한다. 그분의 이름을 찬양한다는 것은 카도쉬라는 단어의 단순한 반복 이상을 포함하고 있다. 그것은 하나님과 그분의 속성들에 대한 깊은 묵상을 포함하며, 그분의 말씀 가운데 기록된 교훈들에 일치하여 겸손한 삶을 사는 것을 포함한다. 다시 말하면, 그것은 하나님의 영광을 위하여 살았던 예수 그리스도에 대한 믿음의 삶이다.

왜 거룩이라는 단어를 세 번이나 반복하고 있는가? 한 고대인의 답변은 이것이 삼위일체를 가리킨다고 하였고, 신약에서는 본 장의 다른 부분들이 사실상 삼위일체에 대한 언급이라고 언급되어 있다.[20] 델리취는 다음과 같은 흥미로운 해석을 하였다. "3이라는 숫자가 발전되었으나 여전히 개체에 내포된 통일성의 숫자라는 사실은 그것이 삼위일체 경륜의 수이며 따라서 스랍들의 3중 거룩송의 수라는 상황에 그 궁극적 근거를 가지는 것이며, 결국 스랍들의 3중곡(계 4:8에서 한 그룹들의 그것처럼)은 이사야가 그것을 의식했건 못했건 간에 영물들 자신들은 참으로 삼위일체 하나님에 대한 뚜렷한 의식 가운데 있었음을 가리키는 것이었다." 동시에 우리는 조심해야 하며, 그래서 칼빈은 다음과 같이 바르게 해석하고 있다. "이 구절은 분명하지 않을 수 있으며, 이 구절에서부터 삼위일체를 추론한다는 것은 불신사들에게 자랑할 기회만 제공할 뿐이라는 것이다." 셋이라는 숫자는 강조를 위하여 채용된 것으로 보인다. 그러므로 카도쉬란 단어를 강조함에 있어서 우리는 스랍들이 불굴의

---

20) 근본적인 사상이 강조되어 있다. 참고. 계 4:8; 고후 3:18. 라틴어, 3중 최고와 최고 위대(쥬피터 신에게 돌려졌던 호칭, 또는 3중 쌍둥이—역주)*Ter Optimus Maximus; Ter Geminus* 등과 그리스어, 3중복의 수여자 *Trismegistos*에 호소를 해왔다. Engnell은 이 *trisagion*(삼중 거룩구)을 분명히 신년축제에 속해 있는 예루살렘 성전 제의로부터 나온 후렴으로 취급한다.

인내로 외치고 그들의 사역을 수행하는 것을 발견한다. 하나님은 삼중적으로 거룩하신 분이시다.

이 환상은 이사야에게 중대한 인상을 만들어 주었고, 그래서 하나님에 대한 그의 친근한 호칭은 "이스라엘의 거룩한 자"였다. 1-39장에서 12번이나 그는 이 칭호를 사용하고 있으며 40-66장에서 14회나 사용하고 있다. 델리취는 "그것은 이사야의 예언의 표시 중에서 하나의 본질적 부분을 형성하고 있다"고 말한다. 이사야 이외의 부분에서 그것은 열왕기하 19:22; 시편 71:22; 78:41; 89:18 그리고 예레미야 50:29과 51:5에서 나타나는데, 이 구절들 가운데 마지막 두 구절들은 이사야의 영향을 드러내고 있다. 루짜토(Luzzatto)는 다음과 같은 흥미 있는 관찰을 하고 있다. "…선지자는 마치 자기 책의 두 번째 부분의 진정성이 논란이 될 것임을 예감이나 한 것처럼, '이스라엘의 거룩한 자'라는 이 하나님의 성호를 마치 자기의 인장처럼 양 부분(전반부와 후반부를 말함—역주)에 붙여 두었다."21)

헤른트리히는 인간들이 하나님의 본질에 관하여 단언(Aussagen)할 수 없다고 주장하였다. 그들이 할 수 있는 최선의 일은 자기들의 삶 가운데서 하나님의 사역을 경험하는 것이다. 그러므로 그는 시공에 얽매인 한 인간이 본질적으로 시공을 초월하는 이 고백(Bekenntnis)을 감지할 수도 있다는 이 환상의 놀라움을 소리쳐 말하고 있다. "이사야는 영원의 한 부분을 보고 있다. 이 환상을 보는 가운데 시간까지도 여전히 그를 위하여 기다리고 있으니, 이는 그가 역사의 구체적인 지점에서 참으로 보고 있지만(1절), 그러나 그가 보는 것은 동시에(doch) 모든 다가오는 시기에 대한 힘있는 예견인 것이다."

어쨌든 위의 글은 문제를 혼돈시킨다. 하나님 자신은 시공을 초월하시지만 그의 피조물들은 그렇지 못하다. 하나님께서 주신 환상은 역사 가운데서 일어났던 하나의 환상이었다. 그것은 오직 하나의 피조물이 받아들일 수 있는 한 하나님에 대한 것이다. 그것은 그분의 본질 속에 계시는 분으로서의 하나님에 대한 환상이 아니라, 유한한 인간에게 자신을 적응시키시는 하나님에 대한 환상이었다. 그리고 언제나 그렇게 되실 것이다. 영원 가운데서도 역시 인간은 존재할 것이지만 반드시 어떤 피조된 것을 동반하고 있는 제한성을 가진 피조물일 뿐이다. 그는 언제나 하나의 피조

---

21) 이것은 "여호와"께서 주어이고 형용사가 술어인 하나의 명사절이다.

물로서 그의 피조성이 그에게 지우는 제한성들을 가지고 뵈올 것이다.²²⁾ 그렇지만 헤른트리히가 시편 2편에서 우리는 스랍들의 노래의 메아리(아마도 전조)를 갖고 있다고 바르게 말한다. 즉 "내가 나의 왕을 내 거룩한 산 시온에 세웠다". Duhm은 우리에게 주의 기도 가운데 있는 "이름이 거룩히 여김을 받으시오며"라는 구절을 상기시켜 준다.

온 땅에 충만한 것은 그의 영광: 이 문장은 "그의 영광은 온 땅에 충만이다"로 번역될 수도 있으니, 그러할 경우 영광이라는 단어가 주어로 취급되고 충만이라는 단어가 보어가 된다. 이러한 구문에서 그 뜻은 하나님의 영광이 피조된 우주 가운데서 발견되는 모든 것 가운데 있다는 의미이다.

반면에 "충만"이라는 단어가 주어로 취급될 수도 있는데 이것이 히브리어 어순에 더 잘 어울린다. 의미는 이 견해가 하나님의 영광을 피조물에 제한시키지 않는 것만을 제외하고는 본질적으로 같다. 그것은 온 땅만이 아니라 피조 세계 전체가 그의 영광이라고 주장하고 있다. 이것은 하나님의 영광에 대한 선포를 가리키고 있다. 신학자들은 하나님께서 그분 안에 스스로 가지신 하나님의 본질적인 영광과 그분이 창조된 우주 가운데 나타내신 영광을 바르게 구분하였다.²³⁾ 하나님의 영광은 무엇일까? 그것은 그분의 속성들의 계시이다.²⁴⁾ 그분이 창조하신 우주를 바라보면서 우리는 그분의 영광, 그분의 완전성 그리고 그분의 속성들을 바라본다. 피조된 우주 가운데 있는 하나님의 계시, 곧 그분의 선포된 영광은 인간으로 하여금 하나님의 거룩, 의, 공의와 함께 그분의 전능하신 능력을 확신시키기에 충분하며 그리하여 인간은 변명할 여지가 없는 것이다. 보이고 또 보이지 않는 피조물 전체는 거룩하신 하나님의 영광에 대하여 분명하고도 적극적인 음성으로 말하고 있다. 우리의 눈을 돌리는 그 어느 곳에서나 우리는 그분의 위엄의 표시들을 보며, 그래서 우리는 마음을

---

22) Cf. Cornelius Van Til: *The Defence of the Faith*(Philadelphia: 1955). Bavinck, Hodge 등의 표준적인 신학논문들을 참고해야 할 것이다.

23) Cf. Ashbel Greene: *Lectures on the Shorter Catechism*, 2 vols., Phila., c. 1841.

24) 틸 신에 대한 이기디이인의 송가는 이렇게 되어 있다. "오 주여, 당신의 신성은 파도치는 넓은 바다와 먼 하늘에 가득하나이다"(*ANET*, p. 385d). 3절 상반절과 하반절 사이의 관련성에 대하여, 나는 3절 하반절이 원인을 나타내는 절이 아니고, 3절 상반절의 말씀에 대한 이유를 말하고 있지 않다고 주장하는 König를 따른다. 그것은 오히려 상호 관계가 있거나 아니면 평행이다. 3절 하반절은 또한 하나님의 영광이 성전 가운데만 그리고 유대인 가운데만 나타나게 되었다고 생각하였던 사람들에 대한 비난의 힌트를 담고 있다.

열어 거룩하신 그분에게 찬양을 올려야 하는 것이다. 이것이 그분의 완전한 영광이 나타나 있는 그분의 세계요 거대한 무대인 것이다.

온 땅: 그 모든 땅(land)이 아닌 세계(earth)가 그분의 영광이 나타나고, 빛과 어두움의 권세가 큰 싸움을 하며, 그분의 완전하고도 최종적인 계시인 아들이 사단(the Prince of Darkness)을 무찌르셨던 무대이다.

6:4 이러한 외침의 결과들이 있었다. 문지방의 터가 흔들렸다.[25] 그것은 비할 데 없이 위엄스런 장면이다. 우리는 칼빈처럼 그 어떤 인간의 음성도 그렇게 성전을 뒤흔들 수 없었고, 그래서 그 외치는 자가 신적인 존재가 되는 근거가 되어야 한다고 가정할 필요는 없다. 전체의 장면이 환상 중에 일어난 것이며, 스랍들이 지속적으로 표명하여 문지방을 흔들도록 만든 것은 그 영광 자체요 찬송의 힘이다.[26] 이사야는 נע (누아, 요동하다)라는 단어를 사용하여 우리로 하여금 그가 다음 장에서 아하스의 마음의 흔들림에 관하여 말하고자 한 그것을 준비시키고 있다. 여기서 우리는 흔들리고 있었던 건물의 기둥들을 주시할 수 있다. 후에 왕의 마음까지도 바람 앞의 나무들처럼 흔들릴 것이었다.

이 흔들림의 원인은 스랍들이 보좌에 앉으신 거룩한 자에 대한 찬양을 할 때 부

---

25) אמות를 읽음에 있어서 1Q는 M을 지지한다. Engnell은 후기 히브리어 아메츠(אמץ), 엘(אל)과 비교를 하였다(손맷돌의 손잡이, Berachoth 18a). Cf. also the Akk. ammatu, ell, "규빗"(cubit.) Engnell은 만일 이 단어가 אם(엄마)과 연결된다면, 그것은 은유적 의미로 사용된다고 생각하고(참고. 삼하 20:19), "문설주의 중심 축들"이라고 해석한다.

ימלא—미완료형은 성격상 계속이고 진행적인 기간의 행위를 나타낸다. 우리는 다음과 같이 바꾸어 번역할 수 있을 것이다. "그리고 그 집은 계속하여 연기로 가득하였다." 첫 번째 동사는 남성복수(וינעו)이고 반면에 주어는 여성형(אמות)이다. 남성형과 여성형은 호 14:1에서 공동으로 간주될 수도 있다. 창 4:10에 있는 구조와 비슷하여 이 동사는 *nomen regens*에 의해서보다는 *nomen rectum*(sippim)에 의하여 영향을 받는다.

26) 이러한 이유로 인하여 나는 Vergil이 자주 인용한 단어들이 정당하다고 생각하지 않는다.

　　…*iuga coepta moveri*
　　　adventante Dea…(Aeneid, VI, 255)

Bentzen은 선지자 밑에 있는 그 외침으로 인하여 흔들렸다는 것은 왕상 1:40에서 "땅이 저희 소리로 인하여 갈라질 듯하니"라고 기록한 바와 같다고 주장한다. 그러나 그 땅이 움직였다고 말해지지 않고 단지 문지방의 기둥들이 흔들렸다고 되어 있다.

르짖는 그 음성 가운데서 발견된다. 이 흔들림에 이어 그 장면이 일어났던 그 집 자체, 곧 성전이 연기로 가득 찼다.[27] 성경에서 연기는 자주 하나님의 임재와 동시에 나타난다. 우리는 이미 읽어보지 않았던가? "여호와께서 그 거하시는 온 시온 산과 모든 집회 위에 낮이면 구름과 연기, 밤이면 화염의 빛을 만드시고 그 모든 영광 위에 천막을 덮으실 것이며"(사 4:5). 아마도 연기는 여기서 그 제단 위에 있는 불에 수반하는 것, 곧 그 제단에서 일어나서 성전을 채웠던 것으로 간주되어야 할 것이다. 그 연기는 그것을 바라보는 자 안에서 엄숙한 경외심과 두려움을 자아내게 하였을 것이다.

6:5 "그의 임하는 날을 누가 능히 당하며 그의 나타나는 때에 누가 능히 서리요?"(말 3:2) "여호와의 산에 오를 자 누구며 그 거룩한 곳에 설 자가 누군고 곧 손이 깨끗하며 마음이 청결하며 뜻을 허탄한 데 두지 아니하며 거짓 맹세치 아니하는 자로다"(시 24:3-4). 그러나 누가 손이 깨끗하며 마음이 청결하겠는가? 이사야는 아니었으니 보좌 위에 앉으신 하나님을 뵈었을 때, 그는 자신의 부정만을 생각할 수 있을 뿐이었다. 그에게서 고통스러운 외침이 터져 나왔다. "화로다" 이 한 단어 그 자체가 이미 재앙이 떨어졌거나 아니면 재앙이 떨어지려고 하고 있다는 것을 가리킬 수 있다.[28] 이 찌르는 말 한마디 가운데 그의 전체적인 양심의 가책이 놓여 있다. 그리고 그는 즉시 왜 이 화가 자기에게 닥칠 것인지 그 이유를 덧붙인다.

망하게 되었도다. 니드메티(נִדְמֵיתִי)란 한마디 말로 이사야는 그의 생각을 표현하였다. 나는 끝장나게 되었다. 나는 죽었다. 나는 망했다(undone). 죽게 됐다.[29]

---

27) 연기는 스랍들의 입으로부터 나오지 않았다(Duhm), 문맥은 이 견해를 거부한다. 또한 그것은 그 연기가 단순히 주님에 대한 모형, 즉 "공기형태의 높은 신"이라고 하는 Engnell의 해석도 허락하지 않는다. Delitzsch는 그 연기가 스랍들의 찬양의 직접적인 결과였다고 주장한다. 그러나 연기는 자주 하나님의 임재의 결과 아니면 임재와 관련되어 나타난다. 참고, 사 4:5. 어쨌든 그것은 반드시 하나님의 분노를 가리키지는 않는다(König).

28) 오이(אוֹי)와 호이(הוֹי) 사이에 많은 차이점이 있는 것 같지는 않다. 후자는 일반적으로 슬픔의 기색을 띤 "오!" 혹은 "아!"나 그렇지 않으면 "슬프다!"로 번역될 수 있으나, 반면에 전자는 "화로다 나여"와 거의 가깝다. Cf. 'alwailu li (Loqman의 우화에 너무나 자주 발견됨). 이사야의 외침은 우리에게 기드온의 그것을 상기시킨다. 참고, 삿 6:22; 13:22.

29) 완료형은 임박하여 이미 존재하게 된(perfectum confidentiae) 상태를 표현한다. 이 단어에 대한 여러 논의 가운데는 두 어근 둠(דוּם)과 다마(דָּמָה) 사이에 혼란이 있는 것 같다. 둠(דוּם)이란 어근은 명사인 두마(דוּמָה), "고요"(silence), 예를 들면 시 94:17, 두미야(דוּמִיָּה,

그것은 사실이므로 얼마나 무서운 평가인가. 그러나 무엇이 선지자로 하여금 스스로에게 그렇게 말하도록 하였는가? 그 대답이 즉시 뒤따라오고 있다. 이사야는 "나는…사람이요"라고 말한다. 그는 천사들이 하나님을 찬양하는 소리를 들은 한 사람, 곧 한 인간에 지나지 않았다. 그가 한 모든 말은 다음과 같이 번역할 수 있다. "한 사람—부정한 입술을 가진 나." 스랍들은 청결한 입술로 하나님을 찬양하였으나 이사야는 그렇게 할 수 없었다. 그의 입술은 부정하였는데, 그것은 곧 그가 한 인간으로서 부정하였다는 것을 의미한다.[30] 하나의 죄악된 사람으로서 그는 하나님을 찬

"고요") 예를 들면 시 39:3 (M), 그리고 두맘(הדום, "고요")이란 단어들에 나타나는데 이것이 사 47:5에서 부사로도 나타난다. 반면에 다마(דמה)는 "그치다, 그치게 하다"를 의미하며, 니팔형은 여기서처럼 "잘려지게 되다, 파괴되다, 멸망하다, 망하다"를 의미한다. 이 어근으로부터 도미(דומי), "고요"(quiet, 사 62:7)란 명사형이 파생되었다. 더 나아가서 어근 דמם, "고요하게 되다 혹은 점점 고요하게 되다"라는 단어도 있다. 이 여러 단어들의 빛 안에서 지금의 이 동사의 의미를 정확하게 결정하는 것이 얼마나 어려운지를 볼 수 있다. 예를 들면, Drechsler는 이 어근이 본래 숨이 붙어있는 것(holding)을 의미하고 그 다음에 모든 생명의 활동을 보유함을 가리킨다고 주장한다. 이와 같이 Calvin도 그것을 선지자가 조용해진 것—즉 너무나 두려워서 죽은 사람과 같이 조용해진 것을 의미하는 것으로 취급한다. 아마도 그것을 보다 엄격한 의미로 취급하는 것이 더 좋을 것이니, 곧 직역하면, "나는 끝장나게 되었다", 다시 말해서, "나는 죽었다, 나는 망했다(undone), 죽게 됐다"는 것이다. 벌게이트역은 원인을 나타내는 것으로 번역한다. 즉 이사야가 말하여야 했을 때(구 유대인의 전통을 따르는 Grotius와 벌게이트역은, "quia tacui et non audacter Oziam regem corripui, ideolabia mea immundi sunt"라고 한다)이거나 아니면 그가 스랍들의 노래를 들었을 때(Lowth), "내가 조용하게 되었기 때문에"(quod tacui) 이 구문에서는 하나이 리핵감으로 인된 고요(Vitringa)가 멸망의 원인이다. 선지자가 웃시야의 주제넘은 행위를 꾸짖지 못함으로써(대하 26:16 이하) 그의 직무를 유기한 결과라고 하는 고대 유대인의 전승이 있다. 또 단순한 해석학적 호기심들도 있다. 그렇다면 왜 이사야가 스스로의 운명을 느꼈을까? Duhm을 따르는 Bentzen은 그것이 윤리적인 의미의 죄를 가리키는 것이 아니라, 다만 제의적 불결을 가리키는 것뿐이라고 생각한다. 이사야가 주도권을 갖고 하나님을 본 것이 아니었으므로 그래서 그는 죽음을 두려워한 것이라고 주장한다. 그러나 성경 어디에도 하나님의 신비 속으로 주도적으로 입회할 필요성을 가르치고 있지 않다. 이사야의 두려움의 이유는 이사야 스스로 설명하듯이, 훨씬 더 깊다.

30) "부정한 입술"—어떤 상태에 의하여 영향을 받은 몸의 이 부분은 여기서 영적인 것으로, 명사 연계형을 따라 나오는 형용사적(epexegetical) 소유격으로 표현되어 있다. 마지막 절의 단어 순서는 목적격, 동사, 주어로 되어 있어서 목적격이 강조되어 있다는 사실을 주시하라. 이러한 절규가 하나님께서 그를 부르실 사역이 그의 말씀을 선포하는 것이라는 낌새를 표현하고 있는지, 하나님을 섬김에 있어서 그 입술을 사용하시는 것을 표현하고 있는지 우리는 말할 수 없다. 그러한 추측이 있을 수 있지만 그러나 유력한 생각은 그의 하나님을 찬양하기에 무가치함을 말한 것이라는 것이다.

양할 수 없고, 그의 죄악됨 자체가 그 입술에 나타나 있다. 이사야가 해야 할 일은 스랍들이 하고 있었던 것처럼 하나님을 찬양하는 것이지만, 그의 부정으로 인하여 그는 이 일을 할 수 없었던 것이다. 본성이 죄악된 사람은 그들이 한 것처럼 하나님을 찬양할 수 없다. 먼저 마음의 정화가 있어야 한다. 선지자는 무엇보다도 먼저 하나님을 찬양하기에 앞서서 자신의 죄와 무가치함에 대한 자각이 있어야 했다.

백성 중에 거하면서: 이사야가 하나님을 찬양하기에 부적합할 뿐만 아니라, 그가 거주하고 대표하고 있는 그 나라도 그와 똑같았다. 그 죄악으로 인하여 그 모든 나라는 하나님을 찬양할 자격이 없었다. 여호와의 종이 되도록 의도되었던 그 나라, 그 신정국가는 그분을 찬양하기에 맞지 않았다. 찬양은 모든 사람에게 주어지는 특권이 아니라 다만 죄가 사해진 사람들에게만 주어진 특권이다.

이사야가 언급하고 있는 바, 자신이 망했다고 믿었던 두 번째 이유는 그가 왕을 보았기 때문이다.[31] 여호와는 왕이시요 신정국가의 참 왕이시며, 메시아의 통치와 모든 나라들의 복종에서 그분의 나라가 더욱 뚜렷하게 될 것이다. "왕"과 "만군의 여호와"라는 두 표현 가운데는 하나님은 언약의 하나님, 곧 신정국가의 왕이시라는 사상과 동시에 그분이 창조주로 살아 계시고 참되신 하나님이시라는 사실이 결합되어 있다. 그것은 이사야가 하나님을 보았다는 것뿐 아니라, 동시에 거룩하신 하나님과 이 멸망시키는 영향력을 낳는 죄악된 피조물 사이의 무한한 거리감이 있음을 알았다는 것을 보여준다. 실로 스랍들과 같은 순결한 존재들까지도 하나님 앞에서 자기 얼굴들을 덮어야 한다.

6:6 비록 이사야가 자기의 죄악됨을 인지하였음에도 불구하고 스랍들은 이사야를 여호와의 존전에서 쫓아내지 않는다. 오히려 그들은 그의 죄들이 사해졌다는 상

---

31) כִּי는 원인을 나타낸다. 이 구절은 왜 이사야가 자기가 망하게 되었는지에 대한 두 번째 이유를 제공해 준다. 인간들은 하나님을 보고 살 수 없다고 믿어졌다. 삿 13:22; 창 32:31 등. Engnell이 세의 가운데서 이 땅의 군왕들은 하늘의 왕을 나타내고 육체화한다고 말할 때 우리는 그가 여기에 기록된 계시가 초자연적이라는 그 사실로부터 빗나갔다고 답변할 수만 있을 뿐이다. 그것은 지상의 왕에 대한 묘사가 아니라, 보좌 위에 앉으신 하늘의 하나님에 대한 환상이며, 그러므로 그분이 참 통치자이시고 주권자의 위엄을 가지신 분이시라는 것은 그분의 모든 대적들과 우리의 대적들을 복종시키고 그분에게 모든 사람들이 꿇어 엎드려야 한다는 것을 드러내 주고 있다.

징적인 확신을 심어준다. 그들은 하나님의 명령을 실행하고 있었으나, 스랍들의 날아옴이 끄덕임이나 하나님의 손의 신호를 통하여 암시되었는지 그렇지 않으면 직접적인 명령에 의하여 되었는지를 이사야는 말하지도 않고 우리가 특별히 알 필요도 없다. 많은 스랍들 가운데 하나가 그 무리를 떠나서 선지자에게 날아왔다.[32] 이 스랍의 손에는 핀 숯이 있었다.[33] 그 스랍이 먼저 날아서 화저들을 가지고 그 돌을 취하고 나중에 그것을 그 손에 취한 것이 아니다. 그보다는 오히려 그가 제단으로부터 화저를 가지고 돌을 취하였고, 그가 날고 있었을 때 그의 손에는 그 돌이 있었다.

리츠파(רִצְפָּה)는 향료가 놓여서 태워지는 돌이며, 그래서 그 장면은 번제단을 나타내기보다는 향단을 나타내는 것으로 보이는데, 이는 후자 위에 돌이 있었다고 생각하기 어렵기 때문이다. 그 돌은 향을 태우기 위한 것이었을 것이며, 그런 까닭에 그 향단으로부터 취하여 왔을 것이다. 동시에 우리는 이 환상에 대한 세부사항은 중요하지 않다는 사실을 기억해야 할 것이다. 이미 해석해 온 것처럼 성전의 개념은 잘 알고 있는 지상의 성전으로부터 나온 것이고 단순히 이 환상의 배경으로서의 역할만을 하고 있기 때문이다.

이 구절은 입술의 성결이 하나님 한 분으로부터만 올 수 있다는 사실을 분명히 가르치고 있다. 이사야는 참신자였고 하나님을 섬겼던 사람이었다. 우리는 여기서 그의 회심을 읽고 있지 않다. 지금 그는 사실상 더욱 성화되어 이전보다 더욱 크게

---

32) Delitzsch는 "그러므로 거기에는 많은 불특정의 수가 있었다"고 말한다.
33) "손에 가지고"—본 동사의 행위 당시에 존재하고 있었던 상황들을 표현하는 명사절.
리츠파(רִצְפָּה)—Hitzig는 그 스랍이 먼저 화저로 그 돌을 집었고, 그리고 나서 손으로 집었다고 생각하였다. 그러나 그 스랍은 화저를 가지고 제단에서 돌을 취하였고, 그리고 가가 날아왔을 때 그것은 그 손에 들려 있었는데, 아마도 화저에 의하여 들려져 있었을 것이다. B의 ἄνθρακα는 많은 랍비들이 따르고 있는데, "타는 혹은 타오르는 숯"으로 번역한다. 벌게이트역은 바르게 calculus, "작은 돌"이라고 하고 있는데, 아마도 타오르고 찬란한 돌이라는 의미일 것이다. 이 단어는 아람어에서 리드파(ridfah)로 나타나는 레쩨프(retzep, 신 이름. 역병과 전쟁의 셈족의 신. 히브리어에서는 불이나 역병의 의미로 사용됨—역주)의 한 통합명사(nomen unitatis)이다.

"화저"—직역하면, "집는 것들." 우리는 ק 아래에 파타흐(Pathah)보다는 카메츠를 기대해야 할 것이다.

어떤 사람은 스랍들까지도 제단을 (그것이 하나님에게 성별되었으므로) 직접 만질 수 없다고 생각한다. 이 문장은 비록 관계 대명사가 빠졌을지라도 특성상 관계를 나타낸다. "…그가 화저들을 가지고 제단으로부터 취한 한 뜨거운 돌."

주님을 섬길 수 있다. "그것은 주께서 그를 향한 그분의 호의를 더 크게 하시고 확장시키려고 의도하셨고 또한 그로 하여금 백성들에 대한 영향력을 더 크게 할 수 있기 위해서, 그를 더 높은 거룩성에로 올리기 위해서 의도하셨기 때문이다. 그리고 이것은 때의 특성상 또 그 나라에 일어났던 변화로 인하여 필요하다고 생각되었다"(칼빈).

상징적 의미에서 불은 정결케 하는 세력으로 간주되고 있다. 불을 입술에 댄다는 것은 그 입술이 정결케 되었다는 사실을 상징하였다. 어쨌든 이 씻음은 불의 사역이 아니라 하나님의 사역이다. 그것은 다음절에 나타난 바와 같이 희생제사가 드려졌다는 사실에 입각한 것이다. 결과적으로 이 구절은 단순히 불이 정결케 하는 세력을 소유하고 있는 것으로 간주되었던 고대 신앙의 또 다른 실례를 가리키는 것이 아니다.[34]

6:7 스랍이 그 숯을 이사야의 입술에 대는 행위는 물론 필요한 화해적 희생제사가 이미 이루어지고 그의 죄가 사해졌다는 사실을 상징하였다. 하나님의 명령에 따라서 스랍은 그 돌이 선지자의 입술에 닿도록 하였다. 제단으로부터 취해 온 이 돌(숯)은 단순한 사죄의 상징이었으니, 곧 불 그 자체가 당연히 죄를 정결케 할 수 없었다. 깨끗케 하고 정결케 하는 사역은 불이 하는 일이 아니고 하나님 한 분만이 하시는 일이다. 칼빈은 "미신적 생각을 하는 사람들이 마술에 어떤 숨겨진 힘이 있다고 상상하듯이 숯이 어떤 덕을 소유하였다고 믿을 이유가 전혀 없다"고 말했다. 하

---

34) Gesenius는 어떤 고대의 견해에게 주의를 환기시키고 있다. 예를 들면 페르시아 신화에서 영혼이 정결케 되어 축복을 받는 자가 되기 위하여 불을 통과하여 나아가야 한다. 애굽의 신화에서는 이시스가 비블로스의 왕의 아들을 지상의 불결로부터 그를 정화하기 위하여 불속에다 놓았다. 아마도 연옥의 교리는 이러한 고대의 미신으로 거슬러 올라간다고 생각된다. 그것은 이방세계로부터 기원된 것이지 성경에서 기원된 것은 아니다. Kittel은 *Fasti*, 4:785에 나오는 "omnia purgat edax ignis"에 호소한다. 애굽과 바벨론 그리고 헷족속들 가운데에도 이와 유사힌 정결의식들이 있었다. Mesopotamia에 있었던 *bit rimki* 의식들을 보려면 R. Dussaud, *Les Religions de Babylonie et d'Assyrie*(Paris, 1945)를 참고하라. 애굽에서는 죽은 자의 정결에서 입을 열거나 혹은 그 입을 정결하게 하는 것이 가장 중요한 것으로 생각되었다. 헷인들 가운데서는 한 사람을 화해시키기 위해서 그 사람의 입술과 입안이 정결케 만들었다. 또한 바벨로니아인들 가운데 있었던 *surpu* 의식을 참고하라. *srp*라는 어근이 스랍들(seraphim)의 자음들과 유사하다.

나님만이 사죄의 주인이시며 스랍은 그의 명령을 수행하는 사자일 뿐이다.

보라! 이것이 네 입에 닿았으니: 하나의 상징적 행위가 언어적 설명 없이 의미를 가지는가?[35] 계시가 말씀을 떠나 홀로 실행될 수 있는가? 그 진리 자체는 그 진리를 상징하는 표식들과 별도로 선지자에게 이해되어져야 했고, 이러한 목적으로 인하여 말씀이 사용되어져야 하는 것이다. 이와 동시에 그것들이 상징하는 바 표식들과 진리는 구별되어서는 안 된다. 표식의 의미 혹은 설명은 말씀에 의하여 전달되어야 하는데, 그것이 이사야에게 진리를 가져다주고 또한 동시에 의식들과 표식들에 대한 설명을 동반하는 역할을 하는 것이다. 칼빈의 말을 다시 들어보자. "그러므로 의식들의 주요 부분은 말씀 가운데서 존재하고 그것이 없이는 의식들은 마치 우리가 매일 카톨릭의 제도 가운데서 보듯이 무대 연극으로 변질되어 절대적 부패가 된다."

무엇보다도 언어적인 설명은 행위에 대한 잘못된 설명으로부터 보호하기 위하여 반드시 필요하다. 둘째로, 그 동반하는 말씀은 진리 그 자체가 이해되도록 하기 위한 본질이다. 스랍은 먼저 상징에로 주의를 끈다. 그것은 중요하였는데 이는 상징이 그 상징한 사실, 즉 이사야의 죄가 치워지고 그의 죄들이 사함 받았다는 사실에 대한 사상으로 이끌어 가기 때문이다. 들려진 말씀이 없이는 선지자는 무엇이 일어나고 있었는지 이해하지 못하였을 것이다.[36] 스랍이 무슨 죄에 대해서 언급하고 있는 것이며, 또 무엇이 그가 말하고 있는 죄인가? 그는 윤리적인 의미에서의 죄를 말하고 있는데, 곧 하나님을 실제로 섬기는 데서 이사야를 저해시킬 수 있었던 죄이다. 스랍은 어떤 특별한 죄를 암시하지 않고 있고 일반적인 죄를 암시하고 있다. 이사야는 모든 죄인들처럼 하나님만이 사하실 수 있었던 바 그 사죄를 필요로 하는 죄인이었다. 하나님을 섬길 사람들은 그 죄들이 사함 받아야 하고 또 그 사람들의 죄는 용

---

35) 불은 사죄와 정결을 상징하였다. 실제적인 정결은 제단에서 드림으로써 실현된다. 입술에 댄다는 것은 선지자의 영감을 상징하는 것도 아니고, 또한 우리가 스랍 자신이 사죄를 행하는 데 있어서 주도권을 가질 수 있었다고 가정할 수도 없다(Duhm).

(닿았으니) 네 악이 사하여졌고—와우 계속법을 가진 완료형은 완료형으로 표현된 것의 이유를 담고 있는 앞의 두 동사들 뒤에 일어나는 미래의 사건들을 선언하는 역할을 한다. Engnell은 이 동사를 강조적인 완료형으로 보고 "보라! 이것이 닿았을 때, 이제 너의 입술, 너의 죄는 분명히 떠나가고 너의 죄는 화해를 받고 있다"로 번역하였다. 이 번역은 가능하다.

36) 주석 가운데서 내가 기록한 사실은 하나님의 계시가 말씀에서가 아닌 행위들 가운데서 발견된다고 하는 견해에 심각한 반대 입장이다. 참고, 예를 들면, G. Ernest Wright: *God Who Acts* (London, 1952).

서받는다.

네 악이 제하여졌고: 이사야의 죄악 가운데 포함된 죄책은 제하여졌고 그리하여 그것은 더 이상 하나님의 용서의 길에 있어서 장애물이 아니었다. 만일 그 죄가 여전히 있다면 죄사함이 있을 수 없다. 그 죄악은 치워지고 제거되어야 하고 그리하여 하나님께서 용서하실 수 있다.

네 죄가 사하여졌느니라: 필요한 희생제사는 죄사함이 될 수 있다는 근거에서 드려져 왔다.[37] 이것으로부터 우리는 피흘림이 없이는 사함이 없다는 사실을 배운다. 죄사함은 화해(propitiation)에 근거한다.

(2) 이사야 선지자의 사명(6:8-13)

8절, 내가 또 주의 목소리를 들은즉 이르시되 내가 누구를 보내며 누가 우리를 위하여 갈꼬 그 때에 내가 가로되 내가 여기 있나이다 나를 보내소서
9절, 여호와께서 가라사대 가서 이 백성에게 이르기를 너희가 듣기는 들어도 깨닫지 못할 것이요 보기는 보아도 알지 못하리라 하여
10절, 이 백성의 마음으로 둔하게 하며 그 귀가 막히고 눈이 감기게 하라 염려컨대 그들이 눈으로 보고 귀로 듣고 마음으로 깨닫고 다시 돌아와서 고침을 받을까 하노라
11절, 내가 가로되 주여 어느 때까지니이까 대답하시되 성읍들은 황폐하여 거민이 없으며 가옥들에는 사람이 없고 이 토지가 전폐하게 되며
12절, 사람들이 여호와께 멀리 옮기워서 이 땅 가운데 폐한 곳이 많을 때까지니라

---

37) "히브리 희생제사 제도의 심장부인 כפר란 단어는 헌제자가 죄에 대한 하나님의 불쾌함을 피할 필요성을 느꼈다는 것을 나타낸다. 이러한 면에서 그것은 비록 문법적인 구조는 다를지라도 근본적인 화해개념을 가지고 있음을 나타낸다. 이 동사에 대한 비종교적인 사용이 이것을 확실히 해준다"(창 32:21; 잠 16:14)(Roger Nicole, "C. H. Dodd and Propitition", *WThJ*, Vol, XVII, No. 2, May 1955, p. 152). כפר의 기본적인 의미는 "덮다"이며, 이것은 같은 어족의 언어들에 의하여 지지를 받는다. 죄와 관련하여 이 뜻은 그 사람이 희생제사를 통하여 덮어졌으므로 죄가 더 이상 보여질 수 없다. 즉 그 죄가 덮어졌다는 것이다. 하나님이 죄를 보시지 않으시고 그래서 화해가 이루어진 것이다. 그 사람을 덮는 그것(즉 희생제사)을 하나님은 충분한 것으로 간주하신다. 그분은 만족을 얻으신 것이다. 나는 아카디아의 왕실 *kuppuru* 의식 가운데 *mishpi*- 의식, 혹은 애굽에 있었던 *pr dw.' t* 의식 가운데 *stj. r'* 의식에 호소하는 Engnell의 견해(*SDK*, p. 32, n. 2)를 따를 수 없다.

13절, 그 중에 십분의 일이 오히려 남아 있을지라도 이것도 삼키운 바 될 것이나 밤나무, 상수리나무가 베임을 당하여도 그 그루터기는 남아 있는 것같이 거룩한 씨가 이 땅의 그루터기니라

6:8 이 시점에서 환상 중에 하나님이 말씀하신다.[38] 이 시점에 이르기까지 그분은 보좌에 앉아 계셨었으니, 말하자면, 배후에 계셨었다. 그분은 주님, 주권자이신 **아도나이**이시니 이제 그분이 말씀하신다. 그분의 질문은 보냄을 받을 사람에게로 향한 것이다. 누구를? 그것이 주님의 질문이다. 이 땅의 모든 거민들 가운데서, 그리고 유다의 모든 사람들 가운데서···누구를? 이 사명을 주시는 분은 하나님 자신이고, 그래서 그분은 이사야 편에서의 응답을 자아내기 위하여 고안된 이 웅변적인 질문을 하고 있다.

그러나 왜 주님은 자신을 복수형으로 말하고 있는가?[39] 그분께서는 단순히 장엄복수형을 채용하고 있는 것인가 아니면 그분 역시 자기 질문 가운데서 하늘의 스랍들을 포함하고 있는 것인가? 자신의 주권적인 목적들을 이행해 나가심에 있어서 하나님은 다만 홀로 논의하신다. 그분께서는 자신의 피조물들과 심지어 천상의 피조물들과도 논의하실 필요가 없으시다. 그런 까닭에 고대 교회로부터 내려온 해석을 채택하는 것이 지혜로운 것으로 보이며, 주께서 말하시는 자신 가운데 여러 인격이 계신다는 점을 가리키기 위하여 복수형을 사용하고 계신다고 간주하는 것이 지혜로

---

38) ואמר (그리고 내가 늘었다)—Engnell은 이 단어를 "시간적-가상접속절" 문장을 이끄는 것으로 간주하고, "그리고 내가 주께서 말씀하시는 음성을 들었을 때··· 나는 대답하였다. 내가 여기 있나이다. 나를 보내소서"라고 번역한다. 그것은 지금까지 눈치채지 못한 히브리 구문론의 뉘앙스를 간파한 것이라고 생각하지만, 그러나 나는 이 두 구절이 평행이거나 아니면 등위절이라는 견해 쪽으로 기울어지며, 와오말(ואמר, 그때 내가 가로되)는 첫 번째 동사에 연이은(논리적이든 시간적이든) 행위를 소개해야 한다고 생각한다. 그러므로 다음과 같이 번역되어야 한다. "그리고 내가 들었다··· 그리고 그때 내가 말했다."

39) "우리를 위하여"—가장 일반적으로 받아들여지는 견해는 스랍들이 하늘 궁정의 멤버들로 포함되어 있다는 것이다. 이 견해의 타당성과 스랍들이 방금 전에 언급되었다는 사실은 찬성받을 만하다. 그러나 성경 어디에서고 하나님이 그분의 목적을 피조물들과 함께 토의하시는 분으로 묘사되어 있지 않다. 그러한 입장을 지지하기 위하여 일반적으로 그 증거 구절로 제시된 구절들은 전혀 타당하지 않다. 참고, 왕상 22:19 이하; 단 4:14. 어떤 앗수르 문헌은 "mannu lushpur"라고 되어 있다. 참고, Tallqvist: *Die assyrische Beschwoerungsserie Maqlu*(1895). 이것은 주님의 질문이 "신성시된 상투적 문구"(consecrated formula)임을 보여 주고 있는가(Engnell)?

운 것 같다.⁴⁰⁾ 여기에 신약성경에서 보다 충만한 계시를 나타내고 있는 삼위일체의 교리의 전조가 있다고 인정하기를 두려워하지 않도록 하자. 여기서 하나님을 위하여 나아가 사자로서 외치게 될 이사야로 하여금 자신의 존재의 특성 자체를 잠깐 볼 수 있도록 허용하고 계시는 분이 바로 이 위대하신 하나님이시다.

이사야의 응답은 즉각적이었다. 바로 전까지도 자기에게는 소망이 없었다고 두려워했었다. 그러나 이제 자기의 죄들이 사함받았다는 확신을 받고, 하나님께서 자신의 임재 가운데로부터 그를 축출하지 않으실 것이라고 생각한 그는 주권자이신 주님을 섬길 준비가 돼 있었다. 그것이 참된 신앙의 무장이다. 사실상 선지자는 하나님의 명령이 무엇인지 알기 전에도 기꺼이 그 명령을 행할 마음이 있었다. 이 비할 데 없는 구절 가운데에서 우리는 왜 그렇게도 적은 사람들만이 하나님을 기꺼이 섬기려고 하는지 그 이유를 발견하게 된다. 그들은 무엇보다도 죄사함의 확신이 필요하다.

한 사람이 죄의식을 가지고 그 다음 구속주께서 그의 죄책을 대신 짊어지셨다는 것을 알 때 그는 자원하여 하나님께서 그를 부르시는 곳은 어디나 가서 그분을 섬길 준비가 된 것이다. 사람들이 자기들의 죄들을 알고 복음을 알아 자기들의 죄를 지셔서 그 죄를 사하신 그분을 바라볼 수 있도록 하는 그 말씀(law)에 대한 설교보다 더 큰 어떤 필요성이 우리의 생애 가운데 있겠는가? "그러하면 내가 범죄자에게 주의 도를 가르치리니 죄인들이 주께 돌아오리이다 하나님이여 나의 구원의 하나님이여 피 흘린 죄에서 나를 건지소서 내 혀가 주의 의를 높이 노래하리이다 주여 내 입술을 열어 주소서 내 입이 주를 찬송하여 전파하리이다"(시 51:13-15).

6:9 이사야의 자원의 표현에 이어 명령이 즉시 뒤따라온다. 하나님의 사자는 보내어지는 것인데 말씀하도록 보내진다. 인류를 향한 하나님의 메시지는 말씀으로 오는 것이며, 그 말씀들에 대한 선포는 가는 사람들의 임무이다. 하나님의 사역의

---

40) 이 주장은 반드시 지지되어야 한다. 우리는 충만한 의미에서 삼위일체 교리가 구약성경에 계시되었다고 말하지는 않는다. 다만 우리가 말하는 것은 이 독특한 구절과 다른 구절, 예를 들면 창 1:26이 화자 안에 인격들의 복수성이 있음을 암시하고 있다는 것이다. 그것은 하나님께서 은혜롭게도 좀더 충만한 의미로 신약시대의 성도들에게 계시하신 교리의 그림자이다.

성취는 철두철미하게 선교이다. 알렉산더는 해석하기를 "이 예언은 백성들 자신들에게 주어진 권면과 명령의 형태로 옷입혀 있으니, 이는 그것을 그들에게 보다 명백하게 가져다 제시하고, 그러한 경고 후에 그들 자신들을 파괴하는 어리석음과 악함을 더욱 무겁게 하기 위한 목적 때문이다."

특히 흥미 있는 것은 이 예언의 형태이다. 대부분의 예언적인 언어 가운데는(민 12:1-6에 가르쳐져 있는 내용과 일치하여) 다소 모호함이 있는 것 같다. 그러나 이 예언에서 이 모호성은 사라지고(비록 메시지 자체가 환상 중에 받아들여졌을지라도) 그 백성의 운명이 오해될 수 없는 분명한 말씀들로 예고되어 있다. 결국 그 나라의 죄악이 보다 대담하게 두드러진다. 백성들은 자기들에게 파멸을 가져올 그것 자체를 행하도록 명령받고 있다. 아마도 상당한 아이러니가 있는 것 같다.

아마도 우리는 선지자의 외침을 다음과 같이 상상할 수 있을 것 같다. "들으라, 그렇지만 너희는 물론 듣지 않을 것이다." 그러므로 이 말씀은 우리 주님이 당시 유대인들에게 말씀하셨던 그 말씀과 일치한다. "너희가 너희 조상의 양을 채우라"(마 23:32). 우리는 다시금 알렉산더의 말을 들어볼 수 있으니, "이러한 형태의 발언은 일상생활의 어투에서 생소한 것이 아니다. 마이클리스(Michaelis)가 잘 관찰한 바와 같이 그것은 마치 한 사람이 행실을 고치려는 결심과 결단이 없는 다른 사람에게 '지금 가서 네가 말해온 모든 것의 정반대로 해라' 고 말해야 하는 것과 같다."

이 백성에게: 그 백성에 대하여 하나님께서는 이미 말씀하시기를, "내 백성이 생각지 아니하도다"라고 하셨다. 이 백성은 내(하나님의) 백성이다. 그렇지만 여기서 그분은 그들과 동일시하고 있지 않다. 여기서 그분은 그들을 내 백성이라고 부르지 않으신다. 그들은 그분의 백성이지만 그들은 그분에게 불성실하고 그분을 만홀히 여긴(멸시, 1:4) 백성이다. 이 칭호 속에는 경시하는 어투가 들어 있을 수도 있다. 이 백성은 더 이상 나에게 관심이 없는 백성이다.[41]

듣기는 들어도: 속담적 형태의 표현이었을 수도 있는 것을 채용하면서 이사야는 그들이 전에 결코 들어보지 못했던 의미의 깊이 있는 말씀을 주고 있다.[42] 그가 누

---

41) 참고. 출 32:9; 사 9:16 등. 본 문구는 미신적이고도 불신앙적인 백성을 가리키는 것 같다(Duhm). Boehmer("Dieses Volk", *JBL*, 1926-27)는 Duhm의 견해를 거절하고 이 문구가 결코 경멸적인 의미를 가지고 있지 않고, 다만 그 나라에 대한 하나님의 긍휼을 표현하고 있다고 주장한다.

구에게 말하고 있는가? 전 국가에게, 이스라엘에게만, 그렇지 않으면 유다에게만인가? 이 질문들은 대답하기 어려울 것이지만 우선적으로 최소한 유다를 향하고 있다. 선지자가 이 백성에게 명령하고 있는 것은 계속적인 들음, 언젠가 갱신된 들음이다. 너희는 계속하여 들으라. 그 나라가 들어야 하는 것은 무엇인가?—즉 선지자의 말씀, 기록된 성경말씀, 계시된 하나님의 명령들이니 이 메시지들은 이미 그들에게 들려 왔었다. 동시에 그 나라는 이해하지 못하도록 금지되어 있었다.

"이스라엘은 알지 못하고 내 백성은 깨닫지 못하는도다." 1장으로부터 들려온 이 말씀들이 배경을 이루고 있다. 그래이는 해석하기를, "백성의 운명은 피할 수 없이 정해져 있다. 즉 그들의 상한 상태가 더 이상 치유를 받지 못한다(비교. 1:5 이하); 이제 그들로 하여금 계속하여 하나님의 음성과 뜻에 둔감하게 하라(비교. 1:3): 선지자의 설교까지도 그들을 더 눈멀게 하고 더 귀멀게 하고 더 둔감하게 할 뿐이다." 이와 같이 그 나라는 하나님께서 성취하시고 자기 백성을 대신하여 이루셨던 놀라운 구원사역과 기적들을 바라볼 것이었다.[43]

그러나 그들은 자기들이 들은 놀라운 일들의 의미를 깨닫지 못할 것이다. "모세가 온 이스라엘을 소집하고 그들에게 이르되 여호와께서 애굽 땅에서 너희 목전에 바로와 그 모든 신하와 그 온 땅에 행하신 모든 일을 너희가 보았나니 곧 그 큰 시험과 이적과 큰 기사를 네가 목도하였느니라 그러나 깨닫는 마음과 보는 눈과 듣는 귀는 오늘날까지 여호와께서 너희에게 주지 아니하셨느니라"(신 29:2-4). 그 나라를 멸망시키는 것은 어두움이나 하나님의 말씀을 듣지 못한 기근이 아니었다. 그것은 빛이었는데 곧 너무나 밝은 빛 때문이었다. 백성을 눈멀게 한 것은 이 빛 자체일 것이었다.

---

42) Demosthenes, *Contra Aristogenes*, I, "수수께끼같은 것을 보는 자가 못보게 하고 듣는자가 듣지 못하게 하기 위하여"(ὥστε τὸ τῆς παροιμίας, ὁρῶντας μὴ ὁρᾶν, καὶ ἀκούοντας μὴ ἀκούειν).

"듣다"—정형동사 다음에 독립 부정사는 계속적이고 집속된 행동을 표현한다. 그러므로 "너희가 계속하여 듣는다"는 뜻이다. 이것은 실제로 부사적 용법이고, 부정사는 부사로 간주되어야 한다. 아카디아어 부정사는 부사적 어미인 u를 가진다. "명령형은 실제로 직설법과 동일하다—즉 '너희는 듣는다…너희는 본다.'" 그렇지만 부정사에 의한 명령법의 강조는 이 해석을 반대한다.

43) 라오(ראו)—철자법을 주시하라.

6:10 주께서 지금 명령하고 있는 것은 이사야 자신에게 대한 것이다. 그는 자기의 수고가 그 나라 백성들의 마음을 완고하게 하고 감각을 둔감하게 하여 구원받은 사람이 있을 가능성이 전혀 없도록 하는 식으로 사역하도록 위임받고 있다. 깨닫는 마음을 가진 그 마음은 살이 쪄서 둔감해지고 그리하여 그것은 결국 거칠고 무감각해져서 하나님의 메시지를 깨닫지도 이해하지도 못하게 될 것이다. 성경에서 마음은 일반적으로 단순한 이해력이 아니라 전인의 중심으로 이해된다.[44] 그러므로 사람이 이사야의 설교를 들을 때 둔감하게 만드는 것은 그 사람 자신이며 그래서 그는 믿지 않게 되는 것이다. 다시 말해서 하나님께서는 그 나라를 향하여 "이 백성"이라고 말씀하신다. 그분은 이제 더 이상 그들을 향하여 "내 백성"이라고 하지 않으신다.

들음에 있어서 정상적인 기관인 귀 역시 너무나 둔감해져서 들려진 말씀까지도 들을 수 없으며, 빛으로 밝혀져야 하는 그 진리의 말씀이 비추어질 것이지만 눈은 너무나 어두워서 볼 수 없게 될 것이다.[45] 말하자면 그것은 눈 위에 베일을 얹어 놓는 효과를 가진다. 그러므로 설교는 눈에 있는 어떤 것을 문질러서 희미하게 만드는 행위와 비교된다.

눈으로 보고: 교차 대구법적인 구조가 흥미롭고도 강하게 묘사되어 있다.

마음 눈 귀 — 귀 눈 마음

---

44) 하솨(הַשְׁמֵן)—1Q는 השמן으로 되어 있음. 후음문자로 인하여 파타흐가 존재하나 휴지부에서는 특이한 것이다. יִשְׁמָע 역시 레비야를 가진 휴지가 있다. 그것은 그 어군의 첫 단어를 닫으므로(יַשְׁמַע-שְׁמֹעַ—역주) 이 단어에서 약간 휴지가 있어야 한다. 그러므로
  a. 그 눈들로는 보지 못하도록 그리고 그 귀들로는 듣지 못하도록
  b. 그리고 그 마음으로는 깨닫고 그것이 돌이켜
  c. 그리고 그것에로 고침이 있도록
첫 번째 항목 (a)는 깨닫는 외적인 도구와 연관되어 있다. 그렇지만 (b)에서는 감지하는 마음에 관련되며, 이 감지의 결과는 그 나라의 회개이다. 그러므로 (a)와 (b)는 분리되어야 한다. 더 나아가서 (a) 자체는 교차 대구법적인 구조로 되어 있는데, 즉 a-b, b-a이다. 이러한 이유로 인하여 우리는 왜 (a) 다음에 휴지가 있어야 하는지 알게 된다.

45) 이러한 묘사는 다른 곳에서, 혀에 대해서는 출 4:10, 그리고 눈에 대해서는 창 48:10, 그리고 귀에 대해서는 사 59:1에서 사용되었다.

본 절의 하반절은 또 다른 교차 대구법적인 구조를 가지고 있다.

    않도록 그것이 바라보다 그 눈으로 ― 그리고 그 귀로 그것이 듣다

 물론 그것은 비유적인 깨달음이지만 그럼에도 불구하고 그것은 그것들이 실제로 처해 있는, 즉 그 나라의 죄악됨과 그 나라의 회개의 필요성에 대한 깨달음이다. 만일 그 백성들의 눈이 그 진정한 실태를 바라본다면, 그러한 상황을 혐오할 것이고 그것으로부터 돌아설 것이다. 사람이 자기가 죄인이라는 사실을 깨닫기까지는 죄를 회개하지 않을 것이다. 그러한 "깨달음"(seeing)은 하나님의 선물이기도 하지만, 그 선물이 이 백성에게는 보류될 것이다.
 얼마나 자주 하나님께서는 세계에 자신의 말씀을 들으라고 명령하셨던가. 모든 백성에게 요구된 이 들음 가운데는 깨달음(understanding)과 자원함이 포함된다. 어쨌든 이사야의 사역은 이 명령을 저지하는 것이다. 그는 전해서 사람들은 그들이 행하도록 명령받은 것을 행할 수 없게 한다. 그럼에도 불구하고 그 책임과 죄책은 그 나라 위에 놓여 있는 것이다. 스가랴는 후에 그것들에 대해서 언급하고 있다(슥 7:11-12). "그들이 청종하기를 싫어하여 등으로 향하며 듣지 아니하려고 귀를 막으며 그 마음을 금강석 같게 하여 율법과 만군의 여호와가 신으로 이전 선지자를 빙자하여 전한 말을 듣지 아니하므로 큰 노가 나 만군의 여호와께로서 나왔도다."
 하나님의 말씀의 유입은 빛을 주며 그리고 복음의 전파는 깨달음의 안목을 여는 결과를 가져와야만 한다. 그런 까닭에 회심을 필요로 하는 사람은 참된 깨달음이 결핍되어 있고 참된 깨달음이 없는 듯하다. 자기들의 죄로부터 구원받은 사람들에게는 오직 깨달음이 있을 뿐이다. 만일 깨달음이 있다면 마음의 변화도 있을 것임에 틀림없다. 그러나 이사야가 전파할 때에 마음은 깨닫지 못할 것이고, 그 결과로 놀이키지도 않을 것이다.
 이 모든 이사야의 활동과 선포 가운데는 성취되어야 할 하나의 목적이 있다. 그것은 부정적인 목적이니, 곧 백성이 그들의 죄로부터 하나님에게로 돌이키지 않아야 하는 것인데, 이는 만일 그늘이 놀이킨다면 그늘은 고침을 받게 될 것이기 때문이다. 그분은 모든 사람들이 그분의 말씀을 듣고 그분의 길 가운데서 살아가라고 명령하신다. 동시에 그분은 이러한 결과들이 일어나지 않도록 한 사자를 보내신다. 그는 하나님의 말씀으로 하나님의 말씀을 대항한다. 이것이 어떻게 설명될 수 있을 것

인가? 진실로 모든 사람들이 그분의 말씀을 듣고 순종하라는 하나님의 대 명령은 폐기되지 않았다! 그 말씀을 듣지 않는 사람들은 불순종의 죄책을 질 것이다. 이와 동시에 만일 하나님께서 자신의 약속들에 진실하시다면, 어떤 사람들이 그 말씀을 듣지 않는 것은 필수적이다.

그 나라는 너무나 범죄하여 그 마음들을 강퍅하게 하였으므로 그 나라는 자체 안에 자멸의 씨들을 품었던 것이다. 신정정치 국가는 끝장나야 한다. 그러나 만일 그 신정국가가 끝장난다면, 그것은 아무도 하나님에게 관심을 가지지 않을 신정국가가 되어야 하며, 그것은 실제로 더 이상 신정국가가 아님에 틀림없다. 이사야의 사역은 돌짝밭과 같은 밭에 복음을 전하여야 하는 것이었으며, 그렇게 하여 백성들이 더 이상 신정국가가 아니었다는 사실과, 그리고 그들이 그들의 땅으로부터 축출되기에 마땅히 무르익었다는 사실이 분명해질 수 있게 되어야 했다. 그러므로 마음을 강퍅케 하시는 하나님의 사역은 팔레스틴으로부터의 축출의 시간이 이르렀다는 사실을 증명하는 것이다.

또 다른 문제가 있다. 성경의 유기 교리와 이 구절들과의 관계는 무엇인가? 어떤 이들은 어떤 관계가 없다고 분명하게 생각하고 그 명령형을 미래의 것으로 취급하였다.[46] 이러한 해석에 의하면, 우리는 단순히 백성들이 듣기를 거절할 것이고 그래서 그들의 영적 이해력을 잃어버리고 회개하지 않을 것으로 이해해야 한다. 이러한 구조 하에서 해석에 대해서 이사야는 자기 스스로 완강하여 강퍅하게 할 반역적인 백성들에게 단순히 설교만 할 것이다. 그러나 이 해석은 이 사건의 사실들을 정당하게 취급하지 않는다. 이사야의 설교의 결과가 하나님에 의하여 예견되었음은 틀림없다. 이사야는 어떤 특별한 결과가 나타나게 될 것이라는 태도로 설교하도록 명령을 받고 있다.

이제 하나님께서 그러한 독특한 결과가 나타나게 될 것이라고 예견하셨다면, 그 특별한 결과는 확정된 것임이 분명하며 또한 그것은 이미 하나님에 의하여 결정된 것임도 분명하다. 이러한 결론 이외에 달리 해결할 길이 없다. 하나님께서는 당신의

---

46) Gesenius는 이 명령형을 미래의 의미를 가진 것으로 보았다. Bewer는 다음과 같이 기록하였다. "그러나 그들은 계속 주의하기를 거절하여 그로 인하여 그들의 회개할 영적 이해력과 수용성과 또 구원받을 가능성을 잃어버릴 것이다." 우리는 오히려 이사야의 설교의 결과를 보아야 할 것이니, 물론 그것은 하나님에게 미리 보여진 것이었다. 또한 "그 마음이 둔하다고 설교하라" 등으로 번역하는 것도 옳지 않다.

신비로운 지혜로서 자기 백성들이 복된 복음의 예비교섭에 응답하지 않을 것이라는 사실을 미리 정하신 것이다. 그분의 주권적인 선하신 뜻 안에서, 주님은 그들로 하여금 영생을 얻도록 정하지 않은 채 지나가시고, 그리고 그들의 죄로 인하여 그들을 욕되게 하고 진노하시기로 정하셨다.

그렇다면 우리는 본 구절의 신학적인 의미를 주목해야 한다. 그 나라의 무지는 그 자체의 타락에로 돌려져야 한다. 선지자가 백성들에게 들으라고 명령할 때, 그는 그들에게 구원을 가져다주는 어떤 일을 하라고 명령하고 있는 것이고, 또 그와 동시에 그가 선포하고 있는 메시지가 의도한 사실을 입증해 보도록 명령하고 있으며, 또한 청중의 지식에 적합하게 하도록 명령하고 있는 것이다. 이사야는 설교하면서 듣고, 보고 깨달음을 둔감하고 눈멀고 무지한 백성에게 제공하고 있는 것이다. 이러한 축복들은, 하나님의 성령이 그 메시지를 마음에 적용시키실 때, 그 메시지들과 함께 그 열매로 나타나는 것이다. 그러므로 메시지의 내용 자체가 사망에서 사망으로 이르게 하는 냄새는 아닌 것이다.

칼빈은 "그러한 암매와 완악한 경향은 말씀의 특성에서 나타나는 것이 아니라, 다만 비본질적인 것이며 그러므로 인간의 타락으로 돌려져야 한다"고 말한다. 칼빈은 계속하여 말한다. 불경건은 마치 그 진리에 대한 선포 자체가 악한 결과들을 가져오는 양, 그 진리의 선포에 반대할 권한을 가지고 있지 않다. 악한 결과들은 말씀으로부터 오지 않고 거듭남을 결정적으로 필요로 하는 인간의 마음으로부터 오는 것이다. 또 칼빈은 계속하기를 "전반적인 책임은 그것을 전혀 받아들이기를 거절하는 그들 자신에게 놓여 있으며, 그래서 우리는 만일 구원으로 인도해야 할 것이 그들의 멸망의 원인이 되는 것처럼 놀랄 필요가 없다"고 한다.

"하지만 만일 당신이 제1 원인을 조사한다면 우리는 먼저 하나님의 예정으로 가야 한다." 제닝스(Jennings)는 다음과 같은 실례로서 그 상황을 설명하려고 한다. 그는 밤에 어두운 광에 랜턴을 가지고 가는 것에 대해서 말한다. 즉시 모든 불결한 어두움의 동물들, 어두움과 어울리는 쥐들과 생쥐들이 빛으로부터 도망하고 어두움 속으로 흩어지며, 다만 새와 같은 빛의 동물들만이 빛으로 날아올 것이다. "그 랜턴은 어두움을 심판으로 가져오며, 모든 것의 참된 상태―즉 그것들이 참으로 무엇인지, 그 특성을 따라 무엇이 그들 본래의 위치에 있어야 하는지를 드러내준다." 그렇지만 이 실례는 전혀 부적합하다.

복음이란 어떤 사람들은 어둠을 좋아하고 다른 사람들은 빛을 좋아한다는 사실을 빛으로 드러내 보여주는 그것보다 훨씬 더한 어떤 것이다. 모든 사람이 어둠을 좋아하고, 즉 위의 실례의 언어로 말해서 모든 사람들은 어둠의 존재이며, 그래서 빛이 나타날 때에 그것으로 날아오기보다는 오히려 보다 깊은 어둠을 찾는다고 말하는 것이 보다 성경에 일치할 것이다. 그렇지만 어둠의 존재들 가운데 어떤 사람들은 복음에 의하여 변화되어 그 결과 그들은 빛을 사랑하는 것이다. 하나님의 성령의 선물인 새로운 마음이 그들에게 주어진 것이다. 사람들 가운데서 구별을 하는 것은 은혜, 곧 주권적 은혜, 오직 주권적인 은혜뿐인 것이다. 구약성경의 가르침에 의하면─우리는 신약으로 돌아가 볼 필요도 없다─구원은 여호와께 속한 것이다. 그러므로 칼빈이 그 나라의 상태의 제1원인은 하나님의 예정이라고 말했을 때 그것은 옳은 것이다.

이와 함께 우리는 인간의 마음의 완악한 상태에 대한 근인과 궁극적 원인 사이에 구별을 하여야 한다. 그 나라의 타락의 가까운 원인은 그들의 죄된 마음에서 발견된다. 그렇지만 그 궁극적 원인은 그들을 버리시려는 하나님의 작정이었다. 선택은 그들이 빛의 자녀들이기 때문에 구원받는 것이 아니다. 즉 그들 역시 어둠의 자녀들이며 그들 안에도 선함이 없고 빛을 받을 만한 것은 전혀 없다. 그럼에도 하나님의 선하시고 기뻐하신 뜻으로 말미암아 하나님께서 그들을 택하셨고 그들로 하여금 영생을 얻도록 정하셨고, 그래서 복된 복음이 그들에게 들려왔을 때 그들은 그것들을 듣게 되었고, 자원하는 마음이 주어졌으며 듣고 반응하게 되었던 것이다. 그러나 하나님께서 영생을 주시기로 정하지 않으신 사람들에 대해서 그분은 지나가셨으며, 그들의 죄로 인하여 수치와 진노를 받도록 정하셨던 것이다.[47]

이사야가 자기의 사역들이 아무런 열매들이 나타나지 않을 것이라는 사실을 들었음에도 불구하고 하나님을 섬기기 위해 자원하여 즉시 응한 사실에 대해서 우리는 놀라지 않을 수 없을 뿐만 아니라 그를 사랑하지 않을 수 없다. 이러한 사실로부터 우리는 어떤 외적인 성공이 우리의 사역에 나타나지 않을 때에라도, 복음사역을 계

---

47) 하나님께서 마음을 완악하게 하신다는 여러 성경 구절들이 있다. 출 4:21; 신 2:30; 롬 1:28; 살후 2:11. 유기 교리에 대한 현대의 성경 해석에 대해서는 Van Til, op. cit., pp. 413ff.를 보라.

"고침을 받을까"─직역하면, "그리고 그것에 고침이 있도록" 부정의 주어가 3인칭 남성 단수로 표현되어 있다. 이 구절에 대한 신약의 사용에 대해서는 Young, Thy Word is Truth (Grand Rapids: 1957), pp. 157-61을 참고하라.

속해 나가야 할 필요성을 배우게 된다. 어떤 외적인 성공이 두드러지게 나타나지 않는 것은 부분적으로 우리 자신의 무능으로 인한 것일 수도 있지만, 그럼에도 불구하고 우리의 임무에 충실해야 할 것이다. 주님의 교회가 무엇보다도 이사야와 같은 신실한 목회자를 갖도록 하나님께서 은혜를 베풀어 주시기를 바란다.

6:11 주여 어느 때까지니이까: 이사야는 자기 백성을 위한 사랑과 관심에서 이 질문을 하고 있다.[48] 그것은 자기 백성을 대신하여 한 기도이다. 이러한 백성의 강퍅함은 끝이 없을 것인가? 얼마나 오랫동안 그들은 마음을 강퍅하게 할 것인가? 언제 은혜의 시대가 시작될 것인가? 하나님은 언제나 꾸짖기만 하실 것인가? 그분은 영원히 진노하실 것인가? 그 진노는 얼마나 클 것인가? 그것이 선지자가 하여야 했던 질문이다. 그는 자기 백성을 변호할 수 없다. 그들에게 대한 하나님의 심판이 참되다는 사실을 그는 알고 있다. 또한 그는 하나님으로 하여금 그 심판을 완화시키시도록 감히 부탁하지도 못한다. 그는 그러한 일을 할 수 없다. 하나님의 선고는 참되니 그것을 완화시킬 수도 없다. 그러나 이사야는 그 나라에 관심을 가지고 있으니,

---

48) 참고. 시 94:3; 슥 1:12; 시 6:4 등. Hitzig를 따르는 Kittel은 이사야가 얼마나 오랫동안 이 설교(*Verstockungspredigt*:완고하게 하는 설교)를 계속해야 하는가를 묻고 있다고 생각한다. 이 문구는 아카디아어 탄원문들 가운데 *adi mati*와 평행을 이룬다.

"얼마나 오랫동안, 오 나의 주여,
나의 대적들이 나에게 악한 눈길을 보낼 것입니까….
얼마나 오랫동안, 오 나의 주여,
비참한 릴루(lillu)가 나를 향해 올 것입니까….
얼마나 오랫동안, 오 나의 주여,
당신은 진노하시며, 당신의 영혼이 진노 가운데 있겠나이까?
얼마나 오랫동안, 오 나의 주여,
당신은 진노하실 것이며 당신의 얼굴을 돌이키시겠나이까?
당신의 목을 당신이 저버리신 그에게로 돌이키소서.
은혜의 말 한마디로 당신의 얼굴을 돌리소서."

이 본문은 Dhorme, *Choix de textes religieux Assyro-Babyloniens* (Paris, 1907)에서 발견된다. Engnell은 이러한 표현을 "탄식시의 어법의 자원으로부터 나온 전문용어"로 본다. 반면에 이사야는 그가 단순히 얼마나 오랫 동안인지를 알기 원했기 때문에 얼마나 오랫동안인가를 물었을 수도 있다.

그의 이러한 관심은 그 백성을 향한 자신의 애정으로부터 쏟아져 나온 것이다.

그러므로 그는 이중적 입장에 처해 있는 것이다. 그는 비록 그 메시지가 그 나라의 강퍅함에 대한 선언을 포함하고 있을 때라 할지라도, 뜨거운 야망과 진실한 믿음을 가지고 하나님의 메시지를 선포해야 한다. 다른 한편 그 메시지에 대한 충성심을 가지고, 그리고 그것이 유감없이 선포된다는 최대한의 관심을 가지고, 그가 전하도록 부르심을 받은 그들을 향하여 근심과 사랑을 나타내야 한다. 칼빈은 말하기를, "이 두 감정들은 비록 그것들이 모순되는 것처럼 보일지라도 충분한 조화를 이루고 있다"고 한다. 그것들은 서로 보충하고 있음에 틀림없다. 한편으로는 전해야 하는 그들을 향하여 가지는 자연적 애정이 진리에 대한 차갑고도 거친 혹은 매정한 진리 제시를 방해할 것이다. 다른 한편으로, 자연적인 감정들과 애정들은 그 목회자가 전체의 진리를 선포하는 것을 방해 하지 않아야 한다. 여기에 하나님의 참된 모든 종들이 직면하는 문제가 있다. 또한 우리가 목회하는 백성들을 향한 가장 깊고도 진실한 그리고 가장 친절하고도 진지한 사랑은, 우리가 사랑 가운데서, 그럼에도 모든 하나님의 뜻을 굳게하고 적응시키는 가운데서, 그들에게 선포할 때만 나타날 것이다. 진리에 대한 충분한 선포에 못 미치는 것은 어떤 것이든 참된 사랑의 표명이 아니라 사리사욕을 가진 심령의 표명이다. 우리 백성을 향한 진정한 사랑은 우리가 그들에게 진리를 말할 것을 요구한다.

이사야는 다시 하나님을 아도나이로 소개하고 있으며, 그래서 그분의 주권적 능력을 나타내고 있다. 이것은 이 주제와 관련하여 적당한 칭호이니, 이는 그 칭호가 그 나라와 개인들의 복시를 사유로 나타내시는 주권을 놀라웁게 표명하고 있기 때문이다.

대답하시되: 하나님의 대답은 13절의 끝까지 계속된다. 성읍들이 황폐된 상태가 될 때까지 그 나라의 강퍅함은 지속될 것이다. 지금 하나님에게 전혀 무관심한 사람들로 가득 차 있는 이 인구가 조밀한 유다의 성읍들은 그때에 가서 완전히 황폐될 것이니, 이는 그 성읍들에 거민들이 없을 것이기 때문이다. 이 성읍들은 유령도시들이 될 것이며, 도시가 완전히 없어질 것이다. 이와 같이 개인 가옥들도 거주자들이 없게 될 것이다. 경작된 땅, 열매가 가득하고 풍부한 땅은 쉐마마(שְׁמָמָה), 곧 황폐한 땅이 될 것이다.[49] 이것은 전쟁으로 인한 황폐한 자취이며 이 일은 포로 때에 일

---

49) "까지"—참고. 창 28:15; 민 32:17; 아드(עַד)만 나타나는 곳은 창 24:19, 33; 룻

어날 것이다. 복음서 기자는 다음과 같이 말하고 있다. "저희가 능히 믿지 못한 것은 이 까닭이니 곧 이사야가 다시 일렀으되 저희 눈을 멀게 하시고 저희 마음을 완고하게 하셨으니 이는 저희로 하여금 눈으로 보고 마음으로 깨닫고 돌이켜 내게 고침을 받지 못하게 하려 함이니라 하였음이더라"(요 12:39-40). 이 예언에서 우리는 하나의 예언이 하나의 성취 이상을 내포할 수 있음을 볼 수 있다. 이러한 심판들이 완료되기 이전에 그 땅은 완전히 쓸모 없게 될 것이다.

6:12 심판은 사람들이 포로로 끌려가는 것으로 이루어질 것이다.[50] 이것은 정화 과정의 구체적인 예이다. 이스라엘을 택하시고 약속의 땅을 주셨던 하나님께서 이

2:21이다. שׁאה—정확한 미래(futurum exactum), 완료형은 미래적인 상태를 표현하는 역할을 하며, 그러면서도 다가올 어떤 것으로 간주되므로 "황폐될 것이다"란 의미이다.

50) 주제의 전환으로 인하여 Marti와 다른 사람들은 12절과 13절이 후기의 첨가물이라고 생각하고 이 예언의 본래의 일부분이 아니었다고 한다. 또한 11절에서 백성들이 그 땅으로부터 옮겨가서 이제 더 이상 옮겨갈 어떤 것들이 남아 있지 않으므로, 12절은 그 내용으로 보아 11절 다음에 속하도록 말해지지 않았다고 한다. 이에 답변하여 하나님께서 말씀하시고 있는 구절 가운데서 하나님은 자주 3인칭으로 나타나신다는 사실을 지적할 수 있을 것이다. 참고. 3:17 (König는 그의 Stylistik, p. 154에서 40개의 예들을 제시하고 있다). Bentzen은 12-13절을 본 환상에 대한 이사야 자신의 해석으로 취급한다. 이 구절들과 본질적으로 동일한 구절들을 보여주는 쿰란 사본의 발견으로 인하여 그것들이 올바른 자리에 있지 않다고 주장하는 경향 또한 M을 마멸된 것으로 간주하는 경향이 줄어들었다. 웨리하크(וְרִחַק, 그리고 멀리 옮기다)—König는 이 동사가 11절의 "까지"에 달려 있지 않다고 생각한다. 문법적으로 그것은 있을 필요가 없으며, 그런 까닭에 11절에서 언급된 것에 대한 설명이거나 예증적인 것으로 취급될 수도 있다.
"사람들이"—이 단어에 옮김의 주요 대상이 나타나 있다. 사람이 옮김을 당할 것이다. 이러한 옮김의 첫 번째 실례가 바벨론 포로에서 보여진다. 참고. 5:13; 신 28:63-67 등.
"폐한 곳이 많을"—만일 아주바(עֲזוּבָה)가 멜루카(מְלוּכָה)와 유사한 형태라면, 그것은 명사로 간주될 수도 있다.
"폐한 곳"—만일 이 단어가 칼 수동분사라면, 그것은 "버림받은" 혹은 "사람이 없는"으로 번역되어야 할 것이다. 그것은 버림받은 땅을 가리킬 수도 있고, 혹은 버리는 행동 자체를 가리킬 수도 있다. 어근이 7:16; 17:2; 27:10 그리고 62:12에 나타난다.
"이 땅 가운데"—인구가 조밀했던 곳에 가장 큰 공허가 있을 것이다.
31) כִּי는 원인을 나타낸다. 이 구절은 왜 이사야가 자기가 망하게 되었는지에 대한 두 번째 이유를 제공해 준다. 인간들은 하나님을 보고 살 수 없다고 믿어졌다. 삿 13:22; 창 32:31 등. Engnell이 제의 가운데서 이 땅의 군왕들은 하늘의 왕을 나타내고 육체화한다고 말할 때 우리는 그가 여기에 기록된 계시가 초자연적이라는 그 사실로부터 빗나갔다고 답변할

제는 그들을 그 땅에서 옮기실 것이다. 실제로 주님께서는 그들을 멀리 아주 멀리 옮기실 것이고, 그리하여 우리는 그 포로에 대한 일반적인 묘사를 보게 된다. "또 유다 자손과 예루살렘 자손들을 헬라 족속에게 팔아서 본 지경에서 멀리 떠나게 하였음이니라"(욜 3:6).

하나님께서 사람들을 그 땅으로부터 멀리 옮기실 때, 커다란 유기(버림받음)가 있을 것이다. 즉 그 땅 자체가 사는 사람이 없는 곳이 되든지 버림받은 땅이 되든지 아니면 그러한 저버림 그 자체가 일어나게 될 것이다.

6:13 황폐의 비극에도 불구하고 거룩한 씨로부터 한 새로운 유다가 나타날 것이다. "지라도"라는 표현 안에서 우리는 "남아 있는"[51]을 볼 수 있다. 십분의 일은 실로 적은 부분이며, 이 열 번째 것까지도 베임을 당할 것이다.[52] 비록 십분의 일이

수만 있을 뿐이다. 그것은 지상의 왕에 대한 묘사가 아니라, 보좌 위에 앉으신 하늘의 하나님에 대한 환상이며, 그러므로 그분이 참 통치자이시고 주권자의 위엄을 가지신 분이시라는 것은, 그분의 모든 대적들과 우리의 대적들을 복종시키고 그분에게 모든 사람들이 꿇어 엎드려야 한다는 것을 드러내주고 있다.

51) 1Q의 독법은 약간 흥미 있는 해석을 야기시켰다. Hvidberg, "The Masseba and the Holy Seed", in *Interpretationes* (*Mowinckel Festschrift*), Oslo, 1955, pp. 97-99에서 "산당에 있는 기둥 위로 넘어져 눕는 것"으로 해석한다. Albright는 "테레빈 나무 여신과 아세라의 목상처럼 산당의 돌기둥과 함께 내던져진"으로 해석한다("The High Place in Ancient Palestine", *VTS*, 1957, pp. 242-58). S. Iwry("Masseboth and Bamah in 1Q ISAIAH 6", *JBL*, Vol. lxxvi, Part III, Sept. 1957, pp. 225-32)는 처음으로 이 관계사를 명사로 취급하여 아세라로 번역한다. 그는 역시 바마(בָּמָה)라는 단어를 명사로 취급하여 그것을 מצבתה(그루터기)와 함께 해석하여 다음과 같이 번역한다. "테레빈이나 상수리 나무 혹은 아세라처럼 산당의 성스러운 기둥으로부터 넘어뜨려질 때." 이러한 해석은 본 절에 나오는 마지막 세 단어들의 삭제를 필요로 하며, 이 단어들은 1Q에 유지되어 있다. B는 "그것이 그것의 천정이 솟아 오른(궤) 무덤으로부터 떨어질 때"로 번역하였다. Cf. Millar Burrows: *More Light on the Dead Sea Scrolls*, 1958, pp. 146 이하.

52) "…지라도"—이 문구는 가정절로 "그리고 만일 십분의 일 부분이 아직 남아 있다면 그것도 삼키운 바 될 것이다"로 해석될 수도 있다. 참고. 사 4:2 등. "그 중에"—즉 그 땅에. "그것도…될 것이냐"—직역하면, "그것도 돌아와서 파괴될 것이다 등." בער의 피엘형은 "타다" 그리고 "소모되어 살라지다"를 의미할 수 있다. 참고. 3:14. היה동사 다음에 라메드를 가진 부정사는 운명을 나타낸다. 와우 연속법을 가진 완료형은 조건절 역할을 하는 명사절 다음에서 조건문의 귀결절을 이끌 수 있다. 와우 연속법에 의하여 소개된 두 동사들은 서로 등위의 관계에 있다. 마지막 절에 대해서는 Kissane이 잘 해석하고 있다. "마지막 구절은 완벽한 정확성을 가진 선지자의 가르침을 나타낸다—즉 그 나라의 멸망과 영광스러운 시온의 핵

생존하여 포로가 될지라도 그것도 역시 파괴될 것이지만, 또한 이러한 파멸 중에서도 그것은 상수리나무 혹은 테레빈 나무와 비교되고 있다. 엘라(אֵלָה)는 성경에서 수명이 긴 나무로 언급되어 있고, 알론(אַלּוֹן)은 상수리나무이다. 그래서 십분의 일은 완전히 멸망하지 않게 될 것이다. 알렉산더는 말하기를, "어쨌든 자주 그 백성들은 멸망당해질 것으로 보여지며 그래도 여전히 생존한 남은 자가 있을 것이며 그 남은 자가 멸망할 것처럼 보인다 할지라도 여전히 남은 자의 남은 자가 남겨질 것이며, 이 멸망시킬 수 없는 남은 자는 거룩한 씨요, 참된 교회…"(롬 11:5).

그 나무가 무너지고 심지어 잘리어 넘어뜨려졌을 때에라도, 그 안에 남은 자가 여전히 남아 있을 것이다. 이 알맹이가 그것들이 베어 넘어진 상태로 누워 있는 그 나무 안에 존속해 있다.[53] 이 생명은 지속되고 있다. 베어 넘어진 나무가 생명을 가지고 있고 또 그 안에 씨가 있는 것처럼 또다시 삼키운 바 되는 십분의 일 가운데 역시 그 씨가 남아 있을 것인데 이 씨는 거룩한 씨이다. 이 씨는 거룩하다. 그것은 택함받은 자들, 하나님의 자비로 보존된 자들이다. 앞장에서 하나님 자신이 거룩하다고 지칭되었던 것처럼, 거룩하다고 칭함 받을 수 있는 남은 자가 생존할 수 있는 남은 자이다. 그러므로 그것은 거룩을 받아 가진 영적인 씨이며, 그 거룩한 씨 안에서 구원의 약속이 실현될 것이다. 하나님의 복된 목적들이 곧 구원받은 저들이었고, 비록 심판이 선민들에게 계속해서 닥쳐올지라도, 그 어떤 심판도 그 약속들이 그리스도 안에서 성취될 때까지 그 나라를 완전히 쓸어버리지 못할 것이다.[54]

심을 이룰 남은 자의 생존."

53) אֵלָה은 상수리나무 일종이다. 팔레스틴에서 그것은 좁은 잎사귀들을 가지고 화관이 없는 꽃을 피우며, 그 입들은 떨어지지 않는다.
"베임을 당하여도" — 아마도 여성형 어미를 가진 피엘형 부정사인 것으로 보인다. 참고, 레 26:18. 이 단어는 그것이 베어진 이후의 상태와 상황을 지칭한다. 능동적 의미가 문맥에 잘 어울리지 않는다. 그 나라를 나무에 비교하고 있는 것은 고대신화로 거슬러 올라가는 것이 아니다. Engnell은 여기서 담무스 기둥을 언급하고 있는 것으로 생각한다.
54) 그렇지만 Herntrich의 견해는 전혀 다르다. 그는 말하기를 그것은 생명으로 복귀하는 것이 아니고 멸망으로 복귀한다. 거기에는 남은 자가 없을 것이다. 참고, 암 3:2. 소망과 약속은 6장에서 숨겨져 있으며, 그 근거는 스랍들의 노래들 가운데 있다. 소망의 표시는 볼로 말미암아 구원받은 그 사람 자신이 물었던 "언제까지니이까?"라는 질문이다. 그러므로 그 남은 자를 본문 상에서 제외시키더라도, 이 마지막 말들까지도 소망의 약속을 포함하고 있다. Herntrich는 6장을 죄를 사하시고 사망에서 구원하시는 하나님에 대한 증거로 간주하며, 그분의 위엄이 단번에 예수 그리스도 안에서 드러났다고 한다. 그러므로 이 장은 영원하신 말씀에 대한 하나의 증거이다. 사죄는 영원한 죄사함이며, 그 죄사함이 전 시대를 초월하는 것처

2. 위기와 약속(7:1-25)

(1) 두려워하는 아하스(7:1-9)

1절, 웃시야의 손자요 요담의 아들인 유다 왕 아하스 때에 아람 왕 르신과 르말랴의 아들 이스라엘 왕 베가가 올라와서 예루살렘을 쳤으나 능히 이기지 못하니라
2절, 혹이 다윗 집에 고하여 가로되 아람이 에브라임과 동맹하였다 하였으므로 왕의 마음과 그 백성의 마음이 삼림이 바람에 흔들림같이 흔들렸더라
3절, 때에 여호와께서 이사야에게 이르시되 너와 네 아들 스알야숩은 윗못 수도 끝 세탁자의 밭 큰 길에 나가서 아하스를 만나
4절, 그에게 이르기를 너는 삼가며 종용하라 아람 왕 르신과 르말랴의 아들이 심히 노할지라도 연기나는 두 부지깽이 그루터기에 불과하니 두려워 말며 낙심치 말라
5절, 아람과 에브라임 왕과 르말랴의 아들이 악한 꾀로 너를 대적하여 이르기를
6절, 우리가 올라가 유다를 쳐서 그것을 곤하게 하고 우리를 위하여 그것을 파하고 다브엘의 아들을 그 중에 세워 왕을 삼자 하였으나
7절, 주 여호와의 말씀에 이 도모가 서지 못하며 이루지 못하리라
8절, 대저 아람의 머리는 다메섹이요 다메섹의 머리는 르신이며 에브라임의 머리는 사마리아요 사마리아의 머리는 르말랴의 아들이라도 육십오 년 내에 에브라임이 패하여 다시는 나라를 이루지 못하리라 만일 너희가 믿지 아니하면 정녕히 굳게 서지 못하리라 하셨다 할지니라

럼, 웃시야가 죽던 해를 능가(umspannt)한다. 이사야는 영원하신 말씀에 대한 증인이고, 그리스도의 탄생 739-738년 전에 이미 그가 행한 설교 말씀을 통하여 건설되었던 그 공동체의 멤버이다.

그러나 이 어투는 실제에 있어서 하나님의 말씀을 역사로부터 분리시키며, 그리스도-사건, 혹은 그리스도-결정적 시간에 대한 선포를 역사적 예수 그리스도의 실제적인 구원사역으로부터 이반된 어떤 것으로 만든다. 이사야 6장은 단순히 어떤 영원하신 말씀에 대한 증거가 아니다. 그것은 오히려 역사적 예수 그리스도에 대한 직접적인 예고요 예언이다. "이사야가 이렇게 말한 것은 주의 영광을 보고 주를 가리켜 말한 것이라"(요 12:41). 우리가 믿기로는 본 장은 거룩한 남은 자가 보존될 것이라는 소망에 대한 언급으로 마치는데, 이 남은 자는 언젠가 역사 가운데서 십자가 위에서 죽으셨던 일로 말미암아 구원을 얻게 될 것이다.

9절, (8절에 포함되어 있음)

7:1 웃시야는 죽었다. 그러나 이사야는 참되신 왕, 만군의 여호와를 뵈었다. 하나님의 선지자로서 그는 완강하고도 고집센 왕에 의하여 인도를 받고 있었던 강퍅한 나라와 대면해야 했다. 강퍅하게 하는 사역은 그 출발점에 와 있다. 본 장의 내용은 아하스의 죽음 직후에 이사야가 기록해 놓았을 가능성이 상당히 크다. 그리고 이제는 단순히 아하스 당시에 일어났던 이 가장 독특한 사건에로 주의를 이끌고 있다.[55] 수리아 왕 르신이 이스라엘 왕 베가와 함께 예루살렘으로 쳐들어 왔다.[56] 그들의 목적은 전쟁하기 위한 것이었다. 그러나 그들은 그 거룩한 성읍을 대항할 수 없었다.

아하스 통치 동안 수리아와 이스라엘은 유다 왕을 폐위시키려는 목적으로 동맹하였다. 열왕기하 15:37에 의하면, 그들은 요담의 통치 동안 실제로 예루살렘을 포위하였다. 아하스의 통치 동안에 북의 대적들은 예루살렘으로 쳐들어왔으나 예루살렘을 함락시킬 수 없었다(왕하 16:5). 역대하 28:5에 의하면 아하스는 그를 쳤던 수리아인들의 손에 잡혔었고, 유다인들 120,000명이 죽임을 당했다. 이 여러 구절들과 어떤 관계들이 있을까? 외관상으로 볼 때 열왕기서는 이 침략의 시작과 결과를 기록한 것같고, 반면에 역대기서는 삽입된 사건들을 제공하고 있다. 열왕기하 16:5과 이사야 7:1이 매우 유사하다는 점을 주시해야 한다. 수리아의 르신과 이스라엘 왕 베가가 예루살렘을 쳐서 전쟁하기 위하여 올라왔으나 함락시키는 데는 실패하였다.

---

55) "아하스"—예호아하스 대신에, 설형문자는 Iauḫazi.
56) "르신"—의심될 여지도 없이 그가 신동자이다. 그래서 동사가 단수이다. Gray는 베가 앞의 접속사는 와우 동창격(concomitantiae)인데, 아랍어에서는 직접 목적격이 그 다음에 뒤따라온다. 그러므로 "르신은 베가와 함께 (그가) 올라왔다"이다. "올라와서"—이스라엘로부터 예루살렘으로 올라오는 것을 표현하는 데 사용됨. 왕상 22:2; 왕하 8:29; 행 8:5, 15. 동사의 사상은, 예루살렘이 높이 올리어진 것을 말할 수 있다는 의미로 예루살렘에 적용되고 있다. "베가"—참고, 왕하 15:27-31 "쳤으나(치기 위하여)"—예루살렘은 그들의 침략의 주대상이었다. 명사(מִלְחָמָה)가 부정사 역할을 한다. עליה는 생략되서는 안되는데 이는 열왕기하의 저자가 이사야서를 맹목적으로 따르지 않고 있으며, 또한 이 두 기록들 가운데 있는 약간의 차이점들은 전형적인 셈어 기록방식이기 때문이다. 참고. G. Douglas Young (OS, Deel VIII, 1950, pp. 291-99). "치기 위하여"란 문구를 위해서는 렘 34:22; 37:8을 참고하라.

역대하 28:5에 의하면 여호와께서 아하스를 수리아 왕의 손에 붙이셨다. 이 사건이 같은 침략 사건에 속하느냐 아니면 같은 침략 사건의 다른 국면에 속하느냐가 문제가 된다. 또한 비록 아하스 왕이 일시적으로 함락을 당하기는 했으나 그 대적이 그 도성 자체를 정복하지 못했을 것이라는 것도 가능하다. 만일 그것이 느부갓네살의 예루살렘을 포위할 당시와 유사한 경우라면, 여호야김 왕이 사로잡히기는 하였으나 그 도성은 함락되지 않은 사건과 평행이 되는 사건일 것이다. 열왕기서와 역대기서의 기록 사이에 정확한 관계를 결정하는 것은 아마도 그 전쟁에 대한 우리의 빈약한 지식을 가지고서는 불가능할 것이다. 양자가 같은 전쟁을 말하고 있는 것은 분명하지만, 그것들이 그 전쟁의 다른 국면들을 구별을 하고 있는지 여부는 우리가 확인할 수 없다.

어쨌든 아하스는 패배하고 상당히 많은 포로들이 사로잡혀서 다메섹으로 끌려갔다. 본문은 아하스 자신도 다메섹으로 끌려갔는지에 대해서 언급이 없고, 전쟁의 포로들에 대해서만 언급되어 있다. 외관상으로는 아하스가 그를 대파시켰던 이스라엘 왕의 손에 잡힌 것으로 보인다. 유다로부터 취하여진 전리품이 사마리아로 옮겨졌다. 그렇지만 사마리아에는 돌아오는 군대 앞서서 와 있었던 오뎃이라는 선지자가 있었는데, 그는 포로들을 돌려보내라고 충고하였고, 이러한 충고를 하는 중에 에브라임의 어떤 족장들이 그와 함께 하였다. 결국 그 포로들은 유다의 한 도성인 여리고로 돌려보내졌고, 거기서 해산하였다.

이 당시에 아하스는 앗수르왕에게 도움을 구하였다. 열왕기하 16:7은 이렇게 기록한다. "아하스가 앗수르 왕 디글랏 빌레셀에게 사자를 보내어 이르되 나는 왕의 신복이요 왕의 아들이라 이제 아람 왕과 이스라엘 왕이 나를 치니 청컨대 올라와서 나를 그 손에서 구원하소서 하고." 우리가 열왕기서와 역대기서에 대한 이사야서 7장의 관계를 생각해야 하는 것은 바로 이 시점이다. 열왕기서 16:5과 이사야 7:1 사이에 약간의 차이점들이 있으나 실제적으로는 동일한 것이다.

이사야 7:1은 전체 상황에 대한 요약이다. 아하스는 이미 잡혔다가 풀려났고, 역대하 28:5이하에 언급된 그 많은 전리품들을 빼앗겼다. 이사야 7:2 이하에 묘사된 만남은 이러한 사건들이 일어난 다음, 그리고 아하스가 디글랏빌레셀에게 도움을 구하기 이전에 일어난 것으로 보인다. 외관상으로 볼 때, 그로 하여금 앗수르에게로 향하게 한 것은 수리아와 에브라임이 동맹하였다는 소식이었다. 유다에 대한 두 왕들의 적대적인 의도는 언젠가 아하스를 풀어주었던 일이 있었음에도 불구하고 사

지지 않았던 것이다.[57]

물론 이러한 사건들의 재구성에 대해서 반대의견도 있을 것이다. 아하스가 북으로부터 첫 번째 위협의 징후가 있었을 때, 앗수르에 호소하였을 수도 있다고 보는 것이 더 그럴듯하기는 하다. 그렇지만 그 일이 반드시 그러하다고 볼 필요는 없다. 틀림없이 북쪽의 조치들이 아하스로 하여금 그의 대적들이 사실보다 훨씬 더 강력하였다고 믿게 하였을 것이다. 그들은 실제로 많은 전리품들을 가져갔었다. 그들은 아하스 자신까지도 잡아갔고, 르신은 이전에 유다에 속해 있었던 엘랏을 수리아로 돌렸고 그곳에서 유다인들을 쫓아냈다. 이 모든 것이 아하스에게 그의 대적들의 세력을 인상깊게 해 주었을 것이다.

더 지적되어야 할 것이 있는데, 이사야가 보내온 전체적인 메시지는 왕으로 하여금 그 잘못된 행동, 즉 여호와를 의지하는 것보다도 앗수르를 의지하는 일을 단념하게 하는 것이었다. 그렇지만 만일 왕이 이미 앗수르 왕에게 호소하였다면 이사야의 예언은 너무 늦은 것으로 보였을 것이다. 왕이 이미 앗수르에게 청원한 후에 인간을 의지하기보다 여호와를 의지하도록 아하스에게 권면하는 것이 무슨 의미가 있겠는가? 그가 결정적인 결정을 이미 하고 또 그 계획을 착수한 다음에야 왜 그에게 징조를 구하라고 하고 있는가? 만약 그가 자기의 계획을 바꾸었다면, 그는 앗수르와 싸워야 했을 것이다.

물론 북측의 의도에 대한 첫 번째 소식들이 들려오자마자 실제적인 침입이 시작되기 이전에 이사야가 메시지를 가지고 아하스에게 보냄을 받았다고 주장될 수도 있다. 그렇지만 이 의견에 반대하여 우리는 전쟁들이 분명히 요담의 통치기간 중에 시작되었고 그러한 일이 아하스에게는 전혀 새로운 것이 아니었다고 해석할 수도 있다. 그렇지만 보다 중요한 것은 열왕기서와 역대기서가 모두 유다에 대한 침략 이후에 도움을 구하는 요청이 있었다는 사실이다.

그러므로 우리는 아하스가 사마리아로부터 풀려난 후에 디글랏빌레셀에게 도움을 구하였다고 가정하는 것이다. 수리아와 에브라임은 분명히 아하스를 그의 왕좌에서 끌어내고자 하는 그들의 목적을 포기하지 않았다. 그들로 하여금 오뎃의 충고를 따른 것을 후회하게 한 사실에 대해서 우리는 상상할 뿐이다. 수리아가 이스라엘에 머

---

57) 서론, "역사적 배경"을 보라.

물고 있다는 말이 아하스에게 전해졌고 이러한 소식이 그를 대경실색하게 하였고 그래서 "왕의 마음과 그 백성의 마음이 삼림이 바람에 흔들림같이 흔들렸"던 것이다. 다시 말하면, 모든 것이 사라져 버린 것처럼 보였을 그 순간이 곧 하나님께서 소망의 소식을 가지고 개입하시는 순간이었다.

7:2 수리아가 에브라임에 주둔하고 있다는 말이 어떻게 다윗집에 들려왔는지에 대해서 우리는 들은 바 없지만 이 소식은 왕과 그의 신하들의 마음을 대경실색하게 만들었다.[58] 수리아는 에브라임에 머물고 있었다. 이 문구 가운데 메시지의 핵심요소가 발견된다. 수리아는 친밀한 태도로 귀향하는 행군을 중지하고 이스라엘의 영내에 여전히 주둔하고 있었다. 아하스의 마음 가운데 이러한 소식들은 불길한 예감이 될 수도 있었고 결국 그의 마음은 두려움으로 가득하였다.[59] 바람이 숲의 나무들에게 부는 것처럼 두려움이 그의 마음을 흔들어 놓았다.

7:3 지푸라기라도 붙잡아야 할 시기이다. 그래서 그때는 여호와께서 은혜로우신

---

58) 어떤 고대의 해석자들은 이것이 수리아와 에브라임이 동맹관계임을 의미한다고 이해한다. 최근에 De Bijbel은 다음과 같이 말했다. "적의 군대는 도착했고 에브라임과 동맹을 맺었다"(het vijandelijke leger is aangekomen en heeft zich met Ephraim verenigd). Kraeling은 말한다. "저자는 아람인들이 벌들이나 파리떼와 같이 정확히 18절에 있는 애굽인들과 앗수르인처럼 내려앉을 수 있다고 상상할 수 없었겠는가?" 이러한 해석을 지지하기 위하여 가끔 출 10:14과 삼하 21:10에 호소하기도 하였다. 그렇지만 Gray는 이 호소 구절들이 "…문맥이 요구하는 그것, 동맹국들의 나라에 있는 군대의 호의적인 그리고 일시적인 정지로 보이는 그것"에 전혀 맞지 않는다고 생각한다.

동사가 "정착하다" 혹은 "착륙하다"의 의미로 사용될 수도 있다. 창 8:4; 출 10:14; 사 7:19와 같은 구절들은 이것을 증명하는 것으로 보인다. 이와 동시에 이 동사는 "쉬다", "휴식하다", "잠잠하게 되다"라는 언외(言外)의 뜻을 가질 수도 있다. 우리는 에스드라 9:16, 17, 18, 22에 호소를 할 수도 있을 것이며, nwḥ는 ug. 95:14; 49:3:18; Apht 2:2:13에서도 사용된다는 점을 주시할 수 있다. 이 言外의 뜻은 문맥이 요구하는 것들, 즉 수리아가 에브라임과 동맹을 맺은 것이 친밀한 성격의 것이었다는 사실과 잘 어울린다(그렇다면 이 단어는 전쟁터에 있는 군대들의 상대적 입장을 지칭하지 않는다).

59) נחה—맛소라 모음 부호법은 그 강조가 피넬트에 있다는 점을 분명히 해주고 있으며, 그래서 이 단어는 완료형이 될 수밖에 없다. 이 단어와 다음에 나오는 נוע 사이에 언어유희가 들어 있다. 여성형은 아마도 주어가 집합적이라는 사실에서 기인한 것 같다. 참고, 삼상 17:21; 삼하 8:6; 욥 1:15.

도움의 손길을 가지고 개입하실 때이다. 아하스는 그 도성의 상황에 관심을 두고 있었다. 여호와께서는 더 광범위한 관심을 가지고 계셨다. 하나님께서 어떻게 자신의 말씀을 이사야에게 전달하셨는지, 꿈으로인지 아니면 환상으로인지 우리는 들은 바 없다. 이사야는 3인칭으로 기록하고 있는데, 그래서 자신을 객관화하고 있고 자신을 살짝 가리고 있다.[60] 그는 단순히 자기 집 밖으로가 아닌 그 도성 밖으로 나가라는 명령을 받았는데, 이는 왕이 그 성읍 밖에 있었고 선지자는 그가 있는 곳에서 그를 만나야 했기 때문이다.[61]

고대에는 선지자들이 왕궁에 나아갈 준비가 되어 있었다. 세계에서 이러한 일은 예언자들이나 점성가들에게 일반적으로 있었던 일이었지만 구약성경에서는 선지자들이 신정국가의 감시자로 간주되었다.[62] 한 왕이 어리석고도 죄악된 행동을 하려고 할 때, 그를 억제하는 것과 그에게 하나님의 뜻을 선포하는 것이 선지자의 의무였다. 이사야 자신은 이 경우에 아하스에게 나아가야 했지만, 특히 그는 "남은 자가 돌아온다"는 상징적인 이름을 가진 자기의 아들을 데리고 가야 했는데, 이 이름은 6:13의 약속을 상기시켜 주는 이름이다. 이 아들이 같이 있음으로써 커다란 심판이 있을 수도 있고, 그럼에도 불구하고 남은 자가 구원을 받는다는 사실을 왕 앞에 생생하게 드러내 줄 것이다. 그 소년이 있는 그 자체가 소망의 표식역할을 하였으며, 또한 왕으로 하여금 여호와로부터 오는 예언을 받도록 준비시켜 줄 수 있었을 것이다.[63] 그 이름은 그 강조가 돌아옴보다는 남은 자에게 주어져 있는 독특한 이름이다. 우리는 다음과 같이 설명할 수 있을 것이니, 곧 남은 자가 있을 것인데, 이 남은 자에 대해 중요한 것은 그들이 곧 여호와께로 돌아온다는 사실이다.

---

60) 이사야는 다른 경우에도 3인칭을 사용하고 있다. 참고, 37, 38장.
61) 왕이 어떤 장소에서 돌아오고 있었다는 암시가 없다.
62) 나는 이러한 사상을 *MSTP*에서 개진하였다.
63) 일반적인 서술적 문장에서 동사는 주어 앞에 나온다. 그렇다면 그 해석은 "남은 자가 돌아온다"일 것이다. Köhler는 "돌아올 남은 자"라고 번역한다(*VT*, III, 1953, pp. 84ff.). 그러나 Lindblom이 지적한 바와 같이(*A Study on the Immanuel Section in Isaiah*, Lund, 1958, p. 8), 이것은 사 10:21-22에 의하여 거부된다. 나는 이것을 명사절로 간주하여 남은 자를 주어로, 동사적 문장을 술어로 간주하는 면에서(*op. cit.*, p. 9) Lindblom에 동의한다. Lindblom은 이 동사가 싸움에서부터 살아서 돌아오는 것을 가리킨다고 하는 Blank의 해석을 거절함에 있어서도 역시 옳다(*JBL*, 68, 1948, pp. 211ff.). 그것은 6:10의 용법에서 보여진 바와 같이 여호와께로 돌아오는 것, "돌아와서 고침을 받는 것"이다.

끝 세탁자의 밭 큰길에 나가서: 그가 왕을 만나야 할 장소에 대한 세부적인 사항들이 이사야에게 주어져 있다. 그렇지만 오늘날에는 주어진 세부적인 위치의 정확한 지점을 확인할 수 없다.[64] 분명히 그곳은 나중에 앗수르의 랍사게가 서 있었던 곳과 같은 장소였다. "그가 세탁업자의 터의 대로 윗못 수도구 곁에 서매"(사 36:2하). 물이 연못을 이루고 있는 그 지점에서 이사야는 왕을 만났을 것이다. 이 역사적 세부사항들은 얼마나 중요성을 가지는지![65] 하나님의 계시는 역사 가운데서 주어졌고 또한 그 특성상 역사적이다.

아하스는 물의 공급의 상황을 확인하기 위하여 이 지점에 자주 갔을 수 있다. 이 북쪽의 두 대적들이 이 물 근원을 그 도성으로부터 끊어버리려는 가능성이 있었을까? 이곳에서 또한 옷을 짓밟아, 그것을 때리고 찬물에 주물러서 깨끗하게 하는 사람들이 발견될 수 있었다. 이들은 세탁자들(fullers)이었고 그들이 일하였던 그 밭은 한 길 옆에 있었고, 이 길로 오는 왕을 발견할 수 있었다.

7:4 윗못 옆에 전율하며 떨고 있는 아하스가 서 있다. 그러나 그에게 다가가는 사람은 떨지 않고 있다. 감히 왕의 존전에 나아가서 이 사람 이사야는 권위를 가진 담대한 목소리로 외친다. 그는 감히 하나님의 이름으로 왕에게 명령하기를 "너는 삼가며, 조용하라"고 분부한다.[66] 이러한 말씀들은 제안이 아니라 명령이다. 그것들은 무조건 순종해야 한다. 왜 아하스가 떨어야 하는가? 그로 하여금 조용히 신뢰심을 가지고 앗수르 왕을 신뢰하지 말고 여호와를 의지하고 서도록 하기 위해서이다. 이

---

64) 어떤 이들은 그 성읍의 북쪽 편으로 있는 윗 연못을 지적하였고(참고. Dalman: *Jerusalem und seine Gelände, Gütersloh*, 1930, p. 38ff.), 어떤 이는 그것을 예루살렘의 남서쪽에 있는 지금의 Sitti Miriam 근처를 지적한 이곳은 힌놈의 골짜기에 있는 소위 시온산 기슭에 기혼이라고 불리는 실로아(8:6) 연못이 있다. 왕상 1:33; 대하 32:30. 이 연못으로부터 시내가 나뉘어 두 개의 연못을 이루는데(느 2:15), 그것이 윗 못과 아래 못이다(사 22:9).
65) Jennings는 근거도 없이 이러한 묘사를 영해(靈解)하고 있다. 윗 못은 지극히 높으신 분의 축복으로 말해지고 있다.
66) הַשָּׁמֵר—체레를 가진 형식은 아마도 הַשְׁקֵט과 유사음관계를 이룰 목적인 것 같다. 참고, 30:15. 두 개의 긍정과 두 개의 부정적 명령이 왕이 두려움을 가질 것이 하나도 없음을 알도록 그에게 주어져 있다. בְּחָרִי—BH는 ב를 מִן으로 고치도록 제안하고 있는데, 이는 불필요한 것이니, 이는 베트(ב)가 아카디아어 이나(ina)와 애굽어 므(m), 그리고 우가릿어 브(b)처럼, "…로부터"를 의미할 수 있기 때문이다. 그렇다면 전치사는 이유, "으로 인하여"를 나타낸다.

사야는 그가 침착하도록 주선해야 했다. 흔들린 심령은 참된 신앙과 어울리지 않는다. 사람이 여호와를 의지할 때 사람이 무엇을 할 것인가를 두려워할 필요가 없게 된다. 믿음이란 침착함과 평온함을 포함한다.

두려움 없음은 심령의 침착함을 가져오는 것이니, 진실로 신앙과 두려움은 서로 반대되는 것들이다. 하나님에 대한 신앙은 마음의 두려움을 내어쫓는다.

> 너는 창졸간의 두려움이나
> 악인의 멸망이 임할 때나 두려워하지 말라
> 대저 여호와는 너의 의지할 자이시라
> 네 발을 지켜 걸리지 않게 하시리라 (잠 3:25-26).

하나님께서 "두려워 말라"고 말씀하실 때는 두려워할 어떤 것도 없다. 아하스는 어리석은 일을 하고 있었다. 그는 존재하지 않은 것을 두려워하고 있었던 것이다. 그가 존재한다고 생각하였던 위기들은 사실은 전혀 존재하지 않았다. 이사야의 명령은 실체에 대한 참된 지식에 근거한 철저히 실제적인 것이었다. 사실상 두 번째 부정적인 명령, 곧 금지사항이 주어졌는데, 그렇게 함으로써 아하스로 하여금 결국 두려워할 만한 것이 전혀 없다는 것과, 그의 행위가 어리석은 것이었음을 밝히 알게 하려는 것이었다. 그의 마음은 흔들리기보다는 약해지거나 소심해져서는 안 되었다. 흔들린 마음은 불신앙에 속한다. 아하스는 신정국가의 왕이었고, 모든 백성들 가운데서도 조용히 신정국가의 참되신 통치자를 의지해야 했다.

두 부지깽이: 그들은 연기나는 두 부지깽이에 불과했으므로—즉 그들은 불붙이는 나무도 못되었다—두려워할 이유가 없었다.[67] 대적의 힘은 실제로 다 소진되었나. 언젠가 불타올랐던 것이 이제는 연기나는 나무의 끝 부분에 지나지 않았다. 그 세력은 사라지고 그 나무는 숯이 되었다. 나무의 타는 부분들은 숯이 되어 연기가 나고 있었다. 그렇다면 르신과 그의 백성 그리고 천박한 가문의 사람인 르말랴를 두려워할 것이 무엇이겠는가? 보좌와 왕국이 정통적으로 속해 있는 다윗의 아들에 내항하여 신적 권위나 약속도 없는 르말랴의 아들이 공격하려고 손을 치켜올릴

---

67) "부지깽이"—암 4:11은 이것이 타는 나무의 한 조각이었음을 보여준다. 참고, 슥 3:2.

것이었다.[68] 다윗의 자손은 르말리야의 어떤 아들도 두려워할 필요가 없다.

7:5 수리아는 계획을 선포했으나, 그 계획의 성격은 악한 것이었다. 이는 그것이 아하스에게 좋은 징조가 되지 못하기 때문이다.[69] 르말리야의 아들이라는 무능한 왕을 가지고 있는 북왕국은 수리아를 돕고 있다. 이사야는 주저하지 않고 경멸하고 있다. 실제 이름을 빼버리고 왕을 르말리야의 아들이라고 언급함으로써 경멸의 태도를 나타내고 있다.

7:6 여기서 우리는 수리아의 악한 계획을 듣게 된다. 예루살렘에 도달하기 위하여 그 대적은 올라가야 했고 그들은 그렇게 하려고 생각하였다. 그들이 그 수도로 올라갔을 때, 그들은 그것을 멸망시키려고 계획하였고,[70] 그래서 그 방어를 쳐부수고 그 도시를 자기 것으로 만들려고 하였다. 이러한 악한 계획의 배후에는 궁극적 목적이 서 있었다. 수리아와 이스라엘이 선택한 왕으로 하여금 예루살렘을 다스리도록 하려는 것인데, 그 사람은 앗수르를 대항함에 있어서 자기들을 지원해 줄 사람이었다. 다브엘의 아들인 이 사람은 그들과 동료가 될 것이었다. 다윗의 자손 대신에 다브엘의 아들, 즉 합법적인 왕 대신에 찬탈자가 다스릴 것이었다.[71]

7:7 우리는 수리아의 계획을 들었으니 이제 홀로 자신의 계획을 이루어 나가실 수 있는 능력을 소유하신 주권자 여호와의 계획을 들어보자. 한 마디로 말해서, 우

---

68) 4절 하반절은 4절 상반절의 설명이다. 전치사 בְּ, "로부터"는 4절 상반절의 מִ, "로부터"와 유사하다.

69) 주된 역할을 하는 자가 수리아이므로 동사가 단수로 되어 있다. 이스라엘 왕은 또다시 르말리야의 아들로 호칭되고 있다. 그것이 1절에 없었다면, 그의 이름이 알려지지 않았을 것이니, 이것이 우발적으로 이 글의 진정성을 보여주고 있다. 삼상 20:27, 30; 22:12을 주목하라.

70) Eitan은 아랍어 카다(qada)와 바카아(baqa' a)를 비교하고, "유다로 올라가서 그것을 쳐부수고 그것을 우리편으로 만들자 등"으로 번역한다. S. Speier는(*JBL*, March, 1953, p. xiv) 역시 "멸망시키자"라고 번역한다. 그는 지적하기를 카(qa)로 시작하는 동사들은 "자르다"라는 개념을 가지고 있다고 지적한다. 유다가 언급되어 있으므로 동사의 접미사는 그것(유다)을 가리키는 것 같다.

71) 서론, "역사적 배경"을 보라.

리는 수리아와 에브라임의 계획은 성취되지 못한다는 말을 듣게 된다.[72] 수리아의 계획에 대한 전반적인 부정이 먼저 제시되고, 그 다음에 세부사항들이 따라나오고 있어서, 7-9절이 5절과 6절의 귀결절을 이루고 있다. 열국들의 운명을 정하시는 분은 수리아와 에브라임도 아니고, 아하스가 그의 눈을 앗수르로 향하는 그 일도 아니고, 여호와이시다. 그분만이 인간들의 계획들을 좌절시키셔서 그것들을 그분 자신의 뜻에 일치되게끔 유도하실 수 있으시다.

메시지가 짧게 끊어지고 핵심을 찌른다. 그 계획은 서지 못할 것이다. 그것은 실패할 것이고 그 일은 일어나지 않을 것이다. 그것은 이루어질 수가 없다. 참으로 그것은 일어날 수도 있고, 일어나기도 할 것이고 사실 이미 일어났을 수도 있지만 성취되기까지는 계속되지 못할 것이다. 부정이 강한데 이는 그것이 직접 부정이기 때문이다. 그러므로 아하스는 은혜롭게도 미래에 대한 통찰력을 부여받은 것이다. 그가 여기서 접하고 있는 것은 동료 인간의 의견들이 아니다. 이것들은 전능하신 하나님의 계시된 말씀이다.

7:8 하나님은 아하스에게 좋으신 분이셨다. 그에게 비록 절대적인 부정이지만, 부정만 하신 것이 아니라는 이 부정의 이유를 계속 제시해 나아가고 있다. "이 도모가 이루지 못하리라." 그러므로 우리는 다음과 같이 고쳐 쓸 수 있을 것이다. "수리아의 수도는 다메섹이고 또 계속 존속해 나갈 것이다. 그 상황은 유다의 병합없이 지속될 것이다. 그리고 다메섹의 머리 곧 으뜸은 왕 르신이며, 또한 그는 유다의 병합 없이도 창설되었던 것처럼 그 땅의 왕으로 존속할 것이다.[73] 수리아가 두 대적들

---

72) "이 도모가 서지 못하며"—3인칭 여성형이 여성형 주어의 술어로써 사용되고 있는데, 이는 그것이 언급되지는 않았을지라도 화자의 의중에 들어 있다. 참고. 사 14:24. תקום은 "영원히 지속하다" 뿐만 아니라, "존재하게 되다"를 의미할 수도 있다. 병렬동사와 비교해 보면 아마도 이 의미로 이해해야 할 것이다.

73) Lindblom은 이 왕이 의도적으로 어근 라차츠(רצץ, 부수다)를 암시하는 르신, "유쾌함"으로 불려졌다고 생각한다. 아마도 그럴 수도 있겠다 Procksch, Herntrich, Mowinckel, Steinmann 등은 "그러나 유다의 진정한 왕은 야웨이시다"와 같은 말을 덧붙이고 싶어한다. Vischer는 다음과 같이 제안한다. "유다의 머리는 예루살렘이고 예루살렘의 머리는 다윗의 아들이다"(*Die Immanuel Botschaft im Rahmen des königlichen Zionsfestes*, Zollikon-Zürich, 1955, p. 18). Vriezen은 키(כ)를 결과를 나타내는 것으로 취급하여 "비록 수리아의 머리가 다메섹일지라도 등"(*mag auch das Haupt von Aram Damaskus, usw*).

가운데 더 두드러져 있다. 수리아가 서 있는 한 다메섹은 그 수도가 될 것이고 르신은 다메섹의 머리가 될 것이다. 그렇지만 에브라임에 대해서 우리는 65년 이내에 그 나라가 하나의 나라로 존재하기를 그칠 것이라는 것을 보게 된다. 그 나라가 존재하는 동안 사마리아는 그 수도가 될 것이고 르말리야의 아들이 그 머리가 될 것이다. 이 의미가 다음과 같이 정리하여 표현될 수 있을 것이다.

> 대저 아람의 머리는 다메섹이요
> 다메섹의 머리는 르신이며
> (육십오 년 내에 에브라임이 패하여
> 다시는 나라를 이루지 못하리라)
> 에브라임의 머리는 사마리아요
> 사마리아의 머리는 르말리야의 아들이라도
> 만일 너희가 믿지 아니하면 정녕히 굳게 서지 못하리라.

이러한 정리를 보면 수리아가 우위를 차지하고 있으며, 에브라임은 거의 하위의 위치로 소개되어 있다. 이사야가 에브라임의 멸망까지를 65년으로 언급한 것은 무엇을 의미하는가? 그것은 최소한 세 개의 사건들이 포함되었던 것으로 보인다. 첫 번째로 디글랏-빌레셀의 침입인데, 그것은 이와 거의 같은 시기에 일어났다(왕하 15:29; 16:9). 둘째는 사마리아 자체의 정복인데, 그 결과로 열지파들이 추방된 것

본문 그대로, 7절에서 주어진 주장들의 근거가 8절 상반절과 9절 상반절에서 발견된다. 다른 한편, 8절 상반절과 9절 상반절은 각기 8절 하반절과 9절 하반절에 의하여 보충되고 있다. 9절 하반절은 다소 8절 하반절과 평행을 이루어 8절 하반절이 8절 상반절에 그러하듯 9절 상반절과 관련되어 있다. 그러므로 거기에는 파괴되지 않아야 할 조화가 있다. 수리아는 뛰어난 위치에 올라가 있고 에브라임은 거의 추상(追想)으로 떠밀려나 있다. Fullerton(*JBL*, Vol. 35, pp. 140-42)은 본문을 다음과 같이 취급한다. 8절 상반절은 아하스의 생각이고, 이에 대해서 이사야가 "…내에 다메섹이 멸망받을 것이다"고 대답한다. 9절 상반절은 아하스의 생각이고, 이것 다음에 "…내에 다메섹이 멸망 받을 것이다"는 이사야의 대답이 뒤따라온다. 이것은 또다시 본문에 대한 심하고도 근거 없는 재구성을 내포한다.

예하트(יֵחַת)는 니팔 미완료 형이다. חָתַת ת(ח)יֵחַת > יֵחָת, מֵעָם—한 백성이 되지 못한다(다시는 나라를 이루지 못하리라)는 것은 직역하면, '하나의 나라의 상태로부터 먼' 이다.

이다(왕하 17:6). 그렇지만 이 사건 이후에도 이스라엘 국가는 여전히 존재하는 것으로 간주되었다. 므낫세 통치 동안 다른 인종이 에살핫돈에 의하여 유입되었다(왕하 17:24; 스 4:2; 대하 33:11). 성경 자체만을 볼 때 므낫세의 축출이 일어난 해를 정확하게 결정하기 불가능한 것으로 보인다. 그러나 에살핫돈 자신의 비문(681-669)에 의하면, 므낫세가 그에게 봉신으로 있었던 헷 국가의 왕들 가운데 한 사람으로 열거되어 있었다. 만약 예상한 대로 이 예고가 734년에 주어진 것이고, 므낫세가 그의 단독 통치 제18년에, 또 아하스와 섭정한 기간이 계산된다면 제27년인 669년에 포로로 끌려갔다면 정확하게 65년이 맞는다. 므낫세는 그때 바벨론에 포로로 끌려갔다가 바벨론 왕의 신하가 되었다가 팔레스틴에서 다시 통치를 계속하도록 허락을 받았었을 수도 있다.

반면에 이사야는 단순히 대략적 숫자를 사용하고 있었을 수도 있으며, 이스라엘 국가가 분단된 나라로 존속하기를 그쳤던 주전 약 670년경을 말하려고 의도하였을 수도 있다. 만약 그렇다면 난점은 실제로 사라진다. 우리가 지금 생각하고 있는 메시지는 수리아-에브라임 전쟁이 발발한 해에 주어졌을 것이다. 이 당시에 디글랏-빌레셀도 역시 블레셋에 있었을 것이다(대하 28:18-20). 733년 디글랏-빌레셀은 다메섹으로 원정을 하였다. 732년에 그는 호세아를 권좌에 앉혀 놓고 그 해에 아하스는 단독으로 통치를 하기 시작하였다.

65년이라는 숫자가 대재앙의 사건인 사마리아의 멸망에 그 강조를 두고 있다는 것은 반대를 받을 수도 있을 것이다. 이에 답변하여 우리는 그 대격변의 사건이 실제로 이스라엘의 존속의 종말을 가져다준 사건은 아니라고 말하겠다. 또 하나의 반대는 이사야가 자기의 예언들 가운데서 여기서 발견되는 것과 같이 구체적인 숫자를 그렇게 정확하게 사용하지 않았다는 것이다. 그것은 그렇게 무게 있는 반대는 못된다. 저자가 어떤 것을 실제로 했다고 말을 들을 수 있으려면 반드시 한 번 이상 어떤 것을 해야만 하는가? 우리는 앞으로 65년 이내에 에브라임이란 나라가 끝장난다고 가르침을 받게 되며, 그리고 사실상 이 일은 일어났다.

7:9 비록 에브라임이 65년 이내에 망한다 할지라도, 유다에 관한 한 에브라임은 유다의 병합 없이도 여전히 현재의 상태를 유지할 것이다. 그러므로 하나님께서 말씀하신 것이다. 진리는 명백하다. 아하스가 믿을까? 만약 아하스가 믿지 않는다면 믿는 다른 사람들이 기다리고 있다. 이사야는 모인 그룹에게로 눈을 돌리고 있다.

그는 그들 모두에게 말한다. "만약 너희가 믿지 않는다면."[74)
 믿는것! 이사야서에서 이 개념은 얼마나 근본적이고도 전반적으로 관통해 흐르는 개념인가? 그것은 선지자가 말하고 있는 말씀을 진리로 받아들이고 그 말씀에 따라 행동하는 것을 포함한다. 믿음과 신뢰! 이것들이 선지자가 요구하는 것이다. 그는 여호와를 신뢰하도록 전 궁정에 요청하고 있으며, 이러한 신뢰는 그가 말하고 있는 것의 진리성에 대한 믿음이다.
 어근이 히필형과 니팔형 어간으로 사용되어 있다. 히필형에서 그것은 누군가가 견고하고 확고하다는 의미를 가진다. 그러나 이것은 어떤 것에 대하여 이렇게 되어야 한다. 그러므로 린드블롬(Lindblom)이 그것을 다음과 같이 말했을 때, 그것은 틀린 것이다. "그것은 단지 '믿는다'는 의미 안에서 특별한 물리적 기능만을 의미하지 않는다. 그리고 절대로 지적인 기능이 아니다."[75] 아브라함이 여호와를 믿었을 때, 그는 그 약속에 대해서 자신의 확고함을 나타내 보였으니, 그의 전인을 그것과 일치하여 약속과 행위의 신실성에 위탁함으로써 보여 주었다. 이와 같이 이사야의 예언에 관하여 아하스는 자신의 견실함을 스스로 나타내 보여야 했다. 즉 그 말씀을 믿고, 의심하여 흔들리지 않아야 했다. 만약 그가 믿지 않는다면, 그것은 그가 믿을 수 있는 견실한 상태에 있지 않음을 나타내는 증거이다.
 어쨌든 사람들이 믿지 않는 것을 상상해 보시라! 그 다음은 무엇인가? 그럴 경우 믿지 않기 때문에 그들이 세움을 입지 못한다는 것이다. "너는 믿지 않을 것이다. 그래서 너는 믿지 않는다"(You are not to believe, and so you do not believe). 오직 세워진 사람들만, 즉 믿음의 상태에 들어가 있는 사람들만 믿을 수 있으니 이는 믿음이란 지조, 견실, 확고부동함의 열매이며 또한 이러한 기질들은 오직 하나님의 선물들이다.
 다윗의 보좌 위에 앉아 있는 통치자는 신실한 사람이 되어야 한다. 다윗 왕가에

---

74) כִּי—"사실이 그러하다", 참고, 욥 12:2. 이 단어는 단순히 하나의 결과가 예상되는 그 확실성을 표현하기 위한 귀결이며, 그리고 그러한 경우 그 귀결이 부드러운 외침의 형태가 된다. 아마도 보다 좋은 해석은 그 귀결절을, 원인을 표현하고 있는 것, 즉 불신앙의 이유를 밝히는, 곧 "그것이 곧 그것이다"의 의미로 취급하는 것이다. אמן—이 어근에 대한 최근의 연구는 J. C. C. van Dorssen(Amsterdam, 1951)에 의하여 이루어 졌다. 다른 서적들에 대한 참고 문헌들에 대해서는 Lindblom, op. cit., p. 12를 보라.

75) Op. cit., p. 12.

대하여 하나님께서는 "너의 집이 서지 못하리라"고 선언하셨다. 다윗이 하나의 굳게 세워진 집을 설립할 것이라는 것이 이미 아비가일에 의하여 예고되었다(삼상 25:28). 그리고 아히야는 여로보암에게 하나님께서 다윗에게 견고한 집을 세워주셨던 것처럼 그의 집을 견고케 하실 것이라고 선언하였다. 그러나 아하스는 다윗집의 참 후계자로서 행동하기를 거절하였다. 하나님께서 견고히 세우셨던 그 집안에서 그는 자신을 견고하게 세우지 않았던 것이다. 그러므로 그는 견고함과 지조를 주실 수 있었던 그분을 향하여 자신의 견실함을 보여 드릴 수가 없었다.

(2) 여호와의 징조(7:10-17)

10절, 여호와께서 또 아하스에게 일러 가라사대
11절, 너는 네 하나님 여호와께 한 징조를 구하되 깊은 데서든지 높은 데서든지 구하라
12절, 아하스가 가로되 나는 구하지 아니하겠나이다 나는 여호와를 시험치 아니하겠나이다 한지라
13절, 이사야가 가로되 다윗의 집이여 청컨대 들을지어다 너희가 사람을 괴롭게 하고 그것을 작은 일로 여겨서 또 나의 하나님을 괴로우시게 하려느냐
14절, 그러므로 주께서 친히 징조로 너희에게 주실 것이라 보라 처녀가 잉태하여 아들을 낳을 것이요 그 이름을 임마누엘이라 하리라
15절, 그가 악을 버리며 선을 택할 줄 알 때에 미쳐 버터와 꿀을 먹을 것이라
16절, 대저 이 아이가 악을 버리며 선을 택할 줄 알기 전에 너의 미워하는 두 왕의 땅이 폐한 바 되리라
17절, 여호와께서 에브라임이 유다를 떠날 때부터 당하여 보지 못한 날을 너와 네 백성과 네 아비 집에 임하게 하시리니 곧 앗수르 왕의 오는 날이니라

7:10 이상하고도 놀라운 선언이다! 야웨께서 말씀하셨다. 어떻게 그분이, 성령께서 인간에게 말씀하실 수 있었는가? 성경은 그분이 자기 선지자의 입을 통하여 말씀하셨다고 믿고 있다. 하나님의 말씀과 선시사의 말은 통일하나. 여기서 야웨께서는 이사야라는 도구를 통하여 말씀하신다. 얼마나 선하신 일인가! 야웨께서는 말씀하시는데, 곧 아하스에게 말씀하신다. 지극히 자비로우신 하나님은 반역하는 자에게 접근해 오신다. 그 메시지는 하나님으로부터 나온 것인데, 그것은 왕에게 두려

위할 이유가 없음을 충분하게 알도록 해 주었을 것이다. 아하스는 이사야를 통하여 주어진 하나님의 계시에 의하여 마음이 움직이지 않았다. 그래서 하나님은 다시 말씀하신다. 그분의 은혜로운 계시는 변경되었다. 만약 우리가 한 말씀에 의하여 마음이 움직여지지 않는다면, 그분은 또다시 우리의 차가운 마음을 건드리기 위하여 말씀하실 것이다.[76]

7:11 야웨의 언설이 부드럽지만 그것은 명령으로 표현되어 있다. 아하스는 선택의 여지가 없다. 그는 순종하고 물어야 한다. 말하시는 이는 하나님이시고 그분의 명령은 거절할 수 없다.[77] 이와 동시에 이 징조는 아하스의 유익을 위한 것이다. 그것은 그로 하여금 믿도록 하기 위하여 고안된 것이다. 선택은 아하스의 손에 달려 있다. 우리는 그가 기적을 요구하였다고 가정해 볼 수도 있는데, 그랬다면 그에게 그 기적이 주어졌을 것이다. 하나님께서는 믿지 않는 자에게도 얼마나 너그러우신지! 그분의 뜻을 저항하는 사람들은 그들의 악한 계획에 따라오는 징벌에 대해서 그 어떤 변명도 할 수 없다.

하나님의 말씀은 이사야의 입을 통하여 나왔고 아하스는 이사야가 말한 것을 들었다. 그가 요구하였을 수 있지만, 이 선지자가 그에게서 이러한 요구를 할 무슨 권리가 있는가? 아하스는 왕이었는데, 감히 이 한 사람의 평범한 선지자가 그의 앞에 나타나서 그에게 명령을 할 수 있었는가? 그러나 선지자는 정말 명령을 하니, 이는 그가 하나님께서 그를 저버리지 않으실 줄을 알고 있었기 때문이다. 이사야는 담대

---

76) *BH*에 암시되어 있는 것처럼, 주 대신에 이사야로 대치할 타당한 근거가 없다. 또한 동사를 일인칭으로 고칠 필요도 없다. 증거에 대한 논의를 위해서는 *SII*, 1954을 보라. 비록 야웨란 성호의 마지막 글자인 헤(ה)만 나타날지라도 1Q도 분명히 그러하다. 나는 여기의 이 장면이 왕궁으로 옮겨졌다고 하는 Procksch, Fischer, Steinmann, Kissane, Lindblom이나 다른 사람들의 주장과 동의할 수 없다. 만일 10절이 앞 절과 연결되어 있지 않은 새로운 신탁을 이끌고 있다면, 1-9절의 전체의 뜻은 사라지게 된다. 11절은 1-9절의 사건들의 배경이 없이는 의미를 잃게 된다.

77) Delitzsch와 Dreschsler는 왕이 어떤 표적을 구했다면, 야웨께서 아마도 선지자를 궁지에 내버려두었을 수도 있으므로 선지자가 위험한 게임을 하고 있는 것이라고 한 Hitzig의 주장을 올바로 잡는 노력을 한다. De Lagarde는 이사야가 광신자나 기만자임에 틀림없었다고 언급하고, Duhm은 이에 대해 18세기까지 세계는 광신자들로 가득했다고 응답하고 있다. 그러므로 이 사람들이 얼마나 하나님의 말씀을 거의 이해하지 못하였는가를 보여주고 있다.

하게 인간들 앞에 서 있었는데 하나님 앞에서는 겸손히 엎드렸다. 그래서 그는 아하스에게 징조, 곧 자기의 메시지의 진리성을 증명할, 각각에 의하여 인식될 수 있는 어떤 표시를 구하도록 요구하였다. 하나의 징조란 반드시 기적일 필요는 없다.[78] 그렇지만 이 특별한 경우에 그 징조는 그것이 이사야의 메시지를 실증하고 왕에게 믿음과 신뢰심을 일으킬 만한 성격을 지닌 표징이 되어야 할 것이므로, 하나의 기적이 요구될 수 있다.

이 징조는 구해져야 하는데, 이는 아하스의 하나님 야웨께서만이 그것을 주실 수 있기 때문이다. 야웨께 이 징조를 구한다는 것은 신앙의 표식이었으니, 곧 아하스가 그분께서 이미 자기의 종 선지자를 통하여 말씀하셨던 그 말씀을 성취하실 주의 능력을 믿었다는 증거였다. 하나님은 여전히 아하스를 자기 백성으로 인정하고 계시며, 그래서 그에게 기쁨으로 알리시고자 하신 것이다. 너그러운 사랑과 함께 그분은 이 불신앙적인 왕에게 가까이 오신다. 야웨는 "너의 하나님"이시며 또한 십계명을 발하실때 하셨던 그 문구와 함께 우리 앞에 다가오신다. "너의 하나님"은 사랑의 하나님이시지만 그 문구는 동시에 권위의 음조를 띠고 있다.

그 명령이 그렇게 권위적일지라도 아직도 하나님께서는 왕에게 선택권을 주신다. 징조는 깊은 곳에서든지 높은 곳에서든지, 즉 지상에서든 혹은 하늘에서든 있을 수 있다.[79] 그러나 아하스는 요구하지 않을 것이니, 그는 순종하고자 하는 의도가 없기 때문이다. 그는 하나님으로부터 돌아서서 하나님의 뜻이 무엇인지 그리고 하나님께

---

78) 하나의 징조는 어떤 것이 미래에 일어날 것이라는 하나의 예언으로 구성되거나, 이미 일어난 어떤 일, 예를 들면 삼상 2:34; 렘 44:29의 사건들을 상기시키는 매체일 수 있다. 그것은 또한 기적의 부류에 속할 수도 있는데, 예를 들면 출 4:8 이하; 7:8 이하; 신 13:2 이하; 사 38.7이 그것이다. 여기서 징조는 아마도 기적일 것이다. 태양의 어두워짐 혹은 태양의 그림자가 후퇴함과 같은 징조들만이 왕을 확신시킬 것이다. König는 하나의 징조로서 천둥이 치기를 요구하는 실례로서, *Odyssey* 20:103c를 인용하고 있다.

79) 벌게이트, 아퀼라, 심마커스, 탈굼, 루터는 "스올"로 읽는데, 이는 "위"(above)와 대조된다. 그렇다면 그 형태는 처소격(locatise)을 나타내는 것으로, **오**는 본래 장모음 **아**를 나타냈을 것이다. 그러나 이 단어는 단 9:19에 있는 것처럼 하나의 어미음이 첨가된 명령법인, 쉐알라(שְׁאָלָה)로 모음을 첨가할 수도 있다. 그렇다면 앞의 단어는 부사적으로 사용된 히필형 부정사 절대형으로 해석되어야 한다. 즉 "깊게 물음으로써"(By making deep ask) 그것이 강조를 위하여 앞에 위치해 있다. 그 대조 표현들은 부정사들로 나타나는데, "깊게 만들면서 물으시오"(making deep do thou ask) 혹은 "위로 높이 만들면서"(making high above) 이 징조는 땅에나 혹은 하늘에서 요구되어야 한다. 참고. 마 16:1.

서 그에게 요구하시는 것이 무엇인지를 정확하게 아는 것을 거절하고 있다. 그는 믿도록 명령을 받았는데, 곧 복음이 그에게 전파된 것이다. 그가 믿기를 거절한 것은 그가 주님을 싫어하고 자신의 지혜를 의지하고 있는 탓으로 돌려져야 한다.

7:12 만약 지시를 받지 않는다면 아하스는 아무것도 아니다. 그는 그러한 일들에 있어서 아무 분깃도 가지지 못할 것이다.[80] 그는 지시를 받는다. 그러나 그는 역시 완고하였고, 거만하고 반역적이었다. 그의 거절은 자기 선지자에 의하여 전파되는 하나님의 능력과 선지자와 함께하시는 하나님의 신실성에 대한 신뢰가 완전히 결핍되어 있음을 암시하고 있다. 믿음은 그 자체가 순종으로 나타나며 불신앙은 불순종으로 나타난다. 여기에 하나님 예배에 거의 의미가 없는 한 "실용적" 인간이 존재한다. 위기의 때에 그는 너무 바빠 야웨를 의지하지 않는다. 자기 하나님을 의지하는 방향으로 나아가기보다는 자신의 실용적인 이성이 지시하는 것을 따라갔다.[81]

하나님의 명령에 대한 순종은 위선적인 왕에 의하여 하나님에 대한 시험이라 하여 거절되었다. 그러나 아하스는 그가 하나님을 시험하고 있는지 아닌지에 대하여 진지한 관심을 가지지 않았다. 만약 그가 그러한 관심을 가졌더라면, 그가 이사야의 충고를 받아들였을 것이다. 그는 만약 그가 징조를 구하면 그것이 자기에게 주어졌을 것임을 잘 알고 있었고, 또한 그 결과로 주님을 믿고 의지하지 않을 수 없었다. 그는 이렇게 되기를 원치 않았던 것이다. 그는 야웨가 아닌 앗수르를 의지하기를 원했던 것이다. 그러나 그의 거절은 성경에 근거하기는 한 것이었다. "너희가 맛사에서 시험한 것같이 너희 하나님 여호와를 시험하지 말고"(신 6:16). 주님을 시험한

---

80) Guthe는 이 거절이 왕의 정중한 거절을 표현하고 있는 것이라고 생각한다. Procksch는 왕이 중립적 입장에 서 있을 수 있었다고 생각하고, Bentzen은 아하스가 위선자가 아니라 신앙에 있어서 혼합주의자라고 생각한다. 물론 그는 혼합주의자이다. 즉 참 하나님에 대한 예배는 그에게 거의 의미가 없었고 그래서 그는 자기 나라에 정치적인 편의에 따라 다른 신들에 대한 예배제도를 들여올 수 있었다.

81) Welch (*Kings and Prophets of Israel*, London, 1953, p. 213)는 이사야의 사상이 아하스가 한 계획과는 "완전히 다른 계획을 따라 움직여 나가고 있었다"고 생각한다. 그러나 문제는 이 두 인간의 의견들이 전혀 다른 것이 아니었는데, 이는 이사야가 하나님으로부터 온 계시, 즉 아하스가 순종해야 하는 계시를 전해 주고 있기 때문이다. 하나님에게 순종하지 않는 것은 비실용적인 것이다.

다는 것은 그분을 실질적으로 시험하는 것이다.[82]

여기에 예상한대로, 딜레마가 존재한다. 이 위선적인 사람의 거만한 뜻은 주권자 하나님의 계시된 뜻에 역행하였다. 그러나 실제로 거기에 막다른 골목은 없었다. 상황은 하나님의 손에 있었다. 징조를 구하기를 거절하는 것은 징조를 받는 데로부터 피할 길은 결코 될 수 없었다. 사실상 이사야가 아하스에게 하라고 명령한 것은 하나님을 시험하는 것이 아니었다. 이사야의 명령은 하나님에게 복종하여 믿는 자 편에서 행동하는 것이며, 믿음의 명령들을 이행하는 것이었다. 아하스는 그것을 거절함으로써 의도적으로 자신을 하나님보다 더 지혜로운 자요 상황을 더 잘 알고 있는 자의 위치에 세워 두었던 것이다. 이것은 심각한 것이었는데, 하나님을 시험하기를 원치 않는다고 거절하는 위선적인 변장의 옷을 입는 것은 극단적으로 비열한 것이었다.

아하스가 구해야 했던 징조는 믿음을 공급하기 위하여 계획되었다. 때때로 믿는 자들은 징조를 구하여 왔었고 그들의 요구들은 응답되었다. "나 여호와가 말한 것을 네게 이룰 증거로 이 징조를 네게 주리라"(사 38:7). 하나님께서는 아마도 그 징조를 받는 사람의 믿음이 약하기 때문에 그것을 주실 것이며, 우리는 칼빈이 다음과 같이 말했을 때 이에 동의하는 바이다. "우리는 슬퍼하며 탄식해야 하는데, 하나님의 신성한 진리가 우리의 육신의 연약성으로 인하여 보조물을 필요로 한다는 것이다." 그렇지만 하나님은 너무나도 너그럽게 그것을 경멸하지 않으시고 그 보조물들을 주셨다고 그는 말하고 있다. 그는 다음과 같이 계속하고 있다. "오늘날 광신자들은 세례와 참되신 주님의 성찬을 경멸하고 그것들을 어린아이 같은 요소라고 생각한다." 참 신자에게 그 징표는 그의 신앙을 확립해 주고 강화시켜 준다. 그가 그 제의를 거절한 사실에서 우리는 아하스가 진정한 믿음이 없었다고 생각해야 할 것이나. 그는 단순히 주님, 여호와에 관하여 말을 하고 있는 것이지, 이사야의 "네 하나님"과 대조하여 "나의 하나님"으로 말하고 있지 않다. 하나님은 아하스를 자기의 사람으로 만드시고자 하지만 아하스는 자기의 하나님으로 삼지 않을 것이다. 그의 타락은 실로 깊었다. 델리취는 해석하기를 "그는 고의적으로 6장에서 통고 받은 그 운 닝을 자신 위에 내려놓고 있었으며 그 자신뿐만 아니라, 온 유다 위에도 내려놓았

---

[82] 참고. 출 17:7; 시 78:18-19. 히스기야와 아하스 사이의 차이는 크다. 한 사람은 자원하여 순종하였고 다른 한 사람은 그러지 않았다.

다. 몇 년 안가서 앗수르의 군대가 이전과 같은 세탁자의 밭에 서서(36:2) 예루살렘의 항복을 요구할 것이었다. 이사야가 아하스 앞에 서 있었던 바로 그 시간에 예루살렘의 이 천년 이상의 운명이 결정났던 것이다."아하스가 신명기서의 말을 사용한 유일한 사람은 아니었다. 다른 사람도 있었다. 예수께서는 마귀에게 말씀하시면서 "또 기록되었으되 주 너의 하나님을 시험치 말라 하였느니라"고 말씀하셨다. 우리 주님께서는 시험하는 것에 대해서 마귀를 정죄하셨으나, 아하스는 결과적으로 시험함에 대해서 하나님을 시험하는 자를 정죄하였다.

7:13 얼마나 객관적인 말인가! 이사야는 자신을 마치 자기가 다른 사람에 대해 글을 쓰고 있었던 것처럼 기록하고 있다. 그는 더 이상 왕 한 사람에 대해서만 말하고 있지 않고, 그 주위에 서 있었던 궁정의 대표로서의 왕에게 말하고 있다. 모두가 그가 말해야했던 그것을 들어야 했으니, 이는 모두가 책임이 있었기 때문이었다. 그래서 그는 복수형으로 말한 것이다. 또다시 그는 명령으로 말씀을 발하고 있다. 믿음이 없는 다윗집은 하나님께서 선지자의 입을 통하여 하시는 말씀을 조용히 들어야 했다. 그의 질문은 그 듣는 자들의 불신앙을 드러내는 것이었다. "너희가 사람을 괴롭게 하고 그것을 작은 일로 여겨서 또 나의 하나님을 괴로우시게 하려느냐?[83] 너희가 하나님의 선지자들의 말을 듣지 않음으로써 사람들을 괴롭게 하여 왔다. 그것이 너희에게 너무나 작은 일이라서 이제는 너희가 또 하나님을 괴로우시게 할 것임에 틀림없다." 하나님은 오래 참으시며 노하기를 더디 하시는데, 이러한 사실로 인하여 아하스의 죄가 얼마나 극악한 것이었는가를 보게 된다. 아하스는 하나님의 인내를 시험하였다. 그는 선지자의 요구들을 복종하지 않음으로써 그를 모욕하는 일에 있어서 이사야의 인내를 시험했었다. 그것은 아주 심각한 것이었는데, 아하스는 분명히 그것으로 만족하지 못하였다. 이사야의 인내심을 시험하는 것은 작은 일이었고, 아하스는 그것으로 만족하지 않고 하나님의 인내를 자극하려고 했던 것이다. 그렇게 말함으로써 이사야는 자신의 말이 하나님의 말씀이요, 그래서 결국 아하스의 완악함과 순종에 대한 위선적인 거절이 단지 사람들만을 자극하는 것이 아니라,

---

[83] 질문의 주어는 "괴롭게 하다"는 문구이다. "그것이, 즉 사람들을 괴롭게 하는 것이 너희에게 너무나 작은 일이어서, 너희가 나의 하나님을 또한 괴롭게 하려느냐?" 전치사가 비교급의 의미를 가진다. 참고. 창 18:25; 민 16:9; 욥 15:11.

하나님에게 대한 직접적인 자극이었음을 보여주고 있는 것이다. "너희 말을 듣는 자는 곧 내 말을 듣는 것이요 너희를 저버리는 자는 곧 나를 저버리는 것이요 나를 저버리는 자는 나 보내신 이를 저버리는 것이라 하시니라"(눅 10:16).

이사야는 주님에 대해서 "나의 하나님"이라고 말하고 있지만 아하스는 그러한 방식으로 하나님을 인정하기를 거절하였다. 그러므로 이사야처럼 자신과 하나님의 명분을 동일시한다는 것은 힘이요 복된 위안이요 용기가 되는 것이다.

아하스에게 대한 하나님의 이러한 접근을 통하여 우리는 버림받은 사람들을 향하여 나타내신 하나님의 선하심을 깨닫게 된다. 아무도 자신이 망하고 있다고 말할 수 없는 것은 그가 하나님의 뜻이 무엇인지를 모르기 때문이다. 아하스에게 하나님께서 요구하시는 것이 매우 명백하게 제시되었다. 아하스는 자신이 행하도록 요구받은 것이 무엇인지를 정확하게 알고 있다. 복음이 그에게 전해졌고 그는 그것을 거절하였다. 하나님의 뜻을 분명하게 알고도 그는 그 뜻에 순종하기를 거절하고 있다. 이보다 더 큰 비극이 어디 있겠는가? 칼빈은 이사야의 행위를 죄인들을 다루는 진정한 방식의 한 모범으로 제시하고 있다. 그의 글들은 인용할 만한 가치가 있는 것이다. "이는 우리가 잔인한 책망으로 시작하지 않아야 하고 교리로 시작하여야 하기 때문인데, 그렇게 할 때에 사람들이 부드럽게 이끌려오기 때문이다. 분명하고도 단순한 교리로 충분하지 않고 증명이 덧붙여져야 한다. 그러나 만일 이러한 방법이 좋은 결과를 가져오지 못하면, 그때는 좀더 맹렬한 것을 사용할 필요가 있다."

7:14 악한 왕이 위선적인 태도로 징조를 요구할 기회를 거절하였으므로 여호와 자신이, 구원의 징표로서 기적의 아기의 탄생을 선포하면서, 또 그 아이의 유아기를 유다가 아직 고난을 당하지 않는 시기의 길이로 정하면서 자신이 선택하신 그 징조를 주신다.

아하스는 징조를 구하기를 거절하였고 자기의 궁궐로 감으로써 하나님을 괴로우시게 하였다. 그 이유 때문에 여호와께서는 문제를 아하스의 손에서 뺏고 사실상 모든 제안을 취소하시고 하나님 자신이 친히 징조를 주신다.[84] 아하스는 자기를 만족

---

84) 불변화사가 아주 자연스럽게 방금 전에 언급되어 온 어떤 일의 근거를 소개하고 있다. 그것 자체가 다음에 따라오는 것이 불길한 것임에 틀림없다는 것을 보증해 주지는 못한다. 그것은 이전에 제공했던 것과는 다른 성질의 징조를 소개하는 역할을 한다. 13절과 관련하여 볼 때, 우리는 불변화사가 축복이 아닌 어둠의 징조를 소개한다는 것을 보게 된다.

케 해 줄 어떤 징조든지 요구할 수 있었다. 그러나 위선적인 불신앙으로 인하여 그는 이러한 특권을 내던져 버리고 하나님을 괴로우시게 하였다. 그러므로 그는 이제 더 이상 특권을 누릴 수 없게 되었고, 오히려 하나님께서 주시려고 택하신 어떤 징조라도 받아야 할 것이다. 아하스가 구할 수 있었던 징조는 그의 유익을 위한 것이었다. 그러나 이제 더 이상 어떤 선택이 있을 수 없다. 그는 이제 하나님께서 주시는대로 징조를 받아야 하는데, 곧 자신의 믿음이 없는 그것과 관련을 가질, 따라서 파멸의 서원이 될 그것을 주실 것이다.

아하스의 악함은 완고함으로 인하여 사실상 언약의 기초 자체를 거절하였다는 사실에서 나타난다. 하나님께서 자기 백성들에게 하나님이 되시고 구원자가 되어 주실 것을 약속하셨다. 그러므로 수리아와 이스라엘은 다윗 왕조를 무너뜨리지 못할 것은 이는 만약 그들이 그 일을 성공한다면 하나님의 약속은 공허한 것이 되고, 구원은 궁극적으로 메시아를 통하여 성취되지 않을 것이기 때문이다. 결국 아하스는 자신의 거절로 하나님은 약속에 신실하지 않다고 단언하고 있는 것이다. 수리아와 이스라엘이 실제로 자기를 폐위시킬 수 있을 것이라고 두려워하여, "이스라엘 위에 앉을 사람이 내 앞에서 끊어지지 아니하리라"(왕상 8:25)는 말씀에 대한 불신앙을 표명한 것이다. 다윗의 한 아들이 그 언약을 자원하여 거절한 것이다. 그러므로 하나님께서 떠맡으시고, 수리아와 이스라엘로부터의 가까운 구원과 그보다 더 커다란 구원의 징조를 주셔야 한다.

그 징조를 주실 그분은 아돈(אֲדֹנָי, 주)이시다.[85] 아마도 이사야는 의도적으로 언약적 칭호인 야웨를 사용하는 대신 이 칭호를 사용한 것 같다. 이사야는 징조를 주실 그분의 능력과 전능성을 나타내기 위하여 사용하고 있다. 하늘 위에서든지 땅 아래에서든지 징조를 주실 수 있는 유일한 분은 이제 그분의 특권을 행사하실 것이다. 아돈은 모든 만물을 다스리시는 하나님이신데 이사야는 이 칭호를 왕을 꾸짖는데 사용하였다. 그분이 아돈이시요 징조를 주실 분이시다.

우리는 이사야의 말을 다음과 같이 고쳐 쓸 수 있을 것이다. "아돈은 하나의 징조

---

85) 1Q와 어떤 사본들은 테트라그람마톤(יהוה를 가리킴—역주)을 가지고 있지만 그러나 많은 사본들이 그 호칭을 가지고 있지 않으며, 또 그것들의 독법이 보다 어렵고 이사야가 하나님의 주권적인 능력을 강조하기 원할 때 אֲדֹנָי를 자주 사용한다는 사실과 어울리므로 이 독법이 더 낫다.

를 너에게 주실 것이며 그분이 주실 그 징조는 이것이니, 보라! 한 처녀가…" 그러나 이 징조는 아하스 한 사람만을 위한 것이 아니다. 이전에 아하스는 "너는 구하라"는 명령을 받았다. 이제 아하스를 떠나 이사야는 그 나라 전체에게 말하고 있다. 그는 왕 한 사람뿐 아니라 왕실 전체 그리고 그 나라 전체에게로 돌이켜서 '너희에게'라고 말한다. 그러므로 그 징조는 아하스 한 사람을 위한 것이 아니라 나라 전체를 위한 것이다. 그것이 온 나라에게 주어졌으므로 모든 나라가 그것을 받고 믿어야 한다.

선지자는 심오한 아름다움과 신비적 언어로 우리로 하여금 처녀와 그녀의 아기에게로 눈을 돌리게 한다. 그는 광야에 있었던 하갈에게 말하였던, "여호와의 사자가 또 그에게 이르되 네가 잉태하였은즉 아들을 낳으리니 그 이름을 이스마엘이라 하라 이는 여호와께서 네 고통을 들으셨음이니라"(창 16:11)는 말씀과 유사한 방식을 사용하여 말하고 있다. 또한 사라에게 하신 선언과도 다소 유사하다. "네 아내 사라가 정녕 네게 아들을 낳으리니 너는 그 이름을 이삭이라 하라"(창 17:19). 삼손의 어머니에게도 역시 같은 말을 하였다. "보라 네가 본래 잉태하지 못하므로 생산치 못하였으나 이제 잉태하여 아들을 낳으리니"(삿 13:3).

보라!: 힌네(הִנֵּה, 보라)로 소개된 언어는 성경에서 특별히 중요하고도 의미가 있는 탄생을 선언하기 위하여 사용된다. 그것은 우가릿에서 나온 분문들 가운데도 나타난다.[86] 그러나 이사야가 단순히 고대 동양에서 일반적으로 통용되던 문구를 인용하고 있음을 의미하지 않는다. 어쨌든 그것은 그가 말하려고 한 선언의 엄숙성과 중요성으로 인하여 이사야가 이 고전적인 선언의 문구를 자기의 목적에 맞추어 채용하였다는 것을 의미한다. 그가 이렇게 한 이유는 그 선언 자체에로 주의를 끌기 위해서이다. 만약 거기 있었던 아하스와 다른 사람들이 이 문구와 완전히 친숙해 있었다면, 그들은 즉시 이제 있을 신언이 시극히 중요한 선언이라는 사실을 깨달았을 것이다. 이사야는 어떤 단순한 아이의 탄생을 선언하고자 한 것이 아니고 의미심장한 그 아기에 대해 선언하고자 한 것이다.

---

86) hl. ǵlmt tld b(n).(Nikkal and Yarih, 1:7) lmt tld b(n). (Nikkal and Yarih, 1:7). 우가릿어에서 **하라**(잉태)가 빠졌고, 그런 까닭에 사 7:14은 단순한 인용구로 간주될 수 없다. 이와 동시에 hl 혹은 힌네(הִנֵּה)가 하나의 특별한 의미를 지닌 탄생을 알리기 위하여 사용된 것으로 보인다.

비록 이사야가 자기의 목적을 위하여 이 문구를 채용하였을 수도 있지만 그럼에도 불구하고 그는 그것에, 보다 정확하게 말해서 하나님께서 그를 통하여 그것에 전에는 결코 사용된 적이 없는 존엄한 기능을 부여했다. 우가릿에서는 고대 이방세계를 뒤덮고 있었던 미신적 허구의 일부분인 비존재적 신들의 탄생을 선언하곤 했다. 그러나 이사야의 입을 통해서 이 문구는 고대 이방적 상황을 뛰어넘어, 참으로 하나님이시오 왕이신 그분의 탄생에 대한 선언으로 이끌어가고 있다. 이 문구는 이전에 전혀 존재하지 않았고, 앞으로도 결코 존재하지 않을 존재의 탄생을 전파하는 무의미한 목적을 위한 것이 될 수 없다.

이 문구의 형식적 유사성은 배경 속으로 사라지고 이 문구의 용법의 엄청난 차이점이 전면으로 떠오른다. 다시 말해서 중요한 것은 선지자가 우가릿어에서 발견되는 이 문구를 채용했다는 것이 아니라, 그가 이 문구를 그것이 다른 곳에서 발견되었던 형태와는 그 중요성에서 차원이 다른 문맥에서 사용하고 있다는 사실이다. 그러므로 언어는 유사하다고 하더라도, 이사야의 말씀이 그것 자체에서 해석되어야 하는 것이지, 결코 그것들이 우가릿어에서 담겨 있던 것과 같은 의미로 제한되어져서는 안 된다.

하나님의 권위는 우리로 하여금 선지자가 가리키는 곳을 바라보도록 명령하고 있다.[87] 이 단어는 주의를 끄는 역할을 하며 앞으로 알려질 내용의 중요성을 강조하는 역할을 한다. 반즈(Barnes)는 말하기를, "여기서 의미하는 것은 불신앙적인 군주의 주의를 요구하였고, 또 백성의 관심을 요구하였던 하나의 사건이 일어나려고 하고 있다는 것인데, 즉 하나님께서 그 나라를 보호하시고 구원하실 것이라고 선지자가 말했던 내용의 충만한 증명이 될 사건이 일어나려고 하고 있다는 것이다." 이러한 의미가 매이첸(Machen)에 의하여 다음과 같이 바꾸어 번역되었다. "이 해석에 대해서 선지자는 이렇게 말했을 것이다. 나는 한 놀라운 아기를 본다. 자기 백성에게

---

87) הרה—이 형태는 호리야(הוֹרִיָּה)가 되는 하나의 분사형이 아니고, 남성형이 하레(הָרֶה)가 되는 동사적 형용사이다. 분사의 아 모음은 자연히 길다. 참고. 아랍어 qâ-til과 아카디아어 qâ-ti-lum. 그러나 하라(הרה)의 피넬트에 있는 모음은 짧고(음조는 길다) 떨어져 있는 개음절에서 쉐와로 줄어든다. 참고. 렘 20:17. 그렇지만 복수형에서는 아 모음이 길다. 참고. 암 1:13; 왕하 8:12. 마 1:23은 ἕξει로 읽고 있는데, 이는 히브리어가 미래형으로 읽혀져야 한다는 것을 증거하는 것이 아니고, 단지 마태가 이 말씀들을 하나의 예언으로 간주함에 있어서, 여기서 B가 자신의 목적에 더 부합된다고 발견하였다는 것이다.

וקראת—아마도 이 철자법은 단순히 어떤 라메드-헤 동사 형태들과 유사한 점에 기인한 것 같다. 동사적 형용사 다음에 와우 계속법을 가진 완료형은 미래를 나타낸다.

구원을 가져다줄 그 아기를, 그리고 어머니의 태에서 잉태되어서 그 아이가 사리를 분별하는 나이가 될만큼의 시기가 경과하기 이전에, 이스라엘과 수리아 땅이 저버림을 당할 것이다." 물론 이사야가 그 어머니를 육신의 눈으로 본다는 것은 불가능하였을 것이다. 그러나 오직 환상을 통하여 그는 그녀를 볼 수 있었고, 자기의 주위의 사람들의 시선을 그녀에게로 끌 수 있었다. 그러나 이것이 어떤 사람에게 그 징조를 받아들일 책임에서 제외시키거나 또한 이러한 해석에 대항하는 하나의 논리로 사용될 수 없는 것은 이 예언을 이해함에 있어서 우리는 아하스가 어떻게 영향을 받았을까를 생각함으로써가 아니라, 오직 본문 자체에 의해서만 인도를 받아야 하기 때문이다. 환상 가운데서 이사야는 그 처녀를 보도록 허락되었고 그리고 그가 아하스와 그 나라에게 선언한 것은 바로 그가 환상으로 보도록 허락받은 것에 대한 고지이다.

처녀가 잉태하여 아들을 낳을 것이요: 우리는 이 처녀가 누구인가를 알 수 있을까?[88] 이사야는 그녀에 대해 말하면서 정관사를 사용하고 있다. 그렇다면 그것은 그녀가 너무나도 잘 알려진 처녀, 곧 누구나 그녀의 정체를 알 수 있는 사람이었을 수도 있다. 사실 어떤 사람은 이것이 실제로 그렇다고 생각해 왔다. 예를 들면, 그레쓰만(Gressmann)은 고대 이스라엘에서는 어떤 특별한 처녀가 한 아이를 잉태할 것이라는 신앙이 널리 퍼져 있었다고 주장하였다. 그렇지만 구약성경에서 메시아의 어머니에 대한 언급은 유일한데 그곳은 미가서 5:3이다. "그러므로 임신한 여인이 해산하기까지 그들을 붙여 두시겠고 그 후에는 그 형제 남은 자가 이스라엘 자손에게로 돌아오리니"(미 5:3). 그러므로 정관사는 잘못 해석된 것이다.

정관사가 알마(עַלְמָה)라는 단어와 함께 종(種)의 의미로 사용되었고, 그래서 어떤 특별한 알 수 없는 인물을 지칭하는 역할을 한다고 주장하는 것이 보다 더 자연스러울 것이다. 이사야의 목적은 어떤 다른 종류의 여인들로부터 알마를 구별하는

---

88) 이 단어는 호격(Briggs, Hoffmann)이 아니다. 그것이 복수형으로 5회 출현하고, 단수형으로 4회 출현한다. 아 1:3; 6:8; 시 68:26(M); 46:1(M); 대상 15:20; 창 24:43(참고, 16절. 이 구절은 이 단어가 동정녀에 대해 사용될 수 있음을 보여준다). 출 2:8; 잠 30:19을 보라. 나는 이 성경적 증거를 *SII*, pp. 171ff.에서 논의하였다. 또한 Robert Dick Wilson: "The Meaning of Alma (A. V. 'Virgin') in Isaiah VII.14", *PTR*, Vol. xxiv (1926), p. 316을 보라. 어원이 같은 아랍어에 비추어 볼 때, עלמה가 성적으로 성숙한 사람을 가리킬 수도 있다. 그렇지만 여기서 결정적인 역할을 하는 것은 어원이 아니라 용법이다.

것이다. 마치 그가 다음과 같이 말하고 있는 듯하다. "내가 환상 중에 본 사람은 나이든 여인이나 그렇지 않으면 결혼한 여인이 아니라, 반드시 어떤 신부나 아니면 소녀가 아니라 알마이다." 그러므로 우리 영어 역본에서 우리는 부정관사를 사용함으로써 이사야가 말하는 의미를 잘 나타낼 수 있다. 선지자는 이러한 방법으로 알마에게 주의를 집중시키고 있다.

먼저 최초로 우리는 알마(עַלְמָה)라는 단어가 결혼한 여인에게는 결코 사용되지 않는다는 점을 확신 있게 주장할 수 있다.[89] 이 나타난 구절들 가운데 최소한 한 구절은 이 단어가 참 처녀를 지칭할 수 있음을 분명히 해 주고 있다(창 24:43). 리브가는 알마라고 불렸지만 그녀는 또한 베툴라라고 지칭되었고 그녀가 사내를 알지 못했다고 말해지고 있다. 한 구절을 말하자면 잠언 30:19에서 알마라는 단어가 부도덕한 소녀를 의미할 수도 있겠지만, 그것이 결혼한 소녀를 가리키지는 않는다. 아마도 영어에서 이와 가장 유사한 단어는 damsel 혹은 maiden(처녀)이라는 단어일 것이다. 이것들 중 어느 것도 결혼한 여인에 대해서는 사용되지 않는다. 지금까지도 이 단어들이 정확하게 같은 의미를 가지지 않을 수도 있는데, 이는 그것들이 결혼한 여인들을 가리킬 수도 있을 것이지만 알마만은 그렇지 않다. 이러한 이유 때문에 결국 알마가 영어로 처녀(virgin)로 가장 널리 번역되는 것이다.

특이한 것은 성경 이외의 문헌들의 언급들이다. 우가릿에서 나온 본문에서 glmt는 결혼하지 않은 여인에 대해 사용된다. 우리는 특별히 다음과 같은 문구를 주시할 수 있다.

    tld, btl(t   처녀(olvtlt)가 아이를 낳을 것이다.
    hl glmt tld b(n   여자(glmt)가 아들을 낳을 것이다.

우가릿어에서 glmt이란 단어는 결혼한 여인에 대해서는 절대로 사용되지 않는

---

89) Vischer는 알마가 언젠가 결혼한 여인을 가리켰음을 보여 줄 수 있었던 사람에게는 100길더(네델란드, 독일의 옛 금화—역주)를 제공하겠다고 Luther의 제안을 언급하고 있다. 독특한 방식으로 Luther는 여호와께서만이 그가 어디서 그러한 예들을 얻을 것인지 아셨다고 덧붙인다. Vischer는 말한다. "지금까지 아무도 100길더를 얻지 못했다."

다.[90]

알마가 좋은 의미이건 나쁜 의미이건, 결혼했건 안 했건, 젊은 여인을 지칭할 수 있다는 자주 반복되는 주장에 비추어 볼 때, 왜 이 특별한 단어가 메시아의 어머니를 지칭하기 위하여 선택되었는지 묻는 것이 좋을 것이다. 분명히 얄다(יָלְדָּה)라는 단어는 적절하지 않은 단어인데, 이는 그것이 어린아이에 지나지 않은 여자에게 사용되기 때문이다. 나아라(נַעֲרָה)라는 단어도 적당치 않은데, 이는 그것이 무분별하게 어느 여인에게나 적용할 수 있기 때문이다. 이 단어는 그 의미가 너무나 광범위하기 때문에, 이사야가 하나의 여인이 한 아들을 낳을 것이라는 사상을 표현하기를 원하지 않고서는 그가 그 단어가 적절하다고 생각하지 않았을 것이다.

선지자가 그 어머니를 동정녀로 지칭하기를 원했다면 그의 의사에 맞는 베툴라(בְּתוּלָה)라는 단어가 있었다고 자주 거론되어 왔다.[91] 처음 보기에는 이 단어가 가장 완벽한 단어인 것처럼 보인다. 그러나 주의 깊게 살펴보면, 그것이 가장 만족스러운 단어라고는 단정할 수 없는 것으로 밝혀진다. 진실로 베툴라(בְּתוּלָה)는 처녀를 지칭할 수 있지만 약혼한 처녀 베툴라 메오라싸(בְּתוּלָה מְאֹרָסָה)도 가리킬 수도 있다. 신명기에서 율법은 약혼 파괴를 간음죄와 동일한 악행으로 보고 죽음에 처할 수 있는 죄임을 분명히 하고 있다. 요엘 1:8에서 베툴라(בְּתוּלָה)는 분명히 결혼한 여인이며, 후기 아람어 주문(呪文) 본문에서는 베툴라(בְּתוּלָה)와 같은 아람어 단어가 결혼한 여인을 가리킨다. 만약 이사야가 이 단어 베툴라를 사용했더라면 그는 혼란을 남겨 놓았었을 것이다.

우리는 그가 마음에 어떤 생각을 하였는지를 정확하게 모른다. 그가 참으로 처녀였던 사람에 대해서 말하였을까, 아니면 약혼하였던 사람에 대해 말하였을까, 그것도 아니면 실질적인 한 아내를 말한 것일까? 이러한 사상들을 비추어 볼 때, 이사야

---

90) Coppens (*La Prophétie de la 'Almah*, Bruges: Paris, 1952, p. 24)이 glmt가 아쉬라트(Ashirat), 즉 엘의 딸과 아내에게 적용된다고 말하는 것은 옳지 않다. 아쉬라트에 대해 사용된 단어는 'lm, 예문은 다음과 같다. *att.il. att.il w̓ llmh* (52:42) 그리고 *bt.il bt.il. w̓ lmh*(52:45, 46). 참고, UM, p. 144. bglmt란 표현은 난해하다. 그것은 "길마드 녀신의 아들"을 의미힐 수도 있으며, 그래서 고유명사로서의 역할을 할 수 있다. 그것은 아마도 "어둠"을 의미할 zlmt의 평행으로 사용된다. 참고, *CML*, p. 101. 어느 경우이든 이 단어는 위에서 제시된 논증에 대한 반증을 제공하지 않는다.

91) 1959년에 와서야 Schilling(*Isaiah Speaks*, New York, 1958, 59)은 이 주장을 하고 있다. 참고, Bratcher(*The Bible Translator*, July 1958, p. 102).

가 알마를 택한 것은 의도적이었음이 분명하다. 그것은 분명히 결혼하지 않은 여인을 의미하는 유일한 단어인 것으로 보인다. 다른 어떤 히브리어 단어도 그것이 지칭하는 사람이 결혼하지 않은 사람이었다는 것을 보다 분명히 밝혀주는 단어는 없다. 결국 다른 어떤 단어도 문맥이 요구하는 것과 같은 징조를 성취하는 일에 잘 들어맞는 단어는 없다. 이 다른 단어들 가운데 어떤 것도 기적적인 출생을 가리키지 않는다. 오직 알마만이 그 어머니가 결혼하지 않은 처녀임을 분명히 해 준다.

그러나 만일 그 어머니가 결혼하지 않은 여인이었다면 하나의 의문점이 떠오른다. 그 아이가 사생아였는가 아닌가?[92] 만약 그 아기가 사생아였다면 그러한 잉태가 징조가 될 수 있었을까? 전체의 문맥, 곧 성경 전체의 문맥은 이런 경우는 제외시킨다. 다른 한편 만일 그 어머니가 선한 여인이었다면, 그렇다면 그 잉태는 정상이 아닌 비정상적인 잉태이다. 그 어머니는 결혼하지 않은 여인이요 선한 여인이다. 이러한 사실이 이해될 때 역사상 이것이 들어맞을 수 있는 유일한 한 사람이 있는데, 곧 주님의 어머니 마리아임이 분명하게 된다.

아들을 낳을 것이요: 선지자가 환상 가운데서 동정녀가 아기를 가질 것을 바라보았으나, 그 탄생은 미래에 일어날 것이었다. 이사야가 그녀를 보았을 때, 그녀는 아직 그녀의 아기를 가지지 않았었다. 가지게 될 그 사람은 한 아기이며, 또한 그 아기의 탄생은 아하스가 북왕국들로부터 오는 두려움을 가질 필요가 없다는 징조이다.

그 이름을 임마누엘이라 하리라: 어머니 자신이 자기 아기의 이름을 지어 준다. 그녀는 그 아기를 임마누엘이라고 부르는데, 이는 하나님께서 독특한 방식으로 자기 백성과 함께 하시기 때문이다.[93] 야웨께서 함께 하실 것이라는 소망은 시편 46

---

92) Vischer(*op. cit.*, p. 50)는 알마가 아이를 낳았을 때, 그것은 반드시 동정녀 탄생을 의미하지 않는다고 말하고, 계속하기를 그것은 정상적이 아닌 불법성의 딱지를 지닌다고 말한다. 이사야는 그 어머니가 그 아이를 이름지을 것이라고 강조하고 있으며, 반면에 주전 8세기에는 일반적으로 아버지가 이 일을 하였다(8:3). 섭정 황태자는 예루살렘 왕가에서는 정상적이거나 적법적으로 태어난 자가 아니다.

93) Lindblom(*op. cit.*, p. 22)은 그 이름이 제의적 용어에서 취해 온 것이며, 그래서 이사야와 호세아의 아들들의 경우처럼 통상적인 히브리 이름군에 속하지 않는다고 말한다. 이 이름은 예고된 왕자, 히스기야와 함께 행운과 축복의 기간이 유다에서 잇달아 일어날 것을 암시한다. 그러나 히스기야와의 동일시에 대한 반대논증들도 강력하다. (1) 연대기는 Holwerda (*De Wijsheid die Behoudt*, 1957. p. 39. 참고. Coppens: *op. cit.*, p. 17)가 그렇게 하듯 제멋대로 취급될 수 없다. (2) 임마누엘을 히스기야와 동일시하는 것은 그것이 표현된 신비

편에 표현되었다. "만군의 하나님 여호와께서 우리와 함께 하시니"(시 46:7상). 그 렇지만 지금 여기서 함께 하시는 하나님은 야웨가 아니고 하나님(엘)이시다.

위기의 때에 하나님께서 자기 백성과 함께 하셨다. (1) 그분은 아브라함과 이삭과 (창 26:3) 야곱과(창 28:15) 함께 하셨다. (2) 그분은 요셉과 함께 계셔서 번성케 하셨다(창 39:2-3, 21, 23). (3) 그분은 여호수아와도 함께 계셨고(수 6:27) 여호수아의 이름이 널리 퍼지게 되었다. (4) 다윗이 사울의 질투로 인하여 고난을 당할 때 하나님께서 그와 함께 하셨다(삼상 18:14). (5) 다윗의 왕조를 견고히 세우심에 있어서 하나님은 자신이 다윗과 함께 계시고 그래서 다윗의 이름을 존귀케 만들어 줄 것이라고 선언하셨다(삼하 7:9). 그와 같이 그분께서는 솔로몬과 함께 하셨다(왕상 1:37). 여로보암이 다윗과 같이 행동한다면, 하나님은 역시 그와 함께 하실 것이었다(왕상 11:38). 사무엘하 23:5에서 우리는 "내 집이 엘과 함께 있"는 것과 조화를 이루고 있음을 볼 수 있다. 아기의 탄생과 더불어, 하나님께서는 다윗의 보좌 위에 앉을 그 한 사람 안에서 자기 백성과 함께 하실 것이었다.

그러나 그래이(Gray)는 다음과 같이 주장한다. "임마누엘이라는 이름은 하나님께서 유대인들과 함께 하실 것이라는 것을 단언하며, 그들이 성공과, 구원, 위기와 걱정으로부터 자유를 경험할 것이라는 것을 단언한다. 이 하나님의 임재의 의미와 결과는 '해를 두려워하지 않을 것은 주께서 나와 함께 하심이라'(시 23:4) 등과 같은 말씀으로부터 수집될 수 있다."

이러한 해석에 따르면, 하나님의 임재가 그분의 섭리 가운데서 보여진다. 예를 들면 수리아와 이스라엘로부터의 구출 가운데서 하나님의 임재가 나타날 것이다. 그렇지만 너무 자주 간과되고 있는 점이 있다. 수리아와 이스라엘로부터의 구출은 그 아기의 탄생 이후 얼마동안은 일어나지 않을 것이다. 그 아기는 단순한 어떤 아

적이고도 놀라운 그 분위기를 그 예언으로부터 박탈하는 것이다. (3) 히스기야의 어머니가 아하스와 아직 결혼하지 않은 여인이 아니고서는 알마라는 칭호를 받을 수 없다. (4) 임마누엘이라는 독특한 이름은 히스기야에게 적용할 수 없다. 한편 하나님께서 이 다윗의 보좌 위에 앉은 통치자와 함께 하셨던 것은 사실이지만, 임마누엘은 하나님을 자신에게 가져오시는 하나님 자신이시다. (5) 히스기야의 탄생은 문맥이 요구하는 그러한 종류의 징조가 아니다. (6) 아하스가 자기 아내에게 그러한 이름을 짓도록 허락하였을 타당한 이유가 무엇이겠는가? 무엇 때문에 그 자신 스스로 이 이름을 지어 주지 않았는가? (7) 이끄는 말인 힌네, "보라"가 미래를 가리키고 있다. (8) 그 탄생은 아직 일어나지 않았다.

기가 될 수 없고, 하나의 징조로서의 역할을 할 그러한 아기일 뿐이다. 그 어떤 어머니도 몇 년 안 가서 유다가 구원받을 것이라는 단순한 소망으로 자기 아기를 임마누엘이라고 이름지을 권리가 없었을 것이다. 어떻게 그녀가 하나님의 계시 없이 자기의 아기가 선지자가 의도하였던 특별한 아기인 것을 알 수 있었겠는가? 그녀에게 그러한 결과를 가져올 것이라고 계시가 없이, 어떻게 그녀가 자기 아기의 이름을 임마누엘이라고 이름짓도록 증거를 받았겠는가?

그렇다면 하나님의 임재는 수리아와 이스라엘로부터의 구출에서가 아니라, 그 아기 자신의 탄생 가운데 나타난다. 아기가 탄생할 때 하나님은 자기 백성과 함께 하시는 것으로 드러나게 된다. 그 탄생이 징조가 된다는 사실에 비추어, 또 그 어머니의 독특한 특성에 비추어 우리는 그 아기를 일시적인 존재로 간주할 수 없다. 그의 탄생은 신비적이고도 초자연적인 것으로 둘러싸여 있다. 다시금 9:6에서 그 아기는 여기에서 사용된 것과 같은 단어인 엘(하나님)로 불리고 있는데, 이 단어는 이사야서에서 언제나 하나님을 의미하고 있다.

그러므로 이사야는 동시대의 탄생을 알리고 있는 것도 아니고, 히스기야의 탄생이나 또한 어떤 알려지지 않은 이의 탄생이나, 모호한 아기의 탄생을 알리고 있는 것이 아니다. 오히려 흐릿하게 그리고 이상한 환상 가운데서 그는 자기 백성에게 하나님의 임재를 가져다주는 그분의 탄생을 바라보고 있는 것이다. 그 아기가 탄생하게 될 때, 하나님께서 자신의 백성에게로 오실 것이다. 그분께서 "나는 그들의 하나님이 되리라"고 약속하셨는데, 이제는 때가 찼을 때 그분께서는 어떤 힘이나 능력으로 자기 백성 가운데로 오시지 않고, 한 어린 아기의 탄생 가운데서 찾아오실 것이다.

이 구절을 해석함에 있어서 강조가 되어야 할 필요가 있는 세 가지 요점이 있다. (1) 그 탄생은 징조가 되어야 한다. (2) 그 아기의 어머니는 결혼하지 않은 처녀이면서도 선한 여인이다. 이 사실은 단순히 겉치레가 될 수 없으며, 이 점은 그 어머니를 결혼한 여인으로 간주하는 해석법을 배제시킨다. (3) 그 아기의 임재 자체가 하나님을 그의 백성에게로 오시게 한다. 칼빈은 그 이름이 하나님이 아닌 다른 어떤 사람에게 적용될 수 없다고 바르게 주장한다. 구약에 나타난 그 어느 누구도 이 이름을 가지지 않았다. 이러한 이유로 인하여 이 예언은 이러한 상황들이 적용될 수 있는 그 인물, 즉 동정녀의 아들이요 전능하신 자의 아들이신 예수 그리스도로만 해석되어야 한다.

7:15 약속된 메시아의 유아기는 유다가 두 대적들로부터 위기를 당하게 되는 시간이 된다. 이런 생각, 즉 고난의 시기의 지속이란 사상은 임마누엘이 그의 유아기 때 치즈와 꿀로 생존할 것이란 그림 속에 상징적으로 표현되었으나, 이 음식은 상징적인 왕의 식품이었다.[94] 상상컨대 그의 탄생으로부터 그 아기는 이 특별한 음식을 먹을 것이고, 그가 선악을 분별하여 버리고 취할 줄 알기 시작하는 때에 그는 이것들을 먹게 될 것이다.[95] 어린 시절에 한 아기가 악을 버리고 선을 택하기를 배우고 최소한 이 둘 사이를 분별할 줄은 알게 된다. 그러므로 이 기간의 언급을 통하여, 우리는 대적들인 이 두 왕들로 인한 고난과 황폐가 길어야 2-3년인 짧은 기간이라는 것을 배우게 된다.

어떤 이유로 이 특이한, 곧 어린아기 하나의 생명도 지탱할 수 없었던 이 식품이 언급되었을까? "신들의 음식"으로 생존하는 자는 초월적 존재 자신이라는 신앙이 고대에 널리 퍼져 있었다. 아마도 이사야는 의도적으로 이러한 언어를 사용한 것 같은데, 이는 메시아의 장엄한 성격을 나타내고 강조하기 위한 목적인 것 같다. 동시에 이러한 해석은 독단적으로 가장 좋은 해석이라고 강요해서는 안 될 것이다. 이사야가 의도적으로 아기의 신성에 대한 힌트를 주었는지 아니면 그분의 왕적 특성을 나타내려고 하였는지 증명하기 어렵다. 어쨌든 이 왕궁의 식품을 언급한 것은 선지자가, 곤란의 기간이 그의 탄생과 유아기간, 즉 그가 선악을 분별할 줄 알 연령기에 도달하기까지 걸리는 기간이 될 것이라는 사실에 주의를 집중하도록 하기 위한 것으로 보인다.

선과 악의 의미는 무엇인가? 애굽인의 문구에 nfr-bn, "선-악"이라는 문구가 있는데, 그것은 모든 것을 의미한다. 선과 악을 안다는 것은 모든 것을 아는 것이다. 그렇지만 이사야가 이 특별한 시점에서 강조하고자 한 것은 그것이 아니다. 그는 그

---

94) חמאה — "액상 치즈". 현대 시리아의 라반처럼 길쭉하게 된 신 우유 제품이다. Lindblom(*op. cit.*, pp. 23ff.)은 이 음식의 언급은 번영과 축복의 기간을 암시하기 위한 것이라고 주장한다. 그는 임마누엘은 하나님이 아니라 기적적인 아기라고 주장한다. 그렇지만 어떻게 히스기야가 기적적인 아기로 간주될 수 있는가?

95) B를 따르는 어떤 사람은 πρὶν ἂν γνῶναι, "그가 알기까지"로 번역하였다. 다른 사람들은 본 절이 목적을 표현하고 있는 것으로 취급한다. John Rea ("The Connection Between Isaiah 7:14 and 7:15-17", 미간행)는 메시아의 유아기간이 예언의 발표와 황폐의 시작 사이를 경과하는 시간의 양으로 이루어진다고 생각한다. 그러나 절정은 바로 현존하는 대적들인 두 왕들에 의한 그 땅의 황폐를 가리키는 것으로 보인다.

아기가 모든 것을 알 것이라는 점을 말하는 데에는 관심을 두지 않고, 다만 단순히 아기가 자라서 선악을 알고 선은 취하고 악은 버릴 줄 알게 되기까지 자랄 것이라는 점을 말하고자 한 것이다.

임마누엘은 지식, 곧 악을 버리고 선을 택할 줄 아는 지식을 소유할 것이다. 그분의 본성은 그가 악을 버린다는 점이다. 여기에서의 선악은 생활 가운데서 무엇이 해롭고 유용한가를 가리킬 수도 있지만 창세기 2장에서 이 문구가 사용된 점으로 보아 그것은 분명히 도덕적으로 선하고 악한 것을 가리킨다.

7:16 아하스는 조용하고 두려워하지 않아야 했다. 그의 대적들은 연기나는 두 부지깽이에 지나지 않았다. 그들이 취할 수 있는 위협이란 기껏해야 잠시일 뿐이다. 진실로 한 아이가 선악을 분별할 줄 알기 전에 그 땅이 폐한 바 될 것이다. 한 소년(나아르)이 선과 악의 차이를 알 때 그는 매우 어릴 수도 있다. 이 단어가 어린 모세에 대해서도 사용되었다(출 2:6). 그 시기가 도달하기 이전이라 할지라도 그 위협이 끝날 것이다.

그렇지만 어느 땅이 폐한 바 될 것인가? 아마도 그것은 수리아와 이스라엘을 한 단위로 생각한 것 같은데, 이는 이 두 왕들이 그 땅에 속한 것으로 동일시되어 있기 때문이다. 이사야는 "그 두 왕들"에 대해서 말하고 있고, 어떻게 이것이 유다에 적용될 수 있을지 알기 어렵다. 이사야에게, 그 땅의 한가운데가 크게 폐한 바 될 것임에 대해서 이미 알려진 바 있었다. 하나님의 징벌의 손길은 올 것이다. 그러나 유다만이 그 땅이 폐한 바 되는 경험을 하지는 않았다. 수리아와 이스라엘 역시 폐한 바 될 것이었다. 즉 그들의 두 왕들이 폐한 바 될 것이었다. 그들은 이제 더 이상 유다에 있는 하나님의 백성을 위협하는 위치에 서 있지 못할 것이다. 이 두 왕 앞에 불신앙적인 아하스가 두려움과 공포 가운데 서 있었다.

그들은 유다를 괴롭게(קוץ) 하기를 원했다. 아하스가 혐오하고(קוץ) 있는 것은 그들의 땅이다.[96] 이 세 절들의 요약으로서 우리는 14절에서는 이사야가 여호와께서

---

96) Duhm에 의하면 15절은 난외주로부터 삽입된 것이었다. 아마도 편집자가 그 아기가 메시아였던 것으로 생각했고, 그래서 21절 이하와 본 절의 조화를 통해서 그 아기에 대한 흥미 있는 세부 사항들을 발견하였다고 생각하였다. 그런 까닭에 본 절은 편집자의 것보다 최근의 것인데, 그 편집자는 그것이 후기 시대를 묘사하였으므로 그것을 16절 다음에 덧붙였을 것이

한 징조를 주실 것이라고 발표하고 있다고 말할 수 있을 것이다. 우리는 그가 말한 것을 다음과 같이 고쳐 쓸 수 있을 것인데, 곧 "나는 한 처녀를 보노라, 그리고 이 처녀는 아기를 가졌다"이다. 우리는 발람의 말들을 상기하게 된다. "내가 그를 보아도 이때의 일이 아니며 내가 그를 바라보아도 가까운 일이 아니로다"(민 24:17 상). 이 처녀의 봄은 육신적 눈으로가 아니라 환상으로이다. 그렇다면 이사야는 환상 가운데서 아기를 가진 처녀(동정녀)를 보았는데, "그녀는 한 아기를 잉태하려 하고 있고, 그녀는 그의 이름을 임마누엘이라고 부를 것이다." 이 아이의 탄생 가운데서, 하나님의 임재가 가장 독특한 방식으로 나타난다. 14절은 임마누엘의 탄생에 대한 구체적인 예언을 이루고 있다.

15절은 유다를 사로잡은 위협이 오래지 않을 것임을 메시아의 유년기를 통해 상징적으로 표현하는 데까지 진전한다. 그는 이것을 하는데 환상 가운데서 그 아기가 왕궁의 음식을 먹는 그림을 그림으로써 수행한다. 그 아기는 위협과 황폐의 상징인, 왕의 음식을 먹을 것이다. 그러나 그가 선과 악을 분별하는 나이에 도달하기 이전에 아하스가 두려워하고 있는 두 왕들이 이스라엘 땅에서 폐한 바 될 것이고, 그들로부터 두려워할 그 어느 것도 없게 될 것이다.

이 해석에 따르면 14절과 그 다음 두 구절 사이에 예언의 성격에 있어서 변화가 있다. 14절에서는 메시아의 탄생이 선지자의 환상에 나타난다. 이것은 예고이고 그래서 예수 그리스도의 탄생에 있어서 그 성취를 보게 된다. 그렇지만 15절은 다른 성격을 지니고 있다. 우리는 이 예언의 어투가 신비로 가득 차 있어서 가끔 모호하다는 점을 기억해야 할 것이다. 예언은 미리 기록된 단순한 역사가 아니고, 신비의

라는 것이다. 이러한 주장은 순전히 상상이다. 우리가 본 절의 가르침을 종합할 때 15절이 본래의 곳에 있었다는 사실이 분명하게 보여진다. 다시 말해서 18절 이하에서 꿀을 먹음은 유다의 황폐의 결과이고, 반면에 15절에서는 그것이 수리아와 이스라엘의 황폐의 결과이다. 당연히 두 경우 모두 같은 것을 말하고 있지 않다. Duhm의 시도는 현대 *Zerstückelungssucht*의 일부분일 뿐이고, 문제의 구절들에 대한 분석에 의하여 가장 잘 거부될 것이다. 현대 연구문헌에 대해서는 Coppens, *op. cit.*, pp. 3-5을 보라. *SII*에서 나는 집단체석 견해를 포함한 최근의 몇 해석들을 논박하였다. Rignell (*Studia Theologica*, xi, 1957)은 알마가 이스라엘에 대한 호칭이었다는 사상을 개진하였다. Gottwald (*VT*, viii, 1958, pp. 36ff.)는 그 어머니가 8:3에서 여선지자라고 불린 이사야의 아내라는 견해를 부활시켰다. 아마도 가장 널리 받아들여지고 있는 입장은 알마를 아하스의 아내로 그 아기를 히스기야로 동일시하는 견해일 것이다(각주 93을 보라).

분위기 안에 옷입혀진 심오하고 아름다운 상징의 언어이다. 선지자가 사용했을 수 있었던 범주들과 의향들에 대해 한계를 설정하는 우리가 도대체 누군가? 우리는 선지자의 영감을 반드시 포함하고 있을 그 한계들을 제한하고 한정할 수 없고 다만 우리는 모든 성경에 대해서 그러하듯 예언을 있는 그대로 받아들일 준비를 갖추고 그것에 순종할 준비를 갖추고 이 예언에 접근해야 한다.

7:17 아하스는 앗수르 왕에게 요청하였는데 그는 앗수르 왕을 만날 것이다. 가끔 우리에게 다가올 수 있는 가장 큰 징벌은 우리 자신의 욕망들과 기도들이 응답되는 것이다. 이사야는 왕에게 직접 눈을 돌리고 있다. 그는 사실상 다음과 같이 말하고 있는 것이다. "아하스, 당신은 한 징조를 구하는 것을 거절하였습니다. 그러므로 하나님께서 징조를 주실 것인데, 이 징조는 자기 백성에게 구원을 가져다주실 메시아 자신의 탄생 가운데서 발견될 것입니다. 그렇지만 당신에 대해서는 주께서 앗수르 왕을 보내실 것인데, 이는 당신이 그를 구했기 때문입니다."[97] 약간 다른 형태로 그 문제를 표현하기 위하여, 14절은 주께서 주실 징조를 제시한다. 15절과 16절은 이 예언의 결론이고, 17절은 아하스와 그의 집에 임할 징벌에 대한 선언이다. 18-25절은 이미 약속한 위협의 한 독특한 측면을 뽑아 발전시키는 바, 본 절의 부록(附記)을 이루고 있다.

임하게 하시리니: 강조를 위하여 동사가 앞에 위치해 있다. 이 위협은 아하스에게 직접적으로 주어진 것이지만, 그의 백성과 그의 조상의 집에 주어진 것이기도 하다. 그것은 성취될 것이며, 그리고 나서 그 성취는 어떤 특별한 왕 혼자만 오는 것으로써가 아니라, 앗수르 왕들로 인하여 일어난 곤고와 고난의 시기가 닥침으로써 성취될 것이다. 이 왕들이 불러올 날들이 올 것이다. 이 날들은 신정정치 국가가 막을 내리도록 하는 바벨론 포로에서 그 절정을 이룰 것이다. 북쪽의 열지파가 유다왕

---

97) 이 문장은 앞 구절과 접속사 없이 연결되어 있다. 연접사의 삭제로 인하여 효과가, 임마누엘 예언에 이르는 힘찬 절정을 준비하면서 얻어지고 있다. Rosenmüller는 적절하게 1:3과 비교하고 있다. "이스라엘은 알지 못하고."
"임하게 하시리니"—전치사와 함께 동사가 불행을 가져오는 의미를 가진다. 참고. 욥 2:11.
"당하여 보지 못한 날"—직역하면, "있어 보지 못했던." 여호와께서 가져다주실 날들은 바벨론 포로와 이어지는 신정국가의 멸망에서 그 절정에 이를 것이다.

국으로부터 떨어져 나가 배교한 그때 이후로 주께서 앗수르 왕을 이끌어 오실 그때와 같은 재앙의 시기는 그 나라에 닥치지 않았었다.[98]

앗수르 왕: 본 절은 엄청난 절정에서 결론을 짓고 있다. 아하스가 바랐던 것을 그는 받을 것이었다. 델리취가 잘 주석한 것처럼, "앗수르 왕이라는 문구가 두 구절들의 마감하는 부분에서 소개되어 있는 것은 정곡을 찌르는 효과를 가진다." 다가올 곤고한 날들의 성격은 앗수르 왕의 침입 가운데서 발견될 것이다. 장엄함이 본 절이 절정으로 도달해 나가는 방법에 담겨 있다. 다가오는 두 큰 인물들이 있다. 하나님의 백성에게는 임마누엘이 구원을 가져올 것이고, 아하스와 그를 따르는 자들에게는 그 왕이 멸망을 가져다줄 것이다. 앗수르 왕의 옴과 더불어 하나의 전혀 새로운 질서가 다가올 것이다. 디글랏-빌레셀 3세와 함께 신정국가의 멸망이 시작되고, 새로운 시기가 도래하게 되었다. 포로로 인도해 가는 사건들의 열차가 움직이게 하는 것과 신정국가를 폐지시키는 것은 이 특별한 앗수르 왕의 도래였다. 이때로부터 그 어느 것도 전에 있었던 것과 같은 것은 없을 것이다. 신정국가의 종말은 이제 눈앞에 드러났다. 주님에게 순종하기를 거절함으로 인하여, 아하스는 이 완전히 새로운 질서의 유입에 대한 책임이 있다.

(3) 다가오는 황폐(7:18-25)

18절, 그날에는 여호와께서 애굽 하수에서 먼 지경의 파리와 앗수르 땅의 벌을 부르시리니
19절, 다 와서 거친 골짜기와 바위 틈과 가시나무 울타리와 모든 초장에 앉으리라
20절, 그날에는 주께서 하수 저편에서 세내어 온 삭도 곧 앗수르 왕으로 네 백성의 머리털과 발털을 미실 것이요 수염도 깎으시리니
21절, 그날에는 사람이 한 어린 암소와 두 양을 기르리니
22절, 그 내는 젖이 많으므로 버터를 먹을 것이라 무릇 그 땅 가운데 남아 있는 자는 버터와 꿀을 먹으리라
23절, 그날에는 천 주에 은 일천 개의 가치 되는 포도나무 있던 곳마다 질려와 형극이

---

[98] 부정(不定) 목적어(מָה;) 다음에서 목적격 불변화사(אֵת)는 보다 구체적인 목적어를 소개하기 위하여 사용될 수도 있다. 참고. 창 6:10; 26:34.

날 것이라
24절, 온 땅에 질려와 형극이 있으므로 살과 활을 가지고 그리로 갈 것이요
25절, 보습으로 갈던 산에도 질려와 형극 까닭에 두려워서 그리로 가지 못할 것이요 그
땅은 소를 놓으며 양의 밟는 곳이 되리라

7:18 2:2에서 이사야가 미래를 가리켜 말한 것처럼 여기서 그렇게 말하고 있다. 그의 말의 의미를 바르게 이해하는 것이 필요하다. 그는 "여호와께서 부르실 그날에 일어날 것이다"라고 말하지 않고, "일어날 것이다—휴지—여호와께서 부르시는 그 날에"라고 말한다. 다시 말해서, 전체적인 모습은 미래에 이루어질 것이다. 언급된 그날은 방금 전에 위협했던 위기들이 현실로 다가올 때이다. 앗수르 왕의 존재감으로 특징지을 수 있는 시간이다. 그때에 여호와께서 그 대적들을 부르실 것이다. 휘파람을 붊으로써 벌들과 파리들이 날라 왔다.[99] 이전에 이사야는 여호와께서 멀리 있는 열국들을 부르실 것이라고 선언하셨는데, 이제는 그 나라들의 정체를 밝히고 있다.[100]

애굽 하수에서 먼 지경의 파리: 애굽은 파리로 가득찬 땅이고, 그래서 애굽인 대적은 파리처럼 수가 많은 것으로 생각된다. 시내들과 강들(직역하면, 나일)의 끝에서부터, 즉 열국들의 가장 먼 열국으로부터도 주님은 애굽의 군대들을 불러오실 것이라는 것이다.

고대의 증거물들은 앗수르인들에 대해서 양봉의 나라라고 말하고 있다. 벌들은 잔인함과 위험의 상징이다. "그 산지에 거하는 아모리 족속이 너희를 마주 나와서 벌떼같이 너희를 쫓아 세일 산에서 쳐서 호르마까지 미친지라"(신 1:44). 다가오는 대적은 거대한 숫자일 것이니, 곧 숫자가 거대하면서도 잔인하고 지독할 것이다. 주께서 부르시기만 해도, 이 힘있고 능력 있는 군대는 애굽과 앗수르로부터 올 수 있었다. 주님에게 있어서 이 거대한 나라들을 일으키는 것은 파리와 벌들을 부르시는

---

99) 이와 유사한 경우가 *Iliad*, 2:87(벌들)과 2:469(파리들)에서 발견된다. 참고. *Aeschylus, Persae*, 128ff. 그리고 *Georgics*, 4:64. 사 5:26에서는 여호와께서 멀리 있는 열국들을 부르실 것이라고 이미 언급되어 있는데, 여기서 선지자는 그 나라들의 이름을 열거하고 그 정체를 밝히고 있다.

100) ובנחי—**나속 아호르**로 인하여 엑센트가 **밀렡**이다. 역사적 성취에 대해서는 의심의 여지도 없이 앗수르가 두두러진 존재이다.

것에 비해 전혀 어렵지 않았다. 단순한 휘파람소리 하나만으로도 강력한 앗수르와 애굽은 순종한다. 아하스는 앗수르와 동맹하기를 바랬다. 그의 행위들로 그는 열국들의 움직임을 조종하기를 바랐다. 그렇지만 사실상 앗수르는 주님의 다스리심에 속해 있었으므로 앗수르는 주님의 허락없이 팔레스틴으로 올 수 없었다. 세력 있는 디글랏-빌레셀까지도 자기 스스로 행동할 수 없었다. 주님에 의하여 일어났던 포로 사건은 앗수르와 애굽에 의하여 가해진 유다에 대한 징계였으며, 이 두 세력들은 단순히 주님의 사역의 도구들이었다.

7:19 벌과 파리들은 그 땅에 몰려들어 그것을 완전히 황폐하게 만들 것이다. 주님의 부르심은 성공하게 될 것이다. 벌들과 파리들은 그 땅에 와서 정착할 것이다. 그것은 일시적인 침입이 아니다. 유다는 마른 물줄기가 있는 땅, 와디 혹은 물이 마른 협곡으로 된 땅이었고, 이 물줄기와 협곡들은 급하고 경사가 가파랐다. 그러한 높이 솟아오른 와디 위에 파리와 벌들이 가장 잘 자연스럽게 정착할 수 있었다. 접근할 수 없는 것처럼 보이는 지역들까지도 이 곤충들로부터 피할 수 없게 될 것이다. 깊은 골짜기뿐만 아니라, 높고 울퉁불퉁한 바위들, 광야와 목초지들까지도 이 곤충들에 의하여 점령당할 것이다. 이 대적들로부터 피할 곳은 없다. 다가올 앗수르인들에게서 벗어나지 못할 것이다.

7:20 이제 애굽은 묘사에서 제외되고 앗수르만 언급되어 있는데, 이는 앗수르가 하나님의 백성에 대해서 가해야 할 대적들을 이끄는 머리였기 때문이다. 파리와 벌들이 그 땅에 들어와서 정착할 그때 주께서 온 몸, 머리와 발까지도 밀 것이니, 이는 유다에 닥치는 황폐함이 궁극적으로 하나님의 손에 달려 있기 때문이다. 유다는 성한 곳이 없는 한 인간의 몸이다(1:6), 세 내어 온 사도로 주님은 이 몸을 미실 것이나.[101] 이 앗수르의 세내어 온 면도기는 그분의 명령을 시행할 것이다. 아하스는

---

101) "세내어 온 삭도"—빌린 면도기, 형용사(빌림)는 분명히 연계형으로 되어 있는 명사에 대한 후차적인 설명으로시의 역할을 하고 있다. "세내어 온"—예를 들면 Cyril은 "한 크고 술취한 면도기로" 하였는데, "술취한"이란 번역은 B까지 거슬러 올라가며, 이는(이 단어를) שכר, "strong drink"란 단어로 혼동한 것임에 틀림없다. 그러한 면도질은 부끄러운 일로 여겨졌다. 참고. 삼하 10:4-5; 사 50:6. 이러한 일을 하기 위한 도구는 명백하게 앗수르 왕으로 말해져 있다.

공물을 바쳤었고. 그러한 의미에서 수리아와 이스라엘을 밀기 위하여 앗수르인들을 세내어 온 것이다. 이 세내어 온 삭도는 이제 유다 자신을 밀기 위한 하나님의 도구 역할을 할 것이다. 이 삭도는 유브라데 강 너머로부터 왔다. 그것은 아주 먼 곳으로부터 왔고, 아주 멀리서부터 기원된 것이었다. 그렇지만 와서 유다를 약탈해 가려고 하는 사람들에게는 강은 장애물이 아니었다. 그들에게는 그들의 몸을 미는 일로부터 방어해 줄 장애물이 되지 못할 것이다. 완전히 황폐할 것이고, 그 모욕과 모멸감이 그 턱수염을 밀어버릴 때에 나타날 것이다. 그 어떤 모욕도 이보다 더하지 못할 것이다. 깎인, 멸시 당한, 황폐된 신정국가, 세내어 온 삭도 앗수르, 인간들이나 나라들을 차별하지 않으시는 주권자 하나님.

7:21 선지자는 얼마나 자주 "그날"에 대해서 말하고 있는지!(18, 20, 23절) 그 날은 완전한 황폐의 날이 될 것이며, 한 사람이 침입자들로부터 자기 양을 보호하여 지키고 산 채로 보존할 날이 될 것이다.[102] 침입자들로 인하여 커다란 변화가 일어날 것이다. 그 땅은 더 이상 경작지가 되지 못하고 목장이 될 것이다. 생활은 단순화되고 사람들이 너무나 적어서 경작되지 않은 땅들이 많을 것이다. 남아 있는 소수의 동물들은 남아 있는 소수의 사람들에게 넉넉하게 될 것이다.

7:22 미래는 결정되었다. 징벌은 올 것이다. 이사야가 세 번 말한 씨리즈들 가운데 두 번째로 "그리고 …될 것이다"고 말하고 있다. 소수의 사람들만 그 땅에 남게 되고, 그들에 대해서는 우유(젖)가 풍성하게 있을 것이다. 젖(우유)이 풍성함으로 사람들은 우유의 제품, 즉 치즈를 먹을 것이다. 여기서 생활의 형태가 농경으로부터 목축으로의 전환이 나타난다. 자연은 풍부해지고 인간의 노력이 이룬 것은 없다. 특히 땅을 기는 사람은 없다. 즉 곤궁의 시기이다. 유다의 대다수는 포로로 잡혀가고 오직 극소수만이 남아 있다.

7:23 황폐의 새로운 면이 소개되어 있다. 거기에는 어디에나 포도나무가 천 주

---

102) "기르리니" — 황폐의 결과로 그 땅의 농사적 성격이 변하여 목축업으로 바뀔 것이다. 생활은 단순해질 것이고 사람들이 너무나 적어서 경작되지 않은 땅이 많게 될 것이다. 소수의 동물들이 남아 있는 소수의 백성들을 위하여 풍성한 젖을 낼 것이다.

가 있으면, 그 값은 은 일천개였다. 포도의 재배는 유다의 가장 중요한 산업은 아니라 할지라도 가장 중요한 것들 중의 하나였다. 큰 포도원은 아마도 천주의 포도나무를 가지고 있었던 것 같으며, 포도원들은 포도나무 개개에 따라 가치가 메겨졌다. 은전은 얼마의 가치가 있었을까?[103] 아마도 많지는 않을 것인데, 이는 포도나무가 그렇게 값비싼 것은 아니기 때문이다. 그 땅은 포도원 대신에 질려와 형극이 될 것이다.[104]

7 : 24 살과 활![105] 한 황폐된 땅으로 사람들이 온다. 그들은 사냥하러 오지만 그들은 또한 야생 동물들로부터 자신들을 보호하기 위하여 온다.[106] 질려와 형극이 다시 나온다. 우리는 포도원이 어떻게 질려와 형극으로 되었는지를 들은 바 있다. 이제는 그 땅 자체가 질려(찔레)와 형극(가시)이 된다. 만일 사람들이 그 땅에 기왕에 들어가려면 그들은 화살과 활들을 갖고서야 그 땅에 들어갈 것이다. 그들이 생명을 보존하려면 사냥하기 위해 와야 한다. 그 땅은 더 이상 경작되는 땅이 아니므로 그들은 무장을 해야 한다. 그것은 황야 곧 질려와 형극의 땅이다.

7 : 25 팔레스틴의 영광인 산들은 쟁기로 갈기에는 접근 불가능하여 괭이로 팠었다. 그 언덕들은 층대식으로 되어 있으며, 그래서 그것들은 농사의 장소이기도 했다. 그러나 그 질려와 형극들로 인하여 사람들이 그곳으로 가지 못한다.[107] 언젠가 조심스럽고도 부드럽게 경작되었던 이 장소에 인간들이 들어가지 못할 것이다. 이

---

103) 전치사는 가치를 표현하지만 그러나 금액은 밝히지 않았다. Burck-hardt는 그 당시 (1817)에 한 그루의 포도나무가 한 피아스터에 팔렸다고 주장하였다. 오늘날 그 가치는 약 50센트가 될 것이다. 숫자 다음의 무게와 양의 어떤 명세서가 일반적으로 빠져 있다. 아마 우리는 그 단어를 세셀로 이해해야 할 것 같다.
"날 것이라"—풍성한 포도나무와 미래의 황폐 사이의 분리가 매우 두드러지게 나타나 있다. 본 절에서 미완료형의 반복의 의미와 미래적 의미가 교차하고 있는 점을 주시하라.
104) 하야(הָיָה)와 이흐예(יִהְיֶה)의 반복은 무게를 높여주고 묘사의 지루한 성격을 높여주고 있다. 참고. Delitzsch, in loc.
105) 이 단어들이 강조되기 위하여 앞에 나와 있다. 참고. 32:13-14.
106) 이 동사는 부정동사이다. "사람이 올 것이다." 참고. Georgics Ⅲ :341-45.
107) "두려워서"—원인이나 이유의 대격으로 가장 잘 번역될 수 있다. 참고. GKC, § 1181; Wright, *Arabic Grammar*(Vol. ii, p. 121 A). 그런 까닭에 AV의 번역은 부정확하다. "질려와 형극의 두려움인 이곳에 들어오지 못할 것이다."

장소들 가운데로 소들이 보내질 것이고 양들이 밟을 것이다. 완전한 변화가 일어났다. 언젠가 인간들에 의하여 부지런히 농사를 하였던 장소들이 이제는 황소들과 양들의 밟는 곳이 되어 버렸다. 침입한 대적들은 자기들의 임무를 잘해 냈다. 세내어 온 삭도가 깨끗하게 밀었다. 그 땅은 황폐되었다. 사람들은 가 버리고 언젠가 사람들의 것으로 가득했던 충만한 소유 가운데서 황소들과 풀을 뜯어먹는 양들만 남아있는 것을 보게 된다. 신정국가의 거주 장소가 질려와 형극으로 변했다.

3. 앗수르인의 침입(8:1-9:7)

(1) 마헬살랄 하스바스(8:1-10)

1절, 여호와께서 내게 이르시되 너는 큰 서판을 취하여 그 위에 통용 문자로 마헬살랄 하스바스라 쓰라
2절, 내가 진실한 증인 제사장 우리야와 여베레기야의 아들 스가랴를 불러 증거하게 하리라 하시더니
3절, 내가 내 아내와 동침하매 그가 잉태하여 아들을 낳은지라 여호와께서 내게 이르시되 그 이름을 마헬살랄하스바스라 하라
4절, 이는 이 아이가 내 아빠, 내 엄마라 할 줄 알기 전에 다메섹의 재물과 사마리아의 노략물이 앗수르 왕 앞에 옮긴 바 될 것임이니라
5절, 여호와께서 다시 내게 일러 가라사대
6절, 이 백성이 천천히 흐르는 실로아 물을 버리고 르신과 르말리야의 아들을 기뻐하나니
7절, 그러므로 주 내가 흉용하고 창일한 큰 하수 곧 앗수르 왕과 그의 모든 위력으로 그들 위에 덮을 것이라 그 모든 곬에 차고 모든 언덕에 넘쳐
8절, 흘러 유다에 들어와서 창일하고 목에까지 미치리라 임마누엘이여 그의 펴는 날개가 네 땅에 편만하리라 하셨느니라
9절, 너희 민족들아 훤화하라 필경 패망하리라 너희 먼 나라 백성들아 들을지니라 너희 허리를 동이라 필경 패망하리라 너희 허리에 띠를 따라 필경 패망하리라
10절, 너희는 함께 도모하라 필경 이루지 못하리라 말을 내어라 시행되지 못하리라 이

는 하나님이 우리와 함께 하심이니라

8:1 하나님께서는 "옛적에 선지자들로 여러 부분과 여러 모양으로 우리 조상들에게 말씀하셨다." 선지자들은 그들의 메시지를 각기 다른 방법으로 나타냈다. 이사야는 이미 앗수르인들의 침입과 유다의 멸망을 선포하였다. 이제 상징적인 이름을 통하여 그는 자기의 메시지를 반복하고 있다. 칼빈은 다음과 같이 말하였다. "그러나 악한 사람들은 어떤 위협에도 두려워하지 않았음으로 인하여, 이 예언이 어떤 외적인 표식을 통하여 반복되고 증거가 되어야 할 필요가 있었다." 하나님께서 어떻게 이사야에게 말씀하셨는지 우리는 듣지 못했다. 선지자는 자기를 위하여 글을 기록할 수도 있고 공적으로도 내보여 줄 수 있을 만큼 크기의 한 서판을 취하라는 명령을 받았다. 크고 표면이 매끄러운 돌판이 그가 사용하려던 목적에 적합하였을 것이며, 이 위에 그는 그들이 지나가면서도 읽기 쉬운 큰 글자로 그것들을 기록할 수 있었다.[108] 1953년 니므룻(Nimrud)에서 열여섯 개의 상아로 만든 서판들과 거의 같은 수의 나무판들이 던져졌었던 우물 안에서 발견되었다. 나무판들은 상아 판들보다 더 컸고 자주 고쳐졌던 것으로 보인다. 상아 판들은 코르사바드(Khorsabad)에 있는 사르곤 2세의 왕궁을 위한 것으로, 아마도 주전 707-705년경의 것으로 보인다(이사야의 생애 동안).

한 비문은 이렇게 기록되어 있다.

> 세계의 왕 사르곤의 궁전
> 앗수르 땅의 왕. / 일련의 "Anu와 Enlil 신들 때"란 연속편을
> 상아판 위에 그가 기록하였다.
> 그리고 Dur-Sarrukin에 있는 그의 왕궁의 중앙에
> 그는 그것을 두었다.[109]

그 위에… 쓰라: 예레미야는 대필자를 채용하도록 명령을 받았으나, 이사야는

---

108) "서판"—참고. 잠 3:3; 출 31:18.
109) 본문을 보려면 Donald J. Wiseman: "Assyrian Writing-Boards", *Iraq*, Vol. xvii, Pt. 1 (1955), pp. 3-13을 보라.

스스로 기록하도록 명령을 받는다.[110] 기록함에 있어서 선지자는 사람들이 흔히 딱
딱한 표면에 기록하였던 철필이나 연필을 사용하여야 했다. 그것은 일반인들이 사
용하였던 철필이었다. 선지자가 환상영역 중에 경험하였던 것은 이제 감각의 영역
에서 물리적인 도구로 수행하여야 한다. 인간의 펜은 통상적이고도 일반적인 펜이
었고, 그 글은 보통 사람들이 이해할 수 있었던 단순한 글이었다. 우리는 그 서판이
어디에 세워져 있었는지, 즉 성전 뜰인지 아니면 선지자의 집인지에 대해서는 듣지
못했다. 어쨌든 그것을 세워서 예루살렘 거민들이 그것을 볼 수 있도록 해야 했다.
그런 까닭에 그것에는 알 수 없는 글이 아니라, 이해할 수 있는 글이 실려 있어서
"달려가면서도 읽을 수 있었다"(합 2:2).

그 글의 내용은 "마헬살랄 하스바스"라는 문구이다.[111] 그러나 이 복합명사는 여
기서 고유명사를 가리키는 표현인가? 진실로 그것은 나중에 그렇게 사용되나, 본 절
에서 중요한 것은 우선적으로 문장 자체의 의미이다. 즉 "노략이 급하고 약탈이 빠
르다." 수리아와 이스라엘 두 왕국들이 포함되어 있다. 그들에게 파멸은 급하게 다
가온다. 그렇다면 우리는 이 상징적인 기록 가운데서 앞장에서 예고되었던 같은 불
행에 대한 일반적인 선포를 보게 되는 것이다. 아마도 본 장은 연대기적으로 7장에
이어지는 것으로 간주되어야 할 것 같은데, 이는 그것이 미래의 상황을 보다 세밀한
형태로 제시하고 있기 때문이다.

8:2 화자가 야웨이시다. 그분은 이사야의 입을 통하여 구술된 자신의 예언이 신

---

110) "통용문자로"—"한 펜으로, 오 인간이여!"가 아니다(참고. 욥 19:23). "사람"—약하
고 상하기 쉬운 인간. Stade는 여기에 언급된 기록(출 32:16)과 신적 기록과를 대조하고 애
굽의 상형문자와 상용문자(백성의 언어)와의 유사성을 소개하고 있다. 참고. Herodotus
2:36. 이 문구는 우리가 원하는 것만큼 분명하지 않다. 그러나 소유격인 "인간"이 일반적이고
도 통속적인 혹은 단순한 것임을 가리키기 위하여 나타난다.

111) 라메드가 사용되어 있고, 그래서 "에 속한(to)" 혹은 "위하여(for)"로 번역될 수 있
다. 옛 가나안 인장들은 "쉐마에 속한"과 같이 라메드가 접두사로 붙어 있는 이름들이 발견되
었다(Megiddo, 주전 9세기). 참고. *NSI*, pp. 360ff.

מַהֵר—부정사나 대격이 아니고 또 부정사 독립형이나 명령형도 아니고, 메마할(מְמַהֵר)을
대신하는 동사적 형용사인데, 곧 "재촉하는"이다. 하쉬(חָשׁ)가 분사형이고 그래서 전체 문구
는 "노략이 급하고 약탈이 빠르다"로 번역될 수 있다. 참고. Humut-tabal(신속한 제거)이라
는 뱃사공의 이름, *ANET*, p. 109.

임될 수 있도록 그리고 그분의 영예가 시인될 수 있도록 믿을 만한 증인들을 세우실 것이다.[112] 이 증인들은 선지자가 그것이 성취되기 오래 전에 기록하였고 제시하였던 것을 증명할 수 있었다. 성취가 이루어졌을 때, 그들은 이사야가 이미 그것에 대해 기록하였던 것을 지적할 수 있었다. 즉 이 나라가 신뢰할 만한 말을 하는 사람들이 있다. 백성들의 눈에는 그들이 신실하고도 믿을 만한 사람들이었다. 비록 우리들이 오늘날 그들의 정체를 모르기는 하지만 그들은 당시의 백성들이 잘 알고 있었던 사람들임에 틀림없는데, 이는 그들의 이름이 나타나 있기 때문이다. 우리야는 정체를 알 수는 없지만, 스가랴는 아하스의 장인이었을 수 있다.[113] 어쨌든 그는 백성들에게 신망을 얻은 사람이었고 잘 알려져 있었으며 믿음이 있는 사람이었다.

8:3 1절에서 발표가 있은 다음에 이사야의 아내가 잉태를 하였고 후에 아기를 낳게 되었다.[114] 우리는 이사야의 아내가 예언의 은사를 행사하였다고 추론할 필요는 없다. 어쨌든 선지자의 아내로서의 그녀의 성격은 공적이었고, 그래서 이러한 이유로 여선지자라는 칭호를 받은 것 같다. 한 나비(נָבִיא)의 아내는 네비야(נְבִיאָה)였을 것인데, 이는 후기의 epis copa와 presbytera와 같다(이 두 칭호는

---

112) 글자 그대로 동사가 약한 와우를 가진 미완료형이고 "그리고 나는 진실로 증인들로 취할 것이다"로 번역될 수 있다. 끝에 붙어 있는 헤(ה)는 강한 결심 혹은 확정된, 구체적인 목적과 의도를 나타낸다. 참고. 렘 32:10-44. 윤리적 여격이 하나님을 가리킨다. 하나님은 선지자의 입을 통하여 구술된 자신의 예언이 신임될 수 있도록, 그리고 그분의 영예가 시인될 수 있도록 이것을 행하실 것이다.

113) 이 사람들은 이사야가 그 예언이 성취되기 오래 전에 그 예언을 기록하였고 나타내 보였던 사실을 증거할 것이었다. 우리야가 왕하 16:10 이하에 나오는 우리야와 동일시될 수 있을까? Kittel은 그것을 부정하고 Gray는 그것을 긍정한다. 우리는 확인할 수 없다. 스가랴에 대해서는 왕하 18:2; 대하 29:1,13을 참고하라. 대하 26:5의 스가랴는 웃시야보다 먼저 죽은 것으로 보인다. 대하 24:20-21은 여호야다의 아들 스가랴를 언급하고 있지만 그러나 그는 웃시야 시대 이전에 죽임을 당하였다. 이 이름은 일반적인 이름이며, 그래서 우리는 스가랴의 정체를 보다 정확하게 밝힐 수 없다.

114) 창 20:4; 레 18:6에서처럼 동사가 완곡어법으로 되어 있다. 그렇디고 해서 만드시 "내가 가까이 갔다"고 번역할 필요는 없다.
"여선지자"—7:14의 알마에 대한 칭호(Gesenius)는 아니고 이사야의 아내에 대한 칭호이다. Tertullian은 이 예언을 동정녀 마리아에게 적용하였다. "이름을…라 하라"—성경에서 길다란 이름을 가진 다른 예는 대상 3:17; 25:4이다. 에티오피아에 있었던 흥미 있는 이름들과 크롬웰 당시에 있었던 이름들에 대해서는 Gesenius의 책을 참고하라.

각각 성공회와 장로교를 지칭하는 것으로 그 교파들의 직위나 교인도 가리킨다—역주). 이와 동시에 우리는 이사야의 아내가 그녀 자신의 선지자적 권위로 여선지자가 되었을 것이라는 가능성을 배제할 수 없다.

그 이름을 …라 하라: 임마누엘은 그분의 어머니에 의해서 이름지어져야 했었다. 여기서는 아기의 이름을 지은이가 아버지이다. 이사야가 공적으로 볼 수 있는 서판에 쓰라고 명령받았던 이 이상한 이름은 이제 자기 아들의 이름으로 전환되고, 그래서 서판처럼 이 아들은 그 나라에게 예언을 생각나게 하는 자가 될 수가 있도록 된 것이다.

8:4 7:15-16에서 메시아의 유아기가 유다가 그들의 두 대적들로부터 고난을 당하는 기간의 양이 되었던 것처럼, 이 마헬살랄 하스바스의 유아기도 역시 앗수르 왕이 다메섹과 수리아를 황폐시키기 이전에 경과할 기간의 양이 된다. 시간의 길이에 있어서, 아기가 "나의 아빠"와 "나의 엄마"라고 말할 수 있는 연령기에 도달하는 유아기가 곧 앗수르 왕이 와서 두 북방 세력들을 황폐시키는 기간이 될 것이다. 그러므로 7:15,16에서 예언된 사실이 여기서 확언되고 있는 것이다. 그것은 단순히 아비(אָבִי, 나의 아버지)와 임미(אִמִּי, 나의 어머니)라고 부르는 것이지, 완전히 성숙한 연설이 아니고 한 아기의 혀짜래기 말(pappazein)이다.[115]

그러므로 이 두 예언들 사이에 형식적인 관계가 있다. 그렇지만 더 깊은 관계도 들어 있다. 사람들은 이사야의 아들에 관한 예언을 확인할 수 있다. 그들은 그것의 성취를 목격할 수 있다. 그러므로 그것은 동정녀의 아들에 대한 예언의 보증 혹은 진정성을 확증해 주는 것이 되었다. 마헬살랄하스바스가 그 예언에 따라서 태어난 것을 보고 그들은 하나님께서 자신의 선하신 때에 동정녀에 관한 약속을 성취하실 것이라는 것과 그 동정녀가 한 아기를 낳을 것이라는 사실을 확신하게 되었다. 이 아이가 아빠와 엄마를 혀짜래기 말로 할 수 있을 때, 다메섹의 재산이 강제로 강탈당할 것이다. 이 재산과 함께 사마리아에서 발견되는 모든 전리품들이 취하여 감을 당할 것이다. 2년 뒤인 732년 다메섹은 디글랏-빌레셀에게 약탈당했고 12년 뒤에는 사마리아 자체가 함락되었다. 그렇지만 아마도 사마리아는 이보다 더 이전에 디글

---

115) 참고. *Iliad*, 5:408. 벌게이트역과 어떤 히브리 서책형 사본들은 3인칭 단수형 어미로 읽고, "그의 아버지와 그의 엄마"(*patrem suum et matrem suam*)라고 한다.

랏-빌레셀에 의하여 탈취를 당했을 수도 있다(참고. 왕하 15:29). 이 두 도성들의 전리품은 앗수르 왕 앞에 놓여졌을 것이며, 모든 것이 그의 처분에 달려 있었을 것이다. 아하스의 이 두 대적들은 연기 나는 두 부지깽이 그루터기에 지나지 않았으면, 곧 그들은 유다를 대적할 수 있는 힘을 곧 잃어버릴 것이다. 그들은 아하스가 동맹하기를 바랐던 그 사람의 옴과 더불어 멸망할 것이다.

8:5 7장의 유사한 구조에 대해서 생각하지 않을 수 없다.[116] 7:10에서 야웨께서는 아하스에게 말씀하셨다. 여기서는 그분이 이사야에게 말씀하신다. 거기에서 10-17절은 2-9절과 밀접한 관계를 가졌다. 여기서 5-8절은 1-4절과 특별한 관계를 유지하고 있다. 이어지는 구절들은 앞의 것들과 긴밀한 내용을 담고 있고 관계도 가지고 있다.

8:6 야웨의 메시지에서 하나의 이유와 하나의 결론이 주어져 있고, 우리는 이 절과 다음 절을 정리하여 다음과 같이 고쳐 쓸 수 있을 것이다. "이 백성이 나를 저버렸으므로…보라! 야웨께서 덮을 것이라…." 그렇지만 야웨께서 "이 백성"이라고 말씀하실 때, 누구를 가리킨 것인가?[117] 하나님께서 소명환상에서 자신을 이사야에게 나타내실 때, 그분은 역시 "이 백성"이라고 말씀하셨고, 거기서 이 말은 유다를 가리켰다. 여기서도 역시 우선적으로 유다를 가리킨다. 유다의 야웨에 대한 신앙의 결핍으로 인하여 앗수르인들의 공격은 닥쳐왔다.

이사야의 예언에 대한 아하스의 거절과 함께 유다도 야웨를 저버리고 도움을 위하여 앗수르로 돌이켰다. 하나님의 보호는 실로아 물에 대한 언급에 의하여 상징

---

116) 7:10에서처럼 시간의 간격이 경과했을 수도 있다. 어투가 이어지는 구절들이 앞의 구절들과 밀접한 연관을 가지고 있음을 보여주고 있다.
117) 세 가지 주요 해석들이 주장되어 왔다. (1) 전체 국가(Hengstenberg), (2) 열 지파, (3) 유다(Alexander, Vitringa, Drechsler). Jennings는 유다가 떨고 믿지 않고 있었으므로 그래서 그 말씀들은 이스라엘을 기기겨시 하신 것이라고 주장한다. Fullerton은 유다에 대한 말씀이라고 하는데, 그렇지만 6절 하반절을 해석으로 간주한다. 그는 전체 구절이 이스라엘은 멸망하고 메시아의 땅인 유다는 멸망당할 수 없다는 것을 보여 주기 위한 종말론적인 관심에서 개정된 것이라고 생각한다.

적으로 표현되어 있다.[118] 이 물을 버리는 것은 야웨를 저버리는 것이다. 아마도 이사야는 오늘날 En sitti Miryam으로 알려진 샘—이 샘으로부터 그 도시가 그 물을 받는다—을 마음에 생각하였을 것이다. 확실한 것은 다가오는 심판이며, 이 때문에 두 개의 이유가 주어진 것이다. 무엇보다도 유다는 야웨를 저버렸고, 둘째로 그 백성은 북방의 대적들의 패배를 기뻐하였다.[119] 이 기쁨은 특별히 르신과 이곳에서 언급되지 않은 르말리야의 아들에 대해 표출되었다.

8:7 정죄는 정당하다. 유다는 주님을 저버렸고 자기 이웃나라의 다가올 패망을 기뻐하였다. 이러한 이유로 인하여 주께서는 행동하실 것이다.

보라!: 주권자 하나님이시요 아하스에게 징조를 주실 능력을 가지신 그 능력의 주께서 행동을 하려고 하신다. 주님은 유다가 원치 않았던 것을 그분의 자비하신 사역들을 경멸하여 저버렸던 그들 위에 가져올 것인데, 이는 그분만이 자신의 뜻대로 열국을 움직일 수 있으시기 때문이다. 유다는 실로아 물로부터 돌이켰다. 참 잘한 짓이다! 유다는 물을 가져야 할 것인데, 천천히 흐르는 실로아 물이 아니라, 거대하고도 힘찬 물, 즉 유다를 먹여 살리지 않고 오히려 그들 위에 넘쳐 덮어서 그들에게 해와 손상을 줄 물을 가질 것이다.

이 대적이 누군가에 대해서는 의심의 여지가 없다. 그는 앗수르 왕이다.[120] 6장에서 대적의 이름이 거론되지 않았는데, 7장에서는 그가 거론되어 있다. 그러므로 유다의 멸망을 최종적으로 성취시키기까지 연속되는 사건들을 아하스에게 일으키게 하는 그 장본인의 이름을 친숙하게 느끼게 하고 있다. 그러나 이 앗수르 왕은

---

118) 참고. 느 3:15. Kittel은 그것이 *En sitti Miryam*과 *En Silwan*과를 연결하는 터널을 가리킨다고 생각한다. 하지만 우리는 적극적으로 주장할 수 없으나, *En sitti Miryam*이 성전 경내 아래로부터 흘러나오는 물과 연결되는 것으로 보이므로 그것이 이 샘을 가리킨 것으로 보인다.

119) 현재의 독법은 어렵지만, 그러나 본문을 고치기 위한 객관적인 근거가 없다. 시스(שׂוש) 다음에 직접 목적격이 뒤따라오지 않으며, 에트(אֵת)는 전치사, "~에 대하여"(with the respect to)로 취급되어야 한다. 본 뜻은 백성의 기쁨이 르신과 상관이 있었다는 것이다. 그것은 그의 편에서 기뻐하는 것이 아니고, 그에 대해 기뻐하는 것이다. 마아쓰(מָאַס)와 메소스(מְשׂוֹשׂ) 사이의 유음관계를 주시하라.

120) 어떤 비평가들은 이 표현만을 보고 "난외주석"이라고 외친다. 그렇지만 Ewald가 지적한 바와 같이 한 표현이 더 많이 나타날수록 그것이 난외주석일 가능성은 적어진다.

그 자체로 다만 첫단계, 그 나라에 첫 강타에 불과하다. 이 왕의 침입이 유다의 멸망의 전조였다.

앗수르 왕은 자기의 모든 영광을 함께 가지고 올 것이다.[121] 역사적인 비문들 가운데서 앗수르 왕들은 자주 대적을 압도하는 자기들의 능력의 눈부신 위용에 대해서 말했었다. 그 모든 세력으로 동방의 큰 강물이 그 물을 보낼 것이고 이것들이 모든 강바닥과 그 곬에 넘칠 것이다.[122] 아르메니아의 산들의 겨울눈들이 녹은 후, 봄과 여름에 유프라테스 강은 강둑에까지 범람한다. 그렇지만 이제 그것은 그 모든 수로들과 강둑들을 넘쳐서 광활한 범람으로 유다를 멸망시킬 것이다. 유다는 천천히 흐르는 축복의 강물을 멸시하고, 멸망의 넘치는 홍수를 받게 될 것이다.

8:8 우리는 힘을 가진 창일한 홍수를 보게 되는데, 자기들의 유프라테스 강둑과 하수를 넘치게 하는 것을 시작으로 해서 나중에는 점점 증가하는 세력으로 접근해 와서 큰 멸망의 홍수같이 유다를 휩쓸 것이다. 그 홍수가 목에까지 차오를 것이므로 그는 가라앉던지 헤엄을 치든지 해야 할 것이다. 후에 에스겔은 사람이 헤엄을 쳐야 하는 물에 대해서 말할 것이다.[123] 이사야는 갑자기 표현을 바꾸어 새의 날개를 펼침에 대해서 말한다.[124] 먹이를 낚아 채는 커다란 새처럼 다가오는 군대는 그 날개

---

121) 이사야 자신의 글의 진정한 흔적. 참고. 10:16; 16:14; 17:3-4; 미 1:15.
122) 강은 앗수르 군대의 침입을 상징한다. 참고. 블레셋에 대하여 렘 7:2. "흉용하고"와 "창일한"이란 두 형용사들이 자주 함께 사용되어 있다. 참고. 신 9:14.
123) 겔 47:3-5에서 물은 처음에 발목에까지 차올랐고 그 다음에 무릎, 그 다음에 허리, 그 다음에는 걸어갈 수 없는 물이 되었다. 많은 주석가들은 목의 모습을 예루살렘에게 적용하였지만, 그러나 이 묘사에 대해 상세한 해석을 할 필요가 없다. 아마도 예루살렘은 가장 먼저 공격을 받아 취한 바 되면, 유다의 나머지는 쉽게 떨어질 것이다.
חלף—지나가다. 쓸고가다. 두 동사들은 함께 "넘쳐흐르다"로 번역될 수도 있을 것이다. 참고. 단 11:10, 40; 나 1:8; 사 28:2; 30:28. 약한 형태의(ו) 와우는 두 동사로 표현된 사상들을 대등하게 연결하는 역할을 한다.
124) 이사야는 자주 자기의 이미지들을 바꾸는데, 예를 들면 5:24; 9:17 이하; 28:16, 20 이다.
מטות는 호팔 동명사이다(참고. 23절; 14:6; 29:3; 시 80:3). 동사 나옴에 나오는 여성 복수형이나. 술어가 주어를 앞설 때 성(性)의 변화가 자주 발견된다. "그의 날개들"에서 접미사는 침입하는 군대를 가리키고, 이 뜻은 먹이를 낚아 채는 새처럼 그 군대가 그 땅을 완전히 덮을 것이라는 것이다. "네 땅"—접미사는 임마누엘을 가리킨다. 사람이 그 땅을 누구에게인가 속한 것으로 말할 때, 그는 일반적으로 조상의 땅으로 부른다. 참고. 창 12:1. 그것은 메시아의 땅이자, 또한 황폐되어야 할 땅이었다. 참고. 왕하 15:29; 17:3이하; 18:9-19, 37.

를 유다에 펼친다. 그 땅이 뻗어 있는 곳은 어디나 그 새의 날개가 펼쳐 있을 것이다. 그 땅의 모든 범위에 충만하게 덮여질 것이고, 그래서 그 전국에서 앗수르인이 활동할 것이다. 그러나 그 새는 그곳에 속해 있지 않다. 유다는 임마누엘에게 속하기 때문이다. 본 절의 절정은 메시아에게 드리는 하나의 기도다.[125] 오! 임마누엘이여, 누가 이런 대적이 당신의 땅을 완전히 황폐시키는 것을 보고 울지 않을 수 있겠나이까? 임마누엘이여! 당신 홀로 당신의 백성에게 약속할 수 있었던 그 땅, 당신의 땅, 앗수르에 의해 화폐된 당신의 땅.

8:9 임마누엘! 그 복된 이름을 거론하면서 이사야는 대담하게 되어 새로운 용기를 가지고 열국들에게 말한다. 그는 충분히 담대해질 수 있는데, 이는 하나님께서 그와 함께 하시기 때문이다. 유다를 대적하여 다가오는 열국들은 악한 자들인데, 아이러니컬하게도 이사야는 그들에게 "너희는 악하게 되어라"고 말하고 있다.[126] 자기 백성의 대표자로서 그렇지만 자기 하나님의 이름을 말하면서, 그는 결과적으로 "네가 할 수 있는 가장 나쁜 일을 행하라. 너의 매우 악한 일을 행하라"고 외쳤다. 그의 소명 환상을 생각나게 하는 그 명령은(6:10), 사실상 하나의 예언을 내포하고 있다. 하나의 흥미 있는 유사음 공명은 이사야의 두 명령을 특성을 규정하고 있다 (רֹעוּ וָחֹתּוּ).

유다를 멸망시키는 대적들이 준동하기 시작했다. 그들은 자기들의 힘과 능력으로 행동하고 있다고 생각한다. 그러나 그들은 스스로 속고 있었으니 이는 그들이 하나님께서 자기 백성 유다를 징계하시기 위하여 사용하시는 주님의 통제 아래 있는 단순한 도구에 지나지 않기 때문이다. 그분의 정하신 때에 이 악한 적국들은 깨어질 것이다. 주님을 신뢰하는 선지자는 두려워할 필요가 없으니, 이는 하나님께서 우리와 함께 하시기 때문이다. 그분의 표호는 "임마누엘"이 될 수 있다. 이사야는 다음과 같이 크게 외쳤을 수도 있다. "너희 극한 악행을 행하라, 오 너희 백성들아, 그리고 그 결과로 너희가 깨뜨려지게 될 것이다." 그의 예언 초두에서 이사야는 하늘

---

125) "그렇게도 모호한 구절에다 메시아 신앙에 대한 원대한 구조의 기초를 두는 것은 잘못이다"(Gray). 그러나 이사야가 자신의 아들들 중의 하나나 혹은 어떤 가상적인 인물을 따라서 그 땅 이름을 불렀을까? 메시아적 언급을 받아들이기를 거부하는 사람들에 의하여 간과된 이 구절 가운데는 진지함이 있다.

126) רָעַע 의 칼 미완료 형은 두 형태로 추측된다. a) frangere 야로(יֵרֹעַ)와 b) malum esse 예라(יֵרַע)이다. 전자는 여기에 적용될 수 없다.

과 땅을 증인으로 불렀다. 이제 그는 땅의 먼 지역들에게로 말하고 있다. 하나님의 대적들로 간주되는 모든 나라들에게 말하고 있다. 하나님의 백성을 공격할 수 있는 사람은 누구나 그의 음성을 들어야 한다. "너희 먼 나라들아, 너희 허리를 동이라."[127] 하나의 경연대회가 일어나고 있고 열국들은 그것에 대해 준비를 해야 한다. 그러나 그들은 이 대회에서 패망할 것이다.

8:10 산산조각이 났다! 동방으로부터 온 강대한 군대들은 그 땅에 홍수처럼 넘쳐나고 있다. 악한 그들은 계획을 세웠으나[128] 패망하게 될 것이다. 수리아와 에브라임은 함께 악한 계획을 꾸몄지만, 그들의 계획들은 무산될 것이다. 르신과 베가의 그것들처럼 악한 대적들의 의논과 목적들도 역시 무산되어 버릴 것이다.[129] 하나님이 우리와 함께 계신다. 앞에서, 다가오는 파멸이 이사야의 아들의 이름으로 상징적으로 표현되었던 것처럼, 여기서도 구원의 사실이 동정녀의 아기의 이름 안에서 상징적인 옷이 입혀져 있다. 하나님이 우리와 함께 계시다는 선언을 심사숙고한다는 것은 우리로 하여금 능력과 위로의 원천인 그 아기를 마주 대하도록 만들어 준다. 만약 구원과 위로를 받으려 한다면 우리는 그 아기에게로 돌이켜야 한다.

이사야는 거룩한 담대함, 예언자의 용기를 나타내고 있다. 그는 적국들의 음모를 잘 알고 있다. 그리고 그들의 계획이 어느 정도 성공을 거둘 것이라는 것도 알고 있다. 그러나 그는 두려워하지 않고 있으니, 이는 동정녀의 아기의 인격 안에서 하나님이 함께 하시기 때문이다. 임마누엘! 그것이 바로 그가 부르짖는 것이요 표어이

---

127) 이러한 표현은 허리 벨트를 잡고 씨름을 하던 고대의 관습에서 기원된 것으로 보인다. 참고 11장에 있는 각주 11.

128) 우추(עֻצוּ)—통상적인 구두법대로, 우리는 아래에서 하텝-파타흐를 예상해야 한다. 어쨌든 이 아주 이상한 구두법은 이 형태가 잘못된 것이 아님을 가리킬 수도 있다. "말을 내어라"—이 표현은 우선적으로 대적의 계획을 가리킨 것 같다. 그렇지만 Eitan은 그것을 아랍어 dabbara, "조종하다, 정리하다"와 같은 것으로 해석하였다.

129) "필경 이루지 못하리라"—주건절에서 기정적인 명령형 나훔에 귀결절에서 단축명령형이 나온다. 이 형태는 투파르(תֻפָר)이다. 즉 접두사를 가진 모음은 자연히 길다. 아마도 이것은 앞에 있는 명령형에서 자연적으로 장모음이 되는 이유일 것이다. 이 두 형태들은 돋보이는 느낌을 주었을 것이다.

다. 그것은 하나님을 진실로 의지하는 모든 자들의 표어가 되어야 한다.[130]

(2) 하나님 신뢰(8:11-9:1)

11절, 여호와께서 강한 손으로 내게 알게 하시며 이 백성의 길로 행치 말 것을 내게 경
성시켜 가라사대
12절, 이 백성이 맹약한 자가 있다 말하여도 너희는 그 모든 말을 따라 맹약한 자가 있
다 하지 말며 그들의 두려워하는 것을 너희는 두려워하지 말며 놀라지 말고
13절, 만군의 여호와 그를 너희가 거룩하다 하고 그로 너희의 두려워하며 놀랄 자를 삼
으라
14절, 그가 거룩한 피할 곳이 되시리라 그러나 이스라엘의 두 집에는 거치는 돌, 걸리는
반석이 되실 것이며 예루살렘 거민에게는 함정, 올무가 되시리니
15절, 많은 사람들이 그로 인하여 거칠 것이며 넘어질 것이며 부러질 것이며 걸릴 것이
며 잡힐 것이니라
16절, 너는 증거의 말씀을 싸매며 율법을 나의 제자 중에 봉함하라
17절, 이제 야곱 집에 대하여 낯을 가리우시는 여호와를 나는 기다리며 그를 바라보리라
18절, 보라 나와 및 여호와께서 내게 주신 자녀들이 이스라엘 중에 징조와 예표가 되었
나니 이는 시온 산에 계신 만군의 여호와께로 말미암은 것이니라
19절, 혹이 너희에게 고하기를 지절거리며 속살거리는 신접한 자와 마술사에게 물으라
하거든 백성이 사기 하나님께 구할 것이 아니냐 산 자를 위하여 죽은 자에게 구하
겠느냐 하라
20절, 마땅히 율법과 증거의 말씀을 좇을지니 그들의 말하는 바가 이 말씀에 맞지 아니
하면 그들이 정녕히 아침 빛을 보지 못하고
21절, 이 땅으로 헤매며 곤고하며 주릴 것이라 그 주릴 때에 번조하여 자기의 왕 자기의
하나님을 저주할 것이며 위를 쳐다보거나
22절, 땅을 굽어보아도 환난과 흑암과 고통의 흑암뿐이리니 그들이 심한 흑암 중으로

---

130) 이 단락이 앞 단락과 다음 장과 가지고 있는 관계를 유의해야 할 것이다. 독자는 조
심스럽게 다음의 구절들을 비교해 보기 바란다. 8:9-10과 7:3-9; 특히 8:9과 7:8; 8:10과
7:5-7, 46:10.

쫓겨 들어가리라

9장

1절, 전에 고통하던 자에게는 흑암이 없으리로다 옛적에는 여호와께서 스불론 땅과 납달리 땅으로 멸시를 당케 하셨더니 후에는 해변 길과 요단 저편 이방의 갈릴리를 영화롭게 하셨느니라

8:11 이사야의 담대함은 거룩하면서도 그 근거가 충분하다.[131] 그는 이제 자기가 자기 스스로 말하고 있지 않다는 사실을 보이기 위하여 하나님의 권위에 호소하고 있다. 하나님의 능력은 이미 계시된 진리에 대해 그에게 확증되었으며, 또 멸망할 백성들의 길에 걸어가는 데서 그를 경고하려는 목적으로 선지자에게 임하였다. 그 메시지는 하나님의 계시였다. 하나님의 강한 손이 이사야에게 임하였고 그는 하나님의 능력을 느꼈다.[132] 이러한 하나님의 손이 사람 위에 임할 때 그 사람은 완전히 하나님의 능력에 잡히게 된다. 이것은 일반적인 선지자에 대한 영감이 아니고 하나님의 능력이 이사야를 강압하는 것이다. 이러한 강력한 붙잡으심은 이사야를 교훈하시어 유다 백성들의 길로 걸어가지 않게 하시고 그 정죄가 그에게 미치지 않도록 하기 위함이다.[133]

---

131) 10절에서 선포된 사실이 이제 하나님의 권위에 호소함으로써 근거가 마련되고 정당화되고 있다.
132) "강한 손으로"—"여호와의 손"이라는 표현이 성경에 자주 나타난다. 참고. 겔 1:3; 3:14, 22; 37:1. 이 문구는 특별한 힘이 이 선지자에게 미쳤다는 것인데, 이는 일반석인 선지자의 영감과는 구별되어야 한다. 이것은 선지자를 마비시키거나 무의식 상태로 만드는 것이 아니다. 그는 자기에게 주어진 메시지를 받을 수 있었고 또 그것을 이해할 수 있었다. 이러한 경고에 대한 깨달음은 분명한 의식 상태였음을 전제로 한다(Herntrich).
133) ויסרני—이것은 지극히 난해한 형태이다. Gray는 그것이 쑤르(סור)의 히필 미완료형일 것이라고 생각한다. 그러나 히필 미완료형의 기본형은 야쎄르(יסר)일 것이며, 먼 개음절에서 카메츠가 쉐와로 떨어질 때, 그것은 나게쉬가 뒤따라오는 히렉으로 대치될 수 없다. 이것은 폐음절로 되는 개음절을 수반하고 있었을 것이다. 이 형태는 미완료형일 수 있지만 그러나 그것은 동시에 변칙적인 연결 모음 부호를 가진 피엘 완료형일 수도 있다. 우리는 완료형에서 체레 대신에 파타흐를 예상해야 한다. "행치"—이 백성의 길 가운데서 나의 생활방식을 행하는 대로부터. 마지막 단어는 하나님 자신이 선지자에게 말씀하신 대화를 소개하고 있다.

8:12 또다시 '이 백성'이란 표현이 나타나 있다! 지금 그들은 "공모다"라고 외치고 있었다. 그러나 누가 공모를 하고 있었는가? 그것은 유다로 하여금 외국의 도움을 구하는 일을 그만두도록 하기 위하여 시도하고 있었던 이사야 자신이었다. 그것은 왕궁의 정책과는 반대되는 방향으로 나아가고 있었다.[134] 이사야와 예레미야 그리고 다른 선지자들은 이방의 세력을 의지하지 않고 주님을 의지하는 정책을 옹호하였다. 진실로 그것은 반역이다! 그러나 유다는 신정국가였고 그래서 모든 정책들이 하나님 자신에 의하여 조종되어야 했다. 모든 사람들 가운데서도 다윗의 자손인 아하스는 이것을 깨달아 알고 있어야 했다.

그의 첫 번째 질문은 언제나 "주께서 명령하신 것이 무엇인가?"이어야 했다. 그렇지만 그 나라는 너무나 영적으로 낮아져서 선지자들이 신정국가가 신정국가답게 행동하도록 변호하였을 때, 그들은 공모라고 비난을 당했었다. 언제나 그러해 왔다. 교회 역사를 통하여, 교회로 하여금 하나님이 명하신 사명에로 돌아가, 인간적인 프로그램들을 버리도록 촉구하는 사람들은 말썽꾸러기들로 취급되어져 왔다. 아하스와 같은 사람은 이사야의 행동들을 촉발시켰던 그것을 이해하지 못하고 그래서 결국 이사야가 이적행위를 하고 있고 또 그 땅을 전복시키려는 음모를 꾸미고 있었던 사람이라고 결론을 지었던 것이다.

사실상 이사야는 자기 나라에게 가장 최고의 도움을 주고 있었다. 그는 공모를 행하도록 부름을 받지 않았고, 다만 나라가 해석하는 그것에 극적으로 반대되는 형태로 해석하도록 부름을 받았다. "또한 너는 그들이 두려워하는 것을 두려운 것으로 취급하지 말라. 그들은 두 북방 대적들을 두려워하지만, 너는 그 연기 나는 두 부지깽이 그루터기들을 두려워할 필요가 없다. 네가 두려워해야 할 단 한 분이 있으니, 주님을 두려워하고 경외하라."

8:13 "아니다, 이사야야 너와 또 너처럼 믿는 자들은 이 백성이 두려워하는 것을 두려워하지 말아야 한다. 오히려 너는 야웨를 두려워해야 한다." 주님에 대한 올바른 경외심이 있다면, 이러한 지금의 불신앙은 없을 것이다. 만일 인간이 마음

---

134) קשׁר — 반역의 의사를 가진 공모. 참고. 대하 23:13. 그것은 수리아와 이스라엘이 유다에 대항하기 위한 공모나 혹은 앗수르와의 어떤 협정과 같은 단순한 동맹 이상의 것이었다. 참고. 왕하 11:14; 12:21(M); 14:19; 15:30.

으로 야웨를 인정한다면, 그는 이사야의 사역을 공모로 보지 않았을 것이다. 그러나 사람이 어떻게 만군의 여호와를 인정하는가? 하나님께서 인간의 마음으로부터 너무나 멀리 떠나 계시므로 그분을 높이 올리우신 분으로 인식하고 또 전능하신 분으로 인정(acknowledge)하는 것이 그분을 거룩히 여기는 것이며 그분을 그렇게 인정하는 사람이 하나님의 종들의 사역을 기뻐할 것이다(참고. 벧전 3:15).

우리에게 두려움의 때가 올 때, 우리는 그분이 만군의 여호와이시고 그래서 그분을 의지하는 모든 사람들을 구원하실 수 있음을 기억해야 한다. 칼빈은 바르게 말하기를, "이는 우리가 만일 비록 우리에게 알려지지 않았을지라도, 무수한 방법들이 우리의 구원을 위한 그분의 능력 가운데 있음을 깨닫지 못한다면, 우리는 그분을 죽은 우상으로 생각하는 것이다"라고 하였다. "몸은 죽여도 영혼은 능히 죽이지 못하는 자들을 두려워하지 말고 오직 몸과 영혼을 능히 지옥에 멸하시는 자를 두려워하라"(마 10:28). 하나님만이 우리가 두려워 해야 할 분이시요, 우리의 두려움의 유일한 대상이시다.[135]

8:14 하나님의 명령이 계속되고 있다. 그분은 너 자신을 거룩하게 하라고 명령하시는데, 이는 그분이 성소가 되어 주실 것이기 때문이다. 만일 네가 그분을 거룩히 여긴다면, 그분께서도 돌이켜 너희에게 역시 성소가 되어 주실 것이다. 주님은 자기 백성에게 거룩한 자가 되신다. 만일, 가장 충만한 의미로 그들이 하나님을 거룩하신 분으로 인정한다면, 그래서 그분을 거룩하게 한다면 그분은 그들에게 거룩의 대상이 되시고 그분 안에 진정한 보호처가 있을 것이다. 그분은 그들의 주변에서 거룩의 장벽이 되실 것이며 피난처가 되실 것이다.[136] 델리취가 말한 바와 같다. "만군의 여호와를 거룩하게 하는 모든 사람을 주님은 성전의 벽처럼 둘러쌀 것이고, 그들을 자신 안에 숨기시며, 먹이시고 자신의 은혜로우신 교제 가운데서 축복하실

---

135) "그로 너희의 두려워하며" — 명사의 발전은 다음과 같을 것이다. מוֹרַאֲכֶם 〉 מוֹרַאֲכֶם 혹은 מוֹרַאֲכֶם 〉 מוֹרַאֲכֶם, 그렇다면 **알렙** 밑에 **복합쉐와**가 올 것이다. 이쨋든 **레쉬** 아래의 모음은 **메텍**을 동반해야 한다.
מַעֲרִצְכֶם — 장모음 'ㅣ'를 가지고 있다. 이 단어는 히필형 분사이거나 아니면 동명사, 즉 "너의 두려움의 대상"이 될 것이다.
136) "거룩한" — 눅 1:35에서처럼 거룩한 것. 참고, 벧전 2:7; 롬 9:33. 고대 시대에는 제단들이 가끔 피난처로 인정되었었다. 참고. Appian, *de bello civili*, II.

것이다."

 다른 한편 그분은 이스라엘과 유다 이 두 왕국들에게 돌에 충돌하면 넘어지게 할 그 거치는 돌, 걸리는 반석이[137] 되실 것이다. 분열은 결코 합법적인 것으로 간주되지 않았었고, 두 왕국은 여기서 우리 앞에 하나의 단위로 나타나 있다. 남북 두 왕국에 있는 사람들에게 하나님은 하나의 돌이 되실 것인데, 어떤 이에게는 성소가, 다른 이에게는 거치는 돌이 되실 것이다. 그 왕국들의 지도자들은 다른 사람들에게 생활로써 모범을 보여야 할 예루살렘의 거민들이었다. 하나님의 백성의 나누어진 상태, 그리고 그 분리로 인하여 나타난 모든 그 다음에 이어지는 사건들은 예루살렘의 거민들이 행하였던 일의 결과의 실상이었다.

 르호보암과 그의 충고자들의 어리석음이 아니었더라면 그 분열은 막을 수도 있었을 것이다. 그러므로 이 예언은 우선적으로 예루살렘에 있는 책임자들을 가리켜 말한 것이고, 또한 하나님의 백성 전체를 가리켜 말한 것이다. 불행스럽게도 이사야가 예언하였을 때, 백성은 나뉘어져 있었고, 그런 까닭에 이스라엘의 두 집이라는 칭호를 사용한 것이다.[138] 하나님은 백성에게 거치는 돌뿐만 아니라 또한 새의 함정과 올무가 되실 것이다.[139] 본 절의 상반절에서 우리는 경건한 경외를 보았는데 하반절에서는 불경건한 자의 두려움을 본다.

 8:15 묘사가 완료되었다. 이스라엘에 있는 악인들은 실제로 돌, 덫 그리고 올무에 걸려 넘어질 것이다.[140] 그 돌로 인하여 많은 사람들이 걸리고 넘어지고 깨어질 것이다. 그들은 덫에 걸리고 올가미에 삽힐 것이다. 돌과 덫을 만나는 사람들은 완

---

 137) אֶבֶן, "돌"과 צוּר, "반석". 그러나 이 둘 사이에 근본적인 차이를 두려는 의도는 없다. 이러한 다른 표현은 아마도 반복을 피하기 위한 욕망에서 기인한 것 같다.
 138) 그렇지만 Herntrich는 "이스라엘의 집에게"라고 되어 있는 B를 따랐다. 두 집들이 이제 나뉘어 있지만, 그러나 이사야는 여기서 자기들의 하나님을 저버리고 있는 하나의 왕국을 말하고 있다.
 139) פַּח—함정은 희생물을 해치지 않고 잡는 덫이다. מוֹקֵשׁ—튀는 도구(스프링)를 사용하여 잡는 올무이다. 참고. Driver: *JBL*(Sept. 1954), p. 131. Philby(*The Empty Quarter*, London, 1933, p. 12)는 Hufuf 근처의 아랍인들이 새 덫을 지칭하기 위하여 *fakh*라는 단어를 사용한다고 적고 있다.
 140) 처음 세 개의 단어들은 1Q와 B에 있다. 참고. 사 28:13. בָּם이라는 단어는 백성을 가리키지 않고 돌, 덫, 올무를 가리키는 것 같다. 처음 세 동사들은 돌에 대한 직접적인 언급

전히 멸망할 것이다. 다섯 개의 동사들이 이러한 멸망을 언급하기 위하여 사용되고 있다. 걸림으로써 그들은 넘어지고 완전히 멸망할 것이고, 덫과 올무는 효력을 유감없이 발휘할 것이니, 이는 주님 자신이 자신을 경외하지 않은 그들을 멸망시키기 위하여 일으키셨기 때문이다. 베드로는 그가 다음과 같은 말씀을 할 때, 이 구절을 반영한 것이다. "그러므로 믿는 너희에게는 보배이나 믿지 아니하는 자에게는 건축자들의 버린 그 돌이 모퉁이의 머릿돌이 되고 또한 부딪히는 돌과 거치는 반석이 되었다 하나라 저희가 말씀을 순종치 아니하므로 넘어지나니 이는 저희를 이렇게 정하신 것이라"(벧전 2:7-8; 참고. 눅 2:34; 마 21:44; 롬 9:33).

8:16 이제까지 이사야는 철저한 멸망에 대한 메시지를 전해 왔다. 이제 하나님께서는 선지자 자신에게 명령하신다. 이사야는 그가 영적으로 자기의 제자들의 마음속에 보관하여 거기에 남겨 두어야 한다는 의미에서 하나님의 계시를 봉함해야 한다.[141] 이 계시는 1절에 언급된 글씨일 수도 있겠으나, 그보다는 본 장에 기록되어 있는 이전의 메시지 전체일 것이다.[142] 그렇다면 이 증거의 말씀은 하나님께서 구술로 이사야에게 전해 주신 계시이다. 이 말씀들은 얼마나 의미심장하고도 중요한지! 그것들은 하나의 증거이니, 그것들이 어떤 모호하고 막연한 계시 혹은 하나님의 말씀에 대한 지시자요 증거자라는 의미에서가 아니라, 그들 자체가 증거요 하나님의 계시라는 의미에서 증거라는 것이다.

을 하고 있을 수 있고, 다음의 두 단어들은 올가미들을 가리키는 것 같다. 이와 동시에 이것은 다소 지나치게 세밀하게 구별짓는 것일 수도 있다. 모든 다섯 개의 단어들은 돌과 덫에 접촉하는 사람들이 완전히 멸망할 것이라는 사실을 암시하고 있다.
141) 부정사 다음에 와우 계속법을 가진 완료형이 뒤따라오고 있다. 이 뜻은 "나에게는 그 증거를 봉함하는 것 외에는 남겨진 일이 없다"는 의미이다.
142) "나의 제자 중에"—가르침을 받고 교훈을 받은 사람. 참고 아 3:8; 대상 25:7. 전치사 본래의 의미를 가지고 있는데, 이는 제자들의 마음 **안에** 율법에 대한 인봉을 가리킨다. 현대적인 견해는 그 제자들이 이사야 그의 주위에 모였고 그에게 훈련을 받았던 사람들이었다고 한다. 그들은 후세를 위하여 그의 기록들을 보관하였고 그들의 활동이 정경 작업의 출발료이 끝났다고 한다(cf. Mowinckel, Jesaja Disciplinen). 이러한 해석은 부분적으로 옳지만, 그러나 접미사는 무엇보다 먼저 하나님을 가리키고 있다. 그 제자들은 하나님 자신의 가르침을 받아 진정으로 깨달은 백성 가운데 있다. 참고. 사 54:13. 이러한 행동은 선지자를 통하여 이루어졌고, 그리하여 어떤 의미에서 이사야의 기록들을 모았던 특별한 소그룹이 있었다는 가정은 하나의 가정일 뿐이니 이는 증거가 없기 때문이다.

하나님께서 인간들에게 말씀하시는 말씀들은 계시적 말씀들이며 그것들 자체들이 계시이다. 이 증거는 율법, 하나님께서 드러내주신 바 말씀으로 하는 가르침으로도 묘사된다. 정관사를 가지지 않은 두 단어들(증거와 율법―역주)은 이사야가 봉함하여야 했던 말씀의 내용을 묘사하고 있는 것이다. 그러므로 아마도 그가 봉함해야 했던 그것은 일반적인 의미에서 증거요 율법이었을 것이나, 그것이 단순히 우리가 살펴보고 있는 본장의 메시지나 내용이었다고 하는 것이 보다 타당하다.

그렇지만 그 메시지가 봉함되어야 할 그 마음을 가진 사람들은 누구이며, 이 증거가 어떻게 그들의 마음들 가운데 봉함될 것인가? 무엇보다 먼저 우리는 그들이 하나님의 제자들이요 이사야의 제자들이 아님을 유의해야 한다. 그들은 선택받은 자들이요, 그 나라 가운데서 하나님의 가르치심을 받고 그분을 아는 자들이다. 그렇지만 그들은 율법과 선지자들의 교훈을 통하여 그분의 가르침을 받았던 자들이었고, 여기서는 특별히 이사야의 가르침을 통하여 배운 자들이었다. 그렇다면 전달에 의한 것이요 제이차적이라는 의미에서 그들이 이사야의 제자들이라고 명명될 수도 있을 것이다. 그는 그들에게 그것을 신실하게 선포하고 설명함을 통하여 그 가르침을 그들의 마음 가운데 봉함하였을 것이다.

사실상 그러한 일은 그 증거와 율법에 대한 모든 신실한 사역자들의 사역이다. 진리를 가르치고 전파함으로써(진리에 대한 어떤 지적자가 아니다) 그들은 하나님의 선민의 마음속에 증거와 율법을 봉함하는 것이다. 그 진리가 마음속에 봉함될 때, 그것은 어떤 의미에서 다른 사람들로부터 숨겨진 것이다. 그것이 봉함된 마음을 가진 자가 그것으로부터 유익을 얻도록 하기 위하여 그것이 간직되는 것이다. 하나님의 진리는 자기 백성의 마음 가운데 간직되어야 한다.

8:17 기다리는 자는 열정과 끈기있는 기대감을 가지고 기다려야 한다. 소명환상에서 이사야에게 자신을 계시하셨을 때 약속하셨던 대로, 주께서는 자신의 얼굴을 숨기셨다. 징벌과 황폐함이 그 나라에게 닥칠 때 야웨의 얼굴은 숨겨졌다. 전 국가, 특히 남쪽 유다 왕국은 그분의 진노를 느꼈고 그분의 얼굴로부터 내쫓김을 당했다. 그러나 이것은 어려운 구절이다. 말하는 자가 누구이며 주님을 기다릴 것이라고 선언하고 있는 사람은 누구인가? 주로 세 가지 해석법이 있는데, 우리는 이에 대해 간략하게 고찰해야 하겠다.

① 우리가 주장해 온 바와 같이, 탈굼은 16절을 하나님께서 선지자에게 주신 명령으로 간주하고 있고 17절을 이사야의 응답으로 생각한다. 우리는 다음과 같이 바꾸어 쓸 수 있을 것이다.

16절, 선지자야, 그 증거를 보관하라, 그들에게 증거하지 말아라, 이는 그들이 듣지 않음이니라. 율법을 인치고 봉함하라, 이는 그들이 그것을 배우기를 원치 않기 때문이다.
17절, 선지자가 말하였다. "이에 관하여 나는 야곱의 집의 사람들로부터 자신의 처소를 옮기겠다고 말씀하신 주님 앞에 기도하였다. 그리고 나는 그를 그 앞에서 찾겠다고 기도했다."

이 해석에서 야웨께서 자신의 얼굴을 가리심으로 인하여 그 나라가 더 이상 소망을 가질 수 없을지라도, 이사야는 소망과 신앙을 늦추지 않은 자로 묘사될 수 있다. 예고된 심판은 떨어졌고, 이 기간에 하나님이 얼굴을 숨기시는 동안 인내로 기다릴 수밖에 없다. 이사야의 말씀들은 닫힌 귀에게 들려 왔으니, 그는 모세나 바울처럼 자기의 메시지가 무시되고 있는 동안 자기 백성을 위하여 슬퍼할 수밖에 없었다.

② 두 번째 견해는 17절의 동사들의 주어를 메시아로 보는 것이다. 이 입장에 의하면 16절에서 화자가 하나님이신데, 그분은 선지자에게 말씀하셨다. 17절에서 그것이 선포되었고 화자가 변하지 않고 있으며, 또한 18절이 히브리서 2:13에서 메시아에 대해서 인용되고 있으므로 여기서도 역시 화자가 메시아라고 가정되는 것이다. 이러한 구조에서 볼 때, 메시아는 자신이 하나님에서 얼굴을 감추시는 동안에도 기대감을 가지고 기다릴 것이라고 선언하고 있다. 이 얼굴의 숨김은 그 나라에 임한 외적인 재앙들에서 뿐 아니라 앞 절에서 예상된 하나님의 조명의 거두심에서 나타난다. 하나님의 얼굴이 당분간 감추어질 때, 약속들의 의미가 많은 사람들로부터 숨겨지고 소수의 사람들에게만 알려진다. 이 동안에 메시아께서 인내심을 가지고 그 기간이 지나갈 때까지 기다리실 것이며, 때가 찼을 때 그분께서 공개적으로 드러내실 것이다.

③ 세 번째 견해는 이 구절에 대한 신약의 해석에 보다 주의를 기울이는 것을 제외하고는 첫 번째 것과 밀접하게 연관되어 있으며, 이사야를 메시아의 예표로 간주하는 것이다. 그 나라 안의 불신자들로 인하여 징벌의 기간이 있지만, 진실된 신자

들에게는 이 예언이 또 다른 의미를 가진다는 것이다. 이사야는 죄인들 가운데 있는 한 사람의 죄인으로 고통을 당할 뿐만 아니라, 동시에 그들에게도 고통을 당한다. 그는 비교적 죄가 없는 사람이지만 그럼에도 그는 죄로 인하여 고통을 당해야 한다. 그러므로 그는 중보자의 입장을 떠맡고 있다.

11절에서 단수가 사용되었고 12-13절에서는 복수가 사용되었는데, 여기서 이사야는 자신을 믿는 자들 전체 가운데 포함시키거나 아니면 그들의 대표자로 나타내고 있다. 그렇다면 16절에서 이 견해에 의하면 이사야가 중재자로 나타나 있고, 16-19절에서는 한편으로는 이스라엘의 하나님과 다른 한편으로는 일으킴을 받는 백성들 가운데 있는 사람들 사이에 중보자로 나타난다. 이 해석에 의하면, 그리스도께서 고난을 받기 이전에 요한복음 17장에 기록된 기도로 기도를 하셨던 것처럼, 이사야도 역시 하나님의 얼굴을 가리시는 기간에 직면하여 본 절에 기록된 말씀으로 기도하였다는 것이다.

독자는 이 해석들을 스스로 조심스럽게 연구해 보아야 할 것이다. 이 예언이 무엇을 의도하고 있는지를 정확하게 이해하는 것은 쉽지 않다. 필자는 위의 견해 중 두 번째 견해 쪽으로 기울어지는데 독단적으로 고집할 수는 없다.

8:18 자주 그러하듯 선지자는 "보라!"라는 소개 말로써 본 예언에로 주의를 돌리고 있다. 그리고 화자(話者)가 자신을 1인칭으로 두고 있다. "보라 내가!" 화자와 그의 자녀들은 징조와 예표들이다. 하나의 징조로서 그들은 성취될 어떤 일의 표식이 되었다. 예표로서 그들은 하나님의 능력의 특별한 현시 혹은 미래의 사건들의 표나 상징들이었다. 그러므로 그들은 하나님의 능력의 현시로서 그리고 하나님께서 자신의 약속들을 실현시킬 사실에 대한 표식으로서 이스라엘로부터 구별되어 있다. 그러나 그들이 누군가? 또다시 주로 세 가지 해석 방법들이 있다.

① 선지자가 자신과 자기의 아들들, 마헬살랄 하스바스와 스알야숩을 언급하고 있다는 것. 이 해석에서 그 자녀들은 이사야의 실제 아들들이다. 이 아들들은 스알야숩이 그 나라가 완전히 멸망당하지 않고 남은 자가 구원을 받을 것이라는 사실을 상징하는 의미에서 징조들이었다. 다른 한편, 작은 아들은 그 나라의 멸망이 신속하게 다가올 것을 가리키는 이름을 지니고 있었다. 선지자 자신의 이름까지도 구원은 야웨 안에서만 발견된다는 사실을 상징하는 것으로 알려져 있다.

② 두 번째 해석은 이 구절을 이사야와 그를 따르는 하나님을 믿는 제자들에게 적용한다. 이 견해에 의하면 제자들이 하나님을 진정으로 따르는 자들이었다는 것이다. 또한 그들은 어떤 의미에서 그리스도 주위에 몰려들었던 사도들의 선구자들이었다고 생각되어 오기도 했다. 그것은 에클레시아 안의 에클레시아였다는 것이다.

③ 세 번째 견해는 그리스도와 아버지께서 그분에게 주신 자들에게 적용한다. 제자들은 53:10에서 우리가 "그가 그 씨를 보게 되며"라고 읽는 바와 같이 영적 씨들이며, 그들은 아버지께서 주신 자들이었다(요 6, 16장). 칼빈은 다음과 같이 해석한다. "주신이라는 말로서 그는 외적 음성의 소리가 군중들의 귀에 떨어져서 어떤 좋은 효과를 내지 못할 때, 하나님께서 그의 성령으로 말미암아 내적이고도 신비스러운 활동을 통해서 이끄는 사람들을 나타내고 있다." 그는 계속해서 말하기를 "그러므로 우리는 믿고자 하는 마음은 사람들의 뜻에 달려 있는 것이 아니요" 누가가 우리에게 말하고 있는 바와 같이, 믿기로 작정되었기 때문에(행 13:48) 군중들 가운데 어떤 사람들이 믿게 되는 것이다. 이제 "미리 정하신 그들을 또한 부르시고"(롬 8:30), 그들로 하여금 순종하고 복종하도록 효력있게 그들 안에 그들의 양자됨의 증거를 봉인하는 것이다. 그러므로 그것이 곧 이사야가 지금 말하고 있는 줌(giving)이다." 메시아적 해석을 지지하는 것은 히브리서가 이 구절을 그리스도에게 적용하고 있는 점이다.

그렇지만 만일 그것이 그리스도를 가리킨다면, 2차적으로 이사야를 가리킨다는 사실이 배제될 필요는 없다. 그리스도의 영이 이사야 속에 있었고, 그래서 어떤 의미에서 우리는 선지자가 오실 그리스도의 예표였다고 말할 수 있다.[143]

여호와께서 내게 주신: 자녀들은 하나님의 선물들로, 그리고 신자들은 자녀들로 간주된다. 요한은 "나의 자녀들이"라고 기록하고 있으며, 그들 역시 아버지로부터 메시아에게 주어진 자들이다. 이스라엘 안에서 메시아와 그 자신은 징조와 기사들로 역할을 하고 있다.

---

143) Drechsler는 이 구절들이 요한복음 17장에 있는 주님의 대제사장적 기도의 요약이라고 지적한다. 참고. 18절과 요 17:6, 11-12, 24; 6:37, 39; 10:29; 그리고 19절과 눅 17:23; 마 24:4.

불신앙적인 교회(이스라엘) 안에 그들이 있는 자체가 하나님께서 자신의 약속을 이루시고 구속자를 보내실 것이라는 사실의 전조이다. 동시에 그들은 비웃음과 혐오의 대상들이다. 칼빈이 지적한 바와 같이 불신앙적인 군중들은 물질적인 이익과 재산에 관심을 두었다. 그 군중은 하나님의 참 백성이 이러한 것들을 경멸하고 주님께 충성하는 것을 볼 때, 그 백성을 경멸한다. 여기서 우리는 참 기독교인의 한 가지 표식은 그들이 그리스도의 나라를 위하여 물질적인 소유를 기꺼이 희생한다는 사실을 배울 수 있다.

시온 산에 계신: 그 나라의 악한 대중들은 성전에 호소하였다. 그들은 외적으로는 야웨를 예배하였다. 이사야는 이제 그들에게 그들의 신뢰가 헛되다고 지적하고 있는데, 이는 메시아와 그분 자신을 징조들과 예표들로 공표하신 그분이 곧 시온산의 성전에 거주하시는 야웨 자신이시기 때문이다. 마음은 주님으로부터 멀어져 있는 사람들이 정통 신앙을 고백하는 자들이 많이 있다. 그러한 상태는 오늘날 우리 주위에, 한편으로는 고대의 신조들을 유지하고 있으면서, 그럼에도 불구하고 대부분이 성도들에게 단번에 주신 신앙으로부터는 멀리 떨어져 있는 거대한 개신교 교단들이 있다는 사실 가운데서 발견된다.

만군의 여호와께로 말미암은 것이니라: 화자와 그 자녀들이 징조와 예표가 되는 것은 여호와께로 말미암은 것이다. 이 뜻은 단순히 여호와께로부터 오는 징조들과 예표들이 있다는 뜻이 아니고, 또한 화자와 그 자녀들이 여호와로부터 온 자들이라는 뜻이 아니라, 징조들과 예표들로서 그 화자와 자녀들이 여호와께로부터 말미암았다는 것이다. 메시아와 함께하는 신자들의 위치기 만군이 여호와께로 말미암은 것이므로 그들은 전세계의 비방을 두려워할 필요가 없다. 이러한 말 가운데는 칼빈이 말한 바와 같이 고상한 무시(a lofty defiance)가 들어 있다.

8:19 메시아께서 계속 말씀하신다. 언제나 우상숭배의 유혹은 가까이에 있다. 불신자들은 신자들을 영매에게 물으라고 지시하면서 유혹하고 있었다. 그것은 단순한 가설적인 제안이 아니다. 메시아는 누군가 상상으로 그러한 제안을 할 수 있다는 가정을 단순하게 제안하고 있지 않다. 오히려 그러한 제안들이 계속적으로 이루어졌던 것처럼, 오늘날도 지속적으로 이루어지고 있다. 그러한 우상숭배로의 유혹이 그들에게 임할 때 참신자들은 무엇을 해야 하는가? 그것은 속이는 제안이다. 구하는 것은 중요하다. 백성들은 하나님에게 구해야 한다. 그러나 유혹자들은 영들에게 물

으로고 제안한다. 엔돌의 신접한 자처럼 죽은 자를 불러 올리는 흉악한 일을 직업으로 하는 다른 사람들이 있었다.[144]

그리고 미래나 여러 가지 사건들에 대한 지식을 가진 영들과 묻는 자에게 알려져 왔을 수 있는 신들이 있었다.[145] 이 신접한 자들은 새들처럼 지절거리고 속살거린다. 외관상으로 그것은 예언자들이 그의 영들을 자극하였던 방법을 가리키거나 혹은 그들의 메시지를 준 방법을 가리킨다. 비둘기가 구슬피 우는 것처럼 영매자의 목소리도 영을 불러올 때 구슬펐다.[146]

백성이 …아니냐: 이것은 유혹을 제안하는 자들에게 주어지는 응답이다. 나라는 신들에게 구해서는 안 된다. 오히려 자기들의 하나님에게 구해야 한다. 악한 사람들이 메시아의 백성인 너희에게, 영들에게 물어야 한다고 제안할 때, 열국들이 자기들의 신들에게 묻는 것처럼 너희도 여호와이신 너희 하나님에게 물어야 한다. 다른 나라들은 헛된 자기들의 신들에게 물으나 참 하나님의 백성인 너희는 그분을 찾아야 한다.

왜 삶을 위하여 죽은 자에게로 가는가?[147] 살아 있는 자들의 이익을 위하여 죽은 사람에게 물어야 하는가? 아마도 이 질문 속에는 역설의 성격이 있다. 살아 있는 자를 위하여 죽은 자에게 물으라는 이 유혹은 언제나 우리 주위에 있다. 이러한 악행은 언제나 우리들 눈앞에 있는 것이다. 재난과 개인적인 슬픔의 때에 하나님의 백성

---

144) "물으라"—참고 신 18:11; 욥 5:8. 동사가 선지자를 통하여 하나님에게 묻는 일이나, 아니면 신탁과 영들에게로 묻는 일에 사용될 수도 있다.

145) אוֹב—죽은 자를 불러 올리는 마법사. 이 단어는 사 29:4에서처럼 하나의 영 자체를 가리킬 수도 있다.

יִדְּעֹנִי—미래와 여러 가지 사건들에 대한 지식을 가졌던 자들. 즉 지식의 귀신. 참고 레 19:31; 20:27; 신 18:11. 그 영은 묻는 자에게 알려져 있었을 수도 있다.

146) "지절거리며"—비둘기의 우는 소리로 사용됨. 사 38:14. 여기서 어근은 영을 불러 올리는 사람의 구슬픈 음성을 암시한다. 참고. *Aeneid* 3:39:

gemitus lacrymabilis imo
auditur tumulos et vos reddita fertur ad aures

그리고 Horace: *Satires*, L. I. VIII. 40. 아랍어 *tzaftzaf*란 단어는 참새들의 울음소리를 가리킨다. 참고. Procopius, 29:4. Rosenmüller는 고전적인 참조 문들을 제공하고 있다.

147) 사실상 이것은 두 번째 질문이고 그래서 문법적으로 의문을 나타내는 불변화사에 의존할 필요가 없다.

은 그분을 잊어버리면 안 된다. 영들에게 묻는 이러한 가증한 행위는 하나님을 저버리는 행위이다. 즉 그분의 존재를 부정하는 행위이다. 이러한 영들은 지절거리며 속삭인다. 그것들은 공개적으로 분명한 정보를 가지고 나타나지 않는다. 그들은 선지자들이 터놓고 "그러므로 야웨께서 가라사대"라고 말하는 것과는 완전히 다르다.

만일 다른 나라들이 실재하지 않은 그들의 신들에게 묻는다면, 여호와를 알고 있는 우리는 어느 때나 그분에게 물어야 한다. 구약시대에는 이러한 일이 선지자들에 의하여 행해졌다. 그리고 그 후 시대에는 하나님께서 자기의 무오한 말씀인 성경을 우리에게 주셨다. 우리가 그분에게 묻기를 원할 때 성경으로 돌아가야 할 것이니, 이는 그 말씀이 하나님 자신의 말씀이기 때문이다. 강신술은 악할 뿐만 아니라 또한 어리석은 것이니, 이는 살아 있는 자 대신에 죽은 자에게 묻는 것이 어리석은 일이기 때문이다!

8:20 만일 어떤 의문이 있다면 율법과 증거에게 물어야 한다.[148] 율법(16절에 출현한 순서가 여기서 전도되어 있음을 유의하라)은 사람의 복종을 요구하는 하나님의 뜻을 표현하는 하나님의 계시이며, 증거는 그분의 뜻을 믿어져야 할 하나의 체계로서 표현하는 그분의 계시이다. 이것들은 모든 의견들과 말들이 판단을 받아야 하는 표준이다. 만약 누군가가 율법과 증거에 일치하여 말하지 않는다면, 그는 아침빛을 보지 못하는 사람이다.[149] 이 표준되는 말씀과 일치하여 말하지 않은 사람은 누구나 여전히 죄와 불신앙의 어둠 가운데 거하여 빛을 보지 못하는 사람이다.[150] 재

---

148) 본 구절은 생략법이므로 우리는 아마도 이 말씀을 "율법에게 물어야 한다"로 이해해야 할 것이다.

149) 채택된 번역을 입증함에 있어서 우리는 다음과 같이 설명할 수 있다. (1) sahr란 아랍어 단어는 마법을 의미할 수도 있지만, 그러나 본 절에 있는 히브리어 단어의 의미를 결정할 수 없다. (2) לו에서 대명사 접미어는 "말씀"을 가리키는 것으로 제한될 필요는 없다. 그것은 말하는 사람을 가리키는 배분적인 의미로 사용될 수도 있다. (3) אשר는 조건문의 귀결을 가리키고, 그래서 삼하 2:4 등에서 나타난 바와 같이 키(כי)의 의미로 사용될 수도 있다. (4) "율법과 증거"라는 문구는 삿 7:18에서 발견되는 바와 같은 하나의 외침을 가리킨다. 그것들은 메시아의 말씀으로 취급되어야 한다.

150) 관계 대명사는 "…하는 자"와 동의어이다. 연접사는 보충되어야 하며 그래서 "그는 아침빛을 보지 못하는 사람이다"가 되어야 한다. 그 관계사가 כי에 대한 대치물로 취급하여 "그에게 빛이 없는 그"로 번역할 수도 있다.

앙의 때에라도 하나님의 백성은 율법과 증거에 귀를 기울여야 한다. 어느 때에나 문의할 수 있는 기록된 계시가 남아 있다. 그것은 율법이니, 이는 그것이 하나님께서 인간에게 요구하시는 것을 구체적으로 말해 주고 있기 때문이다. 그리고 그것은 증거이니, 이는 그것이 하나님의 뜻을 드러내어 그것이 하나님으로부터 온 것임을 증거하기 때문이다. 고난의 때에라도 하나님께서 주신 말씀과 일치하지 않는 말씀을 가진 사람들이 많이 있다. 만일 하나님의 객관적인 계시와 조화를 이루지 않는 말을 한다면, 그 이유는 그들에게 구원의 빛이 없기 때문이다. 그러한 말을 하는 사람들에게는 그러한 빛이 없는 것도 사실이다. 하나님의 율법의 분명한 빛에서가 아닌 어둠에서 기원된 메시지에 귀를 기울이는 것은 어리석다.

빛은 하나님의 율법, 기록된 계시, 성경 안에서 발견된다. 성경에 반대되게 말하는 사람들에게는 아침빛이 없다. 그들은 여전히 깊은 밤과 같은 어둠 가운데 처해 있는 것이다. 그들 위에는 아침 빛이 비쳐 오지 않고, 그 빛은 어린아이처럼 율법에 돌아가서 모든 생각이나 의견을 그것에게 복종시킬 때에야 터오는 것이다. 그때 아침빛의 광선이 비치고, 태양의 밝은 빛이 그들의 마음속에 비쳐오는 것이다. 오늘날에는 더욱더 성경에 근거하여 또 그것에 일치하여 생각해야 할 필요가 있다.

8:21 율법과 증거에 일치하여 말하지 않은 사람들이 있어 왔다. 실로 그러한 사람들 가운데 어떤 사람들은 그 땅을 가로질러 지나갈 것이다. 그렇지만 그 땅을 가로질러 지나가는 일은 어려울 것이다. 그렇게 헤매는 자들은 물리적 영적 유익이 없을 것이다. 헤매는 자의 곤고한 상태가 굶주림과 기근으로 나타나 있다.[151] 기근이 올 때 그것은 괴로움을 함께 몰고 온다. 백성은 일하면서 점점 광포해질 것이고 스스로 흥분하여 분노할 것인데, 이 분노는 단순히 왕에게 향하는 것만이 아니라 하나님에게 대한 것이기도 하다. 그 백성은 본래 그들의 올바른 도움이었던 그 모든 것을 저주로 바꾼다. 절망이 그들을 붙잡아 그들은 분노 가운데 철저하게 하나님을 저주하면서 스스로 참되신 하나님을 떠난다. 그들이 할 수 있는 모든 일이란 완전한 절망 가운데서 위를 쳐다보는 것이다(참고. 계 16:11, 21).

---

151) "굶주림"—상태를 나타내는 형용사는 육체적인 상태를 보다 정확하게 묘사하기 위하여 동사 뒤에 위치할 수도 있을 것이다. 접속사는 와우 *specificum*이다.

그들이 하나님을 바라보든 땅을 바라보든, 그들이 만나는 것은 어둠뿐이다. 왕과 하나님을 거절하는 자들은 그들에게 용기를 주는 빛의 섬광을 가지지 못한다. 이들이 하나님을 저버리는 자들인데, 그렇지만 그보다도 사실 그들은 하나님의 저버리심을 받은 사람들이다.[152] 주님을 저버림은 어떤 구체적인 결과들을 가져온다. 율법과 증거에 반대되는 충고를 제공한 그들은 언젠가 주님 자신을 저버릴 것이다. 절망적인 궁핍 가운데서 그들은 황폐된 땅을 돌아다닐 것이고 그들을 도울 자가 전혀 없을 것이다.[153] 사람이 주님을 저버릴 때 그는 주님의 저버리심을 받을 것이다. 재앙의 때가 올 때 그 악인은 자주 완악한 입장이 된다. 굶주림이 그 사람으로 하여금 스스로 분노를 일으키게 하는 원인이 될 것이고, 게다가 스스로 격분하여 그에게 도움을 줄 수 있었던 모든 것을 저주하게 된다. 사람이 "하나님을 저주하고 죽는" 태도를 가질 때, 그는 분명히 모든 하나님에 대한 신뢰를 잃는다.

8:22 위를 쳐다보아도 도움이 없을 것이다.[154] 사람이 땅을 바라보아도 도움이 없다. 악인이 어디를 보아도 도움을 발견치 못한다. 그의 주위에 있는 어둠은 완화되지 않는다. 아하스는 징조를 보려고 위를 보지 않았고, 그의 후손들은 위를 보겠지만 모든 것이 흑암뿐이다.[155] 그들을 위한 징조는 없으니 이는 그 징조가 이미 주어졌기 때문이다. 오직 빛만이 절망과 낙담의 어둠을 몰아낼 수 있지만, 그 빛은 보이지 않는다. 거기에는 정신적 곤고와 물리적인 상황들의 곤고가 있으며, 이 곤고함

---

152) 참고. 5:30. 그리고 Koran 2:17.
153) בה —이전에 이해한 개념, 즉 "땅"에 대한 언급이다. Jennings는 그것을 어둠 자체를 가리키는 것으로 생각하지만 그것은 문맥에서 증명할 수 없다.
154) König는 아하스의 후손들이 아하스가 거절하였던 그 행위를 할 것이라고 주장한다. 즉 그들은 징조, 즉 약속된 구원을 줄 어떤 징조를 보려고 위를 볼 것이다.
155) 나는 아펠라(אֲפֵלָה)를 하나의 직접 목적격으로 간주하고 (구체화나 혹은 장소의 대격), "어둠에 대하여 그것(그 백성)이 내어버림이 되다"로 번역하는 쪽으로 기울어지는 편이다. Reider(Contributions to the Scriptural Text, HUGA, Vol. xxiv, 1952-53, p. 87)는 다음과 같이 생각한다. "그리고 고난과 어둠이 그들을 도망하지 못하게 만드는 것을 보라. 고난과 어둠이 그들을 떠나지 못하게 만드는 것을 보라." 본 절은 마멸되지 않았다. Gray가 제시하는 식견 있는 논증들은 결국 본 절이 연의 정리에 적합하지 않다고 하고 그것들이 본 사상들을 표현하는 데 가장 좋은 말은 아니라고 말하고 있는 것이다. 이러한 말들은 무게 있는 논증들은 아니다.

은 흑암 가운데서 말하고 있다.
 모든 것이 "고통의 희미함"이란 말로 요약될 수 있다. 그것은 희미하고도 어두운 고통, 고통으로 이루어진 어둠이다. 안팎의 어둠 즉 그것들 자체가 마음의 유사한 상태에서 반영되고 있는 압축된 또는 정돈된 상황들이다. 그 백성은 어둠 가운데로 버려짐을 당한다. 어두운 징조를 묻고 어둠의 행위들을 하는 자는 어둠으로 특징된 고통을 예상할 뿐이다.
 성경에서 죄는 어둠으로 묘사되어 있다. 어둠은 압박하고 억누른다. 그것을 빛과 자유로 간주하는 사람들은 스스로 속은 것이다. 흑암 가운데서 사는 사람들의 종말은 어둠 속으로 떨어지는 것이다. 죄인들은 자기들이 빛 가운데 있다고 생각하며, 자유와 독립, 진리, 공정한 마음을 소유하고 있다고 생각하는데, 실제로 그들은 흑암 가운데 걷고 있으며, 그래서 어둠의 노예들이요 거짓에 속한 자들이요 악의 편으로 치우진 자들이다.156)

 9:1 (히브리 본문은 8:23임) 모두가 흑암과 어둠뿐이다!157) 그러나 그것들은 영원히 지속되지 않을 것이다. 그 백성 중 죄인들을 위해서는 계속되는 흑암만 있을 것이지만, 하나님의 백성을 위해서, 그 나라를 위해서는 완전히 둘러싸고 있는 어둠은 지나갈 것이다. 지금은 그들이 고통 가운데 있지만 언제나 어둠 가운데 있지만은 않을 것이다. 우리는 이사야가 의미하는 바를 다음과 같이 고쳐 쓸 수 있을 것이다. "지금 고통 가운데 있는 그 땅에는 언제나 흑암만 있지는 않을 것이다." 복된 대조가 왜 흑암이 지속되지 않을지를 설명하고 있다. 옛적에는 타락이 지속되는 광범위한

---

156) Kissane에 의하면, 21, 22절은 제자리에 있지 않고 그보다는 5:30 다음에 속한 것이다. 이 주장에 답하여 우리는 1Q을 포함한 모든 본문들의 증거는 본 절들을 현위치에 두고 있다는 사실을 지적해야 하겠다. 둘째로, 본 구절들에 대한 좋은 그리고 일관성 있는 주석은 위에서 제시한 바와 같이 해야 가능하다. 본 구절들의 난점 자체가 그것들의 진정성에 대한 논증이 된다. 만약 그것들이 전혀 제자리에 있지 않다면, 왜 누군가가 그것들을 지금 있는 위치에다가 두었겠는가?
157) מוּעָף, "흑암"과 מוּעָף, "고통"은 둘 다 호팔 어근의 동명사들이다. 우리는 다음과 같이 고쳐 쓸 수 있을 것이다. "지금 고통이 있는 그 땅에는 언제나 흑암만 있지 않을 것이다." 5:30에서처럼 "지금은—그 날에"라는 단어들이 빠져 있다.

기간 동안, 하나님께서 그 땅을 낮추셨고 흑암이 그곳을 덮도록 하셨었다.[158] 그러나 후에는 단번에 영원히 지속할 영광스러운 시대가 나타날 것이다. 하나님께서 그 땅을 영화롭게 하실 것이다. 요단강 서편 땅의 동쪽 두 지파, 스불론과 납달리는(후에 상 갈릴리, 하 갈릴리로 알려짐) 디글랏빌레셀에 의하여 첫 번째로 황폐화되고 인구가 줄어든 곳이었다. "이스라엘 왕 베가 때에 앗수르 왕 디글랏빌레셀이 와서 이욘과 아벨벳마아가와 야노아와 게데스와 하솔과 길르앗과 갈릴리와 납달리 온 땅을 취하고 그 백성을 사로잡아 앗수르로 옮겼더라"(왕하 15:29).

고통의 때는 이전 시대였고 후 시대는 영광의 시대이며, 해변의 길과 게네사렛 바다의 서편, 이방인들의 갈릴리 서편을 따라가는 길은 영화롭게 될 것이다.[159] 나라들의 범위는 혼합된 큰 인구가 밀집되어 있었던 팔레스틴의 북방 변경이다. 전체가 같은 지역으로 지칭되어 있다. 그곳이 처음에는 그곳에 거주했던 스불론과 납달리 두 지파의 이름과 동일시되었다. 그곳이 다음에는 갈릴리 바다와 요단강과 연관된 지역과 동일시되었다.[160] 유다로부터 가장 멀리 떨어져 있는 그곳은 이방 나라들과 가장 가까이 있어서 이방의 영향하에 있었다. 불명예가 되는 원인이 되었던 것은 그 지역상의 위치뿐만 아니라, 앗수르의 세력 앞에서 가장 두려움의 공포를 받아 왔던 것 때문이었다. 이렇게 멸시받고 또 신약에서도 역시 경멸을 받았던 이 지역은 하나님께서 이곳을 영화롭게 하셨을 때 영화롭게 되었으며, 이 예언의 성취는 하나

---

158) "옛적에는" — 다음의 논증들은 이 구절이 주절이라는 견해를 지지하는 데 사용되곤 한다. (1) כִּי가 "비록…일지라도"로 번역되어야 한다. (2) 구약의 시가서에서와 아랍어의 시에서 시간에 대한 칭호는 자주 한 동사의 주어이다(참고. 욥 3:5; 시 19:3). 즉 **야옴 바시르**는 "좋은 소식을 가져오는 한 날"이다. 그러나 타락의 시대가 상당한 기간 지속되었다는 사실을 강조하기 위하여 "옛적"이라는 문구 앞에 전치사가 위치해 있다. 그러나 "후에는"이라는 문구는 단번에 영원히 영광스러운 기간이 일어났다는 것을 가리키는 단순 직접 목적격이다. 동사가 예언적 완료의 의미를 가지고 있다. עֵת — 이것이 주로 여성형이지만, 이것이 남성형으로 나타나고 남성 복수형으로 취급한다.

159) "바다(해변)" — 이 단어는 지중해를 지칭할 수도 있었고, 아크레(Acre)에서 다메섹으로 가는 길을 가리킬 수 있었으며, 그렇지 않으면 바다로 "향하는" 혹은 서방쪽으로로 해석될 수도 있었다. 대부분의 현대 해석학자들은 그것이 게네사렛 바다를 가리키는 것으로 생각한다.

160) 이방의 갈릴리 (혹은 나라들의 범위)는 팔레스틴의 북방 경계선인데, 그곳에는 혼합된 인구가 밀집되어 있었다(참고. 왕상 9:11; 수 20:7; 21:32). 그곳은 유다로부터 가장 멀리 떨어져 있었고, 이방나라들에 인접해 있었고 그래서 이방의 영향하에 있었다. 신약에서 우리는 요 1:46; 7:52; 마 26:69; 행 1:11; 2:7에서 찾아볼 수 있다.

님의 아들이신 예수 그리스도께서 오셔서 가버나움에 거주하셨을 때(마 4:13 이하) 일어났다.

이스라엘의 죄는 국가적으로 징벌의 어둠을 가져오게 하였다. 그럼에도 불구하고 이스라엘의 하나님께서 빛의 하나님이시므로 그리고 자기의 약속의 말씀에 신실하시므로 그 나라에 닥쳐왔던 어둠은 어느 날 물러갈 것이다. 우리는 주님의 손에 의하여 징벌과 고난을 받으나 동시에 명예와 영광도 받는다. 우리가 받는 고난은 우리 가운데 임하시는 그분 자신의 임재의 결과이다.

(3) 메시아 왕(9:2-7; 히브리어 성경은 1-6절)

2절, 흑암에 행하던 백성이 큰 빛을 보고 사망의 그늘진 땅에 거하던 자에게 빛이 비취도다
3절, 주께서 이 나라를 창성케 하시며 그 즐거움을 더하게 하셨으므로 추수하는 즐거움과 탈취물을 나누는 때의 즐거움같이 그들이 주의 앞에서 즐거워하오니
4절, 이는 그들의 무겁게 멘 멍에와 그 어깨의 채찍과 그 압제자의 막대기를 꺾으시되 미디안의 날과 같이 하셨음이니이다
5절, 어지러이 싸우는 군인의 갑옷과 피묻은 복장이 불에 섶같이 살라지리니
6절, 이는 한 아기가 우리에게 났고 한 아들을 우리에게 주신 바 되었는데 그 어깨에는 정사를 메었고 그 이름은 기묘자라, 모사라, 전능하신 하나님이라, 영존하시는 아버지라, 평강의 왕이라 할 것임이라
7절, 그 정사와 평강의 더함이 무궁하며 또 다윗의 위에 앉아서 그 나라를 굳게 세우고 지금 이후 영원토록 공평과 정의로 그것을 보존하실 것이라 만군의 여호와의 열심이 이를 이루시리라

9:2 방금 전에 언급되었던 갈릴리의 거민들은 흑암 가운데서 걷고 있다.[161] 그들

---

161) "백성"—이 명사는 집합적이며 그래서 그 다음에 복수형 분사가 따라올 수 있다. "행하던"—행하는 사람들. 삶이 여행으로 이해된다. 동사는 인생 여정을 암시하고 있으며, 그래서 신약의 καθήμενος 사용은 하나의 상응어이다. 참고. 시 1:1에서 두 개념들이 실제적으로 동의어이다.

의 생활 태도와 방식은 그 자체가 흑암 가운데 있는 그것이었다.[162] 흑암, 안팎으로 무지, 곤궁, 비참함 그리고 죄가 있었다. 앗수르인의 침입에 의하여 흑암은 다가왔거나 혹은 단순히 그 침입으로 인하여 더 극렬해 졌다. 어쨌든 그 침입으로 인하여 초래된 어떤 흑암보다도 더 깊은 흑암은 그 나라의 내적 상태이며, 그 나라는 죄의 곤고함과 처참한 상태에서 삶을 영위해 나갔다.

흑암에 거하던 이 백성들에게 하나의 큰 빛이 나타났다. 선지자가 이 글을 기록할 때 그들은 아직 그 빛을 보지 못했지만, 그 빛의 출현은 너무나 확고하여 그것을 기록하였던 이사야의 마음 가운데는 마치 그것이 이미 밝아 온 것처럼 생생하였다.[163] 재앙이라는 흑암 가운데서 백성들은 평화와 축복의 빛을 보았고, 사망의 흑암 가운데서 생명의 빛을 보았으며, 무지의 흑암 가운데서 지식의 빛을 보았고, 죄라는 흑암 가운데서 구원의 빛을 보았다. 아주 광범위한 의미에서의 구원이 이 백성에게 비치었다. 그들의 상황에서 완전한 반전이 일어난 것이다.

흑암은 사망의 그늘이었으니 이는 그것이 오직 생명의 빛에 의해서만 사라질 수 있었던 깊은 사망의 그늘이었기 때문이다.[164] 생명과 불멸성을 빛으로 가져다줄 수 있는 빛만이 이 깊은 흑암을 쫓아낼 수 있고, 그 빛은 그리스도께서 나사렛에서 떠나서 가버나움으로 가셔서 거기 거주하셨을 때 나타났다(마 4:12-17). 죄의 흑암은 그와 정반대되는 것 말하자면 빛에 의해서만 물러갈 수 있다. 빛은 하나님의 선물이다. 그것은 흑암 자체인 인간의 마음에서 산출될 수 없다. 그리스도의 모든 사역과 그분이 가져오신 모든 축복들은 "빛"이라는 하나의 단어로 특징지을 수 있다.

9:3 빛이 흑암에 처한 갈릴리 인들에게 비쳤다는 복된 사상은 이사야에게 빛의

---

162) "흑암"—흑암 가운데서. 이 단어는 "깊은 그늘"을 의미하며, 심한 흑암에 대한 시적인 단어이다. 만약 그것이 첼(צל)과 마웨트(מות)에서 파생되었다면, 첼(צל)에 있는 이 모음이 아로 변한 것을 설명하기가 어렵다. 만약 그것이 첼렘(צלם)에서 파생되었다면 그 난점이 설명이 된다. 참고. zalima, "어둡다" 그리고 이디오피아어의 salema.

163) 미래에 대한 묘사는 완료형 동사로 시작될 수도 있다. 1절 상반절은 미완성 독립격(casus pendens)의 형태로 간주될 수도 있고, 1절 하반절은 강력한 균형과 평행을 이룬다. "거하던"—그 땅에 거하는 거민들. 전치사 앞에 있는 연계형은 주로 분사와 함께 나타난다.

164) 하나님의 율법의 빛이 이미 갈릴리 위에 비쳤다. 그렇지만 이제 의의 태양이 떠오를 것이다. 말 4:2(히브리어 사본 3:20); 요 1:9; 8:12; 사 42:6; 49:6; 60:1-3. 그리스도는 빛의 충만이시다. 참고. 눅 1:78, 79. "빛"이 흑암 가운데 걷고 있는 사람들과 대조되어 있음을 주시하라.

원천이시요 그분의 빛 안에서만 우리가 빛을 볼 수 있는 바로 그분을 소개하도록 동기를 부여하였다. 빛이 왔을 때 하나님께서는 이방인들을 참 이스라엘, 믿음의 가족 안으로 인도하셨는데, 이것은 아브라함에게 하신 "내가 너로 큰 민족(고이)을 이루고"라고 하셨던 약속의 성취였다. 그러므로 이방인들의 유입과 함께 이 백성은 수가 증가하였다.[165] "잉태치 못하며 생산치 못한 너는 노래할지어다 구로치 못한 너는 외쳐 노래할지어다 홀로 된 여인의 자식이 남편 있는 자의 자식보다 많음이니라 여호와의 말이니라"(사 54:1).

그 나라의 창성과 함께, 즐거움 자체도 증가된다.[166] 그 나라를 창성케 하시는 전능하신 하나님의 사역의 결과는 그분의 축복을 받고 이미 받은 사람들의 마음속에 있는 하나님 앞에서의 참된 기쁨이다. 그것은 놀라운 즐거움이요 사람이 곡식을 추수할 때 그리고 전쟁에서 얻은 전리품을 나눌 때 발견되는 그것과 같은 것이다.[167]

---

165) 예언적 완료형으로 계속 이어지고 있다. 이 창성은 이스라엘 백성의 창성이다. 참고. 렘 33:22; 사 54:1이하는 이 구절에 대한 하나의 해석임. 포로기 이후에 백성의 증가가 있었는데, 이는 이방인들이 신앙의 가족 가운데 포함되었을 때 크게 증가할 것을 내어다 보고 있다(참고. 행 15:13이하).

166) "당신은 창성케 하였다" — 맛소라 본문은 부정어(לא는 not의 의미임—역주)를 가지고 있다. 이 부정어를 설명하기 위하여 여러 가지 시도가 있어 왔는데, "당신은 당신이 창성하지 않았던 그 나라를 창성케하였다"(Sym.), "당신은 그 나라(유대인들)를 창성케 하였으나, 당신은 (이방인들의) 즐거움을 증가하게 하지는 않으셨다"(Luther), "당신은 즐거움을 증가하게 하지 않으셨던 그 나라를 창성케 하셨다"(Hengstenberg), "당신은 그 나라를 크게 만드셨다. 그러나 당신은 그와 함께 즐거움은 크게 하지 않으실 것이다"(Hoffmann). Selwyn (*Horae Hebraicae*, 1860)은 로(לו)로 고칠 것을 제안하고 "그에게 즐거움을"로 번역한다. Krochmal, Robertson Smith, Cheyne 등은 "기뻐함을"로 읽었는데, 즉 "당신은 기뻐함을 증가하게 하셨고, 당신은 즐거움을 크게 하셨다"로 한다. 그렇지만 이 독법이 허락될 수 있을지는 의심스럽다. 더욱이 이것은 그 나리의 창성에 대한 언급은 없이 즐거움의 증가만을 누 번 언급하는 것으로 하였다. 부정어와 유사한 소리를 가진 로(לו, 그에게)로 읽는 것이 가장 좋을 것 같다. 이것은 B, Syr. Targ. 그리고 Saadia의 지지를 받고 있고, 반면에 부정어(לא)는 1Q, Vul. 그리고 Sym.의 지지를 받고 있다. 아마도 로(לו)가 삼하 16:18; 사 63:9, 그리고 대상 11:20에서처럼 부정어로 대치된 것 같다. 참고. Drechsler, *in loc*. לו의 위치가 잠 24:8; 레 7:7 등에서처럼 강조의 위치에 있다. "즐거움"—마지막 최종적인 승리의 즐거움.

167) "추수하는"—참고. 시 119:162; 사 33:23; 삿 5:30. 전치사 앞에 있는 연계형을 주목하라. "주의 앞에서"—사 65:18에서 묘사되어 있는 것과 같은 신앙적인 즐거움, 주 안에서 기뻐하는 즐거움. יגילו—미완료형은 그것이 습관이나 관습을 가리킬 때처럼, 또 어떤 특별한 시기에 일어날 수 있음직한 사실들을 나타낼 수 있다. 즉 "사람들이 즐거워하기에 익숙한 것처럼."

죄인들의 구원은 하나님의 백성의 마음속에 환희를 일으키며, 그러한 환희는 하나님만의 선물이다. 이스라엘의 축복은 참으로 하나님으로부터 온 것이다. 하나님 안에서 기뻐한다는 것은 실로 기쁨의 최고의 형태요 그것이 유일한 참 기쁨이다. 인간의 제일된 목적은 하나님을 영화롭게 하는 것뿐만 아니라, 영원토록 그분을 기뻐하는 것이다. 하나님이 일으키신 하나님 자신의 전능하신 구원사역에 반응함으로써만, 인간들은 그분 앞에서 참으로 마땅히 기뻐해야 하듯이 기뻐한다.

9:4 '이는…'이란 단어로 시작해서 선지자는 크게 즐거워하는 이유를 설명하고 있다. 이 한 단어가 본 절과 다음의 두 절들을 이끌고 있다. 기뻐할 이유가 있으니, 이는 하나님께서 큰 구원을 이루셨기 때문이다. 이스라엘은 그들의 목에 무겁게 멘 멍에를 지고 있는 동물과 같았다.[168] 이것은 짐이었지만 그럼에도 불구하고 그것은 이스라엘의 목을 짓누르는 문자적인 나무 멍에는 아니었다. 그것은 보다 심각한 형태의 짐이었다. 그것은 하나님으로부터 떠난 죄와 타락의 무거운 짐이었으며, 그러한 떠남으로 인한 괴로운 결과였다. 이 백성들이 애굽의 압제 아래 있었을 때, 잔인한 감역관들이 그들을 압제했었고, 지금도 그들은 자신들을 내리누르는 죄의 짐으로 인한 노예상태로 여전히 머물러 있었다. 짐을 지고 수고하는 모든 짐승들이 회초리로 맞는 것처럼, 이스라엘에게도 역시 그들의 목과 어깨들을 때리는 회초리가 있었다.[169] 애굽에 있었을 때처럼 짐승을 때리기 위한 막대기를 사용하는 압제자도 있

---

168) 직역하면 "그 집의 멍에"—그의 견디기 힘든 멍에. 참고. 아랍어 *ffy riqbatihi ghol min chadiyd*, "쇠멍에가 그의 어깨에 놓여 있다." "그의 멍에"에서 접미사는 단수이지만 집합적인 의미를 가지고 있으며, 그래서 백성을 가리킨다. 우리는 규칙대로 סבלו 를 예상해야 한다. 다게쉬 무효화(*dirimens*)가 그 자음을 보다 독특하게 만든다. 그러므로 קטְּלוֹ 〉 קְטְלוֹ 〉 קְטֹלוֹ 가 된다.

"그 어깨의 채찍(회초리)"—동물의 어깨나 목을 때리는 그의 어깨의 회초리. 이 단어는 반드시 어깨만을 가리킨다고 말할 필요가 없고 등(인간의 몸 가운데서 양어깨 사이의 등 부분)을 가리킬 수도 있다. 여기서는 어깨 부분이나 혹은 옆구리를 가리킨 것 같다. 그러므로 본문을 수정할 필요가 없다.

169) "그 압제자의 막대기"—בו 에서 접미사는 회초리를 가리킬 수도 있으나, 그보다는 נגשׂ 의 주어나 혹은 목적어를 가리킬 수 있다. "당신은 꺾으셨다"—헤트(ח)가 실제로 중첩되어 있고, 그래서 이 모음 대신에 **파타흐**가 첫 음절에 나타난다. 홀렘은 장모음 아를 나타내고 이 형태는 아카디아어 연속형 **샤킨아타**와 유사하다. "그 날과 같이"—그 날 유(流)의, 참고. 1:26. 주로 그것은 전쟁에서 승리를 하였던 날이다. 참고. **Koranic** *yaum Bdr* (Beder의 날). 호 1:11, 이스르엘의 날, 겔 30:9, 애굽의 날, 그리고 시 137:7, 예루살렘의 날 등을 유의하라.

었다. 이 압제자는 원수인 앗수르였으나 보다 깊은 의미로 그것은 죄 자체가 가져다 주었던 노예상태이다.

승리가 대단하여, 그것은 여호와께서 기드온을 통하여 미디안에 행하셨던 것과 비교될 수 있다. 그날에 인간의 힘은 무익했고, 기드온은 그 전쟁이 오직 그분의 힘에 의해서만 이길 수 있는 여호와의 전쟁임을 인정해야 했다. 본문의 승리도 이와 유사하였으니, 이는 그것이 인간의 손이 힘 쓸 수 없는 대적에 대해서 이기는 것이었고, 그것은 하나님에 의해서만 승리가 얻어졌기 때문이다. 그것은 한 아기가 태어남으로 이기는 그리고 하나님의 백성을 그들을 압제하였던 모든 것으로부터 구원하시는 하나님의 구원으로 말미암아 승리를 얻는 영적 전쟁이었다. 죄는 견디기 힘든 멍에이니, 이는 그것이 힘든 일을 하는 짐승들처럼 사람을 때리는 감역관 아래 있는 노예상태로 몰아가기 때문이다. 사람이 묶여 있는 그 멍에로부터 자유를 얻게 해줄 수 있는 분은 오직 한 분뿐이시며 그분은 곧 하나님이시다. 인간을 죄로부터 구원하시는 행위는 강력한 승리이니, 사실상 너무나 강하여서 기드온이 아무런 도움이 없이 미디안을 정복할 수 있었던 것 이상으로는 사람이 그것을 절대로 얻을 수 없었던 것이었다.

9:5 또다시 "이는"이라는 단어가 나오고 있고, 이 단어와 함께 우리는 크게 기뻐해야 할 두 번째 이유를 보게 된다.[170] 방금 전에 언급된 승리에 이어서 완전한 평화가 있을 것이다. 이러한 의미가 전쟁의 장비들이 완전히 불살라질 것이라고 말해지는 부정적인 방식으로 표현되어 있다. 이 모든 것들은 이제 더 이상 필요로 하지 않을 것이므로 불살라질 것이다. 군사의 구두는 전쟁의 치열한 가운데 나타내는데, 이는 전쟁의 소리와 요란함 가운데서 군사는 구두를 신어 준비하기 때문이다.[171]

---

170) 이끄는 말인 "이는"은 앞 절의 그것과 실질적인 평행을 이루고 있는데, 이는 그것이 3절에서 묘사된 기뻐할 두 번째 이유를 제공하여 주기 때문이다. 그것이 4절의 승리의 이유를 설명하지도 않으며, 또한 그것이 AV의 난외주에 암시된 것처럼 "때"라고 번역되어서도 안 된다.

171) אסן은 아카디아어 senu, "장화"와 연관되어 있다. 그것은 반드시 무거운 군화일 필요는 없으며, 그럼에도 나알(נעל)과는 구별되어야 한다. 여기서 가리키는 것은 어떤 특별한 종류가 아닌, 일반적인 앗수르인들의 구두를 가리키는 것 같다. "어지러이"(with a sound)—용사가 행군할 때 내는 소리라기보다는 전쟁의 소동 소리.

만일 그의 구두만 사라지더라도, 전쟁의 실질적인 무기 역시 폐기될 것이다. 구두와 더불어 전쟁의 피로 얼룩져 있고 살육의 피가 묻은 윗복장은 살라질 것이다.[172] 그것은 불이 삼키는 음식처럼 될 것이다. 전쟁 도구들의 파괴와 무기 그 자체의 파괴를 언급할 필요조차 없으니, 이는 만일 군사의 구두와 의복이 살라진다면 그 무기들은 말할 것도 없기 때문이다.[173] 그것들은 더 이상 필요치 않을 것이니 이는 한 아기가 태어날 것이며, 그분의 탄생이 자기 백성에게 평화를 가져올 것이기 때문이며, 그분 자신이 평화의 왕이 되실 것이기 때문이다. "지극히 높은 곳에서는 하나님께 영광이요 땅에서는 기뻐하심을 입은 사람들 중에 평화로다 하나라"(눅 2:14).

9:6 세 번째 문장이요 또 점층적인 문장이 "이는"이라는 단어에 의하여 소개되고 있다. 논증의 본 뜻을 다음과 같이 고쳐 쓸 수 있을 것이다. "하나님의 백성 가운데 큰 즐거움이 있을 것인데, 이는 하나님께서 무거운 멍에와 압제를 깨뜨리셨기 때문이다. 그리고 무거운 짐과 압제가 치워져 버렸는데 이는 전쟁의 무기들과 의복들이 파괴되었기 때문이다. 그리고 이러한 축복들의 근본적인 이유는 한 아기가 태어났기 때문이다." 앗수르의 강한 원수들과는 대조적으로 그리고 수리아-에브라임 연합군과는 대조적으로, 한 아기가 하나님의 백성에게 구원을 가져다준다.

한 아기: 이 단어가 히브리어 본문에서 첫 번째로 등장하고 있는데, 모든 무게와 강조가 이 단어에게 실려 있기 때문이다. 우리는 이것이 이사야에게 얼마나 인상적인 사실이었는지를 다시 유념해 보아야 한다. 그는 비록 그의 관점에서 볼 때는 아직 미래에 일어날 일임에도 불구하고, 그것이 이미 일어나거나 한 것처럼 그 탄생을 말하고 있다. 그때 만일 우리가 이 동사를 직역하는 것이 옳을 것인데, 그렇게 함으

---

172) 이러한 표현은 그 의복이 실제로 살육된 자의 피로 물여졌던 것을 암시한다. 참고. 삼하 20:12. "그리고 그것은 되어질 것이다"—귀결절 앞에 있는 명사들은 술어가 가장 가까운 명사의 수와 성을 취하도록 배열되어 있다. 참고. 욥 19:15; 사 1:7하. 전쟁이 있은 다음에 무기들의 불태움에 대한 암시가 반드시 있는 것은 아니다. 비록 그러한 관습이 말해진 것의 근거가 되기는 하지만 말이다. 오히려 이러한 모습은 전쟁의 모든 장비들의 철저한 파괴를 묘사하는 것이다. 참고. Livy, 1:37; 38:23; *Aeneid*, 8:562. 수 7:25; 11:6, 9을 유의하라.

173) 본 절의 목적은 4절의 파괴 다음에 완전한 평화가 오게 될 것임을 보여 주기 위한 것이다. 전쟁의 도구들은 그것들이 더 이상 필요치 않을 것이므로 살라지게 될 것이다.

로써 그것들의 참 느낌이 분명해진다.

태어났다	태어날 것이다
주었다	주어질 것이다
있다	있을 것이다
불렀다	부를 것이다

* 영어로는 앞의 문장이 현재 완료형으로 되어 있음을 유의하기 바란다—역주.

우리는 이사야가 과거에 일어난 일을 말하고 있지 않다는 것을 알고 있는데, 그렇게 하는 것(과거에 일어난 일을 말하는 것—역주)은 건전한 의미를 제공해 주지 못할 것이라는 단순한 이유 때문이다. 이사야 시대 이전에 누구의 탄생이 여기에 묘사된 것을 성취한 적이 있었던가? 그 질문을 하는 것은 그것에 답하는 것이다. 더 나아가 그 탄생이 여기에 언급된 그 아기가, 그 탄생이 7장에서 예고된 그 아기였다는 사실을 우리는 유념해야 한다. 7장에서 그의 탄생은 징조였고 여기서 그것은 자기의 백성에게 구원을 가져다주는 것이다.

동사의 형태(완료형)가 그 탄생의 역사성을 강조하고 있다. 하나님의 백성에게 즐거움을 가져다주는 구원은 희미한 어떤 것이 아니라, 이 지상의 역사 가운데서 구체적인 시대에 구체적인 장소에서 하나의 탄생에 의하여 일어날 그 어떤 것이다. 이 아기의 탄생은 하나님의 선물이다. 그는 한 아기이지만 동시에 한 아들이기도 하다. 그러나 한 사내아기, 즉 한 엘레드가 한 아들이 아니면 안되는가?[174] 그렇다면 어찌하여, 한 사내아기의 탄생이 한 아들의 탄생을 당연히 의미함에도 불구하고 이 아기가 동시에 아들이라고 지칭되는가? 물론 그는 다윗의 아들, 다윗의 보좌의 법적인 후계자이니, 이는 그분이 보는 책임을 가진 통치권을 가져야 하고 그래서 이 일을 다윗의 보좌 위에 앉아서 할 것이기 때문이다. "내가 또 다윗 집의 열쇠를 그의 어

---

174) ילד—창 37:30; 42:22처럼 한 젊은이로도 사용될 수도 있고, 또 출 1:17; 2:3,6처럼 한 작은 아기로도 사용될 수도 있다. "났고"—Drechsler는 이 문형을 **푸알**이기 보다는 **칼** 수동형이라고 한 첫 번째 사람이었을 것이다. "우리에게"—참고. 눅 2:10-12. "주신 바"—참고. 요 3:16; 4:10; 6:32.

께에 두리니 그가 열면 닫을 자가 없겠고 닫으면 열 자가 없으리라"(사 22:22).

헹스텐베르크는 메시아가 일찍이 다윗의 아들일 뿐만 아니라 하나님의 아들로 알려지기 시작하였다고 지적하고 있다. "너는 내 아들이라 오늘날 내가 너를 낳았도다"(시 2:7)라고 하였으며, 본 절에 있는 "전능하신 하나님"으로서의 메시아의 칭호는 시편 2편의 사상과 연관되어야 한다.[175] 이사야는 이미 동정녀가 한 아들을 낳을 것이라고 예언하였고, 요한은 "하나님이 세상을 사랑하사 독생자를 주셨으니"(요 3:16상)라고 선언하고 있다.

만일 이 아기가 다윗의 보좌에 앉는 법적인 통치자가 될 것이라면, 그분이 다윗의 아들이라고 말하는 것은 쓸모 없는 일이다. 어쨌든 이사야가 그분을 아들이라고 불렀을 때, 그의 마음속에는 그보다 더 넓은 의미를 품고 있었음에 틀림없다. 여기서 강조되고 있는 것은 아들의 권리 자체인데, 이는 히브리서 1:2에서 "하나님이… 아들로 우리에게 말씀하셨으니"라는 말씀과 같은 사례이다. 태어날 그 아기는 한 아들, 독특한 아들, 뛰어난 아들이시다.

그리고 그분이 태어나시는 것은 우리를 위함이다. 선지자는 여기서 아들의 탄생이 가져다줄 축복받을 모든 사람들 가운데 자기를 포함시키고 있다. 이사야는 이미 메시아께서 우리에게 축복을 가져다 주시기 위하여 우리와 함께 하실 것(임마누엘)이라는 사실을 지적한 바 있는데(7:14), 여기서는 그분은 우리를 위할(라누) 분으로 되어 있다. 이와 동시에 이 라누(לָנוּ)는 이사야 7:14의 라켐(לָכֶם, 너희를 위하여)과 대조되어 있다. 거기서 그 아들은 아하스 주변에 있었던 사람들에게 주어진 하나의 징조였고, 여기서는 그 아들의 탄생이 라누 안에 포함된 사람들의 유익을 위한 것이다.

이 아기 위에 모든 책임을 지닌 정사가 주어져 있다.[176] 하나의 무거운 짐처럼 그것이 그분의 두 어깨에 주어져 있다. 이사야는 일찍이 어린아이 통치자들에 대하여

---

175) Kittel은 이 해석이 억지로 갖다 붙인 것(fingiert)이라고 생각하지만, 그러나 조금만 생각하면 그것이 그렇지 않은 것임이 나타날 것이다. 만일 이 구절에서 아들이라는 단어가 단순히 메시아가 다윗의 아들이었다는 사실을 가리켰다면, 그것은 쓸데없는 말이 될 것이다. 그렇다면 그것은 어떤 다른 의미로 이해되어야 한다. 그것은 시 2:7에서 "나의 아들" 곧 하나님이 낳으신 아들의 의미로 사용되었다. 메시아는 한 아기, 곧 다윗의 후손이며 동시에 한 아들, 곧 하나님의 아들이시다.

176) "정사"—이 사상은 그 아기가 실제로 정부를 다스리게 된다는 것(Marti)이 아니고 정사 자체 곧 그 책임이 그 어깨 위에 놓여질 것이라는 것이다. 참고, "bene humeris tuis sedet imperium", Pliny, Panegyric, 10; "rempublicam universam vestris humeris

통렬히 비난했고, 유다에게 임할 징벌 가운데 하나가 어린아이들이 그들의 방백들이 될 것임을 말했었다(3:4). 그렇지만 여기서는 한 아기가 통치자가 될 뿐만 아니라, 그 나라를 유익하게 하는 모든 책임이 그분의 어깨에 주어질 것이라고 말해져 있다. 그 아기는 왕, 통치자, 주권자가 될 것이다.

이 정부는 은혜의 나라이지만, 동시에 가장 넓은 의미에서 그것은 자연의 나라요 능력의 나라이다. 모든 세계는 아기의 통치에 속하게 된다. "하늘과 땅의 모든 권세를 내게 주셨으니"(마 28:18; 11:27; 요 5:22). 세상 권력들은 하나님의 백성의 존재 자체를 위협하고 있었지만 그 아기의 정사는 영적인 통치이며, 그러나 바로 그러한 이유 때문에 그것은 보다 폭이 넓고 세계적이다. "내 나라는 이 세상에 속한 것이 아니라"(요 18:36).

이 아기는 누구인가? 7장에서 어머니가 그를 임마누엘이라고 이름지었다. 여기서 주어는 비인격이고 동사는 영어로는 수동형으로 되어, "그리고 그의 이름은 불릴 것이다"로 번역될 수 있다.[177] 이사야는 그 아기가 그의 실제 생활 가운데서 이 이름들을 가지거나 불릴 것으로 이해해야 한다고 생각하지 않고, 실생활 이상에서 그분은 임마누엘이라는 이름을 가져야 한다고 생각한다. 사실상 임마누엘 예언은 그분이 예수라고 이름지어진 데서 성취가 되었다. "아들을 낳으리니 이름을 예수라 하라 이는 그가 자기 백성을 저희 죄에서 구원할 자이심이라 하니라"(마 1:21). 본 뜻은 그 아기가 이 이름들을 소유할 자격이 있다는 것이며, 그것들이 그분의 존재와 특성에 대한 정확한 묘사요 호칭이라는 것이다.[178] 성경에서 이름은 한 사람이나 대상의 성격, 본질 혹은 특성을 가리킨다. 그러므로 그분이 불릴 것이라고 언급될 때, 우리는 그 다음에 따라오는 이름들이 그 아기에 대한 묘사요 그분께 주어질 자격이라고

---

sustinetis", Cicero, *Pro Flacco*, 95. 본 절에서 강조는 즉위식(*Thron.besteigungsfest*)에 있지 않고 한 아기의 탄생에 있다.

177) "그 이름은 …이라 할 것임이라"(is called)—아마도 하나님을 주어로 하기보다는 비인격 주어로 해석하는 것이 더 나을 것 같다. 3인칭 남성 단수는 자주 부정 인칭 주어를 나타낼 수 있다. 7:14의 "그 이름을 임마누엘이라 하리라"와 9:5의 "그 이름은…힐 것임이라"의 언어의 유사성을 유의하라.

178) 본문이 단순히 그분이 그렇게 불릴 것이라고 말하고 있을 뿐, 그분이 실제로 그 이름들이 가리키는 그러한 분이 되지는 않을 것이라고 George Adam Smith처럼 주장하는 것은 예언의 성격, 실로 일반적인 성경의 어투의 성격을 오해한 천박한 생각이다. Smith, *The Book of Isaiah*, Vol. I(New York), p. 137.

이해해야 한다.

이사야 7:14과 본 절 모두 아기의 이름에 강조를 두고 있다. 그 이름이 무엇이며, 그것이 무엇을 암시하느냐를 보다 정확하게 확정하려면, 우리는 그 이름에 대한 다양한 견해들을 상고해 보아야 하는데 그것들 중에 어떤 것들은 잘못되었다.

① 탈굼은 그 구절을 다음과 같이 번역하였다. "그리고 그분의 이름이 영원 전부터 불리워온 자로, 기묘한 모사, 전능하신 하나님, 영원히 사시는 분, 메시아, 그분의 시대에 평화가 우리 위에 증가할 것이다."[179] 이것은 맛소라 본문과 밀접하게 평행을 이루고 있으며 그것을 지지하고 있다. 그럼에도 불구하고 탈굼역에 근거하여 유대인 주석가들은 다른 번역을 하였다. 그래서 킴키(Kimchi)는 말한다. "기묘라 불리시고 기묘자이신, 모사이신, 전능하신 하나님이신, 영원하신 아버지이신 하나님은 그의 이름을 평강의 왕이라고 부르신다."[180] 이 번역은 최소한 그 이름들의 본래의 뜻과 의미를 그 이름 개개의 말에 제공하는 장점을 가지고 있다. 그렇지만 단어들의 순서가 킴키의 이러한 번역에 결정적인 이의를 제기한다. "그의 이름"이란 문구는 문장의 주어로 인하여 그 이름 자체로부터 분리가 될 수 없다. 칼빈은 이러한 문장 구조에 대해 첫 번째로 이의를 제기한 사람이었다. 또한 문맥에서 우리는 하나님이 아니라 그 아기의 속성들을 발견하기를 기대해야 하는데, 이는 묘사된 평화를 가져오실 분이 그 아기이기 때문이라는 사실을 유념해야 한다.

② 사무엘 데이빗 루짜토(Samuel David Luzzatto)는 모든 칭호들을 함께 취급하여 한 단어로 읽는다. "하나의 놀라운 일은 전능하신 하나님, 영원하신 아버지, 평화의 왕이신 그분이 계획하시는 그분이시라는 것이다."[181] 이 뜻은 "강하신 하나

---

179) J. F. Stenning, *The Targum of Isaiah*(Oxford, 1949)에 있는 본문으로 이것은 영문판도 있다. B에 따르면, 그 아기의 이름은 μεγάλης βουλῆς ἄγγελος이다. 1Q는 평화 앞에 관사를 삽입하고 있는 점을 제외하고 M을 지지한다.

180) Louis Finkelstein, *The Commentary of David Kimchi on Isaiah* (1926), p. 62.

181) Samuel David Luzzatto: *Il Profeta Isaia volgarizzato e commentato ad uso degl' Israeliti* (Padova, 1855). 그는 "*Decreta prodigi Iddio potente il sempre-padre, il signor della pace*"라고 번역한다. 참고로 Luzzatto의 글의 영역된 본문을 싣는다—역주. "*A wonderful thing is counselling he who is the mighty God, the everlasting Father, the Prince of Peace*" (놀라운 일은 전능한 하나님, 영원한 아버지, 평화의 왕인 조언하시는 그분이시다).

님, 영원하신 아버지, 평화의 왕이 어떤 놀라운 일을 결심하신다"는 것이다. 이 문장 구조에서 첫 번째 단어인 펠레(פֶּלֶא), 즉 "기묘"(wonderful)가 목적격이 되고 또 그것이 강조되어 있으며, 반면에 문장의 나머지 부분은 분사 요에츠(יוֹעֵץ), 즉 "계획하는"의 주격이 된다. 물론 이름들이 구약성경에서 문장으로 이루어진 것은 사실이지만, 우리는 왜 이와 같은 문장이 그 아기의 이름이 되어야 하는지 의아하게 생각하게 된다.[182] 왜 미완료 대신에 분사가 사용되어야 하는가? 그리고 만일 이 이름이 암시한 바와 같이, 선지자의 목적이 하나님의 지혜를 강조하는 것이었다면, 무엇 때문에 그가 그 목적에 기여하지 않는 형용사적 별명들을 나열하고 있는가? 그리고 마지막으로, 문맥에서 분명하게 나타난 바와 같이, 평화의 왕(Prince of Peace)이란 호칭은 하나님에게 적용되지 않고 그 아기에게 적용된다. 딜만(Dillmann)은 이 이름이 비할 데 없는 기괴한 것이라고 불렀고, 델리취는 그것을 대단히 긴 이름이라고 이름 붙였다.

③ 벌게이트역은 여기서 여섯 개의 이름들을 발견한다. 기묘(Admira bilis), 모사(Consiliarius), 하나님(Deus), 전능자(Fortis), 영원하신 아버지(Pater futuri saeculi), 평화의 왕(Princeps pacis).

④ 일반적인 영역본들은 그 아기에게 다섯 개의 이름을 붙인다.

⑤ 그 아기에게는 아마도 네 개의 이름이 붙여졌을 것이며, 그 이유들은 다음과 같다.
첫째, 마지막 두 이름들은 각기 두 쌍씩 구성되어 있고, 그 중 처음 것은 가 경우 구조형 다음에 종속석 소유격이 뒤따라온다. 처음의 두 이름들 역시 긴밀히 서로 연결되어 있고, 각 경우에 첫번째 것이 동격의 소유격의 위치에 있다.
둘째, 맛소라의 엑센트 붙이는 법은 네 개의 이름이 있다는 입장을 지지한다.
셋째, 만일 네 개의 이름들이 있다면, 이들 사이에 놀랄 만한 조화가 있음이 발견

---

182) 참고, 시 88:12; 119:129. 성경에서 펠레(פֶּלֶא)라는 단어는 인간이 한 일에는 결코 사용되지 않고 하나님이 하신 일에만 사용된다. 엑센트가 텔리사인데 이는 이접 접속사 가운데 가장 약한 것 중 하나이다.

된다. 그러므로 각 이름은 각기 두 쌍으로 구성되어 있고 각각의 이분의 일절은 두 이름들로 구성되어 있다.

넷째, 이 시점에서 각 이름 가운데서, 두 단어들 중 하나는 언제나 정사(政事)의 지상적인 면을 묘사하고 다른 하나는 형이상학적인 면을 묘사한다는 헤른트리히의 논평이 주목되어야 할 것이다. 첫 두 이름들 가운데서 신성의 칭호는 첫 번째의 위치에 있고, 그 반면에 마지막 두 이름들 가운데서 그것이 그 이름의 두 번째 위치에 있다. 만약 우리가 신성의 호칭을 대문자로 표현하고, 비하의 호칭을 소문자로 둔다면 이러한 사실을 다음과 같이 잘 나타낼 수 있을 것이다(대문자들은 진하게 표시한다—역주).

פֶּלֶא יוֹעֵץ אֵל גִּבּוֹר אֲבִי עַד שַׂר שָׁלוֹם

① 기묘한 모사라(Wonderful Counsellor)

이것은 메시아에 대한 신기하고 존귀한 이름들 중의 첫 번째 것인데, 이는 라이켈(Reichel)의 표현을 사용하면, 교회의 monumentum aere perennius라 되어 있다. 그것들은 기독교인의 영혼이 시간 가운데서와 영원 가운데서 위로와 힘을 얻게 될 치료의 향유이다. 교회의 전 역사 가운데서 너무나 많은 사람들이 이 영광스러운 이름들의 참 의미를 깨닫기를 거절하여 왔다는 것은 매우 슬픈 일이다.

이사야는 구체적인 단어 대신 추상적인 단어, 즉 "놀라운" 대신 "기묘(놀라움)"라는 단어를 사용함으로써 시작하고 있다. 사실상 형용사를 사용하는 것보다 이것이 더 강하다. 메시아는 놀라우신 분일 뿐만 아니라 완전히 놀라움 그 자체이시다.[183]

---

183) 나는 이 두 단어의 관계가 창 16:12에 있는 페레아담(פֶּרֶא אָדָם)과 같다고 믿는다. 왜 Alexander가 이 문장 구조를 문법을 무시한 것으로 불렀는지 나는 이해하지 못하겠다. יוֹעֵץ는 פֶּלֶא와 동격 소유격이고 이 둘은 "모사의 놀라움", "놀라운 모사"로 번역될 수 있다. 이러한 계획(counselling)은 하나님에 의하여 주어진다. 참고. 시 16:7; 32:8; 잠 1:30; 8:14. 사 28:29의 "그의 모략은 기묘하며" 즉 "놀라우며" 등의 표현을 보라.

지혜의 개념은 고대 동양에서는 의미심장하였다. 바벨론인들은 왕을 레우 잇페슈(지혜로운 목자)라고 말했다. 예를 들면 Hammurabi는 자신을 왕들 중의 신이요, 지혜롭고 지식 있는 자(무디 하시심)로 말하였다. 그는 또한 이아(Ea)가 자기에게 불어넣은 지혜(하시심)에 대해 말한다. 참고. Codex Hammurabi, col. 3, lines 16, 17 그리고 col. 24, recto, lines 26, 27.

펠레(פֶּלֶא)란 단어의 어근이 시편 78:12에 나타나는데, 거기에서 우리는 그 단어의 참뜻을 얻을 수 있다. "옛적에 하나님이 애굽 땅 소안 들에서 기이한 일을 저희 열조의 목전에서 행하셨으되." 어근은 하나님께서 애굽에서 행하신 기적, 즉 바다를 가르시고 홍해를 안전하게 건너게 하시고 불기둥과 구름기둥으로 인도하시고, 사막에서 바위를 갈라 물을 내게 하신 기적을 묘사하기 위하여 사용되었다. 이 모든 능하신 기적들은 놀라운 일들로 특징지을 수 있다. 이 단어는 하나님이 행하신 일을 가리키는 것이지 인간의 역사를 가리키지 않는다.

특히 흥미 있는 표현은 사사기 13:18인데, 그곳에서 여호와의 사자가 마노아에게 자기의 이름이 펠레(פֶּלִאי), 즉 인간에게 이해될 수 없는 것이라고 답변하고 있다. 이것은 분명히 여호와의 사자의 신성을 가리키는 것이다. 이 단어에 대한 구약의 용법은 그것이 여기서 메시아를 지칭하는데, 단순히 특별한 어떤 분일 뿐 아니라 그분의 인격 자체와 존재에 있어서 놀라우신 분으로서 메시아를 지칭한다는 결론으로 우리를 몰고 간다. 즉 그분은 인간의 생각과 능력을 초월하신다는 것이다. 그분은 하나님 자신이시다. 그 아기를 펠레(פֶּלֶא)란 단어로 지칭하는 것은 그분의 신성에 대한 가장 분명한 증거를 하기 위해서이다.

일련의 이름들 가운데서 이 칭호가 첫 번째 위치를 차지하는 것은 특이하다. 그분의 이름은 기묘라고 불릴 것이다. 우리는 그 아기의 이름들을 들을 때 하나님 자신에게로 이끌림을 받게 된다. 이어 나오는 모든 호칭들은 이 첫 번째의 위엄 있는 이름의 그늘 아래 서게 되고 그것의 영향을 받는다. 우리에게 태어난 이 아기는 기묘자다.

첫 번째 쌍의 두 번째 이름은 "모사"라고 번역될 수 있다. 메시아 왕으로 다윗의 보좌 위에 앉는 것은 단순한 한 인간이 소유하고 있지 않은 지혜를 필요로 한다. 모사는 그러한 이유로 인하여, 자신이 자신의 나라를 세우시고 다스리실 수 있기 위하여 기묘자가 되어야 한다. 이 왕 안에 지혜와 지식의 모든 보화가 숨겨져 있으니, 이는 그분이 자기 백성을 구원하시기 위하여 그에 맞게 무장되어야 하기 때문이다. 그분 위에 지혜의 신이 임하실 것이다(사 11:2). 모략을 베푸시기 위한 지혜와 능력은 왕에게 필요하며, 그런 까닭에 "모사"와 "왕"이라는 단어가 미가 4:9에서 동의어로 사용되었다. 이 단어에는 어떤 독특함이 있는데, 이는 그 단어가 단순한 한 인간 왕의 경우처럼 이분의 주위에 모사들과 충고자들이 둘러 있을 필요가 없다는 것을 암시하기 때문이다. 그분 자신이 모사이시다. 그 모의는 하나님의 특성을 지닌 것이다. "이도 만군의 여호와께로서 난 것이라 그의 모략은 기묘하며 지혜는 광대하니라"(사 28:29). 결정을 함에 있어서 메시아는 하나님을 일깨우실 것이고, 그렇게 일깨우는 이유는 그분 자신의 성품이 여호와의 그 성품과 같기 때문이다. 즉 그분은 하나님이시다.

② 전능하신 하나님

조지 아담 스미스(George Adam Smith)는 다음과 같이 기록하고 있다. "그러므로 우리는 이 이름들을 가지고 이 단어의 형이상학적 의미로 하나님을 이해하는 것을 주저해야 한다."[184] 스미스 자신은 단순하게 "하나님-용사"라고 번역하였으나, 이러한 호칭 가운데서 신성의 참된 속성을 발견하기를 거절하는 많은 사람들이 있다. 예를 들면, 일겐(Ilgen)은 이 어투는 단순한 궁정의 아첨으로 생각하였고, 그 직함은 "여호와의 힘"이라는 히스기야의 칭호를 이용하는 것으로 생각하였다. 그는 주장하기를 만약 우리가 메시아의 인격 안에서의 야웨의 성육신을 고수한다면, 인도나 중국의 성육신들의 경우와 비교되어야 한다고 하였다. 사실, 후에 메시아의 개념은 더 높고 초지상적 존재요 하늘로부터 오신 분이라는 개념을 포함하게 되었지만, 성육하신 야웨 개념은 포함하지 않았다. 이러한 초월적 표현은 그리스도의 시대에만 나타났으며, 그래서 우리는 이 개념의 유년기에서 그것을 찾아서는 안 되는 것이다.

둠(Duhm)은 이러한 표현을 대중적인 과장(誇張)법의 한 예로 취급한다. 그는 주장하기를 에서가 야곱에게 하나님처럼 보였던 것처럼(창 33:10), 용사의 영으로 준비되고 무장된 그 왕도 자기 백성에게 엘(אֵל)로서, 즉 야웨의 군대를 구성하고 있는 전투적인 초월자들 가운데 한 분으로 나타난다고 한다. 그러나 창세기 33:10에서 사용된 단어는 엘이 아니라 엘로힘이다. 이 이름을 바르게 이해하기 위하여 우리는 구약에서 엘이란 단어의 용례를 살펴보아야 한다. 산문에서 엘이란 단어는 주로 엘 샤다이, 엘 엘욘 등과 관련하여 나타난다. 이와 같이 깁볼(גִּבּוֹר, 전능한)이란 단어 역시 다른 곳에서 엘의 형용사로 나타나며, 때로는 홀로, 또 때로는 다른 형용사들과 함께 나타난다. 우리는 엘 깁볼(사 10:21), 하엘 하가돌 하깁볼 웨한노라(신

---

184) *Op. cit.*, p. 135.

10:17; 느 9:32); 하엘 하가돌 하깁볼(렘 32:18) 등의 문구들을 주시할 필요가 있다.

복수형 엘은 사람을 가리킬 수도 있지만 이사야서의 이 부분에서는 다른 차원에서 고찰되어야 한다. 이사야서에서 그것은 하나님에 대한 호칭으로 나타나 있으며, 오직 그분에 대한 칭호로만 나타난다. "애굽은 사람(아담)이요 신(엘)이 아니며"(사 31:3). 메시아의 이름은 하나님이 인간과 함께 하신다는 것을 가르친다(사 7:14). 그렇지만 이사야 10:21은 의문점을 일으키는데, 이는 그것이 야곱의 남은 자가 엘 깁볼에게로 돌아온다고 언급하고 있기 때문이다. 20절에서 이스라엘의 남은자가 더 이상 그를 친 자를 의지하지 않고 진실로 이스라엘의 거룩한 자이신 야웨를 의지할 것이라고 주장되어 있다. 이러한 사상은 야곱의 남은자가 엘 깁볼에게로 돌아올 것이라는 선언 가운데서 요약되어 있다. 다시 말하면, 문맥 자체에서 볼 때 우리는 이스라엘의 거룩한 자이신 주님과 엘 깁볼이 한 분이요 같은 존재임을 보게 된다.

이러한 하나님에 대한 호칭은 위의 참고 구절들이 보여주는 바와 같이 전통적인 견해였다. 우가릿 문헌들 가운데도 엘 깁볼과 구조상으로 평행을 이루고 있고, 또 인간과 구별되는 엘, 즉 신에 대한 호칭이었던 엘가자르(el. ′gzr)란 문구가 있다.[185] 이러한 이해를 가지고 우리는 문제들을 대하게 된다. 엘 깁볼이란 문구는 초월적인 의미에서 한 분 하나님을 지칭하는가? 엘 깁볼은 인간과 구별되는 하나님인가, 아니면 문맥의 목적이 단순히 메시아께서 비상한 방법으로 능력을 부여받았고 또 신과 같은 성품을 가진 초인적 등급이 부여되었음을 암시하고 있는가? 간과되어서는 안 될 한가지 요소는 고대 신화에서 너무나 일반적이었던 신들과 인간들 사이의 손쉬운 전환은 구약과 이사야서의 예언에는 완전히 생소하다는 사실이다. 우리는 하나

---

185) *Baal* 2:8:31, 32 *tny. lydd el.ǵzr*. 물론 주석적 의문점도 있다. 우리는 "엘의 사랑 받은 그 용사에게 돌아가라"로 번역해야 하는가? 아니면, "엘의 사랑 받은 자, 즉 그 용사에게로 돌아가라"로 번역해야 하는가? 참고. *Baal* 2:7: 46, 47; 3:6:31. ′gzr란 단어가 엘의 칭호일 가능성이 있으며, 만일 그렇다면, 우리는 이사야서와의 평행구를 가지게 된다. Marti는 이 단어가 그 아기의 신적 기원에 대해 아무것도 암시해 주지 않는다고 말한다. König는 본 문구가 여기서 10:21에서처럼 같은 의미를 가질 필요가 없다고 주장하는데, 이는 그 정확한 의미는 직접적인 문맥으로부터 결정되어야 하기 때문이라는 것이다. 그러나 일단 만약 그것이 초월적인 의미에서 하나님이신 분에 대해서 말하고 있었다는 사실을 하나의 문맥이 지적하였다면 이것이 그 문맥이다.

님과 인간 구별이 어떻게 지켜지고 있는지를 6장이나 31장의 처음 세 구절에서 읽어볼 뿐이다. 반면에 구약성경에서 엘로힘이란 단어는 가끔 하나님보다 약간의 하위의 존재에게 적용되기도 하지만 엘의 경우는 아니다. 이 칭호는 참 하나님에 대해서만 사용된다.

깁볼은 단순히 "용사"(hero)를 의미한다.[186] 우리는 두 단어를 다음의 두 가지 방법들 중 어느 하나의 방법으로 연결시킬 수 있다. 그것들은 "영웅적인 하나님"으로든, 그렇지 않으면 "용사인 하나님", 즉 그분의 주 특성이 하나님이신 한 용사의 뜻으로 번역될 수 있다. 그러므로 이 후자의 번역에 의하면 메시아는 모사인 기묘자요, 용사인 하나님이시다. 11:2에서도 역시 힘이나 혹은 능력의 의미가 모사(모략) 다음에 따라온다. 36:5에서도 역시 우리는 "네가 족히 싸울 모략과 용맹이 있노라"는 글을 읽는다. 신약은 메시아의 능력에 강조를 두고 있다. "세상에서는 너희가 환난을 당하나 담대하라 내가 세상을 이기었노라 하시니라"(요 16:33). 이 아기는 하나님, 능력의 하나님이시니, 곧 그분은 전능하신 하나님이시다. 그러므로 우리는 담대할 수 있다.

이사야는 여기서 중요한 대조를 나타내고 있다. 그는 엘레드(יֶלֶד, 아기)와 율라드(יֻלַּד, 났고)라는 단어들을 통하여 메시아의 겸비에 주의를 이끌고 있고, 반면 엘깁볼(אֵל גִּבּוֹר, 전능하신 하나님)이란 문구를 통하여 메시아의 신성을 바라보게 한다. 이 해석은 첫 번째 이름 가운데 있는 펠레라는 단어에 의하여 강화된다. 그분은 기묘자이시며, 또 이 강력한 호칭에 비추어 우리는 당연히 선지자가 두 번째 호칭 가운데서도 메시아에게 신성을 부여할 것이라는 사실을 예상할 수 있다.

그렇다면 이사야가 엘이란 용어를 사용한 이유가 무엇이며, 왜 그것을 사용하였는가? 이 질문들에 답함에 있어서 우리는 우리가 지금 연구하고 있는 이 놀라운 예언이 우선적으로 이사야 자신의 생각이 아니었다는 것을 기억해야 한다. 그것은 그의 사사로운 해석의 결과로 떠오른 것이 아니었다(벧후 1:21을 보라). 그것은 하나님의 계시였다. 이사야가 하나님의 영을 소유하였음으로 인하여 메시아에 관하여 이 글들을 기록하였던 것이다. 그가 어느 정도까지 자기가 쓰고 있었던 글의 의미를

---

186) 만약 גִּבּוֹר가 등위적 소유격이라면, 번역은 "용사인 하나님", 즉 "신적 용사"가 될 것이다. 만약 그것이 형용사적으로 사용된다면 우리는 "용사적인 신"으로 번역할 수도 있다. 이 단어는 일반적으로 묘사적 형용사 역할을 한다.

이해하고 있었는지는 알 길이 없다. 그러나 계시가 그로 하여금 메시아가 신적 인격이셨다는 것을 알게 하셨던 것이다. 신약성경에 비추어 볼 때, 우리는 이 계시가 삼위일체 교리의 전조였다는 것을 알게 된다. 다시 말해서 이사야는 신격의 충만 안에 인격의 복수성이 있다는 사실의 일별(glimpse)을 받은 것이다. 그런 까닭에 하나님의 계시에 복종하여 그는 메시아가 엘 깁볼이었다고 기록하였던 것이다. 이 예시된 진리와 함께 우리의 마음은 기뻐할 수 있으니, 이는 탄생하신 그 전능하신 하나님이 그분을 의지하는 모든 자들을 능히 구원하실 수 있으시기 때문이다.

③ 영존하시는 아버지

이 형용사 어구의 정확한 의미를 발견하는 것은 쉽지 않다.[187] 아드(עַד)라는 단어는 영속성 혹은 지속을 의미한다. 그것은 이사야가 "지존 무상하며 영원히 거하며"(사 57:15)라고 말한 것처럼 영원의 의미를 가질 수도 있다. 이것이 여기서 의미하는 것일 가능성이 있는데, 이는 메시아의 나라가 끝이 없을 것으로 언급되어 있기 때문이다. 그러나 어떤 의미에서 메시아께서 영존하시는 아버지라는 호칭을 받을 만한가? 우리는 아마도 다음과 같이 고쳐 씀으로써 그 참뜻을 드러낼 수 있을 것이다. "영원히 아버지이신 분." 아버지라는 단어는 자기 백성과 관련하여 메시아의 속

---

187) 어떤 사람은 이 세 번째 이름을, 마치 이 단어가 "영원의 소유자"의 의미를 가진 것처럼, "영원의 아버지" 혹은 "영원한 자"라고 번역한다. 이 용례는 아랍어(참고. Rosenmüller)에서 흔하지만, 그러나 그것이 히브리어에 허용되어 있는지는 의심스럽다. König는 "전리품의 창조자"(*Urheber von Beute*)로 번역한다. 참고. 창 49:27; 사 33:23; 습 3:8. 그러나 이것은, 메시아가 평강의 왕으로 나타나 있는 이 문맥에는 적절하지 못하다. Gesenius는 그 의미를 영속적인 아버지로 혹은 자기 백성이 영속적인 보호자로 취급하였다. 참고. 욥 29:16. 그래서 페르시아인들은 고레스에 대해 이같이 말하였다. 참고. Her. 3:89. Calvin은 "세대의 아버지"(*ater saeculi*)로 번역한다. Calvin은 이 단어가 영원성을 나타내는 것으로 생각하지만, 그러나 누군가 그것을 하늘의 생명을 가리키는 것으로 제한을 하지 않도록 그것을 "영속적인 기간"으로 번역하기를 좋아한다. Ridderbos는 "*die eeuwigheid bezit*" (영원을 소유하신 자)로 번역한다. Cheyne은 호드(영광)로 고치기를 원하고, Sellin은 메시아의 다윗 후손을 나타내기 위하여 "이전 시대의 아버지"(*der Vorzeit*)로 번역한다. 그러나 이 점은 "옛적의 아들"이라는 문구가 더 잘 표현한다. Kittel은 그것이 새로운 시대의 통치자를 가리키는 것으로 적용한다(*Hellenistische Mysterien-religionen*, pp. 73ff.). 이 아드라는 단어는 반드시 후대에 속한 것이 아니니, 이는 그것이 우가릿어에서 "기간, 시간의 순환"의 의미로 나타나기 때문이다.

성을 지칭한다. 그분은 그들에게 아버지와 같이 행동하신다. "주는 우리 아버지시라 아브라함은 우리를 모르고 이스라엘은 우리를 인정치 아니할지라도 여호와여 주는 우리의 아버지시라 상고부터 주의 이름을 우리의 구속자라 하셨거늘"(사 63:16). "아비가 자식을 불쌍히 여김같이 여호와께서 자기를 경외하는 자를 불쌍히 여기시나니"(시 103:13).

아버지 되심의 기질은 영원이라는 단어에 의하여 뜻이 분명해진다. 메시아는 영존하시는 아버지이시다. 만약 이것이 옳다면, 그 의미는 그분은 자기 백성에게 영원히 아버지가 되시는 분이시다. 이제와 영원히 그분은 자기 백성을 보호하시고 그들의 필요들을 공급하신다.[188] 우리 주님께서 "나는 선한 목자라"고 말씀하셨는데, 이는 이 문구의 의미의 핵심을 표현하신 것이다. 여기에 얼마나 부드럽고 사랑스러우며 위로가 되는 말씀이 들어 있는지! 영원히―자기 백성에게 아버지가 되신다!

④ **평강의 왕(The Prince of Peace)**

전세계에 평화를 회복하시기 위하여 그분께서 평강으로 다스리신다. 우선 선지자의 눈에 전쟁과 압제는 메시아에게 도전하는 요소들이었다. 그렇다면 이 이름은 얼마나 점층적이고도 강조적인 이름인가? 이분은 왕(Prince)이시고, 그분께서는 자신의 나라의 확대를 추구하시는데, 일반 통치자들처럼 전쟁이 아니라 평강으로 하신다. 그분은 평화를 세우시고 그것을 추구하시며 그것을 수행하신다. 능동적인 활기에 있어서 그분은 참 다윗이시고 평화를 사랑함에 있어서 솔로몬이시다. 다윗 통치하에서처럼 그분의 나라는 증대될 것이고, 솔로몬의 통치하에서처럼 번영할 것이

---

188) 또한 참고. 11:6, 7, 8 그리고 Vergil는 다음과 같이 묘사했다.

Ille Deum vitam accipiet, divisque videbit
Permixtos heroas, et ipse videbatur illis,
Pacatumque reget patriis virtutibus orbm.

Hammurabi는 자신을 자기 백성에게 선천적인 아버지와 같은 자로 말하고 있다. "ša ki-ma a-bi-im wa-li-di-im a-na ni-ši" (*codex*, col. 25, recto, 21-23줄), 자기 백성을 위하여 영속적인 안전을 세워주는 자, "ù ši-ra-am ṭa-ba-am a-na ni-ši da-ar i-ši-im"(col. 25 reverse, 34-36줄). 페르시아 왕들에 대한 언급들에 대해서는 Gesenius를 보라. 그러나 이와 같은 칭호들이 단순한 한 유다 왕에게는 돌려질 수 없었다.

다. 아론의 축복의 세 번의 발언들처럼 메시아의 이름들이 "평강"이란 단어 가운데서 점점 작아진다. "다윗의 나라를 영원한 평강의 나라로 높이시는 것은 그분이 태어나신 목적이며, 또 이 목적을 위하여 그분은 자기 이름이 붙여진 그분이시고 그러한 사람이심을 스스로 입증하셨다"(델리취).

세워질 평화가 영원하므로 이 평화가 나라들 사이의 적대감들의 일시적인 정지 그 이상을 내포하고 있음에 분명하다.[189] 전쟁이 없어지는 것 그 자체가, 존재하기를 바라는 그 상태를 실현시키지 못한다. 전쟁의 원인 즉 인간의 죄도 사라져야 한다. 이 전쟁의 원인이 사라졌을 때, 거기에 진정한 평화가 있을 수 있다. 그러나 인간의 죄가 치워 버려지기 위해서는 하나님과 인간 사이에 평화로운 상태가 이루어져야 한다. 사람이 하나님과 평화가 이루어져야 할 뿐만 아니라, 보다 중요한 것은 하나님에게서부터 인간과 평화가 이루어져야 한다. 하나님과 인간 사이에 존재하는 적대감이 사라져야 한다. 하나님으로 하여금 인간에게 대해 적대감을 가지게 한 것은 죄였다. 그 죄가 사라질 때 그때에 가서야, 사도가 "그러므로 우리가 믿음으로 의롭다 하심을 얻었은즉 우리 주 예수 그리스도로 말미암아 하나님으로 더불어 화평을 누리자"(롬 5:1)라고 말한 바와 같이 평화가 있을 수 있다.

평강의 왕은 평화의 구현 그 자체이신 분이시다. 그분은 그 평화를 오게 하신 왕이시다. 그분은 손으로 쓴 의문의 증서를 도말하시고 그것을 십자가에 못박으심으로써 그것을 오게 하셨다. 그분은 절대적인 공의의 요구를 충족시키셨고, 그렇게 하심으로써 완전히 공의로우신 하나님께서는 죄인이 자신과 바른 관계에 서 있다고 선포하실 수 있으셨다. 죄인과 평화를 이루신 하나님께서는 그 죄인을 용서하시고, 하나님의 선물인 평강을 주실 수 있었다. 모든 이해를 초월하는 하나님의 평강으로부터, 평화 안에서 그 기원이 발견되는 바 바로 그분에게서 모든 축복들이 흘러나온다. 하나님의 평강이 인간의 마음 가운데 있을 때 세상 가운데 있는 인간들 사이의 평화도 나타나게 될 것이다.

참 평화는 한 아기가 우리에게 낳음으로 인하여 우리에게 온다. 그 아기, 오직 그 아기만이 평강의 왕이시다. 우리가 평화를 가지려면 우리가 그분에게 가야 한다.

---

189) "평강"—참고. Leon Morris: *The Apostolic Preaching of the Cross* (1955), pp. 210-17과 *The First and Second Epistles to the Thessalonians* (1959), p. 49, n. 8.

아기의 칭호에 대한 특주

칭호 자체들은 보다 고상한 해석을 할 필요가 없다고 주장되어 왔다. 어떤 사람은 이름들 중 두 개는 지상의 군주에 대해서 사용될 자격이 있다고 말한다. 즉 기묘한 모사와 평강의 왕인데, 이것들은 분명히 그의 정책의 개념에 있어서는 어리석고 그 결과들에 있어서는 호전적인 아하스와는 대조가 되는 인간의 덕목의 범위 안에 속해 있다는 것이다. 영존하시는 아버지란 칭호에 대해서는 그것이 동양의 호칭들과 유사하다고 말해지고 있다. 물론 이러한 종류의 주장에 대한 최선의 평가는 칭호 자체를 연구해 보는 것이다.

이사야가 하나님의 단일성을 강조하였다고 주장되어 오기도 했다. 백성과 통치자의 다신론주의에 반대하여 그는 유일한 주님은 하나님이시다고 주장했다. 조지 아담 스미스는 말한다. "만약 이사야나 혹은 그들이 메시아를 분리된 신적 인격으로서의 기독교 신학이라는 이해를 가지고 이해했다면, 그것은 그의 메시지의 의미를 파괴할 것이며, 그가 그것을 전했던 세대를 혼란스럽게 만들었을 것이다." 그러나 이 주장에 답하여, 이 구절의 정당한 해석은 다윗 보좌의 법적인 후계자일지라도 그럼에도 불구하고 "구별된 신적 위격이신" 메시아를 보여 준다는 사실을 지적하는 것만으로 충분할 것이다.

데이비스(Davis)가 잘 논평한 바와 같다. "선지자 당시에는 여호와와 동일시되고 그럼에도 그분과는 구별되실 수 있는 여호와에 대한 개념이 히브리 사상 가운데 나타나 있었고, 또 이스라엘 가운데서 가르쳐진 순수한 유일신 사상과 일치하였다는 사실을 아는 것으로 충분하다." 더 나아가서 메시아 왕은 그 나라의 일상적인 의무만을 시행하셔야 했다는 사실이 주장되어 왔다. 그분의 사역은 단순히 지상 왕의 사역이었고, 그것이 곧 이사야가 그분에게 기대했던 것이었다는 것이다. 그렇지만 신약에서 구원사역은 영적이다. 그러므로 만약 주님의 사역에 대한 우리의 이해가 참으로 영적인 것이라면, 우리는 그분의 신성에 대한 증거로서 이사야의 예언에 호소하는 쪽으로 덜 기울어지게 될 것이라는 것이다. 그러나 이러한 생각은 성경으로부터 초자연성의 가능성을 치워버리기를 원했던 자유주의를 설명하는 요망 사항일 뿐이다. 6절은 메시아의 사역이 영적인 성격의 것임을 분명히 보여주고 있다.

다스리는 실제적인 왕이 훌륭한 사람이었을 때, 이사야는 다른 왕의 필요성을 느끼지 않고 다만 예루살렘의 불가침성만 강조하였다고 주장되어 왔다. 다른 한편, 만일 실제적인 왕이 쓸모 없는 인간이었을 때, 이사야는 이상적인 왕을 예고해야 할 필요성을 느꼈다는 것이다. 그래서 그 예고된 왕은 초자연적 왕이 아니고 인간 왕이었다는 것이다. 그렇지만 아하스는 악한 왕이었을 뿐이고 히스기야만이 선한 왕이었다. 더 나아가서 아하스의 통치 기간에 주어진 메시아 예언들은 근본적으로 히스기야 당시 동안 주어졌던 것에 대한 이해를 위해 필수적이었다. 우리가 생각하고 있는 이 반대의견은 곧 선하고 악한 왕들의 전체 목록이 있었다는 것을 전제로 한다. 이 반대 의견은 타당한 것으로 증명될 수 없다.

후기의 예언들 가운데서 이사야는 하나님의 메시아에 대해서 침묵하고 있으며, 그래서 여기서도 침묵하고 있는 것이라고 주장되었다. 후기에 있었던 다른 선지자들도 역시 하나님의 메시아에 관해서 침묵하고 있다고 한다. 그렇지만 후기의 선지자들이 무엇을 말하였건 간에 우리는 이러한 반대의견에 전적으로 동의할 수 없으니, 이 독특한 예언 가운데서 메시아의 신성이 분명하게 가르쳐져 있다는 사실은 여전히 남아 있다.

이 구절은 단순히 한 시인의 아첨을 나타내고 있다는 견해가 있어 왔다. 그렇지만 고난의 때에 그러한 아첨이 들려졌을 것 같지가 않다. 더욱이 이 구절에는 그것이 궁중 시인의 아첨이라는 견해와는 잘 어울리지 않는 진지함과 심각함이 들어 있다. 이러한 해석이 광범위한 근거를 얻지 못하였다는 사실은 쉽게 이해될 수 있다. 이것이 단순한 대중의 과장법이라는 견해도 마찬가지이다. 그러한 과장법에서 왕은 하나님과 동일시되었다는 것은 전혀 옳지 않은 것이다. 애굽에서는 그것이 있을 수 있었으나, 유다와 같은 유일신 신앙을 가진 나라에서는 있을 수 없었다. 더구나 인간들이 하나님과 비교될 때 사용되는 용어는 엘이 아니고 엘로힘이다.

엑센트에 대한 연구에 근거하여, Norman H. Snaith("The Interprtation of El Gihbor in Isaiah 9:5"(EVV 6) in *The Expository Times*, 52, No.1, Oct. 1940, pp. 36-37)는 다음과 같은 번역을 이끌어 내었다. "그리고 전능하신 하나님께서는 그의 이름을 기묘한 모사라고 불렀고, 영존하시는 아버지께서는(그의 이름을) 평강의 왕(이라고 불렀다)." 또한 참고. G. R. Berry: "Messianic Predictions" in JBL, 1926-1927, 그리고 Alt("Befreiungsnacht und Krönungstag," *Kleine Schriften*, pp. 206-225). 그는 8:23절 본문의 재구성을 제안한다. 그는 갈릴리가 앗수르로부터 자유를 얻은 순간 새로운 다윗이 보좌에 오르고 갈릴리에서까지 그의 즉위를 선포하였다고 주장한다. 이 구절들에 대한 메시아적 해석에 대한 탁월한 변호는 John D. Davis의 논문, "The Child Whose Name Is Wonderful", in *Biblical and Theological Studies*(Princeton Centenary Volume), New York, 1912, pp. 93-108에서 발견된다.

9:7 공의와 의라는 이중적인 기초 위에 설립되는 메시아의 통치는 영원하고도 발전적인 것일 것이다.[190] 정사는 그 왕에게 속하며, 본문은 샤르(שַׂר, 왕)와 미스라(מִשְׂרָה, 정사)라는 단어들을 통해 저자가 의도한 어희(語戲)를 드러내려고 한 것 같다.

아마도 나뉘어진 이스라엘의 집을 재결합함에 있어서 그리고 이방인들을 포함하면서 이 정사는 증가해질 것이고, 그러한 정사의 더함과 더불어 평화도 증대될 것이다. 이 평화는 전쟁에 대한 대립 가운데 존재하였고, 일반적인 의미에서 결핍과 필요에 반대되는 것으로서 안녕, 복지, 번영을 내포하였다. 하나님만이 이러한 평화를 주실 수 있으시며, 또 그분은 인간에게 그것을 주시려는 호의를 품고 계심을 보여주고 있다.

정사와 평강의 더함이라는 이 축복들은 다윗의 보좌에 앉으신 그분과 연관을 맺고 있으며, 그 보좌를 떠나서는 그것들이 발견되지 못할 것이다.[191] 그러므로 이 보좌 위에 앉으시는 그는 다윗의 법적 자손이시다. 일찍이 다윗의 보좌가 영원할 것이라고 약속되었고, 그런 까닭에 메시아의 통치에 대한 묘사는 다윗의 그것과 동일시되는 것이다. 두 통치의 이러한 동일시는 외적인 유사성이나 예표적인 관계에서 기

---

190) "더함이"—폐음의 멤에 대해 기상천외한 설명들이 제공되어 왔다. 아하스의 해시계에 있는 그림자의 후퇴, 인간들 가운데 있는 하나님의 나라의 비밀스런 전진, 마리아의 영구적인 처녀성을 지칭하는 것 등으로 말해져 왔다. 그러나 필사자가 단순히 폐음인 멤을 샬롬이라는 단어에 기록한 것이다. 그는 지금 라메드와 멤을 반복하고 있다. 라메드는 여격, "에 대하여"로 취급될 수 있다. 그렇다면 마르베(מַרְבֵּה)는 히필형 분사로 취급되어 비인칭적 의미로 넘어간다. 이 단어는 3절의 "주께서 창성케 하시며"를 상기시켜 준다. "정사"—그 아기의 정사; 참고, 미 5:2이하. 아마도 그 아기가 나뉘어진 이스라엘 집을 재결합하실 것이라는 사실을 암시한 것 같다. Reichel은 언어의 유희를 주시하고 "무엇인가를 창성케하는 주권의 창성자"(*Verme-hrer der Herrschaft, der etwas vermehret*)라고 번역한다.

191) "보좌"—우리는 다음과 같이 바꾸어 쓸 수 있을 것이다. "다윗의 보좌의 창성과 평강은 끝이 없을 것이다." 이 약속은 삼하 7:11-16에 계시된 것을 요약하고 또 확장하고 있다. 이러한 이유로 인하여 메시아는 실제로 다윗과 동일시되고 있다.

인하는 것뿐만 아니라, 동시에 메시아의 통치가 다윗 왕국의 실질적인 계속 혹은 회복이었다는 사실에서 기인한다. 다윗은 일시적이요 현세적인 왕이었고, 메시아는 영원한 왕이시다. 둘 다 같은 나라를 다스렸다.

평강과 정사가 함께 언급되어 있다. 이것은 특이한 사실이니, 이는 대부분의 정부들은 전쟁을 통하여 증대를 꾀하기 때문이다. 다른 나라들과는 달리, 이 왕국은 평화를 통하여 그리고 인간의 마음속에 하나님의 은혜로우신 역사를 통하여 그리고 복음의 전파를 통하여 증가할 것이다.

그 번영과 증가는 일시적이거나 지역적이지 않으니 이는 그 나라 자체가 영원하기 때문이다. 이 예언을 천년왕국 동안에 예루살렘에 세워질 다윗의 문자적 왕좌에 대한 예언에 적용시키는 해석은 다음과 같은 이유들로 인하여 거절되어야 한다. 그 통치는 다윗의 위에 앉아서 영원히 다스릴 옐레드의 탄생과 함께 시작된다. 이 통치를 천년왕국에 제한하는 것은 "무궁하며"란 말을 무시하는 것이다. 그리고 천년왕국의 시작과 부합하여 시작하는 것으로 만드는 것은 그것이 그 아기의 탄생과 함께 시작된다는 사실을 무시하는 것이다.

그 나라를 굳게 세우고: 다윗의 보좌 위에서 그 정사가 더하며 공평과 의로 굳게 세워질 것이다.[192] 세상의 폭군들과 독재자들은 자기들의 왕국들을 압제와 폭정으로 굳게 세우지만, 이 나라는 정사를 의로 굳게 하고 세울 것이며, 백성은 그 의로운 법칙을 기쁨으로 순종할 것이다. 그 아기가 그 나라의 종속자들을 위하여 성취할 의는 그 나라의 기초요 근거이다.

이 의로운 판단은 단순히 형식적이거나 외면적이지 않다.[193] 거기에는 공의가 있으니, 이는 왕 자신이 의이시기 때문이다. 이 공의에 사람이 기꺼이 복종할 것이니, 이는 그가 그의 왕만이 수여하시는 의를 받아 그 왕과 바른 관계를 가질 것이며 그 왕의 공의로운 정사에 응답하려고 힘 쓸 것이며 그분의 교훈과 명령들을 순종하려고 힘 쓸 것이기 때문이다. 그 보좌에 앉으신 그 아기, 오직 그로 말미암아 축복이 뒤따라온다.

---

192) "세우고"—확실하게 만들다. 참고 사 16:5; 54:14. 성취에 대해서는 눅 1:32-33을 참고하라.

193) 전치사는 그 나라가 견고해지는 방편들을 가리킨다. 만일 접속사가 와우 설명형 *explicandi*라면 그 단어들은 이사일의일 수 있고, 그래서 "의로운 판단을 통하여"로 번역될 수 있다. 그분의 순종과 희생은 그의 영원한 나라의 기초요 근거이다.

이사야는 자신을 아기의 통치의 출발 지점에 놓고 그 이후로 그 공의가 그 나라를 영원히 세우는데 사용될 것임을 우리가 깨닫기를 원한다.[194] 그 아들이 여기서 그분에게 지정된 속성들을 가지고 생활 가운데 나타날 때, 그 나라는 굳게 세워질 것이다. 그 아들의 나라는 지속적으로 발전해 나간다. 공의와 의가 그것의 기초요, 압제와 불의는 그 진행 과정과 성장에 끼여들지 못한다. 이 지상의 일시적인 나라들과는 달리 그것은 영원할 것이다. "이 열왕의 때에 하늘의 하나님이 한 나라를 세우시리니 이것은 영원히 망하지도 아니할 것이요"(단 2:44). "저가 큰 자가 되고 지극히 높으신 이의 아들이라 일컬을 것이요 주 하나님께서 그 조상 다윗의 위를 저에게 주시리니 영원히 야곱의 집에 왕노릇하실 것이며 그 나라가 무궁하리라"(눅 1:32-33).

이 구절과 더불어 영원한 나라가 설립된다는 예언, 즉 사무엘하 7:12-17에 대한 하나의 뚜렷한 진척을 이룩했다. 후자의 예언에서 우리는 거기에 다윗의 보좌가 있을 것이며, 다윗의 계승자가 있을 것임을 듣게 된다. 그분의 보좌는 계속될 것이며 그 보좌 위에 앉은 자가 언제나 있을 것이다. 우리는 하나의 계시의 진전을 보았는데, 이는 사무엘하 7:12-17에 묘사된 축복들이 한 인물에 의하여 이룩되기 때문이다. 역사의 종말론적인 단계는 도달하였고, 그래서 이사야는 이 아기가 그 나라를 붙들고 계시는 것을 보고 있는 것이다. 메시아의 통치가 종결된다는 사상 혹은 메시아의 계승자들에 대한 사상은 구약성경에는 생소하다.

만군의 여호와의 열심이 이를 이루시리라: 유다는 절망적인 상태에 있다. 앗수르 압제자는 지평에 어렴풋이 니디나 있다 하나님의 나라가 설립 되도록 누가 만들 것인가? 만군의 야웨께서 자신의 영예를 위하여 가지신 그 열심 이외에 그 어떤 것도 이러한 결과를 이룩할 수 없을 것이다.[195] 이 열심과 열정 가운데는 하나님께

---

194) עולם은 부정의 기간을 가리킨다. 인간의 수명에 적용될 때, 그것은 특별히 한정지어지지 않을 경우 인간 수명의 최대치로 취급되어야 한다. 여기의 문맥은 그 나라가 그 성격에 있어 영원하다는 것을 분명히 해 주고 있다. 공의와 의 안에 세워지고 5절의 이름들을 소유한 자에 의하여 다스려진 한 나라가 끝없이 그 평화가 증대되고, 그런데도 어떤 의미에서 일시적인 기간만 존속하는 것으로 생각되어야 한다는 것은 생각조차 할 수 없다.

195) קנאה라는 단어 자체가 "열정"을 의미한다. 그것은 가끔 단순히 자기 백성을 향한 하나님의 깊은 사랑만을 의미하지 않고 그들을 위한 질투와 또한 자신의 영예를 위한 질투를 의미하기 위하여 사용된다. 하나님의 열심은 죄에 대한 그분의 징벌과 죄인들을 기뻐하지 않으

서 자기 백성을 위하여 가지신 깊은 사랑과 그들을 위한 질투심을 나타내고 있는데, 그들을 방어하고 보호하시려는 깊은 열망 그리고 그들의 유익을 위한 열정이 지적되어 있다. 그러나 더 나아가서 이 단어는 하나님의 영예를 보호하고 신적 목적을 옹호하기 위하여 시샘하여 결단함을 의미한다. 자기 백성을 향한 특별한 애정과 그분의 영예를 옹호하기 위한 그분의 열정적인 기질은 그 아기가 통치하실 나라의 설립을 성취하실 것이다.

알렉산더가 다음과 같이 잘 개진하였다. "그리스도의 나라의 진흥, 보존 그리고 확장에 있어서 연약한 도구들에 의하여 산출된 놀랄 만한 결과들은 만군의 여호와의 열심이 그것을 효력 있게 하셨다는 원리에 의해서만 설명될 수 있다."

만군의 여호와와 한 아이를 그리고 전능하신 하나님으로 일컫는 데는 어떠한 부조화도 없다. 이 주목할 만한 구절 가운데는 후기에 나타날 성삼위일체 교리의 표상과 그림자가 나타나 있다. 태어날 그 아기는 하나님이시나(초자연적 의미에서와 인간들로부터 뛰어나신 점에서) 그럼에도 그의 탄생과 그 나라의 설립은 만군의 여호와의 사역이다.

이사야는 그 나라가 굳게 세워지고 번성할 것임을 보여 주기 위하여 "이루시리라"라는 동사를 사용하고 있으며, 그렇게 하여 다윗왕국의 현재 상태와의 차이를 더욱 두드러지게 대조시키고 있다.

우리가 이 구절이 메시아를 가리킨다고 말할 때, 우리는 보다 구체적이어야 할 것이다. 우리는 마음 속에 다윗의 진정한 아들, 예수 그리스도 이외에 다른 이를 생각하지 못한다. 그분과 그분의 나라만이 이 예언의 묘사를 만족시켜 준다. 여기서 다시 알렉산더의 말을 들어보자. "전체적으로 그리스도에 대해 확정되지 않은 예언이 없다는 것이 진리라고 말해질 수도 있으며, 또 그리스도 외에 또 다른 어떤 주어를 발견하기가 너무나 어려울 것 같으며, 또 모든 랍비들과 그로티우스가 할 수 없었던 일이 완료될 때까지, 우리는 전통적인 복음적 해석이 의심할 여지없이 참된 것임을 믿을 수 있다." 한 아기는 태어났으며 그 아기는 예수이시다. 그분은 참되신 왕이요 이스라엘의 목자요 그분 안에서만 인류가 필요로 하는 평화가 발견된다.

심 속에서 나타날 뿐만 아니라, 자기 백성에게 축복을 가져다 주시려는 그분의 목적들을 진행시킴 가운데 나타난다. 참고. 20:5; 34:14; 신 4:24; 5:9; 6:15.

📖 특주

이 예언은 참으로 이사야가 쓴 것인가, 그렇지 않은가?

(1) 이 구절이 선지자가 살던 시대에 잘 어울리지 않는다고 주장되었다. 이에 답하여, 그러나 이것은 이 글이 이사야의 것이 아니라고 부인할 만한 이유가 되지 못한다. 누구의 생애에 그것이 잘 어울리겠는가? 우리는 사실상 이사야에 관해서 거의 알지 못한다. 그런데 어떻게 사람이 그렇게 잘 알려지지 않은 상태에서, 이 구절이 이사야의 생애에 잘 어울리지 않는다고 말할 수 있는가?

(2) 이사야 8:16-18에서 선지자는 그의 소망을 주님에게 주며 정치적인 기구가 없는 종교적인 공동체에게 둔다고 말한다. 그는 그것을 다윗 왕조나 혹은 정치적인 통치에다 두지 않았다. 다른 한편 9:1-6에 예언된 메시아께서 신앙에 직접적인 관계가 없는 정치적인 인물이 될 것이라고 말해져 있다. 이 후기의 예언은 로마의 압제에서 자유를 얻기를 소망했던 유대인들에게 어울린다고 말해질 수도 있겠으나, 그러나 이사야에게 있어서 하나님의 나라는 이 세상이 아니었다.

이 논증은 주관적이고도 천박하다. 이사야 9:2-7에 나타난 아기가 단순히 정치적인 메시아라고 생각하는 것은 이 구절의 분명한 가르침의 정곡을 벗어나는 것이다. 그는 그분의 통치 안에서 의로 말미암은 평화를 추구하고 있다. 그러나 의는 하나님 앞에서 바름이다. 만약 이 개념이 영적인 것이 아니라면 어떤 것이란 말인가?

(3) 예레미야나 에스겔 그리고 "제2이사야" 같은 다른 선지자들은 이 예언을 알지 못했다고 주장되어 왔다. 이 다른 선지자들이 이 예언을 알았는지 그렇지 못했는지는 우리가 말할 수 없다. 그들이 그것을 언급하지 않은 사실은 그들이 그것을 알지 못했다는 증거가 되지 못한다. 또한 어떤 의미에서건 그들이 침묵을 지키고 있다는 것이 이사야 저작에 대한 반증이 아니다.

(4) 이사야 당시에는 그 나라의 일부분만 위험에 처해 있었는데 반해서 이 예언은 구원을 필요로 하는 자들이 국가 전체의 백성들이라고 주장되었다. 여기서 또다시 우리는 답변하겠는데, 해석은 선입견과 치우침이 없이 이루어져야 한다는 것이다.

4. 앗수르의 위협(9:8-10:34)

(1) 임박한 멸망(9:8-17)

8절, 주께서 야곱에게 말씀을 보내시며 그것을 이스라엘에게 임하게 하셨은즉
9절, 모든 백성 곧 에브라임과 사마리아 거민이 알 것이어늘 그들이 교만하고 완악한 마음으로 말하기를
10절, 벽돌이 무너졌으나 우리는 다듬은 돌로 쌓고 뽕나무들이 찍혔으나 우리는 백향목으로 그것을 대신하리라 하도다
11절, 그러므로 여호와께서 르신의 대적을 일으켜 그를 치게 하시며 그 원수들을 격동시키시리니
12절, 앞에는 아람 사람이요 뒤에는 블레셋 사람이라 그들이 그 입을 벌려 이스라엘을 삼키리라 그럴지라도 여호와의 노가 쉬지 아니하며 그 손이 여전히 펴지리라
13절, 이 백성이 오히려 자기들을 치시는 자에게로 돌아오지 아니하며 만군의 여호와를 찾지 아니하도다
14절, 이러므로 여호와께서 하루 사이에 이스라엘 중에서 머리와 꼬리며 종려가지와 갈대를 끊으시리니
15절, 머리는 곧 장로와 존귀한 자요 꼬리는 곧 거짓말을 가르치는 선지자라
16절, 백성을 인도하는 자가 그들로 미혹케 하니 인도를 받는 자가 멸망을 당하는도다
17절, 이 백성이 각기 설만하며 악을 행하며 입으로 망령되이 말하니 그러므로 주께서 그 장정을 기뻐 아니하시며 그 고아와 과부를 긍휼히 여기지 아니하시리라 그럴지라도 여호와의 노가 쉬지 아니하며 그 손이 여전히 펴지리라

9:8 하나의 단어! 이사야의 영혼에 가득 차 있었던 것은 바로 그것이었다. 여기서 그것은 위협적인 단어였는데, 아마도 7:14-17 가운데 포함된 예언이요, 모든 위협 메시지의 어머니 격이었다.[196] 가끔 하나님께서는 염병을 보내시며 가끔은 도울 자를 보내시는데, 지금은 말씀을 보내셨으며, 이 말씀은 야곱에게 보내졌다. 그것은

---

196) 본 절은 표제를 가지고 있지 않은 새로운 단락을 소개하고 있다. דבר은 자주 위협적인 메시지에 사용되었다. B는 θάνατον으로 읽고 있는데, 아마도 데베르(לְבֶר), "염병"으로 이해한 것 같다. "임하게 하셨은즉"—약 와우를 가진 완료형에 대한 특이한 용법을 주시하라.

야곱에게 향한 것이지만 이 야곱은 그 말씀이 보냄 받은 장소이던지 혹은 사람을 의미한다. 그 말씀은 벼락처럼 이스라엘 위에 떨어졌다. 야곱과 이스라엘은 북왕국을 지칭하는 두 단어들이다. 이 말씀은 하늘로부터 혹은 예루살렘으로부터 나와서 하나님의 메시지로서 보내신다.

인간들은 하나님의 행동에 여전히 반항하고 있고 그래서 그분은 자신의 말씀을 보내셔야 한다. 그분의 손은 여전히 펴져 있다. 그렇지만 말씀은 무엇을 말하는가? 그것이 전달된 후에는 그 자체의 능력을 획득하는 그 어떤 것인가? 발락은 분명히 발람이 축복이나 저주를 가져다주는 말을 발할 수 있었다고 생각하였다. 그렇지만 발락은 그 당시에 마술의 능력이 아주 일반적으로 유행하던 주술적인 분위기 가운데 살았고 그리고 그것을 믿었다.

참으로 하나님의 말씀에는 그와 동반된 능력이 있으나, 그것은 하나님의 능력이다. 그 말씀 자체 가운데 마술적 힘이 들어 있는 것은 아니다. 하나님의 말씀은 진리 자체이고 하나님께서는 그 말씀에 복주시고 그래서 그것은 그분에게로 돌아가지 않고 그 보내진 그 목적을 이루는 것이다. 그러므로 이 말씀은 가끔 그 자체가 자주 그 목적을 이루시는 역사하는 능력으로 생각되기도 하였다. "그러므로 내가 선지자들로 저희를 치고 내 입의 말로 저희를 죽였노니 내 심판은 발하는 빛과 같으니라"(호 6:5). 벤 시라(Ben Sirah)는 "하나님의 말씀 안에는 그분의 행위들이 있다"고 말하였을 때 진리를 말한 것이다. 하나님께서는 이 예언을 보내셨고, 그것이 그분의 말씀이기 때문에 그분은 그것이 내포하고 있는 위협을 실제로 일어나게 할 것이다.

9:9 모든 백성, 전 이스라엘은 경험하여 알게 될 것이다.[197] 이 말씀은 그들에게 들려졌고 그 목적을 성취하여 왔다. 지금까지 그들은 하나님의 위협에 주의를 기울이지 않아 왔으나, 그 말씀은 그들에게 들려 왔다. 하나님의 징벌을 경험하고서야 그 백성 전체가 깨닫게 되지만 그럼에도 불구하고 그들은 계속하여 마음을 강퍅하

---

197) "알리라"—경험을 통하여. 참고. 호 9:7; 시 14:4; 욥 21:19. 참고. Koran 26:49, falasaufa ta`lamouna. "백성"—이 명사는 단수이지만 그러나 집합적인 개념을 가지고 있으며 그래서 술어가 앞에 나타나 있을지라도 복수형 술어로 해석될 수 있다. 접미어가 붙은 כֹּל 이 명사에 뒤따라 나올 때, 그것이 선행할 때보다 훨씬 더 강조적이다. 따라서, "사랑, 즉 그 모든 사람" 또는 "모든 사람"이 된다. "교만하고"—"그리고 마음의 교만과 거만 가운데서 말하고 있는지를 그 백성 모두가 알 것이다" 혹은 "교만 가운데 말하고 있는 자들."

게 할 것이다. 에브라임 자신과 사마리아의 거민들은 자기들의 교만으로 인하여 믿기 가장 어려운 자들이었다. 여기에는 겸손도 없고 죄에 대한 회개도 없다. 오히려 그들은 교만함으로, 완악한 마음으로 말할 것이다.

9:10 여기에 교만의 실상이 나타나 있다! "심판이 올 테면 오라, 우리는 생계유지를 할 수 있는 그 잃어버린 것들 이상으로 좋은 것들을 만들 수 있다." 벽돌들은 강하지 않았으니, 그것들은 진흙으로 태양에 말려 만들어진 것이었고 그래서 쉽게 부서져 가루가 되었다.[198] 엘리바스가 벽돌집의 연약성에 대해서 말한 바 있다. "하물며 흙집에 살며 티끌로 터를 삼고 하루살이에게라도 눌려 죽을 자이겠느냐"(욥 4:19). 그래 아주 좋다. 만일 벽돌이 무너진다면 다듬은 돌을 언제든 사용할 수 있다. 아모스는 부를 비난했었다. '너희가 비록 다듬은 돌로 집을 건축하였으나 거기 거하지 못할 것이요…"(암 5:11).

그러나 교만하고 무모한 에브라임은 아모스를 잊어버리고, 지금 다듬어진 돌로 집들을 짓겠다고 호언장담을 하였다. 디글랏-빌레셀이 벽돌집들을 쓸어버릴 것을 상상하여, 에브라임 족속들은 그 잃어버린 것들에 대처할 능력이 있다고 믿었다. 뽕나무들은 값어치가 없는 나무들이었는데, 그것들은 백향목으로 대치될 수 있다는 것이었다.[199] 벽돌을 다듬어진 돌로 대신한 것처럼 이 뽕나무들을 백향목으로 대신한다는 것이다. 자랑하고 허풍을 떨면서 이 백성들은 자기들이 자기들 스스로 그 상황을 대처해 나갈 힘이 있다고 생각하였다. 그들은 모든 것들이 하나님의 손에 달려 있다는 사실을 인정하기를 거절하였다.

9:11 하나님의 심판의 과정 중 두 번째 단계가 나타나 있다.[200] 세 구절에서 이

---

198) "벽돌"—묘사된 손실들은 디글랏-빌레셀의 약탈로 인하여 일어난 것들인 것 같고, 여로보암 2세의 죽음 이후에 일어난 것 같다.
199) "야생 무화과"(sycomores)—뽕나무(sycamore)가 아니라 무가치한 야생 무화과 (ficus sycomorus)이다. "우리는…대신하리라"—참고. 40:31; 41:1.
200) "일으켜"…이 행위는 미래에 일어날 것이지만 그러나 계시와 번역은 이미 과거이다 (참고. 5:15; 9:5). "대적(들)"—르신을 압제하는 자들. 그리하여 이스라엘 백성들은 르신과의 동맹에 대해 생각하게 되고, 아주 최근에 수리아를 정복하였던 그들이 곧 이스라엘을 정복할 것이라는 사실이 암시되어 있다. 이들은 앗수르인들이었다. 우리는 다음과 같이 고쳐 쓸 수 있을 것이다. "여호와께서 르신을 이긴 대적들을 에브라임 위에 일으켜서 치게 하실 것이

사야는 주제에서 벗어나 에브라임을 다루어 왔고 11절에서 그는 담화를 계속한다. 야웨께서는 이스라엘을 정복할 대적들, 말하자면 르신의 대적들을 세우시고 안정되게 하시려고 결정을 하였고, 이 르신의 대적들을 에브라임 위에 일으키시려고 하였다. 이 대적들은 누구인가? 르신의 대적들은 에브라임의 대적들이기도 한데, 이는 이스라엘이 르신과 동맹 관계에 있었기 때문이었다. 그들은 최근에 수리아를 정복한 앗수르인들이었는데 곧 이스라엘을 정복할 것이었다. 희망은 르신에게 있었고 그래서 에브라임보다는 그가 언급되어 있는 것인데, 그렇지만 하나님은 르신 자신의 대적들인 수리아와 블레셋까지도 그를 대적하여 일으키실 것이었다.

9:12 이사야는 이제 자신의 주제로 돌아와 르신 자신의 대적들의 이름을 언급하고 있다.[201] 그들은 수리아인들인데, 아마도 동편으로부터 온 것으로 보인다. 만약 그러하다면, 이 수리아인들은 르신의 대적으로 이해되어야 할 것이다. 그들은 동쪽으로부터 오며 블레셋인들은 서편으로부터, 즉 다른 방향으로부터 온다. 이스라엘이라는 용어는 아마도 전 국토를 지칭하는 것으로 이해되어야 하는 이유는 블레셋인들이 북이스라엘을 공격하였다는 기록이 없기 때문이다. 수리아인들은 이스라엘을 대적하여 쳐들어왔고 블레셋인들은 유다를 대적하여 쳐들어왔다. 야생 동물들처럼 그들은 먹이를 삼키려고 입을 크게 벌린 채로 다가왔다.

이 모든 일에도 불구하고, 이스라엘 편에서 회개가 없었고, 그래서 하나님의 진노가 여전히 백성들을 향하여 펴져 있었던 것이다. 하나님의 징벌의 손길은 아직도 펴져 있었던 것이다. 백성들이 회개하지 않는 한 그 손은 징벌을 위하여 펴져 있을

니, 이는 르신이 에브라임과 동맹하였기 때문이고, 이에 더하여 하나님께서 르신에게 오랫동안 대적이 되어 왔던 수리아와 블레셋까지도 격동시킬 것이다." 예싸크쎄크(יְסַכְסֵךְ)—סכך, "자극하다, 선동하다"의 강의형. 미완료형은 특별한 어감을 더해 주며 어떤 행동의 특별한 상태에 생동감을 더해 준다.

201) 사울 당시에도 수리아는 대적이 되었었다. 참고. 삼상 14:47. 아마도 이것은 앗수르에 의하여 정복되고 지금은 공물을 드리고 있던 수리아인들을 가리킬 것이다. "블레셋 사람"—초창기의 그들은 이스라엘의 가장 위험스러운 대적이었던 것이다. 사 14:28-32; 대하 28:18. "그들이…삼키리라"—앞 절에 있는 첫 번째 미완료형의 관점이 계속되고 있다. Moallaka(32절)는 전쟁을 음식으로 말한다. 앗수르 비문들은 정확한 보응을 할 준비가 갖춘 왕들의 태세에 대한 실례로 가득 차 있다. "뒤에는"—반대편에서. "그 입을 벌려"—직역하면, "온 입으로" 즉 대적을 삼키기 위하여 입을 충분히 벌려.

것이며, 진노는 나타날 것이다.

9:13 이 백성이: 이사야는 우리의 시선 앞에다 첫 번째로 그들을 놓고 있다. 하나님의 손은 여전히 펴져 있으나, 이 백성은—이 백성은 회개하지 않고 있다. 그들은 돌이켜서 하나님에게로 나아가야 하는데 이는 죄가 그분으로부터 떠나간 것이기 때문이며, 회개는 멀리 있던 사람이 돌이키는 것이기 때문이다. 하나님에게로 돌이킨다는 것은, 이전의 생활방식으로부터 돌이켜서 새로운 삶의 길을 걷는 완전한 회심을 포함한다. 진노를 돌이키시지 않은 그분이 계시고 그분의 손은 때리기 위하여 올라가 있다. 그는 때리는 자였다.[202]

뿐만 아니라 그들은 하나님을 찾지 않았다. 그들은 우상과 귀신들에게 구하였고 하나님께 구하지 않았다. 하나님을 찾는다는 것은 도움과 인도를 받기 위하여 기도하면서 그분과 동행하는 주님과의 교제이다. 한 인간은 그의 구하는 대상에 의하여 알려진다. 우상숭배자는 우상을 찾고 그것에게 의논하며, 미신을 믿는 자는 점성술사에게 의논하고 그리스도인은 예수 그리스도에게로 간다.

9:14 새롭고도 더 강도가 높은 분량의 징벌이 올 것이다. 속담 말하는 방식을 사용하면서, 주님은 이 백성의 완전한 멸망을 선포한다. 그분은 하루 사이에 머리와 꼬리를 자르시고 가지와 갈대를 자르실 것이다.[203] 작고 큰 것들이 잘려 나가게 될 것이다. 가지는 종려나무의 면류관을 이루었고 갈대는 습지에서 자랐다. 그 백성 가운데 모든 계층, 즉 높은 자나 낮은 자나 그때 갑자기, 즉 하루에 잘려 나갈 것이다. 하나의 짤막한 표현—짧은 시간에. 그것은 마치 이사야가 "단 번에, 즉시"라고 말한 것과 같다. 리브가가 그녀의 아들들에 대해서 이 단어를 사용하였다. "어찌 하루에 너희 둘을 잃으랴"(창 27:45하). 이 문구는 당연히 그 멸망이 지속되는 광범위한 기간 동안에 일어날 것이라는 사상을 배제하지는 않지만, 그보다는 오히려 단번

---

202) 앞 절의 묘사가 계속되고 있는 본 절의 교차 대구법적인 배열을 보라. הַמַּכֵּהוּ—이 형태는, 비록 어떤 고대 사본(Rossianus)이 집미사가 없는 형태를 가지고 있을지라도, 옳은 것이다. 참고. 사 24:12; 잠 16:4; 신 13:5, 10; 20:1; 사 63:11. 참고. GKC, § 116f.

203) וַיַּכְרֵת—10절의 첫 번째 동사로 시작된 묘사를 계속한다. 따라서 미래형이나 현재형으로 번역되어야 한다. "가지와 갈대"—속담적인 표현들. Gesenius는 "어떤 사람들은 코였고, 나머지는 꼬리였다"는 아랍어와 비교한다.

에 그 멸망이 일어날 것이라는 사실을 가리킨다. 모두가 멸망할 것이다. 비록 그 나라가 하나님을 찾지 않을지라도 그분은 여전히 그 나라의 운명과 복락의 주관자로 계신다.

9:15 머리와 꼬리, 즉 백성의 모든 계층! 이사야는 흥분하여 하나의 설명을 덧붙인다. 머리는 장로와 특권층이요 꼬리는 거짓 선지자이다.[204] 그것은 간략한 설명인데, 선지자는 첫 번째 묘사만을 설명하고 있고 가지와 갈대는 설명하려 하지 않고 있다. 그의 이 간략한 말은 그 나라를 실패하게 만들고 멸망하게 만든 장본인들에게로 향하고 있다. 지도자들은 정부에 있었으나, 거짓 선지자들은 백성의 머리에 있지 않았다. 그들은 어떤 지도자들이 아니고, 지도자들이 이끄는 대로 따라서 단순하게 개에게 달린 흔들리는 꼬리처럼 알랑거리고 아첨하였다.

9:16 왜 이사야가 지도자들과 거짓 선지자들을 특별히 언급하였는가? 그 이유가 이제 나타나고 있다.[205] 그들은 속이는 자들이요 소경을 인도하는 소경들이었다. 그들의 인도를 받았던 사람들은 잘못된 길로 나아갔고 멸망에게 삼킨 바가 되었다. 바른 길로 인도한다는 약속을 하면서 그들은 곁길로 인도하였고 그래서 그들의 인도를 받았던 사람들은 삼킴을 당했던 것이다. 곁길로 인도했던 자들은 스스로는 잘못된 것이 없었는데, 이는 그들이 곁길로 인도를 받아 나아가도록 자신을 허용했기 때문이다

9:17 이 두려운 묘사를 통해 우리를 홍수 이전으로 이끌고 간다. 그때 사람들은

---

204) 다음의 이유들로 인하여 이 절은 진정한 것으로 간주되어야 한다. (1) 그것은 단락의 배열에 어울린다. 처음 두 단락들은 각기 다섯 절들을 포함하고 있고, 마지막 둘은 네 구절을 포함하고 있으니, 그러므로 만일 이 구절이 삭제된다면 구조적인 배열은 파괴된다. 단락 1: 9:8-12; 단락 2: 9:13-17; 단락 3: 9:18-21; 단락 4: 10:1-4. (2) 본 절은 사상의 연결을 끊어놓지 않고 오히려 그것을 발전시킨다. (3) 본 절은 너무 산문적이라고 비평받을 수 없다. 그러나 만일 본 절이 그렇다 하더라도, 이사야의 관심은 미적인 시를 쓰려는 것이 아니었다. (4) 이사야는 습관적으로 자신의 설명들을 해주고 있다.

205) 본 절은 15절에서 자연스럽게 나오며, 이 점이 그것의 진정성을 지지한다. 와이헤우 (ויהיו)—이 동사는 앞 절과 연결하여 일종의 정보를 덧붙이는 것으로 취급되어야 하며, 그래서 과거형으로 번역되어야 한다. "인도하는 자"—어근 אתה은 우가릿어에서 "행진하다"란 의미로 나타난다.

자기들의 마음의 생각대로 악을 행했고 그래서 심판이 닥친 것이다. 이제 이와 비슷한 상황이 이루어지고 있다. 유다 백성들은 완고하였다.[206] 전쟁 수행을 위하여 뽑힘받은, 그 나라가 신뢰할 수 있었던 젊은이들은 하나님으로부터 기뻐하심을 얻지 못할 것이다. 그들은 운명을 막을 수 없다.

상황들은 실제로 13-15절에 묘사되어 온 바와 같이 될 것이었다. 어찌 하나님께서 그들에게 관심을 나타내 보이시겠으며 자비를 보이시겠는가? 그들에게 더 이상 긍휼을 베풀지 않으실 시간이 올 것이니, 이는 그들 역시 범죄에 대한 책임이 있기 때문이다. 심판이 이보다 더 강할 수 있겠는가? 그러나 그것은 의로운 심판이니, 이는 모든 백성, 곧 과부와 고아들 그리고 지도자들까지도 더러워졌기 때문이다. 그들의 생각과 마음이 불신앙적이었고 하나님으로부터 떠나갔다. 어쨌든 악은 인간의 내부에만 제한되어 있지 않다. 그 모든 각 사람들이 외적인 행위로 악을 행하고, 그들의 내적인 특성과 성격이 모두가 예외 없이 설만하게(어리석게) 말하는 어리석음 속에 나타나 있다. 이것은 어리석음이나 농담이 아니고, 윤리적인 사악함이 광적으로 나타난 하나님께 대항하는 사악한 말이다.

이사야는 후에 다음과 같이 말한다. "이는 어리석은 자는 어리석은 것을 말하며 그 마음에 불의를 품어 간사를 행하며 패역한 말로 여호와를 거스리며 주린 자의 심령을 비게 하며 목마른 자의 마시는 것을 없어지게 함이며"(사 32:6). 그것은 신성 모독적인 발언이요, 그런 까닭에 바로 여기에 하나님의 징벌의 이유가 있는 것이다. 그분의 팔은 여전히 펴져 있고, 그 결과로 때린 다음에 또 때리고 강타한 다음에 또 강타를 날릴 것이다. 심판은 여러 단계를 거쳐 계속될 것이며, 그 마지막 종국에 도달할 때까지 지속될 것이다. 매일 새로운 재앙이 올 것이고, 새로운 재난 새로운 타격이 올 것이다. 백성이 망하게 된 것처럼 보이는 그 다음에도 여전히 징벌이 더 뒤따라 올 것이다. 결국은 모든 징벌을 완료하는 심판이 올 것이니, 이는 하나님의 손이 펴져 있기 때문이다(참고. 레 26:27-41의 약속).

---

[206] "그러므로"—앞의 두 절의 와우 연속법을 대체한다. 문장의 종속적인 부분이 강조를 위해 앞에 와 있다. "기뻐 아니하시며"—이 미래형은 이제부터 하나님께서 자기 백성을 취급하실 과정을 암시하고 있다. "악을 행하며"—"더럽히다"라는 단어는 보다 내적인 기질과 태도를 가리키고, 반면에 "악을 행하다"는 실제적인 공공연한 행위들을 가리킨다. "설만하며"—하나님에 대항하는 악한 말을 하다. 참고. 32:6; 시 14:1; 욥 2:10.

(2) 징벌(9:18-10:4)

18절, 대저 악행은 불 태우는 것 같으니 곧 질려와 형극을 삼키며 빽빽한 수풀을 살라서 연기로 위로 올라가게 함과 같은 것이라
19절, 만군의 여호와의 진노로 인하여 이 땅이 소화되니 백성은 불에 타는 섶나무와 같을 것이라 사람이 그 형제를 아끼지 아니하며
20절, 우편으로 움킬지라도 주리고 좌편으로 먹을지라도 배부르지 못하여 각각 자기 팔의 고기를 먹을 것이며
21절, 므낫세는 에브라임을, 에브라임은 므낫세를 먹을 것이요 또 그들이 합하여 유다를 치리라 그럴지라도 여호와의 노가 쉬지 아니하며 그 손이 여전히 펴지리라

10장

1절, 불의한 법령을 발포하며 불의한 말을 기록하며
2절, 빈핍한 자를 불공평하게 판결하여 내 백성의 가련한 자의 권리를 박탈하며 과부에게 토색하고 고아의 것을 약탈하는 자는 화 있을진저
3절, 너희에게 벌하시는 날에와 밀리서 오는 환난 때에 너희가 어떻게 하려느냐 누구에게로 도망하여 도움을 구하겠으며 너희 영화를 어느 곳에 두려느냐
4절, 포로된 자의 아래에 구푸리며 죽임을 당한 자의 아래에 엎드러질 따름이니라 그럴지라도 여호와의 노가 쉬지 아니하며 그 손이 여전히 펴지리라

9:18 악행: 그 자체 안에 이스라엘의 배교를 내포하고 있는 불신앙, 저주. 여기에 왜 하나님의 손이 여전히 펴져 있는가에 대한 이유가 있다.[207] 악행—그것은 궁극적으로 살라진다. 하나님의 참으시는 은혜는 걷히게 될 것이고 악행은 터져서, 질

---

207) Herntrich는 하나님의 진노의 불이 그들을 삼키고, 그들 자신의 악행이 불처럼 그들을 삼킨다고 해석한다. ותאבכו—참고. 아카디아어 *abaku*, "가져오다, 돌이키다", 즉 가지들은 연기의 기둥이 되어 스스로 위로 올라가게 된다.
208) בעברת—1Q는 מ(ם)으로 읽는다. 전치사 베(ב)는 "…으로부터"로 번역되어야 할 것이며, 그래서 원인을 나타낸다. "여호와의 진노로 인하여" 등. 이사야는 일반적인 불사름에 대한 묘사를 계속해 나가면서도 그 나라에 내란이 일어났던 비참한 상태를 소개하고 있다.

려와 형극과 덤불이 불타는 것처럼 모든 백성을 삼킬 것이다. 덤불은 질려와 형극과 대조되는 숲의 덤불들이다. 그것들 가운데 대량의 백성들이 죄의 줄과 노끈으로 함께 묶여진다. 그래서 개인이나 집단이나 모두 멸망할 것이다. 낮은 계층에서 시작하여 그들이 먼저 살라지고 나중에는 모든 것이 살라질 것이다.

9:19 떠오르고 소용돌이치고 뒤바꾸는 연기 기둥. 하나님의 진노는 계속되고 불길은 타오른다.[208] 이렇게 쏟아 부어진 진노는 땅이 견디기 어려울 정도다. 한 약하고 비틀거리는 인간처럼 그 땅은 흔들거리고 백성들은 핥는 불의 혀의 먹이가 된다. 이 진노가 쏟아질 때, 사람들은 각기 형제와 친척들을 치는 잔악한 자멸의 행동을 하였다. 이 내란 가운데서 인간들이 짐승처럼 행동하였다고 말하는 것이 아니니, 이는 짐승이라 할지라도 서로는 아껴주기 때문이다. 오히려 나타난 것은 짐승이 아니라 타락한 인간, 인간 중 인간이었다. 하나님께서는 그들을 소경되게 하였고 타락한 감각에 그들을 내어버려 두셨으며, 그래서 그들의 동물적인 악이 서로에게 대하여 나타난 것이다.

9:20 굶주린 인간들은 그들 자신의 살까지도 먹는다. 그들은 오른쪽으로 보고 자기들이 발견할 수 있는 것을 물어뜯지만 만족을 얻지 못한다.[209] 형제들은 서로가 보호해 주어야 하는데, 이 내란은 너무나 잔인하여 그들이 서로를 삼키려고 하고 있는 것이다. 사람이 오른편으로 돌아서고 왼편으로 돌아서도 만족이 없다. 자기 지파

נעתם—아마도 ע(1)נ, "흔들거리다"로부터 파생된 것 같다. ם은 전접적인 מי(미)를 나타낸다. 그렇다면 이 형태는 땅과 일치하는 3인칭 여성단수이다. 참고. Wm. L. Moran: "The Putative Root 'TM in Is. 9:18'" in *The Catholic Biblical Quarterly*, Vol. XII, No. 2, April 1950, p. 153. 참고, 또한 *JBL*, June 1957. p. 94. 우가릿어 실례들에 대해서는 참고. *UM*, p. 101, #13:91. 아마르나 본문 69:10, "*iltiku-mi*"(그들이 취하였다)와 "*nadnati-mi*"(내가 주었다), 85:24을 주시하라. 이 해석은 Gray가 본 절 가운데서 발견하는 난점들을 해소한다. "아끼다"—이 복수형은 주어로 생각되는 백성들을 가리킨다.

209) "움키다"—이 사상은 이빨로 자르고 찢고 그것들을 삼키는 것을 니다낸다. *Kamus*는 이 어근을 *akala*, "먹다"로 실명한다. 참고. *Metamorphoses* 8:877. Dillmann은 이 단어를 상위에 있는 고기를 자르는 의미로 취급한다. 백성은 가장 큰 도움이 되는 것을 먹어 치웠다. "좌편으로"—모든 방면으로. "팔"—사람이 가장 필요로 하는 도구; 참고. 렘 17:5. 이 단어 역시 도움에 대한 표현으로서의 역할을 하고 있다. 사 33:2; 시 83:8. Codex A는 "그의 형제"로 읽고 있다.

의 사람들과 가족들이 팔로 지칭되어 있는데, 이는 그들이 도움이 되고 지지자가 되어주기 때문이다. 이러한 친지들에게까지 인육을 먹는 행위를 자행하여 사람들은 서로에게로 돌이키는 것이다. 실로 하나님의 징벌의 손길이 나타나 있었다. 여로보암 2세의 죽음 이후에 심판은 떨어져서 그 대적들이 와서 북 왕국을 취하여 갈 때까지 계속되었다.

9:21 거룩한 나라요 이방의 빛인 하나님의 백성들은 스스로 잡아먹고 있다.[210] 요셉의 두 아들들인 에브라임과 므낫세는 가장 근접해 있었고, 그들의 이름이 그 지파의 이름이 되어 있었는데, 북쪽의 주요 두 지파인 이들이 서로 싸우고 있는 것이다. 이전에는 이 두 지파들 사이에 질투심이 있어 왔었고, 그들이 연합할 수 있는 지금은 오직 유다를 공격하기 위한 목적으로만 그렇게 될 수 있을 뿐이다. 이 악한 결합은 얼마나 악한가? 헤롯과 빌라도가 예수님을 십자가에 못박을 때는 친구가 되었다. 에브라임과 므낫세 사이의 적대감이 사그라지게 하는 것은 오직 유다에 대한 미운 감정뿐이었다. 이 모든 재난들은 싸움의 시작일 뿐이었다. 하나님의 손은 여전히 펴져 있었다. 그 나라는 돌이키지 않았고 하나님의 손 역시 돌이키지 않았다.

10:1 선지자의 묘사가 너무 거칠거나 너무 비실제적인가? 하나님의 백성들은 참으로 그가 묘사한 심연 속으로 가라앉을 것인가? 그는 자기의 상상을 자기 감정에 너무 치우치게 한 것은 아닌가? 아주 솜씨 좋게 이사야는 그 재난과 또 그 재난의 이유를 함께 뒤섞고 있다. 통치자들은 불의하게 행동하였고, 율법의 집행자들도 불의한 법령들을 제정하였다.[211] 법령들은 조화를 이루지 못하였고 그래서 이사야는 여기서 법령을 만드는 자가 아닌 법령을 실제로 시행하는 자들, 즉 재판장들과 율법

---

210) 참고. 삿 8:11ff.; 12:1ff. 이 두 지파들은 요셉의 두 아들들의 후손들이었으며, 북왕국의 두 대표지파들이었다. 본 절은 아마도 그 나라를 잡아먹을 일반적인 내적인 붕괴에 대한 예언을 구성하고 있는 것 같다. 북왕국은 내적 분쟁으로 인하여 찢겨질 것이고, 이 나라는 돌아서서 유다에게로 향할 것이다. 그러므로 이사야의 목적은 그 나라의 죄악된 상태가 스스로를 멸망시키도록 하였다는 사실을 보여주고자 한 것이다. Gray는 Dibbarra의 전설(*in loc.*)을 언급하고 있다.

211) 어근 ppn는 "자르다, 새기다"를 의미한다. 이것은 바위 안에 하나의 구멍을 파서 만든 것(사 22:16), 돌에 글씨를 새기는 것(사 30:8)에 대해서 사용된다. 그것은 "계획하다"를 의미하게 되었다. 사 49:16. 피엘형은 반복적 의미를 가졌을 것이다. 유다의 불의한 결정들

의 시행 자들을 염두에 두고 있다. 이 백성에 대한 법령은 불의와 부당한 압제의 법 규를 낳았다.²¹²⁾ 그들의 행위의 결과는 고생과 고난을 낳았다. 그러한 나라가 어떻게 지속되겠는가? 이 묘사 자체에서 다가올 심판의 근거가 제시되어 있다.

10:2 이들은, 약한 자들을 해치는 일만 자행하려는 목적을 가진 재판장들이었다. 그들은 법적 소송 절차의 수단을 가지지 못한 가난한 사람들로부터 재판권을 빼앗아 갔다.²¹³⁾ 그들이 이 일을 어떻게 하였는가? 그들은 그들에게 전혀 재판을 못하도록 하였는가? 아니면 그들이 단순히 모든 것을 동원하여 가난한 자들로 하여금 법정에서 공정하게 재판받는 데서 제외시키는 방법을 동원하였는가? 어쨌든 재판장들은 마치 한 어린아이에 의하여 쥐어진 것을 낚아채는 것처럼 그 권리를 낚아채 갔다.²¹⁴⁾ 가난한 자의 손에 들어 있는 것은 무엇이든지 그들의 먹이가 되었다. 그렇지만 고난당한 자들은 하나님의 백성이었는데, 하나님께서는 그들에게 사랑을 베푸시고 그의 관심을 쏟으셨다.²¹⁵⁾ 누군가를 속여 빼앗는 것은 언제나 악한 일이며, 하나님의 백성들을 속여 빼앗는 것은 특별히 흉악한 일이었다.

실로 이 불의한 사람들이 겨냥하였던 약탈의 대상들이 있었으니, 곧 과부들이었다. 약하고 도울이 없고 보호자가 없는 과부들은 스스로 설 수 없었고 방어할 수도 없었다. 그들이 가졌던 것들은 무엇이나, 밤에 거리에서 배회하는 도적들의 희생물이 아니라, 소위 공의를 지킨다는 자리에 앉아 있었던 사람들의 희생물이었다. 이

에 대해서는 사 3:14-15; 5:7-8, 23; 1:17, 23, 26; 그리고 에브라임의 불의에 대해서는 미 2:1-2; 암 2:7을 참고하라. "법령"—참고. 삿 5:15. 이 형식은 qiṭl 이다. 참고 아랍어 hiqq 그리고 GKC, §93bb. 그렇지만 Reichel은 그러한 형태를 일렘(אִלֵּם), "한 말 못하는 사람"과 같은 형식에 호소하면서 "입법자"(legislator)로 번역하였다. עָמָל과 אָוֶן은 원인과 결과로 연관된 것으로 보인다. 법령들은 부당하고 그래서 고통을 수반하고 있다.

212) 우메카트빔(וּמְכַתְּבִים)—이러한 형태는 BH에서처럼 수정되어서는 안 된다. 그것은 전접어인 미(מִ)를 가진 대격 연계형이다(참고. 9:19의 각주 13). 기록의 개념은 다른 곳에서 법령들과 하나님의 목적들을 나타내기 위하여 사용되고 있다. 참고. 사 65:6; 욥 13:26. 우리는 고대 누지에서 번역되었던 기록된 결정들과 비교해 볼 수 있다.

213) 부정사는 본 절을 앞 절에 의존하도록 만들고 세 번째 부정사가 본 절의 두 부분을 연결한다.

214) "박탈하며"—문자적으로든 혹은 비유적으로든 공의를 위반하는 의미에서. 렘 5:28.

215) "내 백성"이라는 말은 가난한 자들만을 가리키지 않는다(Marti). 이 뜻은 내 백성에 속해 있는 가난한 자들이 고난을 당하고 있다는 것이다.

과부들이 보호를 받아야 했던 그 장소에서 약탈을 당했던 것이다.²¹⁶⁾ 그곳은 공의의 장소가 아니라 약탈의 장소였고 그 약탈의 대상들은 과부와 고아들이었다. 그러한 일들이 자행될 수 있었던 이 나라는 멸망이 무르익은 나라였다.

10:3 세 개의 질문들! 그들은 하나님의 보응하시는 진노를 피하기 위하여 힘쓰는 모든 사람들로부터 답변을 듣기 위하여 외친다. 세 개의 답변될 수 없는 질문들이다. 이는 하나님의 보응하시는 진노로부터 피할 길이 없기 때문이다. 이사야는 "만일 보응하시는 날이 이르면 너희는 무엇을 하겠느냐?"라고 묻고 있지 않다. 그날은 올 것이고, 그 질문에 대해서 이사야는 의심의 여지도 없다. 하나님께서 진노를 내리시고 그와 함께 멸망이 닥칠 그날은 올 것이다.²¹⁷⁾ 그것이 첫 번째 질문이니, 곧 너희가 무엇을 할 것이냐?는 것이다. 그날은 벌하시는 날이지만,²¹⁸⁾ 그러나 그것은 동시에 폭풍이자, 파괴하고, 폭동 소리와 같은 강풍으로 멀리서부터 힘을 얻는다.²¹⁹⁾ 그것은 올 것이고 우박과 뇌성으로 파괴할 것이다. 그것은 멀리서, 즉 유다에게 임할 악이 유래한 그곳으로부터 온다.

도움을 얻기 위하여 너희가 누구에게 피하겠느냐? 도움을 줄 수 있는 유일한 분은 파괴하는 심판의 폭풍우를 주관하시는 분이시다.²²⁰⁾ 너희는 그분으로부터 피할 수 없을 것이다. 그렇다면 누구에게 너희가 피하려느냐? 너희가 어디에 너희의 영화를 두겠으며,²²¹⁾ 너희가 도대체 무엇을 뽐내겠느냐? 파괴하는 진노의 폭풍우가 있는

---

216) "약탈하다"—미완료형은 강조를 하기 위한 어떤 특별한 면을 두드러지게 함에 있어서 그 묘사를 생생하게 해 준다. 이제부터 우리는 이것으로 생동의 미완료형을 언급할 것이다. 참고 2:8 해석 부분.
217) 접속사 "그리고"는 "그러나"로 번역될 수도 있다.
218) "벌하는"(직역:방문, 영어원문)—하나님으로부터. 이 단어는 호의적 의미와 비호의적 의미 양쪽으로 번역이 가능하다.
219) שׁוֹאָה—황폐, 파멸, 갑작스러운 멸망. 라메드는 "~의 때에"나 혹은 "~에 대하여는"으로 번역되어야 한다. 이 명사들 앞에 "~의 날에"라는 문구를 삽입할 필요가 없다. Gray는 그 날이, 이미 멀리서 일어나고 있는 황폐케 하는 폭풍우, 천둥과 우박을 동반한 시끄러운 폭풍으로 생각된다고 해석하였다. 사람들이 그곳으로부터 자신들을 위하여 그리고 자기들의 영광을 위하여 어떤 피할 곳으로 도망을 갔을 것이나, 진정한 피난처는 그 폭풍우의 원인이 되시는 분이시다.
220) 알(עַל)—엘(אֶל)에 의하여 표현된 것과는 성질이 다른 특별한 뉘앙스를 더해 주는 것으로 보인다.

동안에, 지금 너희가 자랑하는 것들을 누가 굳게 잡고 있을 수 있겠느냐? 칼빈은 말하기를, "지금 두려움과 공포심을 일으키는 모든 징벌의 경우는 그가 하나님의 버림을 받은 자들에 대하여 천둥을 칠 최종적인 보응을 위한 준비 단계요, 그리고 그분께서 모른 척 지나가시는 것같이 보이는 모든 것들은 그가 목적을 가지고 마지막 날까지 보류하시고 연기하신다."[222] 이러한 모습은 얼마나 위엄찬 모습인가! 전 국가 앞에 이사야가 홀로 서 있다. "너희가 무엇을 할 것이냐?"고 그는 묻는다. 스스로 모든 상황에 대처할 수 있다고 믿는 너희, 모든 지혜가 오직 인간에게만 간직되어 있다고 생각하는 너희, 그러한 너희에게 거대하고도 집약된 힘으로 심판은 오고 있다. 너희는 무엇을 하려느냐? 오! 그 이사야의 말씀은 오늘날도 들을 수 있다! 당신은 무엇을 하겠는가? 사람을 의지하겠는가? 심판의 날은 다가오고 있다. 다가올 진노로부터 구원하실 수 있는 그분에게 피하시라!

10:4 너희는 너희의 영화를 저축할 수 없을 뿐만 아니라 너희 스스로 포로된 자의 아래에 가라앉을 것이다.[223] 너희는 목을 밟는 정복자 앞에서 무릎꿇고 앉을 것이다.[224] 그리고 너희는 죽임 당한 자의 아래에 엎드러질 것이다. 이사야는 철저한 종말과 멸망을 묘사하고 있다. 그러나 하나님의 진노는 여전히 퍼부어질 것이다. 이것은 끝이 아니고 더 큰 심판의 전주곡이다.

---

221) "영광"—이 단어는 무거운 것을 가리킨다. 즉 그들이 지금 무엇을 자랑하든지 간에 또 무엇을 의지하든지 간에. 그것은 당연히 부당하게 얻은 부만을 의미하는 것은 아니다—비록 그러한 것이 그럴 수도 있겠지만.

222) *Commentary on Isaiah*, I, 335.

223) "따름이니"—빌티(בִּלְתִּי)는 민 11:6; 단 11:18에서 "을 제외하고는", 즉 "…이외에 남은 것이 없다"는 의미로 사용되고 있다. 부정적인 사상이 실제로 표현되지는 않았으나, 그렇게 이해되어야 한다. B는 "하지 않도록", 혹은 "아니하도록"(that not)으로 번역함으로써 앞절과 이어주고 있다. 이 단어는 삼상 20:26에서 형용사를 가지고 있고, 사 14:6에서 명사를 가지고 있는 것처럼 부정적인 합성어를 형성할 수도 있다. 그것은 암 3:3-4처럼 부정적 개념을 강화시켜 주는 역할을 한다. Lagarde와 Euting은 "벨티는 함께 부서진다. 오시리스는 깨어졌다"로 번역하기를 제안하다. 그러니 분명히 이사야 당시에 유다 가운데서 애굽인의 신들을 숭배했다는 증거가 없다. Gray는 바르게 이 잘못된 제안을 거절하고 있다.

224) 과거형들은 예언적 완료로서 역할을 한다. "아래에"—유다 족속들이 그 같은 운명을 당할 뿐만 아니라, 그들의 운명은 포로들의 그것들보다 더 비참한 것이 된다는 것이다. 말하자면, 그들의 운명은 포로들 밑에 떨어진다는 것이다.

(3) 앗수르의 자랑(10:5-19)

5절, 화 있을진저 앗수르 사람이여 그는 나의 진노의 막대기요 그 손의 몽둥이는 나의 분한이라
6절, 내가 그를 보내어 한 나라를 치게 하며 내가 그에게 명하여 나의 노한 백성을 쳐서 탈취하며 노략하게 하며 또 그들을 가로상의 진흙같이 짓밟게 하려 하거늘
7절, 그의 뜻은 이같지 아니하며 그 마음의 생각도 이같지 아니하고 오직 그 마음에 허다한 나라를 파괴하며 멸절하려 하여
8절, 이르기를 나의 방백들은 다 왕이 아니냐
9절, 갈로는 갈그미스와 같지 아니하며 하맛은 아르밧과 같지 아니하며 사마리아는 다메섹과 같지 아니하냐
10절, 내 손이 이미 신상을 섬기는 나라에 미쳤나니 그 조각한 신상이 예루살렘과 사마리아의 신상보다 우승하였느니라
11절, 내가 사마리아와 그 신상에게 행함같이 예루살렘과 그 신상에게 행치 못하겠느냐 하도다
12절, 이러므로 주 내가 나의 일을 시온 산과 예루살렘에 다 행한 후에 앗수르 왕의 완악한 마음의 열매와 높은 눈의 자랑을 벌하리라
13절, 그의 말에 나는 내 손의 힘과 내 지혜로 이 일을 행하였나니 나는 총명한 자라 열국의 경계를 옮겼고 그 재물을 약탈하였으며 또 용감한 자같이 위에 거한 자를 낮추었으며
14절, 나의 손으로 열국의 재물을 얻은 것은 새의 보금자리를 얻음 같고 온 세계를 얻은 것은 내어 버린 알을 주움 같았으나 날개를 치거나 입을 벌리거나 지저귀는 것이 하나도 없었다 하는도다
15절, 도끼가 어찌 찍는 자에게 스스로 자랑하겠으며 톱이 어찌 켜는 자에게 스스로 큰 체하겠느냐 이는 막대기가 자기를 드는 자를 움직이려 하며 몽둥이가 나무 아닌 사람을 들려 함과 일반이로다
16절, 그러므로 주 만군의 여호와께서 살진 자로 파리하게 하시며 그 영화의 아래에 불이 붙는 것같이 맹렬히 타게 하실 것이라
17절, 이스라엘의 빛은 불이요 그 거룩한 자는 불꽃이라 하루 사이에 그의 형극과 질려가 소멸되며
18절, 그 삼림과 기름진 밭의 영광이 전부 소멸되리니 병인이 점점 쇠약하여 감 같을 것

이라

19절, 그 삼림에 남은 나무의 수가 희소하여 아이라도 능히 계산할 수 있으리라

10:5 하나님의 섭리 사역, 즉 그분의 "가장 거룩하심, 그분의 모든 피조물들과 모든 그분의 행위들을 지혜로우시고 능력 있게 보존하시고 다스리시는 사역은 기묘하다." 그분께서는 자기 손으로 그의 백성 유다를 징벌하시기 위하여 도구를 일으키셨다. 그 도구는 메소보다미아, 앗수르, 바벨론이라는 강한 나라들이었다.[225] 그러나 그들은 자기 스스로의 힘으로 행동하고 있다고 생각하였다. 우리가 하는 모든 것은 하나님에 의하여 정해진 것이고 따라서 우리의 행위는 그분에게 책임이 있는 것이다. 우리가 어떤 중대한 일에 사용될 때, 우리는 그분을 바라보아야 한다. 그리고 그분이 하시고자 하시는 대로 우리를 사용하심을 바라보며 그분의 위대하심을 인정해야 한다.

이 앗수르는 그렇게 하지 않았다. 자만심으로 뽐냈던 그 나라는 자기들의 원하는 대로 일들을 처리하고 있다고 생각하였다. 그 나라는 하나님의 주권을 인정하는 대신 스스로 패권국이라고 믿었다. 심판은 실제로 유다에 닥쳤지만 그 심판을 가져온 그 나라에 화가 있을 것이다. 그들 자신의 야망과 욕망으로 자기들의 임무를 수행한 하나님의 도구들은 화의 대상이 되는 것이다. 앗수르는 하나님의 진노가 나타나는 몽둥이요, 그분께서 때리시는 그 몽둥이였다. 앗수르의 손에도 막대기가 있었는데 앗수르의 손에 있었던 그 막대기는 하나님의 분함이었다.[226] 그 나라 자체뿐 아니라, 그 능력과 힘도 역시 하나님의 진노와 분함으로 말미암아 조종된다. 그러므로 어떤 나라가 하나님의 진노의 시행자로 임무를 맡았을 때, 하나님을 주목하지 않으

---

225) הוֹי — 심판이 이름 불려진 사 위에 떨어질 것이라는 선언을 소개하는 역할을 하는 분노의 표현이다. "몽둥이" — 나의 분노의 막대기는 나의 진노가 시행되는 그 막대기이지, "나의 진노가 몽둥이다"는 말이 아니다.

226) "그리고 그 몽둥이" — "그 몽둥이 그것은 그들의 손에 들려 있고, 그것은 나의 진노이다"로 번역될 수도 있으며, 그럴 경우 마지막 단어가 독립적으로 되고 혹은 "그 몽둥이, 그것은 나의 진노의 손에 있다"로 번역할 수 있다. 이 후자의 구조에서 마지막 멤(ם)이 전접적인 것으로 취급되어야 할 것이다(9:19에 있는 각주 13을 보라). 그러므로 본 절은 앗수르가 하나님께서 자기의 진노를 나타내기 위하여 사용하시는 몽둥이임을 가르치고 있으며, 앗수르의 몽둥이(곧 앗수르가 대적을 치는 데 사용하는)는 그분의 분함이다. 앗수르는 몽둥이로 치는 막대기이지만, 그 막대기는 하나님의 진노이다.

면, 그 자체가 다만 진노의 대상이 될 수밖에 없다.

10:6 하나님만이 보내실 수 있다.[227] 그분께서는 염병을 보내실 수 있었고, 선지자들을 보내실 수도 있었다. 이제 그분께서는 불신앙적인 나라, 이스라엘과 유다에 대항하여 앗수르를 보내신다. 언젠가 단순하게 "내 백성"이라고 불렸던 하나님께서 이제는 그들을 "한 백성"이라고 말씀하신다. 그들은 그분의 진노를 자극하고 그것을 받기에 합당한 백성이다. 폭풍우가 올 것이고 진노가 이스라엘과 유다에게 퍼부어질 것이고 그 결과로 대약탈이 있을 것이다. 그 땅은 거리에 있는 진흙이 밟히는 것처럼 그 대적에게 짓밟힐 것이다.[228] 이스라엘과 유다의 거민들에 대한 앗수르인들의 전적인 무정함을 표현하기 위하여 이보다 더 적절한 표현법을 찾아내기는 어려울 것이다. 독자들이 6절 상반절에 있는 평행구의 강도를 주시하기 바라는데, 하나의 평행구가 운(韻)으로 나아가고 있다.

10:7 하나님의 손에 들린 앗수르는 무의식적이고도 전혀 생각이 없는 도구였다. 이사야는 앗수르가 하나님의 위탁을 알았을 것으로 생각했다는 주장은 잘못된 것이다.[229] 동시에 앗수르는 용서가 없었다. 앗수르는 깨달았어야 했고, 모든 열국들은

---

227) "내가 그를 보내어" —선지자가 자기 백성을 대항하여 보내심을 받았던 것처럼, 앗수르도 그처럼 보냄을 받았다. 이 표현이 염병을 보내는데도 사용되었다. 피엘 형은 칼형보다 더 강하다. 참고. 9:7; 겔 7.3. 임 1:4이하. 이 사명은 다양한 면을 가졌고 부분적으로 이미 수행되었다. 그래서 동사들이 과거형으로 번역되어야 한다. König는 6절 하반실이 수리아 에브라임 전쟁 직후의 때를 가리킨다고 한다. "범죄한"(이 단어가 개역성경에는 번역되지 않았다. 곧 "한 나라"라고만 언급이 되어 있는데, 히브리 본문에는 "한 범죄한 나라"로 되어 있다—역주)—참고. 1:4, "범죄한 나라." 범죄한 나라는 불신앙적인 나라다.

228) ולשׁימו —케레는 울수모(ולשׁומו)이고, 1Q는 ולשׁים이다. חמר—진흙; 참고. 미 7:10; 슥 10:5; 등. 이 구절들이 어떻게 앞의 단락을 언급하고 있는지를 주목하라. 참고. 5:5; 5:25; 8:1, 3.

229) 6절과 7절은 하나님의 행동(6절)과 앗수르의 반응(7절)을 대조시키고 있다. "그러나 그가"(이 단어는 히브리어 본문에 있으나 한글 개역 성경에는 의미상으로만 번역되어 있다—역주)—대조를 극명하게 나타내 보이고 있다. "이같이 아니하며"—앗수르인은 그가 단순한 도구에 지나지 않는다고 생각하지 않고 있다. 그는 그렇게 생각했어야 마땅했는데, 이는 그가 실로 하나님의 손에 들려진 무의식적인 도구였기 때문이다. "이같지"—어근은 "비슷하게 되다"를 의미하며 그런 까닭에 "비슷하게 생각하다, 그같이 되다"를 의미한다. 참고. 민 33:56; 삿 20:5; 사 14:24. "그 마음"—참고. 삼상 14:7; 사 63:4.

자기들이 행하는 모든 일들 가운데서 자신들이 하나님의 손에 있는 도구들이라는 사실을 깨달아야 하는 것이다. 앗수르에게 있어서 이것은 특별한 섭리였으니, 곧 그것이 야웨께서 거주하셨던 나라요 성읍에 대항하는 것이었으므로 마음을 성찰해 보아야 했다. 큰 세력을 가진 앗수르는 여기서 의인화되어 있고, 이사야는 마음속에 목적을 가지고 또 생각하면서 이 세력을 말하고 있다.

딜만(Dillmann)이 생각한 대로, 우리는 여기서 구술자의 마음속에 있었던 생생한 그림을 보게 된다. 앗수르는 자기가 하나님의 손에 들려 있다고 생각하지 않았다. 오히려 그들의 목적은 많은 나라들을 파괴하고 정복하는 것이었다.[230] 이 사상의 패턴으로 폭군들과 독재자들의 추세가 앗수르로부터 오늘날 우리 시대, 히틀러, 스탈린, 무소리니 그리고 흐루시초프에까지 내려오고 있다. 하나님의 목적은 앗수르를 가지고 유다를 잘라 버리는 것이었고, 앗수르는 많은 나라들을 잘라 버리고자 하는 목적을 가졌었다.

10:8 앗수르는 자기의 전쟁 철학을 말하고 표현한다.[231] 그 역시 할 말이 있다. 그는 말하기를 나는 방백들이 있는데, 곧 나에게 종속되어 있는 방백들이요 내가 지배하고 있는 방백들이 있으며, 이들은 세계의 다른 곳에서 왕들이다. 나는 대왕이다. 그러므로 앗수르는 스스로 참 왕 중의 왕이요 만주의 주에게만 속해 있는 그 지위를 사칭하고 있다. 그의 전쟁 철학은 그의 침략과 원정들 손에 나타났었고, 후에 유다에게 말을 전하였던 랍사게의 말 가운데 나타나 있다. "열국의 신들 중에 그 땅을 앗수르 왕의 손에서 건진 자가 있느냐 하맛과 아르밧의 신들이 어디 있으며 스발와임과

---

230) 비문들은 앗수르 왕들이 자기들의 패권과 파괴시키는 행위들을 자랑하는 언급들로 가득 차 있다.

231) "이르기를"—그는 전부터 말해 왔고 지금도 말하기를 계속한다. "방백들"—아마도 사르(שַׂר)라는 단어는 아카디아어 **사루**를 나타내기 위하여 의도적으로 선택된 것 같다. 정복된 지방 장관들 중의 어떤 사람들은 왕들이라고 호칭되었다. 참고. 왕하 25:28. 고대에는 우두머리 왕이 주로 "대왕"(**사루 라부**)으로 호칭되었다. 헬라에서는 "대왕, 왕 중이 양", 그리고 페르시아에서는 **샤힌샤**(shahinshah)라고 하였다. 이 왕 아래 있는 다른 이들도 왕으로 호칭되어 왔다. 참고. Hattusilis 비문. Gesenius는 많은 실례들을 제시한다. 벨사살은 그가 비록 하나의 군주는 아니었을지라도 정확하게 왕으로 불리고 있다. 참고. Cooke, *NSI*, 174, 181. 므로닥-발라단은 앗수르의 봉신이었고 그럼에도 왕으로 불렸다. 사 39:1과 23:8. 참고. 13:1ff., 29:7; 30:28에서 앗수르 군대에 대한 묘사.

헤나와 아와의 신들이 어디 있느냐 그들이 사마리아를 내 손에서 건졌느냐 열국의 모든 신 중에 누가 그 땅을 내 손에서 건졌기에 여호와가 예루살렘을 내 손에서 능히 건지겠느냐 하셨느니라"(왕하 18:33-35). 이것들은 도전적인 말이었지, 여호와의 도구라는 의식을 가진 사람의 말이 아니다.

10:9 큰 허풍의 말이 이어진다. 세계적 권세는 이제 그 방백들을 자랑하고 그 피정복국들을 자랑한다. 앗수르인들의 사상이나 정신과 같이 말하는 사람은 특별히 앗수르 왕뿐만이 아니다. 정복들은 빠르게 이루어져 왔다. 앗수르 앞에서 한 나라가 길을 열어 주고 다른 나라들도 그렇게 하였다. 갈로(Calno)는 갈그미스와 같았다. 첫 번째로 하나가 정복되면 그 다음엔 다른 나라 차례였다. 아무도 대항할 수 없었다. 하맛은 아르밧과 같았고 사마리아는 다메섹과 같았다. 그 대적은 마치 사마리아가 이미 멸망한 것처럼 말하였고 그래서 예루살렘은 이러한 자랑에 주의를 기울여야 했다. 예루살렘은 그 다음에 멸망할 것인가? 예루살렘은 제외될 수 있을 것인가? 앗수르인은 생각하지 않았으나 유다는 스스로를 어떻게 생각할 것인가?

이 모든 것들은 이사야 당시에 멸망당했던 나라들과 상당히 근접해 있었다. 갈로(Calno)는 주전 738년에 함락당했고, 유브라데에 위치했던 갈그미스는 주전 717년에, 오른테스에 있었던 하맛은 720년에, 아르밧은 740년과 720년에, 사마리아는 722년에 그리고 다메섹은 732년에 함락되었다. 이 멸망 과정에 있었던 나라들의 위치가 예루살렘과 점점 더 가까워지고 있는 것처럼 보이고 있는 점은 흥미롭다. 그것은 가장 멀고도 가장 북방에 위치한 곳들로부터 시작되어 가장 가까운 남쪽 부근으로 끝나고 있다. 이것들은 앗수르의 한 왕의 피정복국들이 아니고 앗수르 국가의 피정복국들이다.[232]

---

232) "갈그미스와 같다"—한 모음이 앞에 있고 엑센트가 연결형임에도 불구하고 전치사 안에 있는 다게쉬 레네를 주시하라. "갈로"—참고. 암 6:2. 일반적으로, 지중해 연안에 있는 운키(Unki)의 남방 근교에 있는 북시리아에 자리잡고 있다. "갈그미스"—역시 이전에 헷 제국의 수도였던 북시리아에 있다. 아마도 현대의 예라블러스(Jerablus)일 것이다. 이곳은 예루살렘으로부터 가장 멀리 떨어져 있는 곳으로 직선거리로 약 360마일 떨어져 있다. "아르밧"—하맛 근처에 있는 현대의 Tell Erfat인 알레포(Aleppo)의 북쪽. "하맛"—남 수리아에 있는 오른테스 강에 위치해 있다. 그곳은 앗수르인들에게 함락되었고, 그 거민들이 사마리아에 자리잡았다. 참고 왕하 17:24. 안티오커스는 그곳을 자기 이름을 따라 에피파니아라고 이

10:10 이스라엘로 하여금 항복의 필요성을 느끼게 하려는 확신찬 말을 던질 때 앗수르의 거만의 극치가 나타나 있다.[233] 그것은 앗수르의 호언장담이지만 이스라엘의 어투를 사용하고 있다. 그는 이스라엘에게 말한다. "왜 너희는 야웨 너희 하나님이 너희를 보호할 것이라고 생각하느냐? 너희가 우상들이라고 부르는 신들을 모시고 있는 너희 주변의 나라들은 각기 신들을 가지고 있건만 그들이 모두 그들의 신들에게 속임을 당했다.[234] 너희가 소유하고 있는 그것도 같을 것이다. 내 손, 나의 능력의 손이 우상의 나라, 즉 예루살렘과 사마리아의 우상들보다 더 나은 형상들을 가진 나라들을 차지했고, 예루살렘과 사마리아 자체들도 훨씬 더 쉽게 차지할 것이다." 신성모독적인 허풍을 떨면서 앗수르는 거룩하신 만군의 여호와를 우상으로 지칭한다.

10:11 거만함이 계속된다. 하나님께서 자신의 진노로 표현하였던 그 막대기가 이제는 그분보다 더 우위에다가 자기를 올려 놓았다.[235] 앗수르의 이 부패된 이론은 두 단계가 있다. 첫째, 다른 나라들이 쉽게 무너졌다. 둘째, 자매 나라인 사마리아 역시 쉽게 무너졌는데, 사마리아는 야웨를 의지했다. 실제로 사마리아는 아직 함락되지 않았으나, 이사야는 앗수르가 마치 그 정복이 이미 과거에 이루어진 것으로 말하도록 양보해 주고 있다.

그렇지만 야웨에 대한 유다인들의 관계는 어떤 것이었나? 그들에게 그분은 우상 이상의 존재였는가? 유다인들이 스스로 그들의 행위로써 그분의 존재를 무시하였는데, 앗수르의 신성 모독적인 언급에 모욕을 느꼈을까?

름을 지었다. 그러나 그것의 고대 이름은 현대의 하마에 잔존해 있다. 즉 아카디아어 *amulu* 에서 기원한 것이다. 신상들은 실제로 함락된 도시늘로부터 취해졌다. 참고. 사 36:19에 있는 랍사게의 말, 그리고 "…아카드의 왕과 그의 군대가 Mane의 도시들에 대항하여 거슬러 올라갔다 등. 그리고 그들로부터 전리품을 취하였고, 그들 가운데 많은 사람을 포로로 끌고 갔고, 그들의 신들도 가져갔다"(참고. D. J. Wiseman: *Chronicles of Babylonian Kings*, London, 1956, p. 55).

233) "미쳤나니" — 지배하였다. 참고. 14절.

234) "예루살렘…보냐" — 그들의 새겨진 우상들은 예루살렘의 그것들보다 더 숫자가 많았다.

235) 본 절은 9절의 관점으로 되돌아가서 사마리아 후에 예루살렘의 변화가 올 것이라는 결론을 나타내고 있다. 11절은 실제로 10절과 함께 두 번째 조건절을 이루고 있으며, 12절에서 귀결절이 따라온다. 참고. 롬 5:12. "그 신상" — **베트**에 있는 **다게쉬**를 유의하라.

10:12 우리는 앗수르의 교만스러운 마음을 살펴보았다. 이제 여호와께서 말씀하시고 그분이 하실 일을 선언하고 있다.[236] 시온과 예루살렘에 대한 압제는 그 본질상 교회에 임할 모든 박해의 본질을 나타내며, 이 징벌의 선포와 묘사는 마지막 날, 메시아에 의하여 임하게 되는 복된 시대의 다가옴에 대한 선언을 예비하고 있다. 시온에서 이루어질 그 사역은 앗수르인의 사역인 것으로 보이지만 실상은 이루어지는 모든 것을 다스리시는 여호와의 사역이다. 앗수르인 역시 징벌을 받아야 하고, 그가 징벌을 받기 전에 주께서 시온에서 자신의 사역을 완성하시려고 작정하신다.

이 일이 완성되었을 때 주께서, 주권자께서—이사야는 테트라 그람마톤을 사용하지 않는다—그의 시선을 앗수르에게로 향하실 것이다. 참되신 하나님에 대한 허영된 신성모독이 앗수르의 열매이다. 그것은 그의 자기 영광과 부풀어 오른 마음의 열매이며, 그 때문에 그는 자기 스스로의 중요성을 과대평가하고 있는데, 그러한 사실이 그의 높은 눈의 모습에 표현되어 있다.

10:13 앗수르는 두 가지 것, 곧 힘과 지혜를 의지하였다.[237] 그러나 그들의 힘은 약했고 그 지혜는 어리석음이었다. 진정한 힘과 참 지혜는 성공적인 통치자들에게 필요하며, 앗수르는 자기가 이 두 가지를 모두 가졌다고 생각하였다. 이 두 속성

---

236) 앞 절의 결론 혹은 귀결절, 그리고 동시에 다음에 이어오는 내용에 대한 간략한 요약. "다 행한"—모든 여호와의 사역. "열매"—소유격들을 이례적으로 연결시킨 것에 유의하라. 일련의 네 개의 단어들의 시리즈가 이 시리즈를 마감하는 소유격에 "앗수르"에 의해 결정된다. 참고, 마 3:8과 눅 3:8에 있는 열매. "높은"—주로 두 개의 해석이 있다. 하나는 이상적인 시온을 위한 여호와의 사역의 완성과 앗수르 왕의 징벌을 동일시한다. 다른 하나는 그것이 징벌에 대한 예비조건을 말한다는 것이다. 본 번역에서 채택되고 있는 이 후자의 견해에 대해서, 키라(כִּי)는 단어는 영어로 "때에"(when)로 번역되는 것이 가장 좋다.

237) "내 손의 힘과"—위치 상으로 이 단어들은 강조의 위치에 있다. "이 일을 행하였나니"—부분적으로 세상적 왕국을 이룩함으로써, 그리고 다른 나라들을 자기 나라로 병합시킴으로써, 그리고 부분적으로는 다른 민족들을 먼 땅들로 이주시킴으로써 이룩한 일. "그리고 내가 옮겼고"—혹은 "나는 옮기는 데 익숙하다." "그 재물을"—이 단어는 쌓아 놓은 것들, 혹은 미래의 사용을 위하여 모아 보관된 것들을 가리킨다. "약탈하였으며"—이 형태는 포엘 완료형이며 체례를 유의해야 한다. "거한 자"—(보좌 위에) 앉아 있는 자들. Eitan은 그것이 왕위에 앉은 자를 의미한다고 지적하고 암 1:5, 8을 언급하고 있는데, 그곳에서 이 어근은 "홀을 가진 자들"과 같다.

들은 백성들의 경계를 옮김으로 나타났고, 그렇게 하여 그들을 데려다가 자신의 일부분으로 만들었다. 이전의 그 어느 나라도 앗수르처럼 나라들을 그렇게 혼합시킨 나라는 없었다. 앗수르는 보좌 위에 앉은 자들을 끌어 내렸고 그래서 그들은 이제 정처 없이 배회하고 다녀야 했다.

10:14 어미새가 날아가 버린 무방비의 보금자리를 발견하고 그 보금자리로부터 알을 취하여 간다는 것은 어렵지가 않았다.[238] 어린 새들은 날개를 치거나 입을 벌려서 자기를 방어할 수 없다. 앗수르인들에게 온 세계는 보금자리, 곧 무방비의 보금자리에 지나지 않았고, 그래서 그는 취하였고 그가 원하는 대로 가져갈 수 있었다. 두로, 아라비아 그리고 애굽을 제외하고 앗수르는 정복하였고 그 다음에 세계에 알려지게 되었다. 그들에게 그 일은 새의 보금자리에서 알을 주워 가는 것이나 다름없이 쉬웠다. 그렇지만 그 땅은 앗수르에게 속하지 않았고 주님에게 속했다. "땅과 거기 충만한 것과 세계와 그 중에 거하는 자가 다 여호와의 것이로다"(시 24:1). 악하게도 앗수르는 자기에게 속하지 않은 것을 취하여 갔다. 그러므로 그의 행위는 사실상 하나님 자신에 대한 공격이었다. 우리가 하나님에게 속한 것을 취할 때, 우리는 그분과 그 이름에 공격을 가하는 것이다.

10:15 앗수르의 자랑은 제지되지 않은 채로 내버려 둘 수 없다. 이사야는 그의 선배인 아모스처럼 어느 정도 꼭들어 맞는 질문들을 하고 있으며, 이것들이 문제의 본질을 잘 나타내고 있다. 앗수르는 하나님의 손에 들린 도끼일 뿐이었다. 앗수르가 자기를 채용한 하나님보다 더 높이 스스로 올라갈 수 있는가?[239] 그것은 참으로 질서의 붕괴이다.

---

238) "보금자리"—*Continens pro contento*; 참고. 신 32:11. 나는 14절 상반절의 구조를 다음과 같이 이해한다. "그리고 나의 손이 백성들의 재물에 대해서 보금자리를 발견한 것과 같이 발견하였다", 즉 "백성들의 재물에 대해서는 나의 손이 그것들을 발견한다는 것이 보금자리로부터 알을 취함과 같다는 것을 발견하였다." "주움 같았으나"—부정사는 성형동사로 대치된다. 직역하면, "알들을 주움같이." "알(들) —임(ם)"으로 된 여성복수. 그렇지만 형용사는 정상적인 어미를 취한나.
239) 문장의 구조에 대해서는 참고. 삿 7:2. "찍는"—직역하면, "그것으로 찍는 자." 앞 절과는 다른 어조의 변화는 본 구절이 선지자 자신이 말하고 있는 새로운 단락을 시작하는 부분이라는 사실에 의하여 설명되어져야 한다. "나무 아닌"—막대기가 나무가 아닌, 즉 비물질

어떤 목수의 손에 들린 단순한 하나의 톱이 스스로 높여서 마치 그것이 목수의 손에 들어 있지 않은 것처럼 행동하듯이, 마치 독립하여 그것을 쥐고 있는 손보다 더 커져서야 되겠는가? 생명없는 단순한 하나의 몽둥이! 생명이 없는 하나의 몽둥이가 그것을 붙잡고서 사용하는 자들을 실제로 지배할 수 있는가? 그것은 실로 어리석은 일인데, 그렇지만 그것이 곧 앗수르가 행동하였던 방식이었다. 그리고 나무로 만들어진 하나의 막대기, 곧 하나의 단순한 물질인 것이 물질이 아닌 것을 들어올리며, 나무가 아닌 자를 들어올리겠는가? 유한한 인간 앗수르가 전능하신 하나님을 움직일 수 있겠는가? 우리가 단 한순간이라도 앗수르의 이 철학을 받아들일 수 있겠는가? 그럼에도 불구하고 죄인들은 일의 자연적 성격을 왜곡시키면서 끊임없이 그렇게 행동한다.

죄는 왜곡(perversion)이다. 죄를 짓는 사람은 바로 그 사실 자체가 그가 자기를 하나님보다 더 위대하다고 간주한다는 사실을 보여 준다. 하나님은 금하신다. 인간은 불순종한다. 그렇다면 그것이 곧 인간 자신이 하나님의 권위보다 더 크다고 생각하는 사실이 뒤따라오지 않겠는가? 칼빈은 이렇게 말한다. "인간들이 스스로에게 적정 이상의 영광을 돌릴 때마다 곧 하나님에 대항하여 일어서는 것이다." 매일의 삶으로부터 취급된 한두 가지 실례들만 여기에 있지만, 그것들은 앗수르의 태도의 어리석음을 보여주고 있다.

10:16 어리석은 것은 앗수르의 계획이며 그 계획은 설 수 없다. 주권자 하나님께서 역사하실 것이다. 이 주권자 하나님은 만군의 여호와이시며 그분은 또다시 보내실 것이다.[240] 그분께서는 자신이 범죄한 나라에 대항하여 앗수르인을 보내실 것이라고 이미 선언하셨다(6절). 이제 그분은 자신이 앗수르에 대항하여 서실 것인데, 그들의 용사는 살진 자로 불려지고 있으나 파리함이 그들을 칠 것이다. 살진 짐승이 최고의 것으로 생각되는 것처럼 앗수르의 군대는 최고였다. 곧 살진 군대란 말은 부

인 존재를 대항하여 스스로를 올릴 때, 그것은 그것 자체보다 더 위대한 어떤 것에 대항하여 스스로 들어올리는 것이다. 근본적인 대조는 나무와 나무가 아닌 존재 사이의 대조다.

240) "여호와"—이 독특한 칭호는 이스라엘의 하나님의 위치에 앗수르의 시선을 돌리게 하는 역할을 한다. 칭호들의 축적은 결코 무의미하지 않다. "그러므로"—본 절과 앞 절을 연결하고 있다. 그 교만이 참을 수 없으므로 주권자께서 앗수르를 대항하여 행동하셔야 하는 것이다.

유하고 강하고 건강하고 좋은 군대를 가리킨다.[241] 이 강한 군대에 대해서 하나님께서는 소모 혹은 파리함을 보내실 것이고 그리하여 전 군대가 약해지고 죽게 될 것이며, 그리고 나서 이스라엘의 하나님이 참으로 주권자이시라는 사실을 알 것이다. 앗수르 군대의 상태는 완전히 변할 것이다.

앗수르의 영광! 그 나라의 능력과 위용, 그 사회와 물질의 거대함! 과연 무엇이 그들에게 저항할 수 있었겠는가? 모든 능력을 소유하신 분께서 그가 자랑하였던 이 영광 아래에 불을 붙여서 불이 태우는 것처럼 태우실 것이다. 사람들이 가시들과 엉겅퀴들 아래에 불을 놓듯이, 그 불이 타올라서 태워 삼켜서 가시들과 엉겅퀴들은 사라질 것이다. 그 영광 아래에서 번쩍였던 그것은 불길이 치솟아 올라서 그 영광은 완전히 살라질 것이다.[242] 델리취는 다음과 같이 말한다. "이사야의 훌륭한 어조의 아름다운 기교와 일치하여, 이 전체 구절은 우리로 하여금 불이 탁탁 튀고 지글거리고 쉿소리가 나는 것을 보고 들을 수 있도록 표현되어 있는 것과 마찬가지로, 그 불길이 닿는 대로 그 안에 있는 모든 것을 앗아가 버리는 것으로 묘사되어 있다. 그것이 자연적인 성격에 관한 것이든 외관적인 것에 관한 것이든, 이 불의 그 진정한 본질은 여호와의 진노이다."

10:17 이스라엘에게 하나님은 빛이시니, 이는 그분이 순결하시고 지식과 구원의 원천이시기 때문이다. 그러나 앗수르에게 그분은 삼키고 사르는 불이시다.[243] 자

---

241) "살진 자" — 앗수르의 용사들. 이러한 의미를 알기 위해서 우리는 화란어 *hij heeft geen pit*(직역. 그는 영이 없다), "힘없는", 그리고 아랍어 *ma bihi tirqun*, "그에게는 살집(힘)이 없다"와 비교해 볼 수 있다.

242) "영광" — 이 단어는 외적으로나 내적으로 일반적인 장대함과 위엄을 가리킨다. 16절 하반절에 있는 유음교화 현상이 수시되어야 할 것이다. Duhm은 16절 상반절에 있는 사름의 모습이 좋지 않은데, 이는 앗수르인이 한방에 깨져 버렸기 때문이다. 그러나 요점은 천천히 파괴되어 가는 것을 강조하는 것이 아니라, 단순히 완전한 변화가 일어날 것을 강조하는 것이다. 강한 군대가 되었던 그것이 그 반대가 될 것이다. 이것은 산헤립의 군대에게 몰아닥쳤던 재앙만을 가리키지 않고, 오히려 지금은 강한 군대 그 군대가 전반적으로 약해진다는 것을 가리키는 것이다.

243) "빛" — 이 독법은 B와 1Q에 의하여 증명이 된다. 하나님은 빛이시니, 이는 그분이 순결하시고 그분으로부터 생명과 구원을 가져다주시는 빛이 나오기 때문이다. 앗수르인들에게 그분은 태우는 불이시다. "형극과 질려" — 참고. 아이르(עיר)에서 파생된 이로(עירו). 이것은 백성들 중 하급 계층을 가리킨다. 불은 숲의 낮은 부분들로부터 시작하여 그 나무들의 꼭

기 백성에게 그분은 그들의 마음들의 어둠을 비치어 구원하시는 진리에게로 이끄시는 빛이시다. 그분이 징벌하시는 사람들에게는 이 빛이 모든 것을 삼키는 불이 된다. 빛이신 이스라엘의 거룩한 자께서 대적에게 하나의 불꽃이 될 것이다. 이 태우는 진노의 불길 앞에서 — 하나님의 형벌적 공의의 파괴하는 능력 — 앗수르의 영광은 한 덩어리의 형극과 질려와 같았다. 그들은 언젠가 신정국가가 거주했던 장소에서 자라났다. 이제 그들은 탁탁 튀기며 타오르는 것이다. 그것은 빠르고도 갑작스러운 것이다. 한 날! 하나님께서 열국들 위에 일어나신 것처럼 그분께서는 그들을 재빨리 사르실 것이다.

10:18 먼저 형극과 질려를 태우고 그 불길은 삼림의 나무들 중에 더 높은 부분까지 올라가 높은 곳을 사를 것이다.[244] 식물들과 나무들의 세계로부터 빌려 온 모습들을 사용하면서 이사야는 앗수르 군대의 위대성을 나타내고 있다. 산헤립 자신이 이와 유사한 언어를 사용하였다. "내가 나의 허다한 병거를 거느리고 산들의 꼭대기에 올라가며 레바논의 깊은 곳에 이르렀으니 높은 백향목과 아름다운 향나무를 베고 또 그 한계되는 높은 곳에 들어가며 살진 땅의 수풀에 이를 것이며"(사 37:24하). 다국적 군인들로 이루어진 앗수르 군대는 하나의 삼림이었다. 아마도 역시 앗수르인들이 다른 나라들로부터 아름다운 나무들을 가져왔던 사실을 반영한 것으로 보인다. 한편, 카르멜(כַּרְמֶל)은 광야와 삼림과는 대조적으로 경작된 땅이었다. 전체적으로 앗수르의 영광, 곧 그가 자랑을 할 수 있었던 모든 것은 하나님의 벌하시는 공의의 불길에 의하여 살라질 것이었다.

앗수르는 점점 쇠약하여 가는 한 사람의 병자와 같았다. 그의 영혼은 쇠약하여 갈 것이고 그것과 함께 그의 몸도 그러할 것이고, 그리하여 아무것도 남은 것이 없을 것이었다. 이 쇠약함은 우연히 일어난 것이 아니고, 영혼과 육신을 쇠약하게 하시는 하나님께서 부과하신 것이었다.

아픔과 불은 이 묘사 가운데서 뒤섞여 있고 하나의 속담 같은 말이 소개되어 있

대기까지 도달한다. 이사야서에 일어나는 빠른 이미지들의 변화에 대해서는 참고. 5:24; 8:7ff.; 28:18.

244) "삼림" — 이사야의 목적은 앗수르의 위대성을 식물 세계로부터 취하여 온 형상으로 나타내는 것이다. "전부"(영혼으로부터) — 참고. 창 14:23; 삼상 15:3. 세 글자로 이루어진 부정사를 유의하라. 우리는 "병인이 점점 쇠약하여 감같이"로 번역할 수 있을 것이다.

다. 앗수르의 쇠퇴는 병자의 쇠약함과 같이 될 것이다. 이것이 모든 사건의 결론이다. 하나님께서 그렇게 역사하셔서 앗수르는 폐렴환자와 같이 쇠약해질 것이다. 앗수르의 철학은 얼마나 오만하고 스스로 자랑스러워하는 것이었던가! 그러한 나라에 신들이 과연 어떤 의미를 지녔겠는가? 그렇지만 이러한 신들 가운데 한 분이, 실로 앗수르인들이 우상이라고 불렀던 그 한 분이 주권자 하나님이셨고, 그분이 행동하셨을 때 앗수르는 쇠약해지는 폐렴환자처럼 되어 야위어 없어져 버렸다.

10:19 앗수르의 삼림은 완전히 파멸되지는 않을 것이니 이는 거기에 남은 자가 있을 것이기 때문이다.[245] 극소수의 나무들이 남을 것이다. 어쨌든 이것들은 숫자가 너무 적어서 어린아이라도 그들을 기록할 수 있을 것이었다. 매우 높아 계산할 수 없는 하나의 작은 아이가 이 삼림의 소수의 남은 나무들을 계산하여 기록하는 데 어려움을 당하지 않을 것이다.

(4) 여호와로 말미암은 구원(10:20-34)

20절, 그 날에 이스라엘의 남은 자와 야곱 족속의 피난한 자들이 다시는 자기를 친 자를 의뢰치 아니하고 이스라엘의 거룩하신 자 여호와를 진실히 의뢰하리니
21절, 남은 자 곧 야곱의 남은 자가 능하신 하나님께로 돌아올 것이라
22절, 이스라엘이여 네 백성이 바다의 모래 같을지라도 남은 자만 돌아오리니 넘치는 공의로 훼멸이 작정되었음이라
23절, 이미 작정되었은즉 주 만군의 여호와께서 온 세계 중에 끝까지 행하시리라
24절, 주 만군의 여호와께서 가라사대 시온에 거한 나의 백성들아 앗수르 사람이 애굽을 본받아 막대기로 너를 때리며 몽둥이를 들어 너를 칠지라도 그를 두려워 말라
25절, 내가 불구에 내게는 분을 그치고 노를 옮겨 그들을 멸하리라 하시도다
26절, 만군의 여호와께서 채찍을 들어 그를 치시되 오렙 반석에서 미디안 사람을 쳐죽이신 것같이 하실 것이며 막대기를 드시되 바다를 향하여 애굽에 드신 것같이 하

---

245) "희소하여"—직역하면 숫자. 그것이 셀 수 있으므로 즉 구체적인 숫자이므로 그것은 대량으로 간주되지 않는다. 참고. 창 34:30과 Cicero, *Philipp*, II: 97, c. 38. "계산할"—등록하는 의미에서.

실 것이라

27절, 그 날에 그의 무거운 짐이 네 어깨에서 떠나고 그의 멍에가 네 목에서 벗어지되 기름진 까닭에 멍에가 부러지리라

28절, 앗수르 왕이 아얏에 이르러 미그론을 지나 믹마스에 치중을 머무르고

29절, 영을 넘어 게바에서 유숙하매 라마는 떨고 사울의 기브아 사람은 도망하도다

30절, 딸 갈림아 큰 소리로 외칠지어다 라이사야 자세히 들을지어다 가련하다 너 아나돗이여

31절, 맛메나 사람은 피난하며 게빔 거민은 도망하도다

32절, 이 날에 그가 놉에서 쉬고 딸 시온 산 곧 예루살렘 산을 향하여 그 손을 흔들리로다

33절, 주 만군의 여호와께서 혁혁한 위력으로 그 가지를 꺾으시리니 그 장대한 자가 찍힐 것이요 높은 자가 낮아질 것이며

34절, 철로 그 빽빽한 삼림을 베시리니 레바논이 권능 있는 자에게 작벌을 당하리라.

10 : 20 여기에 은혜가 나타난다! 하나님의 약속은 실패하지 않는다. 아하스는 도움을 얻기 위해 앗수르를 의지했고 앗수르는 그를 위협하였던 위험으로부터 자유케 해 주었다. 그렇지만 결과적으로 더 나쁜 재앙들이 뒤따라왔다. 앗수르는 강력한 세력으로 유다를 향하여 행진해 나아갔으나 앗수르는 끝장날 것이고, 그리고 나서 하나님의 백성들이 자기들이 안전하게 의지할 수 있었던 분이신 이스라엘의 거룩한 자에게로 돌이킬 것이다.

앗수르는 보호자가 아니라 치는 자가 되어 왔었다. 돔은 우리에게 "아하스는 도움을 얻기 위하여 앗수르를 의지하였지만(왕하 16장) 매를 맞지 않았고 히스기야는 매를 맞았으나, 도움을 얻기 위하여 앗수르를 의지하지 않았다"고 말한다. 이 말은 실은 아주 옳은 것은 아니다. 이사야가 말하는 요점은 어떤 특별한 통치자가 아닌 메소보다미아 세력의 특징은 하나님의 백성을 괴롭히는 것이었다. 이러한 때리는 세력을 의지하여 도움을 구한다는 것은 어리석은 짓이다.

그렇지만 야곱이 진실로 주님을 의지할 때 보답이 있을 것인데 구원의 의미에서의 보답이 있을 것이다. 박해와 포로를 피하여 남아 있는 모든 자들은 점점 주께로 돌아설 것이다. 이것은 외식적인 회심이 아니고 변덕스러운 우유부단함으로 특징지어진 것도 아니라, 진실되고도 지속적인 그리고 진정한 회심이다. 그럼으로써 "남은

자가 돌아온다"는 의미를 지닌 스알야숩의 이름 가운데 들어 있는 예언이 성취될 것이다. 앗수르의 남은 자는 소수의 흩어진 삼림의 나무들이었고 거기에는 소망이 없었다. 반면에 야곱의 남은 자는 하나님의 진실된 약속과 같이 광활한 소망을 가지고 있었다.

10:21 여기에 이사야의 아들, 스알야숩의 이름 가운데서 가르쳐졌던 진리가 그림처럼 묘사되어 있다.[246] 구원은 이미 약속되었는데, 곧 여인의 후손이 뱀의 머리를 상하게 할 것이다. 만약 이 약속이 성취된다면 거기에는 남은 자가 있을 것이다. 남은 자는 진실로 돌아오며 이 사람들이 야곱의 남은 자이다. 그것이 참 이스라엘이요 하나님이 택하신 백성이니, 그가 자기를 때리는 앗수르를 의지하지 않고 전능하신 하나님을 의지할 것이다. 이 전능하신 하나님은 이미 소개되었다. 그분은 다윗의 위에 앉으실 분이시다. 엘 깁볼에게로 돌아오는 것은 주님 자신에게로 돌아오는 것이다. 주께서 호세아를 통하여 말씀하셨다. "그 후에 저희가 돌아와서 그 하나님 여호와와 그 왕 다윗을 구하고 말일에는 경외함으로 여호와께 와 그 은총으로 나아가리라"(호 3:5).

10:22 남은 자의 의미가 무엇인가? 마치 그 조상에게 말하는 것처럼 선지자는 이제 그 용어를 설명하고 있다. 결국 그는 다음과 같이 말하고 있는 것이다. "이는 만일 너희 후손, 이스라엘 백성이 지금 되어 있는 것처럼 바닷가의 모래와 같이 된다면 남은 자가 돌아올 것이다."[247] 그렇지만 이것이 이상하지 않은가? 아브라함의 씨가 바닷가의 모래와 같이 번성할 것이라고 약속되지 않았던가? 사실 그렇다. 그러나 여기에 언급된 원리는 약속에 대한 잘못된 신뢰를 논박하기 위한 것이다.

순수한 육신적 아브라함의 후손이 구원을 얻기에 충분한 것처럼, "우리는 우리 조상으로 아브라함을 모시고 있다"고 말해서는 안 될 것이다. 백성이 번성하였을 때는 언제나 남은 자가 있어 왔고, 구원이 있었다. 그 남은 자, 곧 그들만이 여호와께로

---

246) 높히신 하나님에게로 돌아올 때, 남은 자는 다윗의 후손으로 계시된 하나님에게로 돌아설 것이다. 이 구절의 근거는 9:6이요 그래서 이것은 메시아적임을 가리킨다.

247) "같을지라도"―"이는 너희 백성이 …있을지라도"이지, "비록 너의 백성이 …였을지라도"가 아니다. 이 문구는 각 특별한 경우에 적용될 수 있는 하나님의 섭리의 일반적인 법칙을 준비해 준다. 백성이 번성하였을 때는 언제나 이 법칙이 시행되었다.

돌아올 것이다. 그러므로 그 나라는 아브라함에게 언젠가 주어졌던 약속의 참 의미를 상기하게 된다. 칼빈은 말한다. "조상들에게 향한 대담한 호소는 두드러진 효과를 가진다. 한 죽은 자를 들먹이면서 하나님께서는 그가 이전에 약속하였던 것을 선포하고 계신다." 백성들 대다수에게 훼멸은 작정되었다.[248] 그들에게는 구원이나 구출이 없고 보응하는 공의로 넘치는 하나님의 진노가 그들에게 상당한 종말을 가져다 줄 것이다. 아브라함의 후손은 하나님의 진노와 심판이 쏟아지는 그때에 남아 있지 못할 것이다. 영원한 형벌은 정당한 반대의견을 내세울 수 없는 자에 대한 공의의 표명이다. 우리의 죄악들이 우리 위에 그것을 가져오게 하였다. 오직 전능하신 하나님 예수 그리스도에게로 남은 자가 돌아오는 그것 안에서만 구원이 있을 수 있다!

10 : 23 여기에 방금 전에 하였던 위협에 대한 정당성과 근거가 있고, 앞 절처럼 이 구절 역시 키(כִּי)와 함께 시작되고 있다.[249] 하나의 종말, 앗수르인들이 실현시키는 것이 아니고 주님에 의하여 이루어질 종말이 오고 있다. 종말은 결정되었으니, 이는 그것이 하나님에 의하여 작정되어서 변경할 수 없기 때문이다. 주권자 하나님만이 그러한 종말을 이루실 수 있고 또한 그분이 만군의 여호와로서 그 일을 행하신다. 그것은 땅의 한 가운데서 이루어질 것이고 그래서 전세계에 미칠 것이다. 그것은 아무도 피할 수 없는 마지막 심판이다. 그것은 팔레스틴 지역에 한정된 어떤 지역적인 심판이 아니라, 모든 세계가 포함되는 심판이다.

10 : 24 그러므로: 이사야는 아마도 앗수르에 있는 남은 자가 너무 적어서 어린아이라도 셀 수 있을 것이라고 묘사한 19절의 사상으로 돌아가도록 하는 것 같다. 그런 까닭에 두려워할 필요가 없다. 19절 다음에 이사야는 그가 구원의 사실과 다가올 심판의 확실성을 묘사하는 삽입구를 집어넣고 있다. 이제 그는 자기의 놀랄

---

248) "훼멸"—복합 주어의 주요 부분이 강조를 위해 앞에 나타나 있다. 우리는 "훼멸(작정된), 의를 퍼붓는"이라고 번역할 수도 있다.
249) "이미 작정되었은즉"—직역하면, "끝, 작정된 것." 두 단어가 하나의 이사일의를 이루고 있다. 이러한 관계가 단 9:27; 사 28:22에서 다시 나타난다. "세계"(땅)—약속된 땅(가나안)이 아니라 전세계이다. 바울은 이 구절들을(롬 9:27-28) 유대인들이 아니라 구원받은 남은 자에게 적용하고 있다.

만한 결론을 소개하고 있다.250)

"두려워 말라"고 그는 말한다. 이 구절이 성경 가운데서 얼마나 자주 나타나는가! 그것은 위로의 말이다. 후에 이사야는 히스기야의 종들에게 "두려워 말라"(사 37:6)고 말했다. 이 모든 명령들은 "천사가 이르되 무서워 말라 보라 내가 온 백성에게 미칠 큰 기쁨의 좋은 소식을 너희에게 전하노라"(눅 2:10)란 장엄한 선언의 서언일 뿐이다. 그리고 주님의 말씀의 서언이기도 했다. "적은 무리여 무서워 말라 너희 아버지께서 그 나라를 너희에게 주시기를 기뻐하시느니라"(눅 12:32). 하나님께서는 다시 한 번 더 자기 백성을 "내 백성"이라고 소개하신다. 그들은 성전이 있는 시온에 거한다.

그들은 하나님의 선택을 받은 자들이다. 그들은 앗수르를 두려워할 필요가 없으니, 이는 앗수르의 힘은 곧 사그라지고 없어질 것이기 때문이다. 히브리어에서 병치가 두드러져 있다! 시온의 거주자—앗수르 사람. 전자는 후자를 두려워할 필요가 없다.251) 정말로 앗수르는 때릴 것이다. 그는 때릴 몽둥이를 가지고 있고 이스라엘을 대항하여 들어올릴 막대기를 가지고 있다. 그는 이스라엘이 노예로 있을 때 애굽이 하였던 것처럼 이 일을 할 것이다. 앗수르인은 잔인하고 애굽처럼 너희의 멸망을 계획하지만, 그는 상처만 입힐 것이고 이스라엘 너희를 살육하지 못할 것이다. 그러므로 두려워 말라.

10:25 하나님께서 자기 백성에게 두려워 말라고 명령하실 때는 거기에는 언제나 타당한 이유가 있다. 그분께서는 지금 두려워 말라고 요구하고 있으니, 이는 그들이 곧 멸망할 것이기 때문이다.252) 디글랏-빌레셀 시대로부터 산헤립까지는 대략

---

250) "그러므로"—논리적 연결은 실제로 19절과 이루어져 있고, 강화가 마치 중단이 없었던 것처럼 나시 시작되고 있다. "나 백성들"—6:9; 8:11, 12의 "이 백성"과 대조되어 있음. "시온"—이 단어는 영예로운 칭호이고, 모든 위로의 보증이요 또한 모든 도움의 표시이다.

251) "너를 때리며"—이 미래형은 허용적으로 취급될 수도 있다. 곧 "그가 때릴 수도 있다." 이 단어는 동사적, 상황절을 소개하고 있다. 접미사에 대해서는, 참고 삼하 2:22. יככה 는 *Zaqeph Qaton*을 가지고 있다. 빠른 연설 가운데서는 일반적으로 **쎄골**의 위치에 **쉐와**가 있는데, 보다 완전한 형태는 휴지에 있든지 혹은 정지 앞에 있다. "애굽을 본받아"—애굽의 방식으로. 애굽은 노예의 집이었다. 앗수르의 때리는 행위는 애굽의 그것과 유사할 것이다.

252) "불구에"—직역하면, "그러나 잠시, 아주 잠시 동안." "이는"(한글 개역에는 이 단어가 생략되어 있음—역주)—"두려워 말라"는 근본적인 사상 위에 근거하고 있다. "그치고"—

30년이었다. 예언적 입장에서 볼 때 그것은 짧은 기간이었다. 그렇지만 이사야는 앗수르의 산헤립의 멸망을 마음속에 그리지 않고 메소보다미아의 세력을 그린 것 같다. 만일 그러하다면, 그것은 하나님의 입장에서 바라본 것이고, 이 대적이 사라질 때까지 시간은 매우 짧을 것이다.

분을 그칠 것이다! 이것들은 약속의 말씀들이다. 포로의 전 기간은 분노의 때로 알려져 있다. 이사야가 여기서 선언하고 있는 것은 그러한 분노의 때가 짧을 것과, 대적들에게 떨어지는 징벌은 최후 심판이라는 것일 수도 있다. 분노가 완료될 때 하나님의 진노는 그 자체가 대적들의 멸망 가운데서 나타날 것이다. 바벨론은 무덤과 같았고, 바벨론 포로는 무덤에 묻히는 것과 같았다. 그러나 분노의 때는 회복이 완료되고 그리스도께서 오실 때까지 계속되었다. 그렇다면 분노는 하나님의 백성에 대한 축복의 전주곡이고 그의 대적에 대한 저주의 전주곡이었다.

10:26 하나님께서는 대적의 구체적인 멸망을 선포하셨다. 선지자는 이제 이 예고를 설명하고 있는 것처럼 보이며 그래서 하나님에 대해 3인칭으로 말씀하신다. 앗수르에 대항하여 하나님께서는 채찍을 들 것이고,[253] 곧 앗수르가 이스라엘에 대해서 몽둥이였지만 이제 앗수르에 대해서 채찍을 드신다. 채찍은 고통을 가져다줄 뿐만 아니라 수치감도 준다. 그것은 오렙 반석에서 미디안인들을 때리는 것과 같이 될 것이다. 이 바위에서 전쟁터에서 도망하였던 미디안의 방백들이 기드온에 의하여 살륙을 당했다. 그와 같이 산헤립도 비록 그가 팔레스틴에서 도피하기는 하였지

이 과거형은 선지자가 볼 때, 그러한 변화가 이미 일어났음을 보여주고 있다. 시간을 결정한 다음에 와우 연속법을 가진 완료형이 자주 사용된다. "노"ㅡ이 단어는 12절의 "그의 행함"과 부합하고, 22절의 "훼멸", 그리고 23절의 "작정된 종말"과 부합한다. 단 11:36은 이 단어를 회상하고 있다. 또한 마 3:7과 롬 1:18을 유의하라. 그것은 곧 지나갈 이스라엘을 향한 분노이다.

253) "들어"ㅡ"깨다, 일어나다, 자극하다." 이 단어는 어느 정도 문자적으로 그리고 비유적 의미로도 사용된다. "채찍"ㅡ하나님의 심판을 나타낼 수 있다. 그것은 쉐베트(שֵׁבֶט)나 혹은 맛테(מַטֶּה)보다 더 강하며, 그렇게 하여 징벌에 있어서 이스라엘과 앗수르 사이에 차이점을 암시한다. "오렙"ㅡ"특별히 오렙 반석이 언급되어 있으니, 이는 그가 미디안 방백들 가운데 한 사람으로, 전쟁터에서 도망하여 기드온에 의해서 살해당했던 사람이었기 때문이며, 그와 같이 산헤립도, 비록 그가 그의 주님의 살육에도 불구하고 살아남았을지라도, 집에서 살육당할 것이었다"(Alexander). "막대기"ㅡ바다로 내어 민 모세의 지팡이. 참고. 출 4:20.

만 집에서 죽을 것이었다. 오렙은 참으로 의미심장한 곳이었다. 이전에 노예신세의 기나긴 기간이 있었다. 그렇지만 이 반석에서 구원이 완성되고 완료되었으며, 더욱이 그것은 성질상 오직 여호와께서 홀로 이루실 수 있었던 구원이었다. 만약 대적이 미디안인이 오렙에서 무너진 것처럼 깨어질 것이라면, 그것은 참으로 장엄하고도 최종적인 승리가 될 것이다.

언젠가 애굽이 이스라엘을 바다로 몰아냈었다. 그와 같이 앗수르는 이스라엘을 고난의 바다로 이끌어 나갔다. 홍해바다 위에 모세의 지팡이가 들어올려질 때, 이제 이스라엘의 고난의 그 홍해 바다 위에서 하나님께서는 지팡이를 드셨다. 홍해의 물결이 바로와 그의 말탄 자들을 삼켰던 것처럼, 이 바다의 물결이 앗수르인들을 빨아들여 삼킬 것이다. 애굽의 방식으로 앗수르는 이스라엘에게 막대기를 들었지만, 이제 하나님께서 애굽인에게 하셨던 방식으로 앗수르에게 막대기를 드실 것이다. 애굽처럼 앗수르도 그 막대기를 경험할 것이다.

10:27 예견적 예언을 생생한 어투로 말하면서 이사야는 앗수르의 멍에가 이스라엘로부터 확실히 걷힐 것을 선언하고 있다.[254] 그날은 얼마나 큰 날이 될 것인가! 그것은 구원의 날이요 원수들에 대한 보응의 날이 될 것이다. 이스라엘은 그 어깨에 무거운 짐이 얹어진 노예이고, 그 무거운 짐은 앗수르이다. 유다의 길 위로 사람들이 무거운 짐을 지고 걸어갔다. 그들의 운명을 부러워할 것 없다. 그들처럼 이스라엘도 어려운 길을 무거운 짐을 가지고 걸어가고 있다.

이스라엘은 수고하는 하나의 가축이기도 하다. 그의 목에는 목고리 혹은 멍에가 있다. 그러나 이스라엘은 살진 짐승이니, 곧 너무나 살이 쪄서 그의 살찜이 멍에 자체를 깨뜨려 버린다. 이러한 묘사는 앗수르가 이스라엘을 복종시킬 수 없다는 것을 상징한다. 그렇지만 앗수르를 무너뜨리는 것은 이스라엘의 우월성 때문이 아니다. 살찜의 표상은 이스라엘이 스스로 앗수르로부터 자유를 얻을 수 있다는 것을 의미하지 않고, 다만 그 이스라엘이 앗수르에 의하여 멸망당할 수 없다는 것을 의미할

---

254) 본 구절의 주된 난점은 결론에서 발견된다. "그리고 쓰러질(멸망할) 것이다." 그 멍에(앗수르)는 이스라엘이 기름진 까닭으로 벗겨질 것이다. 멍에를 깨뜨린 것이 동물의 살 짐이다. 참고. 롬 11:17; 신 32:14; 호 4:16. 많은 수정들이 제안되어 왔다. 그러나 B와 1QM을 지지한다. Penna는 "파괴자가 리몸에서 온다"(*il distruttore viene da Rimmon*)로 읽는다. 그는 동사를 **호벨**(חֹבֵל)로 바꾸었다.

뿐이다. 앗수르가 아니라 주께서 신정국가에 종말을 가져오게 하실 것이다.

10:28 대적의 최종적인 쓰러짐이 확실한 만큼 그 대적으로 하여금 오게 하고 그로 하여금 최후의 발악을 하게 하라! 이사야는 말하자면, 예루살렘의 성벽 위에 서 있으면서, 예루살렘 안으로 접근하려면 반드시 확보해야 하는 교두보를 언급함으로써 앗수르의 접근을 묘사하고 있다.[255] 알렉산더는 말한다. "우리는 선지자가 예루살렘 성벽 위에 서서 침략이 다가올 방향을 바라보면서, 몇몇 중계지점들을 계수하면서 물론 실제로 그가 이런 지점들을 통과할 것이라고 예언하려는 의도 없이 말하고 있다." 그 길에 장애물이 있을 것이고 그 대적이 가로질러야 했던 노정이 어려우면 어려울수록, 더 분명한 것은 그 모든 장애물에도 불구하고 이 대적이 올 것이라는 것이다. 역사적 사실로는 산헤립이 남쪽 방향으로부터 예루살렘으로 접근해 왔었다. "앗수르 왕이 라기스에서부터 랍사게를 예루살렘으로 보내되 대군을 거느리고 히스기야 왕에게로 가게 하매"(사 36:2상).

그렇다면 우리는 이사야가 앗수르인이 다가올 실제적인 노정의 윤곽을 그리려고 했다고 이해하면 안 되고, 단지 그가 점점 더 예루살렘으로 가까이, 장애물들을 하나씩 지나고 그가 직면한 어려운 장소들을 지나서 접근해 옴을 나타내려고 했으며, 또한 그와 그의 궁극적 목적인 예루살렘 사이에 놓여 있는 거점들을 그리려 한 것으로 이해해야 할 것이다. 그러므로 그것은 이상적인 그림이요 그 대적이 와서 그 땅 전체를 취할 것이라는 생각을 표현하기 위하여 선지자에 의하여 고안된 것으로 보인다. 그리고 우리는 그럼에도 불구하고 델리취가 다음과 같이 말한 것에도 동의할 수 있다. "선지자가 여기서 그린 것은 적절하게 해석될 때 문자적으로 성취되었다. 앗수르인은 정말 정복자의 노도 광풍같이 북으로부터 왔고, 언급된 도시들은 참으

---

[255] "이르러" — 예언적 완료의 용법을 유의하라. 이는 완료형인 두 번째 동사에 의하여 지속되고 있고, 이러한 묘사가 미완료로 그 생생함을 보다 인상적이 되도록 되어 있다. 시제들은 이사야가 심령으로 따라갔던 그 군대의 행군의 진행적인 단계들과 상응한다. "아얏" — 아마도 아이와 동일하거나 아니면 Khirbet Hayyan과 동일지역일 것이다. 포로 후기에 그 성읍은 다시. 인구가 밀집하게 되었다. 느 11:31. "미그론" — Michmash 근처의 Tell Miryam? "믹마스" — 예루살렘 북쪽으로 약 7.5마일에 있는 Mahmas. 그것은 깊은 와디 Suwenit로 인하여 기브아로부터 분리되었다. 대적들이 마지막으로 정지한 장소가 이 협곡이 될 것이었다. 북쪽에는 장비들이 있고 남쪽에는 군대가 있다.

로 전쟁의 위험과 공포에 시달리게 되었다. 그리고 이것이 곧 선지자가 하나님의 입장에서 바라보면서, 하나님의 계획의 중심으로부터 뽑아내어, 그의 마음에 존재하는 그대로 그러한 계획들의 깨어진 빛 정도밖에 안되는 색깔로 미래를 색칠하면서 그렸던 그것이었다." 이사야의 묘사의 장엄함은 비교할 수 없다.

이사야는 생생하게 그 접근을 나타내고 있다. 그는 예루살렘의 동북방의 약 30마일 지점에 있는 아얏 위에 엎드렸고, 여기서 그는 처음으로 베냐민 영토로 들어갔다. 그 다음에 그는 주도로에서 이탈하여 미그론(Migron)으로 지나갔다. 그리고 미그론 계곡 동편에 있는 믹마스에 그의 장비를 저장해 놓는다. 그는 가능한 한 방해받지 않고 믹마스를 통과해 나가기 위하여 이렇게 하고 있는 것이다. 그는 목적지인 예루살렘으로부터 약 7.5마일 떨어진 믹마스에 서 있다.

10:29 믹마스에서 그는 이미 잘 알려진 영(통로)을 넘었다.[256] 이사야는 단수에서 복수로 전환하고 있으니, 이는 이제 그가 접근하는 대적을 하나의 단위로 생각하지 않고 다만 군사들로 생각하고 있기 때문이다. 그들은 게바에서 숙소를 만들었다. 그들은 행하였으나 그러나 그들이 지나간 장소들 역시 행동한다. 기브아의 서쪽으로 가까이 있었던 라마는 떨고 기브아 자신도 도망한다.

10:30 지금까지는 묘사, 이제부터는 연설.[257] 그것은 애도와 불평의 소리이다. 이 명령은 대적의 접근으로 인한 두려움 때문에 큰 소리로 부르짖으라는 것이요 울라는 것이다. 갈림의 딸들과 거민들아 그렇게 울부짖을지어다. 라이스야 들을지어다. 그리고 아나돗이여 참으로 불쌍하게 되었다. 아나돗은 예루살렘 근처에 있다.

---

256) "(그) 영(pass, 통로, 여주)"—성관사는 그것이 잘 알려진 영임을 보여준다. 유음관계를 유의하라. "게바"—예루살렘 북서쪽 약 6마일 지점에 있는 현대의 예바로 베냐민에 속해 있다. "라마"—예루살렘의 북쪽 약 5마일 지점에 있는 현대의 엘-람(er-Ram). 이 성읍은 포로 후기에 다시 인구가 들어섰다. 느 7:30; 11:33. "사울의 기브아"—예루살렘 북쪽으로 약 3마일 지점으로, 현대의 Tell el-Ful.

257) "갈림"—아마도 현대의 키르벳 카쿨(Khirbet Ka'kul). "라이스"—예루살렘의 북쪽에 있는 현대의 엘-이샤뷔에(el-Isawiyeh?). "아나돗"—예루살렘의 북동쪽에 있는 예레미야의 고향으로, 현대의 아나타 근처의 Ras el-Kharrubeh. "큰 소리로 외칠지어다"—직역하면, "너의 목소리를 (두려움으로 인하여) 울지어다." 수리아 역본에 근거하여 어떤 사람은 "그에게 응답할지어다"로 번역한다.

10:31 맛메나 사람은 정신없이 도망하며 게빔 거민은 가리기 위하여(물구덩이를) 찾는다. 대적은 점점 더 예루살렘으로 가까이 접근하고, 그 지역 거민들의 절망은 점점 더 커지고 있다.[258]

10:32 예루살렘에 앗수르인들이 너무나 가까이 접근하였으므로, 이제 그는 자기가 있는 위치에서 더 이상 물러날 여지가 있을 수 없다.[259] 높은 아나돗 근처의 베냐민 땅의 인접 지역이요 제사장 도시였다. 이 날 대적은 예루살렘이 바라다 보이는 놉에서 머물러 서야 하는데, 그것은 곧 거룩한 성 예루살렘을 공격할 준비를 갖추기 위해서이다. 여기서 그는 쉴 것이고 공격을 위하여 힘을 축적할 것이다. 이제 그는 예루살렘에 대해 위협을 주기 위해 손을 흔들 수 있다. 그는 최후의 행동을 할 준비가 되어 있다.

세상의 세력은 우리 하나님의 도성을 대항하여 단결되어 있다. 열두 이름들이 언급되어 왔고, 이 열두 이름들 각자는 글자 그대로 공포의 상징이거나 혹은 속담이 된다. 각기 심판을 가까이 가져온다. 대적은 갑작스럽게 돌진하기 위하여 갓길을 택하여 빠르게 다가온다. 재난은 떨어질 준비가 되어 있고, 그 결과는 뻔하다. 하나님은 그 성중에 계시고 세상의 어떤 세력도 시온에 거하신 만군의 여호와에 대항하여 승리할 수 없다. 지상의 시온은 지나갈 수도 있을 것이지만, 하나님의 백성의 시온은 영원히 지속할 것이다.

10:33 재난은 떨어질 것인가? 앗수르는 예루살렘에 도착하여 그것을 놀라게 하고 멸망시킬 것인가? 우리는 이 공격이 성공적으로 이루어질 것이라고 예상하게 되

---

258) "맛메나"—예루살렘의 북쪽; 현대의 Shufat일 것이다. "게빔"—예루살렘의 북쪽 저수지들이며 아마도 Shufat의 바로 남서쪽에 있을 것임. הָעִיז—"피난처를 취하다", 참고. Koran II: 67, "나는 알라 안에서 피난처를 취하였다."
259) "놉"—아마도 현대의 예루살렘의 북서쪽, Scopus산의 동편 비탈에 있는 Ras Umm et-Tala일 것임. לַעֲמֹד—이 형태는 부정사가 아니고, 강세형 불변화사 la를 가진 미완료 형일 수 있다. 참고. 아랍어 la(진실로). 만약 그렇다면, 레야아모드(לְיַעֲמֹד)의 축약형이 되었을 것이고 이 축약형은 모음 약화에서 기인하였을 것이다(Eitan). 만약 부정사로 취급된다면, 이 형태는 "그것은 서야 할 것이다." 즉 "사람이 서야 한다"가 될 수도 있다. 오늘 그는 놉에서 서야 한다.

나, 이사야는 우리의 예상을 가로막는다.²⁶⁰⁾ 우리의 기대를 깨뜨리면서 그는 보라! 고 우리에게 말한다. "보라! 주권자이신 주님이 다시 우리 앞에 계신다. 그분은 행동하실 것이다." 이 일은 앗수르의 손에 전적으로 달린 것이 아니다. 주권자께서 예루살렘의 문턱에까지 오게 하셨다. 그렇지만 앗수르가 더 이상 접근하지 못한다는 사실을 우리는 주시하도록 해야 할 것이다. 그를 주관하시는 주께서 이제 행동하실 준비를 하고 있다. 그분은 우리에게 그 대적이 더 이상 그 군대를 행진해 오지 못할 것임을 알게 하신다. 오히려 우리는 다시금 그 대적을 삼림으로 보게 된다. 19절에서 중단된 이미지를 다시 보게 된다. 아름답고도 화려한 나무들의 높은 가지들은 갑자기 꺾어질 것이다. 그러나 꺾는 일은 경작자의 조용한 사역으로 이루어지는 것이 아니고, 갑작스럽고도 격렬하게 이루어질 것이다. 가지들의 발가벗겨진 둥치가 홀로 서 있지 않을 것이니, 이는 그들 역시 베어지고 넘어질 것이기 때문이다. 그렇게 산헤립과 그의 무리들이 멸망을 당할 것이다. 어떤 것이 이 장엄한 나무보다 더 아름다울 수 있겠는가? 앗수르는 오랫동안 천천히 자라난 결과 그 힘의 영광의 찬란함으로 너무나 위용 있게 서 있었다. 그러나 한 번의 급습으로 유일하신 참 주권자이신 그분께서 나무를 꺾으시고 앗수르는 완전히 멸망받는다.

10:34 삼림 전체가 사라질 것인데, 이는 삼림 가운데서 자라나는 잡목들도 역시 잘려 나갈 것이기 때문이다. 이 빽빽하게 자라는 잡목들이 어떤 표상으로서의 의미를 가지고 있는지 그렇지 않은지는 의문스럽다. 어떤 사람은 그것들이 일반 백성들을 가리킨다고 하지만, 아마도 이사야가 단순히 자기의 표상을 완성시키기 위하여 이런 묘사를 하고 있는 것으로 보인다. 큰 나무들과 잡목들을 가지고 있던 모든 삼림은 잘려 나갈 것이다.²⁶¹⁾ 이 삼림을 베어 내기 위하여 철이 사용될 것이며, 이러

---

260) "그 가지를 꺾으시리니"—이것은 궁극적으로는 하나님의 백성의 메소보다미아 원수의 완전한 멸망을 가리키지만, 그러나 우선적으로는 산헤립의 멸망을 가리킨다. פֻּארָה—"나뭇가지들", 즉 그 나무의 화려하고도 영광스러운 가지들. 케레(Qere)와 약 40개의 사본들은 푸라(פּוּרָה)라고 읽는다. 나는 이것이 פֻארָה의 변형이라고는 생각지 않는데, 이는 이 후자가 자연적으로 장모음(참. 포로타우(הוֹרוֹת))을 가지기 때문이고, 반면에 푸라(פּוּרָה)는 단모음을 포함하는 것으로 보인다. 아마도 그것은 결핍형 철자(요드나 와우 등 모음 대용 자음 없이 쓰여진 방식-역주)이지만, 그러나 알렙(א)이 거의 키부츠(ֻ)와 함께 묶음이 되지 않는다.
261) "그리고 그가 베시리니"—피엘형. 어떤 이는 니팔로 해석하고, 자동사의 의미로 "베어질 것이다"로 번역한다. "삼림"—본 단어에 있는 메텍을 주시하라. 이것은 분명히 다음에

한 묘사에서 우리는 이 사역이 철저한 성격의 것이 될 것임을 알 수 있다. 철이 그 임무를 다하였을 때, 그 어떤 삼림도 서 있지 않을 것이고, 그 남아 있는 나무들은 수가 너무나 적어서 어린아이라도 그것들을 셀 수 있을 것이다.

다른 곳에서 앗수르가 레바논에 비교되었다. "볼지어다 앗수르 사람은 가지가 아름답고 그늘은 삼림의 그늘 같으며 키가 높고 꼭대기가 구름에 닿은 레바논 백향목이었느니라"(겔 31:3). 그러나 레바논과 같이 거대할지라도 그것은 전능자로 말미암아 베어졌는데, 그 전능자는 징벌하시는 이스라엘의 하나님이시다. 레바논과 같이 강한 삼림이 사라졌다. 나무들은 베어졌고 삼림은 잘려졌다. 전능자는 영원히 살아 계신다. 그분이 자기 백성을 보호하셨고 자신의 신실성을 나타내셨다.

5. 메시아에 대한 유다의 소망(11:1-12:6)

(1) 이새의 줄기(11:1-5)

1절, 이새의 줄기에서 한 싹이 나며 그 뿌리에서 한 가지가 나서 결실할 것이요
2절, 여호와의 신 곧 지혜와 총명의 신이요 모략과 재능의 신이요 지식과 여호와를 경외하는 신이 그 위에 강림하시리니
3절, 그가 여호와를 경외함으로 즐거움을 삼을 것이며 그 눈에 보이는 대로 심판치 아니하며 귀에 들리는 대로 판단치 아니하며
4절, 공의로 빈핍한 자를 심판하며 정직으로 세상의 겸손한 자를 판단할 것이며 그 입의 막대기로 세상을 치며 입술의 기운으로 악인을 죽일 것이며
5절, 공의로 그 허리띠를 삼으며 성실로 몸의 띠를 삼으리라

따라오는 쉐와가 유성임을 보여 주며, 그래서 음절이 폐음절이 아님을 보여준다. 참고. 슥 11:1-3. 여기에서는 다른 범주의 초목이 높은 지위와 덜 높은 지위에 있는 사람들을 묘사하기 위하여 사용되고 있다. Kissane은 그 잡목이 일반 백성을 나타낸다고 생각하지만, 알렉산더는 그것들이 단순히 완전히 멸망한 잡목에 대한 묘사를 완성하기 위하여 언급되어 있다고 생각한다. Kimchi는 그 잡목들이 산헤립의 모사, 즉 그를 말려들어 가게 충고하였던 모사들을 가리킨다고 한다. "철로"―철로 된 도구.

11:1 앗수르의 삼림은 크고 높았었으나, 그것은 전능자에 의하여 잘려질 것이었다. 그렇지만 다윗 집에는 어떤 일이 일어났는가? 그것은 하나의 나무였으나 지금은 베어져 단지 그루터기에 지나지 않는다. 그것의 미천한 상태를 강조하기 위하여 이사야는 그 가문의 비천한 본래 신분을 바라보며 심지어 그것을 다윗의 집이라고도 하지 않으며, 다만 이새의 줄기로만 바라보고 있을 뿐이다. 이새는 베들레헴에서 살았고, 베들레헴은 유다의 수많은 도시들 가운데서 가장 작았다.

그러나 앗수르의 강한 삼림과 이새의 비천한 그루터기 사이에 어떤 대조가 있을 수 있겠는가? 바로 이것이다. 즉 앗수르는 멸망하여 완전히 끝장날 것이고, 이새의 뿌리로부터는 생명이 아직도 남아 있다는 것이다. 그 그루터기로부터 한 가지가 나올 것이었고,[262] 뿌리들로부터 영양을 공급받는 생명을 가진 그 그루터기에서 한 가지가 자랄 것이고,[263] 그 뿌리로부터 생명이 나타나서 열매를 맺을 것이었다. 그때에 다윗 왕조는 완전히 근절되지 않고 그 뿌리가, 곧 그루터기가[264] 땅 속에 남아 있다. 세력이 극에 도달하였을 때, 앗수르는 영원히 베어 넘어지지만, 다윗 집은 그 배교로 인하여 여기에 묘사된 상태에까지 줄어들지만 갑자기 높아진다. 뿌리에서 나온 그 가지는[265] 결실할 것이니, 이 표상은 그 왕조가 그 베어진 나무상태로 계속되는 것이 아니라 번성할 것임을 암시하고 있다. 생명은 그 뿌리에게 있고, 그 생명

---

262) "나며"—이 동사는 앞의 구절과 뒤따라 오는 것을 연결한다. 즉 10:33, 34은 단 2:34, 35과 비교되어야 할 것이다. יָצָא는 인간 족보에 사용된다. 창 17:6, 그러나 욥 5:6; 14:2처럼 여기서는 그것이 식물 생명의 영역에서 취급되고 있다. 이사야의 목적은 이 왕국이 너무나 낮은 지점으로 내려갔기 때문에 하나의 새로운 출발이 있어야 한다는 사실을 보여주고자 한 것이다. 강한 앗수르의 힘은 다윗 왕국을 멸망시킬 태세를 갖추고 있었는데, 실제로는 앗수르의 세력이 멸망하고 다윗 왕국은 다시 일어설 것이었다.

263) חֹטֶר—"싹, 가지." 참고. 아카디아어 후타루, "홀", 아랍어 *chitrun*, "가지, 싹." B는 "막대기"(ῥάβδος). 참고. 잠 14.3. 이곳에서 이 단어가 이 의미를 가지고 있다. 이 단어들의 문법적 관계는 "이새에게 속한 싹"이라고 번역함으로써 가장 잘 표현될 수 있다. 이 가지가 나무의 영광인 머리와 몸통의 자리를 차지할 것을 약속하고 있다.

264) גֶזַע—"줄기, 그루터기." 욥 14:8에서 이 단어는 베어 넘어진 나무의 그루터기를 가리킨다. 참고. 사 40:24. 그것은 나무가 베어졌을 때 땅 위에 남아 있는 그 나무의 부분 혹은 그루터기이다.

265) נֵצֶר—"싹, 가지, 순." 사 14:19에서 이것은 사람의 눈에는 경멸히 여겨지는 그 나무로부터 나온 것을 가리킨다. 여기서는 그것이 이미 베어진 나무로부터 나온 새로운 희망이다. "그 뿌리에서"-즉 이새의 뿌리로부터.

은 하나님 자신이 정하신 때에 나타날 것이다.

그렇지만 어떤 의미에서 이 가지가 열매를 맺을 것인가?[266] 이사야는 분명히 단순한 외적 번영이나 물질적 복지에 대해서 말하고 있지 않다. 웃시야 아래서 번영이 있었지만, 웃시야 왕이 죽던 해에는 이사야가 그 나라를 부정한 입술을 가진 백성으로 말할 수 있었다. 본 장의 나머지 부분에 선포되어 있는 모든 것은 선지자가 물질적인 번영에 대해서가 아니라 어떤 보다 중요한 것에 대해서 관심을 두고 있음을 보여주고 있다. 다시 한 번 다윗의 보좌 위에 앉을 위대한 통치자가 있을 것이다. 그것은 곧 사람이 대개 나무의 생명과 결실을 구하는 나무 쪽대기와 줄기의 위치를 차지할 것이라는 약속이 주어진 이 가지이다.

그리고 이 왕조는 이전처럼 번영하여 참 신정정치 국가의 이상을 실현할 것이다. 그러므로 결실은 영적 성격의 결실이며, 신정국가의 실제적인 통치자이신 창조의 주님에게 복종하는 것과 어울리는 것이다. 다윗의 아들, 곧 그분 자신 안에서 실제적인 다윗 왕국의 모든 이상들을 구현하실 그분이 보좌 위에 앉을 것이다. 그렇다면 처음에 우리는 막 묘사될 축복들이 이새의 줄기에서 나올 그 싹과 가지로 인하여 실현될 것이란 사실을 대면한다. 이 분이 임마누엘이요 자기 백성들의 소망이 되실 참 메시아이시다.

어떤 유대인 주석가들은 이 싹과 가지가 히스기야를 가리키는 것으로, 그리고 다른 사람들은 스룹바벨을 가리키는 것으로 생각하지만 탈굼은 이 구절을 메시아에게 적용한다. 물론 히스기야는 이미 태어났고 그래서 이 구절은 그를 가리키지 않는다. 그리고 이 묘사는 스룹바벨에게도 적용되지 않는다. 이 구절은 이사야 7장에 있는 원래의 예언에 의존하고 있고 그런 까닭에 그 계시의 빛 안에서 해석되어야 할 것이다.

11:2 이새의 뿌리에서 나오는 싹은 미리 준비된 것이다! 다윗의 위에 앉을 그분

---

266) "결실할 것이요"—M은 1Q의 지지를 받고 있다. 많은 사람들이 따르는 Hitzig는 최종적인 어근으로 헤(ㄱ) 대신에 헤트(ㄲ)를 사용함으로써 수정하였고 "싹이 나올 것이다"로 번역한다. 이것은 B의 ἀναβήσεται에 의하여 지지를 받는다. Kissane은 "결실할 것이요"로 번역하는 것보다 "나올 것이요"로 번역하는 것이 더 좋은 평행을 이룬다고 생각한다. Eitan은 그 단어가 애굽어 pry, "올라오다, 올라가다, 싹이 나다"와 비교될 수도 있을 것이라고 생각한다. 이것은 사 45:8에 조화될 수도 있다.

은 은사와 갖출 자격을 풍부히 가지고 있다. 메시아로서의 그분의 인성은 지상에 평화를 가져다주시려는 엄청난 임무를 위하여 구비되어 있다. 수많은 자들이 이 목표를 위해 분투한다. 제2차 세계대전이 진행되고 있을 때 인간들은 마치 언젠가 그 전쟁이 종결되고 그들이 정의와 영원한 평화를 세울 수 있을 것처럼 말하였다. 그러나 그 목적은 성취되지 않았다. 인간의 힘이나 능력으로나 지혜나 수단이 아닌 방법으로 그것은 언젠가 성취될 것이다. 평화는 이새의 뿌리에서 나오신 그분에 의해서만 올 것이다. 두 번째 부분에서 그는 메시아를 고난당하는 종으로 나타내고 이 놀라운 평화가 종이 고난당함으로 인하여 얻어질 것임을 보여주고 있다. "우리 평화를 가져오게 하였던 징벌이 그의 위에 있었다." 고난에 대한 사상이 예언의 첫 부분에는 나타나지 않고, 다만 메시아의 비천한 출발만 나타나 있다.

이 메시아 위에 야웨의 신이 임하실 것이다.[267] 이 신은 예언의 영도 또 단순한 영향력도 아니고, 야웨에게 속하고 야웨를 위하여 역사하시는 성령이시다.[268] 그러므로 그분은 인격이시다. 더 나아가서 그분은 메시아와는 구별된다. 이사야는 메시아의 인성의 영혼을 말하지 않고 야웨로부터 오시는 성령을 말하고 있는 것이다. 이 성령은 이미 이스라엘 가운데 선하고 복된 일을 하셨었다. 성령의 일부는 모세를 도왔던 장로들 위에 있었고, 주의 성령은 사울을 다른 사람으로 만들기 위하여 그에게도 오셨다. 그리고 주의 성령의 기름 부으심이 다윗에게도 임하였다. 앗수르의 통치자는 그 자신의 지혜를 자랑하였으나, 그 가지는 성령으로부터 자신의 은사들을 받으셨다.

주께서 지상에 계셨을 때 그분에게 대해서 다음과 같이 말해졌다. "성령이 내려서 누구 위에든지 머무는 것을 보거든 그가 곧 성령으로 세례를 주는 이인 줄 알라 하셨기에 내가 보고 그가 하나님의 아들이심을 증거하였노라 하니라"(요 1:33하,

---

267) וְנָחָה—와우와 연결되어 어세가 밀라로 옮겨져 있다. 참고. 사 7:2과는 구별된 것으로서 사 7:19. 참고. 신 11:25; 왕하 2:15; 행 2:3; 벧전 4:14 그리고 1:33; 14:16-17.
268) "신"—대체로 고전 12:8-11에서 가장 잘 번역되었다. Kittel은 이스라엘의 삶 가운데 모든 좋은 것은 성령에 의하여 성취되어 왔다고 잘 해석하였다. 첨고. 삼상 10:6; 16:13ff. 그 성령은 다른 사람들에게 봉사를 하도록 부여하실 것이다. 참고. 사 28:6; 그리고 메시아 위에는 더 큰 분량이 오실 것이다. 성령으로 무장되고 사역을 위하여 부여받은 사람들의 실례들로서 기술자들, 출 31:3; 35:31; 전사들, 삿 6:34; 11:29; 13:25; 14:6; 선지자들, 민 11:25ff. 이 단어의 문법적 관계는 "성령이신 여호와의 신…"과 같은 번역 가운데서 드러날 수 있다.

34). "그 안에는 신성의 모든 충만이 육체로 거하시고"(골 2:9).

메시아의 사역을 감당하기 위하여 야웨의 기름 부으심은 반드시 필요하였으며, 이 기름 부으심은 메시아에게 성령을 나누어주심에 있었다. "주 여호와의 신이 내게 임하셨으니 이는 여호와께서 내게 기름을 부으사 가난한 자에게 아름다운 소식을 전하게 하려 하심이라 나를 보내사 마음이 상한 자를 고치며 포로 된 자에게 자유를, 갇힌 자에게 놓임을 전파하며"(사 61:1). 그 왕의 머리 위에 성령이 머무시는 것에서 우리는 메시아의 특성이 무엇인지 알게 된다. 이 야웨의 성령은 이 모든 은사들을 가져다주시는 성령이시다. 이 은사들 가운데 어떤 것들은 개인들 가운데 각각 나타났지만, 그 은사들은 모두가 임마누엘, 메시아 가운데 나타나며, 또한 그것들 모두가 메시아적 직분을 감당하기 위한 독특한 준비로서의 역할을 한다.

우리는 이사야가 메시아께서 가졌던 모든 은사를 언급하였다고 생각할 필요가 없다. 칼빈은 이렇게 말한다. "그러므로 그는 그리스도 위에 부여된 모든 은사들을 언급하고 있는 것이 아님은 그것이 불필요하기 때문이다. 다만 그리스도께서 빈손으로 오시지 않았다는 것과 그럼에도 모든 은사들로 잘 무장되어 오셨다는 것, 그래서 그분이 그것들로 우리를 부요케 하실 수 있었다는 사실을 간략하게 보여주고 있는 것이다."

이사야는 성령의 속성이나 기질을 언급하려는 의도가 없다. 그가 지혜의 신에 대해서 말할 때, 그는 특별히 그 성령이 지혜롭다고 말하지 않는다.[269] 사실 그분은 지혜의 영이시지만, 여기서의 강조는 그 성령이 지혜의 원천 혹은 원인이라는 사실에 있다. 성령에 대한 언급 다음에 세 쌍의 기질들이 언급되어 있는데 이를 통해, 우리는 일곱 가지로 된 촛대를 상기하게 되며, 그것으로부터 나타난 세 쌍의 가지들을 상기하게 된다.

지혜와 총명: 추론적 능력의 영역에 관계된 성령의 은사들. 여기 사용된 용어들 가운데 그 어느 것도 다른 것들을 완전히 배제하지 않으며, 이 모두가 하나님에 대

---

269) 은사들이 세 쌍씩으로 언급되어 있으며, 또한 그런 까닭에 그 성령이 여섯 번 대신 세 번만 언급되어 있다. 이것은 일곱 영이나 혹은 7중적인 영을 가리키는 것이 아니다. 언급된 기질들은 각기 다른 것들로부터 완전히 분리될 수 없다. "…이 용어들 가운데 그 어느 것도 다른 것들을 완전히 배제하지 않는다. 지혜, 총명, 하나님에 대한 지식, 하나님 경외들은 모두 일반적인 의미에서 신앙심과 경건에 대한 성경에 나오는 묘사들과 유사하다" (Alexander).

한 참된 경건과 경외를 나타내고 있다. 지혜는 하나님에게 속하며 그분으로부터 나온다. 그것은 바른 시기에 바른 결정을 내려서 사람이 바른 것과 일치하여 행동할 수 있는 능력이다. 그러므로 그것은 총명을 포함하며, 그럼에도 그것보다 훨씬 더 포괄적이다. 분명히 메시아는 총명하신 분이시지만 이 단어는 또한 그분이 상황을 바르게 평가하는 능력과 모든 일에 있어서 바른 평가를 하시는 능력을 가지셨다는 것을 암시한다.

총명: 일들의 참 본질에 대한 통찰력을 가리키며, 이것은 특별히 인간의 마음에 관련되는 것이다. 그리스도에 대해서 우리는 다음과 같은 글을 읽게 된다. "또 친히 사람의 속에 있는 것을 아시므로 사람에 대하여 아무의 증거도 받으실 필요가 없음이니라"(요 2:25). "예수는 그 지혜와 그 키가 자라가며 하나님과 사람에게 더 사랑스러워 가시더라"(눅 2:52).

모략과 재능: 여기서 우리는 실제적인 면으로 들어간다. 메시아는 지혜를 발견하실 수 있고 또 그래서 충고하고 계획하여 모든 그의 결정들은 지혜롭게 고안된 계획들의 표명이다. 이 왕은 모든 경우마다 옳은 수단을 선택하고 바른 결정을 내린다. 그러한 계획과 함께 그분의 결정들을 이루어 가실 수 있는 능력도 나타난다. 우리는 9:6에 있는 메시아의 아름다운 이름들을 상기하게 되는데, 그곳에서 "모사"와 "전능하신"이라는 용어가 밀접하게 연결되어 있음을 발견한다. 우리 주님은 "하나님과 모든 백성 앞에서 말과 일에 능하신 선지자"라는 말을 들으셨다(눅 24:19하). 바른 방법을 택하시고 바른 결정을 하신 메시아께서는 이러한 결정을 시행하시는 가운데서 확고함과 일관성을 보이신다.

지식과 여호와를 경외: 여기서 우리는 메시아의 은사들과 만나게 된다. 이 지식은 이론적인 분야와 관계되어 있지만, 그보다 더 넓은 것을 포함하고 있으니, 이는 "여호와를 경외하는 것이 지식의 근본"(잠 1:7)이기 때문이다. 하나님을 알지 않고서는 지식이 있을 수 없으니, 이는 지식이 하나님으로부터 오기 때문이다. 하나님을 아는 것은 모든 참 종교의 원리이다. 메시아가 하나님을 알았는가? 이새의 가지이신 그분이 지상에 있을 때, "아버지 외에는 아들을 아는 자가 없고 아들과 또 아들이 소원대로 계시를 받는 자 외에는 아버지를 아는 자가 없느니라"(마 11:27하)고 말씀하셨던 것을 기억해야 할 것이다.

여호와 경외는 성경적 신앙의 심장이요 핵심이다. 그것은 하나님의 절대적 거룩성에 대한 인정이다. 그것은 그 거룩성의 인정에 근거한 두려움이며 그분 앞에서 충만한 존경심과 결부된다. 이러한 거룩한 두려움은 주님의 보좌 위에 있는 스랍들의 자세 가운데 나타나 있었다. 이 문구 자체가 실제적으로 진정한 경건과 헌신과 뜻이 같다. 참 신앙이란 경외와 경건한 두려움이니, 이는 곧 피조물이 거룩하신 창조주 앞에서 티끌뿐임을 인정하는 것이요, 또한 그분의 임재가운데서 엎드러져서 경외적인 두려움을 표현하는 것이다. 성령은, 주께서 이 선물을 주시는 사람들 가운데 여호와에 대한 경외심이 일어나게 한다. 메시아까지도 그분의 전능하신 사역을 이루기 위하여 여호와 경외로 충만하게 될 것이다.

11:3 그분의 아주 독특한 구비됨, 즉 한량없는 성령의 충만의 관점에서 볼 때, 이 왕이 다른 이들로부터 어떻게 구별되어 두드러지게 될 것인가? 그분은 오류가 없는 지식을 소유할 것이며, 그래서 다른 사람들 가운데 있는 참된 경건에서 기쁨을 찾을 것이다. 왕들은 주로 다른 사람들 가운데 힘과 지혜를 찾으며, 자기 자신의 이익에 사용할 수 있는 재능들을 가진 사람들을 찾는다. 그렇지만 이 왕은 야웨에게 대한 진정한 헌신이 있을 때 거기서 자기의 기쁨을 찾는다. 그분의 후각으로 생생하게 묘사된 그분의 인지능력은 그가 실제로 그것으로부터 기쁨을 얻는다는 암시와 함께 여호와 경외가 있는 영역에서 행사된다.[270] 이것이 신정국가의 통치자로서 다윗 계열의 왕의 참된 특성이다. 한 왕이 참된 경건을 사랑하고 기뻐하는 이 특별한 원리에서 빗나가는 한 그는 신정국가의 통치자로서 실패하였다.

통치자의 주된 기능은 재판하는 것이요 권위를 가지고 다스리는 것이다. 야웨를 그렇게도 경외하는 사람인 이 왕이 자기의 재판하는 기능을 어떻게 이행해 나갈 것인가? 그 질문을 묻는다는 것은 그것에 답하는 것이니, 이는 그분의 재판사역이 이전의 다윗 집의 통치자들의 그것과는 전혀 다른 것일 것이기 때문이다. 그분의 판단들은 인간에게 알려진 일반적인 자료들, 즉 사람들이 보고 듣는 것들에 근거하지 않을 것이다. 그러한 수단들, 곧 눈과 귀는 기껏해야 외적인 인상들만을 가져다주기

---

270) חיר—직접 목적격과 연결된 "냄새맡다". 참고. 창 27:27. 전치사와 함께 그것은 기쁨을 가진 인지를 나타낸다. 참고. 출 30:38; 레 26:31. Drechsler는 메시아께서 제사에서 그분에게 가져온 것을 기뻐하시는 것처럼 여호와 경외를 기뻐하신다고 언급하고 있다. 이 형태는 한정동사가 아니고 부정사 연계형인데, 직역하면 "그리고 그의 기쁨의 만끽은 여호와 경외의 영역 가운데 있게 될 것이다." M은 1Q의 지지를 받는다.

때문이다. 절대적인 공의를 위해서는 단순히 이러한 두 계통이나 통상적인 정보 원천에 의하여 얻어질 수 없는 절대적인 지식이 있어야 한다. 말하자면, 베일이 하나씩 하나씩 이 왕의 모습으로부터 벗겨져 나가고 있으며, 그래서 우리는 그분이 초자연적으로 무장된 그것이 그분의 인성에 있다는 사실을 배울 뿐만 아니라, 그분 자신이 신적 인격이시라는 사실을 배우게 된다.

11:4 그 어떤 장애물도 이 왕의 다스리심을 지연시킬 수 없으니, 곧 그분께서 자신의 통치를 완전히 성취하실 것이다.[271] 의를 가장 필요로 하는 사람들은 가난한 자와 압제받는 사람이니, 이는 그들이 인간들에게 특히 공의를 손에 쥐고 있어야 할 인간 통치자들의 발 아래 짓밟히고 또 무시당하여 왔기 때문이다. 만약 재판에서 의가 필요한 사람이 있다면 그것은 가난한 자였다. 우리는 그 통치자가 물질적으로 부유한 자들과 전혀 관계를 가져서는 안된다고 이해해서는 안 되고, 다만 이사야가 가난한 자를 언급한 것은 그들이 영적으로 모든 가난한 자, 곧 그들의 교만과 거만의 성향을 버린 사람들과, 하나님 앞에서 자기들의 영적 빈곤을 인정함으로써 참으로 겸손해진 사람들의 상징으로서의 역할을 하고 있기 때문이다. 그러한 사람이 의로 판단받을 것이다. 여기에 뇌물 수수가 없을 것이고 오직 진리와 영예가 떠받쳐지는 율법의 정당한 시행만이 있을 것이다.

이 왕의 심판의 특징은 그들의 절대적 공정성이다. 이 압제받은 사람은 사람들 앞에서 공의을 찾았으나 찾지 못했다. 싹과 가지이신 이 참되신 메시아로부터 그들

---

271) "심판하며"—두드러진 것은 인간 나라들, 주로 앗수르와의 대조이다. 3절 상반 절에서, 여호와 경외에 대하여, 메시아는 자신의 통치를 완벽하게 운영해 나갈 것이다. 3절 하반절에서 그 자신의 것인 정보를 얻는 수단에 대하여, 4절 상반 절은 그분이 선포한 심판에 대하여, 그리고 4절 하반절에서는 그 심판의 오류 없는 시행에 대하여 언급한다. "빈핍한 자"—히브리어에 정관사가 빠져 있는 점을 유의하라. אֶרֶץ(땅이라는 의미를 가진 이 단어가 한글개역 성경에서는 "세상"으로 번역되어 있다—역주)—악인과 평행을 이루고 있는 이 단어는 "악한 땅"이라는 제2차적인 개념을 가질 수도 있다. 그렇지만 메시아와 대주를 이루는 "땅"으로 간주하는 것이 더 나을 것이고, 그래서 이것은 땅의 거민들을 가리키는 것이 아니라, 인간의 죄로 말미암아 저주를 받은 것으로서의 땅이 매맞을 것임을 가리키고 있다. M은 B와 1Q의 지지를 받는다. "그 입의 막대기로"—참고. Ammianus Marcellinus, 18:3; 29:1. Gesenius는 Kamus에서 아산, "막대기"가 리산, "혀"로 번역된 것을 지적한다.

은 공평하게 판단 받을 것이다. 왕으로서의 그분이 해 주도록 요청받은 바 그 결정들은 완전한 공평을 나타내게 될 것이다.

그 땅 자체에 대해서 그분은 가난한 자와 압제받는 자가 살았던 그 땅을 치실 것이다. 그분은 그 땅 위에 계시며 땅을 초월하여 계시는 초월적인 존재이시다. 그리고 그분은 그가 뜻하시는 그 땅과 관계하실 수 있다. 그분의 입의 기운 자체가 막대기가 될 것이고 그것으로 징치하시고 때리실 것이다. "그 입에서 좌우에 날선 검이 나오고…"(계 1:16). 그 입으로부터 나온 것은 그분의 말씀이요, 그 말씀은 판단하시고 때리는 말씀이다. 하나님의 입의 기운은 얼마나 힘이 있고도 효력이 있는지! 그 입 기운으로 하늘의 만상이 이루어졌다. 메시아의 입으로부터 나오는 기운은 그것이 계획되었던 그 목적을 이루고 악인을 죽인다.

세상과 악인은 메시아의 진노의 대상이요 그런 까닭에 우리는 아마도, 땅(세상)이 악인과 동등하므로 이사야가 실제로 그 땅 자체를 악한 것으로 생각하고 있는 것으로 이해해야 할 것이다. 이 땅의 거민은 메시아의 세력 하에 속해 있으며 그분의 진노를 깨달을 것이다. 그분의 심판하시는 사역은 그의 선지자를 통하여 앗수르에 임할 재난을 선포한 사실에서 나타난다. 오늘날에도 그것은 그의 사역자들을 통하여 하시는 말씀의 선포 가운데서 나타나는데, 이는 그분께서 제자들에게 다음과 같이 말씀하셨기 때문이다. "너희 말을 듣는 자는 곧 내 말을 듣는 것이요 너희를 저버리는 자는 곧 나를 저버리는 것이요 나를 저버리는 자는 나 보내신 이를 저버리는 것이라 하시니라"(눅 10:16). 마지막으로 이 메시아의 입 기운은 그 악한 자를 멸망시킬 것이다. "그때에 불법한 자가 나타나리니 주 예수께서 그 입의 기운으로 저를 죽이시고 강림하여 나타나심으로 폐하시리라"(살후 2:8). 마지막 대심판의 날에 하나님의 음성이 말씀하시고 악한 자는 영원히 멸망할 것이다.

11:5 최초로 우리는 메시아의 완전한 성품에 대해서 그리고 그분의 사역의 확실한 결과, 악인의 멸망 그리고 가난한 자와 고난당하는 자의 구원에 대해서 배웠다. 그분의 사역은 쉽지 않을 것이고 대적들을 만날 것이다. 이러한 일에 당면하여 그분은 전사가 전쟁을 치를 대비를 하는 것과 같이 스스로 허리띠를 띨 것이다. 어떤 사람은 그 허리띠가 다른 옷들을 함께 묶어 주는 의복이라고 주장하면서 그러한 이유로 이것이 언급되었다고 주장한다. 다른 사람들은 이 허리띠가 힘과 임전태세의 상징이거나, 그렇지 않으면 충성의 상징 혹은 충성의 표시였다고 생각하였다. 키텔은

그 띠가 용사에게 요구되는 것이었다고 말했는데 이는 진리에 근접한 것이다. 고고학은 이러한 묘사의 배후에 있는 것을 설명해 준다.[272] 고대 시대에는 대적과의 한 바탕의 씨름을 하기 위해 준비한 사람이 띠를 띠었다. 씨름에서는 대적으로부터 그 띠를 잡아떼는 자가 승리할 수 있었다. 후에 이 개념은 비유적인 의미를 가졌으며 대회나 씨름을 하려고 하였던 사람에 대해서 사용되게 되었다. 그러므로 메시아가 그렇게 띠를 띤 것으로 묘사되었을 때, 우리는 그분께서 대적을 만나 씨름을 하시려 하신다는 것으로 이해해야 하고 또 그 씨름을 위하여 충분히 무장되어 있다는 것으로 이해해야 한다.

얼마나 훌륭한 준비인가! 그분은 전쟁이라는 일반적인 무기들을 가지고 오시지

---

272) Drechsler는 의복들이, 언급된 성격들을 형상화시키고 있다고 주장한다. 참고. 사 59:17; 골 3:12 그리고 삼상 2:4.

אזור — "허리 띠(옷)". 우가릿어 m'zrt, "허리 근방을 묶는 것." 허리띠 혹은 혁대를 띠고 씨름하는 것은 고대 세계에서 잘 알려져 있었다. 한 실례가 베니 핫산(Beni Hassan)의 무덤에 있는 벽화에서 발견된다. 또 다른 실례는 주전 제3세기 메소보다미아의 것인 카파지(Khafaje)의 씨름하는 자들에 대한 동상이다. 참고. Cyrus H. Gordon, "Belt-Wrestling in the Bible World", in *HUCA*, Vol. xxiii, Part One, 1950-51, pp. 131-6, Cincinnati. 이 행위는 *Iliad*, 23:710에서도 증명이 된다. "두 사람이 띠를 두르고, 그들은 모임으로 들어갔다." 그리고 *Odyssey*, 24:89, "그 젊은이들은 띠를 띠고 경기를 준비한다." 특히 흥미 있는 내용이 Nuzi에서 발굴된 설형문자 본문인데, 그곳에 보면 띠를 띠고 씨름하는 것이 시죄법(試罪法)의 한 형태이다. 두 형제가 법정에 있다. 한 사람, Gurpazah는 자기 아내를 괴롭히고 욕보인 것에 대해 그의 형제 Matteshub를 고발한다. Matteshub은 이 고소에 대한 사실성을 부인하고, 재판관들은 그에게 띠를 잡고 씨름하는 형태의 試罪法을 명한다. 그 본문에 해당하는 부분은 다음과 같다.

ik-ta-bu-u a-lik (ma? a-na?)
ᵐMa-at-te-šub ilani i-ši-iš-mi
im-ma-ti-me-e ᵐGur-pa-za-aḫ
a-na ilâni i-la(?) -ak-mi ù
ᵐMa-at-te-šub ᵐGurpaza-aḫ
iṣ-ṣa-bat-mi ù qa-an-na-šu
i-na qa-an-ni-šu he-is-mu-um-ma
i-pu-uš u i-na di-ni
ᵐGur-pa-za-aḫ il-te-e-ma
ù daiiani ᵐMa-at-te-šub
a-na qa-an-ni-šu it-ta-du(uš).

않고, 그 어느 누구도 그에게서 빼앗을 수 없는 가장 값나가는 것으로 띠를 띠셨다. 그분께서는 의와 성실함으로 띠 띠시고 대적을 맞이하신다.[273] 다른 곳에서 이 두 속성이 하나님과 그분의 판단에게 돌려지고 있다. "여호와여 내가 알거니와 주의 판단은 의로우시고 주께서 나를 괴롭게 하심은 성실하심으로 말미암음이니이다"(시 119:75). 그리스도는 의로우신 재판장이시요 신실하신 분이시다. "아버지께서 아무도 심판하지 아니하시고 심판을 다 아들에게 맡기셨으니"(요 5:22). "또 내가 하늘이 열린 것을 보니 보라 백마와 탄 자가 있으니 그 이름은 충신과 진실이라 그가 공의로 심판하며 싸우더라"(계 19:11).

본 절 가운데 에조르(אֵזוֹר), 즉 띠라는 단어의 강하고도 힘찬 반복이 나타나 있으며, 또한 한 단어의 두 번 반복은 자기가 방금 기록한 한 단어를 다시 사용하기를 좋아하는 이사야의 특성이다. 이 시점에서 독자들이 본문이 수정될 필요가 있다고 유혹 받지 않도록, 우리는 다음과 같은 구절들을 읽어보도록 요구하는 바이다. 이사야 14:4; 15:1, 8; 16:7; 17:12-13; 19:7; 31:8; 32:17; 42:19; 44:3; 54:4, 13; 59:10. 의와 성실로 띠를 띠신 분은 그 어떠한 대적도 맞이할 수 있다.

"그들은 말했다. '가라, Matteshub에게 신들을 운반하게 하라!' Gurpazah가 신들에게 가면 Matteshub이 Gurpazah를 잡아야 한다. 그리고 그가 그의 띠를 (그의 띠를 잡으려고 노력해야) 씨름해야 한다. Gurpazah가 소송에서 이겼다. 그리고 재판관들은 그의 벨트(씨름에서 진 것)에 대해 Matteshub로 하여금 Gurpazah에게 황소 한 마리를 (주어야 한다고) 판결하였다."

이 본문은 Chiera: *Proceedings in Court*, Publications of the Baghdad School, Texts, Vol. IV, Philadelphia, 1934, No. 331에서 발견된다. cf. Young, *The Study of Old Testament Theology Today*, 1959, pp. 53-55. "사람의 허리를 잡다"는 일반적인 개념의 저변에 깔려 있는 것은 이러한 개념일 것이다.

אֵזוֹר의 이중 출현은 Gesenius가 오래 전에 지적한 바와 같이 전형적으로 이사야적이다. 나는 Gesenius가 이사야서의 단일성을 지지하는 약간의 부가적인 언급을 한 것에 대해 감사하는데, 이는 그가 이 구절들 중 많은 부분을 이사야의 것이 아니라고 부정하기 때문이다.

273) 이와 같은 두 속성이 하나님에게도 적용된다. 시 33:4-5; 36:6-7; 89:14. 메시아에게도 적용됨. 렘 23:5-6; 33:15-16. 그리스도는 의를 주장하시는 재판장이시다. 요 5:22; 행 17:31. 그분은 또한 신실하시다. 고후 1:20; 요 1:17; 계 19:11.

(2) 다가오는 평화(11:6-10)

6절, 그때에 이리가 어린 양과 함께 거하며 표범이 어린 염소와 함께 누우며 송아지와 어린 사자와 살진 짐승이 함께 있어 어린아이에게 끌리며
7절, 암소와 곰이 함께 먹으며 그것들의 새끼가 함께 엎드리며 사자가 소처럼 풀을 먹을 것이며
8절, 젖 먹는 아이가 독사의 구멍에서 장난하며 젖 뗀 어린아이가 독사의 굴에 손을 넣을 것이라
9절, 나의 거룩한 산 모든 곳에서 해됨도 없고 상함도 없을 것이니 이는 물이 바다를 덮음같이 여호와를 아는 지식이 세상에 충만할 것임이니라
10절, 그 날에 이새의 뿌리에서 한 싹이 나서 만민의 기호로 설 것이요 열방이 그에게로 돌아오리니 그 거한 곳이 영화로우리라

11:6 이 메시아는 실로 놀라우시다! 2-5절에서 우리는 모든 지상적인 그리고 일시적인 통치자들로부터 완전히 구별되신 그분을 보아 왔다. 6-9절에서 우리는 그분의 나라 역시 모든 지상의 나라들과는 대조가 된다는 사실을 배운다. 그분의 나라는 그 나라가 지향하는 바로 그 나라이다. 그것은 인간 나라들 가운데서 발견되는 그것과는 완전히 대조될 것이다. 모든 원한이 사람들 사이에서 뿐 아니라, 짐승들 사이에서 사라지고 인간들과 짐승들 사이에 완전한 조화가 이루어질 것이다.

6절에 두드러진 교차 대구법이 나타나 있다. "그리고 이리와 어린양이 함께 거할 것이며, 표범이 어린아이와 함께 누우리라." 이리는 어린양의 원수로 잘 알려져 있다! 예를 들면, 패드루스(Phaedrus)는 시내의 윗 줄기에 서 있음에도 불구하고, 그 물의 아래 줄기에 있는 양이 흙탕물을 일으킨다고 정죄하는 이리에 대해서 우리에게 이야기해 준다. 그리고 나서 그 이리는 그러한 핑계로 어린양을 잡아 살육한다. 어쨌든 이러한 옛 증오는 사라지고, 이리의 공포 가운데 살아왔던 어린양은 자기 거처에 그 이리를 맞아들인다.[274] 이리는 어린양의 손님이요 그와 함께 체류한

---

274) 참고. 레 26:6; 사 65:25; 호 2:18; 겔 34:25-31. Vergil, *Eclogues*, 4:21, 24; 5:60; Horace, *Epodes*, 16:53, 54; Theocritus, *Idylls*, 24:84; Lactantius, 7:24; Martial, *Epigrams*, 9:73 등. 이러한 성경 밖의 자료들과 다른 것들은 어떤 사람들에 의하여, 이사야서의 본 구절이 단순히 낙원으로의 회복을 향한 같은 형태의 소망을 표현한 것뿐이라는 견해

다.[275] 어린양은 어리고 부드러운 짐승이요 보통 이리에게 미혹을 잘 받는 존재이다. 역시 이리처럼 탐욕스러운 표범은 이제 음식을 먹고 만족한 자처럼 평화롭게 누워 쉬며 어린아이와 함께 할 것이다. 그들 사이에 더 이상 적대 관계는 발견되지 않을 것이다. 양자가 함께 살아갈 수 있는 것이다.

진실로 이 나라의 시대에 우리는 놀라운 3중창(trio)을 발견할 수 있다. 양편에 길들여져 있는 짐승, 짐을 나르는 짐승이 있고, 그들 사이에 맹수가 있다. 그 이름들 자체 사이에도 두드러진 대조가 있으니, 말하자면 이리와 어린양 그리고 표범과 어린아이이다. 그리고 이러한 대조는 야생 맹수의 이름과 그것에 관해서 말해지는 것으로 확장된다. 즉 그 "이리가" "눕는다." 이 동사들은 일반적으로 이러한 야생 동물들의 특성으로 생각되지 않은 행동들을 묘사하고 있다. 길들여진 동물들에서 송아지가 가장 약하고 그래서 사자에게 가장 잡아먹히기 쉬운 동물이다. 살진 짐승은 살진 황소이며, 그래서 특별히 사자가 욕심내는 짐승이다. 그들 사이에 더 약한 송아지를 잡지도 않고 더 살진 황소도 잡아먹기를 바라지 않는 젊은 사자가 있다.

이보다 더 특이한 사실은 한 아이, 즉 전혀 경험이 없는 소년이 그들을 인도한다는 것이다. 어린아이에게는 길들여진 짐승들조차도 맡겨질 수 없는데, 그럼에도 짐승 떼를 인도하는 목자처럼 그가 두려움 없이 그리고 아주 안전하게 이 사나운 짐승들을 인도한다.

11:7 아마도 우리는 어느 정도의 절정에 도달한 것 같다. 보다 당당한 동물의 왕 사자가 가축들과의 평화를 갖게 될 뿐만 아니라, 보다 포악하고 덜 당당한 곰 역시 평화를 갖게 된다. 여기 나타난 곰은 암콤인 것 같은데, 사실상 그 성격은 완전히 변화되었으니 이는 곰이 풀을 먹는 것으로 알 수 있다.[276] 그것은 더 이상 곰으

를 지지해 주는 증거 구절로 사용된다.
275) 송아지와 살진 짐승이라는 두 가축들 사이에 사나운 짐승인 어린 사자가 위치해 있다. 그들이 함께 있으니, 곧 이사야가 지적하고자 하는 것은 그들이 무엇인가를 같이 한다는 것이 아니라, 그들이 함께 있다는 것을 지적하고자 한 것이다. 그런 까닭에 어떤 다른 동사를 삽입할 필요가 없다.
276) "함께 먹으며"―주어가 남성이기는 하지만, 동사는 여성형이다. 히브리어에서 강하고 용맹이 넘치는 동물들은 주로 남성으로 간주되는 반면에 보다 약한 동물은 여성으로 간주

로 행동하지 않고, 풀을 먹고 소처럼 행동하니, 마치 가축과 같다. 이 평화는 영속적이고도 지속적인 것이니, 이는 함께 누워 쉬고 적대감을 보이지 않는 그 일이 어린 곰과 어린 송아지에게까지 확대되기 때문이다. 이와 같이 사자도 자기의 사자의 성질을 잃어버리고 황소처럼 방목을 하게 되며, 가축들이 먹기 쉽도록 만들기 위하여 잘게 썰어진 풀들을 먹는다.

11:8 이러한 성격들의 반전이 어느 정도까지 확장될 것인가? 그것은 가장 오래된 원수관계들, 즉 뱀과 인간들 사이의 관계까지도 없애 버릴 것인가? 메시아의 능력은 너무나 커서 이러한 근본적인 적대감까지도 없애 버릴 것이다.

실로 가장 연약한 인간들, 즉 방금 젖뗀 어린아기까지도 인류의 숙명적 대적(독사—역주)에 의하여 해를 받지 않을 것이다. 창조 시에 동물들은 인간들을 돕도록 되어 있었다. 그러나 타락과 함께 적대감이 들어왔고 동물들이 여전히 도움을 주기는 하지만, 그것들은 인간에 의하여 복종되어야 했다. 뱀과의 적대감은 모든 적대감의 원조(first)이니, 이로 인하여 인간의 모든 동물의 세계와의 관계는 실제로 끊어져 버렸다.

젖을 떼야 하는 연령기에 있는 젖 먹는 아기가 독사의 구멍에 손을 넣어서 그 뱀의 구멍을 막을 것이다. 그렇게 자기 손을 그 구멍에 넣어서 그 젖 먹는 아기는 장난치며 즐거워하는 것이다.[277] 그의 행위들은 독사가 무는 두려움으로 인하여 위축되지 않을 것이다. 아마도 우리는 뱀들이 어떤 의도로 언급되었는지 정확하게 말할 수는 없을 것이지만, 문맥은 그것들이 해악을 끼치고 치명적인 것으로 간주되었음을 보여주고 있다. 어머니들은 이러한 뱀들로부터 자기 아기들을 보호하기 원하였을 것이다.

된다. 여기서 곰이란 단어는 여성의 의미를 가질 수 있다. 참고. German *Bärin*(여성). 다른 곳에서 그것은 통성으로 사용되는 것으로 보인다. 참고. 삼하 17:8; 호 13:8; 왕하 2:24. 성은 선행하는 단어와 뒤에 따라오는 접미사에 의하여 결정되기도 한다. "풀" -참고. Pliny: *Natural History*, 18:30.

277) ושעשע—"희롱하다, 재미를 얻다." 참고. 사 5:7; 사 119:70. Gray는 동사가 단지 해를 받지 않을 뿐만 아니라, 재미를 가지고 장난을 하는 장난의 개념을 암시하고 있다고 지적한다. 참고. 66:12. 같은 어원을 가진 수리아어는 공, 개등을 가지고 기분전환을 하는 등의 일에 사용된다.

젖뗀 어린 아기가 독사가 살고 있는²⁷⁸⁾ 굴 혹은 구멍²⁷⁹⁾에 손을 넣기를 두려워하지 않고 있으니, 이는 메시아의 의로우신 통치의 결과가 깊고도 세계를 변화시키는 평화이므로 인간들과 동물들 사이에 존재하는 모든 적대적 관계들이 사라지기 때문이다.

이 영광스러운 예언의 말씀을 우리가 어떻게 이해해야 할 것인가? 어떤 사람은 이 구절이 단순히 고대인들이 일반적으로 가르쳤던 낙원에로의 환원을 그리고 있다고 생각한다. 보다 오래된 주석가들에 의하면 동물 세계의 이러한 변화의 표현들은 단순히 인간 자신 안에 일어난 변화를 표현하기 위한 표상들이었다고 한다. 그래서 예를 들면 칼빈은 다음과 같이 해석하였다. "선지자는 이 표상으로 그리스도의 백성들 사이에 서로 상해나 또는 어떤 잔인성이나 몰인정한 행위를 할 의향이 없을 것임을 암시하고 있다." 그리고 의심할 여지도 없이, 이러한 미래의 축복된 시대가 여호와에 대한 지식이 물이 바다를 덮음같이 땅을 덮게 되는 상태가 될 것이므로, 선지자는 인간성에 변화가 있을 것이라는 사실을 가르치기 원한 것이다.

이와 동시에 선지자가 동물들 자체에게도 큰 강조를 두었다는 것도 유의해야 될 것이고, 또 이러한 사실 자체가 세부 사항에 있어서 비유적인 해석을 하기가 불가능하다는 것을 보여주고 있다. 만약 모든 것이 비유적이라면, 동물들 가운데서의 변화에 관하여 이렇게 세부적인 언급들을 한 요점이 무엇인가? 또한 우리는 여기서 인간이 죄로 타락하기 이전의 상황과 평행이 되고 비교가 되는 사실을 보게 된다. 죄가 세상 속으로 들어오기 이전에 동물들은 인간들의 도움이 되었고 인간에 의하여 이름을 지음 받았다. 하나님께서 만드신 모든 것이 좋았다. 인간들과 동물들 사이의

---

278) מאורתכ-직역하면, "빛의 장소". 1Q는 복수형, B는 κοίτην을 갖고 있다. Kittel은 이 단어에 "빛나는"(leuchteudes)이라는 의미를 부여한다. 그는 독사의 빛나는 밝은 눈을 가리킨다. 그러나 이 단어가 지니는 그림은 구멍이 빛에 도달하는 구멍의 입구일지도 모른다. 아이가 그 손을 굴 입구에 놓는다. 그리고 뱀이 살고 있는 구멍으로 들어가지 못하도록 막는다.

279) "독사"—사 14:29; 59:5. 이것은 틀림없이 특별한 독을 가진 뱀을 가리킬 것이지만, 그러나 어떤 종류의 뱀이 의도되었는지는 말하기 어려울 것이다. Rosenmüller와 Gesenius의 논의를 참고하라. Jerome은 본 절이 그리스도의 제자들에 의하여 사단을 쫓아낼 때를 예언하였다고 생각하였고, Vitringa는 이단적 교사들의 회심 아니면 멸망을 Cocceius는 그것을 크리스챤적인 뱀들의 소굴에 손을 넣었던 어린아이들로서 Luther, Calvin, Husś에 대한 구체적인 예언으로 말하고 있다. 만일 마지막 단어가 동사라면 우리는 주어, 목적어, 동사의 순서를 가지게 된다. 제안된 수정에 대해서는 참고. Reider in *VT*, 2, 1952, p. 115.

최소한의 적대감도 보이지 않았다. 나는 헹스텐베르크가 성경과 일치하여 바르게 말하고 있다고 믿는다. "가인이 없었던 곳에는 사자도 없었다."[280] "사자가 소처럼 풀을 먹을 것이며"라는 이사야의 어투 가운데는 모든 푸른 채소를 식물로 동물들에게 줄 것이라는 명령과 허락에 대한 반영이 나타나 있을 수 있지 않을까?

성경의 다른 구절들 역시 악이 이성적인 피조세계 가운데서 그치게 될 때, 그 악의 영향력이 비이성적인 세계 가운데서도 사라진다는 것을 암시하고 있다(참고. 사 65:25과 66:22). 이 비이성적 피조세계 가운데서의 변화는 물론 인간 자신들 가운데서의 변화보다 더 놀랍다. 동물들은 더 이상 다른 존재들과 적대감을 가지지 않을 것이니, 이는 악이 인간들로부터 사라졌기 때문이다. 인간들은 주님을 알 것이며, 그러한 사실의 효과가 동물들 사이에서까지도 나타나서 충만하고도 완전한 적대감의 사라짐이 있게 될 것이다.

이러한 다소 문자적인 해석에 있어서도 우리는 모든 세부 사항에 이르기까지 문자적으로 해석할 필요가 없음을 유의해야 할 것이다. 우리는 예를 들면, 사자의 신체 구조에서 물리적인 변화가 있을 것이라고 가정할 필요는 없다. 분명하게 가르쳐진 모든 것은 동물들이 다른 동물들의 먹이가 되지 않는다는 것이다. 헹스텐베르크가 말하는 바와 같이, 이것은 그리스도의 복된 다스림으로 말미암아 이루어질 변화들의 극단들이다. 만약 여기에 변화가 있다면, 인간들 가운데는 얼마나 큰 변화가 있겠는가? 그렇지만 언제 이러한 변화가 나타날 것인가? 이에 답변하여 우리는 이사야가 메시아께서 평화의 왕이시라는 사실을 강조하였다는 점을 유의해야 할 것이다. 메시아께서 그의 메시아적 사역을 완성하셨을 때, 평화가 인간들의 마음속으로 들어오며, 인간들이 메시아로부터 받은 평화의 원리들에 충실하는 한 그만큼 여기에 묘사된 축복들을 얻는다. 그렇지만 충만한 의미에서 이러한 상태는 이 땅이 여호와를 아는 지식으로 덮여질 때까지는 실현되지 못할 것이며, 이러한 상태는 의가 거하는 새 하늘과 새 땅에서만 얻어질 것이다. 브랙커(Bracker)는 "죄가 있는 곳마다 평화가 결핍되어 있다. 오직 의가 통치하는 곳만이 평화가 있다"고 말하고 있다.

이러한 이유로 인하여 여기 묘사된 상태는 상상된 천년왕국에 적용할 수 없다. 천년왕국설의 주창자들은 천년왕국 동안에도 죄가 있으니, 이는 천년왕국 이후에 열

---

280) *Christology of the Old Testament*, 1856, II, 120.

국들이 전쟁하기 위하여 다시 모인다는 기록을 통해 알 수 있다고 주장한다. 그렇지만 우리가 보고 있는 모습은 죄가 없는 상태요, 그 안에 평화의 충만한 현시가 나타날 상태인 것이다. 우리는 이 글을 매우 감사하는 마음으로 읽고 있으니, 이는 어느 날엔가 우리도 역시 충만한 의미에서 이러한 축복들을 누릴 것임을 우리가 알기 때문이다. 그리고 우리는 오직 임마누엘, 곧 이새의 뿌리에서 태어나시고, 갈보리의 대전쟁에서 죄를 위한 속량물로 자기를 드리심으로써 악한 자를 죽이신 그분으로 인하여 그것들을 누릴 것이다. 그분의 이름에 모든 찬양과 영예와 영광이 주어지기를.

11:9 묘사가 이제 보다 총괄적으로 이루어지고 있다.[281] 그것은 현재의 유다와 완전히 대조된다. 지금 인간들은 해를 끼치지만, 그날에는 그렇게 하지 않을 것이다. 주어가 한정되어 있지 않지만, 이사야는 왜 인간들이 다른 자들에게 해를 끼치지 않는지 그 이유를 제공하고 있다. 이와 동시에 세상은 야웨를 아는 지식으로 충만하게 될 것이다. 세상이 야웨를 아는 지식으로 가득하므로 거기에는 해나 악행이 없을 것이다. 그런 까닭에 선지자가 말하고 있는 것은 우선적으로 인간들에 대한 것이다. 오늘날 인간들은 다른 사람에게 해를 끼치고 그들은 속여 빼앗으며 속이고 다른 사람으로부터 훔쳐낸다. 그러나 그때에는 사람들이 야웨를 알 때, 그들은 더 이상 다른 사람에게 악을 행하지 않는다. 하나님의 거룩한 산은 그분의 임재의 상징인 시온이다. 미래에는 시온이 하나님의 백성의 거처가 될 것이며, 그분께서 그들 가운데 거하시게 될 것이다.

---

281) "해됨도 없고" — 주어가 비인격이고, 그래서 동물들이 아닌 인간들을 가리킨다. 주어는 실제적으로 "나의 거룩한 산에서"라는 문구에 의해서 제한되며, 동물들을 가리킬 수 없다. "거룩한 산"과 "하나님의 산"이라는 표현들이 구약에서 시내산, 시온산, 예루살렘 이외에 다른 어떤 산들에 대해서 사용되었는지 여부에 대해서는 의문의 여지가 있다. "세상에" — 어떤 사람은 이 단어를 "나의 거룩한 산"과 동의어로 취급한다. 그러나 그보다는 이 단어가 9절 하반절에서 두 번째 단위에 언급된 바다와 반대적 개념으로 혹은 대조되어 있는 것으로 보인다. 물이 바다를 덮음같이 하나님에 대한 지식이 마른 땅, 곧 세상을 덮을 것이다. "충만할 것임이니라" — 예언적 완료. "아는 지식" — 동명사는 대격을 취하기에 충분히 강하다. "바다를" — 직역하면, "물들에 대하여, 바다와 관련하여 덮을 것이다." 전치사는 민 10:25에서처럼 직접목적격을 도입하는 역할을 한다. 참고. Koran, 15:9, *"inna lahu lahafizuna"* (진실로 우리는 그것의 수호자이다). 아마도 우리는 단순히 "에 관하여"(with respect to)로 번역할 수 있을 것이다.

이러한 해로운 행위들이 없는 이유는 야웨에 대한 지식이 있기 때문이다. 인간들은 하나님을 알게 되는데, 이 지식은 무엇보다도 이론적인 지식을 함의하고 아울러 실천적인 지식을 포함한다. 진실로 이 지식은 서로 분리될 수 없다. 사람이 하나님에 관해서 알지 못하고서는 하나님을 전혀 알 수 없으며, 하나님을 알지 못하고서는 하나님에 관해서도 알 수 없다. 사람들은 자기들이 하나님이 참으로 존재하신다는 것을 아는 것 안에서 야웨를 알 것이며 그들이 그분에게 모든 사랑과 복종과 헌신을 드리는 그 지식 위에서 행동을 할 것이다. 그분은 그들의 하나님이 되실 것이다. 이 지식은 너무나 광대하게 될 것이므로 물이 바다를 덮음같이 그 땅을 가득 채울 것이다. 이사야는 세상이 두 부분, 즉 땅과 바다로 나뉠 것이라는 뜻으로 말하고 있지 않고, 다만 바다가 그 용량이 충분하여 땅을 물로 채워지게 되는 것처럼 야웨의 지식으로 채워지게 될 것임을 말하고 있는 것이다. 땅이 한 번 그렇게 채워질 때, 사람들은 다른 사람을 해롭게 하는 일을 그치게 될 것이다. 평화가 오기 이전에 먼저 지식이 있을 것임에 틀림없다.

11:10 "그날에…나서"라는 친근한 소개 말과 함께 이사야는 다음의 축복들이 나타날 놀라운 때에 대해서 우리에게 지시하고 있다. 이새의 뿌리는 그 나무 줄기를 산출하는 기초요 근거이다.[282] 그러므로 메시아는 이새의 가문을 지지하고 유지시켜 주는 자로 나타나 있다. 나무가 잘려진 후에 그 뿌리 자체만 땅에 남아 있고, 오직

---

282) "뿌리" — 문장의 구조는 "그리고 이새의 뿌리에서 그것이 일어날 것이다"이다. 그 나무가 베어지고 난 후, 그 뿌리는 땅에 남아서 그것으로부터 새로운 생명이 나타날 수 있다. 메시아는 다윗 집의 회복자, 이새의 뿌리이시다. 롬 15:12; 다윗의 뿌리와 후손, 계 22:16. "설 것이요"—분사는 그 뿌리가 이미 서 있음을 암시하고 있다. 그것은 굳게 서 있다. 참고. 미 5:4. "기호"—정보를 교환하기 위하여 눈에 잘 보이는 장소에 세워져 있었던 기, 렘 50:2; 군대가 집합하기 위한, 사 18:3; 렘 4:21. 도망자가 모이기 위한, 렘 4:6; 백성들을 모으기 위한, 사 5:26; 11:10, 12; 49:22; 62:10. 그것은 높고 두드러진 장소에 세워져 있었다. 사 13:2. 창 11:8의 분산과 대조하여, 메시아는 모이는 중심점으로 서신다. 그분은 여기서 왕, 즉 높이 올리어진 왕으로 묘사되어 있다. 그분은 먼저 십자가 위에서 올리어지셨고, 요 3:14. 그 다음에 심판석으로 올리어 지실 것이다. 요 12:32; 빌 2:9; 히 7:26. "뿌리"와 "기호" 사이의 대조를 주시하라. 땅 속에 깊이 숨겨 있는 뿌리는 높이 올린 기호가 될 것이다. "돌아오리니"—참고. 욥 5:8과 8:5; 호의를 나타내는 의미와 존경심을 보이는 의미로, 참고. 마 2:2.

이 뿌리로부터만 새 생명이 나타날 수 있다. 그런 까닭에 메시아는 진정한 다윗 족보의 회복자이시다. 이 뿌리 자체는 백성들을 집합시키는 표준이 되는 바, 1절의 싹과 가지와 동일하다. 이 뿌리는 더 이상 땅 아래에 안 보이게 있지 않고, 백성들이 그 주위에 만나고 모이는 지점으로서의 역할을 할 수 있는 고지에 서 있게 된다. 그 뿌리로서의 메시아는 알려지지 않았고 무시를 당했으나, 깃발로서의 그분은 모든 사람들이 그분 주위에 모여들 수 있도록 높이 올려진다. "모세가 광야에서 뱀을 든 것같이 인자도 들려야 하리니"(요 3:14). "내가 땅에서 들리면 모든 사람을 내게로 이끌겠노라 하시니"(요 12:32). 그러므로 그분의 올려지심과 서심은 백성들의 유익을 위한 것이다.

야웨를 알지 못하던 이방인들과 열방들이 신앙적인 가르침을 얻기 위하여 그분에게로 모여들 것이다. 그분은 영원히 흔들리지 않고 서 계시며, 이방인들은 그분에게로 돌아올 것이니, 이는 그들이 오직 그분만을 자기들이 필요로 하는 신앙적인 도움과 지식을 줄 수 있는 분으로 인정할 것이기 때문이다. 그들이 올 때마다 그분은 모이고 집합하는 지점인 그곳에 계실 것이다. 진실로 그분만이 사람들을 연합하게 하고 함께 모이게 하는 표준이시다.

그의 거한 곳, 곧 그분이 다스리고 생명을 주시기 위하여 정착하셨던 장소는 그 자체가 영광스러운 곳이다.[283] 이사야의 어투가 얼마나 강력한지! 영광! 영광스럽다고 말하는 대신, 선지자는 단순하게 명사를 사용하고 있다. "그분의 거하는 장소는 영광." 여기에 실로 생생한 강조가 있다.

(3) 이스라엘의 미래(11:11-16)

11절, 그날에 주께서 다시 손을 펴사 그 남은 백성을 앗수르와 애굽과 바드로스와 구스와 엘람과 시날과 하맛과 바다 섬들에서 돌아오게 하실 것이라

---

[283] "그 거한 곳"—직역하면, "안식의 장소." 시온에 대하여 사용됨. 시 132:8, 14; 대상 28:2. 그곳은 하나님께서 다스리시기 위하여 좌정하신 장소이다. "영화로우리라"—하나의 명사가 형용사 역할을 한다. 벌게이트역은 분명히 이것을 그리스도의 묻히심으로 이해하였다, "et erit sepulcrum eius gloriosum." 옛 언약의 성전이 그 영광, 즉 여호와의 영광을 가졌던 것처럼, 성취의 때에는 그보다 비교하여 더 큰 영광이 있을 것이다. 참고. 사 4:5; 학 2:7, 9. 이 영광은 사 60:19; 40:5; 55:5; 참고. 계 21:23에서 구체화되었다.

제3장 유다의 참 소망: 메시아 왕 • 461

12절, 여호와께서 열방을 향하여 기호를 세우시고 이스라엘의 쫓긴 자를 모으시며 땅 사방에서 유다의 이산한 자를 모으시리니
13절, 에브라임의 투기는 없어지고 유다를 괴롭게 하던 자는 끊어지며 에브라임은 유다를 투기하지 아니하며 유다는 에브라임을 괴롭게 하지 아니할 것이요
14절, 그들이 서로 블레셋 사람의 어깨에 날아 앉고 함께 동방 백성을 노략하며 에돔과 모압에 손을 대며 암몬 자손을 자기에게 복종시키리라
15절, 여호와께서 애굽 해고를 말리우시고 손을 유브라데 하수 위에 흔들어 뜨거운 바람을 일으켜서 그 하수를 쳐서 일곱 갈래로 나눠 신 신고 건너가게 하실 것이라
16절, 그의 남아 있는 백성을 위하여 앗수르에서부터 돌아오는 대로가 있게 하시되 이스라엘이 애굽 땅에서 나오던 날과 같게 하시리라.

11:11 그날은 행동하시는 날이 될 것이다. 이전에 주권자이셨던 주께서 징벌의 손을 높이 드셨었다. 이전에 이 나라가 애굽에 포로되어 있었을 때 구원을 베푸셨었다. 이사야는 출애굽을 우리에게 상기시켜 주는 주의 손을 언급하고 있는 것은 그때 여호와께서 강한 손과 펴신 팔로 자기 백성을 구원해 내셨기 때문이다. 이제 그분께서 다시금 그분의 손을 보내실 것이나, 이번에는 그 백성을 자신에게로 모아들이기 위함이다.[284] 첫 번째는 징벌을 위함이고, 두 번째는 구원을 위함이다. 바로가 징벌을 당했던 바로 그 손길로 남은 자들이 느끼게 된것이다.[285] 그러나 남은 자만

---

284) 쉐니트(שֵׁנִית) 앞에 파섹이 있는데, 이는 이접 접속사 예티브에 의하여 부분적으로 실현된 한 목적, 즉 두 단어를 분리하는 역할을 한다. 그 자체로 요씨프(יוֹסִיף) 형태가 다소 약화되었고, שֵׁנִית의 첨가로 그것이 강화되었다. 이와 다소 유사한 용법은 Annals of Mursilis, II, col. III, 58, "da-a-an KAS-ŠI nam-ma pa a un"(두 번째 다시 나는 갔다)에서 발견된다. "주께서" — 하나님은 그분에게 속해 있는 이방인들을 모으는 위대한 사역 편에서 볼 때, 주권자로 지칭된다.
285) "돌아오게" — 부정사는 동사 하나와 더불어 이해되기보다는 앞 문구 전체와 함께 이해되어야 가장 좋다. 11절 하반절에 있는 관계대명사 אֲשֶׁר의 중요성을 유의하라. "바드로스" — 애굽의 프로테스, "남쪽 땅"은 상애굽을 의미하다 König는 애굽 나음에 오는 모든 이름들은 후에 덧붙여졌다고 생각한다. 이는 이사야 당시에는 이런 이름들이 그렇게 널리 퍼져 있지 않았기 때문이라고 주장한다. 그렇지만 이 어투는 예언적 입장이다. 참고. Pliny, Natural History, 18:18. "구스" — 에티오피아. "엘람" — 메대 남방에 있음. "시날" — 바벨론. 참고. 창 10:10; 11:2. "하맛" — 사 10:9에 있는 각주를 보라. "바다 섬들" — 해안 지방의 나라들. 창 10:5; 습 2:11. Gray는 이 용어가 이사야에 의하여 절대로 사용되지 않았고 제2이사

구원받을 것이고, 이 남은 자가 앗수르와 또 다른 나라들이 남겨 놓은 자로 구성될 것이다. 이 나라들은 자신들의 사역을 할 것이고 그 후 멸망당할 것이며, 그럼에도 그들은 약간의 남은 자를 남길 것이다. 여호와의 손은 이 남은 소수를 자신에게로 모아들이실 것이다. 모든 압제자들 가운데서 앗수르가 두목격으로 나타나 있다. 이사야 당시에 두목은 앗수르였고 다른 나라들보다 더욱 그 백성에게 큰 위협이 되었다. 애굽 역시 위협적이었으나 이 둘 중에서 앗수르의 위협이 더 컸다. 앗수르를 언급하고 나서 이사야는 그 다음으로 남방으로 얼굴을 돌려 애굽, 바드로스, 구스를 언급한다. 그리고 나서 그는 북동쪽을 바라보면서 엘람과 시날을 언급하고 그 다음으로 수리아 하맛과 지중해 바다의 해안 국가들을 언급한다.

이사야 당시에는 여기에 묘사되어 있는 것처럼 이스라엘 백성들이 그렇게 분산되지는 않았었다. 아직 이 백성들은 그렇게 널리 퍼져 있지 않았었다. 당연히 그러한 분산의 전조가 있었다. 갈릴리 사람들은 디글랏-빌레셀에게 끌려갔다. 전쟁과 사소한 충돌이 있었다. 징조들이 있었지만, 여기에 있는 것과 같은 커다란 실제적인 분산은 이사야 당시에는 실제로 일어나지 않았다. 그러므로 우리는 여기서 예견적인 어투를 보게 되는 것이다. 여기서 이사야는 미래를 밝혀 주는 선지자로서 말을 하고 있는 것이다. 다가올 흩어짐은 범위에 있어서 세계적이 될 것이다. 그러나 그분은 능력 있는 손을 펴서 그 모든 국가와 족속과 방언으로부터 자기 백성을 두 번째로 모아들이실 것이다.

11:12 메시아께서는 이방인들이 모일 수 있도록 하는 기준이 되실 것이다.[286]

야의 친숙한 용어라고 말한다. 사실상 "바다 섬들"이라는 표현은 사 11:11과 24:15에만 나오고, 본 예언의 후반부에는 결코 나오지 않는다. 단독으로 "섬들"이라는 복수형이 사 40:15; 41:1, 5; 42:4, 10, 12, 15; 49:1; 51:5; 59:18; 60:9; 66:19에서 발견된다. 단수형은 사 20:6과 23:2, 6에만 나타난다.

286) 나사(נָשָׂא)와 네쓰(נֵס)에 있는 유사음 조화현상을 유의하라. 또한 니드헤(נִדְחֵי), **다게쉬**가 빠짐)와 네푸초트(וּנְפֻצוֹת)에 있는 성(性)들의 혼합을 유의하라. 참고. 3:1; 슥 9:17. **다게쉬**는 다음에 오는 후음으로 인하여 빠진 것이다. 참고 사 56:8과 시 147:2. "기호"—유대인들이 자유를 얻어야 할 것이라는 것을 이방인들이 알도록 한 기호를 세우실 것이다. 참고. Caesar, *de bello Gallico*, 2:10, "*vexillum proponendum quod erat insigne, cum ad arma concurri oporteret*"; Ammianus 27:10. 실제 성취 과정에서, 주님의 목적은 바벨론의 멸망과 같은 사건들을 매개로 역사 과정을 통하여 알려졌다. 이와 유사한 모습이 49:22과 62:10 가운데 주어져 있다. 이방 국가들을 이스라엘의 이산한 자들을 모음으로 말하고 있는

여기에서도 역시 우리는 주께서 이스라엘의 유익을 위하여 하나의 기호를 세우실 것이라는 점을 배우게 된다. 메시아는 이방인들을 이끄시는 지점이 되실 것이고, 기독교인 설교 사역과 선교사들을 통하여 그들을 자신에게로 이끄실 것이다. 그러므로 특별히 이 시대에 교회가 세상의 사방에, 참 메시아, 예수를 떠나서는 구원이 없다는 진리로 불타는 선교사들을 보내는 일은 얼마나 중요한 일인가! 이 기호를 통하여 하나님은 이스라엘의 흩어진 자들도 모으실 것이다. 진실로 메시아를 떠나서는 그들에게 미래도 없고 소망도 없다. 하나님께서는 유다의 흩어진 자들을 모으실 것이고, 그렇게 하여 이스라엘과 유다는 또다시 함께 할 것이다. 이상하게도 이사야는 유다의 흩어진 자를 여성으로 말하고 있고, 그렇게 하여 성들을 혼합함으로써 그 나라의 나누어진 상태를 반영하고 있는 것 같다. 메시아의 사역은 다툼과 분열을 통하여 갈라졌던 자들을 하나로 뭉치게 하고 이끄시는 일이 될 것이다.

흩어짐은 광범위하다! 세상 사방에 백성이 흩어졌다. 이사야는 세상이 실제로 네 모퉁이를 가지고 있는 것으로 이해하도록 우리에게 의도한 것이 아니다. 그는 단순히 하나의 의복의 네 귀퉁이를 말함으로써 그 의복의 전체를 가리키는 것처럼 그러한 화법을 사용하여 말하고 있는 것이다. 우리 주님께서 다음과 같이 말씀하셨을 때, 이 구절을 반영하시고 계셨던 것이다. "저가 큰 나팔 소리와 함께 천사들을 보내리니 저희가 그 택하신 자들을 하늘 이 끝에서 저 끝까지 사방에서 모으리라"(마 24:31).

11:13 하나님의 백성들 사이에 있는 갈등들은 얼마나 크고 비극적인가![287] 에브라임은 유다를 투기하였고 모든 지파들 가운데서 수위의 위치를 차지하려고 노력하

구절들은 사 14:1-2; 49:22-23이다. "땅 사방에서" 참고. 신 22:12; 슥 8:23이하. 계 7:1에서 이 두 표현이 결합된다. 기본 본문은 신 30:1 이하이다. 사 5:26은 이 구절과 대조를 이루고 있다. 마 27:13에서 그리스도께서는 우주적 심판에 대한 묘사를 위해 사 27:13 뿐만 아니라 이 구절에서도 그 특징들을 취한다.

287) "자를 것이다"는 강한 표현 대신에 "돌이킬 것이다"는 부드러운 표현을 주시하라. 소유격들이 목적격인지 주격인지 말하기 어렵다. 나는 첫 번째 소유격, "에브라임의 투기"를 주격으로 생각한다. "에브라임이 유다를 향하여 가졌던 투기는." Luther는 그것을 목적격으로 취급한다. "에브라임을 향한 투기는 중지될 것이다"(und der Neid wider Ephraim wird aufhören) "유다를 괴롭게 하던 자" — 유다가 압제하던 자들이 아니고, Eitan이 번역한 바와 같이, "유다(에브라임 족속들 가운데 있는)를 괴롭히던 그들." 그러므로 13ba이 13aa을 해석하고 13bb이 13ab를 해석하지 않는다.

였다. 본래 이 적대감에 다른 대상들이 있었으나 결국은 유다에 집중되었다. 야곱은 축복 가운데서 유다에게 탁월한 지위를 주었으며, 유다 지파는 에브라임보다 더 번성하였고 전쟁에서도 수위를 차지하였다. 적대감은 다툼의 원천이었고 다툼들은 북쪽 지파들과 남쪽 지파들 사이의 전쟁을 유발하였다. 너무 자주 투기가 교회 내의 붕괴의 원천이 되어 왔다! 그리스도의 이름을 부르는 사람들은 마음속에 그 어떤 투기나 질투가 나타나지 못하도록 마음을 지켜야 한다.

유다에 대한 에브라임의 투기는 없어지고 유다를 자극하고 괴롭히던 유다의 대적들은 끊어질 것이다. 이 압제자들을 어디서 발견할 것인가? 의심할 여지도 없이 에브라임 내에서이지만 이사야는 마음속에 유다를 괴롭히는 자들 모두를 염두에 두었을 수 있다. 메시아께서 다스리실 때 에브라임은 더 이상 남왕국을 향한 투기심을 가지고 살지 않을 것이고, 유다는 북왕국의 형제를 분노하게 하고 자극하게 하는 방식으로 행동하지 않을 것이다.

이스라엘의 역사 가운데 커다란 불명예스런 사건은 여로보암 하에서의 분리였다. 사실 여로보암은 이스라엘로 범죄케 한 사람으로 우리에게 알려져 있다. 그러한 분열에 포함된 것은 배교였으니, 곧 다윗 집에 주어졌던 약속을 북쪽 지파들 편에서 완전히 거절한 일이었다. 이러한 상태가 더욱 악화되었으며, 역사 대대로 하나님께서는 배교하는 나라에 선지자들을 보내셔서 회개하도록 하고, 갈라진 틈을 회복할 수 있는 유일한 분이신 메시아를 바라보도록 하였다. 선지자들은 북왕국과 남왕국의 갈라진 틈의 결합을 메시아 시대의 축복들 중 하나로서 묘사하기를 즐겨 하였다. 여기에 세계적인 정신을 소유한 우리 시대를 위한 교훈은 없는가? 진정한 화합과 일치는 오직 역사적 메시아를 통해서만 이루어질 것이다. 사람은 교인일지라도 할 수 없고 오직 메시아만이 성취하실 수 있으시다. 연합은 진리 안에서 이룩될 것임에 틀림없다.

그리스도 안에서 모든 국가간의, 지방간의 그리고 지역간의 구별들은 사라지고, 본 절에서 사용된 모습을 통하여 우리는 그리스도 안에서 참된 통일이 있을 것이라는 것과, 인종과 색깔을 막론하고 모든 인간들을 위한 자리가 있다는 사실을 배우게 된다. 그리스도를 통해서만 그들이 하나가 될 수 있다.

11:14 참된 통일로 말미암아 얼마나 큰 일들이 이루어질 수 있는지![288] 이스라

---

288) "그들이 날을 것이다"—Eitan은 아랍어 악카, "습격하다"에 근거하여 본 절을 수정하

엘과 유다는 함께 있을 것이며, 그들의 옛날 대적들은 사라지고 다시는 기억되지 않을 것이다. 그리스도 안에서 그들은 멸망될 수 없는 통일체를 이룬다. 팔레스틴 중심부의 산들로부터 그들은 한 커다란 새처럼, 바다로 향한 경사진 땅의 어깨에 내리덮치고 날아 앉는다. 화합하고 협정하여 그들은 다가온다. 분리는 사라지고 그들은 함께 모인다. 여기에 세상의 증오와는 정반대로 신앙의 진정한 통일이 있다. 이러한 진정한 통일은 그 자체가 공격을 예상하여 움츠리는 자기 방어 안에 숨지 않는다. 그것은 공격적인 자세를 취할 것이고 메시아의 대적들은 멸망될 것임에 틀림없다. 그리고 메시아께서 주시는 통일의 능력 가운데서 백성은 하나님과 그분의 교회의 대적들의 대표인 블레셋인들 위에 날아 앉을 것이다.

이사야가 여기서 묘사하고 있는 것은 물론 문자적인 의미로 이해될 수 없다. 그 보다는 여기에 묘사된 아름다운 통일의 모습은 성도들 자신들의 사역을 통해서가 아니라, 그리스도의 보혈을 통하여 그리고 선교사들을 보내고, 모든 피조물에 대한 하나님의 모든 계획에 대한 지속적이고도 능동적이고 열정적이고 신실한 선포를 통

였다. 그리고 나서 그는 "그리고 그들이 서방으로는 블레셋을 협공할 것이고, 그들이 함께 동방의 아이들을 약탈할 것이다"로 번역하였다. 그러나 카프 대신에 페가 잘못 기록되었다고 가정할 필요는 없고, 우리는 עוף로부터 파생된 것을 유지해야 한다. 이러한 묘사는 맹금(a bird of prey)에 대한 것이다. 참고. 합 1:8. "어깨"—Eitan은 "협정하여"로 번역하고, Aq., Sym., T는 1Q처럼 M을 지지하지만, 그러나 B는 πλοίοις ἀλλοφυλλων으로 읽는다. Jerome은 "et volabunt in humero Philisthaeorum per mare"라고 번역한다. 배들은 바다 위를 나르는 것으로 이해된다. 수리아어 plh, "그들이 쟁기질 할 것이다"를 유의하라. 이것이 나타내는 바와 같이 형태가 케테프(כתף, BH는 כֶּתֶף을 암시하고 있다), 즉 연계형이 아니고 절대형이다. 만약 구두점이 유지된다면 우리는 이 단어를 "하나"가 뒤따라오는 것으로, 즉 "한 어깨로" 혹은 "함께 협력하여"로 이해할 수도 있다. 참고. 습 3:9. 부정형은 이 해석, "한 어깨로", 즉 "협정하여"를 받아들일 수도 있다. 그렇지만 절대형이 수 8:11에서처럼 연계형이 될 수도 있음을 유념해야 한다. "서로("바다로")"—이 표현은 포괄적 사상을 표현하기 위하여 사용된 다음에 나오는 "동방 백성"과 대조를 이루고 있다. "동방 백성"—팔레스틴의 동쪽 사막의 거민들, 즉 고대 유다의 대적들. 참고. 삿 6:3, 33; 7:12; 8:10. 그들이 이스라엘을 약탈했던 것처럼, 그렇게 약탈할 것이다. "에돔"—참고. 사 34:5; 63:1; 욜 3:19; 암 9:12. "모압"—사 25:10; 습 2:8ff. "손을 대며"—직역하면, "그들의 손을 내밀던 곳." "암몬 자손"—삿 10:17ff.; 삼하 10:14. "자기에게 복종시키리라"—그들이 듣는다는 것(히브리 본문은 귀로 들음을 의미하는 샤마아라는 단어가 사용되어 있다—역주)은 복종으로 간주되었다. 여기에 언급된 다섯 대적들 중 넷은 아모스서의 첫 부분에 나오는 위협들 가운데 나타난다. 미 5:4-5은 앗수르와 관련된 평행구이고, 6-8절은 총괄적인 묘사이다. 신 30:7은 모체가 되는 구절이다. 이 모든 백성들은 다윗의 통치 영역으로부터 취해진 것이다.

하여 이루어지고, 원수 세계를 정복하는 사역에 대한 활기차고 능동적인 참여를 통하여 얻어진 하나님의 성도들의 소유인 것이다.

유다의 뿌리깊은 원수들 가운데 동방 백성 혹은 동방 자손들이 있었다. 그들은 얼마나 자주 팔레스틴을 침략하고 약탈해 갔던가! 얼마나 자주 그들은 합법적으로 그들의 소유가 되어 있었던 그 땅을 빼앗았던가. 그 땅은 동방으로부터 온 것으로 가득하였고, 이제는 이 동방의 백성들에 대항하여 이 백성이 노략할 것이다. 그러나 그것은 다른 종류의 약탈이 될 것이다! 여기에 나타난 영광스러운 소망은, 하나님의 백성들에 의하여 사막에 사는 아랍 유목민들에 대한 문자적인 약탈이 이루어진다는 것을 약속하는 것은 아니다. 그보다는 하나님의 구원의 능력이, 바울 사도와 같이, 언젠가 교회를 핍박하던 자들이었던 그들에게 알려지는 복된 사역 가운데서 이루어 진다는 것이다. 우리는 지속적으로 동방 백성들이 약탈을 당하여 거짓된 부와 재산들이 박탈당하고, 그 대신에 하나님의 그리스도를 소유하게 되도록 기도해야 한다.

두 뿌리깊은 대적들이 에돔과 모압에 대해서도 역시 이 백성은 손을 내밀어 그들을 움켜잡을 것이다. 암몬 자손들까지도 듣고 순종할 것이다. 이러한 모든 모습들은 당시 존재하던 상황으로부터 끌어온 것이다. 하나님의 백성은 외적인 대적들로 둘러싸여 있었는데, 그들이 다윗에 의하여 정복되었지만 반역하여 때때로 이스라엘과 유다를 괴롭혀 왔다. 이러한 모습은 완전히 정반대의 상황인데, 팔레스틴에서 일어나지 않고 보다 넓은 세계 무대에서 일어나며, 하나님의 백성이 모든 사람들을 이끌어서 그리스도에게 포로로 만드는 정반대의 모습이다.

11:15 이스라엘과 유다의 통일이 두드러져 있는 것처럼 그들의 승리의 비결도 역시 주께서 그들을 위하여 싸우신다는 것이다.[289] 거기에는 옛날의 장애물, 즉 애

---

289) "말리우시고"—M은 Aq, Sym., T, 그리고 1Q의 지지를 받고 있다. 참고. 사 34:2. *BH*는 이 단어가 헤흐립(הֶחֱרִיב)으로 읽혀지는 고대적인 어투를 채용하고 있고, 그래서 B는 ἐρημώσει(황폐시키다)로 이해하고 있다. ב와 מ 사이의 상호 교환이 일어난다고 할지라도, 그러한 수정은 여기서 불필요하다. B가 M과는 다른 독법을 전제로 하지 않는다고 가정할 수도 있지만, 그러나 렘 25:9처럼 의미를 따라서 번역을 하였다. "해고"(tongue)—Drechsler는 독일어 *Erdzunge*(갑)와 비교한다. 사해 바다에 대해 사용됨, 수 15:2-5; 18:19; 오비드에 있는 돌기에 대해, *Met.* 15:724; Livy, 37:31; Ammianus Marcellinus, 14:8. 아랍어에서는 사해 바다의 양쪽 끝을 묘사하기 위하여 이 단어를 사용한다. "애굽의 해"—소유격 앞에 절대형. "하수"—유브라데 강. Kimchi는 애굽의 해가 나일을 가리킨다고 한다. "일으켜서"—

굽의 바다의 갑(岬)이 있었는데, 그것은 홍해로부터 북쪽으로 뻗어 있는 좁은 수로로서 이 장애물이 이제는 제거 될 것이다. 그것은 주님에 의하여 멸망되도록 제거될 것이다. 그것은 더 이상 하나님의 백성의 구원을 가로막을 수 없다. 본국으로 돌아오는 이스라엘 백성들을 가로막았던 강인 큰 유브라데 강이 동쪽으로 놓여 있다. 이 강 위로 하나님께서 위협과 멸망의 동작인 그 손을 흔드는 일을 하실 것이다. 이 들어올려진 손과 함께 격렬한 바람이 올 것이고, 그 강은 일곱 갈래로 갈라질 것이다. 그리하여 그 강의 세력은 꺾여지고 신을 신은 사람들이 그 안으로 걸어 들어갈 수 있을 것이다.

애굽 바다와 유브라데는 멀리 떨어져 있었지만 그것들은 고대 시대에는 하나님의 백성이 직면해야 했던 두 장애물들이었다. 그렇지만 하나님께서 행동하실 때 모든 장애물은 이전 시대에 있었던 것처럼 사라질 것이다. 하나님께서 자기 백성을 인도하실 때, 그분께서는 그들을 모든 장애물을 통과하여 약속의 땅으로 안전하게 인도하실 것이다.

11:16 앗수르가 자기의 사역을 끝마쳤을 때 하나님의 백성 중에는 남은 자가 있을 것이다.[290] 그들이 약속의 땅으로 돌아올 수 있도록 그들을 위하여 큰 도로가 있을 것이다. 그것은 주님 자신이 세우신 길, 곧 땅을 쌓아 올림으로써 이룩한 길이다. "내가 소경을 그들의 알지 못하는 길로 이끌며"(사 42:16상). "정녕히 내가 광야에 길과 사막에 강을 내리니"(사 43:19하). "여호와께서 그들을 사막으로 통과하게

Luzzatto, Krochmal, Perles 등은 베오쳄(בְּעֹצֶם), "~의 힘으로"로 고쳤다. Reider는 בְּעַם이 아랍어 ghayyamun, "구름, 분노", "그의 바람의 격렬함으로"에 상당한 것으로 생각한다. 유대인 역본은 "바짝 태우는 바람으로"로 읽는다. "(그리고 ㄱ것을) 쳐서"—이 접미사는 강을 가리키기도 하고 바다의 갑(岬)을 가리키기도 한다. 참고. 슥 10:11. "일곱 갈래로"—이 숫자에 대해서는 4:1과 시 136:13을 참고. 이 시내는 큰 강이 말라 버릴 때 생기는 작은 물줄기를 의미한다. Her. 1:189, 그(헤로도터스)는 Cyrus가 자기의 흰말들 중 하나를 삼켰던 Gyndes 강을 징벌하기 위하여 그것을 360 운하로 나누었던 것과 연관시킨다. "신"—아마도 시내를 통과하여 건너기 위하여 신을 신을 필요까지는 없을 것이다. 참고 사 47:2.

290) "대로"—그 땅을 쌓아올림으로써 긴실된 한 길은 라틴어 agger와 같은 것으로, 밟아서 달아진 통상적인 좁은 길과 다른 것이다. "앗수르"—여기에 언급된 이 칭호는 모든 대적들의 대표로서 언급된 것이다. 이 구절과 평행구들은 42:15-16; 43:19-20; 48:21; 49:10-11; 55:12; 그리고 애굽과 구원의 이적들을 가리키는 구절들은 참고. 사 48:21; 51:9-10; 슥 10:10-11.

하시던 때에 그들로 목마르지 않게 하시되 그들을 위하여 바위에서 물이 흘러나게 하시며 바위를 쪼개사 물로 솟아나게 하셨느니라"(사 48:21). "내가 나의 모든 산을 길로 삼고 나의 대로를 돋우리니"(사 49:11). 이사야는 여기서 우선적으로 바벨론으로부터의 귀환을 말하고 있지 않다. 비록 이 바벨론 귀환이 지금 그가 말하고 있는 귀환의 기초가 되어 있을 수는 있지만 말이다. 오히려 그는 그 구원이 너무나 커서 하나님에 의해서만 실행될 수 있다고 생각하고 있는 것이다. 이전에 하나님께서 자기 백성을 애굽 땅으로부터 이끌어 내어 광야 지역을 지나 마침내 팔레스틴으로 올라오도록 하셨던 것처럼, 이제 다시 한 번 그분께서 영적 노예 상태의 집과 죄의 감옥으로부터 그들을 이끌어 내어 메시아, 곧 길이요 진리요 생명이신 그 길로 인도하여 마침내 많은 고난을 통과하여 그들을 하나님의 도성으로 이끌어 내실 것이다.

(4) 승리의 찬양의 노래(12:1-6)

1절, 그 날에 네가 말하기를 여호와여 주께서 전에는 내게 노하셨사오나 이제는 그 노가 쉬었고 또 나를 안위하시오니 내가 주께 감사하겠나이다 할 것이니라
2절, 보라 하나님은 나의 구원이시라 내가 의뢰하고 두려움이 없으리니 주 여호와는 나의 힘이시며 나의 노래시며 나의 구원이심이라
3절, 그러므로 너희가 기쁨으로 구원의 우물들에서 물을 길으리로다
4절, 그 날에 너희가 또 말하기를 여호와께 감사하라 그 이름을 부르며 그 행하심을 만국 중에 선포하며 그 이름이 높다 하라
5절, 여호와를 찬송할 것은 극히 아름다운 일을 하셨음이니 온 세계에 알게 할지어다
6절, 시온의 거민아 소리를 높여 부르라 이스라엘의 거룩하신 자가 너희 중에서 크심이니라 할 것이니라

12:1 구속은 찬양으로 나타난다.[291] 언젠가 이스라엘 백성이 애굽으로부터 능하신 구원을 이루신 하나님을 찬양하는 노래를 불렀듯이 미래에도 그 백성의 한 사람으로서 하나님의 놀라운 구원을 다시 찬양할 것이다. 이사야는 마치 자기 당시의 백

---

291) "내가 주께 감사(찬양)하겠나이다"—참고. 시 75:1; 139:14; 단 2:23. 마 11:25에 있는 우리 주님의 말씀을 유의하라. 미완료형은 행동의 계속을 나타낸다.

성들이 구원을 경험한 것처럼 말하고 있다. 사실 그는 그 당시의 표현으로 미래의 백성을 묘사하고 있다. 그는 이것을 단수형으로 말하여 마치 그 나라 전체가 단 한 사람이었던 것처럼 기록하고 있다. 그러므로 이 백성은 하나님을 찬양하는 일에 있어서 단일된 모습으로 나타나 있다. 그래서 바울이 성도들에게 이렇게 분부하고 있다. "한 마음과 한 입으로 하나님 곧 우리 주 예수 그리스도의 아버지께 영광을 돌리게 하려 하노라"(롬 15:6).

하나님을 찬양한다는 것은 그분을 귀하신 분으로 인정하는 것이요, 그분의 속성과 또 그분이 하신 일로 인하여 그분을 높이는 것이다. 여기에 구속하신 하나님의 존귀하심과 크심을 인정하는 한 목소리가 있다. 이 감사는 그분이 진노하셨기 때문이 아니라 그분이 진노했으나 그의 진노를 탄원자에게서 돌이키시고, 그 대신 위로를 보이셨기 때문이다.[292] 그러나 우리는 이 표현을 오해하지 않아야 한다. 성경은 결코 하나님의 진노가 그것이 단순하게 사랑으로 전환되어 물러갔다고 가르치지 않는다. 하나님의 진노는 물러갔거나 위로로 전환되지 않았다. 만약 그러했다면, 그것은 하나님의 고결성에 대한 저급한 그림을 제시하는 것이다.

하나님은 죄에 대해 진노하시고 그 진노는 죄에 대해 내려져야 한다. "죄를 범한 영혼마다 죽으리라." 그 하나님의 진노는 죄있는 자들 위에 떨어질 것이고, 그가 징벌을 받을 것이다. 그렇지만 하나님의 진노가 한 사람으로부터 물러가 버린다면, 그 죄의 징벌은 그 특별한 사람에게서가 아니요 그 사람의 죄책을 대신 짊어진 한 사람 위에 떨어진 것이다. 그리하여 하나님께서는 정당하게, 이전에는 그분의 진노가 머물러 있었던 그 사람에게 그분의 위로를 보이실 수 있다. 비록 하나님께서 진실로 진노하셨었을지라도 그분의 분노를 돌이키신 것이다. 이 사상 가운데 구속의 핵심이 들어 있다. 하나님의 분노는 나에게서 돌이켜졌지만, 그리스도에게로 향하였다.

---

292) "주께서 노하셨사오나"—같은 표현 방식에 대해서는, 참고. 롬 6:17. König는 동사에 양보를 나타내는 의미를 부여하여 "비록 주께서 노하셨사오나"로 번역한다. 하나님의 진노가 짧은 기간 동안 지속된다는 사실을 아는 것은 우리에게 위로가 된다. 참고. 시 30:5-6. שׁוּב—3인칭 명령형을 유의하라. 글자 그대로 하면 아마도 다음과 같이 번역될 것이다, "그것을 돌이키시고 나에게 자비를 보이소서." 3인칭 명령을 나타내는 표현은 단순히 미완료형으로 대치될 수 있다(참고. GKC, §109k). 와우가 없는 3인칭 명령법은 과거의 사건들을 표현하는데 사용될 수도 있다. 아마도 이 3인칭 명령법이 문장의 귀결절을 특징짓는 것으로 간주하는 것이 더 정확할 것이다. "주께서 노하셨사오나, 당신의 진노를 돌이키시고(즉 당신의 진노를 돌이켜야 하고), 또한 주께서는 나에게 위로를 보이소서."

그리고 하나님의 분노를 받아 마땅한 내가 그대신 하나님의 위로를 받았다.[293]

12:2 이제 주 하나님의 화해된 얼굴의 광명이 비취고 있다. 보라! 드디어 오래 기다렸던 구원이 도착하였다. 나의 구원은 하나님 자신이시다.[294] 이제 커다란 진리가 분명하게 선언되고 있다. 이 선언을 위하여 그토록 놀라운 준비가 있어 왔었다. 하나님이 우리와 함께 하신다. אל은 나의 구원이시다! 남은 자가 전능하신 하나님에게로 돌아올 것이다! 하나님을 주님으로 삼는 나라는 복받은 나라다. 다음과 같이 말할 수 있는 사람은 얼마나 행복하겠는가? "하나님은 나의 구원이시다. 나는 두려워하지 않고 의지할 것이다." 에브타흐(אבטח)와 에프하드(אפחד) 사이에 두드러진 유음 현상이 있다. 만일 하나님께서 누군가의 구원이시라면, 두려움은 필요 없고, 오직 신뢰만 필요하다.

선지자가 하나님이 그의 구원이시라고 선언할 때 그것은 무엇을 의미하였는가? 그것은 하나님께서 구원의 조성자요, 원인이시며, 대리자요 성취자이시라는 것을 의미한다. 하나님을 떠난 구원은 생각할 수 없다. 영원하신 하나님의 계획 가운데에서 아버지께서는 자기 백성을 생명과 구원으로 정하셨다. 때가 되어 아들 하나님께서 갈보리 십자가 위에서 죽으심으로써 구원을 이루셨고, 또한 때가 되어 그리스도께서 자신의 죽으심으로 그들을 위하여 이루신 축복들을 성령 하나님께서 자신의 소유된 백성들의 마음 가운데 적용하신다. 인간을 위하여 구원을 이루심에 있어서 하나님께서는 능동적이시다.

구원받음에 있어서 우리는 죄책으로부터 그리고 죄의 오염으로부터 구원을 받았고, 또한 우리는 영원하신 그리스도의 놀랍고도 복된 의를 받았다.

하나님은 우리의 아버지이시며, 그분의 전능하신 은혜의 행위로 말미암아 우리를

---

293) "나를 안위하시오니"—"위로하다. 사람의 슬픔을 달래다. 어려움과 고통을 덜어주다." 근본적인 사상은 창 5:29에서 노아가 땅에 주어졌던 저주로 인하여 수고로이 일하는 하나님의 백성을 위로할 것이라는 희망 가운데 표현되어 있다. 이사야가 나중에 강조한 것이 이 위로이다. 40:1; 49:13; 참고. 빌 2:1; 요 14:16, 26; 16:7.

294) "보라"—중대한 진리를 발표하는 것, 참고. 40:9. Marti는 엘(אל)을 연계형으로 취급한다. 그러나 이 단어 위에 모든 강조가 주어져 있다. 이사야는 이 단어를 발전시켜 왔다. 그의 모든 소망과 그 나라의 소망은 엘(אל) 가운데서 발견되다. 1Q는 이 단어를 반복하여 마치 "보라 하나님을! 나의 구원의 하나님을"처럼 읽고 있다.

그분의 자녀로 삼으셨다. 가장 충만한 의미로 그리고 가장 깊은 의미로 우리는 하나님을 모셔들인다. 더 이상 무엇을 가질 수 있겠는가? 다시 말해서 하나님 자신보다 더 우리에게 필요한 것이 무엇이겠는가? 그분은 우리의 구원이시다.

하나님의 백성은 다음과 같이 추리할 수 있었을 것이다. "만약 하나님이 우리의 구원이 아니셨다면 모든 것이 두려울 것이다." 인간은 고독하고 힘이 없으며 긴 밤의 어둠 가운데서 살아간다. 하나님께서 그의 구원이 되시지 않는다면 모든 것이 두려울 것이다. 그러나 두려워할 것이 없다. 오직 담대함과 확신을 가지고 말할 수 있다. 즉 하나님께서 자기의 구원이 되어 주신 온전한 든든함과 확신을 가지고 그는 "나는 의지하고 두려워하지 않으리라"고 선언할 수 있다. 이것은 오직 구원받은 사람들만이 가질 수 있는 하나님이 주시는 소망의 확신이다.

모든 사람은 살기 위하여 능력과 힘을 가져야 한다.[295] 사람이 자기의 생활의 근거가 될 수 있는 어떤 것이 없다면 그는 엉망진창이 될 것이다. 어떤 사람은 술을 의지하고, 어떤 사람은 마약을, 어떤 사람은 완고한 의지력을, 어떤 사람은 허세를, 어떤 사람은 "종교"를 의지하는데, 이 사람을 제외한 모든 사람은 사람을 의지하는 것이다. 이 예외의 사람들은 자기들의 능력과 힘을 하나님에게서 찾는 사람들이다. 그러므로 그들이 의지하고 두려워하지 않으리라고 말할 때, 그들은 헛되게 자랑하는 것이 아니다. 이스라엘을 구속하신 언약의 하나님 야웨를 모신 사람들은 그분이 그들의 힘과 능력이 되시기 때문에 얼마나 부러운지! 그는 진실로 반석과 같으신 분이요, 또한 그분을 모신 사람들만이 확신을 갖고 의지할 힘을 소유한 것이다. 모든 다른 능력과 힘은 환영(illusion)에 지나지 않는다.

선지자는 출애굽기의 어투를 사용하고 있다(15:2). 홍해에서의 큰 구원 후에 모세와 구원받은 백성은 다음과 같이 노래했다. "여호와는 나의 힘이요 노래시며 나의 구원이시로다"(출 15:2). 그러나 이사야는 힌마디를 넛뭍이고 있다. 그는 야를 구속자 야웨와 동일시하고 있는데, 이는 그가 그리스도와 새 언약과 모세 아래에서는 모

---

295) 짐라트(זִמְרָת)—B는 ἡ αἴνεσίς μου. 이 단어는 힘을 의미한다. 참고. 우가릿어 ẓmr. 난점의 원인이 되는 것은 울디마에 있는 **카메츠**이며, 그래서 어떤 사람은 그것을 짐라티(זִמְרָתִי)로 읽는다. 만일 그렇다면, 끝의 **요드**는 다음에 따라오는 **야**(여호와)로 인하여 생략된 것이다. 이 형태가 여성형 어미를 가지고 있을 수도 있고, 그래서 지금의 이것이 옳을 수도 있다. 오지(עֹז)가 피널트에 홀렘을 가지고 있을 때, 이 단어는 언제나 짐라(זִמְרָה)와 결합하여 기록된다. 다른 곳에서 바른 철자는 우지(עֻזִּי)이다.

형일 뿐이었던 그것의 원형을 바라보고 있기 때문이다. 구속자를 단순히 모형적인 칭호였던 야웨를 말하지 않고 야를 사용한 것은 잘한 것이다. 이 구절을 다음과 같은 말로 마감하는 것은 너무나 잘 어울린다. "그리고 그가 나의 구원이 되셨도다." 이를 직역하면, "그리고 그가 나에게 구원을 위한 것이 되셨도다"이다.

12:3 시내반도의 타는 광야에서 백성은 물이 없음으로 불평했었다. 그들의 불평에 반응하여 모세는 바위를 쳤고 그것으로부터 물이 터져 나왔다. 사막 가운데 은혜가 있었다! "다 같은 신령한 음료를 마셨으니 이는 저희를 따르는 신령한 반석으로부터 마셨으매 그 반석은 곧 그리스도시라"(고전 10:4).

만일 시내 광야가 사막이었다면 생활의 사막은 얼마나 더욱 메마른 사막이 되겠는가? 그렇지만 이러한 메마른 사막 가운데도 생명을 주는 물이 있다. 이 샘으로부터 구원받은 사람들은 삶을 주고 힘을 주며, 생활을 유지시켜 주는 구원의 물을 길을 것이다.[296] 시내에 있는 반석으로부터 물이 터져 나왔던 것처럼 구원의 물에서 사람들이 물을 길어 올릴 것이다. 물들! 그것은 강조적인 복수형인데, 이는 그것이 이 샘물로부터 나온 축복들의 충만함과 충분함을 암시하고 있기 때문이다.

물은 구원과 또 그것을 수반하는 축복들을 암시하는 아름다운 모습이다.[297] 목마르고 메마른 땅에서 방황하는 사람들에게 얼마나 시원하게 해주고 소생케 하는 말인가! 구원을 가리키기에 얼마나 적절한 표상인가! "가련하고 빈핍한 자가 물을 구하되 물이 없어서 갈증으로 그들의 혀가 마를 때에 나 여호와가 그들에게 응답하겠고 나 이스라엘의 하나님이 그들을 버리지 아니할 것이라 내가 자산에 강을 열며 골짜기 가운데 샘이 나게 하며 광야로 못이 되게 하며 마른땅으로 샘 근원이 되게 할 것이며"(사 41:17-18). 구약의 묘사에 덧붙여서 우리 주님은 "내가 주는 물을 먹는

---

296) 본 구절은 하나님의 위로의 내용을 나타내고 있다. 단수형으로 시작하고 있는 이 구절이, 이제 그 백성들이 하나님의 위로를 받는 자들이 될 것이라는 사실을 표현하기 위하여 복수형으로 나아가고 있다.

297) 복수형이 또다시 계 7:17에 나타나고 있는 점을 주시하라. 그 나라의 초창기 역사 가운데서 물은 구원의 모형으로서의 역할을 하였다. 참고. 출 15:27; 17:1ff.; 민 20:2ff.; 33:9. 이 구절들은 그 나라의 물에 대한 필요성을 예증하고 있으며, 그것들이 고전 10:4에서 해석되었다. 성취에 대해서는 참고 요 4:14; 7:37; 계 7:16, 17; 21:6; 22:17. 배고프고 목마름이 자주 영적 필요를 나타냈던 것처럼 음식과 물은 영적 축복을 나타낸다. 참고. 사 41:18; 55:1; 시 23:2.

자는 영원히 목마르지 아니하리니 나의 주는 물은 그 속에서 영생하도록 솟아나는 샘물이 되리라"(요 4:14)고 말씀하셨다. "이는 보좌 가운데 계신 어린양이 저희의 목자가 되사 생명수 샘으로 인도하시고 하나님께서 저희 눈에서 모든 눈물을 씻어 주실 것임이러라"(계 7:17).

하나님의 선하심으로 말미암아 공급되었던 광야의 물처럼 구원의 우물물은 그분의 선하심의 선물이다.[298] 구원은 전적으로 하나님의 은혜다. 칼빈이 말한 바와 같이, "한 부분이 전체로 취급되는 수사법으로 그는 삶을 유지하기 위하여 필요로 하는 모든 것이 분에 넘치는 하나님의 선하심으로부터, 우리에게 솟아 나온다는 사실을 선언하고 있다." 우리는 이 복된 우물들에서 기쁨으로 물을 긷는다. 우리는 영원히 하나님을 기뻐해야 한다. 그리고 신자의 삶은 기뻐하는 삶이니 이는 그가 하나님으로부터 떠나갔던 그의 무서운 죄의 짐이 치워져서 이제 더 이상 그와 그의 하나님 사이에 죄가 있지 않다는 사실을 알기 때문이다. 그리고 이 모든 것은 그리스도의 사역으로 인한 것이다! 진실로 우리는 주 안에서 지금과 영원히 기뻐할 수 있다.

12:4 본 절에 묘사되어 있는 것은 구원의 우물에서 물을 길어 올리는 삶의 결과뿐만 아니라, 그보다 더욱 그러한 물을 긷는 작업의 성공에 대한 것이다.[299] 사람들이 구원의 축복들을 누릴 때 그들은 구속하시고 용서하시는 하나님의 영광들을 알려야 한다. 마음이 주님의 풍성함들로 넘쳐날 때, 그 혀는 그분에 대한 찬양을 발설한다. 그날에, 즉 사람들이 서로를 압제하고 이스라엘의 하나님의 이름을 경멸하였던 이사야가 살았던 당시와는 전혀 다른 그날에, 사람들은 서로에게 말할 것이며 하

---

298) "우물들"—두 개의 **파타흐**를 가지고 있지만, 그러나 왕상 18:5을 참고하라. 그곳에서 **쉐와**가 **아인** 밑에 나타난다. 이러한 형태는 아마도 **야아모두**(יַעֲמֹדוּ)와 같다고 설명할 수 있을 것이다. 복수형은 축복의 충만함을 암시한다. 즉 내포된 뜻은 하나님의 은혜의 모든 축복들이다. 그분의 충만하심 가운데서 우리는 모든 것을 끌어 내어 받을 수 있으니, 이는 우리가 메마른 땅과 같기 때문이다. 참고. 시 143:6과 요 1:16.

299) "그 이름을 부르며"—Marti는 이 문구가 한 사람이 지기가 예배하였던 신의 이름을 크게 부르곤 하였던 때 세의석 용법으로부터 왔다고 생각한다. 그는 이 문구를 신의 이름을 크게 부르는 의미로 취급하고 있다. 참고. 시 4:1. 그러나 하나님의 이름은 그분의 속성의 총체이다. 이 문구는 하나님에게 호소하거나 혹은 부르는 것을 의미한다. "그 행하심을"—이 단어는 나쁜 의미로도 좋은 의미로도 사용될 수 있다. 참고. 시 9:12; 77:12-13. 본 절의 부분들은 시 105:1과 대상 16:8에 나타난다.

나님을 찬양하는 거룩한 의무를 부과할 것이다. 그분의 이름을 부르면서—그리고 사람들이 부를 다른 이름은 없다—사람들은 그분을 그분 그대로 인정할 것이다. 그분의 이름은 그분 자신이요, 그분의 존재 자체이시다. 그것은 그분의 무한하시고 영원하시고 불변하는 존재요, 지혜, 능력, 거룩, 공의, 선하신 진리이시다. 하나님을 부르는 이 호칭 아래 진정한 예배 전체가 포함되어 있다.

여기에 참 선교사의 설교 내용이 있다. 그것은 야웨의 전능하신 행위이다. 그러나 그분의 행위를 해석하지 않고서는 하나님의 전능하신 행위를 말한다는 것을 불가능하다. 우리는 십자가에 죽으신 한 사람 예수를 단순하게 말할 수 없다. 우리는 예수께서 누구시며 그의 죽으심으로 그분이 성취하신 일이 무엇인가를 말해야 한다. 그리고 우리가 그렇게 할 때 우리는 교리를 설교하고 있는 것이다. 그렇다면 그 교리는 우리가 이방인들에게 설교하는 내용임에 틀림없다. 바울은 "저희가 우리에 대하여 스스로 고하기를 우리가 어떻게 너희 가운데 들어간 것과 너희가 어떻게 우상을 버리고 하나님께로 돌아와서 사시고 참되신 하나님을 섬기며 또 죽은 자들 가운데서 다시 살리신 그의 아들이 하늘로부터 강림하심을 기다린다고 말하니 이는 장래 노하심에서 우리를 건지시는 예수시니라"(살전 1:9-10)고 말하고 있다.

그의 이름이 지극히 높혀진 이유는 그분 자신이 높고도 거룩하신 분이시기 때문이다. 인간들은 그분의 이름이 높여진다는 사실을 잊어버리는데, 이는 그들이 마음으로 그분을 찬미하지 않기 때문이다. 그들은 마치 그분이 존재하지 않은 것처럼 산다. 교회의 임무는 사람들로 하여금 그분의 이름이 올리어진다는 사실을 기억하도록 하는 것이다. 그러므로 교회는 사람들의 의견을 제공하기 위하여나 혹은 모든 종교들이 다 같이 동등하다는 것을 가르치기 위하여 존재하는 것이 아니고 혹은 사람들로 하여금 자신들과 연합하도록 구걸하기 위하여 존재하는 것도 아니다. 교회의 최상의 임무는 사람들로 하여금 하나님의 이름이 올리어진다는 것을 기억하도록 하는 것이다. 교회는 이 일을 하나님께서 지정하신 하나님의 진리를 선포하는 임무를 통해서만, 말하자면 설교를 통해서만 할 수 있다.

12:5 노래하고 줄이 있는 악기를 연주하면서 인간들은 야웨를 찬양할 수 있으며, 그렇게 그분을 찬양함으로써 그분의 이름에 능력을 나타낼 수 있는 것이다.[300]

---

300) זַמְּרוּ—아마도 피엘형은 선포적 의미를 가지며, 이 동사는 짐라트(זִמְרָת)와 어원이 같

권세를 그분께 돌림으로 그들은 그분이 진정으로 강하시고 전능하신 하나님이시고 그분만이 권력을 가지신다고 선언하고 있는 것이다. 왜 사람들이 이렇게 해야 하는지 하나의 이유가 있다. 야웨께서 이스라엘을 구원하시고 노예 상태로부터 구출하셨기 때문에 뛰어난 일들을 하셨다. 아무것도 그분께서 자신의 독생자를 희생시키셨을 때 이루셨던 큰 구원과 비교할 수 없다. 그분이 하신 일들은 고귀한 일이니 진실로 그것들은 뛰어난 일이요, 알려진 일이요, 한 모퉁이에서 이루어진 일이 아니었다.

12:6 시온의 거민은 한 여인으로 의인화되어 있으며 이 거민은 구속받은 백성이다. 그들에게 말하면서 선지자는 의인화된 하나님의 모든 백성에 말하고 있는 것이다. 그는 그들에게 소리를 높여 외치라고 명령하고 있다.[301] 하나님은 자기 백성 가운데 있는 성전 가운데 거하시며, 그들 가운데 거하시는 이러한 거주의 방식을 통하여 하나님께서는 자신이 참으로 크신 분이심을 나타내 보이셨다. 구약 시대에는 이러한 거주가 성전에 있었고, 하나님의 임재가 이적을 행하심 가운데서 나타나기도 하였다. 오늘날에는 그분이 말씀 안에서 그리고 우리의 몸을 성전으로 하시는 성령 안에서 그의 백성 가운데 거주하신다. 본 장은 얼마나 균형 있게 구성되어 있는지! 1절에서와 2절에서 우리는 구속받은 사람의 말을 듣게 되고 3절에서 선지자가 말하고 다시 4-5절에서 구속받은 자의 말들이 있고, 마지막 구절에서는 이사야 자신의 명령으로 끝난다. 백성들의 말과 이사야의 말들 사이에 흥미로운 상호 교차가 이루어져 있다.

은 것으로 간주될 수도 있다. "주님을 강하시다고 선포하라, 권능을 주님께 돌려라(ascribe)." "극히 아름다운 일"—직역 하면, "광대하심." 출 15:1에 반영된 것을 유의하라. "알게 할지어다"—메유다아트(מְיֻדַּעַת)는 라틴어 동명사의 분위기를 띤, 즉 "그것은 알려져야 한다"를 가진 푸알 분사이다. 케티브는 더 드물고 이 단어의 호팔형인 무다아트(מוּדַעַת)로 만드는 케레보다 우선시되어야 한다. 그러나 Marti는 호팔을 더 좋아한다.

301) "외치라"—직역 하면, "날카로운 소리를 내라, 발 울음소리를 내라" 참고. 사 24:14; 54:1; 렘 31:6; 에 8:15. "거민"—여성 분사가 사용되었는데, 이는 구속받은 자가 여인으로 의인화되었기 때문이다. 교회는 그리스도의 신부이다. "크심이니라"—"너희 중에 거하시는 거룩한 자는 크시다"가 아니고 "너희 중에 계시는 거룩한 자가 자신을 크신 분으로 나타내 보이셨다"이다.

이사야서 주석(I)

제 2 부

신정국가와 열국들
(13:1-39:8)

이사야서 주석(I)

제 1장

유다와 세상 세력 (13:1-27:13)

1. 메소보다미아 세력의 성장(13:1-14:32)

(1) 심판이 올 것이다(13:1-8)

1절, 아모스의 아들 이사야가 바벨론에 대하여 받은 경고라
2절, 너희는 자산 위에 기호를 세우고 소리를 높여 그들을 부르며 손을 흔들어 그들로 존귀한 자의 문에 들어가게 하라
3절, 내가 나의 거룩히 구별한 자에게 명하고 나의 위엄을 기뻐하는 용사들을 불러 나의 노를 풀게 하였느니라
4절, 산에서 무리의 소리가 남이여 많은 백성의 소리 같으니 곧 열국 민족이 함께 모여 떠드는 소리라 만군의 여호와께서 싸움을 위하여 군대를 검열하심이로다
5절, 무리가 먼 나라에서, 하늘 가에서 왔음이여 곧 여호와와 그 진노의 병기라 온 땅을 멸하려 함이로다
6절, 너희는 애곡할지어다 여호와의 날이 가까왔으니 전능자에게서 멸망이 임할 것임이로다

7절, 그러므로 모든 손이 피곤하며 각 사람의 마음이 녹을 것이라
8절, 그들이 놀라며 괴로움과 슬픔에 잡혀서 임산한 여자같이 고통하며 서로 보고 놀라며 얼굴은 불꽃 같으리로다

13:1 이 표제에 따라 우리는 맛사,[1] 즉 바벨론과 관계된[2] 하나님의 신탁 혹은 선포에 직면한다. 그것은 바벨론이 하였던 선포가 아니라 바벨론에 관한 선포이다.[3] 바벨론은 예언의 대상이다. 문맥을 보면 맛사는 특성상 위협적일 수도 있음이 드러나지만, 그렇다고 해서 언제나 그러한 의미를 가졌다고 주장하는 것은 너무 지나치게 멀리 나아가는 것이다.

본 장은 이사야 예언 중 큰 두 번째 단락을 나누어 이끄는 역할을 하고 있는 만큼 특별한 소개 말을 가지고 있는 것이다. 그리고 우리가 내용이 이사야 시대로부터 멀리 떨어진 하나의 국가인 바벨론에 연관되어 있으므로 선지자 자신이 본 장을 기록하였을 수 없다고 생각하지 않는다면, 우리는 그것이 아모스의 아들 이사야가 본(환상으로) 것이라는 것을 명확하게 듣게 된다. 만약 이사야가 저자가 아니었다면, 그의 이름이 머리말에 나타나는 것이 이상하다. 편집자로 하여금 이사야가 바벨론에 관한 환상을 보았을 수 있었다고 생각하도록 하게 한 원인이 무엇이었을까? 우리는 이러한 스타일이 이사야의 것이고, 또 후기에 살았던 스바냐와 예레미야가 모두 본 장의 일부분들을 사용하였다는 점을 주시할 수 있다.

그렇다면 우리가 살펴보고 있는 이 구절은 바벨론과 관계된 하나님의 계시요 또한 하나님에 의하여 제8세기의 선지자 이사야에게 계시된 것이다. 자기의 메시지가

---

1) משא는 신탁 혹은 하나님의 선포이다. 하나의 표제로서 이 용어는 13:1; 14:28; 15:1; 17:1; 19:1; 21:1, 11, 13; 22:1; 23:1; 나 1:1; 합 1:1; 슥 9:1; 12:1; 말 1:1 그리고 애 2:14에서 발견된다. 그것은 잠 30:1과 왕하 9:25에 있는 연설의 억양을 높인 형태를 지칭한다. B는 ὅρασις, ὅραμα 그리고 λῆμμα라고 번역하고 있고, 처음 두 단어들은 실제적으로 부정확하지는 않지만 자유롭게 번역하고 있다. Targ., Aq, Syr., 그리고 Vulg.은 "경고(burden)로 번역하였다, Jerome은 그것을 위협적인 신탁으로 설명하였는데, 이 의견을 Luther, Calvin, Hengstenberg 등이 받아들였다. 그러나 협박적인 요소가 반드시 나타나 있는 것은 아니다.

2) "바벨론"—목적격 소유격: 바벨론에 대한 혹은 관한 신탁.

3) 14:4절 상반절에 משל이 있음으로 인하여 Fischer와 다른 사람들은 13:1이 본래의 것이 될 수 없다고 주장하였다. 그러나 משל은 전체 구절의 필수 불가결한 구성 부분이다. 그것은 14:4이하만을 가리키고 13:1에서 시작하는 전체 단락을 가리키지 않는다.

하나님의 계시의 말씀이라고 선포하는 것이 이사야에게는 얼마나 중요하였겠는가! 거대한 세계적인 세력에 의하여 현혹된 인간의 안목은, 만일 그 말씀들이 하나님으로부터 들은 바 말씀을 전해 주는 자에게 들려진 것이라는 확신을 가지게 되기만 한다면, 선지자의 그 말씀에로 눈을 돌렸을 것이다.

특주

제13장과 더불어 우리는 열국들의 한가운데로 뛰어 들어가게 된다. "슬프다 많은 민족이 소동하였으되 바다 파도의 뛰노는 소리같이 그들이 소동하였고 열방이 충돌하였으되 큰 물의 몰려옴같이 그들도 충돌하였도다 열방이 충돌하기를 많은 물의 몰려옴과 같이 하나 주께서 그들을 꾸짖으시리니 그들이 멀리 도망함이 산에 겨가 바람 앞에 흩어짐 같겠고 폭풍 앞에 떠도는 티끌 같을 것이라"(사 17:12-13).

예레미야서와 에스겔서에서 이방 나라들에 대한 예언들이 함께 모아져 있는 것처럼 이사야서에서도 그러하다. 그러므로 본 단락은 예레미야 46-51장과 에스겔 25-32장과 비교될 수 있다. 선지자는 바벨론, 앗수르, 블레셋, 모압, 다메섹, 에티오피아, 애굽, 엘람, 메대, 아람, 두로에 관하여 말하고, 세상의 심판과 마지막 일들에 대한 묘사(24-27장)와 함께 예언을 종결짓는다.

현대 대부분의 비평가들에 의하여 이 장들이 이사야의 저작이라는 사실이 부인되었다. 예를 들면 파이퍼(Pfeiffer)는 14:28-32; 17:1-3; 18:1-6; 20:1-6; 22:1-14, 15-25만을 이사야의 것으로 돌린다. 그는 이 단락의 나머지 부분이 이사야 시대보다 오랜 후에 기록되었다고 생각한다. 그에 따르면 13:17-19은 고레스가 바벨론을 정복하기 전, 아마도 주전 550년경에 기록되었으며 14:4 하반절-21은 주전 580-250년 기간의 어느 때에 기록되었다 모압에 대한 신탁(15:1-9상; 16:7-11)은 아마도 주전 550-540의 것이다. 애굽에 대한 예언(19장)은 아마 주전 600-300의 것(19:1-15)이다.

21:1-10은 바벨론에 대한 신탁을 담고 있는데, 주전 약 550년경에 저작되었을 것이라고 주장되며, 13장의 저자와 다른 사람에 의하여 기록되었는데, 이는 그 장에서 메대가 바벨론을 정복하는 것으로 말해져 있지만, 메대와 엘람으로 되어 있기 때문이라고 주장한다. 다섯 번째와 여섯 번째 신탁의 본래 시들, 말하자면 21:11이하와 21:13-15은 아마도 주전 4-5세기경의 것이고, 반면에 두 번째 시(21:16-17)에 대

한 산문적인 부록은 3세기에 덧붙여졌을 수도 있다. 두로에 대한 것인, 제일곱 번째 신탁은 550-300년 사이에 편집되었을 수도 있고, 부록(23:15-18)은 주전 274년 직후에 기록되었다(참고. Pfeiffer: *Introduction to the Old Testament*, pp. 443-47).

왜 이 예언들이 이사야의 것이라는 것이 거절되어야 하는가? 그 주된 이유는 다음과 같다. (1) 바벨론은 다른 열국들 위에 서 있는 세상 권력, 즉 "열국의 영광"으로 나타나 있다. 그렇지만 이사야 당시에 바벨론은 생존을 위한 투쟁을 하여야 했으니 이는 당시 앗수르가 가장 큰 세력이었기 때문이었다. (2) 바벨론의 멸망에 대하여 온 땅이 기뻐하고 노래한다고 말해지고 있다(참고. 14:7). 레바논의 나무들도 이 기뻐하는 일에 동참한다. 이것은 이사야 당시와는 맞지 않는 상황이라고 말해지고 있는데, 이는 그때 레바논은 디글랏-빌레셀에게 속하여 있었기 때문이라는 것이다. (3) 이사야 당시에 메대인들은 바벨론의 대적들은 아니었고 다만 앗수르에 대항하여 동맹을 하였을 뿐이다.

결국 어떤 학자들은 13장과 14장이 본래 바벨론을 가리키지 않고 앗수르를 가리켰다고 하고 이것을 지지하기 위하여 14:24 이하에 나타나는 앗수르에 대한 구절에 호소한다. 이러한 견해의 지도자격인 주창자라고 할 수 있는 키쎄인(Kissane)은 다음과 같이 논증한다. 후기의 작가가 본문에 있는 앗수르 대신에 바벨론으로 썼을 수 있다. 612년 이후에 바벨론은 이스라엘의 압제자로서 앗수르를 대신하였고, 그런 까닭에 이름이 바뀐 것은 자연스러운 것이다. 역대하 33:11에서 이 이름이 바벨론으로 전환되었고, 미가 4:10에 있는 바벨론이라는 명칭은 후기 가필자의 작품이다. 이사야 23:13에 다시 한번 앗수르 이름이 대치되었다. 마지막으로 여기에 묘사된 모든 것이 유다의 멸망과 앗수르의 함락에 대한 이사야의 다른 예언들과 일치한다. H. Grimme(*TPQ*, 1903, pp. 1 이하)와 Feldmann(pp. 186 이하)은 이 예언이 본래 바벨론을 가리키지 않았다고 주장하였다. 그렇지만 이에 대하여 우리는 분명하게 바벨론이라고 이름 붙여져서 언급되어 있는 표제를 가지고 있다. 그리고 만약 이 표제가 편집자의 작품이라면, 그것은 그가 이 구절을 바벨론과 관련되었던 것으로 생각했다는 것을 보여준다. 더 나아가서 이 구절 자체 가운데서 바벨론이 심판의 대상으로서 이름 붙여 있다(13:19상).

이 단락이 이사야의 것이라는 것이 정말로 거절되어야 하는가? 한 가지 사실은 그 표제가 분명하게 아모스의 아들 이사야에 대하여 말하고 있다는 것이다(13:1). Gray는 이것을, 이 신탁 전체가 이사야의 예언이고, 또 이러한 추측이 약 2천년간이나 이사야 저작권으로 의심 없이 받아들여지도록 인도한 어떤 편집자의 "뛰어나게 불운한 추측"이라고 부른다(Gray, p. 233). 만일 편집자가 참으로 이사야가 바벨론에 관하여 예언할 수 있었다고 생각할 정도로 이사야 당시에 대하여 너무도 몰랐다면, 우리는 어떻게 그가 이러한 놀라운 편집물(이것은 심지어 3-4장만을 가리키는 것임) 가운데 본 예언을 전개시키게 되었는지 놀라게 된다. 그가 어느 정도 천재였음에 틀림없으나, 그는 분명히 잘못된 추측을 한 것이다. 이 표제는 아주 분명하다. 그것은 아모스의 아들 이사야가 본 바벨론에 관한 신탁에 대해 말하고 있다. 무엇이 편집자로 하여금 이러한 표제를 삽입하게 하였는가? 그 편집자는 최소한의 역사─이사야 당시에 세계 강대국이 앗수르였고 바벨론이 아니었다는 사실을 알지 못했는가?

머리말에 대한 다른 설명은 그것이 본래의 것이라는 것과 그것이 말하는 것을 실제로 의미한다. 이 주석에 전제된 이 가정에 의하면, 이사야 자신이 본 장들을 편집하였다. 만약 우리가 본 표제의 진정성을 받아들인다면 우리는 이사야가 당시에 바벨론을 강대국으로 생각하였다는 결론에 대해 마음을 닫아 버리지는 않을 것이다. 주전 700년 이후 그의 생애 말년에 이르러, 이사야가 은퇴하였을 수도 있고 또 자기의 예언 전체를 함께 묶었을 수도 있다는 사실은 완전히 가능한 일이다. 그때에 예언의 영이 이상적인 말을 하도록 그를 인도하였을 수도 있으며, 그리하여 그러한 입장에서 그가 이스라엘의 가장 커다란 대적인 바벨론, 곧 그 대적이 너무나 커서 계시록에서 그것이 적그리스도의 모형이요, 하나님의 사역을 대적하는 영의 모형으로 그려져 있는 바벨론에 대해서 말하였던 것이다.

이 단락의 머리말, 그리고 이 단락이 이사야서에 발견된다는 사실, 그리고 후기(epilogue), 즉 14:24-27은 모두 이사야 저작권을 지지하고 있다. 더 큰 예언들에게 다 후기를 붙이는 것, 즉 7장에다가 8:1-4을, 15-16:12에다가 16:13 이하를, 18-19장에다가 20장을, 그리고 22:1-14에다가 22:15을 덧붙이는 것은 이사야의 습관이었다. 이것은 예언과 후기가 서로간에 완벽한 관계를 가지고 있는 그러한 방식으로 이루어 진 것이다.

예레미야는 50장과 51장에서 착실히 13:1-14:23을 모방하였다. 이러한 결론을 회피하기 위하여 삽입이라는 가정을 하려고 하기도 하였지만, 스바냐 1:7; 2:14 그리고 3:11이 이사야 13장을 회상하는 내용들을 담고 있다는 사실이 이를 반박한다. 스타헬린(Stahelin)은 이사야 13장의 저자가 스바냐와 에스겔을 닮은 사람이라고 함으로써 이 난점을 극복하려고 하였다. 그러나 이사야 13장은 본래적인 것이요 다만 요엘의 말들을 재생하고 있다(참고. 13:6, 9, 13과 욜 1:15; 2:10이하; 3:15). 수많은 이사야적인 표현들이 이사야 13:1-14:23에서 발견된다. 참고. 사 13:2과 5:26; 11:10, 12; 18:3; 10:15-33; 11:15; 19:16 그리고 30:32. 참고. 사 13:3과 10:5; 사 13:5과 5:26; 10:5, 25; 사 13:6과 23:1 그리고 사 14:20과 1:4(운율의 고찰의 근거에서 본문을 재구성하려는 시도에 대해서는 참고. Karl Budde, "Jesaja 13" in Festschrift von Baudissin, Giessen, 1918, pp. 55-70).

어쨌든 어휘와 스타일이 일반적으로 이사야의 것으로 인정되고 있는 그 구절들과 일치하고 있다는 사실이 주시되어야 할 것이다. 둘째로, 이 구절들은 앞 절들에 기초하고 있고, 실제로 앞 절들이 없이는 이해될 수가 없다. 셋째로, 스바냐와 예레미야는 이 구절들을 전제로 하고 있고, 그런 까닭에 포로기의 것이 아니요. 최소한 예레미야서와 스바냐서보다 더 이르다.

이사야의 저작권에 대한 보다 오래된 변증은 Uhland(*Vat. Jes. cap xiii.··· prophetae Jesaiae vindicatum*, **Tübingen**, 1798)에게서 발견된다. 보다 최근의 변호를 위해서는 Von Orelli, Delitzsch, Alexander를 보라.

그렇지만 여기서, 본 장들이 이사야의 예언 속의 위치와 목적에 대해서 보다 충분히 논의하는 것이 필요하다. 이러한 고찰들은 이사야 저작권의 가정에 근거할 때만 그것들이 자연스런 의미를 갖는다는 결론에 도달할 것이다.

13-27장의 범위 안에는 그것들 단독으로 취급될 때에는 다소 모호한 단락들이 있다. 그것들은 예를 들면, 24:1-15에서 그러하다. 그것은 또한 17:12-14과 18:4-6에서도 그러하다. 같은 내용이 14:32과 18:3에 대해서 말해질 수도 있다. 이러한 구절들은 이전에 지나간 어떤 것을 전제로 한다. 만약 그것들이 문맥에서 떨어져 나간다면(특별히 1-12장들), 그것들은 분명한 의미를 가져다주지 못한다. 그것들은 분명히 앞에 나온 것에 뿌리를 두고 있다. 본 장들 전체에 널려있는 약속과 축복들에 대한 짤막한 언급들, 말하자면 14:1-2; 14:29-30; 16:1, 4하, 5; 18:7이 그러하다.

이 짤막한 언급들은 갑작스럽게 나타난다. 그것들을 어떻게 정당화하며 설명할 것인가? 만약 그것들이 따로 떨어져서 홀로 있다면, 그것들은 해석되기가 어려울 것이다. 언제 주께서 야곱에게 은혜를 베풀 것인가? 그분이 어떻게 그렇게 하실 것인가? 어떤 상황에서? 이 메시아적 요소들은 우리가 그것들을 바르게 명명할 수 있는 바와 같이, 하나님께서 자기 백성을 구원하실 것이라는 원 예언(a mother prophecy)에 의존하고 있고, 또 어떻게 그 일을 하실 것이라는 보다 상세하고도 분명한 특성에 대한 이전의 선언에 의존하고 있다.

13-23장이라는 꽃나무는 그 뿌리를 7장에 두고 있다. 실로 7장은 다음에 이어지는 내용을 이해하는 데 기초가 된다. 이 위대한 7장에서 두 개의 기본 사상들이 종자 형태로 나타나 있다. 첫째로, 동정녀의 아들인 임마누엘을 통하여 하나님의 백성을 위한 구원이 있을 것이다. 임마누엘은 참 이스라엘을 하나님 자신 안에서 높이실 것이다. 동시에 세상 세력들은 점점 더 지평에 떠오를 것이니, 이는 그들이 점점 그 힘과 세력이 증가하여 그들이 그것들을 가지고 하나님의 목적들을 성취할 것이다.

그것은 고통의 때이다. 신정국가는 그 죄로 인하여 종말을 맞이할 것이었다. 그것을 멸망시킬 때, 하나님께서는 앗수르나 바벨론 같은 하나의 큰 세상 제국을 사용할 것이었다. 도움을 얻기 위하여 앗수르를 바라보는 유다는 앗수르가 오히려 자기들을 멸망시키게 하는 원인이었다는 사실을 깨달을 것이다.

이 때부터 세상의 커다란 세력들은 인간 역사의 지평에 불안스럽게 다가올 것이고, 그들은 하나님의 백성을 대적하는 영을 나타낼 것이며, 그래서 그리스도께서 오셔서 하나님의 구속의 목적들을 이루실 것이다. 바로 이 시기의 출발 지점에서 임마누엘 예언이 선포되었고, 그 약속이 가져다 줄 수 있는 위로가 하나님의 참 백성의 축복을 위한 시기에 확장될 것이다. 그리고 이러한 이유로 인하여 이방 나라에 대한 예언들과 신탁들은 근본적으로 이 임마누엘 예언과 연결되어 있는 것이다.

세계 제국의 개념은 8:9-10에서 어느 정도 발전되었는데, 그것은 우리에게 전체적인 개념의 핵심을 제공한다. "오, 너희 백성들아, 너희 가장 악한 일을 하여라. 그리고 너희는 깨어질 것이다. 그리고 들어라. 너희 먼 나라들아, 너희 허리를 동이라. 그리고 너희는 깨어질 것이다. 스스로 동이라. 그리고 너희는 깨어질 것이다. 함께 의논하라. 그리고 그것이 이루지 못하리라. 말을 내어라. 그리고 그것이 이루지 못하리라. 왜냐하면 임마누엘(하나님이 우리와 함께 계시다)이시기 때문이다." 백성들은 자기들의 계획을 이루려고 힘쓸 것이다. 그러니 그들은 궁극적으로 참된 모사이신 하나님의 목적들에 대항하여 승리하지 못할 것이니, 이는 임마누엘이 그분 자신의 백성을 구원하시기 위하여 나타나실 것이기 때문이다.

10:5-34과 더불어 우리는 계시의 더 높은 단계에 도달한다. 이제 그 적대적 세력은 낱낱이 구별되고 확인되고 있다. 우리는 그 대적이 누구인지 알게 되는데, 곧 앗수르다. 13-27장은 8:9-10의 설명과 확대로서의 역할을 하는 셋째 단계로 우리를 이끌어 간다. 앗수르는 대적이지만, 앗수르의 사역은 그보다 훨씬 더 강력한 바벨론에 의하여 수행될 것이다. 그런 까닭에 이사야는 먼저 바벨론으로 얼굴을 돌리고 있는 것이다.

그리고 나서 그는 아모스가 사용한 방법을 따라 선민들 주변을 둘러싸고 있는 이웃 국가들을 언급하고 있다. 블레셋으로 시작하여 그는 수리아-에브라임까지 나아간다. 그렇지만 14:24-27과 17:12-18:7에서, 즉 두 번이나 앗수르를 바라보고 있으며, 그래서 우리는 결국 앗수르가 면전에 있음을 보게 되는 것이다.

세상 세력의 정신은 바벨론 가운데서 발견될 것이다. 바벨론은 첫째로 세상 세력의 중심으로 소개되고 있고, 둘째로 우상의 중심지로 소개된다(13:1-14:27과 21:1-10). 그러나 하나님과 그분의 목적들에 반기를 들고 있는 이러한 인류의 세력의 정점까지도 잘려질 것이다. 이러한 진리들을 예증하기 위하여 이사야는 다소 유사한 구조를 가진 구절들을 사용하고 있다. 예를 들면 8:6-8에서 우리는 임마누엘의 땅을 뒤덮는 세력에 대한 길게 잡아늘인 묘사를 보게 된다. 그 다음에 9-10절에서 멸망에 대한 갑작스러운 선언이 뒤따라온다. 즉시 원수의 세력은 잘려 나가고 사라진다.

이러한 과정은 10:28-34에서 되풀이되는데, 그곳에서 우리는 그 대적이 거룩한 성에 한 걸음 한 걸음 접근하는 것을 본다. 그는 손을 흔들어 위협적인 자세를 취하면서 점점 더 가까이 접근한다. 그렇지만 갑자기 주께서 때리시고 대적들은 사라져 버린다. 또다시 17:12-14; 18:4-6 그리고 24:1-15에서 우리는 같은 방식으로 주어진 언급을 본다. 이것은 흥미 있는 현상으로, 본서의 단일성을 지적해 준다.

발전의 또 다른 국면이 주시되어야 할 것이다. 유다는 세상 세력의 손에 의하여 심판을 받을 것이었다. 이러한 사상이 7:17-25에서 소개되고 다시 8:5-9:6과 10:5-12:6에서 나타나면서 앗수르에 관해서 더 말해지고 있다. 그렇지만 애굽이 언급되지 않았다. 애굽은 무엇을 할 것인가? 우리가 애굽에 관해서 13-23장에서 더 배우게 된다. 실로 이 장들 가운데서 앗수르가 언급되는 방식 자체는 이전에 앗수르에 관해서 정보가 주어졌던 것을 전제로 한다. 앗수르에 관한 어떤 것이 이미 말해지지 않았다면, 왜 세력 있는 앗수르가 그렇게도 대충적으로 또 있는 그대로 소개되었는가? 7장에 소개된 임마누엘을 통한 하나님의 백성의 영광에 대한 약속들은 어떻게 될것인가?

이 사상은 역시 9장과 11장에서 발전되지만, 메시아가 어떻게 그의 사역을 성취하실까 하는 것에 대한 충분한 설명은 본 예언의 두 번째 부분까지 남겨져 있다. 동시에 격노한 열국들의 어두운 배경과 대조적으로, 밝은 소망의 섬광처럼 유다가 주님의 손에서 받아 누릴 다가올 구원에 대한 언급이 나타난다. 은혜―이것은 본 장들을 통하여 비치는 밝은 광선이다. 넓은 의미에서 메시아적이라고 불릴 수 있는 단편들은 다음과 같다. 14:1-2, 29-30; 16:1, 4하, 5; 18:7; 19:16-24 그리고 23:15-18. 우리는 14:1 상반절이 11:11-12을 반영하고; 14:1 하반절은 11:10을; 14:2 상반절은 11:12 상반절; 그리고 14:2 하반절은 11:14을 반영하고 있는 것을 유의해 볼 수 있다.

우리는 13-23장이 세상 세력과 그 멸망에 대한 예언들을 보다 충분히 묘사하고 있다고 말했다. 이러한 노선에 따라 우리는 이제 13:1-14:27이 일반적으로 10:5-34의 확장이요 계속이라는 점을 주시할 수 있다. 14:28-32까지도 세상 세력의 떠나감에 대한 더 광범위한 근거를 제시하고 있다. 심판은 한 나라에 국한되지 않고 하나님의 백성에 대항하는 모든 세력들에 대한 것으로 나타난다. 15, 16장에서 심판은 전세계적 범위로 확장되어 있다. 16:1-2과 11:10; 16:3-4상과 11:12; 16:4 하반절과 9:3-4; 11:6-9; 16:5 상반절과 9:5-6; 16:5 하반절과 9:6; 11:2, 5, 14; 17:7-8과 10:20-23; 그리고 18:7과 11:10을 비교할 수 있겠다. 19장은 비록 그것이 영적 주제를 말하고 있기는 하지만 10:5-34과 평행을 이룬다. 참고. 19:18, 23-25과 11:6-8; 19:16과 11:15; 20장 및 18:1-2, 7과 11:11; 21:11-12과 11:14; 그리고 21:13-17과 11:14.

또한 다음 주제들의 유사한 취급을 주시하라.

이스라엘은 남은 자가 될 것이다. 10:21-22과 17:4-6; 24:1-13.
남은 자의 귀환: 10:20-21과 17:7-8; 20:5-6; 그리고 27:9.
어둠 속에서 구원에 대한 외침: 9:1과 11:1 및 24:14.
압제자의 멸망: 10:16-19, 33-34과 14:25; 16:4; 17:12-14; 그리고 18:4-6.
이스라엘의 재규합: 11:11-16과 14:1 및 27:13.
열국들의 돌아옴: 11:10과 14:1하; 16:1-2; 18:7.
열국들이 이스라엘을 수종든다. 11:11과 14:2.
다가올 평화: 9:4-6 및 11:2-5, 6-9과 14:1-2, 7-8, 29-30; 26:4-5.
구속받은 자가 찬양의 노래를 부른다. 12장과 24:14-16; 25:1-5; 26:1-2.

13-27장의 목적은 이사야가 이미 소개하였던 사상의 한 면을 보다 충분히 발전시킨 것이다. 2:2-4과 같은 초창기 예언에서도 그는 심판을 언급하였으나, 가장 일반적인 의미에서일 뿐이다. 심판의 도구나 혹은 대리자는 언급되지 않았다. 5:26 이하에

서 이사야는 한 걸음 더 나아가 심판의 사역을 수행하도록 위탁받은 자들에 대한 묘사를 일반적인 방식으로 해 나가고 있다. 그리고 7장은 하나님께서 사용하시고자 하신 세상 세력을 소개하고, 그 이름을 두 깃대, 즉 앗수르와 애굽을 따라서 언급하고 있다. 8장과 10장에서 세상 세력의 정체와 묘사를 더 확대시키고 있으나, 13-23장까지는 보류하고 있는데, 그 이유는 초창기에 묘사했던 이 주제에 대해 더 발전시키기 위해서이다.

이 예언들이 이사야서에 나타난다는 것은 바벨론인들의 유익을 위해서가 아니라, 하나님의 백성의 유익을 위해서이다. 그것들로부터 그들은 가장 강력해 보이는 세상의 적대적 세력이 종국에는 굴욕적인 패배와 파멸을 당하게 될 것이라는 것을 배울 것이었다. 하나님에게 대항하는 바벨론이 그러했던 것처럼 교만하고 자만하는 그 어떤 세력도 승리할 수 없을 것이다. 그리하여 이스라엘은 주님을 대항하고 그의 기름 부으신 자를 대항하고 또 그분의 백성을 대항하는 자들의 악을 징벌하지 않은 채로 놓아두지 않을 것이라는 사실을 배울 것이었다.

하나님의 목적에 대항하는 자들이 징벌받은 것을 본다는 것은 유대인들에게 위로와 용기를 줄 것이다. 왜냐하면 이는 저들에게 하나님의 존전에 있는 자기들의 구원이 얼마나 값진 것인지를 가르쳐 줄 것이기 때문이다. 그러나 동시에 그들은 자신들 역시 대적자들과 동일한 징벌을 받아 마땅하고 오직 하나님의 은혜에 의해서 남은 자가 보존된다는 사실을 배울 것이다. 그리고 또한 열국들의 분노는 하나님의 목적들을 성취할 뿐이라는 사실을 배울 것이다. 그분은 모든 것들을 주관하신다. 뒤죽박죽된 세상은 사실상 뒤죽박죽된 것이 아니다. 가장 암울한 순간까지도 하나님의 섭리적 간섭과 통치 가운데 있는 것이다.

13:2 명령에 따라서 이사야는 우리를 그 사건의 핵심으로 즉시 이끌어 간다. 그렇지만 누가 이 명령을 발표하고 있는가? 이사야는 실제로 이 문제에 대답하지 않고 있지만, 아마도 야웨 자신이 그분의 선지자를 통하여, 기호(푯대)를 일으켜 세우는 임무를 가지고 있는 사람들에게 소개하고 있는 것 같다.[4] 이들은 천사들이라기보다는 전사들

---

4) Jerome은 천사들이 이 명령을 받았다고 생각하였다. **Knobel**은 그들이 포로된 유대인들이었다고 생각하였다. **Kissane**은 야웨의 군대(host)의 지도자들을 가리킨다고 하고 이것은 아

이나 혹은 군인들이었을 것 같다. 그것이 쉽게 보여질 수 있는 것이기 때문에 그것을 세우기 위하여 자산이 선택되었고,[5] 그런 까닭에 특히 바라보기에는 안성맞춤이었다.[6] 높고 똑똑히 보이는 지점에 군대들을 집합시킬 목적으로 기호를 세우는 것이 고대의 관습이었다. 그러한 한 산 위에 하나의 기호가 세워져야 했고[7] 또한 이 주위에 군인들이 모여야 했다. 그것은 그들의 집합지점이었다. 그들이 모이도록 하기 위해서 음성 또한 높이 질러야 하고 손도 흔들어야 할 필요가 있었다.[8] 군대들을 소집하는 세 가지 도구가 언급되어 있고, 이 세 가지 모두가 서두를 필요성을 보여주고 있고, 주의 이름으로 명령들을 발하고 있는 선지자의 열정을 나타내 보이고 있다. 세워진 기호(standard)는 멀리 있는 자들을 불러모으는 역할을 하였을 것이고, 가까이 있었던 사람들은 음성으로 불렀을 것이다. 그리고 손을 흔드는 일은 드렉슬러(Drechsler)가 생각하는 바와 같이 부르는 외침이 생기 발랄하도록 만들어 주는 특성 역할을 하였을 것이다. 그런 까닭에 상황이 가장 급박하다는 것이 암시되어 있다.

모이는 장소는 "존귀한 자의 문"으로 호칭되어 있으니, 이는 군사들이 모여드는 문과 승리자들이 들어갈 문들을 가진 바벨론인들 혹은 갈대아인들을 가리킨다. 바벨론의 문들은 얼마나 아름답고도 존귀하였는지! 그리고 그 사람들—그들은 실로 존귀한 자들이었다! 그러나 체포자가 와서[9] 바벨론의 소유를 취할 것이다. 이스라엘의 가장 큰 원수들—그들의 재앙은 확실시되어 있다. 이방인들에 대하여 주어진

마도 예루살렘의 황폐화를 개시한 산헤립의 원정을 가리킨 것이라고 생각한다. 이 명령은 순종해야 할 사람들에게 발설된 것이므로 누구를 가리키는지는 미정이다.

5) Vitringa는 이사야가 마음속에 Zagrian 산맥을 생각하였을 것이라고 생각하였다. Feldmann은 Nineveh를 생각하였을 것이라고 생각하였다. Haller에 의하면, 야훼는 오래된 전쟁의 신이므로, 이제 동쪽 산들에 자신의 군대들을 모으고 있는 것이다.

6) 니슈페(נִשְׁפֶּה)—수리아어 사피, 즉 "매끄러운, 벌거벗은"의 보여주는 바와 같이, 이 단어는 "벌거벗은(노출된)"으로 번역되어야 할 것이다. 참고. 사 41:18; 렘 3:2; 4:11에 있는 용법.

7) נֵס은 이사야적인 단어다. 참고. 5:26; 11:10, 12; 18:3; 49:22; 62:10. 사실 삼중적인 명령은 그 자체가 이사야적인 문제다. 본 절의 시작 부분에 대해서는 참고. 40:9.

8) 참고. 10:32; 11:15; 19:16.

9) 아마도 "그늘이 올 수 있도록"보다는, "그리고 그들로 하여금 오게 하라"는 번역이 더 적절할 것 같으니, 이는 오는 행위가 실제로 앞의 세 개의 명령과 상호 관련이 있기 때문이다. 반대 입장에 대해서는 König를 참고하라. 주님에 의하여 소집된 군대는 정복자, 곧 바벨론의 "존귀한 자"처럼 그 바벨론으로 들어갈 것이다.

예언들의 첫머리에 바벨론이 서 있으며, 또한 만일 그가 멸망한다면 그보다 능력이 덜한 원수들도 역시 망할 것이다.

13:3 화자가 하나님이시다. 그분께서는 "내가"—이 대명사가 강조되어 있다—"내가 불렀다"라고 말씀하신다. 그분이 부르시는 자들은 그분의 용사들이니,[10] 이미 그분의 전쟁을 위하여 지명하고 뽑은 도구들로 엄숙하게 성별하고 구별한 자들이다. 그들을 "거룩히 구별한 자"로 지칭한 것은 그들의 도덕적 특성을 가리키고자 한 것이 아니고, 다만 그들이 단순히 따로 떼어 놓여졌다는 사실을 가리키고자 한 것이다. 하나님에게 특별히 헌신된 그 "거룩히 구별한 자"들은 이제 그분의 뜻을 이행하도록 그분에게 명령을 받는다.[11] 그들은 주의 위엄을 기뻐하는 자들이고,[12] 그들 가운데서 스스로 영광을 받으신다. 그러므로 이 전쟁은 사실 그분의 군사들에게 자신의 대적, 곧 바벨론에 대한 진노를 내리시려는 목적들을 이루라고 명령하시는 하나님에 의하여 수행되는 거룩한 전쟁이다.

13:4 화자가 선지자이고 요엘서를 생각나게 하는 어투로서 다가오는 군대를 묘

---

10) 여격을 가진 구문은 드물다. לִמְקֻדָּשָׁי—그분을 돕도록 주님에 의하여 이미 구별된 자들. 여기서 어근이 도덕적 특성을 가리키지 않고, 단순히 "구별하다"를 의미한다. 대하 26:18에서 그것이 제사장들에게 시용되었다. 그것은 어떤 사람이 삼상 7:9 등에 호소하면서 주장하였던 것처럼, 전쟁하러 나가기 전에 행했던 어떤 종교석인 의식을 가리키지 않는다. 이 구절에 의존하는 구절들은 렘 22:7; 51:27-28이다. 습 1:7은 분명히 이 구절을 전제로 한다. 十벨을 가리키는 구절에 대해서는 사 41:1; 44:28; 45:1; 미 3:5; 렘 6:4; 22:7; 51:27 이하; 수 4:14을 참고하라. 그러나 이러한 구절에도 불구하고 이 단어 자체는 어떤 특별한 일을 위하여 구별되어진 사람들 이외의 다른 사람들을 지칭하지 않는다.
11) "나의 노를"—나의 분노를 위하여, 징벌하라는 그분의 명령을 이행함에 있어서 하나님에게 순종하는 것. 참고. 삼상 28:18.
12) "나의 위엄을 기뻐하는"—나를 영광으로 생각하여 기뻐하는 자들. 만일 지배받는 명사가 속성을 나타냄으로써 앞의 명사를 한정한다면, 그것에 붙어 있는 접미사는 아마도 연계형 상태의 앞 단어에 속할 것이다. 참고. 신 1:41; 삿 18:16; 시 2:6. 습 3:11은 이 구절을 전제로 한다. 이것은 페르시아인들의 교만한 성격을 암시하는데, 이는 고전적인 작가들에 의해서도 증명이 된다. 참고. Ammianus Marcellinus 23:6:80; Her., 1:89; Aeschylus, *Persae*, 8:27; and cf. E. Herzfeld: *Altpersische Inschriften*, 1938.

사하고 있다. 그는 "소리"라고 부르짖는데,[13] 이 단어는 마치 그가 "들으라! 군대의 시끄러운 소리가 있는 것 같다"라고 말하는 하나의 부르짖음과 같은 것이다. 군대가 접근하고 있다는 것을 계속하여 듣고 깨달아야 하는데, 이는 대부대가 산 위에 있기 때문이다. 이것은 착실한 산문체의 문장이 아니고, 가까이 다가오는 군대를 환상 중에 본 선지자의 입으로부터 터져나온 빛의 번쩍거림과 같은 절규이다. 동사의 생략은 이러한 묘사에 생동감을 더해 준다. 접근하는 군대, 그것은 많은 백성, 곧 페르시아 모든 곳으로부터 모여오는 백성들과 같다.

이사야가 우리에게 경종을 울려주는 이 소리는 무엇인가? 그것은 열국들의 소동이다. 고레스의 군대 가운데는 페르시아를 이루기 위하여 왔던 여러 국가들로부터 모여든 민족들, 곧 많은 나라들이 섞여 있었다. 하나씩 하나씩 고레스는 페르시아의 속주들을 정복하였다. 그리고 하나씩 하나씩 그들은 스스로 이 군대에 가담하였다. 이 군대는 차츰 차츰 거대해져 나갔고 이제는 산을 이루어 메소보다미아 평원을 바라보고 있는 이 군대는 이제 마지막 맹공격을 위하여 스스로 함께 단결하고 있는 것이다.[14] 얼마나 독특한 점층적 표현인가! 하나의 소리가 들려온다—멀리, 산에서 들려오는 소리! 이 소리는 분명치 않지만 무엇이 만드는 소리인가? 그렇지 않다. 나라들이 스스로 모여듦으로써 소리가 나는 것이다. 모든 무리들을 조종하시는 야웨께서 전쟁을 위하여 자신의 군대를 소집하고 계시는 것이다. 언젠가 앗수르인들을 유다로 이끌어 오셨던 것처럼 이제는 그분께서 바벨론 땅을 향하여 메대인들을 소집하고 계시는 것이다.

13:5 가장 먼 곳,[15] 하늘 가(끝)로부터. 이 대적은 누구인가? 그의 기원과 정체는 드러나지 않았고, 이러한 것들을 모르는 바벨론인들은 더 큰 공포심을 가지고 그

---

13) קוֹל은 실제적으로 감탄사의 의미를 가지는데, 이는 그것이 52:8; 66:6; 렘 50:28에서처럼 성격상 감탄적인 문장을 이끌고 있기 때문이다.
14) 재귀형 분사는 화자의 당시에까지 지속되어 오는 행위를 나타낸다. 이사야는 스스로 함께 모여들고 있는 과정 가운데 있는 열국들을 바라보고 있다.
15) "하늘 가(끝)"—이 문구는 거리를 강조하고 있고 대적들이 오는 땅의 불확실한 성격을 강조하고 있다. 거리 개념은 5:26; 33:17; 46:11에 나타난다. 시적으로 상상된 하늘 가는 하늘과 땅이 만나는 지점이거나 아니면, 하늘이 산들에 닿아 있는 것으로 보이는, 즉 가장 먼 장소였을 것이다. 참고. 삼하 22:8.

의 접근을 바라볼 것이었다. 눈으로 바라볼 수 있는 가장 멀리 떨어진 지점, 곧 하늘의 둥근 지붕이 땅과 만나는 지점으로부터 대적의 무리들이 온다. 페르시아는 멀리 떨어진 나라인데, 팔레스틴에 있는 이사야에게는 가장 먼 나라인 것이다.

그들의 선두에 이스라엘의 하나님, 만군의 여호와께서 계시며, 그분의 지휘하에 그분이 모든 세상에 분노를 퍼부으시고 파괴하실 도구들이 있다.[16] 바벨론 제국은 거대하였고, 실로 모든 세계 역사 가운데서 으뜸가는 제국이었으며, 그 나라의 멸망에는 모든 땅이 포함되어 있었다. 어쨌든 야웨 앞에서 그 어떤 세상 제국도 설 수 없으니, 이는 야웨께서 모든 하늘과 땅을 주관하시기 때문이다.

13:6 자기 궁전의 지붕 위에 서서 느부갓네살은 "이 큰 바벨론은 내가 능력과 권세로 건설하지 않았는가" 하고 외칠 수 있었다.[17] 비할 데 없는 바벨론! 세상 제국아, 진실로 너희는 소리치고,[18] 울며 목소리를 높일지어다. 이는 너희가 경멸하였던 야웨께서 그 날에 자신을 높이실 것이기 때문이다. 야웨의 날은 무엇보다도 앗수르의 손에 의한 이스라엘의 멸망으로 나타났다. 그렇지만 그 멸망은 하나님의 진노를 가라앉히지 못하였다. 자신의 때에 그분은 앗수르와 바벨론 위에 보복을 가하실 것이었고, 바벨론의 멸망은 모든 그분의 대적들의 최후의 멸망의 전조요 모형에 지나지 않을 것이었다.

야웨께 속하는 이날은 가까이 왔다. 그것은 이사야 자신의 시대적 관점에서 볼 때 가까이 온 것이 아니고 교만한 바벨론의 세상 제국의 입장에서 가까이 이른 것이다. 이날의 다양한 현시가 있을 것이고, 바벨론의 멸망은 가장 강력한 것 가운데 하나가 될 것이다. 그것은 동시에 온 인류에게 다가올 최후심판의 모형이요 시작이 될 것이다. 이사야는 이 둘을 함께 바라본다. 계시록에서 바벨론은 하나님의 큰 대적의

---

16) 롬 9:22에서 바울은 이 어투를 사용한다. 바울에 의하면, 그릇들은 하나님의 진노가 나타날 도구였다.

17) 참고. 단 4:30. 바벨론인들의 언급들에 대해서는 *Enuma Elish*, VI:57ff.; Prologue to Code of Hammurabi, line 13ff. Nebuchadnezzar II: Expedition to Syria, ix: 1ff., *Keilinschriftliche Bibliothek*, iii, 2, p. 25, 39을 보라.

18) 이것은 바벨론인들을 향한 것이다. 습 1:7, 14은 욥 15처럼 이 사상을 취하고 있으며 동시에 다른 양식을 취하고 있다. 렘 50:31. 명령형은 징벌이 올 것이라는 확신을 담고 있다. 참고. 사 10:30; 23:1, 4; 37:30; 60:1; 65:18.

모형으로 묘사되어 있다.[19] 쇼드와 샤다이 사이의 유음현상이 흥미롭지만,[20] 그러나 영어에서는 그러한 뜻을 나타내기가 어렵다. 우리는 이사야가 다음과 같이 말하고 있다고 할 수 있을 것이다. "너희는 샤다이께서 의미하신 바를 알 것이다. 그것은 너무나 철저하여 마치 멸망시키는 자로부터 왔던 것과 같은 멸망을 의미한다. 그렇다면 샤다이로부터 오는 멸망은 얼마나 클 것인가!"

13:7 야웨께서 이끄시는 대적이 접근해 오고 있고, 바벨론을 완전히 몰락시킬 그분의 날은 다가오고 있다. 이 갑작스럽고도 저항할 수 없는 공격으로 인하여, 인간의 힘이 간직되어 있는 손들은 풀리고 느슨해질 것이다.[21] 그들은 무력하여 축 늘어질 것이고 대적에 저항하기에 무능할 것이다. 용기는 마음으로부터 소멸되고 그 마음은 어떤 의지력도 없이 녹아 내릴 것이다.[22] 공포의 두려움이 모두를 뒤덮고 있다. 그분이 오시는 날을 누가 감당할 것인가?

13:8 그 날은 괴로움의 날이다. 소동하는 동요와 절망적인 당혹감이[23] 바벨론에

---

19) 여호와의 날은 마지막 심판의 날이지만, 바벨론의 멸망 가운데 나타난 심판의 전조이기도 하다. 참고. Kline: "The Intrusion and the Decalogue", in *WThJ*, XVI, No. 1, Nov. 1953, pp. 1-22. Mowinckel은 그 날이 "우주적 신화의 전통적 색체"로 그려져 있다고 주장함으로써 근거 없는 말을 하고 있다(*HTC*, p. 147). von Rad는 날에 대한 표상이 야웨의 거룩한 전쟁이라는 옛 이스라엘의 전승으로 거슬러 올라간다고 생각한다. 참고. *JSS*, Vol. IV, No. 2, April 1959, pp. 97-108.
20) 아마도 전치사는 *Kaph veritatis*, 즉 "샤다이로부터의 멸망"이 되겠다. Dillmann은 자기의 번역 가운데서 유사음을 유지하려고 노력하고 있다. 즉 "*wie Gewalt vom Allgewaltigen her kommt er.*"
21) 손들이 무력하여 아래로 처질 것이다. 용기는 사라지게 될 것이다. 싸우기 위하여 손을 쓰는 대신 사람들은 그것들을 옆으로 떨어뜨릴 것이다. 참고. Ovid, *Metamor-phoses*, vii, 346, "*cecidere illis animique manusque.*"
22) 6절은 삽입구적인 의미를 가진다. 7절은 논증을 계속한다. "그런 이유로 해서, 그 땅이 파멸될 것이므로 모든 손이 풀리고…." "모든 손"과 "각 사람의 마음" 사이의 평행적 표현을 유의하라. 마음이 약해져 있다. 아랍어는 두려워하는 백성을 묘사하기 위하여 **마아운**, "물 같은"이라는 용어를 가지고 있다.
23) 웨니브할루(וְנִבְהָלוּ)—이 형태는 수직의 획, 많은 사람이 **파섹**이라 부르는 것이 뒤따라 오는 이접사 **살셸레트**를 가지고 있다. 이것의 정확성에 대해서 나는 의문스럽다. 큰 **살셸레트** 결합은 단 일곱 차례만 발견된다. 창 19:26; 24:12; 39:8; 레 8:23; 사 13:8; 암 1:2; 스

게 닥치자, 그들은 괴로움과 진통을 붙잡으니,[24] 이는 그들이 잡을 것이 없기 때문이다. 그리고 나서 그들은 마치 어머니가 아기를 해산하는 것처럼 쓰라린 고통으로 인하여 몸부림친다.[25] 가장 심각한 근심이 그들의 것이 되었으니 이는 야웨의 날이 밝아왔기 때문이다. 그리고 이것은 사도가 다음과 같이 기록한 큰 마지막 날의 전조이기 때문이다. "저희가 평안하다, 안전하다 할 그때에 잉태된 여자에게 해산 고통이 이름과 같이 멸망이 홀연히 저희에게 이르리니 결단코 피하지 못하리라"(살전 5:3).

그때에 한 사람이 다른 사람을 보고 놀라움에 빠질 것이니, 이는 모든 사람의 얼굴들이 불타오르고 당혹감으로 붉게 타오르고 어찌할 바를 모르기 때문이다. 모두가 같은 곤경에 있고, 자기들의 상태에 대해서 얼이 빠져 쳐다보고 있다. 모든 사람의 얼굴이 붉어 있으니, 단지 울어서가 아니라 두려움으로 타올라서 그렇게 되어 있는 것이다. 대적은 왔고 그와 함께 멸망도 왔다. 여기에 내적 외적 불타오름을 드러내는 바 가장 큰 두려움에 대한 묘사가 나타나 있다.

(2) 심판의 퍼부음(13:9-22)

9절, 여호와의 날 곧 잔혹히 분냄과 맹렬히 노하는 날이 임하여 땅을 황무케 하며 그 중에서 죄인을 멸하리니
10절, 하늘의 별들과 별 떨기가 그 빛을 내지 아니하며 해가 돋아도 어두우며 달이 그 빛을 비취지 아니할 것이로다
11절, 내가 세상의 악과 악인의 죄를 벌하며 교만한 자의 오만을 끊으며 강포한 자의 거만을 낮출 것이며

5:15. 각 경우 이 엑센트가 그 절의 첫 단어에 있다. 규칙적인 휴지 엑센트들은 모음변화를 일으키지만, 그러나 다른 엑센트들도 그러한 역할을 하는데, 그 점이 이 단어의 구두점을 설명해 준다. 참고. *HG*, § 65b.

24) "괴로움"—육체적 정신적 고통에 기인한다. 이 단어는 아마도 목적격으로 해석되어야 할 것 같다. 참고. 욥 18:20; 21:6, 그리고 Livy "*capere metum.*"

25) 사람이 괴로움에 붙잡힐 때 그는 고통으로 몸부림친다. 얼굴들은 달아오른 얼굴이 되는데, 이는 그들이 당혹 감으로 붉게 달아오르기 때문이고 무엇을 어떻게 해야 할지 계획을 못하기 때문이다. 다른 묘사에 대해서는 욜 2:6을 참고하라. 두 개의 눈(ן)이라는 어미 음을 첨가한 점을 유의하라.

제1장 유다와 세상 세력 • 495

12절, 내가 사람을 정금보다 희소하게 하며 오빌의 순금보다 희귀케 하리로다
13절, 나 만군의 여호와가 분하여 맹렬히 노하는 날에 하늘을 진동시키며 땅을 흔들어
그 자리에서 떠나게 하리니
14절, 그들이 쫓긴 노루나 모으는 자 없는 양같이 각기 동족에게로 돌아가며 본향으로
도망할 것이나
15절, 만나는 자는 창에 찔리겠고 잡히는 자는 칼에 엎드러지겠고
16절, 그들의 어린아이들은 그 목전에 메어침을 입겠고 그 집은 노략을 당하겠고 그 아
내는 욕을 당하리라
17절, 보라 은을 돌아보지 아니하며 금을 기뻐하지 아니하는 메대 사람을 내가 격동시
켜 그들을 치게 하리니
18절, 메대 사람이 활로 청년을 쏘아 죽이며 태의 열매를 긍휼히 여기지 아니하며 아이
를 가석히 보지 아니하리라
19절, 열국의 영광이요 갈대아 사람의 자랑하는 노리개가 된 바벨론이 하나님께 멸망
당한 소돔과 고모라같이 되리니
20절, 그곳에 처할 자가 없겠고 거할 사람이 대대에 없을 것이며 아라비아 사람도 거기
장막을 치지 아니하며 목자들도 그 곳에 그 양 떼를 쉬게 하지 아니할 것이요
21절, 오직 들짐승들이 거기 엎드리고 부르짖는 짐승이 그 가옥에 충만하며 타조가 거
기 깃들이며 들양이 거기서 뛸 것이요
22절, 그 궁성에는 시랑이 부르짖을 것이요 화려한 전에는 들개가 울 것이라 그의 때가
가까우며 그의 날이 오래지 아니하리라

13:9 마지막 죄인 하나까지 지상에서 사라질 때까지 바벨론이 차례로 멸망할 것이다. 외관상 이사야는 오늘날 누군가가 가르치는 것, 즉 공포를 통한 동기에 호소하는 것은 보잘것없는 심리학이라고 말하는 것을 알지 못한다. 이사야가 다르게 생각하였거나 아니면 보다 정확하게 말한다면 성령께서 다르게 생각하셨으니, 이는 여기서 선지자가 단순히 다가올 심판의 날을 언급할 뿐만 아니라 사람들에게 그 날을 바라보라고 명령하고 있기 때문이다. 어마어마하게 중요한 어떤 것을 신언할 때마다 하는 습관처럼, 그는 "보라! 야웨의 날이 오고 있다"고 외친다.

심판에 대해서 듣기를 원치 않는 사람들이 있을 수도 있지만, 이사야는 자신이 인간들의 영혼에 대한 사랑을 가진 참 복음 전도자임을 드러내고 있다. 심판은 오고 있다. 그런데 그러한 사실에 대해서 침묵한다는 것은 현명한 일이 아니고 인간들을

향한 사랑이 결핍되어 있음을 나타내는 것이다. "보라! 그 날을 그리고 그것을 바라보고 구출과 구원을 얻기 위하여 하나님에게 피하라"고 그 전도자는 말하고 있다.

그 날은 바야흐로 다가오고 있을 뿐만 아니라 무자비한 것으로 다가오려고 하고 있다.[26] 맹렬한 멸망 가운데서 터져나오는 그것은 무정하고, 몰인정하고, 무자비하고 아무도 살려두지 않는다. 그 날에는 축복의 태양 빛이 없고 다만 진노와 뜨거운 분노만 있을 것이다.[27] 세계적 도성에 대한 심판은 점점 더 깊어져가는데, 그것은 바빌론으로 상징되고, 영향을 받는 땅을 황폐케 하려는 목적을 가지고 있다. 이 황무는 무엇인가? 그것은 땅에 있는 죄인들의 멸망이다.[28] 여기에 개인의 가치나 혹은 영혼의 본래의 가치에 대한 말은 없고; 다만 야웨의 날의 목적만이 선포되어 있으니, 곧 죄인들은 이 땅에서 제거될 것이다. 세상 도시는 죄악된 도시였고, 그것은 유다와 예루살렘을 공격하였으며 꾸준히 우상숭배를 장려해 왔었다. 그것은 세상의 도시였을 뿐만 아니라 동시에 세속도시였고, 스스로에게 영광을 돌렸다. 그러나 바벨론의 멸망은 심판의 날이 가져다 줄 궁극적인 파멸에 대한 하나의 작은 전주곡에 지나지 않았다.

이사야는 이 땅에서의 죄인들의 멸망을 말하고 있으며, 그는 마치 바벨론에 대한 단순한 언급을 초월하는 듯한 어투를 사용하고 있다. 바벨론에 심판이 퍼부어졌으니, 그것이 온 땅에도 퍼부어질 것이다. 그러므로 이러한 어투는 최후 심판에 대한

---

26) "잔혹히 분냄"—"날"에 대하여, 그러므로 그 날은 잔인한 어떤 것으로 의인화되어 있다. 예레미야(50:42)는 이 형용사를 대적들에게 사용하고 있다.

27) "노하는"—**와우**는 "함께"로 번역되어야 한다. 참고. 삿 6:5; 왕하 11:8. שָׁמִיד—이 동사가 와우로부터 분리되어 있으므로 미완료형이 사용된다. 이 분리는 강조의 위치에 "그리고 그 죄인들"을 두는 효과를 가진다. "그 죄인들에 관해서는 그리고 그 중에서 죄인을"—멸망시킬 것이다.

28) Delitzsch는 이것을 특수한 역사적 대변동을 가리키는 것으로 제한하였지만, 그러나 바벨론은 세계적 도시였고, 자족하는 세상 권력의 최고의 현시였다(참고. 계 17, 18장). 그 도시는 교만에 있어서(참고. 13:11; 14:11; 47:7-8), 폭력에 있어서(14:12, 17), 우상숭배에 있어서(렘 50:38), 그리고 하나님의 백성을 잘못 다룬 일에 있어서(사 47:6) 범죄하였다. 이 세상 도성에 대한 심판이 깊어졌을 때, 그것이 우주적 심판임을 증명한다. Reichel은 다음과 같이 옳게 말하고 있다. "모든 묘사는 이사야가 초기부터 말한 것임을 가리킨다. 그 때부터 고대 바벨의 멸망이 하나의 작은 모형이었다"(*Die ganze Beschreibung zeigt es, dass Jesaias von dem jüngsten Tage redet; von welchem die Zerstörung des alten Babels ein kleines Vorspiel gewesen*).

것으로도 이해되어야 한다. 진노와 고민의 날! 그 날에 누가 설 수 있는가? 바벨론처럼 거룩하신 야웨에 대항하여 돌이켰던 우리도 역시 죄인들이 아닌가? 사실 우리도 역시 그러한 죄인들이지만 우리는 하나님 자신이 예비해 두신 피난처, 예수를 모시고 있다. 우리의 구원이 얼마나 크며, 이 구원을 위하여 지불하신 그 값은 얼마나 큰가! 복되신 우리의 구원자께서 영원히 찬양과 노래의 제목이 되어야 하지 않겠는가?

13:10 야웨의 날은 잔인한 날, 분노의 날로 다가오는데, 이는 하늘의 별들까지도 빛을 비치지 않을 것이기 때문이다. 여기서 우리는 이사야가 전에 언급했던 말씀의 이유를 보게 된다. 야웨의 날의 한 특성은 그 날이 진노의 옷을 입고 있다는 것이다. 창조 시에 땅이 혼돈하고 공허하며 흑암에 둘러싸여 있었다. 창조의 첫 번째 사역이 빛을 비추게 하는 일이었다. 그러나 이제는 그 빛이 사라지고 야웨의 날의 특성인 어둠이 대신 나타날 것이다. 별들이 빛을 비추어 왔었으나, 이제는 그 빛을 잃을 것이다. 그것들과 함께 성운들,[29] 말하자면 오리온 좌나 다른 빛을 발하는 성운들 역시 빛을 발하기를 거절할 것이다.

더 나아가서 특별히 낮을 주관하는 큰 빛인 태양이 아침에 밤의 어둠을 밝혀야 하는 때에 스스로 어두워질 것이다.[30] 그러므로 한 날의 두 나절이 모두 어둠이다. 이 심판은 우주적이다. 태양은 없고 달의 흰빛마저 사라졌다. 모든 것이 어둡고 낮고 깊고 고요하다.

13:11 다시 주께서 이 두려운 날에 그분이 행하실 일을 말씀하시고 선포하신다.

---

29) כְּסִילֵיהֶם —단수형은 욥 9:9; 38:31; 암 5:8에서 발견된다. 외 우 는 증대사(增大詞)이다. "그리고 특별히 그들(안에서 인급된 별들)의 별 떨기(성운)들." כְּסִיל은 "바보"를 의미한다. 복수형은 거대한 별들 혹은 성운들을 지칭할 수도 있다. Gesenius는 고전적 작품들에 대한 통찰력 있는 논의를 제공하고 있다.

30) 어둠은 야웨의 날의 한 특성이다. 참고. 암 5:18; 8:9; 욜 2:10; 2:31; 3:15; 출 32:7 이하; 습 1:15. 동사들의 용법을 유의하라. 첫째 미완료형은 별들이 비치지 못한다는 사실을 묘사하고 있다. 그 다음 완료형은 미래를 가리키고 있고, 이상적 관점으로부터 그 일을 객관적으로 바라보고 있다. 태양은 떠오르면서 어두워진다. 그리고 나서 선지자는 주관적으로 그의 실제적인 입장을 암시하고, 그가 말하는 당시를 가리키는 미완료형을 사용한다. 우리는 야헬루(יָהֵלּוּ)를 아카디아어 **엘루**와 아랍어 **할라**, "비치기 시작하다"와 비교할 수 있을 것이다.

모든 땅에 어둠이 있지만, 언젠가 하나님의 신이 수면에 운행하셨던 것처럼 이제도 하나님께서 징벌을 가하시기 위하여 행동하신다. 사람이 살고 있는 땅, 그 모든 주변의 땅은 하나님으로부터 오는 악을 입게 될 것이다.[31]

이 악은 무엇인가?[32] 그것은 악한 폭군들의 죄악이다. 악인에 대한 언급으로 말미암아 우리는 단순히 바벨론인들에 대한 언급을 바라보는 것이 아니라, 우리 하나님 여호와께 대하여 악하게 행동한 모든 악한 자들에 대한 언급을 바라본다. 죄인들은 교만한 자요, 그들의 정체를 밝히는 것은 그들의 교만이다. 특히 폭군들은 교만을 나타내는데, 실로 그 교만이 그들의 동료들 위에 뽐내게 하였던 지점에까지 그들을 올려다 놓는다.

13:12 본 절의 시작과 종결은 두드러진 유음현상을 이루고 있다. 여기서 우리는 또다시 남은 자 교리와 접하게 된다.[33] 이사야와 다른 선지자들은 이 교리를 다른 방식으로 나타내고 있고, 본 절에서 그것은 보다 구체적인 방식과 특별한 취급방식으로 묘사되어 있다. 멸망시키는 심판을 통하여 사람들은 너무나 희귀하여져서 금으로 사거나 구속받을 수 없게 될 것이다.[34] 실로 그들은 금보다도, 정금보다, 오빌의 정금보다 더 귀하게 될 것이다. 오빌은 아마도 질 좋은 금의 산지로 알려진 남아라비아였을 것이다. 텔 카실레(Tell Qasileh)에서 발견된 하나의 패각은 다음과 같은 비문을 담고 있다. "벧 호론을 위하여 오빌의 금, 30세겔."

---

31) פקד는 방문된 것의 직접 목적격과 함께 사용되고, 전치사는 그것이 임한 사람과 함께 사용되어 있다. 참고. 렘 23:2. 땅은 전체 주위 안에 있는 모든 것들의 모체로 혹은 낳는 자로 간주되어 있다. 스올과 테홈처럼 테벨(תֵבֵל)도 관사 없이 사용되고 있다. 바벨론이 징벌을 받을 때, 온 땅이 그 영향을 받을 것이다. 참고. 24:4; 26:9.
32) 한 인간의 행위들의 악에 대한 보응은 징벌인데, 단순히 그러한 행위들이 악을 낳는 자연적인 결과들로 인한 것이 아니라, 법정적인 징벌이 할당됨으로 인한 것이다.
33) 남은 자를 묘사하는 다른 방식에 대해서는 10:16-19; 17:4-6; 24:13; 30:17을 참고하라.
34) 파즈(פז)—"정금 혹은 순금." 케템(כֶּתֶם)—"금," 아마도 수메르인에게까지 거슬러 올라갈 것이다. 아카디아어 쿠팀무, "금세공인"은 수메르어의 외래어인데 이것으로부터 가나안어 코템트(kotemt)가 나왔으며, 이것은 애굽에서 크튬트(ktm.t), "금"으로 나타난다. Ophir의 정확한 위치는 논쟁이 많다. 아마도 그곳은 비록 어떤 사람들이 서방 아비씨니아(Abyssinia) 나 혹은 인디아에 있다고 주장하기는 하지만 남아라비아 지방이었을 것이다.

13:13 그러므로[35] 자신의 목적을 이루시고 실현시키기 위하여, 하나님께서는 하늘을 흔드시고 땅도 그곳으로부터 떠나가게 하실 것이다. 하나님은 심판하실 것이고 하늘과 땅은 떨 것이다(참고. 마 24:29; 벧후 3:10; 계 6:9-17; 20:11). 심판의 규모와 그 정도를 보이기 위하여 이사야는 격동 중에 있는 자연의 세력들을 묘사하고 있다. 이 심판은 세계를 뒤흔들 것이니, 이는 그 대격동이 이스라엘의 하나님 야웨의 분노의 결과이기 때문이다.

우리는 이 대격동들을 문자적인 성취를 요구하고 있는 것처럼 자연의 영역에서 일어나는 것으로 이해해서는 안 될 것이다. 그러나 이와 같은 연설의 묘사를 통하여 이사야는 우리로 하여금 하나님께서 시행하실 심판이 얼마나 큰가 하는 것을 깨닫도록 만들어 주고 있다. 심판과 함께 우주를 움직이게 하시는 우리 하나님의 능력에 대해 의심이 있을 수 있겠는가? 그보다는 손에 모든 권세를 쥐고 계시는 그분 앞에서 두려워하도록 하자.

13:14 본절에는 긍휼의 감정을 일으키는 부드러운 묘사가 소개되어 있다. 노루는 잘 놀라고 걸음이 빠르다(참고. 삼하 2:18; 대상 12:8; 잠 6:5). 그것은 주로 홀로 다니며, 쫓는 자들에게서 피하여 쏜살같이 달아난다. 모든 사람들이 그것을 대적한다.[36] 또한 목자 없는 양은 쉽게 분산되고 길을 잃는다.[37] 그들은 불쌍하다. 하나님 없는 인간은 얼마나 무력한지! 그는 스스로 충분하다고 생각하지만 하나님의 보응의 날에는 양이나 노루처럼 무력하다. 그는 자신의 본향으로 도망하려고 하는 외국인이다. 실로 바벨론은 많은 백성들로 구성되어 있었고, 그들의 본향으로의 도망은 심판이 떨어질 때 사람들을 휘어잡을 무시무시한 두려움에 대한 모형으로서의 역할을 하고 있다.

---

35) "그러므로"(**알-켄**이라는 이 단어는 한글 개역 성경에는 나와 있지 않다—역주)—이 단어는 아마도 앞의 내용에 대한 일반적인 언급을 하고 있는 것 같다.

36) 무따흐(מֻדָּח)—문다(מנדח)에 해당하는 호팔 분사.

37) 바벨론은 고대 세계 중 인종이 뒤섞인 나라였다. 심판이 올 때 외국인들은 자기들 본국으로 흩어질 것이었다. 14절 하반절에 있는 복수 동사들을 주시하라. 렘 50:8, 16, 37; 51:9, 44은 바벨론의 상황에 빛을 던져준다. Aeschylus(*Persae*, 52)는 바벨론에 대해 혼합된 열국의 무리(πάμμικτοῦ ὄχλου)라고 말한다. **와우**는 관계사의 의미를 가진다. "아무도 그것을 모아주지 않는 한 무리처럼."

13:15 모든 사람이 심판으로부터 피하지는 못할 것이다. 어떤 사람은 무시무시한 재앙을 만나게 될 것이다. 그들은 그 도시에 남아 있는 자들이요 포로 된 자들이다. 전반적인 대학살이 일어날 것이다. 포로 된 자들은 찔려 죽음을 당할 것이고 도망하다가 잡힌 자들은[38] 칼에 찔릴 것이다. 살륙자들이 포위된 성읍을 다스릴 것이다.

13:16 온갖 야만성과 잔인성이 있는 전쟁이 우리 앞에 놓여 있다.[39] 인간의 타락한 마음만이 메대인들이 여기서 행동하는 것으로 묘사되어 있는 일을 할 수 있다. 우주적인 심판의 면은 이제 배후로 밀쳐 있고, 이사야는 부패된 인간 군대의 간담을 서늘케 하는 행위들을 묘사하고 있다. 어린 나이의 작은 아이가 공격을 당하여 찢길 것이니, 이는 그 침입자들이 문명화된 자들임에도 불구하고 야만인처럼 될 것이기 때문이다. 그들은 이 악행을 걱정하는 그 부모들 앞에서 행할 것이다. 진노는 한계가 정해져 있지 않다. 포로민들의 집들은 불탈 것이고 그들의 아내들은 욕을 당할 것이다.[40] 이 심판 가운데서 자비는 보여지지 않는다.

13:17 이러한 보복과 잔인성을 보인 바벨론의 파괴자들은 누구인가? 그들은 메대인, 곧 페르시아 백성이며, 이제 이들이 처음으로 언급되어 있다. 페르시아의 모든 나라들 가운데서 이들이 가장 힘이 있고, 그런 까닭에 그들만 언급된 것이다. 그렇지만 이 잔인한 동방의 대적이 오는 것은 스스로의 힘에 의해서가 아니다. 메대인들은 잠자듯 누워 있었으나, 이제 그들은 바벨론을 치기 위하여 하나님에 의하여 일

---

38) 성공적으로 도망친 자들과는 별도로, 그 도성 안에서 침입자들에 의하여 발견된 자(니팔형 분사에 정관사가 붙음)는 칼에 찌름을 당할 것이고, 포로로 잡힌 자들 혹은 나포된 자는 엎드러질 것이다. *Cyro*(vii, 5:31)에서 **Xenophon**은 어떻게 **Cyrus**가 바벨론 정복에서 어떤 차별을 두었는지 묘사하고 있다. 거리에서 만나는 자들은 죽음을 당할 것이고, 집에 머물러 있는 자들은 안전하게 될 것이지만, 만일 어떤 사람이 밖으로 나오면 그들은 죽음을 당할 것이다. 이 구절 배경에, 보복에 대한 유대인의 야망이 놓여 있다고 하는 **Gray**의 가정은 타당한 근거가 없다.
39) 이쇼쑤(יֹשַׁסּוּ)—סםשׁ의 니팔형, 즉 חסשׁ의 부차적인 형태. 이 두 단어들은 애굽어 **사쑤**, "약탈자들, 유목민들"에서 가나안 어로 소개된 것처럼 보인다. 참고. Coptic, 소쓰, "목자."
40) "욕을 당하다"—케티브는 전쟁의 공포와 심판의 무자비한 성격을 나타내기 위하여 의도적으로 선택되었다. 참고. 호 10:14; 13:16.

으킴을 받아야 한다.[41] 메대인들은 전리품과 돈에 관심을 두지 않고 오직 보복에만 관심을 가지며, 보복에 의하여 촉진된 한 나라는 큰 잔인성을 발할 수 있다. 그들에게 은을 제공하여도[42] 그들은 그것에 대해 고려해 보지도 않는다. 금으로 유혹해도 그들은 그것을 바라지 않는다. 단순한 돈의 지불이 그 행위를 그치도록 하기에는 충분하지 못하다. 그들은 보복하는 것, 그것만을 생각하고 주시한다.

13:18 메대인들은 활의 사람들이었고, 그들의 활은 백성의 희망인 어린아이들을 죽일 화살들을 힘있게 쏠 것이다. 이사야는 이상한 표현을 사용하고 있다. 어떻게 화살들이 소년들을 공격하여 찢을 수 있는가?[43] 그가 의미하는 것은 그 화살이 소년들을 멸망케 하는 도구들이 될 것이라는 것이다. 자궁의 열매들, 곧 어린아이들까지에 대해서도 그들은 긍휼을 보이지 않은 것이다. 우리는 디오도러스 시큘러스(Diodorus Siculus)의 글 가운데서 "무엇이 메대 제국을 멸망시켰나?"는 문제에 대해서 "그들의 배후에 깔려있는 잔인성"이라는 대답이 주어져 있는 것을 보게 된다. 아비들의 기쁨인 아들들도 이 대적의 잔인성 앞에는 살아남지 못할 것이다. 영혼의 거울인 눈이 소년들을 볼 것이지만, 그 영혼은 잔인하고, 그 눈은 긍휼히 여기지 않을 것이다.

---

41) 참고. 사 41:2, 25; 45:13. "메데사람" — 이 신탁 가운데 유일한 고유명사.
42) 고전문학의 예증들에 대해서는 Iliad, 6:68과 6:46이하; Aeneid, 10:526; 그리고 Cyro., 5:10:10을 참고하라.
43) 문법적으로 이 문장은 "그리고 화살이 소년들을 찢어 죽일 것이다"로 번역되어야 한다. 테라탑슈나(תְּרַטַּשְׁנָה) — 이 형태는 문장을 가르는 형태이다. 치찰음 앞에 있는 파타흐를 주시하라. 엑센트가 있는 폐음절에서 이모음은 자주 아모음으로 변한다. 본문의 의미는 난해하지만 그러나 우리는 그것을 있는 그대로 지켜야 할 것이다. W. G. Lambert· "Three Unpublished Fragments of the Tukulti Ninurta Epic" in Archiv fur Orientforschung, 1957, Band xviii, Erster Theil, pp 38-51, 40쪽에 아래의 글을 제공한다. "아슈르의 무기, 그것이 침략자들, 사나운 파괴자들을 시체처럼 내던졌다"(…gis kakku! dAšur ti-ba! dap-na u´s-har-mi-ta ša-lam-da id-di). 이 구절에서 묘사 방법이 비유적이다. 카쿠가 글자 그대로 (이디) 파괴자를 내어던진 것이 아니라, 파괴자가 무기에 의하여 내던짐을 당했다는 것이다. 그래서 활이 문자 그대로 그 소년들을 박살낸 것이 아니고, 젊은이들이 활에 의해 전쟁 중에 죽임을 당한 것이다. Assurbanipal(Rassam Cylinder, iv, 65-76)은 자기 보호신들의 형상들(shedu와 lamassu, 즉 날개달린 돌로 된 황소들) 곧 산헤립을 박살냈던 수호신들의 형상으로 그 백성을 박살냈던 한 제사에 대해서 말한다. 이 실례들에 비추어 우리는 본문이 정확하고 수정할 필요가 없음을 가정할 수 있다.

13:19 이제 우리는 이사야 메시지의 심장에 도달한다. 심판은 많은 정복된 나라들의 장식품과 아름다움인 바벨론에게로 향하고 있다.[44] 그러나 하나님께서 소돔과 고모라를 무너뜨리셨던 것처럼 바벨론을 무너뜨리실 것이었다. 그리하여 심판은 초자연적인 것으로 나타난다. 본 절의 첫 행에서 바벨론이 높이 올라갔었고, 두 번째 행에서 아래로 내려갔다. 선지자는 바벨론이 영광이요, 노리개요, 자랑거리였다고 단숨에 말하고 있다. 그러나 바벨론은 하나님이 무너뜨리신 광야의 도성들과 같이 될 것이라고 결론을 짓고 있다.

13:20 황폐는 심판의 결과이지만, 여기에 묘사되어 있는 상황은 즉시 일어나지 않았다. 고레스가 그 벽들을 무너뜨리지 않았고 그리하여 바벨론 도성들 자체들은 여전히 서 있었다. 후에, 즉 주전 518년에 그 벽들이 파괴되었다. 그 다음에 아하수에로(Xerxes)가 벨루스(Belus)의 신전을 파괴하였다. 셀루시아(Seleucia)가 일어나자, 바벨론은 기울어졌고, 스트라보(Strabo) 당시에 바벨론은 하나의 사막이어서 이에 대해서 그는 "이 큰 성에 거대한 사막이라"고 말한다. 여기에 그 철저한 멸망이 있다(참고. 사 47:1; 계 18:7). 바벨론은 이 지면에서 싹 쓸어져야 된다. 그 나라는 인구가 많은 도성으로 서 있지 못할 것이고 멸망 후에는 예루살렘처럼 굳건한 도성으로 서지 못할 것이다. 또한 그 도시는 대대로 거주자가 없을 것이다. 이 예언은 얼마나 정확하게 실현이 되었는지! 바벨론은 일시적인 거주지도 되지 못할 것이다. 사막에서 방황하는 방랑자들도 그곳을 선택하지 않을 것이며,[45] 목자들도 그곳을 목초지로 사용하지 못할 것이다. 이렇게 철저한 버림당한 모습보다 더 강한 묘사가 있을 수 있을까? 세상 도성은 가 버렸고 오직 광야만 남아 있다. 우리가 우리 하나님의 능력을 의심할 때, 언젠가 바벨론이었던 그 사막을 바라보도록 하자. 하나님께서는 그렇게 악한 자를 심판하신다.

---

44) 그리스도 이전 처음 천년의 과정 가운데서 아람인들(Aramaeans)이 왔고 바벨론 평야에 널리 퍼졌고, 마지막에는 메데인들과 함께 주전 612년에 니느웨를 무너뜨린 나보폴라쌀이 바벨론의 통치자로 들어왔다. Strabo는 바벨론을 사막의 나라로 말하고 있고 Pausanius는 거기에는 성벽밖에 아무것도 없다고 말한다.

45) 아라비(עֲרָבִי)는 방랑하는 생활 방식을 표현한 것 같고(렘 3:2은 예외다), 아르비(עֲרָבִי)는 다른 그룹의 백성과의 구별을 표현한 것 같다. 느 2:19; 4:7; 6:1 등.

13:21 앞 절에서 사용한 그 단어를 사용하면서 이사야는 강력한 대조를 이끌어 내고 있다. 목자들은 바벨론에서 자기들의 양무리를 먹이지 못하고(יַרְבִּצוּ, 야르비 추), 다만 사막의 짐승들과 대초원과 광야의 동물들이 거기에 누울 것이다(רָבְצוּ, 라브추). 이사야는 어떤 특별한 동물이나 특수한 부류의 동물들을 염두에 두지 않고, 다만 광야가 서식지인 동물들을 총체적으로 생각하고 있다. 그곳은 여전히 거주지가 되기는 하겠지만 사막의 짐승들의 거주지가 될 것이다.[46] 짖어대는 짐승들이[47] 그곳에 가득할 것이다. 거기에는 타조도 있을 것이고,[48] 염소의 모습을 가진 들 양이[49] 거기서 춤을 출 것이다.

13:22 과거 화려했던 바벨론 궁전, 노래와 환락이 있었던 그곳에 지금은 시랑곧 들짐승들의 외침과 부르짖음이 있다.[50] 밀턴은 유사한 어투로써 홍수를 묘사한다.

---

46) 치이임(צִיִּים)—메마른 초원인 치야(צִיָּה)의 거주자들. 가끔은 그들이 사람이기도 하다. 사 23:13; 시 72:9; 가끔은 동물이기도 하다. 참고. 사 34:14과 렘 50:39. 이것은 어떤 특별한 동물을 가리키지 않는다.

47) 오힘(אֹחִים)—아마도 아랍어 악하(ahha), "신음하다, 한숨쉬다"가 시사적이다. 참고. 아카디아어 aḫu, "자칼." 문맥은 어떤 동물을 가리키는 것으로 보인다.

48) 참고. 사 34:13; 43:20; 미 1:8; 욥 30:29. 이것은 아마도 타조나 혹은 어떤 불결한 새를 가리킬 것이다. 아랍어 wa'nah는 바위로 된, 딱딱한 땅이고 그래서 "황야의 딸들"이다.

49) שָׂעִיר—숫염소 혹은 털이 있는 것. 어떤 구절에서는 그것이 염소의 모습을 가진 우상을 지칭한다. 예를 들면, 레 17:7; 대하 11:15. 이곳에서 그것들은 우상숭배의 대상이었다. B는 여기서 δαιμόνια로 번역하고 탈굼과 수리아어에서는 "귀신들"(demons)로 번역하고 있다. 칼빈은 이것이 인적이 드문 장소들 가운데서 공포를 조장하고 속임수로 속이는 악마들을 가리킨다고 생각한다. Alexander는 모든 귀신들에 대한 언급을 조장하는 것으로 여겨 제거한다. 그러나 선지자는 통속적이고 미신적 의미를 인정함 없이 시적 언어를 사용하였을 수 있다. 이 구절은 그러한 피조물들의 실질적인 존재를 가르치지 않는다. 통속적인 미신의 실례에 대해서는 참고. *Ta'abata Sharran*(염소가 귀신이 되다), Horace, *Ode*, I:1:31; Vergil, *Eclogues*, 5:73. Gesenius는 유프라테스에 있는 사마라(Samara) 근처에 이러한 존재들이 있다는 미신에 대한 증거를 제공하여 주고 있다.

50) "(응답하여) 부르짖을 것이요"—아마도 "비명을 지르다." 참고. 출 32:18; 남성 복수로 되어 있는 주어가 단수 동사를 뒤따른다. 이것은 본래의 셈어적 용법이고, 복수형으로 수정할 필요가 없다(*BH*). 이것은 짖는 동물들, 아마도 자칼을 가리킬 것이다. Wiseman("Secular Records in Confirmation of the Scriptures", *Victoria Institute*, 1955, p. 36)은 "두더쥐들(?)이 그 황무한 땅에 있을 것이고 도마뱀들이 그들의 (언젠가) 화려했던 궁전들 가운데 있을 것

그리고 그들의 궁전들 가운데는
사치가 최근에 지배하였던 곳에, 바다 괴물들이 새끼를 낳고 산다.[51]

바벨론의 궁전들! 그 열락의 집들은 오래 전에 떠나갔다. 언젠가 그 집들은 쾌락의 신전들이었으나,[52] 심판이 닥칠 때 자칼들이[53] 거기서 부르짖을 것이다. 바벨론을 심판하실 때가 가까웠다. 그 심판은 지체하지 않을 것이다. 잠시 후에 심판이 있게 될 것이다. 바벨론이 경고를 받아들일 것인가? 그 나라가 존속하는 날들, 곧 강한 도성으로 존속하는 날들은 오래지 않을 것이다. 그들은 계속하지 못할 것이고 오래가지 못할 것이다. 우리의 날들도 오래가지 못할 것이다. 우리의 때는 아직 오지 않았고 지금은 구원의 날이다. 이 절들을 읽는 모든 자들이 자비를 구하는 겸비함으로 주께 돌이키기를…

누구든지 주의 이름을 부르는 자들은 구원을 얻으리라.

13장에 대한 특주

Donald J. Wiseman은 1952-3의 발굴에서 발견된 니므룻으로부터 사르곤 2세에 이르는 글이 새겨진 삼각형 막대의 글을 출판하였다.[54] 7-44행들은 잡동사니의 내용이다. 그것들은 바벨론의 신들에게 가져온 제물들과 다른 바벨론의 도시들을 묘사하고 있다. 두 개의 먼 섬들[55]이 공물을 보내왔는데, 그들이 앗수르 왕의 큰 세력을 들었기

이다"로 번역한다. 그러나 만일 동사가 유지된다면, 두 명사들은 (응답하여) 부르짖는 동물들을 가리킬 것이다. 그러므로 두 경우에서, 비록 난점을 이해하고 있을지라도 "자칼"이라는 번역을 유지하였다.

51) *Paradise Lost*, Book XI, Lines 750-52.
52) Delitzsch는 ל의 사용이 비꼬는 행위라고 지적한다. 계 18:2을 참조.
53) תנים—Gesenius와 Abul-walid에 의하면 그것이 하나의 뱀을 가리킨다고 하지만, 그러나 일반적으로 자칼로 취급된다.
54) *Iraq*, 14 (1952), p. 28.
55) 이 섬들은 Iadnana(키프로스) 구역과 Dilmun과 Ia'였다.

때문이다. 그 왕은 키프러스에 있는 돌기둥에 그의 행실을 기록하였다. 바벨론의 멸망에 대한 기록은 다음과 같이 번역될 수 있을 것이다.[56]

    그 당시에[57]…로부터 인도하는 길(…)
    -의 요새인[58] 바벨론으로 오기 위하여
    그 길은 열리지 않았고 통과할 수도 없다.
    그 땅은 오래 전부터 사막[59]
    그 중간에 여행은 아주 단축되었다.
    그 길은 상당히 어려웠고
    길이 없었다.[60]
    나아갈 수 없는 부분들에는
    가시와 엉겅퀴들과 정글이
    그들을 뒤덮고 있었고, 그 후미진 곳에는 개들 그리고 자칼들이
    모여들어 양들처럼 함께 뒤섞여 있었다.
    그 사막의 나라에 아람인들
    그리고 수티(Suti), 천막에 거주하는 자들[61]
    도망자들, 반역자들, 약탈자들이[62]
    자기들의 거처를 정하고
    통행을 가로막았다.
    그들 가운데는 오래 전에
    멸망하였던 그곳에

---

56) 바벨론의 멸망에 대한 기록은 아마도 주전 710-709년에 기록되었을 더 큰 기록으로부디 취해 왔을 것이다.
57) 사 13:6, 9, 13, 22에 있는 날에 대한 강조를 유의하라.
58) maḫazu: 엔릴과 닌릴 예배의 중심지. 이사야는 그것을 나라의 영광이라고 부르고 있다.
59) *ma-ad-bar*: 히브리어 미드바르(מִדְבָּר). 단모음 **아**는 엑센트가 없는 폐음절에서 단모음 **이**로 변한다. 참고. 사 13:20 이하; 14:17.
60) *la šit-ku nu da-rug-gu*, 참고. 사 13:20.
61) 참고. 사 13:20.
62) 참고. Aequi에 대해서 Vergil은 다음과 같이 말한다. "약탈하는 종족들이 여전히 침략을 갈구하며, 그 약탈물로 살고, 도둑질로 장사를 삼는도다"(A plundering race, still eager to invade, On spoil they live, and make of theft a trade).

정착자들이 있었으니
자기들의 갈아엎은 땅 위에 수로와
씨뿌려진 땅은
존재하지 않고, 다만 거미줄들이 위에 엮여져 있었다.
그들의 풍요로운 목초지들은 광야처럼 되어 버렸다.
그들의 개간된 땅들은(버려졌다)
달콤한 추수의 노래를[63]
곡물은 거의 끊쳤다.
나는 밀림을 잘라 내었고,
나는 가시와 엉겅퀴들을 불로 태웠고,
나는 약탈자들인 아람인들을 무기로 낙담시켰다.
사자들과 이리들을
나는 살육하였다.
이전의 광야의 지역들을
나는 취하였고
적대적인 땅들의 백성을 나의 손으로
포로로 붙잡았다.
나는 그 가운데(?) 두었다.

(3) 바벨론 왕의 몰락(14:1-11)

1절, 여호와께서 야곱을 긍휼히 여기시며 이스라엘을 다시 택하여 자기 고토에 두시리니 나그네 된 자가 야곱 족속에게 가입되어 그들과 연합할 것이며
2절, 민족들이 그들을 데리고 그들의 본토에 돌아오리니 이스라엘 족속이 여호와의 땅에서 그들을 얻어 노비를 삼겠고 전에 자기를 사로잡던 자를 사로잡고 자기를

---

63) 참고. 사 16:10, *zi-im-ru ta-a-bu*. 참고. A. Leo Oppenheim, "Assyriological Gleanings", in *BASOR*, No. 103, pp. 11-14.

압제하던 자를 주관하리라

3절, 여호와께서 너를 슬픔과 곤고와 및 너의 수고하는 고역에서 놓으시고 안식을 주시는 날에

4절, 너는 바벨론 왕에 대하여 이 노래를 지어 이르기를 학대하던 자가 어찌 그리 그쳤으며 강포한 성이 어찌 그리 폐하였는고

5절, 여호와께서 악인의 몽둥이와 패권자의 홀을 꺾으셨도다

6절, 그들이 분내어 여러 민족을 치되 치기를 마지 아니하였고 노하여 열방을 억압하여도 그 억압을 막을 자 없었더니

7절, 이제는 온 땅이 평안하고 정온하니 무리가 소리질러 노래하는도다

8절, 향나무와 레바논 백향목도 너로 인하여 기뻐하여 이르기를 네가 넘어뜨리웠은즉 올라와서 우리를 작벌할 자 없다 하는도다

9절, 아래의 음부가 너로 인하여 소동하여 너의 옴을 영접하되 그것이 세상에서의 모든 영웅을 너로 인하여 동하게 하며 열방의 모든 왕으로 그 보좌에서 일어서게 하므로

10절, 그들은 다 네게 말하여 이르기를 너도 우리같이 연약하게 되었느냐 너도 우리같이 되었느냐 하리로다

11절, 네 영화가 음부에 떨어졌음이여 너의 비파 소리까지로다 구더기가 네 아래 깔림이여 지렁이가 너를 덮었도다

14:1 얼마나 축복되고도 위로가 되는 말씀으로 이 장이 시작되고 있는지! 앞장에서 우리는 바벨론이 그 죄로 인하여 무너질 것이고 또 무너질 수밖에 없었다는 사실에 대해서 배웠다. 이제, 선지자는 우리에게 그 두 번째 이유를 제공하고 있다. 즉 바벨론이 반드시 멸망할 것은 하나님께서 자기 백성을 일으키시고 높이시는 복 저을 가지고 계셨기 때문이다. 바벨론은 자신의 구원의 목적을 성취하시고자 하시는 하나님의 손에 들린 도구에 지나지 않았다. 하나님은 이스라엘을 향하여 사랑을 가지셨으니, 그것은 지금 역사하시고 있다고 선포되는 하나님의 특별한 사랑이었다. 구속자가 오시도록 하기 위하여 바벨론은 멸망되어야 한다. 그렇게 해서 하나님이 백성은 노예로부터 돌아올 수 있고, 구속자가 오시도록 길이 열릴 것이다.

이 첫 절은 이사야가 그의 책 후반부 27장(40-66장)에서 발전시킬 전체적인 위로의 복된 메시지를 그 싹의 형태로 가지고 있다. 또다시 야웨께서 자비를 보이실 것

이고,[64] 다시 자기 백성을 택하실 것이라고 그는 선포하고 있다.[65] 언젠가 전에 그들이 애굽의 압제 하에서 고난당하고 있었을 때 그분께서는 자비를 보이시고 그들을 택하셨다. 그들이 지금은 바벨론에 포로 되어 있지만, 이 바벨론 포로는 단순히 그 백성을 덮었던 보다 깊은 타락의 예표 혹은 상징이었다. 그들을 붙잡고 있었던 큰 속박은 죄의 속박이었고, 그것으로부터의 구원은 이사야가 나중에서 선포하였던 오직 여호와의 종을 통하여서만 가능 하였다.

제2의 시작이 있어야 한다. 그들이 첫 번째 가장 큰 적대적인 세상 세력이었던 애굽에 구금되어 있었을 때, 하나님께서는 자기 백성을 신정국가로 만드셨다. 그렇지만 그들의 죄가 너무나 커서 그 신정국가는 해산되어야 했었고, 또다시 다소 해체된 상태로 그 백성은 이방의 적대적인 세력에 구속되어 있었던 것이다. 바벨론은 하나님 백성의 큰 원수, 곧 적그리스도의 예표였다. 거기에는 또 다른 구원과 새로운 시작이 있어야 했다. 그렇지만 이 시대의 시작은 모세 아래서 되지 않을 것이었다. 그것은 오히려 약속의 땅으로의 귀환으로 이루어질 것이고,[66] 어둠의 시대가 따라올 것이었다. 그 나라가 하나님의 목적들에 대한 진정한 이해를 거의 상실하였을 때, 그리스도께서 오셔서 다윗의 위에 앉으시고 거기서 영원히 다스리실 것이었다. 이사야가 여기서 말하고 있는 긍휼과 주께서 가리키시는 선택은 우리를 그리스도에게로 이끌어 주시는 것들이다.

하나님의 긍휼과 택하심은 그 나라로 하여금 고토에서 안식을 하도록 하는 일을 포함할 것이다. 선지자가 사용하고 있는 동사는 한 인간을 다른 곳으로부터 데려와서 어떤 특별한 지점에 두는 것을 의미한다. 그러나 그 백성을 그들의 고토에 둔다

---

64) Duhm은 1-4절 상반절이 역사적인 것이 아니라고 생각하고 있는데, 이는 이스라엘이 바벨론의 멸망으로 인하여 은혜를 입는다는 사상이 후기 유대주의의 특성으로 알려져 있기 때문이라는 것이다. 이 견해는 이 구절의 성경 신학적 의미에 대한 통찰력을 잃은 것이다.
65) 실제로 두 번째 선택은 없다. 자기 백성을 택하시고 하나님은 그 택하심을 결코 후회하시지 않으신다(롬 11:29). 그렇지만 주께서 자기 백성을 징벌하실 때, 그것은 마치 그분께서 그들을 버리신 것처럼 보일 수도 있다(시 74:1). 포로는 너무나 큰 징벌이어서 그 목적이 생생하게 두 번째 선택으로 일컬어질 수도 있다. 애굽으로부터의 구출(신 7:6-7 등)과 두 번째 구출(슥 1:17; 2:16) 모두에서 בחר라는 용어가 사용되었다(이 후자의 구절들 가운데 עוד의 사용을 유의하라).
66) 하나님께서 인간들로 하여금 에덴에서 안식하도록 하셨던 것처럼(창 2:15), 주님은 자기 백성을 그들의 땅에서 안식을 얻도록 하신다. "자기 고토에 두시리니"라는 표현은 메시아 시대에 다윗 왕조의 설립을 위하여 돌아올 것에 대한 표상이다.

는 것은 무엇을 의미하는가? 선지자가 단순히 바벨론 포로로부터의 귀환을 염두에 두고 있는 것인가? 팔레스틴에서 구 신정국가는 다시 세워지지 않았었고, 그 백성은 여전히 이방의 통치 아래 있었다. 실로 많은 사람들이 바벨론에 머물기를 만족해 하였다. 아마도 그들의 물질적인 땅은 팔레스틴에 있었던 것처럼 만족할 만한 것이었다.

만약 우리가 본문을 보다 세밀히 읽어본다면, 우리는 팔레스틴으로의 귀환보다 더한 어떤 것이 의도되어 있음을 보게 될 것이다. 이 약속 가운데서 하나님께서는 긍휼과 택하심을 보이시고 족장에게 하셨던 옛 약속을 성취하신다. 나그네들이 이 백성들에게 의지하고, 그들이 야곱의 집에 속할 것이다. 이것이 문제의 핵심이다. 야곱의 집에 속함으로써 그 백성은 옛날 족장들에게 하신 약속들과 자신들을 단결시켰을 것이다. 야곱의 집에 속한다는 것은 그리스도의 오심을 통하여 이루어졌으니, 곧 그분 안에서 야곱 집이 가장 충만하고 가장 참된 표현이 된 것이다.

주께서 자기 백성에게 긍휼을 보이셨을 때 나그네는 그들에게 연합될 것이다.[67] 나그네 된 자는 자신의 본국 밖에서 살았던 자였다. 이스라엘 가운데서 그들은 하나의 구별된 계층을 형성했다. 그들은 유대인들의 손에서 어떤 특권을 누리고 있었고, 돌이켜서 유대인의 종교적인 행습들 중 어떤 것을 차용하였다. 그러므로 이사야는 구약시대를 특징짓는 사상을 사용하면서 하나님께서 자기 백성에게 긍휼을 나타내 보이실 때 나그네 된 자는 그 백성에게 속하게 될 것이라고 가르치고 있는 것이다. 다시 말하면, 여기에 이 나라에 이방인들이 포함된다는 예언이 있는 것이다.

14:2 하나님께서 긍휼을 나타내실 때, 포로 된 자와 사로잡던 자의 관계가 바뀌어질 것이다. 바벨론인들은[68] 유대인들을 취하여 그들의 고토로 데려올 것이다. 이사야는 바벨론인들의 이름을 언급하지 않고 다만 그들을 "민족들"이라고만 언급하고 있다. 유대인들은 자기들의 본국, 곧 하나님 자신께서 전에 약속하셨던 장소로

---

67) 참고. 사 56:3, 6; 슥 2:11; 민 18:2. 이방 체류자들을 그 왕국에 포함시키시는 하나님의 목적들이 성취되기 위하여 택하신 백성의 보존은 필수적이었다.
68) 2절 상반절에 있는 m음을 유의하라. 민족은 유대인들이 아니고 유대인들과는 구별된 바벨론인들로 판명된 자들이다. 직역하면, "그리고 그들이 자신들을 위한 소유로 삼을 것이다. 재귀형 어간을 가진 대격 어미를 유의하라. 동사가 능동일 수도 있다. 참고. 레 25:46; 민 33:54; 롬 15:26-27.

돌아오게 될 것이다. 이것은 가나안에 대한 강조적인 호칭이다. 팔레스틴은 그들의 본국이다. 이사야는 이제 단순히 이스라엘뿐만 아니라 이스라엘의 집, 하나님의 택함 받은 자로서의 국가, 참 다윗 왕조, 참 백성을 주어로 하고 있다. 그들은 그들을 사로잡았던 자들로 하여금 야웨의 땅을 물려받도록 할 것이다.

그 약속은 이스라엘에게 주어졌었다. 그들이 물려받아야 했던 그 땅은 주님의 땅이었으며, 그분이 허락하셨던 그 사람들만 그곳에 거주할 수 있었다. 이스라엘은 대적을 바로 이 주님의 땅으로 데려올 것이고 그들로 하여금 그것을 물려받도록 할 것이다. 이 약속은 유대인들이 노예상태로부터 돌아옴으로 실현되지 않았고, 하나님을 대항하던 이방인들이 이스라엘의 집, 하나님의 이스라엘, 곧 교회를 통하여 정복될 때 실현되며, 또한 성령님에게 복종되어 약속들을 물려받은 자가 되었을 때 실현된다. 바벨론으로부터의 구출은 약속의 근거가 되니, 이는 바벨론으로부터의 구출이 그리스도의 더 큰 구원의 예표에 지나지 않기 때문이다.

이 대적은 그 땅에 노예로 그리고 종으로 거주할 것이다.[69] 이스라엘이 그들을 섬기지 않고 그들이 이스라엘을 섬길 것이고 또 그들을 통하여 하나님을 섬길 것이다. 그들이 전에는 이스라엘을 포로로 붙잡아 갔으나, 이제는 이스라엘이 그들에게 사로잡는 자로서 행동할 것이다. 언젠가 그들이 이스라엘을 압제하였으나, 이제는 이스라엘이 이전의 압제자들을 다스리게 될 것이다. 그리스도를 통하여 이방인들이 영적으로 복종하게 되는데, 그것은 말하자면 그분의 사역자들과 선교사들을 통하여 역사하시는 그리스도를 통하여 그들이 복종하게 된다는 것이다. 마지막 큰 날에 가서야 모든 것이 그분에게 완전히 복종될 것이다.

14:3 구원의 때에 백성은 바벨론 왕의 멸망을 축하하는 한 노래를 부를 것이다. 이 구속받은 자의 노래를 통하여 왕의 패망이 보다 생생하고도 회화적으로 묘사된다. 본 절 가운데서 우리는 단순히 하나의 조건절만을 가지고 있고 4절에 문장의 결론 혹은 귀결절을 갖고 있다.

안식이 그 백성에게 주어질 것이니, 그것은 주님으로부터 주어질 것이다. 그분께서 안식을 주시는 때에 그들은 노래를 부를 것이니, 이는 그들이 그들의 찢어지는

---

[69] 그것은 영구적인 상태이고 이러한 개념은 레 25:43, 46, 53에 근거한다. 14:1-2은 11장으로 되돌아가는데 이것은 다시 신 30:1-10에 근거하고 있다.

고통과[70] 고난으로부터 그리고 모든 종류의 원통함으로부터 안식할 것이기 때문이다. 첫 번째 노예상태에서처럼 이번에도 구원이 필요했던 노예의 고역이 있었다. 그들이 섬기도록 되어 있었던 이 고역은 그들의 노예상태를 말해준다.[71] 그곳으로부터 구원받는 일이 하나님의 사역이 될 것이다. 그렇다면 여기에 제2의 출애굽, 두 번째 구원, 즉 애굽으로부터의 구원이나 바벨론으로부터 구원보다 훨씬 더 큰 구원이 있는 것이다.

14:4 이제 앞의 문장의 귀결절이 따라오고 있다. 하나님께서 자기 백성에게 안식을 주실 때, 그들은 그들의 입에 이러한 속담을 떠올릴 것이다.[72] 이사야는 그 백성을 마치 한 사람인 것처럼 말하고 있다. 그는 그들에게 말하기를, 그 날에 너희가 음악적인 감정을 가지고 이 풍자적인 시를 읊을 것이다. 곧 그들이 원수의 패망, 곧 바벨론 왕의 패망을 노래할 노래이다.[73] 이 왕은 개인이나 역사적 인물이 아니고 이상적인 인물로 상정된 바벨론 왕조이다. 저자의 입장은 바벨론 왕조가 완전히 멸망 당한 것을 가정하는 것처럼 보인다. 그렇다면 우리는 팔레스틴으로 돌아오는 과정에서 그 포로민들에 의해서 실제로 불려졌던 노래로 이해해야 할 것인가? 그렇게 볼 수 없는 이유는 그 당시에 대적은 완전히 멸망당하지 않았었기 때문이다.

아마도 우리는 다소 다음과 같은 상황 쪽으로 이해할 수 있을 것 같다. 이사야가 이 글을 기록하였을 때, 바벨론의 큰 세력은 충분히 나타나지 않았었다. 그 당시에

---

70) מַרְגֵּזְךָ 안에 있는 전치사의 예리하게 된 모음을 유의하라. 참고 삼상 23:28; 삼하 18:16. GKC, §22s에서 M을 일종의 실질적인 강조를 나타내는 것으로 묘사하고 있다. "이스라엘의 고통의 오랜 기간으로부터 그리고 노예신분의 불안스러운 정신적 고통으로부터 주님은 구원을 이루셨다."

71) עֻבַּד—"그것에서 너에게 그것이 가해진"에서 주어는 부정 주격으로 이해되고 전치사는 동사를 타동사로 번역하도록 역할을 한다. 참고. 아랍어 *ba litta 'diah*. אֲשֶׁר는 주어가 아니고 내적인 목적격과 동일하다.

72) 웨나사타(וְנָשָׂאתָ)—엑센트 밀렐은, 엑센트 밀렐을 가진 완료형이 피넽가 폐음절일 때, 혹은 피넽와 안티피넽가 장모음일 때만 와우 연속법에서 밀라로 변하는 일반적 법칙괴 일치한다. 여기서 피넽는 길지만, 안티피넽는 짧아서 와우 연속법에서 엑센트가 밀렐로 남아 있는 것이다. 일반적인 법칙은 정상적으로 웨아말타(וְאָמַרְתָּ)에 영향을 미치지만, 그러나 여기서는 그것이 휴지를 가지고 있고 그래서 엑센트가 변하지 않는다.

73) "학대하던 자"—참고. 9:4. Fischer는 이것이 한 왕조의 마지막 왕을 가리킨다고 생각한다. 그러나 전체적인 묘사는 그러한 주장을 배제한다.

는 앗수르가 우세한 입장에 있었다. 그러나 바벨론이 올 것이고 그 하나님의 대리자는 신정국가를 무너뜨릴 것이다. 바벨론과 함께 시내 산에서 세워진 고대 질서는 사라질 것이다. 더 이상 하나님의 나라는 존재하지 않을 것이다. 그러므로 바벨론은 앗수르보다 훨씬 더 큰 원수였다. 그렇지만 바벨론은 자만스럽게 기뻐 날뛰는 원수였다.[74] 그는 마치 자기가 손아귀에 쥐고 행동하는 것처럼 그리고 용맹이 자기에게 승리를 가져다 준 것처럼 행동하였다.

그러므로 그는 멸망당해야 하고 또 완전하게 망해야 했다. 그러므로 그의 멸망은 그 길이 구속자가 오시도록 그리고 하나님의 약속이 성취되도록 충만하게 열렸다는 표시였다. 바벨론의 멸망은 하나님의 백성의 완전한 승리에 대한 증표이다. 그러한 이유로 인하여 여기서 그렇게도 강한 용어로 축하하고 있는 것이다. 그 속담은 하나의 애가, "학대하던 자가 어찌 그리 그쳤으며"로 시작되고, 백성의 놀라움이 의문의 형태를 취하고 있다. 놀라고 기뻐하는 이유가 있다. 하나님의 백성들의 삶을 쓰라리게 하였던 압제자가 존재하지 않게 되었다는 것이다. 그렇게도 건방지게 행동하였던 그가 종말을 고한 것이다.

14:5 여기에는 앞의 질문에 대한 대답이 있다. 모든 것을 창조하신 하나님이신 야웨께서 행동하셨다. 하나의 몽둥이가 있었는데,[75] 그것은 악인들에 의하여 하나님의 백성에게 사용되었다. 그리고 또한 통치자들과 폭군들에 의하여 휘둘려졌던 홀이 있었으나, 하나님께서 이 둘을 모두 꺾으셨다. 악인들과 통치자들은 몽둥이와 지팡이로 자기들의 세력을 휘둘렀다. 자기들의 뜻을 실현시키기 위하여 그들은 치고 때렸었다. 그러나 그들의 권세는 사라졌으니, 이는 그들이 멸시하였던 야웨께서 개입하시고 행동하셨기 때문이었다. 그분은 그들의 세력을 꺾으셨다.

14:6 이제 우리는 바벨론의 폭군에 관해서 배우게 된다. 그는 끊임없이 자기의

---

74) 몇 년 전, Drechsler는 3:5이 실질적으로 지금은 1Q에 의하여 증명되었고 모든 구 역본들에 의하여 지지를 받았던 מרהבה 독법을 지지하였다고 지적하였다.

75) 애굽에서의 노예상태에 대한 반영을 유의하라. 참고. 출 2:11; 5:14, 16. 몽둥이와 홀이 접속사 없이 함께 위치해 있음을 유의하라. 소유격들은 동격일 수도 있으니, 예를 들면 악한 자들의 몽둥이—악한 몽둥이.

분노로 백성들을 쳤다.⁷⁶⁾ 그의 내리침은 이유 없는 분노의 표현이었다. 그는 다스리기에는 부적당하였다. 바벨론은 하나님의 백성을 멸망시키는 것 이외에 아무것도 할 수 없었다. 그는 이 때리는 일을 그치지 않고 계속하였다. 다스림 또한 지혜로운 다스림이 아니었으니, 이는 분노로 다스렸기 때문이었다. 사냥된 자는⁷⁷⁾ 마음대로 통치되었다. 이 통치자는 마다하지 않고 백성을 포로로 붙잡았고 그들을 쳤다. 이것이 바벨론 정복의 진정한 실체이다.

14:7 그 대적이 얼마나 강력하고도 힘이 있었는지는 그의 사망이 이제 온 땅에 기쁨을 가져다주고 있는 것으로 나타난다. 땅은 더 이상 폭군의 음모들과 움직임들로 인하여 소요가 일어나지 않을 것이고, 오히려 정온할 것이다.⁷⁸⁾ 이스라엘뿐만 아니라 온 세계가 숨을 쉬기 시작하고 있다. 백성은 적대감에서가 아닌 노래 가운데서 깨어난다.⁷⁹⁾ 이사야는 자기가 좋아하는 표현을 사용하고 있으며, 아랍인들이 연설을 발설하는 사람들에 대해서 말할 때 사용하기도 하는 그 어법을 사용하고 있다. 노래는 억압될 수 없다. 대적이 하나님의 선하심으로 말미암아 사라졌을 때, 심령들은 노래가 튀어나오는 것이다.

---

76) 6절의 분사형은 "압제자"와 "몽둥이" 그리고 "홀"과 함께 해석될 수도 있다. 부정적 의미를 품고 있는 부사적인 문구 앞의 연계형을 유의하라. 연계형 מכת는 그 동사와 어원이 같은 제2목적격이기도 하다. 즉 "끊임없이 분노로써 백성들을 때리고 치는."

77) 무르다프(מֻרְדָּף)는 마카트(מַכַּת)와 두운법을 이루고 있다. **키부츠**가 **카메츠-하툽** 대신에 나타나는데, 아마도 다음에 따라오는 **다게쉬** 때문인 것 같다. Döderlein은 동사와 같은 어원의 명사가 되는 מרדת로 읽도록 제안한다. 이것은 탈굼과 B에 의하여 지지를 받는 것으로 보인다. 1Q는 멤(מ)의 자음들을 가지고 있고 수리아어 역과 사디야(Saadia) 그리고 벌게이트 역은 이 형태를 능동형으로 취급한다. Alexander는 수정하는 것을 좋아하지만 그러나 그는 다음과 같은 사려 깊은 관찰을 하고 있다. "그리고 평행구가 결핍되는 지점은 가끔은 전체 문장의 현저한 혹은 강조적인 요점이 되도록 고안된 것일 수도 있다." 나는 멤(מ)의 자음들을 받아들여서 수동형으로 번역하도록 제안하는 바이다. 만약 호팔로 취급한다면, 그 형태는 상술(specification)의 할(Hal) 대격이다, 곧 "가차없이 포로된 자로."

78) "정온"—어근은 삿 3:30에서 사용되고 있다. "항복하매 그 땅이 팔십 년 동안 태평하였더라." 참고. 사 18:4. 히필형은 7:4; 30:15; 32:17에 나타난다. 이스라엘 비석에 대해서는 참고. *ANET*, p. 378a.

79) 이것들은 이사야적인 표현들이다. 참고. 44:23; 49:13; 52:9; 54:1; 55:12. 아랍인들은 *shagshaga 'lkalam*, "연설이 뚫고 나가도록 혹은 크게 말하도록"이라는 문구를 사용한다. 복수 동사는 땅 자체와는 구별된 땅의 거민들 개개인들을 가리키는 것으로 보인다.

이사야의 묘사는 메렌타가 팔레스틴에서 있었던 소요를 진압하고, 공격하는 침입자들에 대항하여 서방 변경을 확보한 후에 세운 소위 메렌타(Merenptah, c. 1223-1211 B. C.)의 "이스라엘 비석"의 어투를 상기시켜 준다. 여기 몇 구절을 번역해 본다.

"애굽에 큰 기쁨이 있도다, 토-메리의 도시들로부터
기쁨이 넘쳐 나오도다. -
사람이 자유롭게 자기 길을 걸을 수 있으니
인간들의 마음속에 두려움이 없이.
성채는 홀로 남겨져 있고;
벽들은 사자(使者)들을 위하여 열려 있어서 드나들 수 있도다."

14:8 이사야는 나무들을 심히 사랑하였고, 그에게 인상적인 그 특징을 가져다가 전체적인, 세계적인 기쁨을 묘사하고 있다.[80] 당연히 나무들도 기뻐할 수 있는 것은 그것들이 그렇게 할 충분한 이유를 가졌기 때문이다. 여기서의 표현도 역시 점강법적이다. 세계가 노래를 부를 뿐만 아니라, 나무들까지도 그렇게 하고 있으니, 이는 바벨론인들이 그들에게 손상을 입혔기 때문이다.[81] 백향목은 레바논에게 가장 큰 명성을 가져다 주었으며, 그 다음에 향나무이다. 느부갓네살은 백향목을 얻기 위하여 레바논에 있는 와디 브리싸(Wady Brissa)에 도로를 건설하였고, 비록 바벨론인들이 이사야가 죽은지 오랜 후에 이러한 일들을 하였을지라도, 그러한 행실들이 선지자의 생각의 근저에 깔려 있을 수도 있다.[82] 그 대적이 죽으면, 그 나무들은 나

---

80) 나무들을 언급하고 있는 것은 이사야적이다. 그것들은 모든 자연이 기뻐한다는 우주적인 묘사의 일부분을 형성한다. 참고. 사 35:1-2; 44:23; 49:13; 52:9; 55:12; 겔 31:15-17; 시 65:13, 그리고 Eclogues 1:49; 5:20, 27, 62을 유의하라.

81) "가로되"라는 단어가 없는 것은 그 연설을 보다 생생하게 만든다. 불변화사가 주절에 종속된 문장을 이끌고 있다. עלה라는 동사는 확정적인 발생의 사실을 표현하는 미완료형으로 미래의 의미로 취급될 수도 있다. "결코 올라올 수 없을 것이다." 그렇지만 Brockelmann(p. 151)은 과거형으로 번역한다. 즉 "어떤 벌목꾼도 우리에게 오지 않았다"(kam kein Holzfäller über uns.) 이것은 불필요하다. 정관사 "작벌할 자"는 유명한 삼림의 대적을 가리킨다.

82) Tiglath-pileser I세는 말한다, "나는 레바논으로 갔다. 나는 나의 주인들이신 위대한 신 Anu와 Adad의 신전을 위하여 백향목의 목재들을 잘라서 (그것들을) 앗수르로 옮겨왔다." 참고. Luckenbill: *Ancient Records of Assyria and Babylonia*, 1926, Vol. I, p. 98.

무꾼이 와서 그것들을 넘어뜨릴 것을 더 이상 두려워할 필요가 없다. 그들의 대적 역시 사라졌고, 그래서 그 남은 피조물들이 기뻐하여 노래를 부르는 것이다.

14:9 땅 위에 있는 모든 것이 평안하고 정온하였고 노래가 있었다. 그렇지만 한 곳에서는 소동이 있었다. 몸을 떠난 영들이 가는 장소요, 악한 자가 죽음의 통치 아래서 심판을 기다리는 스올이[83] 폭군들로 인하여 소동이 일어난 것이다. 땅의 거민들은 그가 단순하게 누워 있다고 생각하였다. 사실상 그는 스올로 가고 있었고 그래서 스올이 그의 옴을 기다리고 있었다. 앞 절에서 이사야는 우리를 이끌어 높이 올라갔었는데, 이제 그는 우리를 땅 밑의 스올로 인도한다. 이 장소는 폭군에 대해 흥미를 가지고 그의 도착을 기대감을 가지고 바라본다. 지하세계의 유령들 즉 영들의 그늘진 존재, 곧 언젠가 땅의 방백들이요 숫염소들(he-goats)이었던[84] 그들까지도 스스로 일어났다. 생명을 떠난 열국의 왕들은 바벨론의 왕, 곧 다른 어느 누구보다도 하나님의 백성을 괴롭게 하였던 그 왕을 기대감을 가지고 기다린다. 그는 이제 그들 가운데서 그들과 함께 거한다.

14:10 이 죽은 왕들 모두가 빠짐없이 새로운 도착을 알리는 말을 한다.[85] 예외 없이 모두가 조소할 것이다. "너, 너까지도"라고 그들은 말할 것이다. "너도 힘센

---

83) 스올에서의 삶은 땅에서의 삶의 유비를 따라 묘사되어 있다. 예를 들면, 왕들이 그들의 보좌에 앉아 있고, 그래서 이러한 삶의 특징들은 어떤 의미에서 스올에서 불멸하게 되는 것으로 보여지고 있다. 참고. 겔 32:21이하; 삼상 28:15이하. "스올"은 남성이나 여성일 수도 있으며 그래서 남성, 여성형 두 동사와 더불어 번역될 수 있다. 보다 가까운 동사가 주어와 문법적으로 일치하여 여성으로 되어 있다. "음부 밑으로부터"가 아니라 "음부 아래"로 번역하여야 한다. רפאים - 우가릿어 *rpum*, Driver(CML, p. 10)는 어근이 רפא, "묽다, 고치다"에 있는 것으로 믿고, 그 단어가 그 죽은 자를 지하세계의 갇힌 공동체로 묘사하는 것으로 믿는다. 여기서 (그리고 사 26:14, 19; 잠 2:18; 9:18; 21:16; 욥 26:5에서도) 이 단어는 몸을 떠난 자의 그림자를 나타낸다. 우가릿어 *rpu*는 신, 혹은 유령을 나타낼 수 있다. 나는 Homer(Iliad 23:72)의 εἴδωλα καμόντων과 비교할 타당성을 발견할 수 없다. Rowley는 스올의 개념 배후에는 바벨론인들의 Arallu, 즉 구별없이 모든 죽은 자가 모이는 지하 동굴이 놓여 있다고 상상한다. 참고. Jastrow: *Hebrew and Babylonian Traditions*, 1914, pp. 197ff.

84) 참고. 슥 10:3 그리고 *Hamasa*, "나는 그들의 염소들(*kabshahum*)과 싸웠고, 그 염소들과 싸움을 피할 방법이 없었다."

85) 이 대답은 결국 하나의 응수가 된다. 참고. 겔 32:21. 유령들의 말은 10절 하반절에서만 발견된다. 이것을 하나의 질문으로 전환시킬 필요는 없다.

상태에서 우리처럼 연약한 상태로 내려왔구나." 얼마나 대조적인가! 세력 번성이라는 최정상으로부터 그늘진 삶이라는 연약함으로—거기에 하나님 백성의 대적의 역사가 가로놓여 있다. 너도 우리처럼 되었구나! 왕들이 이제 자기들을 비교의 표준으로 하고 있다. 그들과 새로 들어온 자 사이에 차이가 없다. 너—우리. "모든 왕들 가운데서 너, 하나님의 큰 대적 너—힘의 절정에서, 너도 우리처럼 되었구나."

14:11 이사야는 다시 우리를 속담의 중심부로 이끌어 오고 있다.[86] 바벨론의 교만, 즉 그것의 세력을 행사하고 동기를 부여했던 그의 교만이 무덤, 곧 음부에까지 내려갔다. 이 교만과 함께 바벨론인의 삶의 아름다움도 사라졌다. 다니엘은 우리에게 바벨론인들의 음악에 대하여 말하고 있다. 이 음악은 왕궁에서 발견되는 사치의 상징이었는데, 곧 쾌락과 일락을 의미했다. 그러나 이제 더 이상 왕의 발밑에 호화로운 양탄자가 깔리지 않고, 그 대신 벌레만 있다. 이것은 무덤에서 부패하는 육신에 대한 묘사이다. 한때 여러 이불과 풍요롭고 다양한 의복들이 있었다. 그러나 지금은 벌레들 이외에 아무것도 없다. 허영과 영화와 교만은 하나님께로 인도할 수 없고 벌레에게로 인도할 뿐이다. 이사야는 지혜롭게도, 우리로 하여금 우리 자신의 상태를 심사숙고하도록 하고, 우리 자신을 그러한 운명에 처한 자들과 일치시키지 말고 모든 권세와 힘을 가지신 그분과 일치시키도록 이 강력한 어투를 사용하고 있다.

(4) 교만하던 왕의 종말(14:12-21)

12절, 너 아침의 아들 계명성이여 어찌 그리 하늘에서 떨어졌으며 너 열국을 엎은 자여 어찌 그리 땅에 찍혔는고
13절, 네가 네 마음에 이르기를 내가 하늘에 올라 하나님의 뭇 별 위에 나의 보좌를 높이리라 내가 북극 집회의 산 위에 좌정하리라
14절, 가장 높은 구름에 올라 지극히 높은 자와 비기리라 하도다
15절, 그러나 이제 네가 음부 곧 구덩이의 맨 밑에 빠치우리로다
16절, 너를 보는 자가 주목하여 너를 자세히 살펴보며 말하기를 이 사람이 땅을 진동시

---

86) 윳차(יֻצַּע)—푸알 완료형. 만약 명사가 정식으로 집합적이 아니고, 그럼에도 집합적으로 사용된다면 이 동사는 단수일 수 있다. 여기서 이 동사는 남성이지만 명사는 여성이다.

키며 열국을 경동시키며
17절, 세계를 황무케 하며 성읍을 파괴하며 사로잡힌 자를 그 집으로 놓아 보내지 않던 자가 아니뇨 하리로다
18절, 열방의 왕들은 모두 각각 자기 집에서 영광 중에 자건마는
19절, 오직 너는 자기 무덤에서 내어쫓겼으니 가증한 나뭇가지 같고 칼에 찔려 돌구덩이에 빠진 주검에 둘려싸였으니 밟힌 시체와 같도다
20절, 네가 자기 땅을 망케 하였고 자기 백성을 죽였으므로 그들과 일반으로 안장함을 얻지 못하나니 악을 행하는 자의 후손은 영영히 이름이 나지 못하리로다 할지니라
21절, 너희는 그들의 열조의 죄악을 인하여 그 자손 도륙하기를 예비하여 그들로 일어나 땅을 취하여 세상에 성읍을 충만케 하지 못하게 하라

14:12 바벨론 왕은 자랑했었다. 그러나 아침의 별,[87] 곧 아침의 아들인 빛나던

---

87) 하늘로부터 떨어진다는 것은 정치적으로 큰 위치에서 떨어진다는 것이다. 참고. Cicero, ad *Atticum*, 2:21; *Philippicum*, 2:41; Horace, *Epodes*, 17:41; Her. 3:64. 단 8:10에서 안티오커스가 말한 것을 유의하라. 민 24:17에서 별은 메시아를 지칭하고 있다. 참고. 계 22:16. 또한 아랍어 *kaukab 'agaum*(백성 혹은 방백들의 별), 바르 코크바의 칭호(별의 아들), Ecclus 50:6을 유의하라. König은 떨어진 별로서 왕에 대한 묘사는 역설적으로 자신의 교만스런 주장을 반영한다고 말한다. 10:8-11, 13 이하. 참고. 47:8과 겔 28:2, 6, 9.
본래의 이름은 **헬렐 벤 샤하르**(헬랄로 고쳐지지 않아야 한다)이다. 우가릿어에서 *shaḥru*(여명)는 엘신(샤하르와 샬림, 2:18)에 의하여 유혹 당한 한 여인에게서 태어난 아이들 중 하나의 이름이다. 아마도 그는 아침(dawn)의 신으로 생각된 것 같다. 히브리어 *shaḥru*("아침"; 실제로는 여명이 밝아오기 직전)와 또 같은 혈족의 언어들(아랍어 *shaḥru*; 아카드어 *šeru*; 아람어 *šaḥrâ*)은 대략 같은 의미를 가지고 있다.
헬렐형은 어근, "기성을 지르다"로부터 파생되었는데, 이러한 견해를 아퀼라, 페쉬타 그리고 제롬이 따르고 있다. 그렇지만 우가릿어에 비추어 이 단어는 הלל, "비치다"로부터 파생되었다고 보는 것이 가장 좋다. 참고. 13:10; 욥 29:3; 31:26; 41:18. 참고. 아카드어 *ellu*, 여성형은 *ellitu*, 이는 이쉬타르에게 사용된다. Grelot는 *halilu > elilu > ellu*로 생각하고 *elil(u)*이 페니키아인들을 통하여 성경으로 들어왔다고 말한다(참고. *VT*, 6, 1956, pp. 303-4). 그래서 그는 헬렐을 이쉬타르와 동일시하는데, Albright (*ARI*, p. 84)도 그렇게 주장하며, 그(Albright)는 우리가 여기서 가나안의 시로부터 인용한 것을 보고 있다고 생각한다. 또한 아랍어 **할라**, "빛나다", 벌게이트역 lucifer, 그리고 B ἑωσφόρος를 유의하라. 금성은 아랍인들에게 *zahra*, "환하게 비치는 것"으로 간주되었다. Jacob(p. 161)과 Childs(*Myth and Reality in the Old Testament*, 1960, pp. 67ff.)에 의하면 헬렐은 어쩌면 신적 인격이었을 것이라 한다. Jacob은 그가 역사적인 개인의 범주로 축소되었다고 말하고, Childs는 그가 심술궂은 엘에게

그가 땅에 떨어졌다. 영광스럽고도 화려한 중에 비쳤던 그 하늘의 높은 곳으로부터 그는 땅의 깊은 곳으로 불명예스럽게 떨어졌다. 그는 거대한 백향목처럼 베어졌다. 그의 통치는 열국을 제거하고 약화시켰으나, 이제는 자신이 제거되고 약화되었다. 선지자는 그에게 말한다. "하나의 별로써 너는 열국을 뒤엎었으나 이제는 네가 뒤엎였다." 터툴리안, 대 그레고리, 그리고 다른 사람들은 이 구절이 누가복음 10:18에 묘사된 사단의 떨어짐을 가리킨다고 보았다. 그러나 이 구절은 폭군적인 통치의 종말을 묘사하고 있다. 바벨론 왕은 하나님 위에 오르기를 열망하였고, 그래서 하늘로부터 떨어졌다. 그는 음부로 떨어졌고 그의 세력은 사라져 버렸다. 사단은 그렇지 않다. 사단의 떨어짐은 하나님에게 대한 것이었고, 그럼에도 그는 하나님의 백성에 대해서 자기의 포악한 행위를 계속하고 있다. "그(사단-역주)에 대한 재앙은 확실하니", 이는 그리스도께서 죽으셨기 때문이고, 그럼에도 최후의 심판 때까지는 불 못에 가두어지게 되지는 않을 것이다. 그렇다면 이 구절이 왕의 몰락을 묘사하고 또 역사의 무대에서 사라지는 것을 묘사하고 있으므로 사단에게 적용할 수 없는 것이다.

14:13 얼마나 대조적인가! "그러나 너는"이라는 이 구절을 우리는 다음과 같이 고쳐 쓸 수 있을 것이다. "너는 네 스스로 다른 목표를 의도했었다.[88] 하늘로부터 떨어짐은 너의 계획에 의한 것이 아니오, 오히려 너는 하늘에까지 올라가서 하나님

대항하여 패배한 거들먹거린 자였다고 생각한다. 이것은 단순한 상상에 불과하다. 이사야는 단순히 이 문구를 새벽별을 가리키는 문구로 사용하였을 수 있다. 모든 별들 가운데서도 그것은 가장 밝았으나, 하늘의 별들 가운데 뚜렷하고도 독특한 별이 시체들 위로 떨어졌다는 것이다.

12절 하반절은 묘사가 바뀌어 왕을 베어 넘어진 나무로 묘사한다. 열국들 위에 군림하여 그들을 파괴하던 그 왕이 스스로 던져졌다.

우리는 두 나라 말로 쓰인 본문을—Hattic and Hittite, *KUB*, xxviii, 5—주시해 볼 수도 있으니 그것은 하늘로부터 떨어진 달 혹은 당신에 대해 말하고 있다. 그렇지만 아무도 그를 보지 못했다. 그리고 나서 폭풍의 신이 그를 찾아 비를 보냈다—"두려움이 그를 붙잡도록(그리고 공포가 그를 붙잡았다)"; 참고, *ANET*, p. 120a.

88) **엘**의 별들은 능력만큼 신성이 따른다고 Jacob은 생각한다(p. 34). 능력이 있으면 신이라고 그는 주장한다. 그러나 별들이 엘에게 (연계형을 유의하라) 속해 있다는 사실 가운데는 엘이 그들보다 더 우위에 서 있다는 사실을 보여주는 것이다. 참고, Ibn Doreid 5:111, "만약 누군가 관용과 영광에 있어서 하늘에까지 더 높이 올랐다면, 그로 하여금 오르게 하라."

과 같이 되려고 하였다." 오직 한 분 하나님만이 하늘 위에서 다스리실 수 있다. 그러므로 바벨론 왕이 바로 거기, 곧 하나님의 별들 위에 자리를 좌정하기를 원한 것은 그가 자기를 하나님에게 대항하여 하나님보다 더 높이 올라갈 계획을 하고 있었다는 것이다. 아무도 이 왕에게 그 보좌를 주지 않았고 그 자신이 스스로 올라가려고 하였으며, 자기 멋대로 그렇게 하려고 하였다. 그는 어떤 일반적인 지상의 도시에서 다스리는 것으로 만족하지 못하였다. 곧 바벨론의 교만은 하나님 자신에게만 속해 있는 하늘의 별들 위에서 다스리는 것을 요구했다. 이 별들이 높은 만큼 이 왕의 보좌도 그 이상으로 높여져야 했다.

신들이 자폰의 거룩한 산에서 만나는 바 그 장소를 그는 자기의 장소로 만들려고 하였다. 이 왕은 이교도처럼 말하고 있다. 그는 많은 신들을 믿고 있고, 이 신들의 회합과 완전히 동등한 위치로 자신을 끌어올리려고 하고 있다. 참되신 하나님에 대하여서는 적대감을 보이고—그는 그 하나님 위에 있으려고 하였다—아울러 당시의 신들에 대해서는 그들과 동등하게 되려고 하고 있다. 그의 어투는 불법의 사람에 대한 묘사(살후 2:4)를 상기시켜 주며, 바벨론 왕이 그 예표가 된다. "저는 대적하는 자라 범사에 일컫는 하나님이나 숭배함을 받는 자 위에 뛰어나 자존하여 하나님 성전에 앉아 자기를 보여 하나님이라 하느니라"(살후 2:4). 그러므로 그의 자기 신격화의 계획을 되돌아볼 때, 우리는 왜 하나님께서 행동하셨고, 왜 그러한 왕이 마지막에 구더기로 뒤덮임을 당해야 하는지 이해할 수 있는 것이다.

와우 연속법이 없는 미완료 형들은 각각의 발음을 분명하게 해준다. "내가 오르리라—내가 높이리라—내가 좌정하리라." 산은 시온산이 아니고, **자폰** 혹은 **몬스 키시우스** 산, 즉 오늘날 **예벨 암 아그라** 산으로, 우가릿에서도 바라다 볼 수 있는, 우가릿으로부터 북동쪽으로 약 25 혹은 30마일 가량 떨어진 민둥산 혹은 눈 덮인 산이다. 우가릿에서 바알은 이 산의 신이요 **바알 스폰과 엘 스폰**으로 지칭된다.

고대인들 사이에서는 한 산에 신들이 모였다는 신앙이 널리 퍼져 있었다. 인디안들 가운데는 산에 Meru가 있었다고 믿었고, 페르시아인들 사이에는 Albordsch, 바벨론인들 사이에는 Esarra가 있었다고 믿었다.

히브리인들에게 가장 잘 알려진 이방 신화는 가나안 신화였을 것이다. 그래서 이사야는 그 왕의 입에 가나안의 이교정신과 다신론주의를 두고 있는데, 유대인들이 그의 자랑의 정도를 알고 있었을 수도 있다. 이것이 사 14장의 쓰여진 장소가 바벨론이 아니라는 것을 압도적으로 보여준다. 자랑은 불법의 사람의 죄된 특징을 나타낸다. 살후 2:4.

14:14 여기에 무한한 오만이 묘사되어 있다.[89] 어떻게 바벨론의 정신이 그러한 것을 계획할 수 있었을까? 그 대답은 바벨론이 하나님의 사역을 무효화 시키려고 하였다는 것이다. 하나님의 계획은 구세주의 오심을 통하여 세상에 구원을 가져다주시는 것이었다. 바벨론은 자기를 하나님을 대적하는 위치에다 놓았고, 참되신 하나님에 대항하여 자기를 높임으로써 그분의 계획을 좌절시키려고 하였다. 우리는 이 말을 발설한 사람이 바벨론의 왕들 가운데 구체적인 어떤 개인이라고 이해해서는 안 될 것이며, 단지 곧 바벨론의 세력 혹은 정신의 의도라고 생각해야 한다.

결국 그것은 바벨론이냐 하나님이냐이다. 본 절과 앞 절의 모든 단어는 지위의 개념을 강조하기 위하여 고안된 것이다. 구름과 같은 높은 위치에까지라도 올라갈 수 있다면, 그 왕은 오르려고 하였다. 지존자께서 높이 계시는데, 이 왕은 그보다 더 높아지려고 하고 있다. 구름을 타시는 것이 하나님의 특권인데, 왕은 하나님과 같이 되기를 원하고 하나님과 겨루기를 원하고 있다. 이와 같은 의도들은 멸망의 전조이다. 뱀은 에덴 동산에서 "네가 하나님과 같이 되리라"고 말하였다. 인간이 스스로 하나님과 동일하게 되려고 할 때마다 타락이 뒤따라온다.

14:15 또다시 우리는 스스로 계획했던 바벨론의 정신과 그가 처하게 될 종말 사이의 무서운 대조를 접하고 있다. 앞에서 선지자는 두 번이나 이 대조를 언급했으니, 우리는 14절과 15절을 8, 9절과 그리고 11, 12절과 비교해 볼 수 있다. 이사야는 본 절을 대조의 접속사로 시작하고 있다. 왕은 하늘에까지 오르려고 하였으나, 사실상 그는 지옥에까지 내려갈 것이다. 애가를 부르는 이스라엘 국가의 말은 이제 원수 왕에게 직접적으로 말을 건네고 있는 선지자 자신의 입으로 슬쩍 넘어갔다. 그 나라의 노래 가운데서 왕의 멸망은 이미 일어난 것으로 간주되었다. 이사야 자신의 말에서 그 멸망은 미래의 일이다. 거기에 모순은 없으니, 이는 백성들이 힘있는 원

---

89) במתי—정상적인 여성형 복수 어미에 두번째 연계형 어미가 덧붙어 있다. 즉 바모테 (בָּמֳתֵי). 겉보기로는 **홀렘**이 짧은 **우**를 나타내는 것으로 간주되고, 그래서 **하텝-카메츠**가 연계형에 삽입되어 있다. 그러나 여성형 복수는 당연히 장모음 **아**이다.

아마도 왕의 어투 가운데 가나안적인 풍미가 있는 것 같다. 참고. 'Eλιουν in Philo-Byblos와 Eusebius, *Praeparatio Evangelica* 1:10. 에땀메(אֶדַּמֶּה)는 히트파엘 형이다, "내가 스스로 …같다고 간주하리라."

수의 멸망에 대해 노래하는 것으로 이상화되었기 때문이고, 그들은 그 멸망이 이미 일어난 것으로 묘사할 것이라는 것은 예상될 수 있기 때문이다. 한편 미래를 바라보는 이사야는 당연히 그 멸망이 아직 일어나지 않은 것으로 묘사하고 있는 것이다.

음부는 하늘의 높음과 가장 큰 대조를 나타내고 있고 음부로 내려갈 왕뿐만 아니라, 그 가장 깊은 부분에 있어서도 대조를 나타낸다. 사실 본 절에서 사용되고 있는 각 단어는 높음과의 대조를 강조하기 위하여 선택된 것처럼 보인다. "구덩이"는 가끔 "그들이 구덩이로 내려갔다"는 표현과 같이 음부와 동의어로 사용된다. 이사야는 무덤뿐만 아니라, 음부 자체를 언급하고 있으며, "구덩이의 맨 밑"이라는 표현은 음부에서도 위치가 구별되어 있음을 암시하고 있으며, 이 왕이 그곳의 가장 밑 부분에까지 내려갈 것임을 암시하고 있다.

우리는 본 절과 13절 사이에 다음과 같은 대조가 있음을 주시할 수 있다.

음부 ― 집회의 산 ― 구덩이의 맨 밑 ― 산 위

이 대조는 본 절의 간결성에서도 나타난다. 13절과 14절은 긴 구절이었으니, 이는 왕의 포부들이 길고도 허세를 부리는 것이었기 때문이었다. 그러나 그의 종말에 대해 말하는 것은 몇 마디가 필요치 않다. 음부의 더 깊은 곳에 떨어지는 자는 그의 상태가 더 비참한 것이다.

14:16 사람들이 떨어진 왕을 어디서 바라보는가? 우리가 여기서 음부에서 일어나는 일에 대한 묘사를 보고 있는 것인가? 아니면 땅 위에 있는 사람이 떨어진 왕의 시체를 바라보는 방법에 대한 묘사를 보고 있는가? 아마도 후자가 옳을 것이다. 여기서 일어나는 일은 음부에서가 아니고 땅 위에서이다. 즉 사람들이 언젠가 그렇게 높았고 세력이 있었던 자에 대해 놀라운 마음으로 바라볼 때를 말하는 것이다. 힘있었던 왕이 이제는 땅위에 죽어 넘어진 시체로 누워 있다. 선지자는 "너를 보는 자(들)"라고 말하고 있으니, 이는 그들이 아직도 그 왕에게 속해 있는 "주목하여 너를 자세히 살펴볼"[90] 자들이기 때문이다.

---

90) 참고. 겔 28:17-19. 관사가 없으면서도 한정명사를 수식하는 분사들은 관계대명사절의 의미를 가진다.

여기에 강조가 있다. 왕을 보는 자들은 그를 멍하니 바라본다. 그는 그들의 열렬한 관망, 곧 믿을 수 없고 이해할 수 없다는 투의 놀라움으로 가득찬 응시의 대상이다. 모든 다른 대상들은 그들의 관심 밖으로 물러갈 것이다. 그들은 "그렇게도 화려하게 영광스럽게 다스렸었다가 이제는 땅 위에 그렇게도 품위 없이 누워 있는 이 사람이 땅을 흔들고 나라들을 떨게 하였던 그 사람과 같은 사람이라는 것이 가능한가" 라고 물을 것이다. 그 질문을 할 때, 그를 바라보는 자들은 그 왕이 얼마나 불가능한 일을 선언하였던가를 깨닫는다. 오직 하나님만이 땅을 뒤흔들 수 있고 나라들을 떨게 하실 수 있다는 사실에 비하여 얼마나 잘못된 야망인가!

14:17 왕의 업적들에 대한 열거가 계속되고 있다. 그는 경작된 그리고 사람이 살던 세상을 황무지로 만들었고 도시들을 완전히 무너뜨렸다. 그는 사로잡은 자들을 자유케 하여 본 집으로 돌아가게 하지 않았다.[91] 그것은 그의 의도가 아니었다.

14:18 바벨론 왕의 종말과 다른 왕들의 종말은 얼마나 차이가 있는가! 고대 동양에서는 매장 유물들의 중요성을 크게 강조하고 있었다. 모든 왕들—그리고 그가 예외가 없다는 것을 강조하기 위하여, 이사야는 두 번이나 그 단어를 사용한다—그들 모두는[92] 실로 자기들의 무덤에 당당하고 영광스럽게 누워 있다. 영예로운 매장은 왕족에게 베푸는 마지막 영예였다. 고인이 된 왕들은 자신의 땅에서 멀지 않은 곳에 자신의 지하 무덤에 당당하게 누워 있다. 묻히지 못한 채로 있다는 것은 개인에게도 치욕이었으니, 왕에게는 얼마나 더하겠는가?

14:19 오직 너는! 또다시 우리는 강조어법을 보게 된다. 대부분의 통치자들과는

---

91) 문장이 관사가 없는 정형동사로 끝나는 분사로 계속되고 사 44:26 이하에서처럼 부가적인 문장이 덧붙여지고 있다. 우리는 다음과 같이 번역할 수 있을 것이다. "그가 그의 포로들을 풀어주지 않았고, 그들을 그들의 본 집으로 보내지도 않았다." 참고. *GKC*, §117o, p. 366. 아마도 바벨론이 하나님의 백성을 본국으로 돌아가게 하기를 거절한 사실을 반영하고 있는 것으로 보이는데, 반면에 고레스는 그들을 돌아가도록 허락하였다. 참고. 렘 50:33.

92) בַּיִת는 아마도 왕궁을 가리키지는 않고 능 곧 무덤일 것이다. 참고. 욥 30:23; 전 12:5 그리고 페니키아 비문들.

애굽인들의 신앙에 대해서는 참고. *ANET*, p. 417, "서쪽에 있는 당신의 집을 풍부하게 만드시오 그리고 당신의 무덤이 있는 곳을 장식하시오."

전혀 다르게 바벨론 왕에게 치욕이 닥쳐온다.[93] 그는 자기의 무덤으로부터 쫓겨났다. 물론 이사야는 실제론 그가 정당한 자기 무덤 밖으로 쫓겨났다는 뜻으로, 또는 그가 그 무덤 가운데 있었고 그 다음에 그곳으로부터 내던짐을 당했다는 뜻으로 말하지 않고 있다. 그가 말하고자 하는 것은 그 왕이 그 무덤과는 다른 방향으로 던져졌다는 것이다. 그는 사실상 결코 그 무덤 속에 있어 본 적이 없었다.

사람들은 쓸모 없는 가지는 나무로부터 잘라 버리는데, 이는 그것이 그 나무의 생명력을 빼앗아 가기 때문이다. 그것이 나무의 성장에 해로우므로 그들은 그것을 가증히 여겨 잘라 버리는 것이다. 이 거절된 왕은 버려진 덩굴손만한 가치밖에 없는 것이다. 그는 살륙당한 자들에게 덮여 있다. 왜냐하면 그것들 곧 검에 살륙당한 자와 돌구덩이로 들어간 자들이 그를 덮기 때문이다. 음부는 여기서 땅속의 가장 깊은 바위들 안에 있는 것으로 생각되고 있다. 하나의 점층적인 사상이 본 절을 마무리하고 있다. 왕은 밟힌 몸둥아리와 같다. 이보다 더 비참한 퇴락을 상상할 수 있겠는가?

14:20 바벨론 왕은 살륙당한 자의 몸둥이들로 뒤덮인 채 누워 있다. 그들은 묻힐 것이지만,[94] 그러나 그는 그렇게 되지 못할 것이다. 다른 왕들도 악행을 하였을 수 있지만 이 왕과 같지는 않다. 바벨론 왕은 땅을 파괴시켰다. 그는 하나의 다른 목적들을 위하여 힘을 부여받았으나 그 힘을 잘못 사용하였다. 그의 통치는 잔인한 것이었다. 그에게는 그의 이름이 기억되도록 할 기념비도 없을 것이다. 악행자들의 후손들에 대한 모든 기억은 영원히 잊혀지는 것이 더 낫다.

---

93) 후팔형은 카메츠-하툽을 가지고 있지만, 그러나 단 8:11에서는 키부츠와 함께 기록되었다. 이 왕은 그가 눕도록 지정되었거나 혹은 의도된 무덤으로부터 다른 방향으로 던져졌다. 참고. *Gilgamesh Epic*, XII:61, "그는 사람들의 전쟁터로 떨어지지 않았으니, (이는) 지하세계가 그를 붙잡았기 때문이다." 전치사 뒤에 붙어 있는 연계형을 유의하라. 참고. 5:11; 9:1-2; 28:9 그리고 56:10. "돌 구덩이"―이 문구는 음부가 죽음의 침묵 가운데 둘러 있는 땅의 내부에 있는 가장 깊은 바위들 안에 있음을 암시해 준다(Drechsler).

94) 19절은 다른 죽은 통치자들의 상태와는 대조적으로 그 왕이 묻히지 못한 상태에 있음을 묘사하고 있다. 20절은 전자들이 묻힘에 있어서 후자와 함께 될 수 없음을 추론하고 있다. 참고. *Gilgamesh Epic*, XII:150-152. 1Q와 아퀼라 역은 M을 지지하지만 B는 독자적 입장을 취한다.

14:21 바벨론 자손은 완전히 잘려져야 된다.[95] 이 명령이 누구에게 주어지고 있는가? 메대에게인가? 아마도 아닐 것이고 사실 특별히 누구도 가리키지 않을 것이다. 이 명령은 바벨론 자손을 이어가지 못할 것임을 보여주는 일반적인 것이다. 바벨론 제국에 살아남은 자가 전혀 없을 것이다.

이 명령에 대한 우리의 이해는 우리가 알렉산더의 다음과 같은 언급을 주시한다면 명백해질 것이다. "예언의 드라마틱한 형태는 반복하여 전환되며 그리하여 유대인들의 말, 죽은 자의 말, 선지자의 말, 하나님 자신의 말씀들이 서로 이어지는데, 말하자면 눈치채지 못하게 그리고 전환점을 돋보이지 않게 하면서 이어간다." 바벨론인들의 자손들을 위해서는 하나님의 지시에 의하여 준비된 살육의 장소들만이 그들을 기다리고 있을 뿐이다. 선지자는 개인의 책임의 원리를 부인하지 않고 있다. 바벨론에서 하나님에 대한 적대감이 자라나서, 만일 은혜의 목적들이 실현되어야 하였다면 바벨론으로 표현된 제국은 완전히 없어져야 한다고 말할 정도까지 이르렀음을 가르치려는 의도가 있다. 바벨론과 그리스도 중 양자택일을 해야만 했다. 그런 까닭에 조상들이 사악하게 행하였으므로 자손들이 살육 당해야 한다는 것이다. 만약 구원이 유대인으로부터 온다면 바벨론 계열은 유지될 수 없었다.

그 자손들은 어떤 선수를 쳐서 안될 것이다. 만약 그들이 일어선다면 그들은 땅을 소유할 것이니, 그들은 만족할 줄 모르는 자들이기 때문이다. 그러나 그들이 땅을 물려받지 못할 것은 그것이 온유한 자 곧 하나님께서 택하신 자들을 위하여 간직된 것이기 때문이다. 만약 그 자손들이 일어난다면 그들은 온 땅에 성읍들을 세울 것이고, 그들은 그 소유를 취할 것이다. 바벨론 정신과 문화는 멸절되어야 하는데, 이는 그것이 하나님 나라에 완전히 적대감을 가지고 있기 때문이다.

---

[95] "성읍"—어떤 이는 B, Targ., 그리고 Syr.을 따라 "대적들"로 번역한다. Aq., Sym., T, Jerome은 M을 지지한다. 21절 하반절에 있는 부정어는 세 개의 동사를 부정하고, 단순히 직접적으로 연관되어 있는 동사만을 부정하지는 않는다. Fischer는 시드기야에 대한 느부갓네살의 잔악행위가 반영되어 있을 수 있다고 생각하지만 그러나 이 구절은, 그러한 개인들이 전체 묘사의 부분을 이루고 있다는 점을 제외하고는, 역사적인 개인 인물 자체를 가리키지 않는다. 선지자의 묘사 가운데 들어 있는 것은 하나님에 대항하여 교만한 인간 정신을 소유한 바벨론 왕국의 전체성이다. 바벨론의 멸망에 관해서는 참고. 단 5장; Her. 1:191; Xenophen, *Cyro*. 7:5, 15ff. 참고. 사 14:19과 *Cyro*. 7:5, 30; 그리고 Hengstenberg, *Authenticity of Daniel*, pp. 325, 36. 설형문자 자료에 대한 개괄과 논의에 대해서는 참고. J. C. Whitcomb, Jr., *Darius the Mede*, Grand Rapids, 1959.

(5) 바벨론, 앗수르, 블레셋의 멸망(14:22-32)

22절, 만군의 여호와께서 말씀하시되 내가 일어나 그들을 쳐서 그 이름과 남은 자와 아들과 후손을 바벨론에서 끊으리라 나 여호와의 말이니라
23절, 내가 또 그것으로 고슴도치의 굴혈과 물웅덩이가 되게 하고 또 멸망의 비로 소제하리라 나 만군의 여호와의 말이니라
24절, 만군의 여호와께서 맹세하여 가라사대 나의 생각한 것이 반드시 되며 나의 경영한 것이 반드시 이루리라
25절, 내가 앗수르 사람을 나의 땅에서 파하며 나의 산에서 발 아래 밟으리니 그 때에 그의 멍에가 이스라엘에게서 떠나고 그의 짐이 그들의 어깨에서 벗어질 것이라
26절, 이것이 온 세계를 향하여 정한 경영이며 이것이 열방을 향하여 편 손이라 하셨나니
27절, 만군의 여호와께서 경영하셨은즉 누가 능히 그것을 폐하며 그 손을 펴셨은즉 누가 능히 그것을 돌이키랴
28절, 아하스 왕의 죽던 해에 받은 경고라
29절, 블레셋 온 땅이여 너를 치던 막대기가 부러졌다고 기뻐하지 말라 뱀의 뿌리에서는 독사가 나겠고 그 열매는 나는 불뱀이 되리라
30절, 가난한 자의 장자는 먹겠고 빈핍한 자는 평안히 누우려니와 내가 너의 뿌리를 기근으로 죽일 것이요 너의 남은 자는 살륙을 당하리라
31절, 성문이여 슬피 울지어다 성읍이여 부르짖을지어다 너 블레셋이여 다 소멸되게 되었도다 대저 연기가 북방에서 오는데 그 항오를 떨어져 행하는 자 없느니라
32절, 그 나라 사신들에게 어떻게 대답하겠느냐 여호와께서 시온을 세우셨으니 그의 백성의 곤고한 자들이 그 안에서 피난하리라 할 것이니라

14:22 바벨론은 일어나지 못할 것이고 참되신 하나님께서 일어나실 것이다.[96] 그리고 그분은 땅을 소유하시기 위해서가 아니라, 바벨론의 번성을 끊어 버리기 위

---

96) קוּם의 사용에 대해서는 2:19, 21 그리고 앞 구절을 참고하라. 이 단어는 "그러므로 여호와께서 가라사대"라는 문구의 삽입에 의하여 보여질 수 있는 "경고(burden)"의 부분이 아니다.

해서 일어나실 것이다—그분은 만군의 야웨이시다—이는 땅이 이미 그분의 것이기 때문이다. 그분의 개입은 바벨론에 속하는 자들에 대한 적대감으로 인하여 이루어질 것이다. 바벨론의 이름으로 일컫는 사람들은 더 이상 존재하지 않을 것이며 바벨론은 남은 자가 없을 것이다. 이스라엘은 남은 자가 있었고 그런 까닭에 이스라엘은 완전히 멸망당하지 않았다.

본 절의 마지막 네 개의 명사들은 번영의 개념을 가장 일반적이고도 완전한 방식으로 표현하고 있다. 각기 두 쌍은 두운법을 이루고 있고, 마지막 두 개는 단연 전포괄적이다. 바벨론 제국은 다시는 일어나지 못할 것이다. 일반적으로는 최악의 대재난 후에도 남은 자가 있을 것이지만 이들의 재난 이후에는 아무도 없게 될 것이다. 바벨론은 철저하게 잘려졌다. 마치 이러한 사실을 보다 강조적으로 말하기 위하여, 성경은 "야웨께서 말씀하셨다"는 말을 덧붙이고 있다. 하나님께서 말씀하셨고, 그분의 말씀은 취소할 수 없다. 바벨론은 다시 일어서지 못할 것이다.

14:23 만일 바벨론이 후손도 없고 후예도 없다면, 그에게 무엇이 남을 것인가? 하나님께서는 이제 그 도성에 대해서 하실 일을 선언하신다.[97] 바벨론은 땅을 소유하기를 원했었으나, 이제는 바벨론의 장소 자체가 바벨론의 소유가 아닌 사막에 거주하는 호저 혹은 고슴도치의 소유가 될 것이다. 그곳은 사람들이 없고 동물들만 살 수 있는 물웅덩이와 습지가 될 것이다. 그리고 바벨론의 과거의 모든 자취들이 깨끗이 사라지도록 주께서 멸망의 비로 그곳을 쓸어버릴 것이라고 선언하셨다. 하나님께서는 철저하고도 완전하게 그것을 쓸어버릴 것이고 그리하여 마치 더 이상 도시가 전에 그곳에 전혀 서 있지 않았던 것처럼 될 것이다. 언젠가 영광스러웠던 도성이 폐허가 될 것이다. 또다시 만군의 여호와께서 맹세를 발하시고 있다. 여기서 단순한 한 인간의 예언을 듣고 있는 것이 아니고, 하나님께서 자신의 목소리를 발하신 그것을 듣고 있는 것이니, 이는 바벨론이 하나님 나라의 대원수였기 때문이다.

---

97) 큅포드(קִפֹּד)—호저(豪猪), 고슴도치. 참고. 사 34:11; 습 2:14; 아랍어 *qunfudun*; 에티오피아어 *qwenfaz*. 1Q는 קפוד, '화살모양의 뱀'으로 되어 있다. 유프라테스 섬들에 있는 고슴도치들에 관한 언급에 대해서는 Strabo 16:1, 그리고 Dio Sic. 2:7을 참고하라. Kimchi는 랍비들이, 그들이 한 여인이 "비를 가져와서 집을 쓸어라"는 말을 듣기까지는, וטאטאתיה가 이 구절에서 무엇을 의미하는지 알지 못했다고 주장한다. 부정사 독립형을 주시하라. "그리고 나는 그것을 멸망이라는 비로 쓸 것이다."

14:24 하나님은 세 번이나 되풀이하여 말씀하여 오셨고, 3중적으로 되풀이되는 אִם, 곧 "신탁"이 만군의 여호와 편에서의 영광스러운 맹세에 와서 그 절정을 이루고 있다.[98] 이사야의 전체 예언 가운데서 세 번 하나님께서 맹세하셨다(참고. 45:23; 62:8). 본 절의 첫 부분은 앞 절의 마감하는 말들과 비교할 때 두드러진다. 여기서 우리는 이 두 선언들을 함께 비교해 보아야 할 것이다. "만군의 여호와의 말이니라—만군의 여호와께서 맹세하여 가라사대." 계속해서 맹세의 말씀이 그 다음에 주어져 있다. "나의 생각한 것이 반드시 되며 나의 경영한 것이 반드시 이루리라." 그렇지만 주께서 무엇에 대해서 말씀하시고 있는가? 이사야는 이제 방금 전에 표현되었던 사상들을 취하여 미래의 바벨론으로부터 당시의 상황으로 전환하고 있다.

지금 논의되고 있는 앗수르의 운명은 미래 바벨론의 운명의 보증이 될 것이다. 이것으로부터 우리는 앞의 것이 이사야 당시의 것을 가리키는 것이 아니고 미래에 일어날 일이라는 것을 알게 된다. 16:13,14이 앞서 언급한 내용에 대한 결론이듯이, 또 25:16,17이 그 앞선 부분의 결론이듯이, 24-27절도 바벨론에 관한 이전 본문에 대한 결론의 역할을 한다. 그러므로 이 절이 새로운 예언을 시작하고 있지 않는 것이다.

만약 우리가 두 동사를 유의한다면, 우리는 그것들 중 하나가 완료형이고 하나는 미완료형인 것을 알게 될 것이다. 하나님께서 생각하신 것이 앗수르의 멸망 가운데서 이미 이루어졌고, 그 경영하신 것이 바벨론인들의 미래의 멸망에서 실현될 것이다. 이것은 이사야가 앗수르가 이미 멸망하였다고 말하는 것이 아니다. 그것은 실제 상황이 아니다. 산헤립은 아직 오지 않았다. 첫 번째 동사가 예언적 완료형이고, 그 뜻은 앗수르의 운명처럼 바벨론의 운명도 그러하다는 것이다.

---

98) "반드시"—"꼭." 이 표현 밑에 놓은 생각은, "만약 내가 이 일을 하지 않는다면, 주께서 나에게 이러이러하게 하실 수 있다"인 듯하다. 그러나 실제적인 용법은 이 형식이 단순히 "반드시"를 의미한다.

선지자들이 하나님의 말씀을 대변할 때 다양한 단계의 강조를 가미했다. 여기서 하나님은 이 게시기 인어적이었다는 분명한 증거인 하나의 맹세를 하시고 있는 것이다. הָיְתָה(이루리라, 직역하면 '있을 것이다'—역주)란 여성형동사는 하나의 여성형 주격과 함께 사용되는데, 여기서는 실제로 말해진 것이 아니라 저자의 마음 가운데 있는 생각이다. 주어는 "나의 경영한 것"이다.

14:25 여기에는 하나님께서 경영하신 것의 내용이 들어 있다.[99] 앗수르는 꺾어질 몽둥이였다. "화 있을진저 앗수르 사람이여 그는 나의 진노의 막대기요 그 손의 몽둥이는 나의 분한이라"(사 10:5). 약속의 땅 팔레스틴은 산악지대였고, 특별히 하나님에게 속한 그 땅의 산들 위에서 하나님은 그분의 대적들을 밟으실 것이다. 그분은 꺾으실 뿐만 아니라 대적을 밟으실 것이다. 앗수르의 멍에가 하나님의 백성 위에 얹어졌으나, 이제는 하나님께서 그 멍에를 굴복시키실 것이고 앗수르가 그들 위에 두었던 짐을 어깨에서 벗겨 내실 것이다. 이 구원은 하나님의 것이므로 전적으로 은혜로 이루어질 것이다.

14:26 앞의 두 구절들 가운데서 언급된 내용은 하나님께서 경영하신 경영이다.[100] 앗수르인과 바벨론인의 멸망은 모든 적대적이고도 대립하는 세력들에 대한 하나님의 전반적인 작정에 대한 부분적인 성취이다. 가끔은 하나의 큰 제국이 과장법적으로 온 세상을 대표하는 것처럼 제시되고, 그래서 그러한 한 앗수르를 멸망시키기 위한 하나님의 결정은 온 세상을 향한 결정으로 불려질 수도 있다. 하나님께서 취하셨던 경영은 위협적인 성격의 것이었다. 하나님의 손은 위협과 징벌을 베푸시기 위하여 펼쳐져 있다. 만약 그 손이 펼쳐져 있다면 과연 누가 그 손길을 견디겠는가?

14:27 하나님의 보복하는 힘의 확실성과 확고성은 보다 강하게 표현될 수 있을까? 누가 그분의 계획을 무산시킬 수 있는가? 그 질문은 해볼 필요도 없다. 아무도 그것을 무산시킬 수 없다. 그런 까닭에 이 질문은 분명히 만군의 야웨께서 주권자 하나님이심을 보여주고 있다. 질(Gill)이 논평한 바와 같다. "그가 목적한 것 이외

---

99) 참고. 사 9:3. 어쨌든 B, Vulg., *BH*, Duhm 등을 따를 필요는 없고, 복수형 접미어, 즉 "그들의 어깨"로 읽을 필요도 없다. 단수는 전치사 다음의 이화작용을 위한 것일 수 있다. 참고. König, *Syntax*, §348u. 25절 하반절과 26절 사이의 관계는 1:2, 3과 1:4과의 관계와 유사하다. 하나님의 말씀과 선지자의 말 사이에 차별이 있다.
Hendewerk은 앗수르가 결코 팔레스틴에 있어 본 적이 없었다고 말하였다. Mowinckel은 이스라엘의 소망을 즉위축제에게 돌리고 있다(*HTC*, p. 146). 참고. 부록 III.
100) 명사와 속격 사이의 유사음조화를 주시하라.

에 그 어느 것도 일어나지 않으며, 그가 목적하신 모든 것은 다 일어난다."[101] 많은 사람이 그분의 계획을 좌절시키고 무위로 돌려놓으려고 노력할 것이다. 하나님에 대항한다는 것은 얼마나 비극적인가!

14:28 이 연대기적 언급은 앞의 예언이 아니라 다음에 나타나는 예언을 가리킨다. 이 해는 아마도 주전 727년일 것이며, 디글랏-빌레셀이 죽은 해인 것 같다. 우리는 이 경고가 아하스가 죽기 전에 본 것인지 그렇지 않은지에 대해서 명확하게 듣지 못한다. 제롬은 이 메시지가 히스기야 통치 원년 동안에 주어진 것이라고 생각하지만, 중요한 것은 그것을 죽기 전에 보았느냐 아니면 죽은 후에 보았느냐가 아니라, 그가 본 해가 아하스가 죽던 해라는 사실이다.

14:29 만약 앗수르가 깨져서 멸망당했다면 그 나라의 손아귀에서 고통을 당해 왔던 나라들은 즐거워하지 않을 수 있겠으며, 그들의 힘을 회복하여 다시금 유다에게로 향하지 않겠는가? 유다와 가까이 인접한 이 나라들 가운데 하나 곧 앗수르의 멸망을 기뻐하였을 나라가 블레셋이었다. 그러나 블레셋은 기뻐하지 말아야 할 것이니, 이는 그 나라가 사르곤에게 일시적으로 예속을 당하였던 일이 이 예언이 선언하고 있는 다가올 하나님의 백성에게 영속적으로 예속을 당하는 일과 예비적 관계에 있을 뿐이기 때문이다.

다윗은 블레셋을 정복하였고 후에 우리는 여호사밧 아래서 블레셋이 공물을 드렸다는 말을 듣게 된다. 여로보암 아래서 그들은 반역을 하였고 웃시야 아래서 그들은 다시 예속되었다. 그러나 아하스 통치 동안에 그들은 멍에를 벗어버렸다. 블레셋은 다섯 개의 주요 성읍들로 나뉘어 있었다. 그래서 선지자는 그 땅 전체에게 말하고 있는 것이다. 그는 외친다. "블레셋 온 땅이여, 너를 치던 막대기가 부러졌다고 기뻐하지 말라." 앗수르는 그 막대기 곧 하나님의 대행자 몽둥이요, 치고 징벌하는 막대기요 잔인한 막대기였다. 그 막대기는 이제 부러졌고 더 이상 위협을 주지 못한다.

그러나 그것이 기뻐할 이유가 되지 못한다. 그 압제자는 뱀이었다고 선지자는 선언하고 있으며, 그 뱀이 한 뿌리를 가지고 있다고 말하고 있다. 초목 세계로부터 취

---

101) Alexander, *ad loc*에서 인용. 참고. 암 3:8. 관사의 의미를 주시하라. "그의 손은 펼쳐져 있는 그것이다." 이 의미는 술어가 한정되는 것을 요구한다.

한 이상한 표현이다! 어근의 뜻은 어떤 내구성과 영속성을 암시하고 있다. 그렇다면 그 뱀의 뿌리로부터 독이 있는 뱀이 나올 것이고 그 열매는 타는 불뱀이 될 것이다. 우리는 뿌리와 열매 사이의 대조를 눈여겨볼 수 있다. 한 뱀으로부터 독이 있는 뱀이 나오고, 그 독있는 뱀으로부터 타고 날으는 또 다른 것이 나올 것이다. 이제 앗수르보다 훨씬 더 심각한 대적이 있을 것이다.[102] 장차 올 대적이 반드시 앗수르의 물리적 후손이어야 한다는 사실을 가르치려는 것이라기보다는 단순히 영적으로 그 대적이 앗수르가 취했던 행동보다 블레셋에게 더 잔인하게 대적할 것이라는 것을 보여 주려는 것이 이사야의 의도이다.

14:30 하나님께서 말씀하실 때, 자기 백성을 위하여 그분의 입으로부터 자주 흘러나오는 축복! 여기에 확실한 예언이 있다. 가난한 자의 장자, 모든 자중에 가장 가난한 자, 곧 매일의 삶을 위하여 충분히 가지지 못한 자 그는 먹을 것이다. 이사야는 목축 생활로부터 이끌어 온 표상들을 사용하고 있다. 하나님의 백성은 여기서 풀을 뜯어먹고 드러눕는 양들로 간주되고 있다. 편안하고 안전한 가운데 풀을 뜯고 드러눕는 그들은 참으로 안전한 것이다. 그들은 하나님께서 그들을 보호하시기 때문에 안전한 것이지 인간들 가운데서는 참된 안정이 발견될 수가 없다.

블레셋의 미래는 그렇지 못할 것이다. 그들의 미래와 하나님의 백성의 미래는 얼마나 대조적인가! 나라가 명맥을 유지하고 있는 그 블레셋의 뿌리는 하나님의 진노에 의하여 멸망 받을 것이다. 그들은 공급을 받지 못할 것이고, 기근으로 망할 것이다. 하나님께서는 65:13에 있는 것과 같은 대조를 사용하고 있다. "이러므로 주 여호와가 말하노라 보라 나의 종들은 먹을 것이로되 너희는 주릴 것이니라 보라 나의 종들은 마실 것이로되 너희는 갈할 것이니라 보라 나의 종들은 기뻐할 것이로되 너희는 수치를 당할 것이니라." 뿌리(root)와 남은 자(remnant) 사이에 두운 현상이

---

[102] 여러 인물들이 제시되어 왔다. 살만에셀 5세, 히스기야(제롬), 웃시야의 죽음, 디글랏-빌레셀의 죽음 등. 앗수르로부터의 자유, 그것은 언제나 있을 수 있지만, 기뻐할 이유가 못된다. 점층법적 표현을 유의하라: 뱀―독이 있는 뱀―타는 나르는 뱀. צפע는 정확하게 규명할 수는 없지만 독이 있는 여러 종류의 뱀이다. 이사야는 우리가 흔히 용이나 악마의 존재에 대해서 말할 때 하는 것처럼 수사법을 사용하고 있다. 참고. 암 1:6-8; 습 2:4-7; 겔 25:15-17; 슥 9:5-7.

있다(히브리어나 영어에서 모두). 바벨론처럼 블레셋에도 남은 자가 있을 것이지만 날으는 뱀이 그 남은 자를 죽일 것이다.[103]

14:31 블레셋의 성읍 문들은 잘 알려져 있었다. 그 문을 언급한 것은 그 성읍 자체를 언급하는 것이다.[104] 한 성읍이 남은 성읍들의 대표로서 부르짖는다. 블레셋 전체, 다섯 개 주의 성읍들 전체가 녹아져 버렸으니 이는 그 대표 성읍이 파멸되었기 때문이다. 울어야 할 충분한 이유가 있다! "앗수르의 멸망을 기뻐하지 말고 너의 소멸을 인하여 울지어다." 연기 그리고 그것과 함께 오는 대적은 북쪽방향으로부터 오는데, 그곳은 후에 바벨론인들이 나타났던 곳이다. 이 접근해 오는 대적들 가운데는 떨어지거나 소외된 자가 하나도 없다. 그 군대 안에 들어 있는 모두가 함께 뭉쳐 있으니, 이는 그것이 잘 조직되었고 잘 훈련되었고 싸우고 파괴시킬 준비가 갖추어졌기 때문이다. 그 앞에서 블레셋은 서지 못할 것이다.

14:32 어떤 나라의 사자들이—당연히 블레셋이나 앗수르의 사자들은 아니니 이는 이 문구가 애매한 문구이기 때문이다—물었을 때, 주어질 대답은 비록 블레셋이나 다른 어떤 나라가 멸망할지라도 주께서 시온을 세우시고 시온은 존속한다는 것이다.

이것이 복음이다. 어떤 문의가 있을 때 그들은 시온이 하나님의 작품이요, 시온 가운데 백성의 곤고한 자들이 피난처를 얻을 것이다란 말을 듣게 된다. 이 영적 진리가 여기서 구약시대의 용어로 표현되어 있다. 시온은 만군의 여호와 주님에 의하여 세워지고, 또 그러한 이유로 인하여 멸망당하지 않고, 고난을 당했던 유다 백성 가운데 들어 있는 자들이 거기서 피할 것이다.[105] 이 예언에서 우리는 하나님의 목

---

103) "내가…죽일 것이요"—하나님께서 기근과 질병 등을 통하여 치시는 사망에 대하여 사용됨. 출 16:3; 17:3.
104) "성문"—성읍과 평행적 표현; 참고. 3:26. "연기"—접근하고 파괴하고 태우는 대적의 상징. 참고, Aeneid; 11:909: "Acsimul Aeneas jumantes pulvere campos Prospexit longe, Laurentiaque agmina vidit."
105) 32절 하반절은 비록 자주 히스기야 시대에 성취된 것으로 간주될지라도 실제로 메시아적이다. 그것은 11:1-12:6을 반영하고 있다. 비교. 14:29 하반절과 11:1, 10; 14:30과 11:4을 비교하라. 31절에서 10:28-32의 멸망이 블레셋에게 적용되고, 10:33-34의 구원은 32절 하

적이 성취될 것이라는 가르침을 받고 있다. 현재 위협하고 있는 앗수르가 분명히 멸망당할 것이므로, 그보다 훨씬 더 큰 대적 곧 적그리스도의 모형인 바벨론도 완전히 파괴될 것이다. 그가 앗수르 멸망을 바라볼 때, 블레셋은 그것이 기뻐할 때라고 생각할 수도 있겠지만, 그것을 통하여 그는 또다시 유다를 바라볼 수 있다. 어쨌든 유다는 하나님의 나라요 앗수르인들보다 훨씬 더 큰 대적이 블레셋을 대항하여 올 것이고, 그리하여 블레셋은 완전히 멸망할 것이다. 하나님의 사역은 확실하며 그분께서 그리스도 안에서 준비해 놓으신 피난처는 모든 대적들이 사라질 때 굳건히 설 것이다. 여기서 우리는 얼마나 큰 위로와 안위를 받는지! 그리스도의 오심을 가로막는 대적들은 얼마나 큰가! 그러나 바벨론은 사라지고 그리스도께서 오셨으며, 그분 안에 곤고한 자들이 피할 것이다.

본 예언서에서 이사야 14:24-27의 위치

마르티(Marti)는 이 단락이 이사야에게 속한 것이라는 것을 부인하는데 이는 그것의 내용 때문이다. 그는 논증하기를 이사야가 세상 심판에 관심을 두지 않았고, 이스라엘에게 적용되는 구원과 심판에만 관심을 두었다고 한다. 세상 심판에 대한 신앙은 이사야에 의하여 생각된 것에 비하여 너무나 이론적인 개념이라는 것이다. 어떤 것이 이사야적인 평행구를 담고 있는 반면에 그것들은 동시에 "예언 중 비이사야적인 부분들"과도 평행을 이룬다는 것이다. 마르티는 이 구절을 마카비 시대의 것으로 돌렸다.

Duhm은 이 모든 것을 거절하고 본 구절들을 산헤립 시대에 속하는 "부수적 자료"로 취급하고, 그럼에도 그 저자는 우리가 모르는 사람이라고 생각한다.

본 구절들을 이해하기 위하여 우리는 그것이 의도적으로 이미 제시된 메시지를 택하여 그 메시지를 하나의 새로운 문맥 가운데 두었다는 것을 인식해야 한다. 16:13-14가 모압에 관한 신탁을 마감하듯이, 혹은 21:16-17은 아랍에 관한 신탁을 마감시키는 그것과 다소 같은 방식으로 이 구절들은 앞의 신탁을 마감하고 있다. 그것들은 바

반절에서 시온에게 적용된다. 또한 렘 47:2-4은 14:30-31 그리고 5:28과 비교될 것이다. 32절은 14:24-27이 그 앞에 대한 결론을 지어 주고 있는 것처럼 블레셋 예언에 대해 결론을 지어 주고 있다.

벨론에 대한 생각들을 현재로 돌리고 그래서 전체의 예언을 미래로 밀어 넣고 있는데, 이는 13:1-14:23에서 구술되었던 내용이 현재에 즉각적인 관련이 없다는 것을 보이기 위해서이다. 그리고 너무나도 속히 성취될 앗수르의 멸망은 보다 먼 바벨론의 멸망에 대한 확실한 약속으로 서 있는 것이다.

예레미야는 다음과 같이 기록하고 있다. "이스라엘은 흩어진 양이라 사자들이 그를 따르도다 처음에는 앗수르 왕이 먹었고 다음에는 바벨론 왕 느부갓네살이 그 뼈를 꺾도다 그러므로 나 만군의 여호와 이스라엘의 하나님이 이같이 말하노라 보라 내가 앗수르 왕을 벌한 것같이 바벨론 왕과 그 땅을 벌하고"(렘 50:17-18). 그러므로 바벨론의 멸망은 그보다 먼저 있었던 앗수르의 멸망의 확증이요 봉인이 된다.

2. 모압, 수리아 그리고 다른 나라들의 멸망(15:1-18:7)

(1) 모압에 대한 신탁(15:1-9)

1절, 모압에 관한 경고라 하루 밤에 모압 알이 망하여 황폐할 것이며 하루 밤에 모압 길이 망하여 황폐할 것이라
2절, 그들은 바잇과 디본 산당에 올라가서 울며 모압은 느보와 메드바를 위하여 통곡하도다 그들이 각각 머리털을 없이 하였고 수염을 깎았으며
3절, 거리에서는 굵은 베로 몸을 동였으며 지붕과 넓은 곳에서는 각기 애통하여 심히 울며
4절, 헤스본과 엘르알레는 부르짖으며 그 소리는 야하스까지 들리니 그러므로 모압의 전사가 크게 부르짖으며 그 혼이 속에서 떨도다
5절, 내 마음이 모압을 위하여 부르짖는도다 그 귀인들은 소알과 에글랏 슬리시야로 도망하여 울며 루힛 비탈길로 올라가며 호로나임 길에서 패망을 부르짖으니
6절, 니므림 물이 마르고 풀이 시들었으며 연한 풀이 말라 청청한 것이 없음이로다
7절, 그러므로 그들이 얻은 재물과 쌓았던 것을 가지고 버드나무 시내를 건너리니
8절, 이는 곡성이 모압 사방에 둘렸고 슬피 부르짖음이 에글라임에 이르며 부르짖음이 브엘엘림에 미치며
9절, 디몬 물에는 피가 가득함이로다 그럴지라도 내가 디몬에 재앙을 더 내리되 모압에 도피한 자와 그 땅의 남은 자에게 사자를 보내리라

15:1 모압은 사해 동편 지역으로써 그곳의 거민들은 롯과 그의 큰 딸 사이의 아들인 모압의 후손들이다(창 19:31-37). 모압 왕국은 주전 13세기까지는 세워지지 않은 것으로 알려져 왔으나(참고, WHAB, p. 436), 고고학적 발굴물들은 모압 문명이 13세기 훨씬 이전부터 있었다는 것을 보여 주었다. 약속의 땅으로 가는 길목에서 이스라엘 백성들은 발락의 방해를 받았는데(민 22:24), 그는 발람을 고용하여 그들을 저주하게 한 사람이었다. 사사시대 동안 모압 왕 에그론은 이스라엘을 공격하여 여리고를 취하고 이스라엘을 18년 동안 압제하였다(삿 3:12). 다윗 통치 하에서 모압은 정복되어 그 거민들은 왕궁의 사역을 위해 강제 노동을 하게 되었다 (삼하 8:2).

아합이 죽은 후에 모압 왕 메사는 이스라엘에 반역하였지만 이 반역은 진압 당하였고, 이스라엘인들이 물의 우물을 막고 나무들을 잘라 버렸다(왕하 3장). 이사야가 모압에 대해서 예언하기 약 100여년 전에(주전 약 840년), 왕 메사는 한 비석을 세웠는데 그것은 1868년 디반(Diban)에서 발견되었다. 이 비석에서 메사는 이스라엘 왕 오므리를 언급하고 야웨의 그릇들을 취하여 그것들을 그모스 앞에 두었다고 말하고 있다.[106]

모압에 대한 경고가 있는데, 이는 여기서 모압의 도시들이 하룻밤 사이에 망하게 될 것이란 위협과 재앙의 어조를 가지고 있기 때문이다.[107] 또다시 이사야는 이상적(ideal) 입장을 취하고 있다. 모압은 아직 멸망하지 않았으나 그 일은 분명히 일어날 것이니, 이는 하나님께서 그것을 작정하셨기 때문이며, 그래서 선지자는 그가 예언하고 있는 것의 확실성을 암시하기 위하여 예언적 완료형을 사용하고 있다. 그리고 이사야는 모압의 고난 속으로 들어가는데, 이는 그 자신의 마음이, 반드시 일어나야 할 그가 알고 있는 그 일로 말미암아 고통스럽게 영향을 받고 슬퍼하게 되었기 때문이다. 이는 진정한 복음전도자의 마음의 모습이 아닐 수 없다! 여기에는 죄인에 대해 교만해 하지 않고 다만 전하도록 부름 받은 대상들을 향한 동정 어린 자비심만 있다.

---

106) 메사 비문의 본문은 *TGI*, pp. 48-49에서 발견된다. 더 자세한 문서에 대해서는 *ANET*, pp. 320-21; *NSI*; Lidzbarski: *Ephemeris fur semitische Epigraphik*, I, 1900; R. Smend and A. Socin: *Die Inschrift des Königs Mesa von Moab*, 1886을 보라.

107) Mowinckel은 이 단락(사 33, 34장과 함께)을 포로 후기의 것으로 돌리고 있다(*HTC*, p. 154).

멸망은 밤에 오는데 그것이 갑작스러운 것임을 의미할 수도 있고, 그렇지 않으면 그것이 일반적으로 밤에 이루어졌던 급습의 결과로 오는 것을 의미할 수도 있다. 먼저 북쪽 경계인, 아르논에 위치한 모압 알이 멸망당했다.[108] 아마도 이사야가 알이 "망하여"라고 말하고 있을 때, 다소 동정심이 있었을 것이니, 이는 그것이 선지자가 소명 환상에서 "화로다 나여 망하게 되었도다"라고 말한 바로 그 단어와 같은 단어이기 때문이다. 그래서 이사야는 모압을 완전히 망한 것으로 보고 있는 것이다. 이와 같이, 하룻밤에 모압 알의 남방에 있었던 모압 길도[109] 망하였다. 그러므로 선지자는 일반적인 묘사를 제공해 주기 위하여 그리고 그 멸망이 전국에까지 확장되었다는 것을 보여 주기 위하여 이 특별한 두 도시들을 사용하고 있다.

15:2 모압은 슬픔 가운데서 운다. 모든 장소와 모든 길에서 울음의 소리가 들린다. 디본은[110] 언젠가 이스라엘 백성들에게 속해 있었던 곳으로 아르논의 북쪽 지방

---

108) 알(Ar)은 모압 영토에 대한 다른 이름이다(참고. 민 21:15, 28; 신 2:9, 18, 29). 자음들이 도시라는 히브리어 단어의 그것들과 같으므로, 이것은 수도 아마도 지금의 el-Misna를 가리킬 수도 있다.

109) 길(Kir)은 아마도 길-하레셋(Kir-hareseth), El-Lisan의 동쪽(후미), 현대 El-Kerak일 것이니, 그곳은 반도로서 사해로 뻗어 있다. 높고도 쉽게 방어 진지를 구축할 수 있는 언덕(해발 3690피트) 위에 자리잡고 있었고, 모압의 수도이었을 수도 있다. 왕하 3:25. כִּי는 단언적으로 이해되며(Alexander, *IB*, Gesenius), 창 18:20에서처럼 감탄사(Duhm)이거나 혹은 설명적으로(Delitzsch, Drechsler, 사 6:5에서처럼) 취급된다.
Delitzsch는 לַיִל을 21:11에서처럼 독립형, "하루 밤에"로 취급한다. 다른 사람들은 그것을 연계형 "…의 밤에 알이 황폐되었다"로 이해한다. *Gerashayim*(이접 엑센트의 일종—역주)은 독립형을 지지하지만, 이 엑센트가 이 단어의 두 번째 출현에는 빠져 있다. 독립형에 대해서 우리는 **라일**(layil)을 기대해야 한다. 여기 두 경우에서 이 단어는 엑센트를 갖고 있고, 따라서 이 형태는 선형적인 것으로 간주될 수 있다. 그렇지만 두 번째 경우에는 최소한 나는 그것을 연계형으로 취급하기를 원한다.
נִדְמָה는 동사가 거민들의 멸망을 반영하는 것으로 보이므로 남성 완료형이고 그래서 따라오는 동사도 같다.

110) Dibon은 Gad에 의하여 건설되었고, 민 32:34; 그리고 민 33:45-46에서는 디본-갓이라고 불린다. Jerome은 다음과 같이 해석한다. "*usque hodie inndiffe rentur et Dimon et Dibon hoc oppidulum dicitur.*" 수 13:17에서 그곳은 르우벤 지파에 배당되었다. 여기서 그곳은 아마도 성소의 위치인 것 같다. 우리는 부사적 대격으로 이해하여, "사람이 집과 디본으로 올라가서"로든 "그 집과 디본은 올라간다"로든 번역해야 할 것이다. 그러나 Maurer는 "*Adscendit Moab in templum et Dibon in loca edita*"로 번역한다. 참고. 단 11:6; 사 57:11;

이었다.[111] 거기에는 우상숭배가 거행되었던 산당들, 신전들, 전각들이 있었다. 백성들은 그곳으로 올라가는데 단지 울고 애곡하기 위해서 올라갈 뿐이다. 만일 우리가 큰 산 느보나[112] 혹은 우상들이 있는 메드바를[113] 바라본다면, 우리는 모압이 울고 있다는 같은 모습을 발견할 것이다. 그것은 괴로움과 근심의 애곡이니, 이는 그 땅이 멸망당하기 때문이다.

그러나 우상에게 어떤 도움이나 구원을 요청하기 위한 통곡일 수 있는가? 이사야는 그의 대적 모압을 의인화하고 있다. 거기에 통곡이 있는 이유는 모압의 머리 전체가 벗겨져서 너무나 모욕적이 되었고, 그의 수염이 깎여서 수치스럽게 되어서 세상에 머리와 얼굴을 들 수 없게 되었기 때문이다. 모욕스럽고도 부끄러운 패배가 모압에게 닥칠 것이다.

15:3 사람들은 일어나고 있는 일을 보기 위하여 거리로 나갈 것이다. 모압 도성의 거리에서 백성들은 애곡과 슬픔의 표시로서 굵은 베옷을 자기들의 허리에 동여

Wernberg—Møller, *JSS*, Vol. III, No. 4, p. 324.

이 본문은 난해하지만, 1Q는 M을 지지한다. Mesha 비문에는 bt, "집"이 장소의 이름으로 사용되었다. 'ank. bnty. bt. bmt(27행); 그러므로 bmt는 bt과 동격이다. 참고. 민 21:19. 성소들은 주로 산당에 있었다. 참고. 왕상 11:7; 사 65:7. ייליל—동사시상 접두어가 축약된 형태에 덧붙어 있다. 참고 욥 24:21; 시 138:6. גרועה—"면도한, 수염을 깎은." 여러 사본들을 레쉬 대신에 달렛을 가지고 있다. 1Q은 M을 지지한다. 그러나 사 14:12을 참고하고, 렘 48:37 상반절을 유의하라.

111) "아르논"(Wadi el-Mojib)—이스라엘 백성들이 가로질러 통과했던 트랜스 요르단의 고원지대를 나누는 네 개의 주요 시내들 중의 하나. 민 21:13f 이하; 신 2:24. 그것은 모압의 북쪽 경계를 이루었다. 삿 11:18, 그리고 트랜스 요르단의 남쪽 경계를 이루었다. 수 12:1 이하; 신 3:8; 4:48. Mesha는 아르논 옆에 있는 도로, hmṣlṭ b'arnn을 말한다(전치사 앞에 나오는 연계형과 관사를 유의하라).

112) "느보"—요르단 하구의 동쪽 12마일 지점에 있는 해발 2740피트의 현대 Jebel en-Neba. 모세는 여기서 죽었다. 신 32:49; 34:1. 어떤 사람은 이곳을 모압 땅이 된 한 도시를 가리킨 것으로 보았다. Chemosh는 Mesha에게 명한다. "가라! 이스라엘로부터 Nebo를 노획하라." 참고. 민 32:3, 38; 33:47. Jerome은 다음과 같이 해석한다. *"In Nabo erat Chamos idolum consecratum, quod alio nomine vocatur Beerlphegor."*

113) "메드바"—그곳은 이전에 르우벤에게 속했다(수 13:9, 16; 민 21:30; 대상 19:7). Mesha는 메드바의 건물에 대해 말한다. 이 도시는 지금 거기서 발견된 독특한 모자이크 모양의 지도로 알려져 있다. 참고. *BA*, Vol. XXI, No. 3, pp. 50-71; John D. Davis: "Medeba or the Waters of Rabbah", *PTR*, xx, 1922, pp. 305-310.

맸다. 집들의 평평한 지붕 위에서와 넓은 광장과 그 도시들의 큰 네거리에서는 모든 나라가 일어나서 하는 같은 근심의 통곡이 있다. 모든 나라가 통곡하고 울면서 가고 있다.[114] 물이 흘러내리는 것처럼 그 나라는 전체가 통곡으로 넘쳐 난다.

15:4 아홉 도시들이 1-4절까지 언급되었고 운다는 데 대해 여섯 개의 단어가 사용되었다. 울고 애곡하는 것은 이 구절들의 특징이다. 헤스본과[115] 엘르알레[116] 역시 애곡한다. 이를 위하여 이사야는 블레셋에 대하여 했던 "성문이여 슬피 울지어다 성읍이여 부르짖을지어다"(사 14:31a)라는 그의 명령으로 정말 우리를 준비시켜 왔다. 그들의 애곡의 소리가 야하스까지 멀리 들린다.[117] 그러므로 헤스본과 엘르알 레 사람들의 이러한 총체적 애곡의 결과, 그 나라를 방어하기 위하여 띠를 띤 전사들도 기쁨이나 확신이 아닌 애통으로 부르짖고 있다. 아들이 없음으로 인하여 한나의 마음이 슬퍼하였던 것처럼 모압의 영혼도 슬픔을 당하고 있다. 그 영혼 모두에게 재앙이다.

15:5 이사야는 얼마나 참된 복음 전도자였던가! 그는 자주 죄인들을 향한 자기의 감정을 나타내고 있는데(참고. 16:11; 21:3-4). 여기서는 모압의 고통과 근심 속으로 들어가고 있다. 그는 얼마나 동정심있는 사람인지! 그는 단순히 "나는 모압을 위하여 부르짖는다"라고 말하지 않고, "나의 마음이 모압을 위하여 부르짖는도다"라고 말한다. 그것은 그의 가장 깊은 존재를 괴롭히는 문제이다. 사람들은 그러한 애곡의 나라로부터 도망치기를 원한다. 실제로 모압의 탈주자들은 그들의 조상

---

114) 수(3상)와 성(3하)이 모두 놀랍게도, 모압이 개인이냐 복수이냐에 따라 혹은 땅이냐 백성의 개념이냐에 따라 변한다. 참고. 렘 48:37-38. 아랍어 표현, *warada'el-bika*, "통곡이 넘쳐 니다."
115) "헤스본" — 언젠가 시혼의 수도였던 현대의 Heshban, 민 21:25 이하. 그곳의 양어장들이 아가서 7:4에 언급되어 있다. Pliny, V:11는 *Arabes Esbonitae*를 말한다.
116) "엘르알레" — 현대의 el-'Al, 헤스본의 북쪽, 르우벤 지파 사람들에 의하여 건설됨, 민 32:3, 37. Eusebius는 그곳이 헤스본으로부터 로마인의 일 마일이라고 말한다. "그러므로" — 그 나라의 전체적인 애곡으로 인하여, 선사들이 운다.
117) "야하스" — 아마도 현대의 Khrbet Umm el-'Idham일 것이다. Mesha는 그가 이스라엘로부터 야하스를 취하여 그것을 Diban으로 합병하였다고 말한다. 시혼은 야하스에서 이스라엘 백성들과 싸웠다. 민 21:23; 신 2:32; 삿 11:20. 그것은 레위지파의 도시이기도 했다. 수 21:36; 대상 6:78.

롯이 소돔으로부터 도망하였을 때 찾아갔었던 도시인 소알까지 갔다.[118] 결국 그들은 유다까지 오려고 하지 않을까? 이제까지 점령당하지 않은 소알은 이제 북으로부터 오는 적으로부터 피할 목적지인 것이다. 모압은 단지 길들이지 않은 새로 멍에를 맨 3년된 한 송아지이다.[119] 모압은 마치 이 송아지와 같이 자기에게 메어진 고난의 멍에의 무게를 이제 느끼고 있다.

이 멍에에는 너무나 커서 루힛으로[120] 올라가는 사람은 울면서 올라가야 한다. 이러한 이유로 선지자는 부르짖는다. 실로 그것이 주어진 첫 번째 이유이다. 세 개의 다른 이유들이 뒤따라오는데, 그것들 각자는 키(כ), 곧 "이는"이라는 단어로 소개되고 있다. 호로나임 길에서 사람들이 높이 부르짖는 두 번째 이유는 멸망의 날이기 때문이다.

15:6 이사야는 왜 그의 마음이 모압을 위하여 부르짖는지에 대한 두 개의 이유를 더 제공해 주고 있다. 그 성읍들이 함락당하여 그 거민들이 도망할 뿐만 아니라, 나라 자체가 고통을 받기 때문이다. 북쪽으로 니므림의 물들은[121] 황폐화될 것이다. 강에 물을 공급하곤 하였던 샘들은 대적에 의하여 그 역할이 중단되었다. 언젠가 축

---

118) "소알"—평야의 도시들 중의 하나. 그곳은 아마도 사해의 북쪽이 아니라, Bad ed-Dra 근처에 있는 폐허들에 위치해 있었던 것 같다.

119) 언어가 매우 난해한데 설명이 불일치한다. (1) 고대 저자들 중의 한 사람은 이 단어를 장소 이름으로 취급했다. 예를 들면, Josephus는 *Agalla*; Ptolemy는 *Nekla*; Abulfeda는 *Ajlun*으로 보았다. Döderlein은 Eglath이 세 성읍으로 구성되었다고 생각했다. (2) 다른 저자들은 이 말들을 호칭으로 취급한다. B는 3년된 어린 암소($δάμαλις\ γὰρ\ ἐστι\ τριετή$); Vulg.은 3년된 어린 암소(*vitulam conternantem*); Targ., Syr., Ibn Ezra. 그러나 이 단어는 형용사가 아니고 그런 까닭에 "삼년 된 송아지"로 번역하는 것이 더 낫다. 참고. 창 15:9. 그러므로 모압은 아직은 어리지만 강한 한 송아지와 비교되는 것이다(참고. 렘 46:20; 50:11).

역주—이해를 위하여 5절에 대한 저자의 사역을 여기 싣는다. "나의 마음이 모압을 위하여 부르짖을 것이다. 그 도망자가 삼년된 어린 암소인 소알까지 멀리가도다. 이는 루힛으로 올라가는 그가 울면서 그 옆을 지나가기 때문이며, 그들이 호로나임 길에서 멸망에 대해 부르짖기 때문이다."

120) "루힛"—위치 모름. "호로나임"—비록 그곳이 Mesha, 1.31에 의하여 언급되기는 하였으나 위치는 모름. "*whwrnn. ysb. bh*." Galling, *TGI*, p. 49은 그곳이 El-Kerak 근처라고 말한다. 렘 48:3, 5, 34.

121) "니므림"—사해 바다 근처에 있는 모압인의 오아시스인데, 아마도 Wadi en-Numeira 일 것이다. 참고. 민 32:3, 36; 수 13:27.

축하던 땅의 아름다운 목초지들은 시들어지고 마른 장소들 이외에 아무것도 없다. 이사야가 한 말을 영어로 충분하게 표현할 수 없지만 아마도 히브리어 순서로 낱말을 개진해 봄으로써 이 문장 가운데 나타난 강도를 엿볼 수 있을 것이다.

"니므림의 물들은-황폐될 것이다 그것들이."

이사야는 이제 이 애곡의 이유를 더 밝혀주고 있다. 시내들이 말랐을 때 풀들은 마른다. 풀들이 죽는 것이다. 짧고도 간결한 문장으로 선지자는 모압의 불쌍한 상황을 잘 납득시켜 준다. 푸르름은 사라졌고 황폐함이 다가왔다.

15:7 그러므로 앞에서 모압에 관하여 언급한 모든 것과 그 도시들 가운데 거민이 없게 된다는 사실에 비추어 볼 때, 모압인들은 대적의 약탈로부터 남은 모든 것을 에돔이라는 이웃 나라로 옮겨간다는 것이다. 그들이 자기들을 위하여 쌓아 놓았던 것들을 가지고 소알로 가기 위하여 와디 엘-헤사(Wadi el-Hesa)를 건너갈 것이다.[122]

15:8 이는—이사야는 이 단어를 자주 사용한다! 그는 우리를 논리적인 논증 가운데로 이끌어 가지 않지만, 그의 말에 대한 이유를 그 나라의 일반적인 상황 가운데 두고 있다. 모압에 닥쳐온 참상이 너무나 크므로 그의 언급들마다 곧 이 단어가 뒤따라온다.

곡성이 아마도 사해의 북쪽 끝에 위치한 것으로 여겨지는 에글람에까지 이르며, 또한 모압의 광야쪽 경계인 브엘-엘림에까지 이른다.[123] 우리는 팔레스틴을 위하여 그 땅의 양쪽 반대방향의 경계를 보여주는 장소늘의 이름들, 곧 단과 브엘세바를 예상하였을 수 있으나, 이사야는 울음소리가 들리는 범위를 가리키기 위하여 단순하게 두 지명들만을 선택하고 있다.

---

122) "비드나무 시내"—아마도 zered(?), 현대의 Wadi el-Hesā로 이곳은 모압과 에돔의 경계를 이루고 있다. יתרה—독립상태에서 관사가 없는 명사, "그들이(각자가) (획득)했었던 것 중 남은 것." 참고. 렘 48:36. 여기서는 연계형 다음에 정형동사가 따라온다.

123) "에글라임"—정확한 위치는 모름. 브엘-엘림—아마도 이스라엘 백성이 모압에서 머문 장소이지만, 민 21:16. 정확한 장소는 모름.

15:9 울 만한 충분한 이유가 있다! 그 땅은 소동과 혼란으로 가득하였을 뿐만 아니라 피로 가득하였다. 디몬의 물은[124] 피의 물이 되었다. 충분한 피가 이미 흘렀지만 이제 새로운 대학살이 나타날 것이다. 우리는 이러한 묘사가 시작된 아르논 물로 되돌아간다. 그것들은 피로 가득 차 있고 그래서 더 이상 생명의 강이 아니며, 죽음의 강이요 살육의 강이다. 마치 재앙이 충분하지 못하기나 하듯 부가적 일들이 디몬에 닥칠 것이다. 모압으로부터 도망한 사람들은, 파괴하고 침략자의 일을 마치게 할 광야의 짐승인 사자를 만날 것이다. 그러나 거기에도 남은 자가 있을 것이며, 그런 까닭에 멸망은 절대적이거나 완전한 것이 되지 않을 것이다. 그러나 그 사자가 남은 자를 만날 것이다.

(2) 모압의 고난(16:1-14)

1절, 너희는 이 땅 치리자에게 어린 양들을 드리되 셀라에서부터 광야를 지나 딸 시온 산으로 보낼지니라

2절, 모압의 여자들은 아르논 나루에서 떠다니는 새 같고 보금자리에서 흩어진 새 새끼 같을 것이라

3절, 너는 모략을 베풀며 공의로 판결하며 오정 때에 밤같이 그늘을 짓고 쫓겨난 자를 숨기며 도망한 자를 발각시키지 말며

4절, 나의 쫓겨난 자들로 너와 함께 있게 하되 너 모압은 멸하는 자 앞에서 그 피할 곳이 되라 대저 토색하는 자가 망하였고 멸절하는 자가 그쳤고 압제하는 자가 이 땅에서 멸절하였으며

5절, 다윗의 장막에 왕위는 인자함으로 굳게 설 것이요 그 위에 앉을 자는 충실함으로 판결하며 공평을 구하며 의를 신속히 행하리라

6절, 우리가 모압의 교만을 들었나니 심히 교만하도다 그의 거만하며 교만하며 분노함도 들었거니와 그 과장이 헛되도다

---

124) "디몬"—아마도 Madmen과 동일한 지역인 것 같다, 렘 48:2. 고유명사인 이 이름이 다음에 나오는 담, "피"와 어희(語戱)를 이루고 있다. 참고. H. Orlinsky: "Studies V", *Israel Exploration Journal*, IV, 1954, pp. 5-8 and *JBL*, Vol. lxxviii, March, 1959, p. 28, 여기서는 Dimon이 정확한 독법이라는 사실이 확실하게 논증되어 있다.

7절,그러므로 모압이 모압을 위하여 통곡하되 다 통곡하며 길하레셋 건포도 떡을 위하여 그들이 슬퍼하며 심히 근심하리니

8절,이는 헤스본의 밭과 십마의 포도나무가 말랐음이라 전에는 그 가지가 야셀에 미쳐 광야에 이르고 그 싹이 자라서 바다를 건넜더니 이제 열국 주권자들이 그 좋은 가지를 꺾었도다

9절,그러므로 내가 야셀의 울음처럼 십마의 포도나무를 위하여 울리라 헤스본이여, 엘르알레여, 나의 눈물로 너를 적시리니 너의 여름 실과, 너의 농작물에 떠드는 소리가 일어남이니라

10절,즐거움과 기쁨이 기름진 밭에서 떠났고 포도원에는 노래와 즐거운 소리가 없어지겠고 틀에는 포도를 밟을 사람이 없으리니 이는 내가 그 소리를 그치게 하였음이라

11절,이러므로 나의 마음이 모압을 위하여 수금같이 소리를 발하며 나의 창자가 길하레셋을 위하여 그러하도다

12절,모압 사람이 그 산당에서 피곤하도록 봉사하며 자기 성소에 나아가서 기도할지라도 무효하리로다

13절,이는 여호와께서 전에 모압을 들어 하신 말씀이어니와

14절,이제 여호와께서 말씀하여 가라사대 품꾼의 정한 해와 같이 삼 년 내에 모압의 영화와 그 큰 무리가 능욕을 당할지라 그 남은 수가 심히 적어 소용이 없이 되리라 하시도다

16:1 모압에 구원은 없을 것이며, 구출은 없을 것인가? 그 땅의 통치자들은 모여 의논하고 오직 한 길만이 있음을 알게 된다. 구원은 다윗의 집에서 발견된다는 것이다. 모압은 다윗 왕조를 바라보아야 할 것이고 요구받았던 공물을 드려야 할 것이다. 고대에 공물은 양이나 염소들로 이루어졌다. 그러므로 모압은 공물로 어린양을 보내야 하는 것이니, 이는 다윗 왕조가 이제 그 땅의 통치자이기 때문이다.

이 공물은 에돔에 있는 페트라로부터[125] 광야로 보내어졌고 광야를 통하여 성전이 위치해 있었던 산에 도달하게 되어 있었을 것이다. 모압인들은 시온으로 공물을 보

---

125) "셀라"—에돔의 수도. 헬라어 Petra. 참고. 왕하 3장; 대하 20장; 암 2:1-3; 왕하 14:7 그리고 아마도 대하 25:12. 이사야는 그곳을 사 42:11에서 다시 언급하고 있으며, 렘 49:16; 옵 3을 참고하라. 고전문서들의 언급들: Strabo, xvi:4; 21: Anthenodorus는 그 성읍

내는 방법을 알고 있으니, 즉 그들은 어떻게 하나님에게 나아갈 수 있는지를 잘 알고 있다는 것이다.[126] 역사시대에 공물은 사마리아로 보내졌고, 지금은 그것이 예루살렘으로 곧장 보내지는데 이는 주께서 예루살렘에 계시기 때문이다.

16:2 모압은, 보금자리가 어디인지를 모르고 여기저기 날개치며 날아다니는 한 마리의 새 같았다.[127] 그가 바라보는 곳마다 도움이나 피난처가 없다. 그 땅의 여인들, 모압의 딸들은 그와 같이 될 것이다.[128] 그들은 애곡할 것이고 그 땅의 경계인 아르논 나루에서 안전을 구할 것이다. 이 개울을 건너면 그들이 구원을 얻을 수 있을 것인가?

16:3 모압인들이 말한다.[129] 언젠가 교만하고 자부하고 확신하던 자들이 이제는

의 법률들을 언급하였다. Pliny: *Natural Hist.*, vi. 28; Josephus: *Archaeology*, 4:4:71 Dio Cassius 68:14; Dio. Sic. 19:55. Hadrian은 *Hadriane petra Metropolis*라고 찍힌 동전을 발행하였다. 이 지역의 교회들로부터 온 감독들(bishops)은 *hai petrai*로 불렸다. 이 도시는 Burckhardt의 여행들을 통하여 현대에 알려졌다.

그곳은 지금 Wadi Musa에 위치해 있고, Es-Siq으로 알려진 좁은 애로(隘路)를 통하여 들어간다. 1930년 4월에 Petra를 방문하게 된 것은 필자에게 주어진 특별한 은혜였다. 나는 Es-Siq에 대해 나의 일기장으로부터 인용하는 바이다. "하나의 작은 시내가 Siq을 통하여 흐르고 있고, 조그마한 푸른 갈대들이 양편 둑에 자라고 있다. 아름다운 장소이다. 우리는 한 독사를 죽였고 또 다른 것을 보았으며 또한 모래 가운데 계속 이어지는 그것들의 자국들을 보았다. 도마뱀들이 그 장소 사방에서 다니고 있었다. 이 장엄한 협곡을 20분간 걷고 나서 우리는 Ed-Djerra에 도달하였다. 이곳은 단단한 바위를 깎아 세운 한 성전의 정면이다."

126) 이 말들은 모압인들의 상호 권면이다. כר—어린양; 참고. 우가릿어 *kr*, "어린 수양." 그리고 아카드어 *kirru*. 이 단어는 집합적 의미를 가지고 있다.

127) "새 같고"—비교되는 물건이 하나의 관형사에 의해 한정될 때, 관사가 생략된다. 전치사가 단 한 번 사용되었으나 비교되어야 할 두 목적격들을 지배한다. "떠도는 새 같이 보금자리가 흩어진 새(같이)."

128) "딸들(여자들)"—이것은 구체적 의미로 모압의 여인들로 취급하는 것이 가장 좋을 것 같다. "나루"—방향의 대격. 여인들이 개울로 도망하는 것처럼 그들은 옛 경계지역들을 찾아 안전을 구하고 있다(민 21:23).

129) 나는 3-5절을 모압인들의 상호 애원과 충고로 취급하는 쪽으로 기울어지고, 6절은 그 대답을 거절하는 것으로 본다. 그들의 표상에 대해서는 참고. *Hamasa* 425 and Livy 7:30:32; 11:34:9. 펠릴라(פְּלִילָה)는 판사의 기능이나 사역을 가리킨다. "판결의 일을 하며", 즉 한 사람의 재판관으로서 결정을 할 것이라는 것이다.

자기들의 대적이었던 유다인의 손에 자신들의 운명을 맡기고, 그들은 유다의 그늘로 덮어서 더 이상 대적들에게 보여지지 않기를 구하고 있다. 이사야는 화자의 집요하고도 급박한 감정에 상응하여, 짧은 문구를 사용하고 있다.

오직 시온만이 모략을 베풀 수 있으니, 이는 모략의 신으로 부음 받은 메시아께서 시온에 계시기 때문이다. 모압은 "우리에게 정의와 의를 주십시오"라고 요구한다. 그러나 모략과 옳은 결정만으로 충분하지 못하다. 모압은 구원을 필요로 하고 있고, 그런 까닭에 시온이 행동하라고 기도하고 있는 것이다. 그는 "너는 밤과 같이 너의 그늘로 우리를 덮으라"고 간청한다. 그 그늘은 보호이다, 그것은 덮어 감춘다, 숨긴다, 그리고 대적들이 찾지 못하도록 보호한다. 만약 모압이 구원을 받아야 한다면, 모압은 시온의 그늘로 덮여야 한다. 진실로 구원을 받고자 하는 모든 자들은 시온의 그늘로 덮여져야 한다. 이는 시온의 그늘이, 만약 사람이 한 낮의 뜨거움 아래 있을 때라도 그것이 덮고 보호할 그러한 것이기 때문이다.

한때는 이스라엘이 모압으로 도망을 하곤 했다. 이제는 그 표상이 완전히 역전되어 모압이 이스라엘로 도망한다. 이것은 옛 하나님 백성의 대적의 영적 회심을 가리킨다. 모압은 완전히 쓸어버림을 당하지 않을 것이다. 대적이 그에게 올 때 그는 시온산에 계시는 하나님을 바라볼 것이고, 구원해 달라는 소원을 가지고 나아 올 것이다. "나를 당신의 날개의 그늘 아래 숨겨 주소서"는 그의 기도의 본질이요 예수님에게 피난처를 구하기 위하여 도망하는 모든 사람들의 기도이기도 하다.

16:4 모압은 하나님의 백성으로부터 피난처를 구하려고 한다. 그렇지만 모압은 하나님의 백성들을 압제하였다. 그는 하나님의 백성을 약탈하였다. 그런데 어떻게 이제 그들이 이스라엘로 향할 것인가? 이스라엘 백성들이 그들에게 안전하게 될 것인가?[130] 그들은 체류자가 되기만을 바라고 있으니, 이는 그들이 자신들을 괴롭게 하기를 곧 그칠 그 멸절하는 자를 만날 것이기 때문이다. 한편 이사야는 모압에게

---

130) "나의 쫓겨난 자들" — 모압은 아마도 호격으로 취급되어야 할 것이니, 이는 엑센트가 두 단어를 분리시키기 때문이다. "투색하는 자" — 어두가 이사야적이니, 그의 목적은, 모압의 이스라엘에게 대한 범죄들을 경고함으로 그들의 마음에 변화가 있음을 나타내기 위한 것이다. 'כ — 모압이 들어야 할 이유를 소개하고 있다. 모든 육체적인 세력은 그칠 것이며, 그 자리에 보다 높은 차원의 나라가 나타날 것이다. 네 개의 명사들이 하나님의 백성의 대적들을 호칭하기 위하여 사용되어 있다.

이스라엘이 피할 곳이 되라고 명령한다. 하나님의 쫓겨난 자들이 모압에 체재하는 동안, 멸절하는 자가 그치고, 그와 함께 그 압제하는 자들의 폭력이 그칠 것이다. 하나님께서 쫓아낸 자들이 모압과 함께 위험이 지나기까지 잠시 쉬게 하라고 선지자는 구한다.

16:5 만일 이스라엘과 모압 사이에 완전한 화해가 있다면, 다윗의 보좌는 굳게 설 것이다.[131] 만일 모압인들이 유다에서 은신처를 발견한다면 그리고 유다의 흩어진 자들이 모압에게 받아들여진다면, 그것은 유다의 축복에 기여할 것이다. 그런 까닭에 우리는 여기서 단순히 결과에 대한 언급만을 가지고 있는 것이 아니라, 다윗 보좌를 굳게 세움에 대한 약속도 가지고 있는 것이다. 이 보좌가 굳게 세워지는 방식을 언제나 상기하는 일은 얼마나 중요한 일인지! 인자함으로 그것은 굳게 세워질 것이다. 은혜가 그것을 세운다. "내가 네 앞에서 폐한 사울에게서 내 은총을 빼앗은 것같이 그에게서는 빼앗지 아니하리라"(삼하 7:15).

은혜로 세워지고 지켜지고 보호되었다! 권력과 힘에 의하여 설립된 이 세상의 보좌들과는 너무나 다르다! 그 보좌 위에 앉아 다스리실 분은 충실함으로 다스리실 것이요, 그분은 이것을 다윗의 장막에서 하실 것이다. 이사야는 다윗 왕조가 하나의 장막밖에 안 되는 상태에서 다스리기 시작하였을 때를 상기하고 있다. 그 상태는 마땅히 있어야 하는 상태나, 또는 그것이 계획된 어떤 미래 상태와는 대조되는 다윗 왕조의 비천한 상태를 반영하고 있는 것일 수도 있다. 이 어투는 분명히 9:6의 대메시아적인 구절에 근거하고 있고, 그래서 모압 왕조를 넘어설 다윗 왕조의 우월성을 드러내 주고 있다. 그 보좌 위에 앉으실 분은 왕의 판결하는 기능을 행사하실 것이고 그의 다스리심이 정의와 완전함이 되도록 공평과 의를 구할 것이다.

이사야가 하나의 보좌에 대해서 말하는 방식은 한정적이지 않다. 그는 모압과 유다가 함께 모일 때 왕위가 굳게 설 것이라고 말한다. 여기서 이사야는 한정되지 않은 일반적인 용어로 말하고 있지만, 그의 예언은 분명히 그가 이전에 언급하였던 보다 구체적이고도 한정된 예언에 의지하고 있다. 그 보좌는 다윗의 보좌로서 그 위에 그리스도께서 앉으실 것이다. 어쨌든 히스기야와 같은 왕이 이 예언이 실현된 인물

---

131) 참고. Ginsberg, *JBL*, March 1950. pp. 54, 55. 1Q는 M을 지지한다. Bentzen은 "다윗의 장막 안에"가 첨가라고 생각한다(*en udsmykkende filfølelse*).

이라고 말해질 수 있다면, 아마도 그는 그리스도의 전조요 예표들이라고 생각될 수도 있을 것이다.

16:6 모압에게 유다 백성들을 친절하게 다루어야 하는 명령이 주어져 있다.[132] 왜 이 요구가 주어져 있는지 충분한 이유가 있으니, 이는 모압이 교만한 나라였고 그래서 그의 교만이 잘 알려져 있었기 때문이다. 계속해서 이사야는 그와 다른 사람들이 모압의 교만을 들어왔다고 말하고 단언하고 있다. 실로 그는 모압의 교만을 표현하기 위하여 단어들을 중첩하여 말하고 있다. 보다 심각한 것은 하나님 자신이 그것을 들었다는 사실이다. 만약 모압이 유다에 와야 한다면 교만으로부터 완전히 회개하고 돌아서야 한다. 모압은 분노로 표출되었던 교만을 소유하고 있었고, 그럼에도 자기 것이 아닌 것들을 자기 것인 양 주장했었다.

16:7 이사야는 갑자기 열정적인 문장으로 말하기 시작한다.[133] 모압이 그런 자들이었으므로, 애곡이 있어야 하는 것이다. 그들은 슬퍼하여 통곡할 것이며 자기를 위하여 애곡할 것이니, 이는 그가 기뻐하였던 그것들이 박탈당할 것이기 때문이다. 길하레셋의 포도원과 그 포도들로 만들어졌고 또 모압인들을 기쁘게 해 주었던 건포도 떡은 사라질 것이다. 포도원들은 침을 받아 더 이상 포도들을 맺지 못할 것이다. 여기에 슬퍼할 근거가 있는 것이다.

16:8 슬퍼해야 할 이유가 있는데, 헤스본의 포도나무들이 더 이상 열매를 맺지

---

132) 본 절 가운데 אל 합성어가 두드러진 것을 유의하라. 이사야는 전에 선포된 요구들을 답변하고 있으며, 모압이 심판 받기에 이르렀다고 선언하고 있다. אל는 제2대격이고 그래서 "심히 교만한 자로서"로 번역될 수 있다. 관사의 생략을 유의하라. "헛되도다"—나는 이것을 동사의 목적어로 번역하지 않는다. 만약 이 문구가 연계형이었다면 우리는 체레가 아니라 쎄골을 기대해야 한다. 그러므로 "그렇지 않다" 혹은 "그의 허세는 아무것도 아니다"로 번역하는 것이 더 낫다. 본 절은 습 2:8-10에서 사용되고 있으며, 그래서 그 구절이 포로 후기의 것이 아님을 증거하고 있다. 이것이 렘 48:29-30에서 반복되어 있다. 참고 14, 26, 27절.

133) 이 문장의 시작과 함께 우리는 세 개의 문장을 보게 되는데, 각기 두 개의 절들로 구성되어 있다. 즉 7-8절; 9-10절; 11-12절. 각 문장은 라켄(לָכֵן)이나 아니면 알-켄(עַל־כֵּן)으로 시작되고 있다. 아쉬쉐(אֲשִׁישֵׁי)—말린 건포도 떡, 압축된 포도들; 참고. 호 3:1. Driver는 그것이 인간들을 가리킨다고 생각하고, "너희는 길하레셋의 호화로운 거민들로 인하여 슬퍼하도다"라고 번역한다. *Von Ugarit nach Qumran*, 1958, p. 43.

못하기 때문이다. 그들은 말라져서 포도들을 내지 못할 것이다.[134] 십마의 모든 포도나무가 이방의 주권자들에 의해서 꺾여졌다. 포도나무들의 덩굴손들이 그 땅을 따라 나아가서 야셀과 사해에까지 이르렀다. 전국이 포도나무로 뒤덮였는데 대적이 그것을 파괴시켰다.

16:9 이사야는 벌을 받아야 할 나라에 대해 자신이 가지고 있는 동정의 감정을 발표하고 있으며, 모압의 포도원의 멸망에 대한 생각에서 그의 슬픈 마음이 터져나오고 있다. 죄악된 백성에 대하여 그는 하나님의 보응의 진노를 내리도록 하지 않을 수 없었고, 또한 이 죄악된 백성에 대해서는 동정을 가지고 있다.

야셀의 백성이 우는 것처럼[135] 선지자는 그들의 슬픔을 실제로 나누어 갖고 울 것이다. 그의 울음은 그들의 울음보다 더 심할 것이다. 그는 그 포도원들을 사랑하였고, 그것이 인간의 죄로 인하여 멸망당했다는 사실을 깨달았기 때문이다. 모든 나라가 고통을 당했고, 그래서 선지자는 그 땅을 눈물로 적실 뿐이었다. 여기서 우리는 세상의 아름다움을 파괴하고 못쓰게 만드는 대재앙이 인간의 죄로 인한 것이라는 사실을 배우게 된다.

16:10 층계식의 경사면들은 포도원으로 덮여 있었다! 이보다 더 아름다운 것이 어디 있겠는가? 그러한 포도원들 가운데에는 기쁨과 즐거움이 있었다. 하나님께서는 즐거움을 더해 주셨고, 사람들은 그분 앞에서 추수할 때처럼 기뻐했다. 메시아께서 오실 때 그러할 것이었나. 다른 한편 모압에서는 이 모슈이 다르다. 하나님께서는 모압을 위해서도 역사하셨는데, 그 결과로 즐거움과 기쁨의 열매가 기름진 밭에서부터 떠나가 버렸다. 이사야는 기름진 밭, 갈멜에 대해서 말하기를 기뻐하였다. 모압에는 기쁨과 즐거움이 없는 갈멜(기름진 밭)이 있을 것이다. 기름진 밭 가운데

---

134) "십마" — 정확한 위치는 모름. 참고. 수 13:19; 민 32:38. 술어는 헤스본과 숫자에서 일치한다. 참고. Green, *HG*, §293. 다른 한편 여성형 복수는 집합체로 간주되어야 한다.

타우(תָּו) — 엑센트가 밀렐로 후퇴한 것을 유의하라. Delitzsch는 나가우(נָגְעוּ)와 공명관계를 위한 것이라고 생각하지만 나는 모르겠다.

135) "야셀" — 민 21:32; 32:1이하; 수 13:25; 대상 6:81; 삼하 24:5. 아마도 Es-Salt 근처의 Khirbet el-Jazzir와 동일지역일 것이다. אֲרִיָּוְךְ 대신에 אֲרִיָּוְךְ. 어근의 두 번째 철자는 요드로 중첩되어 있고 세 번째는 와우로 나타난다.

슬픔을 가져다주는 황폐함이 발견될 것이다. 이전에 기쁨과 일하는 자들의 노래가 있었던 곳에는 소름끼치는 침묵만이 지배할 것이었다. 기쁨은 떠나가고 더 이상 그러한 모습은 볼 수 없게 되었다.

밭들 가운데는 포도들을 밟기 위한 통들로 커다란 바위들이 놓여 있다. 아무도 포도를 밟는 사람이 없어서 포도즙들이 위의 통으로부터 흘러 나와서 아래 통으로 들어가는 것을 볼 수 없을 것이다.[136] 하나님께서는 그 농사꾼들로 하여금 소리를 그치게 하셨다. 이사야는 하나님을 대신하여 말하고 있다. 그렇게 말함으로써 그는 그 자신이 그 소리를 그치게 하였다고 우리에게 이해시키려 하지 않고 하나님께서 그렇게 하셨다고 한다. 이사야는 하나님의 말씀을 자기의 말로 받아 하나님의 생각과 말씀을 대신하여 그것을 1인칭으로 말하고 있다.

16:11 우리는 본 절로부터 이사야 자신과 하나님에 관해서 많은 사실들을 배우게 된다. 이사야는 이미 자기의 마음이 모압을 위하여 외친다고 선언했었다(15:5). 사실상 그는 야셀의 울음과 함께 울었고 그렇게 하여 그는 자신과 그 고난 당하는 나라를 동일시하였다(16:9). 사상을 점층적으로 개진해 가면서 그는 강력한 표현을 하고 있다. 손으로 수금의 줄들을 튕기어 소리는 내는 것처럼 모압에게 작정된 위협과 징벌이 그의 내적 마음의 줄들을 튕겨 소리를 울리게 할 것이었다.

이사야는 우리에게는 생소한 이상한 단어를 사용하고 있다. 그는 자기의 마음에 대하여 말하지 않고 그의 내장들과 내적 부분들을 말하고 있으니, 이는 히브리인은 이곳을 감정의 자리로 생각하기 때문이다.[137] 오늘날 우리는 감화를 받는 우리의 마음들과 가슴들을 말하기를 더 좋아한다. 감정은 이사야의 존재의 가장 깊은 곳을 뒤흔들었다. 그것은 정죄 받은 나라에 대한 가벼운 "유감스러운 감정"이 아니었다. 그것은 자기가 전하려고 하는 사람들을 향한 깊은 애정으로부터 나오는 의미심장한 영혼을 흔드는 감정이었다.

---

136) "밟는 사람"—포도들을 터뜨려서 즙이 흘러나오도록 그것들 위에서 걷는 사람. 나는 Salonika에서 포두들이 들어 있는 화물차들이 있고, 발을 벗은 소년들이 그 포도들을 밟아 그 화물차의 뒷켠에 있는 물통 속으로 흘러 들어가는 것을 본 바 있다. 히슈밧티(השבתי)—비록 휴지가 있을지라도 이 단어는 파타흐를 가지고 있는데, 아마도 다게쉬 포르테로 음절이 닫히기 때문일 것이다. 참고. 8:1과 21:2.

137) מֵעַי—내장 기관들, 창자들, 내장들.

이와 함께 선지자는 하나님을 대신하여 말하고 있다. 그러므로 만약 이사야가 관심을 보인다면 하나님께서도 그러한데, 이는 이사야가 하나님께서 명령하시는 것만을 선포하고 있기 때문이다. 속은 모압을 향한 애정과 호의로 말미암아 소란스러운 동요와 격노가 있었다. 하나님께서도 역시 자신의 택하신 백성의 옛 원수인 모압을 향하여 그러한 호의를 가지고 계셨을까? 후에 이사야는 대담하게 하나님의 마음을 충분히 묘사한다. "주의 열성과 주의 능하신 행동이 이제 어디 있나이까 주의 베푸시던 간곡한 자비와 긍휼이 내게 그쳤나이다"(사 63:15 하)라고 그는 묻는다. 이 말을 하는 선지자는 하나님께서 모압을 향하여 은혜로우시며 그 땅의 황폐에 깊이 마음이 동했다는 사실에 대한 증거 자체이다.

16:12 바벨론에 대한 예언에서 비웃는 노래로 마쳤던 것처럼 여기서도 모압의 무너짐에 대한 애가로 마친다. 그것은 만족할 만한 종말이 아니지만, 그 자체로 그것의 진정성을 보여준다. 모압은 이스라엘의 하나님을 몰랐고, 이러한 근본적이고도 궁극적인 이유로 인하여 그는 안식을 발견할 수 없었다. 고통의 때에 사람이 신이 아닌 자들에게 묻는다면 얼마나 비극적이 되겠는가? 모압은 자기 신들에게로 가서 보일 것이다. 그것들 앞에 나아가서 산당에서 의무를 이행하기 위하여 헛된 노력을 하다가 완전히 지치고 고갈될 것이다.[138] 모압은 우상의 신상들이 서 있는 전각들로 가서 거기서 기도할 것이다. 전혀 헛되다. 그것은 기도가 될 수 없다. 그러한 나라나 혹은 백성의 곤경은 아주 절망적이다! 한 나라가 참되신 하나님에게 기도할 수 없는 상태로 떨어질 때, 그러한 상태는 바람직하지 못하다. 모압에서는 모든 사람들이 "자기가 택한 예배처"로 갔다. 그들은 기도할 수 없었으니, 예수 그리스도를 통하지 않고서는 어느 누구도 참되신 하나님에게로 나아올 수 없다.

16:13 하나님께서는 이미 고대로부터 모압에게 말씀하여 오셨다. 모압에 대한 그분의 말씀들은 오경에서 발견되며, 본 절은 그분께서 모압에게 말씀하여 오신 메시지의 결론에 지나지 않았다. 그는 하나님께서 자기 나라에 요구하신 바를 알고 있

---

138) נִלְאָה는 "스스로 지칠 것이다"로 번역될 수 도 있다. 완료형은 미래의 행동보다 앞선 관계를 시사한다. 즉 "그때 그가 올 것이다"; 이 후자의 사상이 와우 연속법을 가진 완료형으로 표현되고 있다. 니르아(נִרְאָה)와 닐라(נִלְאָה) 사이의 유음관계를 유의하라. 참고. 미 1:13.

었고, 그것을 옛날부터 들어 알았다.

16:14 품꾼의 정한 해! 그는 놓여날 때를 바라보고 힘든 고역을 한다. 그 날들과 같이 모압의 날들은 그 영광이, 실로 그가 영광으로 생각하였던 것이 치욕스럽게 될 때까지의 날들이다. 고용인이 봉사하는 기간이 지날 때까지 봉사해야 하는 기간의 정확한 기간과 규정을 지키는 것과 같이 정확하게 계산하여 3년이다.[139] 모압은 멸망할 것이지만 소수의 남은 자가—선지자는 소수라는 점을 강조하고 있다—구원을 받을 것이다. 바벨론에게는 남은 자가 없으므로 구원도 없을 것이다. 바벨론에 대해서만은 최종적이고 완전하고 전포괄적인 재앙과 심판이 올 것이다.

(3) 수리아에 대한 심판(17:1-14)

1절, 다메섹에 관한 경고라 보라 다메섹이 장차 성읍 모양을 이루지 못하고 무너진 무더기가 될 것이라
2절, 아로엘의 성읍들이 버림을 당하리니 양 무리를 치는 곳이 되어 양이 눕되 놀라게 할 자가 없을 것이며
3절, 에브라임의 요새와 다메섹 나라와 아람의 남은 백성이 멸절하여 이스라엘 자손의 영광같이 되리라 만군의 여호와의 말씀이니라
4절, 그 날에 야곱의 영광이 쇠하고 그 살진 몸이 파리하리니
5절, 마치 추수하는 자가 곡식을 거두어 가지고 그 손으로 이삭을 벤 것 같고 르바임 골짜기에서 이삭을 주운 것 같으리라
6절, 그러나 오히려 주울 것이 남으리니 감람나무를 흔들 때에 가장 높은 가지 꼭대기에 실과 이, 삼 개가 남음 같겠고 무성한 나무의 가장 먼 가지에 사오 개가 남음 같으리라 이스라엘의 하나님 여호와의 말씀이니라
7절, 그 날에 사람이 자기를 지으신 자를 쳐다보겠으며 그 눈이 이스라엘의 거룩하신 자를 바라보겠고

---

[139] 주님의 말씀은 한정된 시간에 할당되어 있다. 14절은 이사야의 말을 포함하고 있다(참고. 10:25). 그렇다면 나는 이사야 자신이 후에 이 구절들을 첨가하였다고 생각하는 쪽으로 기울어진다.

8절, 자기 손으로 만든 단을 쳐다보지 아니하며 자기 손가락으로 지은 아세라 태양
상을 바라보지 아니할 것이며
9절, 그 날에 그 견고한 성읍들이 옛적에 이스라엘 자손 앞에서 버린 바 된 수풀 속의
처소와 작은 산 꼭대기의 처소 같아서 황폐하리니
10절, 이는 네가 자기의 구원의 하나님을 잊어버리며 자기의 능력의 반석을 마음에 두지
않은 까닭이라 그러므로 네가 기뻐하는 식물을 심으며 이방의 가지도 이종하고
11절, 네가 심는 날에 울타리로 두르고 아침에 너의 씨로 잘 발육하도록 하였으나 근심
과 심한 슬픔의 날에 농작물이 없어지리라
12절, 슬프다 많은 민족이 소동하였으되 바다 파도의 뛰노는 소리같이 그들이 소동하
였고 열방이 충돌하였으되 큰 물의 몰려옴같이 그들도 충돌하였도다
13절, 열방이 충돌하기를 많은 물의 몰려옴과 같이 하나 주께서 그들을 꾸짖으시리니
그들이 멀리 도망함이 산에 겨가 바람 앞에 흩어짐 같겠고 폭풍 앞에 떠도는 티끌
같을 것이라
14절, 보라 저녁에 두려움을 당하고 아침 전에 그들이 없어졌나니 이는 우리를 노략한
자의 분깃이요 우리를 강탈한 자의 보응이니라

17:1 이 몇 마디 말 가운데 전체 신탁의 핵심이 들어 있다. 다메섹은 한때 크고
도 번성하였던 도성이었다. "다메섹 강 아바나와 바르발은 이스라엘 모든 강물보다
낫지 아니하냐?"(왕하 5:12)고 나아만은 물었다. 지금 여기서 명명된 그 모든 것을
이이빌은 디메세은 더 이상 그러한 도성이 되지 못하고 있다. 그 성읍은 무너진 파
멸의 더미요 언덕이 되어 있으니, 실로 붕괴된 더미요 파멸된 폐허이다.140)

17:2 아로엘은 아르논의 북쪽과 사막인 암몬의 동쪽, 라밧 앞에 놓여 있다. 아
로엘에 속해 있는 성읍들은 저버림을 당하고 유기되어 더 이상 성읍이 되지 못할 것
이다. 그곳에는 사람들이 거하지 못하고 그 대신 언젠가 성읍이 서 있었던 그곳에서

---

140) "다메섹"—1Q는 레쉬(ר)를 삽입하고 있다. 논의에 대해서는 E. A. Speiser, *JAOS*,
No. 71. 1951. pp. 257-58과 C. H. Gorden, *Israel Exploration Journal*, Vol. 2, No. 3,
1952. pp. 174-75을 참조. 땀메섹(דַמֶּשֶׂק)과 무싸르(מוּסָר); 무싸르(מוּסָר)와 메이르(מֵעִיר);
메이(מֵעִי)와 마팔라(מַפָּלָה)의 유음관계를 유의하라. 아마도 메이(מֵעִי)와 메이르(מֵעִיר) 사이에
어희가 있는 것 같다.

양들이 풀을 뜯으며 누울 것이다. 고요한 가운데 이 양무리들은 누울 것이고 아무도 그들을 놀라게 할 자가 없을 것이다. 고요와 황폐에 대한 생생한 묘사이다. 이곳은 양무리가 사는 실로 유령의 도시였다.[141]

17:3 선지자는 차근차근 심판의 선언을 이스라엘 본국으로 향하고 있다. 첫 번째로 다메섹, 그 다음에는 아로엘, 마지막으로 에브라임이다. 방비된 장소—아마도 사마리아를 가리킴—에브라임을 위하여 더 이상 존재하지 않을 것이고 그 왕국도 다메섹에서 취하여 감을 받을 것이다. 아하스를 위협했던 두 대적들인 다메섹과 에브라임이 이제 함께 언급되어 있다. 앗수르의 침입 이후에 그들이 남겨 놓은 남은 자들이 있을 것이고 그 남은 자들에게서 그 왕국까지도 취하여 감을 당할 것이다. 수리아와 다메섹의 남은 자들은 이스라엘의 이전의 영광의 찌꺼기와 같을 것이다.[142] 이사야는 그 영광이라는 단어에 자연인이 자랑하는 모든 것을 포함시키고 있다. 내포된 것은 요새들, 지도자들, 힘있는 군대, 무기들의 위력과 찬란함이다. 인간들이 자랑하였던 이 모든 것이 취하여 감을 당할 것이다.

17:4 수리아와 다메섹은 이제 배후로 물러나고 이사야가 말하여 온 이유가 나타난다.[143] 선지자는 야곱으로 열 지파를 지칭하고 그리고 그들을 야곱이라고 지칭함으로써, 그들의 마음속에 그들의 교훈적인 조상을 떠올리게 하고 있다. 열 지파들은 하나님께 대한 야곱의 헌신과는 완전히 동떨어져 있다. 그들의 영광은 빈약하게 되고 약화되었고, 그래서 사람들은 그것을 더 이상 기뻐하지 않았다. 열 지파들이 의인화되어 있으며, 그래서 이사야는 그들의 육체의 살집에 대해서 말하고 있다. 즉 그 백성의 번영은 파리해질 것이다. 풍부, 부요, 아름다움, 이 모두가 지나가고 그 자리에는 배고픔과 파리함이 있을 것이다.

---

141) "아로엘"—향나무들. 네 성읍들은 이름을 가진 것으로 보이며(수 13:9; 12:2; 삼상 30:28), 이 아로엘은 다메섹의 영토 안에 있다.

142) 본 절에 있는 111의 유음현상을 보라.

143) 열 지파들이 인격으로 간주되고 있다. 참고. 1:5; 그들의 정치적 무너짐을 병듦으로 나타내고 있다. 참고. 10:18하. משמנו—"그의 육체의 살집" 혹은 "그의 살진 육체." 소유격은 배분적 의미를 가지며 연계형으로 되어 있는 명사는 하나의 속성을 나타내는 관형사 역할을 하며, 이러한 구조는 이사야서에서 여러 차례 발견된다. 참고. 1:16; 22:7.

17:5 곡식이 서 있는 들판 전체를 추수하는 자가 추수할 곡식들을 뽑기 위하여 나아가고 팔을 뻗어 낟알들을 취한다. 한번 그 낟알들이 취한 바 되면 그 줄기만 남는다. 주께서 심판하시러 오시는 날에 야곱의 영광이 그와 같이 될 것이다. 예루살렘의 북서쪽은 풍요로움으로 이름난 르바임 골짜기이다.[144] 그러나 추수할 곡식들이 모두 거둬 들여졌을 때 그 풍요로움은 남겨지지 않을 것이다. 그처럼 심판은 다가온다.

17:6 사람은 나무를 흔들어 감람 실과를 거둔다.[145] 철저하게 흔듦으로써 그 나무의 맨 꼭대기에 무화과 두세 개가 남게 하고 그 가지들에는 사오 개만 남게 한다. 심판은 그 흔듦과 같을 것이고, 그 땅을 정화하여 지극히 소수만을 남길 것이었다. 비록 열매를 잘 맺고 감람열매가 많이 달려 있을지라도 그 나무가 흔들림을 당하여 소수의 이삭들만을 남길 것이다. 그러므로 예언된 심판은 그 나무의 꼭대기까지 크게 미칠 것이다.

17:7 "그러나 아셀과 므낫세와 스불론 중에서 몇 사람이 스스로 겸비하여 예루살렘에 이르렀고"(대하 30:11). 심판은 너무나도 극렬하여 몇 사람들은 이스라엘을 하나의 국가로 만들어 주시고 언약을 세우시고 이스라엘을 신정국가로 만드신 하나님에게 도움을 구할 것이다. 이스라엘은 자신이 피조물뿐임을 잊었고, 자기가 거룩하신 분에게 모든 축복과 또 그가 받은 특권들을 빚졌음도 잊었다. 가끔 극렬한 심판은 우리를 이끌어 제정신이 돌아오게 하고 우리의 눈을 들어 사람이 아니라 하나님을 열심히 그리고 꾸준히 바라보게 만든다.

17:8 만약 하나님을 진실로 바라본다면 그리고 그분을 의지한다면, 우상들로부

---

144) 참고. 수 15:8; 18:16; 삼하 5:18, 22; 23:13; 대상 11:15; 14:9.
145) 두세 개라는 기수는 연결사 와우가 없이 함께 나타나 있다. 명사접미어의 불필요한 사용을 주목하라. 그 접미어가 가리키는 명사가 바로 뒤따라 나온다. 비씨페하(בִּסְעִפֶיהָ)— "그것의 가지에, 즉 그 열매 나무." 즉 "그것의, 즉 그 열매 나무의 가지들." 가르게림(גַּרְגְּרִים)—익은 감람나무 열매; 참고. 아랍어 jar-jar, 완전히 익은 감람나무 열매들, 그리고 아카드어 gurgurru, 식물의 이름.

터 돌아서야 한다.[146] "너희가 어떻게 우상을 버리고 하나님께로 돌아와서 사시고 참되신 하나님을 섬기며"(살전 1:9)라고 바울은 기록하고 있다. 미국에서 우리는 모든 사람들이 도움을 구하기 위한 자기의 신들을 부르는 기도의 날들을 가지고 있지만, 아울러 우리의 우상들을 계속하여 예배하고 섬긴다. 거기에는 회개도 없고 하나님을 의지함이나 섬김도 없다. 만일 한 인간이 진실로 하나님을 의지한다면, 그는 제단들을 의지하지 않는다. 이스라엘 가운데 있는 그 회심은 진정한 것이 될 것이다. 사람이 자기를 조성하신 자를 바라본다면, 그는 자기 손으로 지은 우상의 제단들을 바라보지 않을 것이다. 아스다롯의 신상들과 태양 상들은 무시당할 것이니, 이는 그것들이 단순히 인간의 창조물이기 때문이며, 필요한 때, 곧 참되신 하나님이 역사하실 때 그것들은 아무 쓸모 없이 될 것이다. 그것들을 믿고 의지한다는 것은 미련함의 극치이다.[147]

17:9 이사야는 심판에 대한 묘사를 떠나 남은 자의 진정한 회심에 대해 우리에게 말하였다. 이제 그는 돌아서서 감람나무에 대한 묘사를 다시 취급하여 심판에 대한 묘사를 계속해 나가고 있다. 이스라엘은 강하고 요새화된 성읍 가운데서 영화로웠다. 그때에는 강한 성읍이 피난처와 영화의 대상이었다. 그렇지만 이스라엘의 강하고 요새화된 성읍들은 질려와 갈대들이 자라난 폐허들처럼 될 것이며 온 땅이 단지 황폐화될 것이다. 엉겅퀴와 가지가 남겨놓은 것은 황폐에 지나지 않을 것이다.

17:10 구원은 이스라엘을 택하신 하나님에게서만 발견되지만 그들은 하나님을 잊어버렸다.[148] 쓸모 없어진 요새화된 성읍들과는 전혀 다른 참된 요새로서의 역할을 한 반석도 있었다. 그렇지만 이스라엘은 그 반석을 기억하지 않았다. 이스라엘은

---

146) 관사의 특이한 모음을 유의하라. 참고. 창 6:19과 사 3:22. 계사(copula)로서의 와우는 자주 설명하는 역할을 한다. 즉 "아세라까지도."
147) 참고. *BA*, Vol. I. Feb. 1938. p. 9. "아세라들" — 분명히 성수(聖樹)들 혹은 제단들 근처에 서 있는 기둥들이다. 참고. 왕상 16:33; 왕하 21:3. G. E. Wright: *Biblical Archaeology*, 1957, pp. 106-7을 참조.
148) Snijders(*OS*, Deel X. 1954. p. 46)는 Tammuz-Adonis 제의와의 유사성이 있다고 생각한다. 유쾌하게 하는 식물들은 우가릿에서 *n ʿmn*과 비교된다. 참고. *Aqht* 2:6:45; *Krt* 40:61. 만약 사람들이 참되신 하나님을 잊는다면 그들은 우상숭배에 떨어진다.

보호받지 못했고, 요새도 피난처도 없었다. 그러므로 그들이 하는 모든 일이 노출되어 있었다. 그는 기뻐하는 식물을 심으려고 했을 것이지만 그의 결심은 실현될 수 없을 것이다. 기뻐하는 식물들은 자라지 않을 것이니, 이는 이방의 가지들을 뿌렸기 때문이다. 그의 목적들은 좌절될 것이었다. 기뻐하는 식물을 심고 이방의 가지들도 심는다는 일은 얼마나 이상한 행동인가? 엉겅퀴를 심고 장미를 기대하는 사람은 어떤 종류의 정원사인가? 이스라엘의 행위는 어리석은 것이니, 곧 그는 우상들에게로 돌아서서 보호해 주기를 기대하고 있는 것이다.

17:11 사람이 헛된 데에 수고를 쏟을 때 그 결과 역시 헛되다.[149] 이스라엘은 그 심는 날에 심고 울타리로 두를 것이다. 그래서 그는 자기가 심은 것을 야생 동물이 밟아 못쓰게 해치지 못하도록 보호하려고 할 것이다. 그가 뿌렸던 것을 아침에 발육하도록 할 것이다. 그렇지만 추수된 것은 그가 기대했던 것이 아니었으니 곧 하나의 무더기에 지나지 않았다. 사람이 뿌리고 길렀던 것을 물려받을 때 곧 그 상속의 날이 올 것이다. 그렇지만 그 날은 압제와 심한 슬픔의 날이 될 것이다. 이스라엘은 상속을 위하여 씨름한다. 그러나 그는 침울한 고통이라는 상속을 받을 것이다. 우리는 우리가 뿌린 것을 거둔다. 만약 우리가 하나님을 떠나 기뻐하는 식물을 심는다면, 우리는 다만 극심한 고통의 유산만을 거둘 것이다.

17:12 우리는 마음의 슬픔이 없이는 이스라엘의 어리석은 행실들을 바라볼 수가 없다. 이스라엘을 향한 하나님의 풍성한 지비와 은혜 그리고 이스라엘의 어리석음과 영적 암매 사이의 대조가 강하게 두드러져 있다. 그러나 심판은 올 것이고 우리는 그 배후에서 많은 나라들의 돌진하는 교란소리를 듣는다. 이사야 자신의 말은 힘있는 물처럼 치고 돌진한다. 그것들은 바다의 파도처럼 자극시키고 있다. 그러나 그는 기쁨을 가지고 돌진하는 파도를 보지 않고 슬픔을 가지고 그것들을 듣는다. 그는 "슬프다!"라고 부르짖는다. 심판은 돌진해 오고 있고 충돌하는 백성들을 통하여 실현될 것이다. 앗수르인들이 오고 있다. 그들의 왕은 거대하고 그와 함께한 자들은 무수하다. 그들은 무미건조한 방식으로가 아니라, 힘있게 밀려오는 바다의 충돌하

---

[149] ㄱ)—만일 동사라면 우리는 카메츠를 예상해야 하고 명사라면 그 구두점이 적절하다. 즉 "쌓아올린 것은 수확한 것이다."

는 파도처럼 격분하고 거세게 몰아친다. 이사야는 단조로운 모음과 거칠게 몰아치는 자음들을 가진 단어들을 사용하고 있다. 본 절을 히브리어로 여러 번 반복해서 큰 소리로 읽는 독자라면 거센 힘을 가지고 몰아치는 바다의 전진이 묘사되는 그 거칠게 몰아치고 격노한 어투에 감동을 받을 것이다.150)

17:13 힘차게 돌진하는 바다! 힘차고도 길다란 문장들! 이와 대조적으로 이사야는 이제 짧고도 단절된 말로 말하고 있다. 그래서 그는 앞 절의 사상을 이어받아 그것을 보다 효과적으로 개진하고 있다. 일반 백성뿐만 아니라 열국들이 돌진한다. 그리고 다가오는 대적의 정체를 어느 정도 파악하게 된다. 그러나 이사야는 너무나 서두름으로써 돌진해 오는 대적의 정체나 이름을 밝히지 못하고 있다. 누군가가 이를 비난할 수도 있을 것이다. 우리가 알지 못하는 주체들―이사야는 너무 서둘러서 주어를 구체적으로 밝히지 못하고 있다―그것의 진행을 견책하거나 제지하는 것은 무의미하다. 이 나라는 스스로의 힘과 권세로 너무나 오랫동안 행사하여 왔으므로 아무도 그것을 제지할 수 없다. 그들은 멀리서 도망하고 사람은 그것을 확인할 수 없다. 겨로 하여금 산악으로부터 불어오는 강하고 순수한 바람에 의하여 불려가게 해보자; 그것은 잡혀지지 않는다. 바람 앞의 겨처럼 그 대적은 나아간다. 그것과 관련해서 사람이 무엇을 할 수 있는가?

17:14 그것은 정확하게 한 순간이다. 압제의 날은 막을 내리고 있다. 선지자로서 이사야는 갑작스러운 공포를 상기시키면서 말한다. 저녁이 구원을 가져다주는가? 아니다. 그것은 공포를 가져다주었고, 밤은 온다. 그 밤은 곧 지나갈 것이다. 그리고 아침이 오기 전에 대적은 멸망을 당한다. 위협하는 그리고 협박하는 앗수르는 유다를 향하여 징벌의 손을 흔든다. 아침이 올 때, 앗수르인들은 어디에 갔는가? 이사야는 아주 간단히, "없어졌다"고 말한다. 하룻밤에 대적이 사라졌다. 유다를 약탈하고 강탈하는 사람들의 분깃이 있음을 단정하면서 그는 결론을 짓고 있다. 백성을 약탈하는 사람들은 많이 가지고 있으나; 하룻밤에 그것들은 사라지고 더 이상 보이지 않게 되었다(비교. 14절 상반절과 시 30:5; 46:6; 90:6; 그리고 14절 하반절

---

150) 12절에 있는 허밍소리가 나는 글자들, 즉 **움, 은, 아** 모음들이 자주 사용된 사실을 주시하라.

과 욥 20:29).

(4) 심판의 궁극적 결과(18:1-7)

1절, 슬프다 구스의 강 건너편 날개 치는 소리 나는 땅이여
2절, 갈대배를 물에 띄우고 그 사자를 수로로 보내며 이르기를 너희 경첩한 사자들아 너희는 강들이 흘러 나뉜 나라로 가되 장대하고 준수한 백성 곧 시초부터 두려움이 되며 강성하여 대적을 밟는 백성에게로 가라 하도다
3절, 세상의 모든 거민, 지상에 거하는 너희여 산들 위에 기호를 세우거든 너희는 보고 나팔을 불거든 너희는 들을지니라
4절, 여호와께서 내게 이르시되 내가 나의 처소에서 종용히 감찰함이 쬐이는 일광 같고 가을 더위에 운무 같도다
5절, 추수하기 전에 꽃이 떨어지고 포도가 맺혀 익어갈 때에 내가 낫으로 그 연한 가지를 베며 퍼진 가지를 찍어 버려서
6절, 산의 독수리들에게와 땅의 들짐승들에게 끼쳐 주리니 산의 독수리들이 그것으로 과하하며 땅의 들짐승들이 다 그것으로 과동하리라 하셨음이니라
7절, 그 때에 강들이 흘러 나뉜 나라의 장대하고 준수하며 시초부터 두려움이 되며 강성하여 대적을 밟는 백성에게서 만군의 여호와께 드릴 예물을 가지고 만군의 여호와의 이름을 두신 곳 시온 산에 이르리라

18:1 이사야는 17:12-14에 표현된 화를 취하여, 어떻게 열국늘이 하나님에게 복종하는지를 예로 들고 있다. 그의 서론적인 말은 근심의 부르짖음이거나 아니면 단순히 그가 말하려고 하는 백성이 아주 멀다는 사실을 지적하기 위하여 고안되었을 수도 있다. 어쨌든 이 어투는 주의를 끌고 있으며, 청중들로 하여금 소개될 나라에 대한 묘사에 주의를 기울이도록 준비시켜 주고 있다. 이 나라는 날개를 펄럭이는 나라 혹은 "날개를 치며 웅성이는 소리를 내는 곤충"의 땅으로 말해지고 있다. 우리는 이 곤충의 정체를 정확하게 파악할 수는 없을 것이지만 선지자가 마음속에, 피셔(Fischer)가 해충의 "보물섬"(Eldorado)으로 설명하고 있는 땅, 에티오피아에서 발견되는 집파리를 염두에 두었을 수도 있다. 그 곤충이 무엇이든 간에 모세가 그것을 이스라엘 백성들에게 주어질 징벌로 언급하였을 만큼 충분히 불쾌한 것이었다(신

28:42).

어쨌든 선지자의 목적은 에티오피아가 파리로 들끓는 나라임을 보여주고자 한 것은 아니다. 그의 목적은 그것보다는 들끓는 무리가 파리떼 같음을 보여 주기 위하여 에티오피아를 언급한 것으로 보인다. 그러한 이유로 인하여 그 날개들이 언급된 것이다. 곤충들이 날 수 있는 날개를 가질 때, 그들은 자기들의 황폐시키는 목적들을 실현할 수 있게 된다. 에티오피아의 군대는 식량을 얻고 정복하기 위하여 무장되었다. 그들은 날개를 가진 준비된 곤충들의 모든 재능들을 가지고 있다.

이사야가 언급하고 있는 이 땅은 구스의 강 건너에 있어서 아주 멀리 있다고 말해지고 있다. 구스는 그 지류들과 함께 나일을 끼고 있다. 그렇지만 이사야는 이보다 더 나아가서 더 멀리 남쪽에 있는 땅을 언급하고 있다. 다른 한편 우리는 "건너"라는 단어의 의미를 강조할 필요는 없을 것 같다. 전체 묘사는 일반적이고도 다만 멀리 있다는 사실을 의미하기 위하여 의도되었을 수도 있다.[151]

18:2 이것은 날개 치는 소리와 곤충들의 윙 소리가 나는 땅으로서 말하자면, 불쾌한 해충들처럼 주변을 폐허로 만드는, 들끓고 우글거리고 소란을 피우는 약탈자들의 무리들이 있는 땅이다. 이사야는 이 백성의 어떤 특성들을 언급하고 있으며 전체적인 묘사에 어떤 신비스러운 분위기를 나타내고 있다. 이 땅은 격동 가운데 있고 부족으로부터 부족으로 사신들을 보내고 있으니, 이는 대적의 침입의 징조들이 표면에 나타나 있기 때문이다. 충돌이 근처에서 일어나고 있었고 백성은 격동된 상태에 있었다.

물에: 배들이 파피루스로 되어 있으므로 그 바다는 내지에 있는 것이었음에 틀림

---

151) 주전 약 714년경에 새 에티오피아 왕조가 애굽에 세워졌다. 애굽인의 음모로 인하여 블레셋, 유다, 모압, 에돔이 앗수르에 반역하였으나, 711년에 사르곤이 블레셋으로 진격하였다. 만약 사신들이 실제로 예루살렘으로 갔다면 유다의 역할은 본 장에 언급된 사절들을 받은 것으로 제한되었을 것이다. צלצל—나르는, 윙윙 소리나는. Driver는 B, πλοίων πτέρυγες, Targ.과 T를 지지한다. 그는 평행구가 "배들"로 번역할 것을 요구한다고 생각하고 아람어에서 그 증거를 찾았다고 생각했다(*SOTP*, p. 56). Driver의 증거는 호소력이 강하지만 날개란 단어가 그 뒤를 따라오고 있는 것을 볼 때, 그 단어의 스치는 소리는 전통적인 번역을 지지한다. 1Q는 이 단어를 분리하고 있는데, 이는 이 단어를 "이중 그늘"로 번역하는 것을 지지하였을 수 있다. 참고. Aq; Strabo, 2:2:3.

없다. 플리니(Natural History, xiii. 72)는 애굽인들을 파피루스로 배들을 건조하는 사람들로 언급하고 있고, 에티오피아 인들도 여행을 위하여 같은 방법을 사용하였을 것이다. 어쨌든 그렇게 가벼운 배는 지중해 바다에는 적합치 않으니, 그러므로 사해 바다는 생각해 볼 필요도 없을 것으로 보인다. 이것은 나일을 가리키는 것으로 보이는데, 이는 오늘날까지도 아랍인들이 나일을 바다(el-bahr)로 말하고 있기 때문이다.

수로로: "바다"와 평행적인 표현. 이것들 역시 내지의 강임에 틀림없다. 사자들은 자기들의 목적지에 빨리 도달하기 위하여 파피루스로 된 가벼운 배들을 띄운다.

보내는 나라가 말하면서 소개되고, 그 사자들은 빠른 자들처럼 가야 한다. 이는 그 메시지가 즉각적으로 선포되어야 하기 때문이다. 그들이 가야 할 곳이 언급되지 않았고, 이것은 그 묘사에 어떤 신비로운 분위기를 갖게 한다. 그렇지만 그 백성은 장대하고도 준수한 자들로 묘사되어 있다. 이 단어들의 정확한 의미에 대해서는 의문의 여지가 있지만, 첫 번째 형용사는 신장이 큰 백성을 가리키고 두 번째 단어는 털을 깎음으로 인하여 매끄러운 자를 가리킨다. 그렇다면 몸의 털을 미는 습관이 있음을 나타낼 수 있다. 헤로도터스(Herodotus 2:37)는 애굽 제사장들은 3일마다 몸 전체를 밀었다고 주장한다.

두려움이 되며: 이것은 분명히 방금 묘사한 키가 크고 준수한 백성과는 다른 백성을 가리킨다. 그것은 단순히 두려움을 자아낼 수 있는 백성으로 묘사된다.

강성하여: 장소적 의미로 취급한다면, 이 두 번째 민족이 다른 민족보다 더 두려운 민족이라는 것이 아니라, 더 멀리 떨어진 민족이라는 뜻으로 묘사하고 있는 것이다(참고, 삼상 10:23; 20:22, 37). 어투가 한층 발전하는 묘사로 계속해 나가고 있으니, 즉 그 나라가 큰 힘을 가지고 밟는 나라임을 힘주어 말하고, 자기 앞에 있는 것은 닥치는 대로 밟아 뭉개는 것을 암시하는 어투로 묘사하고 있다.

나라: 이것은 분명히 그 땅을 나누는 강을 가리킨다(나일과 그 지류들).[152] 여기

---

152) "갈대"(papyrus)—참고. 애굽어, 아람어 *gm'* 와 에티오피아어 *gōme*. Lambdin은 곱틱어 *kam*에 비추어 원래 애굽어는 *q / gim' û 〉 gûm' û 〉 gōme*'였다고 주장한다(*JAOS*, Vol. 73, No. 3, p. 149). "장대하고"—"길게 드리운": 키가 크거나 혹은 장수하는 것을 의미할 수도 있다. "준수한"—"피부가 윤이 나는, 매끄러운." 참고. Her. III:20. "강성"—참고. 아랍어 *quw-qah*(힘). De Boer(*OS*, Vol. X, p. 225, 243)는 "긴압"으로 번역하였다. 메부싸(מְבוּסָה)—이 형태는 여성형 칼 분사이지만 이 단어는 분명히 여성형 명사, 곧 "밟음, 진압"으로 이해되어야 한다.

에 주어져 있는 해석에 근거하면, 구스의 거민들은 다가오는 싸움에 대비하여 그들의 사자들을 그들의 부족들(메로에와 아비씨니아의 거민들?)에게 보낸다. 한 고대 해석은, 다가오는 앗수르인들에 대항하여―키쎄인은 그것이 메대를 가리킨다고까지 생각한다-동맹하기 위하여 사자들이 예루살렘이나 유다로 보냄을 받는다는 것이다.

18:3 이사야는 이제 자기의 메시지를 발표한다. 전쟁을 위한 불필요한 준비는 그쳐야 할 것이니 이는 도움이 확실히 올 것이기 때문이다. 산들 위에 회집하도록 기호가 서게 될 것이니, 이는 그 산들이 가장 똑똑히 잘 보이는 지점이기 때문이다. 온 땅이 들을 것이니, 이는 나팔도 불 것이기 때문이다. 그러므로 유다의 한 선지자는 온 땅에 확신을 가지고 말하고 있으니, 이는 그가 온 땅의 하나님의 입이기 때문이다.

18:4 이사야는 이제 자기의 메시지의 정당성을 변호하고 있다. 하나님께서 그에게 말씀하셨다. 재빨리 자기들의 사자들을 보내는 에티오피아의 격동과 열국들의 운명과 움직임들을 다스리시는 하나님의 종용하심이 대조되어 있다. 여기에 그분의 외관상의 무활동성에 대한 설명이 나타나 있다. 그분께서는 개입하시는 그 순간까지 하늘로부터 바라보시고 계셨었다. 그분은 격동하는 사람들과 같지 않게 조용하고 잠잠히 안식하고 계신다.

쬐이는 일광 같고: 이 말은 난해하지만 "빛을 뜨겁게 작렬하는 것과 같이"로 번역될 수도 있다. 이마도 이것은 태양으로부터 나오는 빛을 동반하는 뜨거움을 가리킬 것이다. 뜨거움은 빛과 함께 오는데 이는 그 뜨거움 역시 태양으로부터 오기 때문이며, 그 뜨거움과 빛은 식물들의 유익을 위한 것이다. 운무는 이슬을 내려주는 구름이다. 추수 때의 뜨거움 가운데서 그러한 구름은 식물이 자라는 데 필요한 것이다. 그분이 행동하시도록 무르익을 때까지 하나님이 기다리시는 것도 그러하다. 어떤 의미에서 그분의 기다리심은 그분으로 하여금 개입하셔서 그 나라를 멸망시키시는 때가 오기까지 적국의 세력이 자라나도록 공급하시는 것이라고 말할 수도 있다.[153]

---

153) 그 말하는 것이 인격적이다. "하나님께서 하늘에 거하시지만 그분은 나에게 말씀하셨다." 에슈코타(אֶשְׁקוֹטָה) -1Q 역시 와우를 보유하고 있다. 1Q에서 원래의 오 발음이 유지되고 있는 것처럼 보인다. 그러므로 אשׁקטה 〉 אֶשְׁקוֹטָה가 된다. 어미음이 첨가되는 미완료형은 여기서 결정을 나타낸다. 베(בְּ)는 "…로부터"로 번역될 수 있다.

18:5 추수 때가 실제로 도달하기 이전에 하나님께서 행동하실 것이다. 이사야는 특별히 포도 수확기(바치르)를 가리키는 단어를 사용하지 않고 일반적인 추수를 가리키는 단어 카치르(קָצִיר)를 사용하고 있다. 본 절에 주어진 설명이 이사야의 것인지 아니면 주님의 말씀의 계속인지는 결정하기 어렵다. 대적, 즉 앗수르는 한 포도나무의 모습으로 나타난다. 완전히 익기 전, 곧 꽃이 완전히 피어나서 져갈 때 그리고 큰 수확이 예상되었을 때 그리고 이미 포도들이 익어서 만발하게 되었을 때 자르는 일이 시작될 것이다.[154] 그러므로 대적의 성장은 신기루 같은 것이고 하나님께서는 자신의 때가 오기를 기다리신다. 우리 주위에 악이 점점 자라날 때, 우리는 모든 것들을 다스리시고 악이 어느 정도까지 자라나도록 허용하시는 하나님을 의지해야 한다. 그분의 목적들과 계획들은 좌절될 수 없다. 그 가지들이 전지 가위로 잘라질 때, 이 포도원 농부는 그 많은 잘린 것들과 함께 덩굴손들로 잘라 버릴 것이다. 앗수르는 사실 포도나무이지만 그는 정하신 때에 그의 힘을 잘라 내는 포도원 농부의 면전에 있는 것이다.

18:6 본 절과 함께 새로운 주제가 도입된다. 이는 갑작스러운 전환인데, 이는 이사야가 이제까지 그의 언설들에 특성을 주었던 은유적 표현들을 떠나서, 이제는 침울하게, 즉 그의 앞에 있는 실체의 소름끼치는 스타일로 말하고 있기 때문이다. 적대국의 백성들, 그들 모두가 남겨져서, 산 가운데 아무도 침범할 수 없는 지점에 둥지를 세우는 새들과 땅의 들짐승들이 그 백성들을 먹어 치울 그 개방된 곳에 누울 것이다. 산으로부터 야생 새들은 앗수르 포도나무로부터 잘려지고 뽑힌 것들을 먹으면서 여름을 보내고, 땅에서 배회하는 동물들은 앗수르로부터 남겨진 것을 먹으면서 추수 때를 보낼 것이다. 그것은 굴욕적인 패배요 멸망이다. 앗수르의 포도나무는 스스로 자라나지 않고 그 성장과 힘을 주장하실 수 있는 그분의 손에 의하여 그분의

---

154) וּבֹסֶר—"포도들이 익기 시작함." 참고. 부쓰르(בֹסֶר)—"무르익어 가는 날들." 문장의 어순을 유의하라. 술어 보어가 앞에 앞에 나온다. "그리고 익어 가는 포도는 꽃들이 될 것이다." וְכָרַת—와우 연속법을 가진 완료형은 자주 시제가 결정된 다음에 사용된다. הִנֵּה—휴지. 과거형은 같은 사건에서 나중 단계를 나타내기 위하여 미래형 다음에 나타나고, 간격이 있는 것으로 가정된다. 즉 "그리고 그가 그 가지들(즉 싹들을 내지 않은 가지들)을 자를 것이고 잔 가지들 (덩굴손들)은 (그것에 대해서는) 그가 (그것들을) 제거하실 것이니, 그가 (그것들을) 쳐버릴 것이다."

뜻대로 자라난다.

18:7 에티오피아 사자들은 대적을 만날 계획을 가지고 온다. 그러나 이 계획은 필요치 않으니, 이는 하나님께서 자기 자신의 오류 없는 목적을 시행하실 것이기 때문이다. 하나님께서 앗수르 포도나무로부터 가지들을 잘라 내버리시고 그 대적의 몸둥아리들은 새들과 짐승들의 먹이로 제공될 때 예물이 만군의 여호와께 드려질 것이다. "방백들은 애굽에서 나오고 구스인은 하나님을 향하여 그 손을 신속히 들리로다"(시 68:31). 에티오피아는 하나님께서 그렇게도 힘있는 나라에게 행하신 일에 너무나 충격을 받고, 이제 그 모든 영광 가운데서 그분을 만나 뵐 수 있는 장소인 시온으로 나아 오는 것으로 묘사되어 있다. 2절의 어투가 거의 아이러니컬한 의미로 반복되어 있다. 침입하는 대적을 막기 위해 도움을 얻기 위한 사자들의 방문을 받았던 그 사람들이 이제 스스로 전쟁과 능력을 홀로 모두 주관하시는 그분에게 예물을 보낼 것이다. 에티오피아의 계획은 필요치 않았고, 이제는 에티오피아가 참되신 하나님에게 경외심을 보임에 있어서 전세계의 대표자로 나타난다. 그것은 단순히 하나님을 두려워함이나 존경에서 나오는 경의일 뿐 아니라, 그분께서 행하신 능하신 구원에 대한 깊은 감사로부터 나온 경의이기도 하다.

예물은 주님의 이름이 거하시는 장소로 가져오게 된다. 구약시대 동안에는 이 임재의 장소가 시온이었다(참고. 왕상 8:29; 왕하 23:27). 그렇지만 신약에서는 하나님의 이름의 임재 장소는 예수 그리스도 안이다. 예수 그리스도는 성육하신 하나님이시며, 그분으로 말미암지 않고서는 아무도 아버지께로 올 자가 없다. 이 예언은 에티오피아 내시의 회심에서뿐 아니라, 전세계에 흩어져 살았고 지금도 흩어져 살아가고 있는 모든 사람들이 참되신 하나님에게로 돌아옴 가운데서 실현되었다.

이사야서 주석(I)

부 록

1. 이사야서 본문
2. 이사야서의 문헌
3. 제왕 즉위 축제

이사야서 주석(I)

부록 1

이사야서 본문

    최근까지 맛소라 사본만 사용할 수 있었는데, 그것의 가장 오래된 사본은 주후 916년경의 것인 레닌그라드(Leningrad)에 있는 페트로폴리타누스 사본(codex Petropolitanus)이다. 만일 누군가 긴스버그(Ginsberg) 성경을 조사한다면, 그는 각기 다른 히브리어 사본들 가운데 있는 차이들이 특별히 심각한 성격의 것이 아님을 주시할 것이다. 난점들은 주로 고대 역본들의 도움으로 해소될 수 있었다.

    1947년에 쿰란 동굴들(본 주석에서는 1Q와 2Q로 표기되었다) 안에서 두 개의 사본들이 발견되었다. 이것들은 지금 출판되어 있고 연구에 사용할 수 있다. 본 주석서의 제1차적인 목적은 본문을 다루고자 한 것이 아니므로 이 사본들을 거의 사용하지 않았고, 본문에 대한 이해나 혹은 지지하는 데 도움을 주는 범위 안에서 그것을 늘 언급하여 도움을 주었다. 맛소라 본문과 쿰란 사본들간의 차이들에 대한 설명은 하려고 하지 않았으니, 이는 그러한 설명 과정은 이 작품의 범위 밖에 놓여 있는 것이기 때문이다.

    본질적으로 1Q은 M을 지지하는 것으로 알려져 왔으니, 그것은 헬라어 본문에서도 지지를 받는다. 예를 들면 1:15의 경우처럼 가끔은 첨가가 있기도 하고 4:5; 7:2; 8:9에서처럼 생략도 있기도 하다. 보다 난해한 형태들은 때때로 M의 본문이 대체된 것이다. 1:12, 20; 3:8. 전체적으로 이 사본은 M의 것보다 더 오래된 전승을 나타내는 것으로 보인다.

쿰란으로부터 발견된 대 이사야 사본(1Q) 이외에 M과 아주 가까운 또 다른 것 (2Q)도 있다. 이 사본은 주로 38-66장을 담고 있다. Wady Qumran으로부터 남쪽 수마일 지점인 Wady el-Murrabaat에서 또 다른 이사야 사본이 발견되었는데, 그것은 M과 아주 가깝다. 이 사본은 M이 이전에 생각되어 왔었던 것보다 훨씬 더 오래된 것이었다는 사실을 암시하는 것으로 보인다.

본 주석서에서는 M이 신뢰할 만한 본문이라는 입장을 취하였다. 역본들의 부분에서는 주로 M을 지지하고 있는 B를 사용하였다. M은 충실한 의미를 가져다주며, 역본들 편에서 차이가 있을 때 이 차이들은 설명될 수 있다. 더욱이 M 가운데 있는 난해한 형태들은 같은 어원을 가진 셈계의 언어들의 도움으로 설명될 수 있다. 이러한 실례들이 각주들 가운데서 발견될 것이다. M의 철자법이 고대 비문과 함께 검토될 수 있을 때 그 철자법은 자주 인정이 된다. 이러한 진술을 지지하기 위하여 우리는 다음의 고려사항들을 소개하였다.

히브리어에서 엑센트의 위치와 음절의 성격이 모두 중요하다. 사실상 음절의 형태와 그것의 엑센트와의 관계는 음절에 나타나는 모음의 형태를 결정한다. 다음의 단어를 예로 들어보자:

דְּבָרִים(데바림)

이 단어 가운데는 세 개의 음절이 있다. 엑센트가 있는 음절은 폐음절이고 그래서 우리는 단순하게 그것을 엑센트를 가진 음절이라고 지칭할 수 있다. 그 엑센트를 앞서는 음절은 개음절이고, 그것이 엑센트 바로 앞서 있으므로 우리는 그것을 근(near) 개음절이라고 부를 수 있다. 근 개음절(안티피널트) 바로 앞에 있는 음절은 완전한 모음이기보다는 유성쉐와를 담고 있기는 하지만, 우리는 원(distant) 개음절로 지칭할 수 있다.

셈어에서는 세 개의 기본적이고도 근본적인 모음들이 있는데, 그것들은 다음의 차트에 따라서 여러 음절들 가운데 나타난다. 독자는 이 차트를 주의 깊게 검토하여 그것을 자주 참고해야 할 것이니, 이는 그것이 본문에 있는 각주들 가운데 주어진 해석들 중의 많은 부분을 설명하는 역할을 하기 때문이다.

단 모음의 차트(본질상 짧고 음조는 길다)

음절의 형태	아	이	우
엑센트가 있는 음절	ָ (아)	ֵ (에-)	ֹ (오-)
근 개음절	ָ (아)	ֵ (에-)	ֹ (오-)
원 개음절	ֲ (에)	ֱ (가장 짧은 에)	ֳ (가장 짧은 에)
עהח א를 가진 원 개음절	ֲ (가장 짧은 아)	ֱ (가장 짧은 아) 혹은 ֱ (가장 짧은 에)	ֳ (가장 짧은 오-)
엑센트가 없는 폐음절	ַ (짧은 아)	ֶ (짧은 에) ִ (이)[1]	ָ (짧은 오) ֻ (짧은 우)[2]

본래 길고 변하지 않은 모음들은 다음과 같이 나타난다. 만약 그것들이 원 개음절에서 발견되면 그것들은 쉐와로 변하지 않는다.

   ו (우-)

י ִ (이-) 가끔 ֵ (에-)

  ו (오-) 가끔 ָ (아-)

다음의 차트는 이중모음의 사용을 설명한 것이다.

음절의 형태	아이	아우
엑센트가 있는 폐음절	יִַ (아이)	וַָ (아웨)
엑센트가 있는 개음절		
㉠ 단어의 끝에서	הֶ (에-)	
㉡ 그 밖에	יֵ (에이)	ו (오-)
엑센트가 없는		
㉠ 단어의 끝에서	הֵ (에-)	
㉡ 그 밖에	יֵ (에이)	

---

1) 주로 다게쉬 포르테 앞에서.
2) 주로 다게쉬 포르테 앞에서.

모음들이 각기 다른 음절들 가운데서 지금 제시한 차트를 따라 규칙을 나타내는 것은 놀랄 만한 것이다. 맛소라 본문의 철자법은 어원이 같은 셈어계의 단어들과 함께 검토될 수 있으니, 곧 그 철자법이 셈어 단어들과 일반적으로 일치한다. 이 점을 예증하기 위하여 한두 개의 실례면 족할 것이다. 고유명사 므(메)깃도(Megiddo)는 설형문자 본문에서 마깃다(Ma-gid-da)로 나타난다. 이 모음들이 어떻게 히브리어로 번역되어야 할까? 마지막 엑센트가 있는 음절부터 시작해 보도록 하자. 다아(da)는 히브리어에서 장모음과 일치하여 도오로 나타난다. 깃(gid)은 기드(그것이 앞에 있는 다게쉬 포르테로 인하여 히렉을 가진다)로 나타나고, 원 개음절에 나타나는 마는 메(므)가 된다. 그래서 메(므)깃도, 즉 M의 철자법인 메깃도(מְגִדּוֹ)가 되는 것이다.

다른 또 하나의 실례를 보자. 아랍어 분사는 카틸룬(gâ-ti-lun)이다. 히브리어에서 눈(ן)化작용은 없어지고 카틸만 남겨 놓고 사라진다. 울티마가 엑센트를 가지며, 그런 까닭에 이 모음은 히브리어에서 엑센트가 있는 음절에서 체레를 가진, 텔로 나타나야 한다. 장모음 아가 코오로 나타난다. 그러므로 우리는 코텔(קֹטֵל)이라는 형태를 가지게 되는 것이다. 만약 독자가 이러한 모음 차트에 비추어 주의 깊게 연구해 나간다면, 왜 필자가 맛소라 사본을 그렇게도 높이 평가하였는지를 이해하게 될 것이다.

헬라어 역본들

"Septuagint"라는 용어는 아마도 오해를 일으키게 할 것 같기도 하다.[3] 많은 유사한 사본들 가운데 나타나는 참조할 수 있는 표준적 그리스어 번역은 없다. 오히려 많은 사본들이 있고 이것들은 상당한 차이를 보이고 있다. 주된 필사체 사본들은 다음과 같다.

 A. Codex Alexandrius, 6, 7세기경, 지금은 대영 박물관에 있음.
 B. Codex Vaticanus, 4세기, 로마에 있는 바티칸 도서관에 있음.
  우리가 자주 B로 참조하고 있는 본문이 이 본문이다.

---

3) 다음의 설명들은 대부분 Ziegler에 근거하고 있다.

이것은 대조적인 목적을 위해 사용되는 데 있어서 표준적인 헬라어 본문으로 취급될 수 있을 것이다.

S. Codex Sinaiticus, 4세기, 대영 박물관에 있음.
Q. Codex Marchalianus, 6세기, 로마에 있는 바티칸 도서관에 있음.
V. Codex Venetus, 8세기, 베니스에 있는 성 마가 도서관에 있음.

이사야서에 대한 헬라어 본문은 전승의 다른 두 지류들에 의하여 설명되는 것으로 보인다. 한편으로 대문자 필사체(uncial)사본들이 있다. A와 Q, 자주 S, 다른 한편으로는 6개국어의 수정본 중 주요 대표 역본들인 B와 V가 있다. 어떤 초서체 사본들(minuscules, 즉 소문자 초서체 문자들), 즉 Nos. 26-86-106-710은[4] 알렉산드리아 필사체에 아주 가깝고, 특별히 이것들 중 하나인 No. 106은 A에 아주 가깝다. 그러므로 독특한 독법들은 초서체들과 A 사이에 공유하는 것으로 보인다.

이 알렉산드리아 본문은 이사야 58:11에 대한 해설에서 Jerome에 의하여 존재가 입증되었다. 곧 "*Quod in Alexandrinis exemplaribus in principio huius capituli additum est; Et adhuc in te erit laus mea semper; et in fine: et ossa tua quasi herba orientur, et pinguescent, et haereditate possidebunt in generationem et gencrationem, in Hebraico non habetur, sed ne in Septuaginta quidem emendatis et veris exemplaribus; unde obelo praenotandum est.*" 알렉산드리아 본문은 Hesychian 수정본과 동일시해서는 안되고, 맛소라 사본에 의해서도 영향을 받지 않았다. 그것은 또한 대부분 6개국어 판(Hexapla)의 첨가를 가지고 있지 않다.

M과 반대로, 알렉산드리아 판은 자주 헥사플라(6개 국어 사본)에서 결여된 추가물을 가지고 있다. 그와 같이, 그것의 본래의 단어 순서는 유지되고 있는 반면에 헥사플라 수정본에서는 이것이 M과 부합하고 있다. 그것은 나중에 6개 국어 수정본과 Lucian 수정본에서 교정된 본문의 자유 번역이다. 그것의 대표격인 것들 중 A, Q 그리고 Ciryl of Alexandria, 즉 알렉산드리아 그룹이 비록 그것의 제2차적인 영향들에 종속되기는 하였을지라도 구 Septuagint 사본을 가장 잘 보존

---

[4] No. 26—10세기; No. 86—9-10세기, 모두 로마에 있는 바티칸 도서관에 있음; No. 106—14세기 Ferrara에 있음; 그리고 No. 710—10세기, 시나이(1:1-19:14만을 포함하고 있음)에 있다.

하고 있다. 다른 한편 어떤 곳에서는 Alexandrinian group이 원래의 독법을 보존하지 않았다.

헬라어 사본들이 맛소라 사본들과 다른 점을 충분하게 논의하고자 하는 것이 본 주석의 목적이 아니므로 주된 차이들만 검토된 것이다. 다른 이유가 충분히 있지 않는 한 나는 맛소라 사본에 의존하여 작업을 하였다. 나는 아직도 맛소라 사본이 본질적으로 본래 히브리 본문을 나타내고 있다는 의견을 가지고 있다. 원형에 가까운 헬라어 본문이 히브리어와 상당히 다르다는 것은 내가 심각하게 의문을 갖고 있는 입장이다.

라틴어 역본들

Vetus Latina 혹은 구 라틴 역본들의 본문은 P. Sabatier: *Bibliorum sacrorum latinae versiones antiquae*, II, Paris, 1751에서 발견된다. 본문 비평에 아주 중요한 본문이 Jerome의 Vulgate 이며, 본 주석에서 이것을 자주 참고하였다. 대체로 벌게이트은 M을 지지하는 증거자료라고 말할 수 있을 것이다. 참고. F. Stummer: *Einführung in die lateinische Bibel*, Paderborn, 1928, and A. Penna: "La Volgata e il manuscritto 1QIs[a]." in *Biblica*, 38, 1957, pp. 381-397.

수리아 역본들

특별히 중요한 것이 Peshitto 역본인데 본 주석 가운데서 여러 번 참고하였다. 이 언어의 견본을 위해서 독자는 Gesenius 주석의 서론을 참고할 수 있을 것이고 간략한 주석을 보려면 Penna의 책을 보면 된다.

탈굼역

유대인 전통은 흥미가 있으며, 그래서 본 주석에서 나는 가끔 특정한 구절에 대해서는 탈굼역을 번역하여 실었다.

본문에 대한 의문점들에 대해서 연구를 하고자 하는 사람들은, 특히 역본들을 가지고 연구를 하려면 다음의 참고 서적들을 참고하면 될 것이다.

히브리 본문

이사야서 히브리 본문은 다음의 책들 가운데서 발견된다.
Rudolf Kittel: *Biblia Hebraica*, 3rd edition, Stuttgart, 1937.
C. D. Ginsberg, *Prophetae posteriores*, London, 1911.
M. Burrows, J. C. Trevor, W. H. Brownlee, *The Dead Sea Scrolls of St. Mark's Monastery, I, The Isaiah Manuscript and the Habakkuk Commentary*, New Haven, 1950.
Eleazer Sukenik, *Otzar Hammegiloth haggenuzoth*, Jerusalem, 1954.

이 주제에 대한 참고 서적들은 쉽게 구할 수 있으므로 본인은 쿰란 두루마리에 대한 또 다른 문서들을 기록할 필요가 없다고 생각한다. 독자는 H. H. Rowley: *The Zadokite Fragments and the Dead Sea Scrolls*, Oxford, 1952를 참고하기를 바라는데, 이 책에서 독자는 방대한 참고 자료들을 발견할 것이다.

헬라어 본문

J. Ziegler: *Isaias*(Septuaginta Vetus Testamentum graecum), Göttingen, 1939. 나는 이 작품이 헤아릴 수 없는 가치가 있음을 발견하였고, 이 주석을 쓰는 동안 줄곧 이 책을 참고하였다.
I. J. Seeligmann: *The Septuagint Version of Isaiah*, Leiden, 1946.
A. Rahlfs: *Septuaginta*, II, Stuttgart, 1935.
R. R. Ottley: *The Book of Isaiah According to the Septuagint*, Vol. I, 1904; Vol. II, 1906.
F. Field: *Origenis Hexaplarum quae supersunt*, II, Oxford, 1875.
Harry M. Orlinsky: "The Treatment of Anthropomorphisms and Anthropopathisms in the Septuagint of Isaiah", *HUCA*, Vol. 27,

1956, pp. 193-200.

라틴 역본들

P. Sabatier: *Bibliorum sacrorum latinae versiones antiquae*, II, Paris, 1751.
F. Stummer: *Einführung in die lateinische Bibel*, Paderborn, 1928.
A. Penna: "La Volgata e il manuscritto 1QIs^a", *Biblica*, Vol. 38, 1957, pp. 381-395.

수리아 역본

Biblia sacra iuxta versionem simplicem quae dicitur Peschitta, II, Beirut, 1951.
A. Ceriani: *Translatio syra Pescitto Veteris Testamenti*, Milan, 1876.
L. Delekat: "Die Peschitta zu Jesaja zwischen Targum and Septuaginta", *Biblica*, Vol. 38, 1957, pp. 185-99, 321-35.

탈굼

J. F. Stenning: *The Targum of Isaiah*, Oxford, 1949.
P. Churgin: *Targum Jonathan to the Prophets*, New Haven, 1927.
이 마지막 두 권에 대해서는 E. R. Rowlands: "The Targum and the Peshitta Version of the Book of Isaiah", *VT.*, Vol. IX, No. 2, pp. 178-191 을 참고하라.

부록 2

이사야서의 문헌

1. 초대 헬라 교부들

(1) 오리겐 이전의 초대교회 교부들 가운데 이사야서에 대한, 특히 메시아 예언에 대한 산발적인 참고 서적들이 있다. 이것들은 유대인들을 논박하기 위한 것이었다. 다이디무스(Didymus)는 40-66장을 18권으로 설명하였던 것으로 전해지지만, 그의 책은 유실되었다. 아폴리나리우스의 글 가운데는 짧은 해설들이 있으며, Catenae에는 Eusebius Emesenus 와 Theoforus Heracleota의 작품들로부터의 인용구들이 있다. 그렇지만 이 작품들 역시 유실되었다.

(2) 오리겐은 30권의 주석을 썼는데, 거기에서 이사야 예언 중 30:6에 이르기까지 주석하였다. 그는 또한 설교들을 썼는데 그중 몇 개가 남아 있다. 분명히 많은 후기의 주석서들은 그 자료를 그의 작품으로부터 인용하였다. 잘 알려진 바와 같이 오리겐의 작품은 풍유적 해석으로 특징지어진다. 나는 본 주석에서 그 책을 많이 사용하지 않았다.

(3) Eusebius는 그의 *hypomnemata eis Esaian*을 썼고, 그의 *Demonstratio*

*Evangelica*에서 많은 이사야서의 구절들을 해설하였다. 그는 풍유적 해석을 문자적 혹은 사실주의적 해석과 혼합하였다. 그는 오리겐의 『헥사플라』(*Hexapla*)를 사용하였고, 세 개의 중요성이 덜한 역본들을 *LXX*과 함께 비교하였다. 때때로 당시의 유대인들의 해석과 일치하기도 하였고 다른 경우에는 반대되기도 하였다.

(4) Basil the Great, 379년 사망. 이사야 1-16장을 해석하는 가운데서 그는 Eusebius의 작품을 사용하였다. 그의 해석들은 풍유적이고 또 도덕적이다.

(5) 크리소스톰은 이사야서의 처음 8장에 대한 그의 *Interpretations* (*Hermeneia*)를 썼다.

(6) Cyril of Alexandria, 441년 사망. 대체로 씨릴은 사본 A보다는 B를 따르고 오리겐 이전의 사본을 참고한다. 그의 해석은 다소 영적이요 신비적 성격을 가졌다.

(7) Theodoret, 457년 사망. 그는 다른 성경책들을 참고하고 헬라어 역본들을 비교해 가면서 역사적 문자적 해석을 한다. 그는 일반적으로 알렉산드리아 사본을 따르며, 가끔 히브리어를 참고하면서(주로 어려운 구절에서) 한 번 수리아어(사 8:21)까지 참고한다.

(8) Procopius of Gaza(6세기)는 이전의 헬라어 주해들의 핵심을 개진하고 부가적인 해석들을 더하고 있다. 그는 *LXX*를 사용한 것과 헬라어 사본 비평을 한 점에 있어서 중요한 사람이다.

2. 초대 라틴 교부들

이 사람들 가운데서 우리는 모든 다른 초대 교부들 가운데서 유일하게 히브리어 사본을 의존하였던 Jerome만을 언급할 수 있겠다(이사야서에 대한 그의 작품은 410년에 기록되었다). 그는 Eusebius와 Origen의 글을 사용하고, 역본들을 비교하고 있다. 그의 어떤 역사적 지리적 암시들과 해석들은 상당히 가치가 있다. 그의 주해는 가끔은 역사적이요 가끔은 모형적이다. 나는 제롬의 작품에서 상당한 도움을 얻었고 그의 글을 자주 이용하였다.

3. 수리아 교회

Ephraim Syrus, 378년 사망. 그는 구절의 역사적 의미를 제시한 것으로 알려져 있다.

4. 랍비 해석가들

(1) 유대인 주석가들 가운데 특별히 중요한 인물은 Rashi(랍비 솔로몬 이짜키〈Yizchaki〉, 1040-1105)인데 그는 Targum을 따랐다. 그는 역대기서를 제외한 구약의 모든 책에 대해 썼다. 그의 스타일은 명료하고 간결한데 이는 그가 미쉬나의 스타일을 따랐기 때문이고 그래서 그의 주석들은 설교적이다. 그는 이사야 9:6을 히스기야로, 여호와의 종 구절을 이스라엘을 가리키는 것으로 해석한다. 그는 대개 풍유적 해석을 피하고 있는데, 만일 그가 그것을 채택하였다면 그는 기독교인들에게도 같은 권리를 주어야 했을 것이기 때문이다.

(2) 스페인의 톨레도(Toledo)의 Abraham Ibn Ezra(1092-1167)는 백과 사전적인 학식을 가진 사람이다. 모두 말하기를 그가 많은 성경 주석들을 포함하여 108권의 책들을 썼다고 한다. 그는 문법저-역시적 해석 방법을 따랐다. 외관상으로 그는 40장 이하의 장들의 저작권을 이사야에게 돌리는 것을 거절하였다.

(3) David Kimchi(1160-1235)는 Rashi보다 더 믿을 만한 주석가였다. 그의 주석들 중 많은 부분이 기독교인들에 대한 논쟁들이있다. 동시에 그는 기독교 주석가들에게 영향을 주었다. 이사야 2:18에 대한 그의 주석 가운데서 그는 그리스도의 그림에게 기도하였다는 이유로 기독교인들을 우상숭배자들이라고 비난하였다. 그렇지만 그의 주석들은 유용하며 그래서 나는 자주 그의 주석을 참조하기도 하였다.

(4) Don Isaac Abarbanel은 리스본에서 태어나 베니스에서 사망(1437-1508)했다. 그는 포르투갈, 스페인 그리고 이탈리아의 정부에서 봉사하였다. 헬라어와 라틴어 그리고 아람어를 알았던 다양한 지식의 사람인 그는 자기 주석서들 가운데서 그 언어로 된 내용들을 인용하고 있다. 그는 성경 본문의 단순한(평범한) 의미를 찾으려고 했다. 그는 각 단락에서 많은 질문들을 던지면서 단락을 시작하고 그것을 대답하려고 하였다.

(5) Tanchum Jerushalmi. Tanchum ben Joseph은 아마도 13세기 동안 예루살렘에서 살았던 것으로 보인다. 그의 생애는 거의 알려져 있지 않다. 그는 고전적이고 유창한 아람어로 글을 썼다. 그는 비록 유능한 문법학자일지라도 독창적인 학자는 아니었다. 그는 탈무드식 그리고 탈굼식 주석들을 배격한다. 간혹 그의 해석은 충격적인데, 예를 들면 이사야 28:7에 있는 (ראה)에 대한 그의 해석에서 "조사"(investigation)로 번역하였다. 그의 주석과 사전은 예멘과 같은 아랍어 권의 나라들 가운데서 인기있었다.

(6) 16세기의 Solomon ben Melech은 사실적인 해석가였다. Fez에서 태어난 그는 그의 생애 대부분을 콘스탄티노플(Constantinople)에서 보냈다. 그의 작품은 명쾌하고 문법적인 주해로 특징지을 수 있다. 일부분이 라틴어로 번역되었다. 그의 작품의 제목은 『아름다움의 완전』(miklol yofi)이었다.

5. 개혁시대

(1) Martin Luther. 이사야서에 대한 단권주석은 1528년에 나타났고 그 다음에는 1532년에 다른 선지서들과 함께 묶여졌고 1534년에는 성경 전체와 묶여졌다. 이 작품은 전형적인 루터의 스타일인데, 즉 많은 객담을 담고 있는 실천적인 것이다. 이와 동시에 이 대 개혁자는 다른 주석가들이 이해할 수 없는 이사야서의 메시지를 이해하였다. 나는 루터의 글을 통해 이사야서를 이해하는 유익을 얻을 뿐만 아니라 큰 축복을 경험하였다.

(2) Zwingli(1529). 이 작품은 이사야서의 참된 의미에 대한 통찰력을 가진 신학적인 글이다.

(3) Calvin(1570)은 여러 면에서 이사야서 주석들 가운데서 가장 훌륭한 것들 중 하나라고 불릴 수 있을 것이다. 칼빈의 글은 계시라는 큰 범위의 내용에 대한, 그리고 개개의 구절들이 전체의 묘사를 담고 있다는 관계에 대한 심오한 통찰력을 가지고 있다. 가치 있는 설교와 주해는 풍성한 내용을 말하고 있다. 칼빈의 것은 최고의 작품이며, 그는 비할 데 없는 사람이다. 나는 본 주석을 준비하는 동안 계속하여 그의 작품을 보았다.

6. 개혁 시대 이후의 주석

(1) 주석들 혹은 주해서들은 Oecolampadius(1525), Brentius(1550), Meusel(1570) 그리고 카톨릭 학자인 Vatablus(1557)에 의하여 저술되었고, Sebastian Munster의 주석들은 *Critica Sacra*에 나타난다. 내가 참고하지 않은 다음에 제시된 저술가들은 랍비들의 학문을 이용하였다. Castellio(1531), Foreirius(1553).

(2) 17세기에는 Sanctius와 Grotius(1644)를 주시할 수 있다. Grotius의 주석들은 역사적이요 사실적이다. 그는 어느 곳에서도 그리스도를 발견하지 못한 것으로 알려져 왔다. 그의 주석들은 만족할 만한 것이 못되니, 이는 Grotius가 이사야서의 심오함을 식별해 내지 못하였기 때문이다. 그의 주석들은 피상적이다. *De Dieu*(1648)는 문법적 방법을 사용하였고 수리아 역과 에티오피아 역본을 참고하였다. 특별히 흥미 있는 것은 9권으로 출판한 *Critica Sacri*(London, 1660)이다. 4번째 권은 이사야서에 관한 것인데, Münster, Vatablus, Castalio, Clarius, Foreitius, Drusius 그리고 Grotius의 해석들을 담고 있다. Ludwig Cappellus(1689)는 사본상의 차이에 대한 본문 비평적 주를 담고 있다.

(3) 18세기. 우리는 Johannes Cocceius(1701)를 주시할 수 있겠는데, 그의 작

품은 약간의 유용한 철학적 설명들을 포함하고 있다. Cocceius는 그 예언들을 기독교 교회사간에 일어난 사건들에게 적용하고 있다. Sebastian Schmidt(1702)의 주석들을 참고할 필요가 있겠다. Varentius (1708)는 학문적 방법을 사용하였고 그의 작품 가운데서 많은 부적절한 자료를 소개하였다. 그렇지만 그의 주석들은 중요하다.

① 가장 훌륭한 주석가들 가운데 한 사람은 Campegius Vitringa인데, 그의 작품은 1714년에 출판되기 시작하여 1732년에 새로운 판이 출판되었다. 이 작품 가운데 나타난 지식은 엄청난 것이다. 각 단어의 의미들에 대해서 주석들이 가해졌고, 이방인들에 대한 예언을 다루는 부분들은 특별히 유용하다. 이 작품은 철저하게 정통적이고, 그래서 예언서를 진지하게 연구하려는 학도들은 참고해야 할 책이다.
② Halle Bible(1720)의 난외주에는 J. H. Michaelis의 주석들이 나타난다. 1731년에 Le Clerc의 작품이 나타났는데, 그것은 그의 역사서들에 대한 주석들만큼은 가치가 없는 것으로 간주되고 있다. Calmet (1724-26)는 역사적 자료를 훌륭하게 다루었고, C. F. Houbigant(1753)는 맛소라 사본보다 역본들을 더 좋아하였다.
③ Carl Rudolf Reichel (1759)은 이사야서에 대한 두 개의 값어치 있는 책을 저술하였다. 그의 작품은 철저하게 정통적이고 또한 그는 예언의 의미를 나타내려고 진지하게 노력하고 있다. 나는 이 책으로부터 큰 도움을 얻었다.
④ Robert Lowth (1778)의 주석이 심미학적이고도 시적인 강조를 가지고 있다. 이 주석들은 고대 저술가들의 것들을 인용하였기 때문에 아주 상당히 가치있는 것이다. Kocher (1778)는 Lowth에 대항하여 맛소라 사본을 옹호하였다.
⑤ J. B. Koppe (1779-1781)는 Lowth 주석의 독일어 판을 편집하였고 그것을 특주와 함께 공급하였는데, 그 중에 어떤 것들은 무모하다. 그는 50장을 에스겔의 작품이나, 혹은 포로기 당시에 살았던 어떤 사람의 작품으로 생각하였다.
⑥ 침례교 목사인 John Gill (1771)의 주석들은 본 예언의 의미에 대한 진정한 이해를 보여주고 있다. Gill은 랍비들과 탈무드 문서에 아주 통달한 사람이었다.
⑦ Heinrich Eberhard Gottlob Paulus (1793)의 주석들은 문헌학적 가치가 있지만, 그의 작품은 합리주의적이다. 그의 학생들은 그를 "바울"(Paulus, der Nichtapostel)이라고 말하였다. 우리는 G. L. Bauer (1794, 1795)과 J. Chr. W.

Augusti (1799)의 작품도 언급할 수 있겠는데, 후자는 특별히 목회자들을 위해 저술된 것이다.

⑧ 특별히 흥미롭고도 중요한 것은 E. F. Rosemüller (1791-1793)의 주석이다. 이 주석들은 라틴어로 기록되었으며 가치있는 문헌학적 주석들과 함께 본문에 대한 정교한 주해를 포함하고 있다. 그의 입장은 다소 합리주의의 영향을 받은 것이며, 그러므로 해석은 자주 실망을 준다.

⑨ 본문에 대한 주석을 곁들인 수많은 독일어 번역본들이 있었다. Eichhorn(1819)은 본 예언이 미래에 대한 예언이 아닌 당시에 대한 시적 묘사를 포함하고 있는 것으로 생각하였다. Döderlein은 처음으로 40-66장 모두를 이사야의 것으로 돌리기를 거부하였고, 그래서 Dathe에 대해 사람들이 말하듯이 다소 피상적인 많은 주석들을 저술하였다. 이 사람들은 모두 본문을 제멋대로 바꾸었다.

7. 19세기

(1) 예언에 대한 비평적인 방법이 어떤 18세기 작품들에 의하여 준비되었다. 이것들 가운데서 우리는 특별히 J. D. Michaelis(1778)의 작품을 들 수 있겠는데, 이것은 독립적인 경향을 띠고 있었고, 19세기를 특징짓는 파괴적인 비평주의의 선두주자로 간주될 수 있을 것이다.

(2) 가장 위대한 주석들 중 하나가 Wilhelm Gesenius(1821)의 주석이었다. 어원학적 주해들은 뛰어난 것이고 아랍어와도 많은 비교를 하고 있다. 그렇지만 Gesenius는 예언의 본질을 충분히 파악하지 못하였고, 그래서 그는 그의 선구자들 중 어떤 이들이 가졌던 합리주의의 수준을 뛰어넘지 못하였다. Hitzig는 많은 점에서 Gesenius와 의견을 달리하였지만, 그의 작품은 같은 수준에서 저술되었다. Hendewerk의 주석(1838, 1843)은 본 예언의 영적 해석에 관한 한 전혀 진보가 없는 것이다. Umbreit의 작품은 만족할 만한 것이 못되니, 이는 그것이 합리주의적인 경향을 띠고 있기 때문이다. Ewald의 주석들(1841)은 빈약하고 Knobel 역시 "비평적" 경향이 있다.

(3) Barnes의 주석들(1840)은 보수적이고도 유용하지만 그의 신학적 입장들은

성경과 언제나 일치하지는 않는다. Henderson의 작품 역시 보수적이다(1840). Hengstenberg의 『기독론』(1829)은 예언서들의 해석에 있어서 언제까지나 가장 위대한 작품들 중의 하나로 남아 있을 것이다.

(4) Joseph Addison Alexander(1846)는 두 권으로 된 주석들을 저술하였는데 그것은 표준적인 주석이다. 완전히 성경적이고 통찰력에 있어서와 히브리어 형태에 대한 논의에 있어서 풍부하고 가치있는 해석으로 가득 차 있다.

(5) Moritz Drechsler(1845, 1849)는 이사야 주석에 관한 최고의 주석은 아니라 할지라도, 필자의 의견에는 가장 훌륭한 주석서들 가운데 하나라고 할 만한 주석을 저술하였다. 이 작품은 본 예언에 대한 뛰어난 통찰력을 나타내 보이고 있다.

(6) Rudolf Stier(1850)는 40-66장의 이사야 저작권을 옹호하였다. 이 주석은 헌신적 정신으로 기록되었다.

(7) Ernst Meyer(1850)는 이사야서 처음 23장들을 포함하였다. 그는 본 예언들이 오직 인간의 윤리적 자유에만 관심을 가지고 있는 것으로 간주하고 있다.

(8) Samuel David Luzzatto는 정통적 유대교의 입장에서 본 예언을 해석하였다 (1855).

(9) Franz Delitzsch(1866)는 이사야서 주석가들 중 가장 위대한 사람들 가운데 한 사람으로서, 이 작품은 정통적이고 예언들의 성격에 충분히 주의를 기울이고 있다. 마지막 27장들에 대한 이사야 저작권에 대해서 주저하였다.

(10) T. K. Cheyne(1868)은 본 예언에 대한 참으로 유용한 주석서를 저술하였다. 이것은 Cheyne의 저술물들 중 어떤 것보다도 훨씬 더 많은 것을 담고 있다.

(11) George Adam Smith(1888, 1890)은 두 권으로 된 대중적인 강해서들을 저술하였다. 이것들은 아름다운 문체로 되어 있지만, 예언의 참된 성격에 대한 인식

은 결여되어 있다. 필자에게 그것들은 가장 실망을 준 책들이다.

(12) Bernhard Duhm(1892)은 본 예언이 세 개의 주요 부분, 즉 이사야가 말한 것, 제2이사야서, 제3이사야서로 이루어져 있다고 생각하였다. 그 앞서 Stade 역시 어떤 부분들은 일반적으로 제2이사야서로 돌려진 그것들보다도 더 후기의 것이었다고 생각하였다. Duhm의 주석은 급진적이고 그는 본문을 매우 자유롭게 뜯어 고친다.

(13) J. Skinner(*Cambridge Bible*에 있는 "이사야", 1896-1898)는 대부분 Duhm의 입장을 채용하였다. 역사적 해석들과 서론적 언급들은 유용하다.

8. 최근의 발전들

(1) Karl Marti(1900)는 이사야서에 대해서 예언 문학의 자그마한 도서관이라고 말하였다. 우리는 본문에서 자주 Marti의 것을 참고하였고, 이 참조문들로부터 독자는 Marti가 사용한 접근 방법에 대한 어떤 개념을 얻을 수 있을 것이다.

(2) *International Critical Commentary*(1912)에 들어 있는 주석에서 G. Buchanan Gray는 어원학적 주석을 하고 있는데, 그것은 주로 탁월한 것이지만 본서에 대한 그의 접근방식과 해석은 성경의 신빙성을 주장하는 사람들의 입장에서 판단해 볼 때는 만족스럽지 못하다.

(3) 양식비평 학파는 *Die Schriften des Alten Testaments*(1914)에 있는 Hermann Gunkel의 서론 가운데 나타나며, 같은 작품 가운데 있는 Hans Schmidt의 언급들 가운데 나타난다.

(4) 역사적 개혁주의 입장에서 쓴 J. Ridderbos(1922)는 유용한 주석을 출판하였다. *Het Godswoord der Profeten*(1932) 가운데 나타난 그보다 더 방대한 작품인 *Jesaja*에서 그는 예언 전체를 논의하였다.

(5) Franz Feldmann(1924)은 건전한 해석으로 돌아가는 경향이 나타난 한 주석서를 출판하였다. Feldmann은 카톨릭 신학자였고 그의 주석들은 가치가 있다.

(6) Paul Volz(1932)는 본 예언의 두 번째 부분을 논의하였다. 그의 작품은 비평적이다.

(7) 로마 카톨릭 신학자인 E. J. Kissane(1941, 1943)은 두 권으로 된 책을 썼다. Kissane은 자유롭게 본문을 수정하고 있으며 그의 주석들은 전혀 만족스럽지 못하다. 그것은 간결하고 논증들은 언제나 사람이 기대하는 것만큼 충분하지 못하다.

(8) Johann Fischer(1937)는 두 권으로 된 유익한 책들을 썼다. 그의 입장은 비록 Feldmann의 입장만큼은 되지 않지만 대체적으로 보수적이다. Fischer는 로마 카톨릭 학자이고 그의 글 중에서 가장 좋은 내용은 여호와의 종 구절들을 다루고 있는 것이다.

(9) Aage Bentzen의 덴마크의 주석(1944)은 현대 스칸디나비아 입장에서 본 예언서 전체를 다루고 있다. 나는 그것을 Sigmund Mowinckel의 작품과 함께 자주 참고하였다.

(10) 신정통주의 입장에서 기록하고 있는 Volkmar Herntrich (1954)는 이사야서의 처음 12장을 해석하였다. 그의 책 가운데는 많은 유용한 자료가 있으나 이 학파의 다른 많은 저술가들처럼 장황하다.

(11) Jean Steinmann(1955)은 주석서가 아닌 이사야 연구서를 출판하였는데, 비록 로마 카톨릭의 입장에서 기록되기는 하였지만 분할적인 비평주의로부터는 상당히 자유롭다. 이 책에는 유용한 역사적인 해석들이 있지만 그 해석이 언제나 만족스러운 것은 아니다.

(12) Sheldon H. Blank(1958)은 본 예언에 대한 극단적이고 급진적인 연구서를 출판하였다. Blank는 너무나 급진적이고 너무 자주 본 예언을 변질시키고 있으므로 나는 그의 작품으로부터 많은 도움을 얻을 수가 없었다.

(13) S. Paul Schilling, *Isaiah Speaks*(1958, 1959)은 세 개의 이사야서 이론의 대중화이다. 본서의 참으로 심각한 문제에 대해서는 거의 다루지 않은 것으로 보인다.

(14) 이탈리아어로 기록한 Angelo Penna(1958)는 뛰어난 주석을 출판했다. 그는 역사적, 지리적 사건들에 대한 유용한 해석들을 하고 있고 그의 해석은 주로 건전하다. 가치있는 작품이다. 아마도 최근에 기록된 이사야서에 대한 책 중에서 가장 좋은 책일 것이다.

(15) *The Interpretater's Bible*(1952 ff.)은 본서 전체를 다루고 있는 주해적 주석과 실천적 적용을 담고 있는 것이다. 본 예언서에 대한 다수 저작권을 가정하고 있는 급진적인 입장에서 기록하고 있다.

주(註): 위의 목록은 목적상 제한된 것이다. 나는 논문들은 제외시켰고 주석서들만을 포함시켰다. 보다 상세한 논의를 보기 원하는 사람들은 *Studies in Isaiah*(Grand Rapids, 1954)에서 그것을 발견할 수 있을 것이다. 논문들이나 다른 문서들은 본 주석 가운데 관련된 장소에서 발견될 것이다.

이사야서 주석(I)

부록 3

제왕 즉위 축제

고대 메소보다미아에서는 해마다 왕의 즉위 축제가 있었다.[1] 바벨론에서는 신년 봄에 Esagila 신전에서 있었다. 그것은 Nisan월 12일까지 계속되었고 계절의 새로운 순환의 시작을 축하하는 역할을 하였다. 신(바벨론에서는 Marduk이었다)은 무활동적이 되었다. 비들이 그치고 채소들이 말라죽었다. 신이 지하세계의 산 가운데 갇혀 있었다.

축제의 처음 네 날 동안 준비를 하고, 그리고 그 네 번째 날 밤에 온 바벨론의 창조에 대한 서사시(에뉴마 엘리쉬)가 낭송되었는데, 이는 신년과 창조의 날이 서로 연관된 것으로 믿어졌기 때문이다. 창조 때 세계와 인간이 존재하게 된 것처럼 신년에도 생명의 힘이 뚫고 나와서 신의 속박으로 인도했던 장애물을 극복한다는 것이나.

어떤 면에서 이 축제의 여러 단계들 가운데서 가장 중요한 정점은 다섯째 날인

---

1) 이 주제에 대한 문서는 아주 광범위하나. 녹자는 다음의 책들을 참고하라. Henri Frankfort: *Kingship and the Gods*, Chicago, 1948, pp. 313-333; C. J. Gadd: *Ideas of Divine Rule in the Ancient East*, 1948; Svend Aage Pallas: *The Babylonian 'akitu' Festival*, København, 1926; Ivan Engnell: *Studies in Divine Kingship in the Ancient Near East*, Uppsala, 1943.

데, 이때는 겸비의 날로 이름 붙여질 수 있다. 아침에 왕은 Marduk 신에게 위로의 기도를 드렸다. 그리고 나서 신전은 정화가 되고 주문이 외워지고 제사가 계속되었다. 왕은 Marduk 신의 사찰로 들어가서, Marduk의 신상이 있었던 가장 안쪽의 은신처 혹은 지성소로부터 대제사장이 나타나 왕으로부터 왕관을 포함한 왕의 표지(insignia)를 취하여 신상 앞에 놓았다. 그리고 나서 그는 왕의 표지를 박탈당한 왕에게로 다가가서 그의 뺨을 때렸다. 그 다음에 왕은 강제로 무릎이 꿇리고 고백의 기도를 낭독하였다. 다시금 제사장은 Marduk이 그의 통치를 증대시키고 그의 왕권을 올려줄 것이란 확신을 주면서, 사면의 선언을 하였다. 그리고 나서 왕의 표지가 다시 왕에게 주어지고 그 왕은 눈에서 눈물이 날 것을 기대하면서 다시 한 번 더 뺨을 맞는데, 이는 이것들이 호의적인 징조로 간주되었기 때문이었다.

그러면, 바벨론에서는 최소한 왕이 예식들의 주인공으로서 활동을 하였다. 그렇지만 앗수르에서는 그가 실제로 Assur 신을 대신하였다. 축제 행사를 통하여 신은 감금 혹은 무활동의 상태로부터 구출되어야 했다. 다른 신들의 신상들은 다른 도시들로부터 거룻배를 타고 떠다녔다. 이것들은 Chamber of Destinies(운명들의 방)로 옮겨졌다. 그리고 나서 Marduk은 자유를 얻고, 그에게 수여된 여러 신들의 능력을 결합 받아, 사망과 혼돈의 세력들에 대항하는 전쟁에서 승리할 것이었다. 혼돈의 신에 대한 신들의 승리를 축하하기 위하여 Bit Akitu까지 행진이 있었다.[2] 그 다음에 땅이 새로운 곡식들을 가져오도록 비옥하게 할 수 있도록 성스러운 결혼이 뒤따라 왔다. 제12일에 신들이 다시 시람을 개판하기 위하여 모였고 그 다음에는 각각 자기들의 도성들과 사찰로 되돌아갔다.

이 축제나 혹은 이와 유사한 어떤 것이 고대 이스라엘 가운데서 거행되었는가, 그리고 만일 그렇다면 구약성경의 구절들 가운데 그에 대한 어떤 언급이 있는가? 1912년 Paul Volz는 장막절이 단순히 가나안 족속들로부터 빌려온 추수 축제가 아니라, 세상을 창조하시고 그 나라를 세우셨던 이스라엘의 하나님 야웨를 축하하여 행한 신년축제였다고 주장하였다.[3] Volz는 말하기를 그 축제가 추수적인 성격을 가

---

2) *akitu*의 의미는 확실하지 않다. 아마도 그것은 아카드어 형태를 가진 수메르어인 것 같다. 이 용어에 대한 논의를 보려면 Pallas, *op. cit.*, pp. 191-193를 참고하라.

3) Paul Volz: *Das Neujahrsfest Jahwes* (Tübingen: 1912).

지고 있었고, 그렇지만 이것이 가나안의 영향을 받은 것이라고 한다. 그의 연구 가운데서 Volz는 앗수르와 바벨론의 신년축제와 비교하였다.

논문이 1922년 Sigmund Mowinckel에 의하여 보다 충분하게 발전되었는데, 그는 그 제의 드라마가 상징적인 표현 이상이었다고 주장하였다.[4] 그것은 오히려 현존하고 실제적인 실체였다. Marduk은 혼돈과 사망의 세력을 부수고 있었다. 이스라엘 백성들은 이러한 축제를 바벨론으로부터 물려받았던 그 가나안인들을 통하여 전수받았다. 1927년 Hans Schmidt는 대축제의 첫날이 보이지 않는 하나님께서 앉으실 실제의 보좌가 운반되는 행진으로 축하되었음을 시편으로부터 증명하려고 노력하였다.[5] 그리고 같은 해에 Franz Böhl은 그 축제에서 법궤가 기혼 시내로부터 성전으로 옮겨졌다고 주장하였다.[6]

그렇다면 언제 히브리인들이 이 축제를 가나안인들로부터 받아들였을까? 이 문제에 대해서 Mowinckel은 그것이 가나안에 들어간 직후였다고 말하면서 답변하였다. 다른 한편 Von Gall은 그것이 앗수르 시대, 즉 주전 730-630년 이전까지는 받아들이지 않았다고 주장하였다.[7]

즉위 축제에 대한 수정된 견해는 Von Rad의 견해에 나타난다.[8] 그는 즉위식에는 두 가지 행위가 있었다고 주장한다. 어느 정도 애굽의 바로가 하는 방식을 따라 왕은 성전에서 왕관을 썼고 왕의 규례를 받았다. 이것이 그의 통치권을 신의 권위 하에서 합법화하였다. 기름 부음을 받은 후 왕은 자기가 왕위에 오를 궁전으로 인도되어, 모든 사람들에게 다소 위협적인 음조로 자신이 이제 통치할 것이라 선언한다. 사자는 왕이 보좌에 앉았다는 것을 알리도록 급파된다. 그것은 큰 기쁨의 때였다. 예루살렘에서 그것은 분명히 새로운 신적 질서의 약속으로 이해되었다.

축제의 근본적인 요점은 다윗 통치자가 야웨의 아들의 관계로 들어가는 것, 곧 그것은 양자 결연의 형태로 일어났다. Von Rad는 이스라엘에서 이 양자 결연은 결

---

4) *Psalmenstidien II, Das Thronbesteigungsfest Jahwäs und der Ursprung der Eschatologie* (Christiana, 1922).
5) *Die Thronfahrt Jahves*, (Tübingen, 1927).
6) *Nieuwjaarsfeest en Koningsdag in Babylon en Israel*, 1927.
7) A. Von Gall: *Basileia tou Theou*.
8) Gerhard von Rad: *Theologie des Alten Testaments*, Band I, Die Theologie der geschichtlichen Überlieferungen Israels (München, 1957), pp. 317이하.

코 바로가 Amun과 황태후에 의하여 태어난 실제적인 화육(化肉)한 신으로 간주되었던 애굽에서의 경우처럼 신화의 형태로 이해되지 않았다고 주장하였다.

이제 왕은 하나님의 오른편에 앉고, 또 나라의 모든 정사들에 관하여 하나님과 상담할 수 있고, 하나님에게 청원할 수 있는 권한을 가졌다. 그는 실로 이제 하나님을 대신하여 다스릴 수 있게 되었다. 그러나 즉위의 어투는 왕의 실제적인 인격 및 정치적 생활의 실질적인 실체 사이에 날카로운 대조를 보이고 있다. 이 어투는 야웨에 대한 신앙이 접합된 틀로서의 오래된 궁정 스타일로, 이제는 완전히 새로운 성격을 소유하게 되었다.

이것은 가장 큰 기쁨과 즐거움의 축제였으니, 이는 그것이 가장 극적인 방식으로 하나님의 세상 통치의 시작을 축하하였기 때문이었다. 야웨께서 세계와 정치적 대적들 가운데 있는 혼돈된 것을 정복하셨다는 것이다. 그러므로 결국 von Rad는 바벨론 영향을 인정하고 있으며, 그리고 그는 이것이 우가릿을 통하여 이스라엘로 유입되었다고 믿는다.

고대 이스라엘 가운데서 야웨의 즉위 축제가 열렸다는 견해를 거절하도록 하는 여러 이유가 있다.

(1) 구약 어디에서도 그러한 축제가 있었다는 명백한 언급이 없다. 이에 대해서 Mowinckel은 그러한 논증은 사실을 왜곡시키는 것(Verdrehung)이라고 반박한다.[9] 그는 말하기를, 우리는 이제까지 알려지지 않은 축제를 다루는 것이 아니라 오히려 이세까지 우리가 무시해 왔던 잘 알려진 장막절 축제의 한 면을 다루고 있다고 한다. 장막절에 이러한 독특한 면과 유사한 언급이나 암시가 있는가? 이에 대해서 우리는 강한 부정으로 답변하는 바이며, 물론 우리의 이러한 답변은 해석의 문제를 포함하고 있다. 우리는 Mowinckel이 그가 필연적으로 그러한 풍자와 언급 그리고 암시를 발견한다고 믿는 각 시편들의 구체적인 해석에 동의할 수 없다.[10]

---

9) Sigmund Mowinckel: *Zum israelitischen Neujahr und zur Deutung der Thronbesteigungspsalmen*, Oslo, 1952, p. 46.

10) Mowinckel의 시편 해석에 대한 비평은 N. H. Ridderbos: *De "Werkers der Ongerechtigheid"* in *de Individueele Psalmen* (Kampen: 1939). Norman H. Snaith (*The Jewish New Year Festival*, London: 1947)는 Mowinckel의 견해를 힘있게 부정하였고 이에 대해서 Mowinckel은 부분적으로만, 특히 신년의 날짜에 대해서만 대답하였다(*op. cit.*, pp.

(2) 히브리 왕권은 독특하였다. 만일 우리가 성경의 언급들을 가치 있는 것으로 받아들인다면, 우리는 왕권이 아브라함 시대와 같은 초창기 때부터 약속되었음을 인정하게 된다. 이와 동시에 왕은 그 나라에 즉시 주어지지 않았다. 무엇보다 먼저 그 나라는 통치자의 필요성을 배울 필요가 있었다. 결국 왕에 대한 요구가 있었을 때, 그것은 이루어졌고 이스라엘은 주변국가들처럼 될 수 있었다. 위기가 도래했고 그 나라는 왕의 필요를 절감했던 것이다.

(3) 왕권은 이스라엘 안에서 본래 하늘로부터 떨어진 어떤 것이라든가 또 그 나라의 생존에 필수적인 부분이었다고 생각되지 않았다. 그보다는 오히려 왕이 없을 때 주께서 이스라엘을 하나의 국가로 선택하셨던 것이다. 그 당시 그 나라는 애굽의 노예 상태에 있었다. 그러므로 하나님께서는 광야에서 말씀하시기를, "너는 바로에게 이르기를 여호와의 말씀에 이스라엘은 내 아들 내 장자라, 내가 네게 이르기를 내 아들을 놓아서 나를 섬기게 하라 하여도 네가 놓기를 거절하니 내가 네 아들 네 장자를 죽이리라 하셨다 하라"(출 4:22하, 23)고 하셨다. 그 나라는 조직되지 않았고 그럼에도 하나님께서는 그를 자기의 아들로 말씀하셨다. "너는 너의 하나님 여호와의 성민이라 여호와께서 지상 만민 중에서 너를 택하여 자기의 기업의 백성을 삼으셨느니라"(신 14:2).

(4) 그 나라의 반응은 하나님께서 그 나라에 왕이 없었을 때 그를 택하시고 영화

39-52). 그러나 내 의견에 날짜의 문제는 다소 이차적인 문제인 것으로 보인다. 비록 그 날짜에 대한 Mowinckel의 해석이 옳다고 하더라도(그리고 그의 논증은 무게가 있다), 위에서 제시된 논증들은 그 어떤 즉위 축제도 이스라엘 가운데서 실제로 있지 않았다는 사실을 보여 주기에 충분하다. 참고. A. H. Edelkoort: *De Christusverwachting in het Oude Testament*, Wageningen, 1941, pp. 36-40. Edelkoort는 이스라엘 종말론의 기원에 대한 Mowinckel의 설명의 약점에 대한 철저한 분석을 제공해 주고 있다. 하나의 유용한 논증이 Hans Joachim Kraus: *Psalmen*(Biblischer Kommentar Altes Testament <Neukirchen: 1958>), pp. 201-205; J. J. Stamm: *Theologisches Rundschau*, 23/1, pp. 46ff.에서도 발견되다. יהוה מלך에 대한 해석을 다루고 있는 세 개의 논문들은 다음과 같다: Ludwig Köhler: *VT*, 3, 1953, pp. 188ff., J. Ridderbos: *VT*, 4, 1954, pp. 87-89. 그리고 D. Michel, *VT*, 6, 1956, pp. 40-68. 이 중 마지막 논문은 특별히 가치가 있으며, Mowinckel의 "주께서 왕이 되셨다"는 번역의 논쟁에 대한 힘있는 평가이다. 사 52:7과 관련하여 나는 이 문제에 대한 전반적인 논의를 할 계획이다.

롭게 하셨다는 이 사상과 일치하고 있다. 히브리인들은 자기들의 국가적인 삶의 형성기인 광야의 방황시절을 돌아보았다. 그때 하나님의 율법이 주어졌고 위대한 제도가 설립되기도 하고 약속되었다. 이스라엘의 생에 있어서 형성기이자 결정적인 시기였지만 그럼에도 그때 왕이 없었다. 왕권은 시내 광야에서 하나님으로부터 그 나라에 계시되었던 신정정치의 근본적인 성격으로부터 자라났다고 말하는 것이 옳을 것이다.

(5) 두 번째 계명에 비추어 볼 때 신상이나 상징을 동반한 바벨론의 akitu 축제와 같은 것이 이스라엘에서도 실현되었을 수 있었다고 보기는 어렵다. 주님에 대한 어떤 신상도 없었고, 그분에 대한 그림이나 종교적 제의의 상징물도 없었다. 법궤는 단순히 하나님의 거처로 간주되었다. 그것의 의미는 akitu축제에서 사용되었던 상징물과는 전혀 달랐다.

(6) 우리가 살펴보고 있는 견해의 지지자들의 특징인 그들의 시편의 해석 방식은 유지될 수 없다는 사실을 우리는 강하게 주장해야 할 것이다. 창조를 갱신한다는 자연신화와 너무나 자주 아주 밀접하게 연관되어 온 시편 93편에서 우리는 하나님의 주권과 영원성이 강조되어 있다는 것을 발견한다. "주의 보좌는 예로부터 견고히 섰으며 주는 영원부터 계셨나이다"(시 93:2). 특히 제왕시들은 하나님의 보좌의 영원성을 강조하고 있고 모든 거짓된 신들 위에 뛰어나신 그분의 탁월성과 주권성을 강조하고 있다. 그 어디에도 주님이 보좌 위에 오르신다는 언급은 없다. 예루살렘과 다윗의 선택과 관련되어 나타날 수 있는 축하가 어떤 것이든 주님이 보좌에 오르시는 것은 아니다.

(7) 즉위의 전체적인 개념은 자연의 변화와 얽혀 있다. 메소보다미아에서 신은 무활동적이 되었다. 자연의 힘이 그를 가두었고, 그는 그 왕에 의하여 자유함을 얻어야 했다. 이것은 전적으로 구약성경에 생소한 내용이다. 어떤 신학적인 문맥에 이를 접합시킬 수 있을 것인가? 구약의 하나님은 결코 한순간에 자연을 다스리시는 힘을 잃어버리지 않으신다. 그분은 단어의 진정한 의미에서 이 세상을 만드신 분이시다. 바벨론에는 진정한 창조교리가 존재하지 않는다. 자연의 힘들은 참되신 하나님을 다스릴 수 없고 그분이 자연을 다스리신다. 그것들은 그분의 뜻에 복종한다. 그분이

땅의 기초를 놓으셨으니, 그것은 영원히 요동하지 않을 것이다(시 104:5).
그분이 꾸짖으심에 물들이 도망하였다. "여호와께서 샘으로 골짜기에서 솟아나게 하시고 산 사이에 흐르게 하사." "저가 가축을 위한 풀과 사람의 소용을 위한 채소를 자라게 하시며 땅에서 식물이 나게 하시고"(시 104:10, 14). 만약 구약에 분명히 나타나 있는 어떤 것이 있다면 그것은 곧 하나님께서 자연에 의하여 정복당하거나 혼돈의 물들과 싸움을 하셔야 하는 분이 아니시라는 것이다. 그분이 통치권을 잃는다거나, 갇힌다거나 하는 것을 생각한다는 것은 구약성경과는 너무나 거리가 멀어서 우스꽝스러운 것으로 보인다.

(8) 히브리인들 가운데서 왕의 기능은 우선적으로 세속적인 영역에 속해 있음을 주시해야 할 것이다. 웃시야가 분향을 하려고 하였을 때 그는 문둥병에 걸렸다(왕하 15:5; 대하 26:16-21). 왕은 재판하는 특권을 가지고 있었지만 제사장들을 임명할 권한은 없었다.

(9) 선지자들은 왕들이 하나님의 뜻으로부터 빗나간 것으로 생각되었을 때 주저하지 않고 그들을 꾸짖었다. 이 시대에 이러한 실례는 이사야와 아하스의 만남이다. 더 나아가서 구약 어디에서도 선지자들은 즉위 축제나 즉위 축제와 유사하다고 생각되었을 장막절을 책망한 일이 없다. 이 전체적인 주제에 대하여 선지자들은 아무 언급을 하지 않고 있다. 그렇지만 그들은 다른 축제들을 비난하는 데 주저하지 않는다. 예를 들면, 이사야는 절기들을 잘못 이용한 데 대해 책망을 하였다. 그리고 만일 즉위 축제가 있었다면 그가 그것을 책망할 기회를 포착하지 않았겠는가? 그는 그것이 내포하고 있었던 다신론주의를 허용할 수 있었을까?

(10) akitu 축제는 자연과 인간의 단일성을 강조하고 있다. 인간의 삶은 자연의 그것과 함께 묶여 있으며, 그래서 신의 삶도 묶여 있다는 것이다. 신은 자연 속에 내재하고 있다는 것이다. 그러나 구약성경에서는 하나님의 초월성이 강조되고 있다. 그것은 우리가 바벨론에서 발견하는 것과는 정반대이다.

(11) 사람은 메소보다미아의 종교를 특징짓는 다신론으로부터 피할 수 없다. 반면에 이스라엘의 유일신론은 메마른 광야 가운데 아름다운 하나의 꽃으로 서 있다.

고대 세계 가운데 어디에든 이스라엘의 유일신론과 유사한 것은 있지 않다. 다신론과 akitu 축제는 서로 협력한다. 그러나 유일신론과 akitu 축제는 서로 어울리지 않는다.

(12) 즉위 축제에 대한 Von Rad의 해석은 시편 제2편과 같은 시가 우선적으로 메시아를 가리키지 않고 단지 다윗 왕들 가운데서 관습적으로 행해졌던 그 점을 말해 주고 있다는 가정에 근거하고 있다.[11] 우리가 믿기로는 그러한 해석들은 근거가 없다. 이러한 이유로 인하여 우리는 즉위 축제가 고대 이스라엘 가운데서 거행되었다는 견해를 거절하지 않을 수 없으며, 또한 그런 까닭에 우리는 본서 안에서 그러한 축제의 흔적을 발견하였다는 이사야서에 대한 해석들을 받아들일 수 없다.

---

11) 참고. Aubrey R. Johnson: *Sacral Kingship in Ancient Israel* (Cardiff, 1955). 이것은 생각을 자극시키는 책이지만, 그러나 "성례적 왕권"(*sacral kingship*)이란 문구는 구약의 사상에는 전혀 관계가 없는 것이다. 또한 Mowinckel의 *HTC*, p. 67에 있는 시편 2편에 대한 해석을 참고하라. Aage Bentzen: *King and Messiah*, London, 1955, p. 20; Helmer Ringgren: *Messiahs Konungen*, Uppsala, 1954 (English translation, Chicago, 1956). Ringgren은 이 시편이 대적들을 무찌르는 것을 나타내고 있는 연례축제의 부분에 속해 있었다고 생각한다. 독자는 전통적인 시편 해석의 개진을 보려면, Hengstenberg, Delitzsch, Alexander 그리고 Leupold의 주석들을 참고하여야 할 것이다.

참고문헌

Aalders, G. Ch., *Obadia, Jona*(Commentaar op hot Oude Testa-ment). Kampen, 1958.

Aalen, S., *Die Begriffe Licht und Finsternis im Alten Testament, im Spütjudentum und Rabbinismus*. Oslo, 1951.

Abu-l-walid, cf. Derenbourg, *Opuscules et Traités d' Abou ' l-Walid Merwan lbn Djanah de Cordove*. Paris, 1880.

Abarbanel, Don Isaac; also Abravanel: cf. Rosenmüller.

Abulfeda, cf. H. O. Fleischer, *Historia anteislamica arnbice edidit, versione latina auxit*. Lipsiae, 1831.

Aeschylus, *Persae*(Loeb Classical Library).

_____, *Aggadat Bereshith*.

Albright, William F., "Baal-Zephon", *FAB*, Tübingen, 1950.

_____, "The Chronology of the Divided Monarchy of Israel", *BASOR*, No. 100, Dec., 1945.--

_____, "The High Place in Ancient Palestine", *VTS*, 1957.

_____, "The Son of Tabael", *BASOR*, No. 140, Dec., 1955.

_____, *Archaeology and the Religion of Israel*. 1942.

Alexander, Joseph Addison, *Commentary on the Prophecies of Isaiah*. 1846. Grand Rapids, 1959.

Allis, Oswald T., *The Five Books of Moses*. Philadelphia, 1943.

_____, *Prophecy and the Church*. Philadelphia, 1943.

Alt, Albrecht, "Agyptisch-ugaritisches", *AfO*, 15, 1951.

_____, Galiläische Probleme", *Palästinajaihrbuch*, 1937.

_____, *Kleine Schriften*, II, München, 1953.

_____, "Menschen ohne Namen", *Archiv Orientálm*, 18, 1950.

Amarna Text. J. Knudtzon, *Die El-Amarna-Tafeln*, Aalen, 1964.

Ammianus Marcehinus(Loeb Classical Library). Cambridge, 1935.

Amr el-Quais, *Moallaka, cf. W. Ahlwardt, The Divans of the Six Ancient Arabic Poets*. London, 1870.

Anderson, Robert T., "Was Isaiah a Scribe?" *JBL*, 79, 1960.

Annals of Mursilis, text in Sturtevant and Bechtel, *A Hittite Chrestomathy*. Philadelphia, 1995.

Anspacher, Abraham S., *Tiglath Pileser III*. New York, 1912.

Apollinarius Appian, *de bello civili*(Loeb Claissical Library).

Arias Montanus, Benito, *Polyglot Antwerp*. 1569-1573.

Augusti, J. Chr. W., *Grundriss einer historisch-kritischen Einleitung ins A. T.* Leipzig, 1827.

B

Barnes, A., *Notes on Isaiah*, I. New York, 1840.

Basil the Great, in *Nicene and post-Nicene Fathers*, Second Series, VIII, 1895. Grand Rapids, 1955.

Baumgartner and Köhler, *Lexicon in Veteris Testamenti Libros*.

Béguerie, *La Vocation d' Isaiae*, Études sur les prophètes d' Israel. Paris, 1954.

Bentzen, *Aage, Jesaja*, Band I, Jes. 1-39. Kobenhavn, 1944.

_____, *King and Messiah*. London, 1955.

Berry, G. R., "Messianic Predictions", *JBL*, 45, 1926.

Bewer, Julius A., *The Literature of the Old Testament*. New York, 1940.

Biblia sacra iuxta versionem simplicm quae dicitur Peschitta, II. Beirut, 1951.

Biblical Archaeologist, The. New Haven, Connecticut.

Bijbel in Nieuwe Vertaling. Kampen, 1952.

Birkeland, H., *Zum Hebräischen Traditionswesen*. Oslo, 1938.

Blank, Sheldon H., *Prophetic Faith in Isaiah*. New York, 1958.

_____, *JBL*, 68, 1948.

Bleeker, *Kleine Propheten*, ll.

Böhl, Franz, *Nieuwjaarsfest en Konigsdag in Babylon en Israel*. 1927.

Boehmer, "Dieses Volk", *JBL*, 1926-27.

Boettner, Loraine, *The Millennium*. Philadelphia, 1958.

Bratcher, Robert G., *The Bible Translator*. July, 1958.

Briggs, Charles A., *Messianic Prophecy*. New York, 1886.

Brockelmann, *Hebräische Syntax*. Neukirchen, 1956.

Bruno, D. Arvid, *Jesaja, eine rhythmische und textkritische Undersuchung*. Stockholm, 1959.

Budde, Karl, "Jesaja 13", *Festschrift von Baudissin*. Giessen, 1918.

Bultema, Harry, *Practische Commentaar op Jesaja*. Muskegon, 1923.

Burrows, M., Trevor, J. C., Brownlee, W. H., *The Dead Sea Scrolls of St. Mark's Monastery*, I, *The Isaiah Manuscript and the Habakkuk Commentary*. New Haven, 1950.

Caesar, Julius, *do bello Gallico*(Loeb Classical Library).

Calvin, *Commentarii in Isaiam prophetam*. Geneva, 1570.

Campbell, Roderick, *Israel and the Covenant*. Philadelphia, 1954.

Cappellus, Ludwig, *Critica Sacra*. 1650.

Caspari, Carl Paul, *Jesajanische Studien*. Leipzig, 1843.

Castellio, Sebastian, *Biblia Sacra*. 1531. Frankfurt, 1669.

Ceriani, A., *Translatio syra Pescitto Veteris Testamenti*. Milan, 1876.

Chafer, Lewis S., *Systematic Theology*. Dallas, 1947-48.

Cheyne, T. K., *The Prophecies of Isaiah*, I. 1880. New York, 1888.

Chiera, *Proceedings int Court*, Publications of the Bagdad School, Texts, IV, 331. Philadelphia, 1934.

Childs, B. S., *Myth and Reality in the Old Testament*. Naper-ville, 1960.

Chrysostom, *Hermeneia*, in Migne, Patrologia.

Churgin, P., *Targum Jonathan to the Prophets*. New Haven, 1927.

Cicero, *ad Atticum*(Loeb Classical Library).

_____, *De finibus*(Loeb Classical Library).

_____, *de Senectute*(Loeb Classical Library).

_____, *Philippicum*, II(Loeb Classical Library).

_____, *Tuscalanae Disputationes*(Loeb Classical Library).

Clement, *Stromata*, ed. Hort and Mayor, *Clement of Alexan-dria*. London, 1902.

Cocceius, Johannes, *Opera Omnia Theologica*. Amstelodami, 1701.

Condamin, Albert, *Le Livre d'Isaie*. Paris, 1905.

Cooke, G. A., *A Textbook of North Semitic Inscriptions*. Oxford, 1903.

Coppens, La Prophétie de la ' Almah. Bruges, Paris, 1952.

Cordero, M. Garcia, "El Santo de Israel", Mélang*es Bibliques* rédigés en *l' honneur d' Andre Robert*. Paris, 1957.
Corpus Inscriptionum Semiticarum.
Critica Sacri, ed. Edward Leigh. London, 1661.

Dalman, Gustav, *Jerusalem und seine Gelände*. Gütersloh, 1990.
D' Alpe, A., "Quis sit prudens eloquo mystici", *VD*, 23, 1943.
Dathe, Johann August, *Opuscula*, ed. E. F. Rosenmüller. Lipsiae, 1796.
Davis, John D., "The Child Whose Name is Wonderful", *Biblical and Theological Studies*(Princeton Centenary Volume). New York, 1912.
Davis, John D., "Medeba or the Waters of Rabbah", *Sefarad*, 2 1942.
De Boer, P. A. H., *Second-Isaiah's Message*. Leiden, 1956.
Delekat, L., "Die Peschitta zu Jesaja zwischen Targum und Septuaginta", *Biblica*, XXXVIII, 1957.
Delitzsch, Franz, *Biblical Commentary on the Prophecies of Isaiah*. 1866. Grand Rapids, 1949.
Demosthenes, *Contra Aristogenes I*(Loeb Classical Library).
Dhorme, E., *L'evolution religieuse d' Israel*. Bruxelles, 1937.
Dillmann, August, *Das Prophet Jesaia*. Leipzig, 1890.
Dio Cassius(Loeb Classical Library).
Diodorus Siculus(Loeb Classical Library).
Diringer, *Le Iscrizioni Antico-Ebraiche Palestinesi*. Firenze, 1934.
Döderlein, Christoph, *Esaias*, Altsofi, 1825.
Drechsler, Moritz, *Der Prophet Jesaja*. Stuttgart, 1849.

Driver, G. R., *Canaanite Myths and Legends*. Edinburgh, 1956.

_____, *Von Ugarit nach Qumran*. Berlin, 1958.

Driver, S. R., *Isaiah, His Life and Times*. New York, 1893.

_____, *A Treatise on the Use of Tenses in Hebrew*. Oxford, 1892.

Duhm, Bernhard, *Das Buch Jesaia*. 1892. Göttingen, 1922.

Dürr, L., "Hebr.[npš] = akk. *napistu* = Guroel, Kehle." *ZAW*, 1925.

Dussaud, R., *Des religions de Babyonie et d' Assyrie*. Paris, 1945.

Eaton, J., "The Origen of the Book of Isaiah", *VT*, IX, 1959.

Edelkoort, A. H., *De Christusverwachting in het Oude Testa-ment*. Wageningen, 1941.

Eichhorn, Johann G., *Die hebräische Propheten*. Göttingen, 1819.

Eitan, *HUCA*, 12-13.

Engnell, Ivan, *The Call of Isaiah*. Uppsala and Leipzig, 1949.

_____, *Studies in Divine Kingship in the Ancient Near East*. Uppsala, 1943.

Enuma Elish, cf. A. Heidel, *The Babylonian Genesis*. Chicago, 1951.

Ephraim, Syrus, *Opera Omnia*.

Erman, A., *The Religion of the Egytians*.

Eusebius, *Die Griechischen Christlichen Schriftsteller der ersten drei Jahrhunderte*, Vll-XXIII. 1913.

Euting, Julius, Sinaitische Insciriften. Berlin, 1901.

Ewald, H., *Die Propheten des alten Bundes erklärt*. Stuttgart, 1840-41.

Fahlgren, K. H., *Nahestehende und entgegengestzte Begriffe im Alten Testament*. Uppsala, 1932.

Feldmann, Franz, *Das Buch Isaias*, I, II. Münster, 1926.

Field, F., *Origenis Hexaplarum quae supersunt*, II. Oxford, 1875.

Finkelstein, Louis, *The Commentary of David Kimchi on Isaiah*. 1926.

Firdawzi, cf. T. Nöldeke, *Das iranische Nationalepos*. Strasburg (Grundriss der iranischen Philologie, 1896-1904, II, 131-211).

Fischer, Johann, *Das Buch Isaias*. Bonn; I, 1937, II, 1939.

Frankfort, Henri, *Kingship and the Gods*. Chicago, 1948.

Friedrichsen, A., *Hagios-Qadosh*. Oslo, 1916.

Frühstorfer, *TBQ*, 91, 1938.

Fullerton, K., "Studies in Isaiah", *JBL*, 35, 1916; 38, 1919.

Gadd, C. J., *Ideas of the Divine Rule in the Ancient East*, 1948.

Gaebelein, Arno C., *The Annotated Bible*. New York, 1913.

Galling, Kurt, *Textbuch zur Geschichte Israels*. Tübingen, 1950.

Gesenius, Wilhelm, *Der Prophet Jesaia*. Leipzig, 1820, 1821.

Gesenius, Kautzsch, Cowley, *Hebrew Grammar*. Oxford, 1910.

Gilgamesh Epic, cf. A. Heidel, *The Gilgamesh Epic*.

Gill, John, *Body of Divinity*. 1771. Grand Rapids, 1951.

Ginsburg, C. D., Emendations in Isaiah", *JBL*, 69, March, 1950.

Ginsberg, C. D., *Prophetae posteriores*. London, 1911.

Gordon, Cyrus H., "Belt Wrestling in the Bible World", *HUCA*, 23, Part

One. Cincinnati, 1950-51.

_____, *Israel Exploration Journal*, Vol. 12, No. 3, 1952.

_____, *Ugaritic Manual*. Rome, 1955.

_____, *The World of the Old Testament*. New York, 1958.

Gray, George Buchanan, *The Prophecy of Isaiah*. Edinburgh, 1926.

Green, *Hebrew Grammar*. New York, 1898.

Greene, Ashbel, *Lectures on the Shorter Catechism*, 2 vols. Philadelphia, c. 1841.

Grelot, P., "La denière étape de la redaction sacerdotale", *VT*, 6, 1956.

Gressmann, *Altorientalische Texte zum Alten Testament*. 1909.

Grotius, Hugo, *Annotata ad Vetus Testamentum*. 1644.

Gunkel, Herman, "Einleitungen", *Die Schriften des Alten Testaments*. 1921, 1925.

Guthe, Hermann, *Geschichte des Volkes Isreals*. Tübingen and Leipzig, 1904.

Haldane, Robert, *Commentary on Romans*. London, 1957.

Haller, Max, *Die Schriften des Alten Testaments*, II, 3. Göttingen, 1914.

Hamasa, ed. G. W. Freytag, *Hamasae carmina*. Bonn, 1828-1847.

Hammond, *Isaiah Statesman Prophet*.

Hammurabi, cf. A. Deimel, *Codex Hammurabi*. Rome, 1990.

Hanel, J., *Die Religion der Heiligkeit*. Götersloh, 1931.

Hattusilis, *Apology*; cf. Sturtevant and Bechtel, *Hittite Chres-tomathy*. Philadelphia, 1935.

Heidel, W. A., The Day of Jahweh. New York, 1929.

Henderson, Ebenezer, *The Book of the Prophet Isaiah*. 1840. London.

Hengstenberg, E., *Authenticity of Daniel and Christology*. 1829.

Herntrich, Volkmar, *Der Prophet Jesaja*, Kapitel 1-12. Göttingen, 1950.
Hertzberg, H. W., *Der erste Jesaja*. Kassel, 1952.
Herzfeld, E., *Altpersische Inschriften*. 1938.
Hitzig, Ferdinand, *Der Prophet Jesaja*. Heidelberg, 1833.
Hölscher, g. *Geschichte der israelitischen und Jüdischen Religion*. Giessen, 1922.
_____, *Die Ursprünge der Jüdischen Eschatologie*. Giessen, 1925.
Holwerda, B., *De Wijsheid die Behoudt*. 1957.
Homer, *Iliad*(Loeb Classical Library).
_____, *Odyssey*(Loeb Classical Library).
Honeyman, A. M., *VT*, I, 1, Jan., 1951.
Hoonacker, A. Van, *Het Boek Isaias*. Brugge, 1932.
Horace, *Carmina*(Loeb Classical Library).
_____, *Epistles*(Loeb Classical Library).
_____, *Epodes*(Loeb Classical Library).
_____, *Odes*(Loeb Classical Library).
   Satires(Loeb Classical Library).
Huffmon, Herbert, "The Covenant Lawsuit in the Prophets", *JBL*, 78, 1959.
Hummel, Horacc, "Enclitic Mem in Early Northwest Semitic, Especially Hebrew", *JBL*, 76, 1957.
Hvidberg, "The Masseba and the Holy Seed", *Interpretationes (Mowinckel Festschrift)*, Oslo, 1955.
Hyatt, James P., *Prophetic Religion*. New York, 1947.

Ibn Hisham, ed. Wüstenfeld, *Des Leben Mohammeds*.
Ilgen, Karl David, *Die Urkunden des Jerusalemischen Tempela-rchivs in*

ihrer Urgestalt, als Beitrag zur Berichtigung der Geschichte der Religion und Politik. 1798.

Interpreter's Bible. New York, Nashville, 1952ff.

Israel Stele of Merenptah, cf. Pritchard, James.

Iwry, S., "Masseboth and Bamah in IQ ISAIAH 6", *JBL*, 76, Part 3, Sept., 1957.

Jacob, Edmond, *Theologie de l'Ancien Testament.* NeuchaΔtel, 1955.

Jastrow, *Hebrew-Babylonian Traditions*. 1914.

Jennings, F. C., *Studies in Isaiah*. New York, 1950.

Jerome, in Migne, *Patrologia*.

Jerushalmi, Tanchum, *Kitab al-Ijaz wa'l Bayan*, cf. Ed. Pococke, Porta Mosis.

Johnson, Aubrey R., *Sacral Kingship in Ancient Israel*. Cardiff, 1955.

Josephus, *Antiquities*(Loeb Classical Library).

Justin Martyr, ed. de Otto, *Opera quae feruntur omnia*, lenae. 1876-80.

Juvenal, *Satires*(Loeb Classical Library).

Kamus, *Dictionary of al-Firuzabadi*, 1329.

Kaplan, M. M., "Isaiah 6:1-11", *JBL*, 45, 1926; 46, 1926.

Kaufmann, Y., "Bible and Mythological Polytheism", *JBL*, 70, Sept., 1951.

Kautzsch, *Die Derivate des Stammes tsdq im alttestamentlichen sprachgebrauch.* Tübingen, 1881.

Keil and Delitzsch, *Biblical Commentary on the O. T.* 25 vols. Grand Rapids, 1949-50.

Keizer, P., *De Profeet Jesaja*. Kampen, 1947.

Keilschrifturkunden aus Boghazkeui, 1916, 1921.

Kimchi, David; cf. L. Finkelstein.

Kissane, E. J., *The Book of Isaiah*. New York, 1926; Dublin; I, 1941, II, 1943.

Kittel, Gerhard, ed., *Theologisches Wörterbuch zum Neuen Testament*.

Kittel, Rudolf, *Biblia Hebraica*, 3rd ed. Stuttgart, 1937.

_____, *Hellenistische Mysterienreligionen*.

Kline, Meredith, "The Intrusion and the Decalogue", *WThJ*, 16, Nov., 1953.

_____, *Treaty of the Great King*. Grand Rapids, 1963.

Knobel, August W., *Der Prophet Jesaja*. Leipzig, 1872.

Köhler and Baumgartner, *Lexicon in Veteris Testamenti Libros*. 1953.

Köhler, Ludwig, *Theologie des Alten Testaments*.

_____, "Syntactica, II, III, *IV*, 3, 1953.

König, Eduard, *Stylistik*.

_____, *Syntax*.

_____, *Das Buch Jesaja*. Gütersloh, 1926.

Koppe, J. B., 1779-81, editor of Lowth's commentary on Isaiah.

Koran, ed Mavlana Muhammed'Ali. Lahore, 1951.

Kraus, Hans Joachim, *Psalmen*. Neukirchen, 1958.

Kroeker, Jakob, *Jesaia der Altere*(Cap. 1-35). Giessen, 1934.

Lactantius, *Epitome*, ed. E. H. Blakeney. London, 1950.

Lambert, W. G., "Three Unpublished Fragments of the Tukulti-Ninurta

Epic", *AfO*, 1957.

Landsberger, Benno, *Sam'al*. Ankara, 1948.

Le Clerc, *Ars Critica*. 1697.

Leupold, *Commentary on Genesis*. Grand Rapids, 1950.

Lidzbarski, *Ephemeris f r semitische Epigraphik*, I. 1900.

Liebreich, L. J., "The Position of Chapter Six in the Book of Isaish", *HUCA*, 25, 1954.

Lindblom, *A Study on the Immanuel Section of Isaiah*. Lund, 1958.

Livy(Loeb Classical Library).

Löw, I., *Die Flora der Juden*, I-IV, 1924-34.

Löwth, Robert, *Isaia*. London, 1779.

Luckerbill, *Ancient Records of Babylonia and Assyria*. Chicago, 1926.

Luther, *Luthers Werke, Deutsche Bibel*, II. Band, I. Hälfte. 1528. Weimar, 1960.

Luzzatto, Samuel David, *Il Propheta Isaia volgarizzato e commentato ad uso degl' Israeliti*. Padova, 1855.

McClain, Alva J., *The Greatness of the Kingdom*. 1959.

Machen, J. Gresham, *The Virgin Birth of Christ*. 1930.

Manley, G. T., *The Book of the Law*. Grand Rapids, 1957.

Marriage of Nikkal and Eb, see Gordon, Ugaritic Handbook.

Marti, Karl, *Das Buch Jesaja*. Tübingen, 1900.

Martial, *Epigrams*(Loeb Classical Library).

Maurer, *Commentarius in Vetus Testamentum*, I. Lipsiae, 1835.

Meyer, Ernst, *Der Prophet jesaja*, Erste Hälfte. Pforzheim, 1850.

Michaelis, J. H., Hebrew Bible with annotations, 1720.
Michel, D., "Studien zu den sogenannten Thronbesteigungs-psalmen", *VT*, 6, 1956.
Milik, J. T., "Il Rotolo frammentario di Isaia", pp. 246-249, cf. also pp. 73-74, 204-225, *Biblica*, 31, 1950.
Milton, John, *Paradise Lost*.
Moallaka, see Amr' l-Quais.
Möller, Wilhelm, *Die messianische Erwartung der vorexilischen Propheten*. Gütersloh, 1906.
Moran, William L., "The Putative Root ' TM in Is. 9:18", *Catholic Biblical Quarterly*, Xll, 2, April, 1950.
Morris, Leon, *The Apostolic Preaching of the Cross*. Grand Rapids, 1955.
_____, *The First and Second Epistles to the Thessalonians*. Grand Rapids, 1959.
Mowinckel, Sigmund, *He That Cometh*, Nashville, 1954.
_____, *Jesaja Disciplinen*. Oslo, 1926.
_____, *The Old Testament as Word of God*. New York, Nashville, 1959.
_____, Psalmenstudien, II, *Das Thronbesteigungsfest Jahwäs und der Ursprung der Eschatologie*. Christiana, 1922.
Müller, W. E., *Die Vorstellung von Rest in Allen Testament*. Leipzig, 1939.
Munch, P. A., *The Expression bajjōm hāhū*. Oslo, 1936.

Nägelsbach, Carl W. E., *Der Prophet Jesaja*. Leipzig, 1817.
Nicole, Roger, "C. H. Dodd and Propotiation", *WThJ*, XVII, 2, May, 1955.
Noth, Martin, *History of Israel*. London, 1958.
Nöttscher, F., "Entbehrliche Hapaxlegomena in Jesaia", *VT*, 1951.

Nyberg, H. S., *Hebreisk Grammalik*, Uppsala, 1952.

Oesterley, W. O. E., *The Doctrine of the Last Things*. London, 1909.
Oppenheim, A. Leo, "Assyriological Gleanings", *BASOR*, No. 103.
Orelli, Konrad von, *The Prophecies of Isaiah*. Edinburgh, 1899.
Origon, *Hexapla*, see Field, F.
Orlinsky, Harry M., "Studies V", *Israel Exploration Journal*, 4, 1954.
_____, "The Treatment of Anthropomorphisms and Anthro-poapthisms in the Septuagint of Isaiah", *HUCA*, 27, 1956.
Osborn, A. E., "Divine Destiny and Human Failure, Isaiall 2", *Biblical Review*, 17, 1932.
Ottley, R. R., *The Book of Isaiah According to the Septuagint*. I, 1904, ll, 1906.
Ovid, *Ex Ponto*(Loeb Classical Library).
_____, *Fasti*(Loeb Classical Library).
_____, *Metamorphoses*(Leob Classical Library).

Pallas, Svend Aage, *The Babylonian 'akitu' Festival*. Kobenhavn, 1926.
Pap, L. I., *Das israelitische Neujahrsfest*. Kampen, 1933.
Paulus, Heinrich Eberhard Gottlob, *Philologische Clavis über das Alte Testament*. Jena, 1793.
Pausanius(Loeb Classical Library).
Pedersen, J., *Israel*, I, II, London, 1926, 1947.

Penna, Angelo, *Isaia*(La Sacra Biblia). Torino, Roma, 1958.

_____, "La Volgata e il manuscritto *1QIs^a*", *Biblica*, XXXVIII, 1957.

Pentecost, J. Dwight, *Things to Come*. 1958.

Perles, *Analecten zum Alten Testament*, 2 vols.

Pfeiffer, *Introduction to the Old Testament*. New York, 1948.

Philby, *The Empty Quarter*. London, 1933.

Plato, *Phaedrus*(Loeb Classical Library).

Plautus, *Poenulus*(Loeb Classical Library).

Pliny, *Natural History*.

_____, *Panegyric*(Loeb Classical Library).

Polybius(Loeb Classical Library).

Poole, M., *Annotations Upon the Holy Bible*. London, 1688..

Pratt, *The Religious Consciousness*. New York, 1924.

Pritchard, James, *Ancient Near Eastern Texts*. Princeton University, 1950.

Procksch, Otto, *Theologie des Alten Testaments*. Gütersloh, 1950.

Propertius(Loeb Classical Library).

Pseudo-Epiphanius, *De Vitis Prophetarum*.

Qumran, First Isaiah Manuscript, see Burrows, M.

Rahlfs, A., *Septuaginta*, II. Stuttgart, 1935.

Rashi, Rabbi Solomon Yizchaki, cf. the Rabbinical Bibles.

Rea, John, "The Connection Between Isaiah 7:14 and 7:15-17", unpublished.

Reichel, Carl Rudolf, *Der Prophet Jesaias*. Leipzig and Go"rlitz, 1755-1759.

Reider, "Contribution to the Scriptural Text", *HUCA*, 24, 1952-53.

Ridderbos, J., *Jesaja in Het Godswoord der Profeten*. 1932.

Ridderbos, N. H., De *"Werkers der Ongerechtigheid"* in de Individueele Psalmen. Kampen, 1939.

Rignell, "Isaiah, Chapter I" and "Das Immanuelszeichen", *Studia Theologica*, 11, 1957.

Ringgren, Helmer, *The Prophetical Consciousness of Holiness*. Uppsala, 1948.

_____, *Word and Wisdom*. 1947.

_____, *Messias Konungen*. Uppsala, 1954.

Rosenm ller, E. R., *Scholia in Vetus Testamentum*. Lipsiae, 1791-93.

Rost, P., *Die Keilschrifttexte Tiglatpilesers III*. Leipzig, 1893.

Rowlands, E. R., "The Targum and the Peshitta Version of the Book of Isaiah", *VT*, 9, 1959.

Rowley, H. H., *The Zadokite Fragments and the Dead Sea Scrolls*. Oxford, 1952.

_____, *The Faith of Israel*, 1956.

_____, *Studies in Old Testament Prophecy*. 1957.

Saadia, see Gesenius' commentary for Saadia's exposition, Cf. also S. Landauer, *Kitab al-Amanat*. Leiden, 1880.

Sabatier, P., *Bibliorum sacrorum latinae versiones antiquae*, II. Paris, 1751.

Sallust, *Cataline*(Loebl Classical Library).

Schilling, S. Paul, *Isaiah Speaks*. New York, 1958-59.

Schmidt, Hans, *Die Schriften des Alten Testaments*, 1921, 1925.

_____, *Die Thronfahrt Jahves*. Tübingen, 1927.

Schmidt, Sebastian, *Commentarius super illustres prophetias Jesaeae*. Hamburg, 1702.

Schräder, *Die Keilschriften und das Alte Testament*. 1883, 1903.

Seeligmann, I. J., *The Septuagint Version of Isaiah*. Leiden, 1946.

Sellin, E., *Israelitische-jüdische Religionsgeschichte*. Leipzig, 1993.

Selwyn, *Horae Hebraicae*. 1860.

Shachar and Shalim, see Gordon: Ugaritic Handbook.

Skinner, J., "Isaiah", *Cambridge Bible*. Cambridge, 1925.

Smend, R., and A. Socin, *Die Inschrift des Königs Mesa von Moab*.

Smith, George Adam, *The Book of Isaiah*. New York; I, 1888, ll, 1890.

Snaith, Norman H., "The Interpretation of El Gibbor in Isaiah 9:5" (EVV, 6), *The Expository Times*, 52, No. 1, Oct., 1940.

_____, *The Jewish New Year Festival*. London, 1947.

Snijders, *OS*, Deel X, 1954.

Sophocles, *Antigone*(Loeb Classical Library).

Speiser, E. A., *JAOS*, 71, 1951.

Speier, E., *JBL*, March, 1953.

Stamm, J. J., "Ein Vierteljahrhundert Psalmenforschung", *Theologisches Rundschau*, 23, 1955.

Stier, Rudolf, *Jesais, nicht Pseudo-Jesais*. Barmen, 1850.

Stenning, J. F., *The Targum of Isaiah*. Oxford, 1949.

Strabo, A. (Loeb Classical Library).

Strachey, Edward, *Jewish Politics in the Times of Sargon and Sennacherib*. London, 1853.

Stummer, F., *Einführung in die lateinische Bibel*. Paderborn, 1928.

Sukenik, Eleazer, *Otzar Hammegilloth haggenuzoth*. Jerusalem, 1954.

Tallqvist, *Die assyrische Beschwörungsserie Maqlu*. 1895.
Targum, see Stenning, J. F.
Tertullian, *De Patientia*.
Thiele, Edwin F., *The Mysterious Numbers of the Hebrew Kings*. Grand Rapids, 1965.
_____, *Journal of Near Eastern Studies*, III, 1944.
Thomas, D. Winton, ed., *Documetents from Old Testament Times*. 1958.
Thucydides(Loeb Classical Library).
Trapp, John, *Commentary on the Old and New Testaments*. London, 1867.
Tur-Sinai, "Unverstandene Bibelworte I", *VT*, 1, 1951.

Uhland, Vat. Jes. *cap XIII···prophetae Jesaiae vindicatum*. Tübingen, 1798.
Umbreit, F. W. C., *Jesaja*. 1841.

Van der Flier, A., *De Profeet Jesaja*. Zust, 1931.
Van Imschoot, *Theologie de l' Ancien Testment*. Tournai, 1954.
Van Til, Cornelius, *The Defense of the Faith*. Philadelphia, 1955.
Varenius, August, *Commentarium in Isaiam*, Pars I-III. Rostochi, 1673.
Verhoef, P., *Die Dag van der Here*. Den Haag, 1956.
Vergil, *Aeneid*(Loeb Classical Library).

_____, *Eclogues*(Loeb Classical Library).

_____, *Georgics*(Loeb Classical Library).

Vischer, *Die Immanel Botschaft im Rahmen des königlichen Zionsfestes*. Zollikon-Zürich, 1955.

Vitringa, Campegius, *Commentarius in librum propheticum Jesaiae*. Leavadre, 1724.

Volz, Paul, *Das Neujahrsfest Jahwes*. Tübingen, 1912.

_____, *Die Eschatologie der jüdischen Gemeinde im neutes-tmentlichen Zeilaiter*. Tübingen, 1934.

Von Gall, A., *Basileia Tou Theou*.

von Rad, Gerhard, *Theologie des Alten Testamens*. München, 1957.

_____, "The Origin of the Concept of the Day of Yahweh", *JSS*, IV, 2, April, 1959.

Vos, G., *Biblical Theology*. Grand Rapids, 1954.

_____, *The Pauline Eschatology*. Grand Rapids, 1553.

Vriezen, Th. C., *Hoofdlijnen der Theologie van het Oude Testa-ment*. Wageningen, 1954.

Wade, G. W., *Old Testament History*. New York, 1908.

Watts, J. D. W., *Vision and Prophecy in Amos*. Grand Rapids, 1958.

Weil, H. M., "Exégèse d' Isaie III, 1-15", *Revue Biblique*, No. 49, 1940.

Weiser, Artur, *Einleitung in das Alte Testament*. Göttingen, 1949.

Welch, Adam, *Kings and Prophets of Israel*. London, 1953.

Wernberg-Mfller, "Studies in the Defective Spellings in the Isaiah Scroll of St. Mark' s Monastery", *JSS*, III, 4.

Whitcomb, J. C., Jr., *Darius the Mede*. Grand Rapids, 1960.

Widengren, George, *Religion och Bibel*, II, 1943.

Wilson, Robert Dick, "The Meaning of Alma(A.V. Virgin) in Isa. VII: 14", *PTR*, XXIV, 1926.

_____, *A Scientific Investigation of the Old Testament*. Chicago, 1959.

Wiseman, Donald J., "Assyrian Writing-Boards", *Iraq*, XVII, Pt. 1, 1955.

_____, *Chronicles of the Babylonian King*. London, 1956.

_____, "A Fragmentary Inscription of Tiglath-pileser III from Nimrud", *Iraq*, XVIII, Pt. II, 1956.

_____, "Secular Records in Confirmation of the Scriptures", *Journal of the Transactions of the Victoria Institute*, 1955.

_____, "Two Historical Inscriptions from Nimrud", *Iraq*, Xlll, Pt. 1, 1951.

_____, *Vassal Treaties of Esarhaddon*. London, 1958.

_____, *Iraq*, XX, 1953.

Wright, G. E., *Biblical Archaeology*. Philadelphia, London, 1957.

Wright, William, *Arabic Grammar*, 2 vols. Cambridge, 1967.

Xenophon, *Cyropaedia*(Loeb Classical Library).

Yahya, *Shalshelet hak-kabbalah*.

Young, Edward J., *My Servants the Prophets*. Grand Rapids, 1954.

_____, *The Study of Old Testament Theology Today*. London, 1958-59.

_____, *Studies in Isaiah*. Grand Rapids, 1954.
_____, *Thy Word Is Truth*. Grand Rapids, 1957.
_____, *Who Wrote Isaiah?* Grand Rapids, 1958.
_____, "Adverbial u in Semitic", *WThJ*, XIII, 2, May, 1951.
Young, G. Douglas, *OS*, Deel VIII, 1950.

Zamaschari, 1075-1144, *Al-Mufassal*, ed. J. B. Broch, Cristiania, 1859, 1879.

Ziegler, J., *Isaias*(Septuaginta Vetus Testamentum graecum). Göttingen, 1999.

Zwingli, *Zwingli's Sämtliche Werke*, 14. Zürich, 1959.

이사야서 주석(Ⅰ)
THE BOOK OF ISAIAH

2007년 3월 30일 초판 발행

지은이 | 에드워드 J. 영
옮긴이 | 장도선 • 정일오

펴낸곳 | (사) 기독교문서선교회
등록 | 제16~25호(1980. 1. 18)
주소 | 서울시 서초구 방배동 983-2
전화 | 02) 586-8761~3 (본사) 031) 923-8762~3 (영업부)
팩스 | 02) 523-0131 (본사) 031) 923-8761 (영업부)
홈페이지 | www.clcbook.com
이메일 | clc@clcbook.com

ISBN 978-89-341-0681-6(93230)

* 낙장 · 파본은 교환해 드립니다.